MAX DEEG, OLIVER FREIBERGER, CHRISTOPH KLEINE (HG.)

KANONISIERUNG UND KANONBILDUNG IN DER ASIATISCHEN RELIGIONSGESCHICHTE

ÖSTERREICHISCHE AKADEMIE DER WISSENSCHAFTEN
PHILOSOPHISCH-HISTORISCHE KLASSE
SITZUNGSBERICHTE, 820. BAND

BEITRÄGE ZUR KULTUR- UND GEISTESGESCHICHTE ASIENS
NR. 72

ÖSTERREICHISCHE AKADEMIE DER WISSENSCHAFTEN
PHILOSOPHISCH-HISTORISCHE KLASSE
SITZUNGSBERICHTE, 820. BAND

Kanonisierung und Kanonbildung in der asiatischen Religionsgeschichte

Herausgegeben von
Max Deeg, Oliver Freiberger, Christoph Kleine

Verlag der
Österreichischen Akademie
der Wissenschaften

ÖAW

Wien 2011

Vorgelegt von w. M. Ernst Steinkellner
in der Sitzung am 17. Dezember 2010

Die verwendete Papiersorte ist aus chlorfrei gebleichtem Zellstoff hergestellt,
frei von säurebildenden Bestandteilen und alterungsbeständig.

ISBN 978-3-7001-6799-0

Druck und Bindung: Prime Rate kft., Budapest

http://hw.oeaw.ac.at/6799-0
http://verlag.oeaw.ac.at

Inhaltsverzeichnis

Vorwort vii

Einleitung xi

•

ANNETTE WILKE
Der Veda als Kanon des Hinduismus? Neue Aspekte zur Kanondebatte 1

ANGELIKA MALINAR
Vom „Kanon-Fundus" zum „variablen" Kanon: Über den Status religiöser Texte im Hinduismus 57

FRANK NEUBERT
Canonizing Biographies: Topoi *in the Discourses on Rāmakṛṣṇa and Vivekānanda* 81

CHRISTOPH EMMRICH
Śvetāmbaras, Digambaras und die Geschichte ihres Kanons als Besitz, Verlust und Erfindung 105

JAMES M. HEGARTY
Kīrtan *and* Kathā *in the* āsā aṃdesā *(Song and Story in the Land of Hope and Fear): Narratives of the Life of Gurū Nānak as Canonical Commentary in the Sikh Panth* 131

RICHARD SALOMON
An Unwieldy Canon: Observations on Some Distinctive Features of Canon Formation in Buddhism 161

OLIVER FREIBERGER
Was ist das Kanonische am Pāli-Kanon? 209

PETER SCHALK
Canon Rejected: The Case of Pauttam among Tamiḻs in Pre-Colonial Tamiḻakam and Īḻam 233

CHRISTOPH KLEINE
Kanonisierungsansätze im ostasiatischen Buddhismus: Von der Kanon Bibliothek zur buddhistischen Bibel? 259

MAX DEEG
Der Einsatz der Stimmen: Formation und Erschaffung des chinesischen buddhistischen Kanons: vom doppelten Kriterium der Authentizität 321

JENS WILKENS
Hatten die alten Uiguren einen buddhistischen Kanon? 345

KARÉNINA KOLLMAR-PAULENZ
Kanon und Kanonisierung in der buddhistischen Mongolei: Zur Notwendigkeit einer Neubestimmung des Kanonbegriffs in der Religionswissenschaft 379

LAUREN PFISTER
Classics or Sacred Books? Grammatological and Interpretive Problems of Ruist and Daoist Scriptures in the Translation Corpora of James Legge (1815-1897) and Richard Wilhelm (1873-1930). 421

FLORIAN C. REITER
Die Kanonisierung der taoistischen Schriften in China: Vom religiösen Element zum öffentlichen Monument 465

BERNHARD SCHEID
Text-basierte Legitimationsstrategien im japanischen Shintō 491

•

English Abstracts 515
Hinweise zu den Autoren 529

Vorwort

Der vorliegende Band enthält die Ergebnisse der vierten Tagung des *Arbeitskreises Asiatische Religionsgeschichte* der *Deutschen Vereinigung für Religionswissenschaft* (früher: … *für Religionsgeschichte*). Über die Entstehung dieses Arbeitskreises (kurz: AKAR) und seine Aktivitäten geben die Vorworte zu den ersten drei AKAR-Bänden Auskunft.[1] Eines unserer Ziele bei der Gründung des Arbeitskreises, nämlich der – insbesondere historisch-philologischen – Erforschung asiatischer Religionsgeschichte unter dezidiert religionswissenschaftlichem Blickwinkel wieder stärkere Aufmerksamkeit innerhalb der deutschsprachigen Religionswissenschaft zukommen zu lassen, wurde vorläufig erreicht, wie die vier nun vorliegenden Tagungsbände demonstrieren. Ein Blick in die Inhaltsverzeichnisse genügt, um zu der Gewißheit zu gelangen, daß es doch eine beachtliche Anzahl von deutschsprachigen Forscherinnen und Forschern gibt, die vielerlei Aspekte der asiatischen Religionsgeschichte studieren. Jeder einzelne Beitrag begegnet der betreffenden systematischen Themenstellung auf seine eigene Weise, bereichert sie mit neuen Aspekten, hinterfragt, modifiziert und präzisiert sie. Ist diese Reichhaltigkeit an interessanter religionshistorischer Forschung außerordentlich ermutigend, so stellen wir doch auf unseren Tagungen mit einer Mischung aus Verwunderung und Sorge fest, daß diejenigen, die institutionell in religionswissenschaftlichen Instituten oder Seminaren im deutschsprachigen Raum, geschweige denn in Deutschland selbst, fest verankert sind, eine fast verschwindende Minderheit darstellen. Die Ergiebigkeit religions-

[1] AKAR 1: *Zwischen Säkularismus und Hierokratie: Studien zum Verhältnis von Religion und Staat in Süd- und Ostasien* (2001); AKAR 2: *Religion im Spiegelkabinett: Asiatische Religionsgeschichte im Spannungsfeld zwischen Orientalismus und Okzidentalismus* (2003). AKAR 3: *Im Dickicht der Gebote: Studien zur Dialektik von Norm und Praxis in der Buddhismusgeschichte Asiens* (2005). Alle drei Bände sind in der Reihe Acta Universitatis Upsaliensis, Historia Religionum (Uppsala: Universität Uppsala) erschienen (Bde. 17, 22, 26) und wurden herausgegeben von Peter Schalk, Max Deeg, Oliver Freiberger und Christoph Kleine, der dritte außerdem von Astrid van Nahl.

Max Deeg, Oliver Freiberger, Christoph Kleine (Hrsg.), *Kanonisierung und Kanonbildung in der asiatischen Religionsgeschichte.* VÖAW: Wien 2011, pp. vii–ix.

wissenschaftlicher Diskussionen im Rahmen einer AKAR-Tagung beeinträchtigt dies selten, doch stellt sich uns die weiterreichende Frage, was es für die Zukunft des Faches bedeutet, wenn immer weniger Studenten asiatische Religionen im disziplinären Rahmen der Religionswissenschaft studieren können. Nicht nur wird die kaum ermeßliche Fülle religionshistorischen Materials aus Asien zu leicht verdaubaren und damit irrelevanten Vorlesungshäppchen zusammenschrumpfen; auch die Diskussionen zu Methodologie und Theorie, die insbesondere im englischsprachigen Raum häufig anhand von Beispielen aus asiatischen Religionen diskutiert werden, werden immer weniger nachvollziehbar sein, wenn dieser große Bereich der Religionsgeschichte nur noch über veraltetes Handbuchwissen einbezogen wird, ohne die in manchen Gebieten fast nicht zu bewältigende Fachliteratur und den zugrundeliegenden Diskurs wahrzunehmen. Die deutschsprachige Religionswissenschaft verengt sich damit zusehends und wird im internationalen Wissenschaftsdiskurs eine immer geringere Rolle spielen, was im Fach leider noch zu wenig wahrgenommen – oder schlimmer: bewußt ignoriert – wird.

Für das Forschungsgebiet der asiatischen Religionsgeschichte selbst gilt dies (noch) nicht. Wer beispielsweise indische Religionen der vormodernen Zeit ernsthaft studieren will, muß Deutsch lesen können, weshalb im englischsprachigen Raum gute akademische Lehrer die betreffenden Studentinnen und Studenten zum Erlernen der deutschen Sprache ermutigen oder sogar verpflichten. Die vierte AKAR-Tagung, aus der der vorliegende Band erwachsen ist, illustriert das Interesse an der deutschsprachigen Forschung ebenfalls. Zu unserer großen Freude folgten auch Nicht-Muttersprachler der Einladung, obwohl die Konferenzsprache Deutsch war. Ihre Deutschkenntnisse reichten hin, um den deutschsprachigen Beiträgen und der Diskussion folgen zu können, und es war für uns eine Selbstverständlichkeit, daß sie selbst Englisch sprechen und ihre eigenen Beiträge in Englisch verfassen konnten, wenn sie es wünschten. Obwohl (oder gerade weil?) zwei der Unterzeichnenden zur Zeit im englischsprachigen Ausland lehren, ist es uns als Arbeitskreis der Deutschen Vereinigung für Religionswissenschaft wichtig, Deutsch als Wissenschaftsprache zu pflegen.

Das Thema der Tagung ergab sich – wie es inzwischen zur Regel geworden ist – aus den Diskussionen der vorangegangenen AKAR-Tagung. Dort hatten wir die Dialektik von Norm und Praxis in der Geschichte des Buddhismus untersucht und waren dabei immer wieder auf die Frage gestoßen, wie Normen in religiösen Traditionen kanonisiert werden und welche Rolle ein Kanon wiederum für die religiöse Praxis spielen kann.

Diese Überlegungen regten uns an, „Kanonbildung in den asiatischen Religionen und Kanonisierung in der asiatischen Religionsgeschichte" zum Thema der 4. AKAR-Tagung zu machen. Sie fand vom 8.–11. August 2005 an der Österreichischen Akademie der Wissenschaften in Wien statt. Den Referentinnen und Referenten wurden, wie bei den vorangegangenen Tagungen, im Vorfeld wieder eine allgemeine Problemstellung an die Hand gegeben, um eine gemeinsame Basis für die systematische Reflexion des Themas zu gewährleisten. Doch wie bei früheren AKAR-Tagungen kamen erst im Laufe der Diskussionen die tatsächliche Bandbreite des Themas und die vielfältigen Probleme einer religionswissenschaftlichen Verwendung des Kanonbegriffs zu Bewußtsein – eben durch die genaue Betrachtung ganz unterschiedlicher Fallbeispiele aus Süd-, Zentral- und Ostasien. Die Beiträge im vorliegenden Band reflektieren auch diese Theorie- und Methodendiskussion; sie hinterfragen die üblichen Kanontheorien und eröffnen neue Perspektiven für die zukünftige Erforschung von Kanonisierung und Kanonbildung.

Alle auf der Tagung referierten Beiträge sind im vorliegenden Band enthalten. Angelika Malinar und James Hegarty konnten nicht teilnehmen, haben uns aber freundlicherweise ihre Beiträge zur Veröffentlichung überlassen. Wir danken allen Referent(inn)en und Autor(inn)en, wie auch den anwesenden Wiener Kolleg(inn)en, für ergiebige Diskussionen dieses faszinierenden Themas. Besonders herzlich möchten wir uns bei Cynthia Peck-Kubaczek bedanken, die mit ihrem Engagement nicht nur einen reibungslosen Ablauf der Tagung in überaus angenehmer Atmosphäre ermöglicht hat, sondern auch die endgültige Fertigstellung des Manuskripts betreute. Dank gilt ebenfalls Prof. Ernst Steinkellner, der schon im Vorfeld großes Interesse am Tagungsthema zeigte und sich als damaliger Direktor des Instituts für Asienkunde der Österreichischen Akademie der Wissenschaften sofort bereiterklärt hat, Gastgeber für unsere Tagung zu sein. Außerdem sind wir der Österreichischen Akademie der Wissenschaften für die großzügige Unterstützung der Arbeitstagung und die Aufnahme des Bandes in ihre Publikationsreihe zu Dank verpflichtet. Wir widmen diesen Band Peter Schalk, dem Freund und Mentor von AKAR, zum 65. Geburtstag.

Cardiff/Austin/München, im Februar 2008

Max Deeg

Oliver Freiberger

Christoph Kleine

Einleitung

In der Zeit zwischen dem 8. und dem 11. August 2005 fand in Wien die 4. Arbeitstagung des *Arbeitskreises Asiatische Religiongeschichte* (AKAR) statt. Das Generalthema dieser Tagung lautete „Kanonbildung in den asiatischen Religionen und Kanonisierung in der asiatischen Religionsgeschichte". Das Thema hatte sich fast zwangsläufig aus der in Uppsala abgehaltenen 3. AKAR-Tagung zum Thema „Norm und Praxis in der asiatischen Religionsgeschichte unter besonderer Berücksichtigung des Buddhismus"[1] ergeben. Es hatte sich nämlich gezeigt, daß die Frage nach Norm und Praxis untrennbar mit der Frage der Kanonisierung zusammenhängt, insofern Kanonisierung einen Spezialfall normativer Selektionsvorgänge darstellt. Nachdem das Konzept der Kanonisierung im deutschsprachigen Raum durch die vor allem von den Arbeiten Jan Assmanns angestoßene kulturwissenschaftliche Diskussion bereits eingehender für den vorderasiatischen und europäischen Kulturraum thematisiert worden ist, sollte die Arbeitstagung das Feld hin zur süd-, zentral- und ostasiatischen Religionsgeschichte öffnen. Dabei sollte nicht nur das historische Problem von Kanonisierung innerhalb der Religionen, sondern auch das der Kanonbildung im Kontext der wissenschaftlichen Rezeption einbezogen werden, um einerseits einen Bezug zwischen historischem und gegenwartsbezogenem Diskurs herzustellen, andererseits aber auch die Frage nicht aus dem Auge zu verlieren, inwieweit die wissenschaftliche Wahrnehmung von asiatischen Religionen durch eine rezeptionsgeschichtliche Kanonisierung – einhergehend mit dem Ausschluß bestimmter Elemente, Texte und Textsorten – bestimmt ist, die umgekehrt auch wieder die traditionell-emische Kanon-Sicht beeinflussen kann.

---

[1] Die Beiträge zu dieser Tagung wurden veröffentlicht in: Schalk, Peter, Max Deeg, Oliver Freiberger, Christoph Kleine, und Astrid van Nahl, Hg. *Im Dickicht der Gebote. Studien zur Dialektik von Norm und Praxis in der Buddhismusgeschichte Asiens, Acta Universitatis Upsaliensis. Historia Religionum; 26.* Uppsala: Uppsala Universitet, 2005.

Max Deeg, Oliver Freiberger, Christoph Kleine (Hrsg.), *Kanonisierung und Kanonbildung in der asiatischen Religionsgeschichte.* VÖAW: Wien 2011, pp. xi–xxix.

Als außerordentlich hilfreich erwies es sich, daß Karénina Kollmar-Paulenz den Teilnehmerinnen und Teilnehmern frühzeitig eine umfangreiche Bibliographie zum Thema Kanon und Kanonisierung zur Verfügung stellte. Damit wurde nicht nur gewährleistet, daß die Beiträge thematisch fokussiert und untereinander anschlußfähig waren, sondern auch, daß sich alle Anwesenden an den gleichen Kanon-Definitionen abarbeiten und diese kritisch anhand des eigenenen Forschungsmaterials überprüfen konnten. Tatsächlich nahmen alle Beiträge primär den Kanon-Begriff von Jan Assmann zur Grundlage ihrer theoretischen Reflexionen.

Bereits in seinem Begrüßungswort in den Räumen der Österreichischen Akademie der Wissenschaften stellte Ernst Steinkellner zwei Fragen, die sich wie ein roter Faden durch die gesamte Tagung zogen: (1) Läßt sich der Begriff „Kanon" in der wissenschaftlichen Erforschung bestimmter asiatischer Literaturformen überhaupt sinnvoll verwenden, und (2) in welchem Verhältnis steht normgeleitetes bzw. normstiftendes traditionsspezifisches „Kanonisieren" zur Praxis des Umgangs mit bestimmten Texten.

Es zeigte sich recht bald, daß der aus den vorderasiatischen Religionen heraus gewonnene Assmannsche Kanon-Begriff in der Tat nur sehr bedingt auf andere religiöse Traditionen anwendbar ist. Insbesondere die recht starren Kriterien der Abgeschlossenheit und Unveränderbarkeit eines hochverbindlichen „kanonischen" Schriftkorpus finden sich in dieser Reinheit in keiner der auf der AKAR-Tagung untersuchten religiösen Schrifttraditionen. Zwar herrschte bei den Teilnehmerinnen und Teilnehmern mehrheitlich Einvernehmen über die generelle Nützlichkeit des Kanon-Begriffs, doch bestand auch ein breiter Konsens darüber, daß ein wesentlich erweiterter und flexiblerer Kanon-Begriff definiert werden muß, damit im Kontext der asiatischen Religionsgeschichte überhaupt sinnvoll über kanonische Sammlungen, Kanonisierungsprozesse usw. gesprochen werden kann. Es wurde konstatiert, daß es zwar in vielen Traditionen zu bestimmten Zeiten gleichsam zu „kanonischen Verhärtungen" kommt – man könnte auch sagen: zu Stauungen im Traditionsstrom, die die Fließgeschwindigkeit herabsetzen –, kaum aber zu endgültigen und vollkommenen Stillstellungen des Traditionsstroms. Besonderes Interesse galt in diesem Zusammenhang der Frage, welche politischen, kulturellen und sozialen Konstellationen solche kanonischen Verhärtungen begünstigen. Offen blieb dabei, ob Kanonisierungsprozesse stets bewußt vorangetrieben werden müssen, oder ob es auch unbewußte Kanonisierungsprozesse geben kann. Die Beantwortung dieser Frage hängt wiederum von der Starrheit bzw. Flexibilität des Kanon-Begriffs ab: Plädiert man eher für einen starren oder engen Kanon-Begriff, wird man argumentieren, daß ein Kanon nur dann vorliegt, wenn eine wie auch immer autorisierte Gruppe von Akteuren bewußt und explizit dessen Grenzen definiert; vertritt man einen weiteren und flexibleren Kanon-Begriff, mag es genügen, daß innerhalb einer bestimmten Tradition eine mehr oder weniger ausgesprochene Einigkeit darüber besteht, welche Texte (oder Praktiken etc.) einen hochverbindlichen Charakter besitzen und Gegenstand einer intensiven Text- und Sinnpflege sein sollten.

Weitgehende Einigkeit bestand wiederum darüber, daß die bisherige Kanon-Forschung als Produkt des Umgangs von Europäern mit den Traditionen des vorderen Orients zu einer Überbetonung der semantisch-kognitiven Seite von Texten neigt. Dabei gerät die in anderen Teilen Asiens erkennbare Möglichkeit eines eher virtuellen Kanons mit eher symbolisch-repräsentativem Charakter leicht aus dem Blick. So kann eine bestimmte Textgruppe gleichsam einen virtuellen, offenen und damit erweiterbaren Kanon symbolisch repräsentieren. In diesem Fall ergäbe sich die „Kanonizität" des Textkorpus oder des Einzeltextes weniger aus der normativen Hochverbindlichkeit des semantischen Gehalts eines Textes, als vielmehr aus seinem symbolischen Charakter als Repräsentant eines ideellen oder virtuellen Kanons, der sich nicht in Gänze materiell realisiert hat. Es liegt auf der Hand, daß in solchen Fällen der rituelle Umgang mit den Texten als Teil der „Textpflege" (z.B. Rezitation, ritualisierte Abschrift, Verehrung etc.) gegenüber dem intellektuellen Studium der Texte als Aspekt der „Sinnpflege" (z.B. Exegese, Kommentierung etc.) an Bedeutung gewinnt.

Außerdem wurde die Forderung nach einer Ausweitung des Kanon-Begriffs auf nicht-textuelle kulturelle Repräsentationsformen wie Bild, Ton und Performanz artikuliert. Zwar stimmte die Mehrheit diesem Postulat grundsätzlich zu, doch konnte nicht abschließend geklärt werden, welche Kriterien hier sinnvollerweise zur Anwendung kommen sollten. Auch die brisante Frage nach dem Zusammenhang von Kanonisierung und religionswissenschaftlicher Lehre an Hochschulen bedarf weiterer Diskussion. Es bestand keinerlei Dissenz darüber, daß die notwendige Reduktion des in der Lehre verwendeten Quellenmaterials leicht zu einer sekundären Kanonisierung führen kann und oft geführt hat. Dem Problem dieser nicht zu vermeidenden Selektion können Lehrende allerdings durch die Reflexion über die eigenen Auswahl- bzw. Kanonisierungs-

Kriterien sowie durch deren Offenlegung gegenüber den Studierenden kritisch begegnen. Solange das Problem der emischen wie der wissenschaftlichen Kanonisierungsvorgänge stets explizit thematisiert wird, läßt sich eine unbewußte Verfestigung normativer Selektionsstandards vermeiden. Wichtig wäre es in diesem Zusammenhang klarzustellen, daß in einem bestimmten Lehrkontext die Auswahl von Texten allein im Hinblick auf ein bestimmtes Erkenntnisinteresse erfolgt und nicht im Sinne einer wertenden „Kanonisierung" bzw. Abgrenzung „wichtiger" von „unwichtigen" Texten.

Die einzelnen Beiträge des vorliegenden Bandes analysieren spezifische Fälle von Kanonisierung und Kanonbildung in der asiatischen Religionsgeschichte. Sie zeigen, daß sich die angesprochenen Fragen nur durch die gründliche religionshistorische Erforschung dieser Prozesse ergeben und sich darauf basierend neue methodologische und theoretische Perspektiven anbieten.

Annette Wilke geht in ihrem Beitrag der Frage nach, ob oder in welcher Hinsicht der Veda als Kanon betrachtet werden kann. Sie zeigt, daß es ganz unterschiedliche Weisen gab (und gibt), den Veda als „kanonisch" zu konstruieren – sowohl in der indischen Tradition als auch in der westlichen Erforschung indischer Religionsgeschichte. In einer kritischen Würdigung des Assmann'schen Kanonbegriffs stellt sie fest, daß im Hinblick auf den Veda neben der „Stillstellung des Traditionsflusses" insbesondere die Rezeptions-, Diskurs- und Interaktionsgeschichte berücksichtigt werden muß. Ein wichtiger Grund dafür ist die Tatsache, daß der *Inhalt* des Veda in der Geschichte eine eher untergeordnete Rolle gespielt hat – im Unterschied zum *Klang*, der in der Rezitation erlebbar wird. Die Assmann'sche „Sinnpflege" ist viel weniger relevant als die von den Assmanns nicht berücksichtigte „Klangpflege", die Bewahrung der peinlich genauen Aussprache vedischer Texte. In der vedischen Tradition geht es nach Wilke daher nicht nur um Oralität (d.h. mündliche Überlieferung), sondern auch um Sonalität (das Klangerlebnis). Die Veda-Rezitation transportiert als Klangereignis für die Hörenden Stimmungen, Vorstellungen, Werte und Autorität, d.h. eine ganze Kulturform. Wilke weist darauf hin, daß Klang auch in anderen Segmenten indischer Kultur genutzt wird, etwa in den Mantras des Tantra, aber auch in Grammatik, Mathematik und Astronomie. Für die Kanonfrage bedeutet dies, daß es bei der Überlieferung und Rezeption des Veda mehr um „Imagepflege" als um Sinnpflege geht. Dies betrifft nicht nur die Bewahrung der Vorstellung, daß der Vedaklang mit besonderer Sakralität verbunden ist, sondern auch die Möglichkeit, andere Literaturen mit dem Bezug zum Veda zu legitimieren und aufzuwerten. Diese Nutzung des Images „des Veda" macht es aber auch unmöglich, von einem kohärenten vedischen Kanon zu sprechen. Wilke listet allein sechs Varianten der Eingrenzung des Veda als Kanon auf – innerhalb der indischen Tradition und in der westlichen Forschung – und weist damit auf ein grundlegendes Problem der Religionswissenschaft mit dem Kanonbegriff hin, nämlich zu bestimmen, wer die Definitionshoheit für „den Kanon" besitzen soll. Ihr Beitrag wirft schließlich die Frage auf, ob die Fixierung der Kanonforschung auf Schriftlichkeit nicht andere mögliche Kanonbildungen ausgeblendet hat, nämlich z.B. Kanonisierung durch Sonalität und Klangpflege, und ob solche Kanonisierungsformen möglicherweise auch in anderen religiösen Traditionen als der vedischen eine Rolle spielen, welche die Kanonforschung noch zu wenig zur Kenntnis genommen hat.

Angelika Malinar untersucht die Frage, ob oder in welcher Hinsicht der Kanon-Begriff in der Beschreibung des Hinduismus auch außerhalb des Veda anwendbar ist. Am Beispiel von Max Müllers „Sacred Books of the East" legt sie dar, daß westliche Forscher ab dem 19. Jahrhundert von der Kanonizität von Hindu-Texten ausgingen, auch um den Hinduismus als „Buchreligion" präsentieren und dem Christentum gleichstellen zu können. Es wäre jedoch verfehlt, die Textauswahl als rein willkürlich oder gar als koloniale Konstruktion eines westlichen „Orientalismus" zu betrachten. Wie Malinar im Folgenden zeigt, geht die Auswahl auf traditionelle Vorstellungen zurück, die sich in den von ihr vorgeschlagenen Begriffen „Kanon-Fundus" und „variabler Kanon" fassen lassen. Der hinduistische Kanon-Fundus umfaßt die Texte, die traditionell als *śruti-* („gehörte", d.h. offenbarte) und *smṛti-* („erinnerte", d.h. überlieferte) Literatur gelten. In diesem Fundus, der in der Gupta-Zeit (4./5. Jh.) in seinen bedeutenden Teilen greifbar wird und etwa bis ins 10. Jh. anwächst, gibt es zwar „kanonisierte" Textgattungen wie Upaniṣad oder Purāṇa, jedoch keine numerische Festlegung der zugehörigen Texte. Dieser Fundus bildet „ein Inventar autoritativer Texte, deren normative, sakrale, liturgische oder narrative Verbindlichkeit zwar konsensfähig ist, ohne dass jedoch sämtliche ihr zugerechneten Texte in einer bestimmten hinduistischen Gemeinschaft überliefert oder befolgt werden müssen." Mit der Herausbildung hinduistischer Religionsgemeinschaften (*sampradāya*) geht eine andere Form der Kanonbildung einher. Die Gültigkeit eines betreffenden Kanons ist auf die jeweilige Gemeinschaft beschränkt. Ein solcher „variabler", d.h. erweiterbarer, Kanon enthält nach numerischen (aber nicht geschlossenen) Listen ausgewählte Texte des allgemeinen Kanon-Fundus, aber zusätzlich für diese Gemeinschaft spezifische Texte, etwa die Lehren des Gründers und anderer herausragender Lehrer sowie religiöse Biographien dieser bedeutenden Persönlichkeiten. Alle diese Texte können eine Rolle in der performativen Praxis der Gemeinschaft spielen. Malinar illustriert dies am Beispiel der kanonischen Texte des kṛṣṇaitischen Madhva-Gaureśvara-*sampradāya*. Der Gründer dieser Gemeinschaft, Kṛṣṇa-Caitanya (1486–1533), hat nur acht Verse hinterlassen, die erst in der ihm gewidmeten religiösen Biographie Anfang des 17. Jahrhunderts als solche autorisiert – und damit kanonisiert – und separat überliefert und kommentiert werden. Das kanonische Korpus dieser Gemeinschaft umfaßt daneben als „offenbarten" Text das Bhagavatapurāṇa, das dem älteren Kanonfundus entnommen ist; die erwähnte Caitanya-Biographie, die diesen als Avatara präsentiert und so eine direkte Verbindung zum Bhagavatapurāṇa herstellt; ein Ritualhandbuch, das Riten erklärt und andere Verhaltensweisen regelt; und die von einzelnen Schülern Caitanyas verfaßten theologischen Lehrwerke. Überliefert werden diese Texte von verschiedenen Lehrer-Schüler-„Lineages", die dem Korpus jeweils religiöse Biographien hinzufügen. Eine zentrale Funktion in der religiösen Praxis dieser Gemeinschaft haben Mantras, die zwar einen textlich geringen Umfang haben, aber durch „endlose" Wiederholung die Gottheit evozieren können. Sie können daher wegen ihrer hohen Bedeutung als gesprochene oder gesungene Worte ebenfalls als kanonisch gelten. Malinar zeigt, daß in solchen hinduistischen Religionsgemeinschaften Performanz eine wichtige Rolle in der Pflege des Kanons spielt, eines Kanons, der auf eine Auswahl aus dem hinduistischen Kanon-Fundus fußt, kombiniert mit einem erweiterbaren und gruppenspezifischen „variablen" Kanon.

In seinem Beitrag zur Kanonisierung religiöser Biographien untersucht **Frank Neubert** Topoi im Diskurs über die beiden indischen „Heiligen" des 19. Jahrhunderts, Rāmakṛṣṇa und Vivekānanda. Dabei richtet er sein Augenmerk insbesondere auf das Verhältnis von Charisma und Kanon – oder besser: von Kanonisierung und „Charismatisierung" in einem prozeßhaften Sinne. Neubert kommt zu dem Schluß, daß Charismatisierung ohne eine bestimmte Form der Kanonisierung nicht denkbar ist. Für ein Verständnis des schwierigen Begriffs „Charisma" erweisen sich nach Neubert die Begriffe „Diskurs", „Text" und „Topos" als besonders hilfreich, denn Wissen über „charismatische Personen" wird häufig über Texte vermittelt, die – insofern sie sich eines einzigen Themas annehmen

– einen Diskurs formieren. Unabhängig von ihrer Gattungszugehörigkeit werden in diesen Texten gewisse Repräsentationen des Gegenstandes als Diskurselemente transportiert, die Neubert als Topoi bezeichnet. Diese können wahr sein, einen wahren Kern haben oder reine Fiktion sein. Häufig auftauchende Topoi nennt Neubert „machtvolle Topoi“, und diese bilden schließlich die Grundlage für eine Kanonisierung. Im Falle Rāmakṛṣṇas sei seine (im Grunde unhaltbare) Klassifizierung als Advaitin in einem philosophischen Sinne und weniger als Tāntrika solch ein machtvoller Topos. Doch beide Repräsentationen Rāmakṛṣṇas als Advaita und als Tāntrika haben jeweils in unterschiedlichen Schichten des Diskurses gleichsam kanonischen Status, denn sie sind festgeschrieben, obligatorisch und damit machtvolle Topoi. Im Falle Vivekānandas sei dessen angebliche Sendung zum World’s Parliament of Religions in Chicago ein machtvoller Topos. Indem solche Topoi sich im diskursiven Prozeß verfestigen, schaffen sie ein kanonisiertes Bild der charismatischen Persönlichkeit, die ihr Charisma eben durch die Kanonisierung entsprechender Topoi im Sinne der Zuschreibung außergewöhnlicher Fähigkeiten erst gewinnt.

Christoph Emmrich untersucht die für die Kanonfrage außerordentlich interessante Tradition des Jinismus und zeigt, wie die scheinbaren Besonderheiten dieser Tradition mit dem Blick der westlichen Forschung und deren Kanonbegriff verflochten sind. Die allseits bekannte „Ur-Erzählung“ von der Trennung der beiden Jaina-Richtungen (Śvetāmbara und Digambara), dem festgelegten Śvetāmbara-Kanon und dem fehlenden Kanon der Digambaras und dem darin gründenden „Kanonstreit“ kann als Produkt eines bestimmten zeitlichen Kontexts sowie einer klar rekonstruierbaren Forschungsgeschichte betrachtet werden. Neben der tatsächlichen Gestalt der vorgefundenen Texte gibt es in der Jaina-Tradition genau definierte Textlisten und damit Konstruktionen eines „Kanons“. Zu diesen Konstruktionen gehört auch die Vorstellung, daß – vom Titel genau bekannte – Texte verloren sind und daß dieser Verlust in der Geschichte prozessual fortschritt. Während die frühe Jainaforschung noch auf der Grundlage der ihr zugänglichen Texte und Listen einen Kanon definieren konnte, wurde im Laufe der Forschungsgeschichte immer deutlicher, daß es eine Vielzahl von Listen und von Konstruktionen der „Kanonarchitektur“ gegeben hat und bis ins 20. Jahrhundert hinein kein einheitlicher Śvetāmbara-Kanon exisitiert hat. Wie Emmrich zeigt, ist die Kanonproblematik besonders gut bei den Digambaras greifbar, die angeblich keinen „Kanon“ besitzen. Betrachtet man aber deren Literatur, lassen sich Textgruppen ausmachen, die „kanonischen“ Charakter besitzen, auch wenn westliche Forscher sich sträuben, den Begriff „Kanon“ zu verwenden – durchaus im Widerspruch zu ihren eigenen Erkenntnissen. Emmrich schlägt vor, nicht von einer strikten Trennung von „kanonischen“ und „nicht-kanonischen“ Texten und einer damit verbundenen starren Kanonisierung auszugehen, sondern vielmehr von dynamischen Prozessen der „Neukonfigurierung, -bewertung und -zusammenstellung von alten und neuen Texten“. Er fordert eine stärkere Fokussierung auf die Funktion der Texte für die religiöse Praxis und eine Auflösung der künstlichen Trennung von praxisrelevanten Texten und solchen, die symbolischen Wert besitzen. Diese Zusammenschau hat interessante Implikationen für die Kanondiskussion, weil man damit nicht bei Fragen von Authentizität, Fixierung und Schließung einer Textsammlung stehenbleibt, sondern auch die unmittelbare Relevanz von Texten an einem bestimmten, zeitlich und räumlich eingrenzbaren Punkt untersucht. Wenn bestimmte Texte an diesem Punkt für die agierenden Personen höchste Autorität besitzen, könnte man mit Recht fragen, ob sie nicht einen Kanon darstellen, ganz unabhängig von ihrer sonstigen Einbindung in die traditionelle Literatur.

James Hegarty untersucht in seinem Beitrag das Verhältnis von kanonischen und kommentariellen narrativen Textbeständen der Sikh. Er zeigt, theoretisch auf W.C. Smith und J. Assmann rekurrierend, auf, wie narrative Konstruktion – in seinem Falle in Form eines späteren „postkanonischen“ hagiographischen Werks über den Religionsstifter Gurū Nānak, die B40 *janam sākhī* – als exegetisches und kommentarielles Medium den Kanonisierungsprozess eines anderen, älteren Textes, des Gurū Granth Sāhib (vulgariter Ādi Granth) im Sinne einer Autorisierung befördern oder gar erst begründen kann. Gleichzeitig öffnet dieser Prozess der narrativen Kommentierung („interpretive engagement“), die den Kanon wieder in Raum und Zeit rückzubinden und somit historisch zu „aktualisieren“ vermag, jedoch die absolute und zeitlose Gültigkeit des kanonischen Korpus – in Hegartys Fall eben des Ādi Granth – zumindest hinsichtlich religiös-theologischer Ausdeutung. Hegarty zeigt, wie Zitate von Aussprüchen Gurū Nānaks und anderer *gurū*s im narrativen Text diesen als autoritativen Kommentar zum Kanon etablieren und damit in gewisser Hinsicht wiederum den Kanon „kanonisieren“. Zum anderen aktualisiert die *narratio* jedoch auch den kanonischen Text in einen historischen Kontext – eine Funktion, die dem Kanon seine Gültigkeit garantiert, die er ansonsten in veränderten politisch-soziale Verhältnissen womöglich verlieren könnte. Grundsätzlich erinnert das von Hegarty analysierte Material an die „Schließung“ des Pāli-Kanons, die im Lichte der Kommentartätigkeit des Buddhaghosa (siehe Freibergers und Salomons Beitrag) zu sehen ist, und verweist noch einmal deutlich auf die historische Relativität – die „Weichheit“ und „Durchlässigkeit“ – der beiden Kriterien der Geschlossenheit und Autorität für Kanones im asiatischen religionsgeschichtlichen Kontext.

Richard Salomon präsentiert in seinem Beitrag einen ausgezeichneten und konzisen historischen Überblick über die verschiedenen buddhistischen Textsammlungen. Er betont die Besonderheiten buddhistischer Kanonbildung und weist darauf hin, daß sich all die verschiedenen buddhistischen „Canons“ trotz ihrer Unterschiede durch die Merkmale ihres außerordentlichen Umfangs, ihrer Diversität und ihrer Nichtfestgelegtheit („flexibility“) auszeichnen, Merkmale, die in Spannung zu den Kriterien der absoluten Autorität und Geschlossenheit eines Kanons stehen (siehe dazu auch Oliver Freibergers Beitrag). Weitere formale Sondermerkmale buddhistischer Kanonbildung sind Redundanz und Repetition, die auf die frühe orale Tradierung verweisen, und sprachliche Diversität. Salomon weist mehrmals und zu Recht darauf hin, daß buddhistische Traditionen hinsichtlich ihrer autoritativen Textsammlungen größeren Wert auf die Wiedergabe der Essenz des *dharma* als auf die „Unverbrüchlichkeit“ der Form und des Umfangs legten. Die Möglichkeiten, die sich daraus für die Handhabung der umfangreichen Textmengen im buddhistischen Kontext ergeben, sind Auswahl („selection“), Verkürzung („abridgement“) und Anthologisierung („anthologization“). Salomon demonstriert diese „Techniken“ eindrucksvoll anhand der Texte der Gāndhārī-Manuskripte aus Nordwestindien, die sukzessive von ihm selbst und Mitgliedern seines Teams an der University of Washington in Seattle bearbeitet und herausgegeben werden. Gegenläufig dazu ist die Bündelung von ursprünglich eigenständigen Mahāyāna-Sūtras zu sehen. Im Rahmen einer starren Kanondefinition müsste man diese Exzerpierung aus dem vorauszusetzenden „kompletten“ Kanon als zumindest eine Tendenz zur Dekanonisierung bezeichnen; in einer offeneren Definition von Kanon könnte man dagegen, ähnlich wie in den von Christoph Kleine vorgestellten modernen Beispielen (siehe unten), von einer Subkanon-Bildung sprechen, die vom Standpunkt der Tradition jedoch wohl eher als Essentialisierung oder, um einen emischen Begriff zu verwenden, als Katechisierung angesehen würde.

Oliver Freiberger stellt in seinem Beitrag die Frage, aus welchen Gründen wir den sogenannten „Pāli-Kanon“ des Theravāda-Buddhismus als „Kanon“ klassifizieren. Ausgehend von einem in der Religionswissenschaft verwendeten Kanonbegriff, nach dem Normativität und Fixiertheit die wesentlichen Merkmale eines Kanons sind, untersucht er Ereignisse in der Frühgeschichte des Theravāda-Buddhismus, die üblicherweise als bestimmend für die Kanonbildung gelten. Schon in den „kanonischen“ Texten selbst werden Regeln zur inhaltlichen Selektion von autoritativen Texten erwähnt, doch als erster umfassender Kanonisierungsvorgang gilt das sogenannte erste „Konzil“ nach dem Tod des Buddha, bei dem alle Texte rezitiert worden sein sollen. Ein weiteres bedeutendes Ereignis ist die erste Niederschrift im 1. Jahrhundert v. Chr. Über den genauen Inhalt dieser frühen Sammlungen ist aber wenig bekannt. Erst mit den großen Kommentaren im 5. Jahrhundert gilt der Pāli-Kanon als endgültig abgeschlossen. Doch noch lange nach dieser scheinbaren Schließung des Kanons entstehen Texte, die von den „kanonischen“ inhaltlich und fomal kaum zu unterscheiden sind. Obwohl sie nicht in traditionellen Listen oder modernen Editionen erscheinen, werden sie in der Praxis genau wie die anderen autoritativen Texte verwendet. Daraus folgt, daß ein für alle Zeiten und Orte gleichermaßen verbindlicher, normativer und fixierter Kanon nicht bestimmt werden kann. Der Begriff Pāli-Kanon wurde von westlichen Forschern eingeführt, die damit eine buddhistische Entsprechung zum christlichen Kanon präsentieren konnten. Aus der Beobachtung, daß in der Geschichte des Theravāda-Buddhismus Kanonbildung immer von spezifischen Akteuren in spezifischen historischen Kontexten betrieben wird, ergibt sich die Formulierung einer allgemeineren These, nämlich daß nur in bestimmten Momenten der Religionsgeschichte spezifische religiöse, politische, ökonomische oder sonstige Umstände zu dem Wunsch führen, eine autoritative und fixierte Textsammlung zu definieren, deren genaue Gestalt zu anderen Zeiten für die Anhänger der Religion von untergeordnetem Interesse sein kann. Kanonisierung sollte daher nicht nur als Prozeßgeschichte, sondern auch als Ereignisgeschichte untersucht werden. Der Beitrag verdeutlicht auch die Ambivalenz des modernen Kanonbegriffs, der generell impliziert, daß es in einer religiösen Tradition eine überzeitlich definierbare Textsammlung gibt, die in der Tradition allgemein akzeptiert ist. Legt sich die Religionswissenschaft auf eine gültige Sammlung fest, erhebt sie die Version einer bestimmten Gruppierung innerhalb der Tradition zur allgemein gültigen und ignoriert damit andere Auffassungen über die Autorität überlieferter Texte.

Peter Schalk untersucht die Rolle des Kanons in der Verbreitung des Buddhismus im vormodernen tamilischen Südindien (Tamiḻakam). Er weist zunächst darauf hin, daß der Buddhismus dort in der prä-Pallava-Zeit (vor dem 4. Jahrhundert) – trotz seiner Präsenz im benachbarten Āndhra und Sri Lanka – außer in einigen peripharen Küstenorten nicht nachweisbar ist. Da aber die Existenz des Buddhismus aufgrund von Handels- und anderen Beziehungen bekannt gewesen sein muß und weil der Jinismus in den Quellen durchaus erscheint, vermutet Schalk, daß der Buddhismus bewußt nicht erwähnt wurde. Alle buddhistischen Texte, die zwischen dem 4. und dem 14. Jahrhundert in tamilischer Sprache verfaßt wurden – Dichtungen und didaktische Traktate – würden zusammengenommen den Umfang eines einzelnen modernen Buches nicht übersteigen, doch sie wurden nie systematisch gesammelt, geschweige denn als Kanon oder als Buddhawort deklariert. Es gibt keinen Hinweis darauf, daß kanonische Pāli-Texte je ins Tamil übersetzt wurden. Auch die in Tamiḻakam ansässigen Kommentatoren verfaßten ihre Werke in Pāli, was nach Schalk auf die generelle Abneigung des bedeutenden Kommentators Buddhaghosa in Sri Lanka und seines Teams gegenüber der tamilischen Sprache zurückzuführen ist. Doch der Versuch, den Buddhismus allein auf der Grundlage von Pāli in Südindien zu verbreiten, scheiterte. Der zeitweise Einfluß des Buddhismus beschränkt sich auf Mahāyāna-Elemente im śivaitisch-buddhistischen Synkretismus der Cola-Dynastie, in welchem der Buddhismus seine Abgrenzbarkeit bald verlor. Interessant ist auch hier der Vergleich mit den Jainas, die ihre Texte von Beginn an ins Tamil übersetzt haben und trotz der gleichen widrigen Umstände und Feindseligkeiten als eigenständige Tradition in Südindien überlebt haben. Schalk zeigt, daß neben anderen, politischen Umständen insbesondere der Unwille, den buddhistischen Kanon ins Tamil zu übertragen, eine signifikante Verbreitung des Buddhismus in Tamiḻakam verhindert hat.

Christoph Kleine stellt schon in der Überschrift zu seinem Beitrag die provozierende Frage, ob es eine buddhistische Bibel geben kann. Da die Bibel im europäischen Verständnis gleichsam der Prototyp eines Kanon ist, hängt die Frage nach einer buddhistischen Bibel mit der nach einer möglichen Kanonbildung im buddhistischen Kontext untrennbar zusammen. Zunächst fragt Kleine daher, ob es in der Geschichte des Buddhismus überhaupt jemals einen Kanon oder mehrere Kanones im Assmann'schen Sinne gegeben hat. Wie andere Autoren in diesem Band auch, plädiert Kleine für eine erweiterte Kanon-Definition, um die Übertragbarkeit des Begriffs auf außerchristliche Kontexte zu gewährleisten.

Insbesondere müsse man die Kriterien der Abgeschlossenheit und Unveränderlichkeit zumindest aufweichen. So könne es sich bei einem Kanon um ein für längere Zeit relativ abgeschlossenes Schriftkorpus handeln, das aber nach bestimmten Regeln und von autorisierten Institutionen verändert werden kann. Als hilfreich könne sich der Kanon-Begriff des Soziologen Alois Hahn erweisen, der Kanonisierung als Folge eines „Reflexivwerden der Traditionen" und einer „Selbstthematisierung einer Kultur oder eines ihrer Teilsysteme" sieht, in Zeiten, in denen die kulturelle Identität ihre Selbstverständlichkeit verliert. Auf der Suche nach möglichen buddhistischen Kanones befaßt sich Kleine zunächst mit den Authentizitätskriterien im Nikāya-Buddhismus und kommt zu dem Schluß, daß hier die Möglichkeit einer Erweiterung des autoritativen Schriftkorpus von vornherein akzeptiert wurde. So handle es sich um einen potentiell „offenen Kanon". Noch offener war der Mahāyāna-Buddhismus, in dem der Qualität und Funktion einer Lehrrede mehr Gewicht beigemessen wurde als ihrem Urheber. Darüber hinaus akzeptierte man im Mahāyāna diverse neue Offenbarungsquellen. Zwar bildeten die Kataloge des buddhistischen Schrifttums in China eine potentielle Basis für eine Kanonisierung, eine solche erfolgte jedoch faktisch nicht. Die Zusammenstellungen „großer Schriftensammlungen" im kaiserlichen Auftrag verfolgten im wesentlichen zwei Absichten, nämlich (1) möglichst vollständige Sammlungen buddhistischer Schriften bereitzustellen und (2) religiöses Verdienst durch das Kopieren der Schriften zu erwerben. Die Funktion der prinzipiell offenen und erweiterbaren Sammlungen war in erster Linie eine bibliographische und konservatorisch-archivarische. Allerdings kam es seit der Sui-Dynastie in China zur Herausbildung buddhistischer Sekten, die das gesamte Schrifttum wertend klassifizierten und gleichsam zwischen einem „Primärkanon" und einem „Sekundärkanon" unterschieden. Die „sektarischen Partikularkanones" sind nach Kleine die ersten und einzigen Sammlungen im vormodernen ostasiatischen Buddhismus, welche die Kriterien einer gewissen Dauerhaftigkeit und Unwandelbarkeit sowie der Hochverbindlichkeit erfüllen. Den modernen Sammlungen buddhistischer Schriften fehlten wiederum die Merkmale der „Hochverbindlichkeit" und der „Abgeschlossenheit". Kleine vermutet, daß das Fehlen eines Kanons hochverbindlicher Schriften von japanischen Buddhisten im 20. Jahrhundert gegenüber dem Christentum als Mangel empfunden wurde, weshalb man sich bemühte, der Bibel vergleichbare Schriftensammlungen der jeweils eigenen Denomination vorzulegen. Darüber hinaus gab es aber auch Bestrebungen, einen „überkonfessionellen" Kanon zu schaffen.

Ein Ergebnis solcher Versuche analysiert Kleine ausführlicher und konstatiert, daß diese Anthologie wohl kaum das Potential besitzt, eine Bibel für alle Buddhisten zu werden. Er kommt am Ende zu dem Schluß, daß es im ostasiatischen Buddhismus nie einen allgemeinverbindlichen Kanon gegeben hat, der auch nur die Minimalanforderungen von „Kanon" etwa im Sinne Assmanns erfüllt hätte.

Max Deegs Beitrag konzentriert sich auf den Kontext der Schaffung der modernen japanischen Edition des chinesischen buddhistischen Kanons, des *Taishō shinshū daizōkyō*, und kann damit im dokumentarischen Sinne als eine Weiterschreibung von Christoph Kleines detaillierter Beschreibung der Geschichte dieses Korpus gelesen werden. Auf analytischer Ebene zeigt Deeg auf, wie unter dem Einfluß westlicher Buddhismusforschung des 19. Jahrhunderts und einer mit dieser verbundenen positivistisch-historischen Kanonkonzeption, die sich am Sutta-Piṭaka (und in geringerem Masse am Vinaya-Piṭaka) des Pāli-Kanons als des die authentischsten buddhistischen Texte enthaltenden Korpus' im Sinne des Buddhawortes orientierte, die traditionelle Kanonarchitektur der chinesischen Sammlung von im Westen ausgebildeten japanischen Gelehrten wie Bunyō Nanjō und Takakusu Junjirō zum einen verändert wurde, zum anderen aber auch für die Inklusivierung von ursprünglich nicht im Kanon enthaltenen Texten geöffnet wurde. Nanjō hatte bereits vor den Printausgaben, die ab Ende des 19. Jahrhunderts gedruckt wurden, in seinem *A Catalogue of the Chinese Translations of the Buddhist Tripiṭaka, the Sacred Canon of the Buddhists in China and Japan* aus dem Jahre 1883 eine entsprechende Umstrukturierung des Ming-zeitlichen Kataloges, auf dem er letztlich basiert, vorgenommen. Dieser mehrschichtige Prozess mit Ausscheidung und Einschließung von Texten, Strukturierung und Umstrukturierung scheint die Kanonbildung des buddhistischen Schrifttums weit mehr geprägt und beeinflusst zu haben als es etwa die Wahrnehmung des Pāli-Kanons als eines geschlossenen Kanons, die ja, wie Oliver Freiberger und Richard Salomon zeigen, durchaus nicht problemlos ist, suggerieren würde. Die Tatsache, daß es ein wissenschaftliches Paradigma der Authentizität von Texten nach vorgeblicher historischer Originalität war, das im Falle des Taishō-Kanons (und seiner Vorläufer) zu einer Hierarchisierung der enthaltenen Texte führte, dem andererseits wiederum der wissenschaftliche Drang nach Vollständigkeit gegenüberstand, zeigt einmal mehr, daß die Vorstellung eines ein für alle Male geschlossenen und in seiner Struktur erstarrten Kanons hinsichtlich seiner kategorialen Funktionalität hinterfragt werden muß.

Mit einem ganz anderen geographischen und kulturellen Raum, vor allem aber mit ganz anderen Schwierigkeiten, hat sich **Jens Wilkens** in seinem Beitrag auseinanderzusetzen. In dem von Wilkens untersuchten Bereich ist vielfach nicht einmal mit Sicherheit zu sagen, welche Schriften zu welcher Zeit existierten. Bevor er sich mit einem möglichen buddhistischen Kanon der Uiguren befaßt, geht Wilkens aber auf die kanonisierungsähnlichen Prozesse der Aufnahme in bzw. des Ausscheidens bestimmter Texte aus den „Kanonkatalogen" des chinesischen Buddhismus ein, deren Kriterien oft im Ermessen des jeweiligen Erstellers eines Kataloges lagen. Darüber hinaus führten häufig politische Motive dazu, daß ein Text als „apokryph" eingestuft, offiziell von der weiteren Zirkulation ausgeschlossen und aus den Bibliotheken entfernt wurde. Trotz solcher Versuche, durch Zensur eine gewisse Kanonisierung herbeizuführen, hält auch Wilkens es für irreführend, von dem chinesischen oder dem tibetischen Kanon im Singular zu reden. Nachfolgend geht Wilkens auf die reichhaltige und vielfältige buddhistische Literatur der Uiguren ein. Ein Problem der Forschung zu einem möglichen buddhistischen Kanon der Uiguren besteht darin, daß sich in der Sekundärliteratur einige Hinweise auf einen solchen finden, die Autoren aber gewöhnlich keine Quellen angeben. Sicher ist, daß es nicht indische Texte waren, die man in der Frühzeit der uigurisch-buddhistischen Literatur übersetzte, sondern tocharische, die kein Äquivalent in anderen „kanonischen" Textsammlungen haben. Wilkens weist dementsprechend darauf hin, daß der kanonische oder nicht-kanonische Rang eines Werkes der uigurischen Literatur nicht mit Blick auf andere „Bezugskanones" zu ermitteln sei. Man müsse vielmehr traditionsinterne Kriterien wie Verbreitung, Zeitresistenz, Häufigkeit von Abschriften, Textgebrauch etc. beachten. Er zeigt, daß uigurische Buddhisten bei der Auswahl der zu übersetzenden Texte die kanonische Position der Vorlage nicht berücksichtigten oder gar nicht kannten, und stellt daher die Frage, ob sie selbst an der Schaffung eines unabhängigen Kanons überhaupt interessiert waren. Wilkens geht davon aus, daß es keine bewußte, wohl aber eine „unbewusste Kanonisierung" gegeben habe. Einen weiteren Ansatz zur Klärung der Frage nach einem Kanon bei den alten Uiguren sieht Wilkens in den Sammelhandschriften bzw. Sammeldruckausgaben. Es sei zu überprüfen, ob diese Hinweise auf beginnende Kanonisierungsprozesse durch Anthologisierung liefern. Allerdings seien die ausschlaggebenden Gründe für die Anfertigung von Sammelhandschriften in den meisten Fällen nicht mehr zu klären. Unter anderem deshalb könnten allein aus ihrer Existenz unmöglich Hinweise auf eine Art „Staatsexemplar" eines uigurischen Kanons gewonnen werden. Doch für Wilkens gibt es noch weitere Gründe, die gegen einen uigurischen Kanon sprechen. So fehlen unter den erhaltenen oder durch Fremdzeugnisse belegten uigurisch-buddhistischen Texten bestimmte wichtige Textgattungen. Wenn bei den Uiguren also keine kanonischen Textsammlungen im engeren Sinne zusammengestellt wurden, so kann man – vom Begriff der „unbewußten Kanonisierung" einzelner Werke ausgehend – trotzdem danach fragen, welche Kriterien den kanonischen oder quasi-kanonischen Status buddhistischer Werke bei den Uiguren begründeten. Resümmierend konstatiert Wilkens, daß es, soweit feststellbar, bei den uigurischen Buddhisten offenbar nie zu einer „Stillstellung des Traditionsstromes" gekommen ist und es daher auch keinen Kanon im Sinne Assmanns gab. Es habe nur Kanonisierung als (unbewußten) Prozeß und kanonische Schriften, aber keinen festen Kanon gegeben.

Karénina Kollmar-Paulenz kündigt bereits im Titel zu ihrem Beitrag über Kanon und Kanonisierung in der buddhistischen Mongolei an, daß sie eine Neubestimmung des Kanonbegriffs in der Religionswissenschaft für notwendig hält. Wie die meisten Autoren in diesem Band kritisiert sie die ganz selbstverständliche und oft unreflektierte Anwendung des Kanon-Begriffs auf die großen Textsammlungen asiatischer Religionen. Es sei notwendig, auf der Grundlage der empirischen Befunde anderer Traditionen zu einem neuen Kanon-Begriff zu kommen, der auch außerhalb der vorderasiatischen Traditionen anwendbar ist. Bei dem von ihr untersuchten mongolischen buddhistischen „Kanon" handelt es sich um die Übersetzung des tibetischen *bKa' 'gyur* und des *bsTan 'gyur*, also des sogenannten „tibetischen Kanon". Die erste Übersetzung einer der tibetischen *Kanjur*-Redaktionen ins Mongolische erfolgte zu Beginn des 17. Jahrhunderts. Aus dem empirischen Befund zur Überlieferungsgeschichte des mongolischen Kanjur läßt sich nach Kollmar-Paulenz folgern, daß die mongolischen *Kanjur*-Sammlungen keine festgelegte Textabfolge besitzen, daß sie inhaltlich voneinander abweichen können, oft Dubletten von Texten enthalten, nach bisher unbekannten Kriterien immer neu bearbeitet wurden und keine geschlossenen, sondern „offene" Textsammlungen waren. Welche Kriterien der Inklusion und Exklusion es gab, ist indes unklar. Daraus folgt mit Blick auf Assmanns Kanonmodell, daß der mongolische „Kanon" nicht „geschlossen" ist in dem Sinne, daß nichts mehr hinzugefügt oder weggenommen werden dürfte. Nun stelle sich aber die Frage, ob eine solche Feststellung zu der Konsequenz führen sollte, den tibetischen und mongolischen *Kanjur* und *Tanjur* aus den großen Kanon-

Traditionen auszuschließen. Bei den *Kanjur*-Sammlungen handele es sich andererseits nämlich auch nicht um Korpora, die vollkommen offen für neue Offenbarungen und Erkenntnisse wären. Allein die Möglichkeit des Auffindens einer als endlich gedachten Menge von Buddha-Worten begründet die prinzipielle Offenheit des tibeto-mongolischen buddhistischen *Kanjur.* Ziel jeder *Kanjur*-Redaktion sei also eine faktisch nie zu erreichende Vollständigkeit. Der *Kanjur* besitze insofern „Kanonizität", als ihm absolute, nicht hintergehbare religiöse Autorität zugesprochen wird. Kanonizität ergebe sich im tibeto-mongolischen Kontext also nicht durch Schließung und Endgestalt eines Textkorpus, sondern aus der Hochverbindlichkeit des authentischen Buddha-Wortes. Um der Gefahr zu begegnen, mit dem Verzicht auf komparatistische Begriffe einem auch politisch brisanten Trend in den Kultur- und Sozialwissenschaften das Wort zu reden, die prinzipielle Andersartigkeit verschiedener Kulturen zu postulieren, plädiert Kollmar-Paulenz dafür, einen modifizierten Begriff von Kanon und Kanonisierung beizubehalten. Unter Berufung auf Alois Hahn schlägt Kollmar-Paulenz vor, einen Kanon als Teilsegment einer Kultur zu definieren, das diese in ihrer Gesamtheit repräsentiert. Von diesem Kanon-Begriff ausgehend fragt Kollmar-Paulenz nach historischen Ereignissen in der Mongolei, die die Notwendigkeit einer Reflexion über die eigene Identität mit sich brachten, und findet diese im Tod Činggis Qans 1227 sowie in der Ende des 16. bzw. zu Beginn des 17. Jahrhunderts erfolgenden umfassenden Bekehrung der mongolischen Völker zum tibetischen Buddhismus, die eine vollständige Kanjur-Übersetzung hervorbrachte.

Lauren Pfister gibt in seinem Beitrag einen detaillierten Überblick und eine Analyse eines westlichen „Übersetzungskanons" („canon-in-translation"). Er zeichnet den westlichen Rezeptions- und Konstruktionsprozeß der chinesischen Klassiker als Kanon durch die Edierungs- und Übersetzungstätigkeit des britischen Missionars und Sinologen James Legge und – als Vergleichsparameter – seines deutschen Kollegen Richard Wilhelm nach. Pfister zeigt, wie Legges „Kanonisierung" eines bestimmten klassischen Literaturkorpus', der konfuzianischen – hier korrekter als „Ruist", nach dem chinesischen Begriff Ru 儒 (oder Rujia 儒家) für den sehr weitgesteckten Traditionskontextes, der mit Konfuzius (Kongzi 孔子) in Verbindung gebracht wird, bezeichnet – Klassiker („classics"), in Zusammenhang mit der Herausgabe von Max Müllers Sacred Books of the East erweitert und zu einem religiösen Übersetzungskanon („sacred books") wurde, der auch Texte daoistischer Provenienz aufnahm. Pfister zeigt auf, wie hierbei Legge von den chinesischen Bestimmungskriterien (Auswahl, Anordnung) eines klassischen Kanons (*jing* 經) abweicht und dabei sowohl von ideologisch-strategischen („religiösen") wie auch von pragmatischen Überlegungen ausging. Im Gegensatz zu Legges anfänglicher Ru-Zentriertheit inkorporierte Wilhelm von Beginn an daoistische Texte in seinen Übersetzungskanon, und Pfister verweist sicherlich zu Recht – man ist eher geneigt zu sagen mit einem gewissen Understatement – auf die Erhebung des *Yijing* (in Übersetzungen von Wilhelms Übersetzungen!) zu dem kanonischen religiösen Text *kat exochon* des chinesischen Altertums, der zumindest die Wahrnehmung chinesischer Religion und Religiosität im deutschsprachigen Kulturraum des 20. Jahrhunderts maßgeblich beeinflusst hat.

Florian Reiters Beitrag beschäftigt sich mit der daoistischen Kanonbildung. Er gibt einen historischen Überblick, aus dem deutlich wird, daß die Zusammenstellung daoistischer Texte in einem Großkorpus im Zusammenhang mit entsprechenden buddhistischen Bemühungen zu sehen sind, die Christoph Kleine in seinem Beitrag eingehend diskutiert hat. Daoistische Sammel- und Kompilationstätigkeit, die in die Erstellung von „Kanonbibliotheken" (siehe Christoph Kleines Aufsatz) resultierten, orientierten sich an den kaiserlichen Großbibliotheken, und Reiter verweist zu Recht auf den offiziellen Charakter solcher Sammeltätigkeiten, deren Ergebnisse bis heute Gültigkeit besitzen. Schon die frühen Kataloge kaiserlicher Bibliotheken reflektieren eine deutliche Kategorisierung und enthalten bereits eine „daoistische" Abteilung mit Unterabteilungen, ohne daß man damit natürlich bereits auf einen daoistischen Kanon schließen könnte. Im Gegensatz zu den Authentizitätskriterien der buddhistischen Sammlungen lassen sich hier zunächst einmal thematische Kriterien greifen, die um die „Pflege des menschlichen Lebens" im makro- und mikrokosmischen Sinne, im sozialen und individuellen Kontext kreisen, aber schon früh durch das Legitimationskriterium der „Offenbarung" erweitert werden, das sich im Zusammenhang mit der Etablierung des Himmelsmeister-Daoismus gegen Ende des zweiten Jahrhunderts greifen läßt, die die Tradition an den apotheisierten Laozi und die diesem zugeschriebene „Urschrift" *Daode-jing* rückbindet. Auch hier und bei den sich in den folgenden Jahrhunderten etablierenden Denominationen kann man trotz zu beobachtender Exoterisierung, literarischer Elitisierung und der Vertextlichung der Lehrtraditionen noch nicht von Kanonbildung sprechen, zumal der Strom der Offenbarung einer – sei es auch nur relativen – Schließung eines Korpus entgegenstand. Unter dem Eindruck der dreiteiligen Grundanlage des buddhistischen „Kanons“ und, wie Reiter vermutet, wohl auch durch die staatlichen Zwang entstanden im Laufe des fünften Jahrhunderts offenbar dreiteilige Schriftensammlung einzelner Schulen wie der Shangqing und Lingbao, die im achten Jahrhundert unter den Tang-Herrschern unter nun kaiserlicher Ägide durchgeführt wurden. Reiter betont, daß die Kompilation kanonähnlicher Korpora im chinesischen Kontext deutlich in Zusammenhang mit offiziell-kaiserlicher Enzyklopädierung und Wissensverwaltung steht, und verweist auf das Bemühen um Parität des „Wissenspools“ der drei Lehren, Konfuzianimus, Daoismus und Buddhismus.

In seinem Beitrag über textbasierte Legitimationsstrategien im japanischen Shintō konstatiert **Bernhard Scheid**, daß der Shintō, der allgemein als Religion ohne Gründer und ohne schriftlichen Kanon beschrieben wird, mehrfach Versuche unternommen hat, so etwas wie einen Kanon zu schaffen. Man könne sogar behaupten, daß erst mit der Suche nach einer schriftlich fixierten Lehre inklusive eines „Kanons“ von Lehrschriften ein bis heute unabgeschlosser Prozeß der Verselbständigung des Shintō gegenüber dem Buddhismus in Gang kam. Auch Scheid stellt aber fest, daß es in bezug auf den Shintō zwar zur Entstehung eines „kanonischen Feldes“ oder eines „Kanon-Fundus“ gekommen sei, eine „kanonische Schließung“ jedoch niemals stattgefunden habe. Einen Hauptgrund hierfür sieht Scheid im Fehlen einer zentralen theologischen Autorität, die Kriterien für die Erstellung eines Kanons aufstellen könnte. Mit den Reichschroniken des frühen 8. Jahrhunderts – *Kojiki* und *Nihon shoki* – sieht Scheid allerdings einen „Kanon-Fundus“ für den Shintō gegeben, im *Engishiki* aus dem 10. Jahrhundert sieht er einen Repräsentanten eines „kanonischen Feldes“. *Kojiki*, *Nihon shoki* und *Engishiki* besitzen nach Scheid ein wichtiges Kriterium für eine kanonische Schrift, insofern sie im staatlichen Auftrag als für die Allgemeinheit bestimmtes Erinnerungsdenkmal konzipiert wurden. Demnach könne man die drei Texte durchaus als kanonische Texte betrachten, allerdings zunächst nicht als religiöse, sondern als juristische bzw. staatsgeschichtliche Texte. Dennoch finde man bereits in den religionsgeschichtlich relevanten Quellen des japanischen Altertums die Umrisse eines kanonischen Feldes der Kami-Religion – des späteren Shintō – vor. Es gab weder inhaltliche Kriterien, nach denen einzelne Texte als „shintōistisch“ zu charakterisieren waren, noch formale Regeln oder Listen, die einen shintōistischen Kanon hätten definieren können, oder auch nur eine religöse Kommentarliteratur. Die Anfänge einer shintoistischen Selbstreflexion als Voraussetzung für Identitäts- und Kanonbildung sieht Scheid in den synkretistischen Ideen des Ryōbu- und des Watarai-Shintō des japanischen Mittelalters. Infolge des Nachdenkens über die einheimischen Götter kam es zu einer Produktion apokrypher Schriften, die man als Versuch werten könnte, den antiken Chroniken einen „Kanon" einheimischer Mythen entgegenzusetzen. Im Spätmittelalter wurde im sogenannten Yoshida-Shintō das neue Shintō-Konzept des Watarai-Shintō erstmals in eine Form gebracht, die sich bewußt vom Buddhismus abgrenzte und überdies als eigenständige Religion praktikabel war. Dazu gehörte das „Auffinden" geheimer Schriften, die wegen ihres angeblich hohen Alters „kanonischen Charakter" besaßen. Zugleich griff man auf den „kanonischen Fundus" des japanischen Altertums zurück. Vor allem das *Nihon shoki* war im Yoshida-Shintō nicht nur zum Gegenstand der „Textpflege", sondern nun auch erstmals „der Sinnpflege" geworden. Eine „kanonische Schließung" hat es aber auch im Yoshida-Shintō nicht gegeben, und dem Shintō eignete stets ein „anti-kanonisches" Element, insofern das Fehlen einer verbindlichen Lehre und die damit einhergehende Verzichtbarkeit eines Kanons von Lehrtexten mit Verweis auf die Totalität der Kami, die alles einschlösse und daher keiner gesonderten Lehre bedürfe, zum Überlegenheitsmerkmal des Shintō umgedeutet wurde. Auch in der frühen Neuzeit gab es z.B. im Kontext der nativistischen „Schule des Landes" (*kokugaku*) Versuche, die ursprüngliche Religion Japans auf der Grundlage des antiken „Kanon-Fundus" zu rekonstruieren, wobei hier wiederum das Fehlen verbindlicher Lehrschriften als Beleg für die „Natürlichkeit" des Shintō gewertet wurde. Noch heute, so argwöhnt Scheid, wird der Topos der Nicht-Existenz eines Kanons im Shintō in stereotyper Weise im Rahmen japanischer Selbstbehauptungsdiskurse aufgegriffen.

Die hier vorliegenden Studien zum Hinduismus, Jinismus, Sikhismus, Buddhismus, Konfuzianismus, Daoismus und Shintō leisten nicht nur ihren eigenen Beitrag zu den jeweiligen Fachdiskursen, sondern sind auch von besonderem Wert für die Theoriebildung in der Religionswissenschaft. Wir sind zuversichtlich, daß sie zur Überwindung der Engführung der Kanon-Diskussion auf den vorderasiatischen und europäischen Raum beitragen und die weitere religionswissenschaftliche Kanon-Forschung nachhaltig befruchten werden.

Der Veda als Kanon des Hinduismus?

Neue Aspekte zur Kanondebatte

Annette Wilke

1. Problemanzeige

1.1 Kanonische Variationen

Am Anfang der westlichen akademischen Erforschung asiatischer Religionskulturen Mitte des 19. Jahrhunderts stand die Feststellung kanonischer Werke durch den Oxforder Sprach- und Religionsforscher Max Müller:

> Durch eine Reihe glücklicher und unvorhergesehener Ergebnisse ist es gelungen, die kanonischen Bücher von drei Hauptreligionen der Alten Welt wieder zu erlangen, den Veda, den Zendavesta und das Tripiṭaka ... Ausser den beiden Familien arischer und semitischer Religion haben wir noch in China allein drei anerkannte Formen des öffentlichen Cultus, die Religion des Confucius, des Lao-tse und des Fo (Buddha). Auch hier haben neue Forschungen neues Leben geschafft und den Zutritt zu den kanonischen Werken dieser Religionen.[1]

Müller bestimmt hier den Veda als „Kanon" des Hinduismus bzw. des brahmanischen Indien und verwendet den Kanonbegriff auch für ganz bestimmte Sakralliteraturen anderer asiatischer Religionskulturen. Diese bilden die Basistexte der *Sacred Books of the East*, des von Müller initiierten ersten großen religionswissenschaftlichen Drittmittelprojekts überhaupt. Die Reihe sollte ursprünglich vierundzwanzig Bände umfassen und schwoll schließlich auf fünfzig an (inkl. Index-Band). Der erste Band enthält eine Sammlung von Upaniṣads, also spätvedische Texte philosophischen Inhalts, und auch weitere Bände zum Hinduismus sind ausschließlich vedischen Texten und Veda-basierten Gesetzestex-

[1] Max Müller, „Vorrede", in *Essays: Erster Band: Beiträge zur vergleichenden Religionswissenschaft,* 2. vermehrte Auflage (Leipzig: Verlag Engelmann, 1879), ix, xi.

Max Deeg, Oliver Freiberger, Christoph Kleine (Hrsg.), *Kanonisierung und Kanonbildung in der asiatischen Religionsgeschichte.* VÖAW: Wien 2011, pp. 1–56.

ten sowie der *Bhagavadgītā* gewidmet.[2] Den von ihm selbst übersetzten *Ṛgveda* (Bd. 32) – der älteste Teil der vier vedischen Sammlungen, den er auch erstmals editiert hatte (6 Bde., 1849–73) –, hielt Müller für die herausragendste kanonische Schrift Indiens.[3] Müller setzte Standards in der Forschung: Über viele Jahrzehnte war die Erforschung des Veda der Indologie liebstes Kind. Und er setzte Standards für hinduistische Reformer: In deren Definition des Hinduismus spielt bekanntlich der Veda und insbesondere der Vedānta, d.h. die Upaniṣads und deren Systematik, die zentrale Rolle.[4]

Mitte des 19. Jahrhunderts schien es noch klar, was Kanon in Indien ist. Mitte des 20. Jahrhunderts weitete sich der indologische Blick auf Sakralliteraturen des indischen Subkontinents, die in der gelebten Praxis über Jahrhunderte oft eine entscheidendere Rolle als der Veda spielen. Insbesondere kam nun die Pluralität der Hindu-Traditionen in den Blick und die Vielfalt autoritativer Texte in Sanskrit und Lokalsprachen. Manche sind „kanonisch" nur für bestimmte „sektarische" Gruppen oder Regionaltraditionen, ein beachtlicher Teil, insbesondere die beiden Epen *Mahābhārata* und *Rāmāyaṇa* und die Purāṇas, sind aber auch panindisches Allgemeingut und über kulturelle Performanzen wie Tanz und Festkultur ein gemeinsamer Grundstock kollektiv geteilten Wissens, aus dem

---

[2] Zur programmatischen Auswahl vgl. Max Müller, „Program of a Translation of the Sacred Books of the East," in *The Sacred Books of the East*, Bd. 1 (Oxford: Clarendon Press, 1879), xliv f. http://www.sacred-texts.com/sbe/index.htm. Ursprünglich geplant war auch „one at least of the Purāṇas" und zwar das Vāyu-Purāṇa. Der Plan konnte aber nicht verwirklicht werden, weil der indische Übersetzer, der die Aufgabe übernehmen sollte, frühzeitig verstarb.

[3] Nach Müller („Vorlesung über die Vedas", *Essays*, 8f.) ist spezifischerweise der *Ṛgveda* der „Kanon des Brahmanentums", die „Bibel Indiens", die „wahre Bibel der alten Vedischen Rischis" und „Veda *par excellence*", was mit seiner Spurensuche nach religiösen Gründungstexten und ältesten Quellen der Menschheit zu tun hat und nicht auf die emische Sicht und die gelebte Praxis rekuriert, wo der *Sāmaveda* als exzellentester Veda gilt (*Bhagavadgītā* 10.22) und in Sachen Verbreitung der *Yajurveda* den prioritären Rang hat (vgl. Michael Witzel, „Regionale und überregionale Faktoren in der Entwicklung vedischer Brahmanengruppen im Mittelalter", in *Regionale Tradition in Südasien,* Hg. H. Kulke und D. Rothermund [Wiesbaden: Steiner 1985], 37–76, insb. 46).

[4] Vgl. Wilhelm Halbfass, *Indien und Europa: Perspektiven ihrer geistigen Begegnung* (Basel: Schwabe, 1981); Ronald Inden, *Imagining India* (Oxford: Blackwell, 1990); Richard King, *Orientalism and Religion: Postcolonial Theory, India and ‚The Mystic East'* (London: Routledge, 1999); Hans Kippenberg und Kocku von Stuckrad, *Einführung in die Religionswissenschaft* (München: Beck, 2003), 41–48.

frei geschöpft und kombiniert wird.[5] Zu Recht spricht Angelika Malinar im vorliegenden Band von einem „Kanon-Fundus". Noch wenig erforscht und komplexitätssteigernd sind jedoch Osmoseprozesse, wie sie etwa der südindische Gelehrte Niddodi Ramacandra Bhatt im Jahr 2000 in seinem Band *La Religion de Śiva* geltend gemacht hat. Nach Bhatt ist der heutige Hinduismus aus der wechselseitigen Verschmelzung zweier distinkter Traditionsströme entstanden: dem vedischen und dem tantrischen, bzw. geht auf die wechselseitige Beeinflussung zweier Offenbarungen (zweier Schulen von *śruti*) zurück: die Veden und die Āgamas.[6] Im Unterschied zu den Veden und auch den Epen und Purāṇas waren die Āgamas bis vor wenigen Jahrzehnten Forschern praktisch unzugänglich.[7] Es handelt sich nach Bhatt um eine Paralleltradition zum Veda von wahrscheinlich hohem Alter und um die wichtigste und ursprünglichste Quelle der heute praktizierten Götterverehrung (*devapūjā*).[8] Er stellt fest:

> Aujourd'hui les matières āgamiques ont pénétré dans les rituels védiques à tel point que, à première lecture, on ne peut s'apercevoir que les deux écoles ont pu être distinctes à une époque plus ancienne de l'historie … Une vue populaire de la religion est qu'elle est un pouvoir supérieur visant à l'obtention d'une condition divine ou à écarter les maux de la vie terrestre. Son essence est le culte. Et cela forme le sujet principal des Āgama.[9]

---

5 Der Einfluss der Epen und Purāṇas auf hinduistisches Leben und Denken war immens. Zu Recht stellt Milton Singer (*When a Great Tradition Modernizes: An Anthropological Approach to Indian Civilization* [New York: Praeger, 1972], 76) fest: „The very tissue of the culture is made from purāṇic themes. Practically every cultural performance includes one – in song, dance, play, recitation, and exposition."

6 Niddodi Ramacandra Bhatt, *La Religion de Śiva*. Traduction française par Pierre-Sylvain Filliozat (Palaiseau: Éditions Āgamat, 2000), 23. Nach traditionellen emischen Listen gibt es 28 Śaiva-Āgamas und 64 Tantras.

7 Bhatt, *Religion de Śiva*, 38f. Dank Bhatts Leitung von Manuskriptkollationen und seinen kritischen Editionen der Śaiva Āgamas im Französischen Institut für Indologie in Pondicherry konnten in den letzten vierzig Jahren wesentliche Fortschritte in der Erforschung von Śivaismus und Tantra gemacht werden.

8 Bhatt, *Religion de Śiva*, 27–28. Da bereits Pāṇini (5. Jh. v. Chr.) die Existenz eines (unvedischen) Bilderkults belegt, über dessen Durchführung wir allerdings nichts wissen, haben die śivaitischen Āgamas möglicherweise ein sehr altes Substrat; jedenfalls ist in ihnen diese Form der Verehrung am detailliertesten ausgearbeitet (ebd. 22ff., 38). Aus der Erwähnung von "Śiva-Bhāgavatas" beim Grammatiker Patañjali (2. Jh. v. Chr.) läßt sich schließen, daß die Verehrung Śivas zu dieser Zeit eine breite Basis in der (nicht-arischen?) Bevölkerung besaß (vgl. Heinrich von Stietencron, *Der Hinduismus*. München: Beck 2001, 63).

9 Bhatt, *Religion de Śiva*, 27. Trotz seiner fundamentalen These einer späteren Vermischung konstatiert Bhatt durchaus regionale Unterschiede: Während im Verlauf der Geschichte nordindische Tempel der vedischen Schule folgten, orientierten sich sü-

Der portugiesische Historiker Diogo do Couto (1542–1616), einer der besten Indienkenner seiner Zeit,[10] bestätigt auf der Schwelle des späten 16. und frühen 17. Jahrhunderts in irritierender Weise sowohl Müllers wie auch Bhatts Befund. Er berichtet, daß indische Informanten ihm mitteilten, es gebe vier Veden – hierin scheint zunächst Übereinstimmung mit Müller zu herrschen. Weit näher an Bhatts Befund ist jedoch die Präzisierung derselben Informanten: Die vier Veden seien weiter unterteilt in insgesamt 52 Schriften (*corpos membros articulos*), nämlich sechs Śāstras, achtzehn Purāṇas und 28 (Śaiva) Āgamas. Der Vedabegriff ist hier also auf eine Reihe hinduistischer Sakralliteraturen ausgedehnt, deren Zahl in Listen „kanonisiert" ist. Bhatt geht in seiner Rekonstruktion des Śivaismus von einer analog komplexen Quellenlage aus, bezieht aber auch südindische rituelle Praxis mit ein. Seine Basis sind neben den Āgamas vedische, epische und purāṇische Quellen sowie konkrete Tempelriten. Gleichwohl ging Müller in seiner Aussonderung des Veda anscheinend doch nicht vollständig fehl: auch für Diogos Informanten war der Veda offenbar „kanonischer" Bezugspunkt.

Die aufgeführten Zeugnisse illustrieren die Schwierigkeiten und Komplexität, welchen sich ein „kanonischer Zugang" zum Hinduismus zu stellen hat. Sie werfen Fragen nach der Anwendbarkeit des Kanonbegriffs für den Hinduismus auf, fordern einen eingehenderen Blick auf den Veda heraus und illustrieren die Notwendigkeit, die unterschiedlichen Repräsentationssysteme und Diskurswelten, in die die jeweiligen Aussagen zum Veda eingebettet sind, näher zu beleuchten. Ganz allgemein gilt für jede Erforschung der Kanonfrage, daß die Interdependenz von Rezeptionsgemeinschaft und Text miteinzubeziehen ist. Kanongeschichte ist nicht zuletzt als Diskursgeschichte zu untersuchen und erklärt sich eher aus der Wirkungsgeschichte bestimmter Texte als aus ihren Ursprüngen. Müllers Wissenschaftsprogramm war programmatisch auf religiöse

dindische Tempel an den Ritualen, die in den Āgamas vorgeschrieben werden (ebd. 28).

[10] Zu Diogo's Veda-Verständnis vgl. Ludo Rocher, „Max Müller and the Veda", in: *Mélanges Armand Abel*, Vol. III, Hg. A. Destrée (Leiden: Brill 1978), 221–235, hier: 223. Rocher geht fälschlicherweise von der Annahme aus, Diogo sei Missionar gewesen. Zum Historiker Diogo: Jörg Fisch, „Der Niedergang des Abendlandes im Morgenland. Diogo do Couto (1542–1616) und die portugiesische Herrschaft in Asien", in *Niedergang: Studien zu einem geschichtlichen Thema*, Hg. R. Koselleck und P. Widmer (Stuttgart: Klett-Cotta, 1980), 148–171.

Gründungstexte ausgerichtet,[11] doch lassen sich auch emische Gründe geltend machen, warum der Veda vor allen anderen Sakralliteraturen des Hinduismus Kanon genannt werden kann. Die Materialien zeigen jedoch deutlich, daß es Diskrepanzen zwischen „etischer", wissenschafts-rezeptionsgeschichtlicher Kanonbildung und traditionell-autochthoner, d.h. aus dem Land selbst stammender „emischer" Kanonbildung gibt und folglich die Notwendigkeit besteht, nicht nur die indigene Kanonbildung, sondern auch die akademische Kanonbildung der Forscher zu thematisieren. Dies gilt nicht nur für den Hinduismus, aber für diesen in ganz besonderer Weise. Zwar ist die heutige Forschung ein gutes Stück weiter als Max Müller, aber dennoch gibt es Strukturmuster, die nachwirken. Was sich in der gelebten Praxis und was sich in der Wissenschaftsgeschichte als „Kanon" oder fester Traditionsbestand durchgesetzt hat und autoritative Kraft erhielt, kann teilweise sehr unterschiedlich sein.

Unter anderem tendierte die Fixiertheit der akademischen Forschung auf Textualität und Semantik dazu, andere zentrale Dimensionen wie Rituale, performative Praktiken, auditive und ikonographische Repräsentationssysteme usw. auszublenden und damit auch andere mögliche Formen von „Kanonbildung". Mit der Aussonderung bestimmter Textsorten und der Übergewichtung von „Ursprungstexten" definierte man Echtheits- und Reinheitskriterien, die nicht notwendigerweise mit dem übereinstimmen, was in süd- und südostasiatischen Regionaltraditionen an Texten und Traditionen sanktioniert und durch Transmission legitimiert wurde.[12] Noch mehr aus dem Raster fiel, was durch Osmoseprozesse weiterentwickelt und erneuert wurde. Man bewertete tendenziell das Neue als das Mindere, als suspekt, als „Abweichung" von der „wahren Tradition". Kaum war man sich der Defiziens des eigenen Instrumentariums bewusst, das geringe Flexibilität zeigte, die Fluidität einheimischer

---

[11] Vgl. Müller, *Essays*, xx–xxi, 8f., 49f., 202 u.a. Vgl. auch Max Müller, *Einleitung in die vergleichende Religionswissenschaft*, 2. unveränderte Aufl. (Strassburg: Verlag K. Trübner, 1876), 95–103, 129, 191f., sowie Müllers „Preface" zu den *Sacred Books*, Bd. 1, x f., xx.

[12] Damit ist ein generelles Problem der historisch-kritischen Methoden benannt, auf das in den 1980er Jahren bereits Wilfred Cantwell Smith aufmerksam gemacht hat, als diese Methode noch die allein vorherrschende war. Smith („The True Meaning of Scripture: An Empirical Historian's Nonreductionist Interpretation of the Qur'an", *International Journal of Middle East Studies* 11 [1980]: 499f.) kritisiert die Ursprungssuche (*„big-bang-theory"*) als defizientes Geschichtsverständnis, das sich dem protestantischen Christentum verdanke („back to the original"; „the original is the true"). Kontrastiv vertritt er einen *„continuous-creation-view"*.

Traditionen, ihren konstanten Wandel, ihre Neuaufbrüche und die komplexe Vielfalt von Diskursen und Narrationen adäquat zu fassen.

Im Folgenden stehen Diskrepanzen und Ungleichzeitigkeiten zwischen etischen und emischen Kanonkonstruktionen und spezifischerweise die Problematik der Gleichung Kanon = Schrift (ein Korpus schriftlicher Zeugnisse) im Zentrum und weniger die für die Kanonforschung zentrale Frage nach der Stillstellung des Traditionsflusses. So signifikant diese Frage ist, so defizitär stellt sie sich dar, wenn Kanongeschichte als Diskursgeschichte begriffen und von der Wirkungsgeschichte her „gelesen“ wird. Hier werden die Grenzen – selbst jene eines geschlossenen Kanons – verschwommen und flüssig. In der Vielstimmigkeit der Diskurse verändert sich der Kanon, wie das Schicksal des Veda in sehr extremer Weise illustriert. Der Veda ist, was die Kanonfrage angeht, in mehrerlei Hinsicht exzeptionell und genau deshalb ein lohnender Forschungsgegenstand. Zugleich aber illustriert er in eindrücklicher Weise, was grundsätzlich für jedes autoritative Textkorpus gilt: Kanonische Geltung hat letztlich nur, was sich auch im Rahmen popularer Religion durchsetzen kann. Im Gebrauch zeigt sich, was rezipiert wird und wie es rezipiert wird. Kanongeschichte als Diskursgeschichte umfasst Machtfragen, die Definitionshoheit bestimmter Personen und Gruppen, aber auch eine vielstimmige Interpretations- und Rezeptionsgemeinschaft und multiple Weisen der Kanonisierung. Im Sinne einer „dichten Beschreibung“ fasse ich unter Kanon und Kanonbildung deshalb auch die Diskursfelder, die mitimpliziert sind und für beständigen Wandel scheinbar geschlossener Kreise von Traditionen sorgen.

Zunächst soll der Kanonbegriff Max Müllers und Jan Assmanns vorgestellt werden und in einem weiteren Schritt gefragt werden, inwiefern der Veda sehr präzise mit Jan Assmanns „Kanonformel“ („Ihr sollt nichts wegnehmen und nichts hinzufügen“)[13] übereinstimmt und inwiefern gerade nicht. Eine zentrale These dieses Artikels ist, daß in der Vedatransmission Klangpflege und nicht Sinnpflege im Vordergrund steht und nicht zuletzt der Klang den Veda zum kulturell bedeutsamen Text machte. Ein dritter Schritt schließlich ist den Diskurswelten gewidmet, die dem erweiterten Veda von Diogos Informanten zugrundeliegen. Hier wird sich ein gänzlich anderer Kanonbegriff herauskristallisieren als jener Assmanns, nämlich ein Kanon zwischen Fixiertheit und Mouvance.

[13] Aleida und Jan Assmann, *Kanon und Zensur: Beiträge zur Archäologie der literarischen Kommunikation II* (München: Fink Verlag, 1987), 12. Die Formel taucht in Assmanns Schriften wiederholt auf.

1.2 Vom Kanon-Begriff Max Müllers zu Jan Assmanns Kanonforschung und Jack Goodys Thesen zur Literaliät

Max Müller hat keine Kanontheorie entwickelt, wie dies erst hundert Jahre später der Äpyptologe und Kulturtheoretiker Jan Assmann vornahm.[14] Eher zwischen den Zeilen und deskriptiv wird Müllers Kanon-Verständnis deutlich: Kanon sind bibel-analoge Offenbarungsliteraturen, d.h. Literaturen von besonderer Sakralität, höchster Werthaftigkeit, Normativität und Autorität mit langfristiger Verbindlichkeit und nachhaltiger Wirksamkeit für Generationen von Menschen in unterschiedlichen kulturellen Räumen. So stellt Müller von den frühen Veda-Vorlesungen bis in seine späten Schriften fest, das indische Volk habe den *Ṛgveda* seit rund viertausend Jahren als „heiliges Buch“ und „höchste Autorität in allen Glaubensfragen anerkannt“.[15] Bis auf den heutigen Tag, so Müller, werden Veda und vedische Hymnen „mit denselben Gefühlen betrachtet ..., mit welchen ein Mohammedaner den Koran, ein Jude das Alte Testament, ein Christ das Evangelium betrachtet“.[16] Kanon hat für Müller ferner immer mit Schriftlichkeit zu tun. Er verwendet den Begriff synonym zu „heilige Bücher“, „Offenbarungsschriften“, „Schriftoffenbarungen“ und setzt „Weltreligionen“ mit „Buchreligionen“ gleich. Ferner setzt er voraus, daß ein Kanon semantisch gehaltvoll, philosophisch befriedigend und ethisch bedeutsam sein muss, daß er geistige Nahrung bietet, Transzendenz vermittelt, die Rätsel von Welt und Seele löst, wie immer klein an Zahl solch „echte Perlen“ letztlich sein mögen. [17] Neben der Schriftlichkeit spielt gerade die Sinndimension eine ganz herausragende Rolle. Für den Oxforder Gelehrten war es geradezu ein Unding, daß die Brahmanen den semantischen Sinn nicht kennen und den Veda dennoch für die höchste Autorität halten. Sowohl das Programm der *Sacred Books of the East*, erstmals Übersetzungen ganzer Werke zu bieten, als auch das peinliche Bemü-

---

[14] Maßgeblich dazu: Jan Assmann, *Das kulturelle Gedächtnis*, 2. Aufl. (München: Beck, 1999); *Religion und kulturelles Gedächtnis: Zehn Studien* (München: Beck, 2000) und vor allem auch die Bände „Archäologie der literarischen Kommunikation“ (München: Fink): Bd. 1 *Schrift und Gedächtnis* (1983); Bd. 2: *Kanon und Zensur* (1987); Bd. 4: *Text und Kommentar* (1995).

[15] Max Müller, „Damals und Jetzt“, *Deutsche Rundschau* 41 (1884): 414–423, hier: 419, zitiert in Andreas Becke, *Hinduismus zur Einführung* (Hamburg: Junius, 1996), 86.

[16] Müller, „Vorlesungen über die Vedas“ in *Essays*, 6, 12–13. Genau so argumentiert er auch im *Preface* und im *Program of a Translation* der *Sacred Books*, Bd. 1.

[17] Max Müller, „Preface to the Sacred Books of the East“, in *Sacred Books of the East*, Bd. 1, xxxviii, vgl. auch ebd. ix–xii, xv–xix, xxv–xxvi, xxxii, xxxvi, und *Essays*, 25, 37f.

hen um die richtige Übersetzung zeigen, wie wichtig Müller die Sinndimension bzw. das kognitive Wissen ist. Es ist bezeichnend, daß er alle „Bibeln der Menschheit" mit einer Stifterpersönlichkeit, und das heißt zugleich mit einer Lehre, in Zusammenhang bringt. Seine Selektion ist genau jenen Werken des brahmanischen Sanskrithinduismus gewidmet, die er für semantisch am bedeutsamsten hält bzw. denen er am meisten Sinn abgewinnen kann: *Ṛgveda*-Hymnen, Upaniṣads, *Bhagavadgītā* und religiöse Gesetzestexte.

Zwischen den Zeilen kommt Müllers Kanonverständnis athematisch in manchem dem gleich, was Jan Assmann hundert Jahre später analytisch reflektiert: ein Kanon, so Assmann, hat mit Normativität, Wertbezogenheit, Allgemeinverbindlichkeit zu tun,[18] mit der Kategorie des „Anspruchsvollen und Erstrebenswerten"[19]. Ein religiöser Kanon beinhalte stets die „Vorstellung der Gegenwart des Heiligen". Er sei für die jeweilige Gemeinschaft „Norm der Normen", Letztbegründung, Wertbezug und „heiliges Prinzip"[20] wie auch „heiligendes Prinzip" und forme das kulturelle Gedächtnis und kollektive Identität: „... der geheiligte Bestand von Texten, Regeln, Werten fundiert und formt eine Identität".[21] Auch Assmann hält diese Kennzeichungen für universalisierbar, d.h. übertragbar auf „jeden anderen Bestand heiliger Literaturen, sofern er nur als autoritativ und unantastbar gilt".[22]

Schriftlichkeit und Textzentriertheit spielen ebenfalls in Assmanns Kanonbegriff eine ganz entscheidende Rolle. Zwar lässt sein Textverständnis im Unterschied zu Müller Oralität zu: Im Anschluss an den Sprachwissenschaftler Konrad Ehlich werden Texte als „Sprechakte im Kontext zerdehnter Situationen"[23] definiert. Dennoch durchzieht Assmanns Werk die implizite und explizite Gleichung „Die Schrift" = verbindlicher Kanon.[24] Was bei Müller noch unreflektierte Selbstverständ-

[18] Assmann, *Das kulturelle Gedächtnis*, 115.

[19] Assmann, *Das kulturelle Gedächtnis*, 126.

[20] Assmann, *Das kulturelle Gedächtnis*, 118.

[21] Assmann, *Das kulturelle Gedächtnis*, 127.

[22] Assmann, *Das kulturelle Gedächtnis*, 119.

[23] Assmann, *Religion und kulturelles Gedächtnis*, 126f.; in früheren Schriften nimmt er noch wörtlicher Ehlichs Definition von Texten als „wiederaufgenommene Mitteilung" in einer „zerdehnten Situation" auf (vgl. u.a. Assmann, *Text und Kommentar*, 9).

[24] In neuerer Zeit (*Religion und kulturelles Gedächtnis*, 124ff.) gibt Assmann dem „Spannungsfeld von Mündlichkeit und Schriftlichkeit" und rituellen Institutionalisierungsformen kultureller Texte breiteren Raum, wobei seine frühere Differen-

lichkeit ist, ist bei Assmann reflektiertes Forschungsergebnis, gewonnen aus dem Textbestand der vorderorientalischen Religionen. Bemerkenswerterweise wählt auch Assmann wie einst Müller die Metapher der Archäologie für die Textforschung[25] und nennt sein Großprojekt *Archäologie der literarischen Kommunikation*.[26] Programmatisch lautet der Titel des ersten Bandes *Schrift und Gedächtnis* (1983). In der prioritären Rolle von Schrift und Literalität schließt Assmann an Jack Goody (s.u.) an: Nur Schriftlichkeit garantiere die Sicherstellung kulturell und kollektiv verbindlicher Texte über soziale und zeitliche Grenzen hinweg. Im Unterschied zu Müller ist Assmanns Kanonbegriff mit strengen formalen Kriterien verbunden: „Der heilige Text fordert wortlautgetreue Überlieferung, wie es die alttestamentliche Wendung, die man wohl als ‚Kanon-Formel' verallgemeinern darf, ausdrückt (Dtn 4.2; 13.1): ‚Ihr sollt nichts wegnehmen und nichts hinzufügen'."[27]

Damit sich ein Werk in der „zerdehnten Situation" über Jahrhunderte als akzeptierter Kanon durchsetzt, braucht es nach Aleida und Jan Assmann zweierlei: Textpflege und Sinnpflege.[28] Hier hätte Müller lernen können, daß ein primärer Modus von Textpflege im wortgetreuen Auswendiglernen besteht und sich vielleicht weniger gewundert, daß die Brahmanen es nicht für nötig hielten, ihren hochverehrten Veda aufzuschreiben. Dennoch hätte er sich bestätigt gefunden, denn nach den Assmanns

---

zierung (*Text und Kommentar*, 21–28) zwischen kulturellen Texten, heilige Texten, Tradition und Kanon mitzuberücksichtigen ist. Deutlicher ist die Öffnung bei Alois Hahn („Kanonisierung", in Assmann (Hg.), *Kanon und Zensur*, 28–37), der u.a. „rituelle Festlegungen" (ebd. 28) in seinen Kanon-/Kanonisierungs-Begriff einbezieht. Eine Revision des Kanon-Begriffs, um auch nicht-literale Kulturen einbeziehen zu können, forderte Jonathan Smith in *Imagining Religion: From Babylon to Jonestown* (Chicago: Chicago University Press, 1982), 36–52.

25 Neben Müllers Veda-Vorlesungen, worin die Wendung fällt „...und wie das Studium der Geologie ..." (*Essays* 49), vgl. auch Müller, *Vedic Hymns. Part i: Hymns to the Maruts, Rudra, Vāyu, and Vāta* (Oxford: Clarendon Press, 1981), ix, wo er von Anstrengung des Übersetzers spricht, die fremden Texte wie Hieroglyphen zu entschlüsseln.

26 Im Griechischen bedeutet *archaiologia* bekanntlich die Kunde vom Anfänglichen, von alten Dingen. Hier geht es um die Ursprungsbedingungen von Texten und „Gründungsakten der Kultur", sowie die literarisch produktiven, poetogenen Prinzipien von Texten und den „kommunikativen Haushalt" einer Gesellschaft.

27 Aleida und Jan Assmann, „Kanon und Zensur als kultursoziologische Kategorie" in *Kanon und Zensur*, 7–27, hier: 12. Die Formel taucht in Assmanns Schriften wiederholt auf.

28 Assmann, „Kanon und Zensur", 7–12.

gehört zum Kanon nicht nur die Textpflege, sondern notwendig auch die Sinnpflege und gerade diese vermisst Müller ganz und gar bei den Brahmanen: „... obgleich sie in allen Glaubenssachen den Veda als höchste Autorität anerkennen, [sind] sie dennoch kaum im Stand eine Zeile des Veda zu verstehen.“[29] Müller sah sich folglich gemüßigt, den dreitausend Jahre späteren Kommentar Sāyaṇas für seine *Ṛgveda*-Übersetzung heranzuziehen. Für die Kanonfrage misst Assmann der Kommentarliteratur einen herausragenden Stellenwert zu: Der Kommentar sei eine „notwendige Begleiterscheinung der Kanonisierung“[30] und die „Geburtsstunde des Kommentars“ könne geradezu gleichgesetzt werden mit der „Kanonisierung des kulturellen Gedächtnisses“.[31]

Die rund hundert Jahre Wissenschaftsgeschichte, die Müller und Assmann trennen, sind deutlich. Doch hat sich die starke Betonung von Literalität erhalten und wurde sogar wissenschaftlich erhärtet. Assmanns literarisches Archäologie-Programm war Folge eines wachsenden kulturwissenschaftlichen Interesses an Schrift und Schriftlichkeit seit den 1960er und 70er Jahren, welches nicht zuletzt vom Kulturanthropologen Jack Goody angestoßen wurde. Wenn nach Müller nur „Buchreligionen“ auch „Weltreligionen“ sein können und über kanonisches Traditionsgut verfügen, stellt Goody in moderner Auflage fest, daß alle „Weltreligionen“ literale Religionen und immer durch „Bücher und deren Interpretation“ repräsentiert seien.[32] Es fällt die Wendung „unzerstörbare Dokumente der großen Weltreligionen“ und Kanon.[33] Schriftlichkeit, so

---

[29] Müller, *Einleitung in die vergleichende Religionswissenschaft*, zweite Vorlesung, 102.

[30] Assmann, *Text und Kommentar*, 18.

[31] Assmann, *Text und Kommentar*, 12.

[32] Jack Goody, „Einleitung“, in *Literalität in traditionellen Gesellschaften*, Hg. Jack Goody (Frankfurt: Suhrkamp 1981; Original: Cambridge 1968), 13, 19. Die Einleitung wurde unter dem Titel „Funktionen der Schrift in traditionellen Gesellschaften“ zusammen mit zwei anderen Beiträgen des Bandes (Goody und Watt, „Konsequenzen der Literalität“ und Gough, „Implikationen der Literalität im traditionalen China und Indien“) als Taschenbuch neu aufgelegt in Jack Goody, Ian Watt und Kathleen Gough, *Entstehung und Folgen der Schriftkultur* (Frankfurt: Suhrkamp 1986) und weitergeführt in Goody, *The Interface Between the Written and the Oral* (Cambridge: Cambridge University Press, 1987); *Die Logik der Schrift und die Organisation von Gesellschaft* (Frankfurt: Suhrkamp 1990, engl. Original *The Logic of Writing*, Cambridge: Cambridge University Press, 1986); *The Power of the Written Tradition* (Washington: Smithonian, 2000).

[33] Goody, *Literalität*, 13, und „Canonization in Oral and Literate Traditions“ (Kap. 7 in *Power of the Written Tradition*): 119–131.

Goody, fixiere die Überlieferung zur Unveränderlichkeit und stelle eine Kulturtechnik par excellence dar, welche gewaltige Innovationsschübe nach sich zog und die gesamte kulturelle Struktur veränderte: „Dank dieser Erfindung war der Verkehr der Menschen untereinander potentiell nicht mehr auf die Flüchtigkeit der mündlichen Rede beschränkt.“[34] Nach Goody findet sich „in allen Gesellschaften, die durch eine religiöse Literatur gekennzeichnet sind und über eine alphabetische Schrift verfügen, ... eine steile Bildungspyramide“.[35] Der Einführung der alphabetischen Schrift schreibt er generell alle möglichen positiven Auswirkungen und modernen Errungenschaften zu: Fortschritt, historisches Denken, Abstraktionsvermögen, eklatante Erweiterungen der Wissenstechnologie, Demokratie, Universalismus und vieles mehr. Höhere Bildung (insbesondere Rationalität im Sinne von Syllogismus und logischem Denken) und Schriftlichkeit – auf Englisch dasselbe Wort „literacy“ – hängen nach Goody untrennbar zusammen.

Eine Reihe von Goodys Thesen finden sich bei Assmann wieder. Insbesondere das Argument zeit- und raumübergreifender Kommunikation dank schriftlicher Arretierung ist in seiner Kanontheorie fundamental. Ferner schließt er an Goodys Feststellung an, daß neben Konservierung bis zur Erstarrung, Schriftlichkeit die Möglichkeit für Veränderung und Reformation des Bekenntnisses biete, etwa durch den Ruf „Zurück zu den schriftlichen Quellen“.[36] Assmann wie auch Goody beanspruchen universale Gültigkeit für ihre Theorien. Während Assmann seine Theorie ausschließlich anhand vorderorientalischer Literaturen entwickelt hat, bezieht Goody Material aus der ganzen Welt, u.a. eigene Forschungen zu oralen Stammeskulturen Afrikas, mit ein. Er hält sein Argument auch für Indien gültig und behauptet notwendige Schriftlichkeit für den Veda.[37]

Goodys Thesen sind von den Indologen Frits Staal und Harry Falk stark in Zweifel gezogen worden, was Indien und spezifischerweise den Veda betrifft. Staal[38] dokumentiert das ausgesprochen komplexe Memo-

---

[34] Goody, *Literalität*, Klappentext.

[35] Goody (*Literalität*, 37 f.) macht geltend, in Indien sei der Prozess der Sanskritisierung „mit der Ausdehung von Literatur in Gestalt eines Gesetzeskodex und heiliger Schriften verknüpft“.

[36] Goody, *Logik der Schrift*, 37.

[37] Nur kurz bereits in Goody, *Literalität*, und ausführlicher begründet in *Interface*, 110–122, und *Power of the Written Tradition*, 26, 34, 43, 70, 120, 127.

[38] Frits Staal, „The Fidelity of Oral Traditions and the Origins of Science“, *Mededelingen* 49,8 (1986): 1–40 (251–288).

risierungssystem, mittels dem der Veda über Generationen mündlich tradiert wurde und stellt fest, daß orale Transmission im Falle solch minutiöser Mnemotechniken das weit bessere Speicherungssystem darstelle als die Schrift. Falk[39] weist darauf hin, daß die ersten schriftlichen Zeugnisse in Indien erst aus dem 2. Jh. vor Christus stammen und keine religiösen sind. Er macht geltend, daß es möglicherweise unser westliches Problem sei, sich nicht vorstellen zu können, daß bemerkenswerte wissenschaftliche Leistungen von hohem Abstraktionsgrad, wie z.B. Pāṇinis Grammatik (5.–4. Jh. v. Chr.), auch ohne Schrift möglich sind. Ob Schriftlichkeit wirklich notwendigerweise ausgeschlossen werden muss, wie Staal und Falk im Falle des Veda argumentieren, lässt sich in Frage stellen.[40] Doch haben sie zu Recht auf das zentrale Faktum aufmerksam gemacht, dass Schriftlichkeit hier in der Tat nie eine maßgebliche Rolle gespielt hat.[41]

Auch was Assmanns Kanontheorie betrifft, stellt sich deshalb die Frage, ob sie ausreicht, um die indische Kultur adäquat zu erfassen. Was den Veda betrifft, liegen einige Tatsachen quer zu Assmanns Theorie. In der Literaturgeschichte Indiens galt der Veda nicht als „Schrift“ in unserem westlichen Sinne und immer stand – auch wo Schrift längst im Umgang war – die mündliche Transmission im Vordergrund. Während Textpflege in überdurchschnittlich minutiösem Maße betrieben wurde, wurde auf

[39] Harry Falk, „Goodies for India?“, in *Erscheinungsformen kultureller Prozesse*, Hg. Wolfgang Raible (Tübingen: Narr 1990), 103–120. Vgl. auch Harry Falk, *Schrift in Indien* (Tübingen: Narr, 1993), 104, 107f., 337, worin er geltend macht, die (vokalisierte) Brāhmī-Schrift habe sich erst mit Kaiser Aśokas Felseninschriften formiert und auch die frühere Kharoṣṭhī sei nicht viel älter (ab ca. 325 v. Chr.). Die Brāhmī sei erst ab 120 v. Chr. von brahmanischen Herrschern verwendet worden und eine ausgereifte Sanskritorthographie erst ab Mitte des 2. Jh. n. Chr. greifbar. Pāṇinis Grammatik sei für mündliche Rede geschaffen worden und allgemein auffällig sei das Fehlen einschlägiger Termini für Schrift in der Sūtraliteratur (ebd. 255, 257).

[40] Eine standardisierte Aussprache, wie sie im Falle des Veda und bei Pāṇini (ca. 5. Jh. v. Chr.) zu finden ist, ist schwer ohne Schrift vorstellbar in einem so großen dialektalen Gebiet. Fehlende Inschriften vor Kaiser Ashokas Zeit scheinen kein hinreichender Beweis für das Fehlen einer Schrift; man könnte schon früh auf (schnell verderblichen) Stoffrollen Textbestände fixiert und überliefert haben. Oder man verwendete möglicherweise einen anderen Code als die Schrift, um die Fixierung des Lautmaterials zu standardisieren, z.B. Handgesten (*mudrā*).

[41] Siehe unten zum „emischen Veda“ und Thomas Coburn, „Scripture in India“, *Journal of the American Academy of Religion* 52 (1984): 435–459; Axel Michaels, „Das Buch als Fundament von Religionen“ in *Die Bedeutung des Buches gestern – heute – morgen*, Hg. P. Rusterholz und R. Moser (Bern: Verlag Haupt 1996), 111–142; Annette Wilke und Oliver Moebus, *Sound and Communication. An Aesthetic Cultural History of Sanskrit Hinduism* (Berlin: de Gruyter, 2011).

Sinnpflege keinen Wert gelegt.[42] Etwas anders verhält es sich bei den Upaniṣads, die nur einen kleinen Teil des Veda ausmachen und gegen Ende der vedischen Periode und auch noch später entstanden. Es sind die einzigen Vedatexte, in denen Lehrgehalte, also semantischer Sinn, und nicht das Ritual im Zentrum steht. Was den Großteil des „vedischen Kanon", einschließlich der Hymnen des *Ṛgveda*, betrifft, wurde Sinn erst in Neuzeit und Moderne bedeutsam – und dies angestoßen nicht zuletzt durch Max Müller, der die indischen Reformer nachhaltig inspirierte.

2. Emische Kanonbildung

2.1 Ungleichzeitigkeiten etischer und emischer Kanonbildung, Reformbewegungen und der vedische Kanon der Moderne

Ich habe bereits darauf hingewiesen, daß in der Forschung der Veda über lange Zeit überproportional stark gewichtet wurde, während postvedische Sakralliteraturen, die im Leben der meisten Hindus inklusive der Brahmanen weit wichtiger sind, bis in die 1970–80er Jahre hinein weit weniger Beachtung fanden. Diese Ungleichzeitigkeit hat sich heute geradezu ins Gegenteil verkehrt. Kontrastiv zur zeitgenössischen Indologie, die zunehmend die Vielfalt der Regionalkulturen und Literaturen in Sanskrit und Volkssprachen (inkl. rein mündlicher, volkssprachlicher Textkulturen) fokussiert, herrscht im modernen Indien ein vereinheitlichender Veda/Vedānta-zentrierter Trend, aber auch ein hoch politisierter Veda-Boom mit Fokus auf der von Max Müller mitangestossenen Arier-These.[43]

---

[42] Staal, „Fidelity"; Falk, „Goodies"; Louis Renou, *The Destiny of the Veda* (Delhi: Motilal Banarsidass, 1965), 22, 29 u.a.; Coburn, „Scripture in India"; Wayne Howard, *Veda Recitation in Vārāṇasī* (Delhi: Motilal, 1986); Laurie L. Patton (Hg.), *Authoritiy, Anxiety and Canon: Essays in Vedic Interpretation* (Albany: State University of New York Press, 1994); Wilke und Moebus, *Sound and Communication*, Kap. 2 (zum Veda als Paradigma sakralen Klangs).

[43] Im Internet finden sich viele Beiträge dazu. Vgl. auch Michael Bergunder und Rahul Peter Das (Hg.), *„Arier" und „Draviden": Konstruktionen der Vergangenheit als Grundlage für Selbst- und Fremdwahrnehmungen Südasiens* (Halle: Franckesche Stiftungen, 2002). Schon zu Müllers Zeit hatte die Arier-These einen eminent politischen Charakter – damals im Kontext der Legitimation britischer Herrschaft in Indien. Dazu Michel Danino und Sujata Nahar, *The Invasion that Never Was* (Mysore: Mira Aditi, 2000): 26–29.

Dieser vedazentrierte Umschwung hat seine Wurzeln im 19. Jahrhundert und verdankt sich der Ausstrahlung der großen Reformer, angefangen mit Swami Dayanand Sarasvati und Vivekananda. Die indischen Reformer verfolgten das Projekt „back to the roots" und bezogen sich auf den Veda. Es war ein neuer, semantisierter und „aufgeklärter" Veda. Swami Dayanand fand in den alten Ritualtexten nicht nur alle technischen Errungenschaften der Moderne vorgeprägt, sondern auch einen reinen Monotheismus und bildlosen Kultus, die Meisterung der diesseitigen Welt, die Besserstellung der Frauen und die „eine universale, vernünftige, alle Menschen und Völker umspannende Religion".[44] Noch ausgeprägter ist diese aus dem Veda entnommene Religionsharmonie bei Vivekananda, der sich auf die Einheitslehren der Upaniṣads stützt und einen „praktisch angewandten", d.h. gesellschaftlich engagierten und caritativ und edukativ tätigen Vedānta vertritt. Bei Vivekananda wird der Veda, gemeint ist hier der Nondualismus der Upaniṣads bzw. der Vedānta, zum Epitom einer toleranten, aufgeklärten Religiosität universaler Freiheit, Gleichheit und Brüderlichkeit. Solche Manifeste und Selbstdarstellungen via den sakralen „Kanon" sind nicht nur kreative Aufnahmen und Weiterführungen von Theorien, wie sie Max Müller vertreten hatte, sondern auch Akte post-kolonialen Protests und ironisierender Umkehrung: Nicht kindliches Geplapper, sondern eine rationale, aufgeklärte Religiosität ist dem Veda zu entnehmen. Dayanands Ārya Samāj, der den Veda als bildlosen Kultus stark macht, ist bis heute einflussreich. Aber vor allem Vivekananda und die von ihm gegründete Ramakrishna Mission und andere Reformbewegungen waren immens wirkmächtig. Sie haben den Vedānta durch Übersetzungen und Lehren weiten mittelschichtigen Bevölkerungskreisen bekanntgemacht und waren seminal, daß der Vedānta zur weitverbreiteten Religion eines urbanen Bildungsbürgertums wurde. Ein ähnlicher Reißverschlusseffekt interaktiver Transferprozesse ereignete sich im Buddhismus seit dem 19. Jahrhundert und inspirierte Reformbewegungen, die in der Forschungsliteratur als Neo-Buddhismus, Protestantischer Buddhismus, buddhistischer Modernismus, engagierter Buddhismus gekennzeichnet worden sind.[45]

---

[44] Halbfass, *Indien und Europa*, 277.

[45] Es gibt unterdessen eine ganze Reihe ausgezeichneter Studien zu einzelnen Ländern, wie auch zum Buddhismus in Diaspora-Ländern. Für einen globalen Überblick vgl. Heinz Bechert, „Die Erneuerung des asiatischen und die Entstehung des abendländischen Buddhismus", in *Der Buddhismus: Geschichte und Gegenwart*, Hg. Heinz Bechert und Richard Gombrich (München: Beck, 2000; englische Orginalausgabe 1984): 336–362.

Während man in der Forschung von einer korrigierten wissenschafts-rezeptionsgeschichtlichen „Kanonbildung" sprechen kann, die weit über Müller hinaus den Reichtum indigener Sakralliteraturen und auch Feldstudien miteinbezieht, entsprechen diese Neuaufbrüche in Hinduismus und Buddhismus mit ihrer starken Bezugnahme auf (semantisierten) Veda und Pali-Kanon und ihrer Kritik volksreligiöser Praktiken eher dem „wahren Veda" und „reinen Buddhismus" Max Müllers[46] und tragen teilweise sogar hinduisierte oder buddhisierte christliche Züge, wie es Müller einst erträumte. Damit sei nicht behauptet, daß sich die Erneuerungsbewegungen ausschließlich den Orientalisten verdanken, mein Punkt ist vielmehr die Ungleichzeitigkeit etischer und emischer Diskurswelten. So ist das, was Bernard Faure als Wunschdenken westlicher Orientalisten kritisiert – ein in hohem Maße rationaler Buddhismus –,[47] in der Moderne Realität geworden. Während sich die Forschung um größere Realitätsnähe bemüht, hat sie die Realität schon wieder eingeholt. Während die Forschung in *political correctness* von „Hindu-Traditionen" und gar „Hindu-Religionen" spricht und behauptet, den Hinduismus gebe es nicht, ist Hinduismus heute auch gängige Selbstbezeichnung in Indien geworden.[48]

---

[46] So versteht sich beispielsweise der von chinesischen Festlandmönchen initiierte moderne taiwanesische Buddhismus, den die heute vier größten Klöster im Land vertreten, als Elitereligion, gibt sich intellektuell, edukativ und caritativ und brandmarkt den nach wie vor praktizierten traditionell-taiwanesischen „Volksbuddhismus" als „unbuddhistisch". Dies gilt auch für Laien: Typischerweise machte in einem Interview ein taiwanesischer Laien-Buddhist geltend, daß die Guanyin-Verehrung seiner Eltern nichts mit Buddhismus zu tun habe. Zu diesem Neuaufbruch des Buddhismus auf Taiwan seit den 1960er Jahren gibt es bislang noch wenig Literatur; ich verdanke die Beobachtungen vor allem einem Feldaufenthalt und den Auswertungen von Interviews an meinem Seminar, die E.-M. Guggenmos im Februar 2005 durchgeführt hatte. Vgl. auch Marcus Günzel, *Die Taiwan-Erfahrung des chinesischen Saṅgha: Zur Entwicklung des buddhistischen Mönchs- und Nonnenordens in der Republik China nach 1949* (Göttingen: Seminar für Indologie und Buddhismuskunde, 1998); Charles B. Jones, *Buddhism in Taiwan: Religion and State, 1600–1990* (Honolulu: University of Hawai'i Press, 1999); Don Alvin Pittman. *Toward a Modern Chinese Buddhism: Taixu's Reforms* (Honolulu: University of Hawai'i Press, 2001); André Laliberté, *The Politics of Buddhist Organisations in Taiwan, 1989–2003: Safeguarding the Faith, Building a Pure Land, Helping the Poor* (London und New York: Routledge/Curzon, 2004).

[47] Bernard Faure, *Buddhismus: Ausführungen zum besseren Verständnis, Anregungen zum Nachdenken* (Bergisch Gladbach: Domino 1998), 62, 64–65.

[48] Dies ein zentrales Argument von Becke, *Hinduismus.*

Schriftlichkeit nimmt in der Moderne eine wichtige Stellung ein. Moderne Laien-Buddhisten und Hindus lesen sich heute Meditationsmethoden und Lehren aus Übersetzungen, Populärliteratur und popularisierter wissenschaftlicher Literatur selbst an. Unter anderem hat Max Müller zu dieser religiösen Selbstbildung durch Eigenstudium beigetragen. Die Situation der Zugänglichkeit vedischer Literatur war im 19. Jahrhundert vergleichbar mit der Situation, die Bhatt für die Āgamas noch für das 20. Jahrhundert beschreibt: Sie waren nur in Handschriften greifbar und oft in priesterlichem Privatbesitz. Die Rückwirkung von Müllers erstmals gedruckter *Ṛgveda*-Ausgabe auf indische Reformer scheint Goody vollkommen zu bestätigen, jedenfalls in der Darstellung Müllers, der rückblickend über seinen zivilisatorischen Einfluss auf Indien sinniert und als zentrales Argument ins Feld führt, daß aufgrund seiner Edition und Übersetzung der Veda erstmals allen zugänglich wurde und daß alle, die es wissen wollten, sich nun selbst überzeugen konnten, was er enthalte:

> Es klingt fast unglaublich, aber es ist Thatsache, dass das indische Volk, welches seit etwa viertausend Jahren den Rigveda als sein heiliges Buch, als die höchste Autorität in allen Glaubensfragen anerkannte, im Anfange dieses Jahrhunderts nur wenige vollständige und zuverlässige Hand-Schriften, und keine gedruckte Ausgabe dieses Werkes besaß. Die in Oxford gedruckte und von England nach Indien geschickte Ausgabe ihrer Bibel hat zuerst die indischen Theologen aus ihrem Schlummer aufgerüttelt.[49]

Dieses jähe und ernüchternde Erwachen habe nicht zuletzt sein Gespräch mit dem Vater Tagores bewirkt, dem er erklärte, daß der Veda fast nur Kindliches für einfache Gemüter enthalte und wenig, was „für eine reformierte Religion in unserem Sinne“ diene. Die Reformatoren Rammohan Roy und Debendrath Tagore, die 1845 noch am Veda als ihre göttliche Offenbarung festhielten, hätten bereits nach kurzer Prüfung[50] in ihrer „neuen Kirche“ Brahma-Samāj „den Veda seiner Ansprüche auf göttlichen Ursprung für verlustig“ erklärt.

Müllers Darstellung ist nicht ganz falsch, aber tendenziös. Eine bestimmte vedische Tradition behielt durchaus Autorität: Der Modernist Roy berief sich in seinem Universalismus und Rationalitätsparadigma auf den Vedānta Śaṅkaras und Tagore auf die Upaniṣads, d.h. auf eine Rückkehr zu ganz bestimmten vedisch-brahmanischen Quellen, um zu beweisen, daß die Bildverehrung in den ältesten Texten nicht zu finden

[49] Zitiert in Becke, *Hinduismus*, 86.

[50] Sie hätten „auf eigene Kosten mehrere Gelehrte“ zum Vedastudium nach Benares geschickt und sich wohl auch von den neuen wissenschaftlichen Erkenntnissen aus England überzeugen lassen (vgl. Becke, *Hinduismus*, 86).

sei.[51] *Ihr* Kanon war neben dem „common sense“, dem Roy zutraut, den wahren Sinn der heiligen Texte zu erkennen, und einem „reinen Herzen“, das nach Tagore intuitiv die Wahrheit der Upaniṣads erschaut, nicht Müllers *Ṛgveda*, sondern Upaniṣads und Upaniṣad-Kommentar. Diese Traditionslinie ermöglichte ihnen jene Universalität und Gemeinsamkeit mit anderen Religionen, die Vivekananda dann mit der Einheitslehre des Vedānta zum Epitom von Hinduismus machte. Die Selektion des „noetischen Vedateils“ (*jñānakāṇḍa*) entspricht durchaus auch einer traditionell-indischen Auffassung, nach welcher der Vedānta, wörtl. „das Ende der Veden“ metonymisch für die „Vollendung der Veden“ steht. Neu ist allenfalls Roy's „common sense“ und Tagores „Stimme des Herzens“, die die wahre Auslegung beanspruchen; eine Auslegung, die nicht nur der Selbstdarstellung dient, sondern auch Gemeinsamkeiten mit anderen Religionen eröffnet. Ihre Reform besteht primär darin, den brahmanischen Primat auf den Veda auf eine durch die britische Verwaltung entstandene neue urbane Bildungselite auszudehnen, indem sie die neue Bildungssprache Englisch einsetzen. Bestens passen ihre Lehren zu einem neuzeitlichen, vergeistigten Religionsverständnis und der Etablierung einer kasten- und gender-überschreitenden, universalen Weltreligion Hinduismus.

Die neuzeitlichen Reformer waren weder die ersten, die den Veda einem „*aggiornamento*“ unterwarfen, noch tangierten sie als urbane Bildungsbürger notwendigerweise das Vedaverständnis traditioneller Brahmanen. Mit Upaniṣads und Upaniṣad-Kommentar besteht *ihr* Kanon interessanterweise nur aus den jüngsten, philosophisch ausgerichteten Vedateilen, die am ehesten einer westlichen Auffassung heiliger Schriften entsprechen, d.h. einem überlieferten Korpus inhaltlich bedeutsamer Sätze.

Auf diesem Textverständnis basierte Max Müllers Irritation über die Tatsache, daß selbst die meisten Brahmanen nicht wissen, was im *Ṛgveda* steht. Und dasselbe Textverständnis kennzeichnet Assmanns Kanon-Theorie. Mittels dieser ist es zwar möglich, vedatreue Brahmanen als Gedächtniskünstler zu würdigen, aber die Bedeutungsvalenz des Klanglichen bleibt unerkannt und damit eine Dimension, die für die emische Sicht fundamental ist. Assmanns Kanon-Begriff vermag den Veda als verbindliche Selbstdarstellung nur ungenügend zu erfassen, auch was den im Eingangskapitel angesprochenen „erweiterten Veda“ betrifft. In

[51] Vgl. Halbfass, *Indien und Europa*, 226–251.

mehrerlei Hinsicht scheint mir deshalb eine Modifikation notwendig, um Kanonverständnis und Kanonbildung in Indien darzustellen. Ich schlage im folgenden eine Reihe von Erweiterungen vor, was den Veda angeht: Bei der Textpflege ist Klangpflege miteinzubeziehen, bei der Sinnpflege Imagepflege und bei der textualen Kohärenz Intertextualität und kulturelle Kohärenz. Ferner möchte ich geltend machen, daß Oralität mehr als Literalität (Schriftlichkeit) und Klang mehr als semantische Bedeutung nicht nur eine hochgebildete und hochspezialisierte orale Vedakultur systematisch besser fassen, sondern daß auch in anderen Sakralliteraturen und religiösen Symbolsystemen Indiens Sonalität eine herausragende Rolle spielt. Es scheint mir wichtig, Oralität und Sonalität zu unterscheiden, einerseits aufgrund der hohen Wert- und Zweckrationalität, die dem Klang auch in Riten, Kosmologien und Wissenschaftstraditionen zugemessen wird, und andererseits, weil nicht-vedische Sakralliteraturen weit eher verschriftlicht wurden als der Veda. Bemerkenswerterweise zeigt sich in diesen Literaturen, daß der Veda, pan-hinduistisch und über die brahmanische Gelehrtenwelt hinaus, bereits in der Vergangenheit kultureller Marker und Mittel der Selbstdarstellung ersten Grades war. Und hier kommen wir vom Klang zum Sinn. Aber es ist nicht mehr der Veda, der aus vedischen Texten besteht und den Brahmanen mittels ausgetüftelter Mnemosysteme tradieren. Erst alles zusammen, die Klangpflege der Brahmanen und das Veda-Image, welches nicht-vedische Literaturen aufnahmen, absorbierten und neucodierten, macht das „Kanonische" am Veda aus und verbürgte seine durchgängige kulturelle Kohärenz.

2.2 Veda und Klangpflege

Müllers Selektion des Veda als Kanon des brahmanischen Indien war nicht ganz grundlos. Die Bedeutsamkeit des Veda bleibt auch in der neueren Forschung unumstritten. Der Indologe Michael Witzel stellt fest:

> Wenn es e i n e gesamtindische Tradition gibt, die fast überall und in beinahe allen Epochen der indischen Geschichte akzeptiert war und ist, so ist dies sicherlich der Veda. Bis in dieses Jahrtausend (ja bis in unser Jahrhundert hinein) wurden die vedischen Texte vornehmlich durch peinlich genaue mündliche Überlieferung tradiert.[52]

Witzel betont die orale Transmission mit gutem Recht. Wayne Howard fasst in seiner Studie *Veda Recitation in Varanasi* die emische Perspektive treffend zusammen:

> The four Vedas (Rg, Yajur, Sāma, Atharva) are not 'books' in the usual sense, though within the past hundred years each Veda has appeared in several printed editions.

[52] Witzel, „Regionale und überregionale Faktoren", 37.

They are composed rather of tonally accented verses and hypnotic, abstruse melodies whose proper realizations demand oral instead of visual transmission. They are robbed of their essence when transferred to paper, for without human element the innumerable nuances and fine intonations – inseparable and necesserary components of all four compilations – are lost completely. *The ultimate authority in Vedic matters is never the printed page* but rather the few members of the Brāhmaṇa caste who are today keeping the centuries-old traditions alive.[53]

Der Großteil des Veda war von jeher zur rituellen Verwendung bestimmt und galt in der indischen Literaturgeschichte über lange Zeiträume hinweg in der Tat nicht als „Schrift" im westlichen Sinne. Ein still gelesener und rein mental rezipierter Veda ist gar kein richtiger Veda. Als vornehmste Brahmanenpflicht gilt seit post-vedischer Zeit das „Selbststudium" des Veda und auch hier ist nicht ein Studium gemeint, das nach Sinn und Bedeutung sucht, sondern schlicht und einfach die tägliche Vedarezitation, die im halblauten Lesen, Rezitieren und Repetieren der Mantras besteht. Das „Rezitations-Opfer" (*japayajña*), die kontinuierliche Wiederholung des Veda der Familie und prominenter vedischer Mantras, gilt als höchstes Opfer, als „*brahmayajña*".[54]

Komplexe Mnemotechniken wurden entwickelt, um zu garantieren, daß der Veda unverfälscht und das heißt klanglich unverfälscht nicht nur über Generationen, sondern über Jahrhunderte hinweg erhalten bleibt.[55] In dieser Hinsicht entspricht der Veda sehr gut der „Kanonformel", die Jan Assmann dem Deuteronomium entnimmt und für generalisierbar hält: „Ihr sollt nichts wegnehmen, nichts hinzufügen." Die von Assmann betonte Invarianz, Abgeschlossenheit, äußerste formale Festlegung gilt für den Veda in denkbar hohem Maße, was das Klangmaterial betrifft. Allerdings ist damit nicht jene höchste inhaltliche Verbindlichkeit verbunden, die Assmann ebenfalls für unabdingbar für einen Kanon hält.

Auffallenderweise ist das einzige Zeugnis aus alter Zeit, das an Semantik interessiert ist, das etymologische Werk *Nirukta* von Yāska (ca. 6. Jh. v. Chr.).[56] Wie dies für eine Etymologie üblich ist, untersucht Yāska nicht ganze Sätze oder Mantras, sondern nur einzelne Wörter. Sehr oft ist es die Klanggestalt, aus der er mehr assoziativ als streng etymologisch

[53] Howard, *Veda Recitation in Vārāṇasī*, ix. Hervorhebung A.W.

[54] Vgl. André Padoux, „Contributions à l'étude du Mantraśāstra" (*Bulletin de l'Ecole Française d'Extrême Orient* 76 (1987): 119) und *Mahābhārata* 1.64.38; 3.189.11; 12.189–193; 12.280.12; 13. App. 10.135 post., 14. App. 4.180 post.

[55] Vgl. Staal, „Fidelity of Oral Tradition".

[56] Vgl. Renou, *Destiny of the Veda*, 22, und Max Deeg, *Die altindische Etymologie nach dem Verständnis Yāska's und seiner Vorgänger* (Dettelbach: Röll, 1995).

Sinn bezieht. Neben dieser Etymologie ist die Grammatik die einzige vedische Hilfswissenschaft, die sich um Semantik bemüht. Einen primären Stellenwert nimmt die Prosodie und die Phonetik ein. Letztere stellt wohl die älteste vedische Wissenschaft dar und ihre Anfänge gehen schätzungsweise bereits auf das 10. Jh. v. Chr. zurück.[57] Die Phonetikwerke beginnen in der Regel mit der „Fixierung des Alphabets“[58] und legen bis in minutiöseste Details die Aussprache der Lettern, Lautkombinationen (*sandhi*) und Akzente fest und verfeinern die Mnemotechniken zunehmend zu einer regelgeleiteten Wissenschaft perfekter Klangrealisierung: Fließtextlesung (*saṃhitāpāṭha*), Wort für Wort-Lesung mit gebrochenen *sandhis* (*padapāṭha*), Rekonstruktion der *sandhi*s und Rückführung in den Fließtext (*kramapāṭha*), geflochtene Lesung (*jaṭāpāṭha*) etc. mit neuen Permutationen des Wortmaterials und folglich anderen Lautkombinationen. Immer wird der Form die höchste Aufmerksamkeit geschenkt, aber niemals dem Sinn.[59]

Die orale Veda-Transmission blieb ungeachtet späterer schriftlicher Fixierung dominant. Die Kulturtechnik des Memorisierens, die im Falle des Veda besonders komplexe und anspruchsvolle Formen ausgebildet hat, garantierte größtmögliche Invarianz des vedischen Textkorpus in der „longue durée“ einer zerdehnten Situation, also genau das, was an anderen Orten Niederschrift will und leistet. Nach Goody geschah „Niederschrift ... in der Absicht, Traditionen ‘einzufrieren’„.[60] Durch Ehlichs Text-Definition ist es möglich, auch mündliche Kommunikations- und Speicherungssysteme abzubilden, welche Assmann als Primärformen von „Textpflege“ bestimmt.[61] Auswendiglernen sei zunächst das „wichtigste Medium“ einer Arretierung und Bewahrung von Kommunikation über die konkrete Situation hinaus, mit dem Ziel, das Verlautbarte zu verschiedenen Zeiten und an verschiedenen Orten wiederholbar zu machen. „Textpflege“ meint eine Intensivierung:

> Wenn sich nun Techniken der Bewahrung in ungewöhnlich anspruchsvoller Weise auf die Ausdrucksseite des Kommunikats konzentrieren, wenn es also auf eine exak-

---

[57] Renou (*Destiny of the Veda*, 21) meint, daß die *padapāṭha*-Lesung, die die Fließtext-Lesung in eine Wort-für-Wort-Lesung auflöst und den Anfang der elaborierteren späteren Mnemotechnik darstellt, in die Śatapatha-Brāhmaṇa-Epoche zurückgeht.

[58] Vgl. u.a. *Taittirīya-Prātiśākhya* und *Vyāsa-Śikṣā,* with the commentary of Surya Narain Suravadhani (Varanasi: Chaukambha, 1976): i–xxii.

[59] Renou, *Destiny of the Veda*, 21; Staal, „Fidelity of Oral Tradition“, 286.

[60] Goody, *Literalität*, 27.

[61] Assmann, „Kanon und Zensur“, 12f.

te wortlautgetreue, u. U. sogar intonationsgetreue Fixierung ankommt, dann haben wir es mit der Institution der Textpflege zu tun.[62]

Die mündliche Veda-Transmission erfüllt dies in höchstmöglichem Maße und konserviert über den Text hinaus das Lautmaterial.[63] Auf der Ebene der Textpflege entspricht der Veda somit sehr präzise Assmanns Kanondefinition: „Ein Kanon, in welchem Sinn auch immer, liefert sichere Anhaltspunkte, stiftet Gleichheit, Genauigkeit, Entsprechung, schaltet Beliebigkeit, Willkür und Zufall aus.“[64]

Unter anderem aufgrund der ausgeklügelten Veda-Mnemotechnik mit ihren teilweise hoch anspruchsvollen unterschiedlichen „Lesungen“ hat Jack Goody geltend gemacht, der Veda könne nicht Produkt einer oralen Kultur sein; vielmehr handle es sich um eine schriftliche Tradition, die mündlich mediiert wurde.[65] Das hohe Ausmaß an Schematisierung sei undenkbar ohne schriftliche Fixierung. Auch spreche der schiere Umfang des Textkorpus ebenso wie seine Träger, alles brahmanische Literati, gegen eine rein orale Tradition. Dagegen hat u.a. Frits Staal eingewendet, daß Schriftlichkeit erst in späteren literarischen Genren eine Rolle spiele, der geheim tradierte Veda jedoch einen Sonderfall darstelle und das Insistieren auf formale Genauigkeit unter Ausschluss des Wortsinns eine einzigartige Kulturleistung hervorgebracht habe.[66] Dies ist zweifellos der Fall, selbst wenn eine semi-literale Traditierung angenommen wird, wie Goody dies vorschlägt.

Hier stoßen wir auf ein ernsthaftes Problem mit Assmanns Kanon-Definition. Nach dieser erfüllt der Veda nur die eine Voraussetzung, Kanon zu sein, nämlich die Textpflege, aber nicht die zweite, die Sinnpflege

---

62 Assmann, „Kanon und Zensur“, 12.

63 Gerade aufgrund von Praktiken der Mnemotechnik, welche *sandhi*-Regeln miteinbeziehen, wurde nach Harry Falk („On the origins of Saṃhitapāṭha and Padapāṭha“, in *The Pandit: Traditional scholarship in India*, Hg. Axel Michaels [New Delhi: Manohar, 2001], 182) die Lautsubstanz aber schon früh auch etwas verändert: „The middle Vedic texts have already stated that none of the three [basic] versions of recital [*saṃhitapāṭha, padapāṭha, kramapāṭha*] is identical with what the Ṛṣis once pronounced. Because of the rigorous application of sandhi *rules* the metre of hundreds of verses got crippled.“

64 Assmann, *Das kulturelle Gedächtnis*, 122.

65 Goody, *Interface*, 110–122. Die Argumente und deren Kritik wurden zusammengefasst von Donald S. Lopez, „Authority and Orality in the Mahāyāna“, *Numen* 42 (1995): 21–47, insb. 31–33.

66 Staal, „Fidelity of Oral Tradition“; Lopez, „Authority“, 33; Michaels, „Buch als Fundament“.

– gemeint ist der semantische Sinn. Die reine Textpflege ist nach Aleida und Jan Assmann ungenügend: Es brauche nicht nur die Treue zum Buchstaben, sondern auch die zum „Geist". Sinnverständnis sei zentral für „kulturelle Texte" und ihre normative und formative Verbindlichkeit:

> Durch Textpflege allein ... entstehen noch keine Großen Traditionen. Dazu bedarf es der Sinnpflege, die die semantischen Defizite der Textpflege kompensiert. Der unvermeidliche Sinnverfall muß durch Techniken der Auslegung und Anwendung fortlaufend überbrückt werden ... Beide Formen einer Instititutionalisierung von Permanenz führen zur Spaltung des kulturellen Sinns: bei der Textpflege ist es die Disjunktion von Ausdrucksseite und Inhaltsseite, bei der Sinnpflege ist es die Disjunktion von Primärtext und Sekundärtexten. Damit sind wir bei dem wichtigen Phänomen des Kommentars, das zum Kanon ebenso dazugehört wie die Zensur.[67]

Ist der Veda also kein Kanon? Es wäre grotesk, dem Veda abzusprechen, er sei kein „kultureller Text" und habe keine „große Tradition" entstehen lassen. Ganz im Gegenteil war und ist er ein kultureller Marker schlechthin und dies, wohlgemerkt, ohne Sinnpflege, Kommentar und Zensur. Es gab zwar Hörtabus, aber keine Zensur und sieht man von den Veda-inhärenten „Kommentaren", den spätvedischen Brāhmaṇas ab, die der Inhaltsseite des kosmisierten Operrituals gewidmet waren, so gibt es keinen überlieferten Kommentar bis ins 14. Jahrhundert: jenen Sāyaṇas, den Max Müller verwendete.[68] Vermutlich gab es auch noch wenige andere Kommentare, aber kaum vor dem 10. Jahrhundert.[69] Vorher sind uns nur Upaniṣad-Kommentare bekannt, die wirkmächtigsten jene von Śaṅkara (8. Jh.). Mit dreitausend Jahren Verzögerung erst also entstand ein Kommentar, der aus dem Großteil des Veda einen sinnvollen Text in westlichem Sinne machte. Allerdings handelt es sich um eine wissenschaftliche Abhandlung, die wenig Einfluss auf die religiöse Praxis hatte und bis heute liest niemand Sāyaṇa, um z.B. das *Puruṣasūkta* zu verstehen. Im Unterschied zum Upaniṣad-Teil des Veda geht es bei solchen Ritualtexten eben gar nicht um inhaltliches Verstehen.

Die Upaniṣads stellen eine Ausnahme dar, was die Sinnpflege betrifft. Sie haben viele gelehrte Kommentare (Maṇḍana Miśra, Śaṅkara, Rāmānuja, Madhva etc.) auf sich gezogen, doch hatten sie in der Vergangenheit nie die bestimmende Rolle, die ihnen Westler und indische Reformer zueigneten und Upaniṣad-Hermeneutik auf Śaṅkara einschränkten. Sie waren der Mehrheit der Bevölkerung und selbst Brahmanen oft gar

---

[67] Assmann, „Kanon und Zensur", 13.

[68] Max Müller, *Vedic Hymns. Part i: Hymns to the Maruts, Rudra, Vāyu, and Vāta* (Oxford: Clarendon Press 1981), xxx.

[69] Renou, *Destiny of the Veda*, 22f.

nicht bekannt, ganz anders als die epischen oder purāṇischen Geschichten. In die Purāṇas und andere Literaturen sind jedoch upaniṣadische Gedanken eingeflossen, zumeist popularisiert, neu formuliert und auf die Hochgottheiten hin umkodiert. Weniger die Upaniṣadtexte als bestimmte Konzepte wurden im Rahmen umfassender Sanskritisierungsprozesse rezipiert und verbreitet.[70] Vielleicht kann man hier von einer indirekten Sinnpflege sprechen. Doch waren die Upaniṣads nicht „der" Veda – weder für breitere Bevölkerungsschichten noch für orthodoxe Brahmanen. „Der" Veda, das war zuallerest sein Klang, der vollkommen unmissverständlich und deutlicher als jeder semantisch verständliche Satz – und selbst deutlicher als Feueropfer und Opfermetaphorik – „Veda" kommuniziert und von manchen nicht einmal gehört werden durfte.

2.3 Der Veda als Klangereignis

Fundamental scheint mir die Tatsache, welche in der Forschung übersehen wurde, daß zwei zentrale Gesichtspunkte zu trennen sind, die zwar eng zusammen gehören, aber dennoch analytisch wie auch faktisch differieren: mündliche Tradierung und Klangerleben. Die westliche Vedarezeption betont die Meisterleistung oraler Überlieferungskunst, während in der emischen Rezeption der Vedaklang das eigentlich Entscheidende ist und die Kulturtechnik des Memorisierens lediglich notwendige und selbstverständliche Konsequenz.

Im *Ṛgveda* ist das machtgeladene Vedawort (*brahman*) die hymnische Speise der Götter. Mit dem zunehmend kosmisierten Opferkult wird die Sprache immer wichtiger, denn die Sprache, d.h. die Mantras oder Opfersprüche, verleihen dem rituellen Akt kosmische Dimension. Der Opferaltar besteht nur äußerlich aus Backsteinen. Eigentlich ist er aus Mantras aufgebaut, wie das *Śatapathabrāhmaṇa* (9.1.2.17) feststellt.

Die Wirkmacht des Vedaklangs hat sich über die Jahrhunderte erhalten, selbst als die vedischen Opfer nicht mehr vollzogen wurden. Und nicht zuletzt über den Klang wird das Veda-Image besonderer Heiligkeit aufgebaut. So spricht etwa das *Rāmāyaṇa* vom „heiligen Lärm" (*brahmaghoṣa*) und erfindet nostalgisch nie dagewesene Priesteridyllen

[70] Im Unterschied zum vedischen Sanskrit sind bereits die sogenannt kanonischen Upaniṣaden in klassischem Sanskrit bzw. einem Sanskrit, das diesem sehr viel näher kommt. Das Sanskrit wurde zunehmend die Sprache gelehrter Eliten und wurde selbst zu einem „kulturellen Kanon": Sanskritierungsprozesse nicht nur von „oben", sondern auch von „unten" sind in der Forschung als zentrale Strategien der Verbreitung brahmanischer Lebensführung und Religionsstile eingeschätzt worden.

als fixe literarische Topoi. Die typische Brahmanensiedlung liegt tief in den Wäldern. Aus den Strohhütten dringt der sonore „heilige Lärm" beständiger Vedarezitation. Hier leben fromme, asketische Brahmanen, die sich nur von Wurzeln und Früchten ernähren und eine derart friedvolle Aura verbreiten, daß sogar die wilden Tiere friedvoll am Rande der Siedlungen grasen.[71] Der „Veda-Lärm" gehört jedoch nicht nur zum unverzichtbaren Inventar brahmanischer Eremiten-Siedlungen, sondern auch zu allen realen Gelegenheiten, die des auspiziösen Schutzes bedürfen. Im 6. Jh. n. Chr. schreibt der ansonsten eher weltlich orientierte Astrologe Varāhamihira, eine ältere Quelle wiedergebend:

> Die Herolde sollen laut [die Tugenden des neuen Herrschers] ausrufen, das Volk soll den Tag loben und die Brahmanen sollen lärmend den Veda ertönen lassen. Dazu sollen die glücksverheißenden Klänge von Trommeln und Muschelhörnern erschallen. Damit ist künftiges Unglück schon im Keim erstickt.[72]

Die Beispiele zeigen, daß die Sakralität des Veda der Inhalte gar nicht bedarf. Sie gründet vielmehr auf dem Lautmaterial und der Klangästhetik, der sakralen und auspiziösen Aura, die mit dem Klang assoziiert wird und nicht zuletzt der machtvollen, heilbringenden Wirksamkeit des bloßen Klangs. Voraussetzung für die sakrale Macht des Vedaklangs ist die präzise, peinlich genaue Aussprache. All dies hat sich erhalten, als die ehemaligen Opfertexte im Laufe der Zeit zu reinen Textritualen wurden, die machtvoll in sich selbst auch ohne äußeren Kultus auskommen und wirken. Und es gilt auch heute noch. Typisch für die brahmanische Vedarezeption ist folgende Aussage auf der Website des Veda-Pandit und kalifornischen Tempelpriesters Sri Venkata Sastry:

> This website is dedicated to host audio files of Veda Mantras recited by Veda Pandits. *Veda* literally means Knowledge. Knowledge is Infinite. Of this inifinite Knowledge, very little is known to us. The audio files in the following links present you the Knowledge as discovered by the *Vedic Rishis* (Seers). *Sruti* (right intonation) is extremely important for the recitation of the Veda. The *Vedic Mantras* have been passed down orally for about 6000 years without any change either in their intonation or the content… *Veda Dhvani* (Sound of the Veda) gives peace of mind when listened to with reverence and renders the mind fit for contemplation. Please listen to these very sacred mantras with a clean body and a pure mind which certainly enhances your spiritual progress, as it had over the millenia.[73]

---

71 So auch das Veda-Image im *Mahābhārata* 1(7)64 (Übersetzung van Buitenen, 158–160).

72 *vandijanapauravipraiḥ praghuṣṭapuṇyāhavedanirghoṣaiḥ / samṛdaṅgaśaṅkhatūr yair maṅgalaśabdair hatāniṣṭaḥ //* (Bṛhatsaṃhitā 47.49).

73 http://www.vamsee@vedaMantram.com (übernommen 27.9.2002). Die wiedergebene Einführung zu den Veda-Rezitationen dieser Website stammt von Vamsee K.

Das moderne Beispiel illustriert anschaulich, wie wichtig Auratik und Performance sind und wie unwesentlich inhaltliche Kriterien. Dieses Vedaverständnis ist ein ganz anderes als jenes von Max Müller, der semantischen Sinn suchte. Weit eher entspricht es einem Vedaverständnis, das nach Barbara Holdrege in der Zeit der Brāhmaṇas greifbar wird, also in spätvedischer Zeit vor rund dreitausend Jahren:

> ... the Brahmanical tradition's emphasis on the form of the Vedic mantras over their content is closely connected to the transcendent status ascribed to the mantras as the primordial impulses of speech.[74]

Der Veda ist zuallererst ein Klangdokument und Klangereignis. Er muss rezitiert werden und der dreitonale Sprechgesang vermittelt auch nichtspezialisierten Gläubigen sofort die Botschaft: „Dies ist ein vedischer Text".[75] Die mündliche Vedatradierung war immer nur Sache der Brahmanen, aber die Klangzentriertheit betrifft die Hindukultur als Ganze.[76] Entscheidend ist es deshalb, zwischen Oralität und Sonalität zu unterscheiden. Nicht die Oralität, sondern die Sonalität erklärt, warum nicht der Inhalt, sondern die Klanggestalt das eigentlich Entscheidende ist. Holdrege betont, dass den vedischen Mantras eine kosmologische Dimension, Transzendenz und Überzeitlichkeit zugeschrieben wird:

> Veda as *śruti* is 'that which was heard' by the ancient rishis as part of a primordial cognition in the beginning of creation... The transcendent status attributed to the Veda is itself constitutive of the Veda's legitimating authority as the encompassing symbol of the Brahmanical tradition. The core *śruti* texts, the Vedic mantras, are depicted ... as having a transhistorical dimension, in which they are conceived to be that eternal, suprasensible knowledge which exists perpetually on the subtle level of creation as the source and blueprint of the universe.[77]

Nach Aleida und Jan Assmann gehört zum „Kanon-Syndrom" ganz wesentlich Zeitresistenz.[78] Das ansonsten allgemeingültige Gesetz, daß al-

---

Pamila, der sich als „native brahmin from a family of vedic priests" und als Schüler Venkata Sastrys (seines „Gurus") versteht (persönliche e-mail-Kommunikation 23.10.2005).

[74] Barbara A. Holdrege, „Veda in the Brāhmaṇas", in: Patton, *Authority*, 35–66, hier: 36.

[75] Die Ṛgvedins, Yajurvedins und Sāmavedins haben ihre je eigenen Rezitationsstile entwickelt, aber am weitesten verbreitet ist jener der Yajurvedins (mit leichten Variationen nach Śukla- und Kṛṣṇa-Yajurveda und nach regionalen Traditionen Nord- und Südindiens).

[76] Dazu ausführlich: Wilke und Moebus, *Sound and Communication*, aus denen ich die Beispiele entnommen habe.

[77] Holdrege, „Veda in the Brāhmaṇas", in: Patton, *Authority*, 39.

[78] Assmann, „Kanon und Zensur", 7.

les im Wandel ist, gelte für den Kanon gerade nicht. Dies trifft auch für den Veda zu, allerdings nicht wegen der Konservierungskraft der Schrift. Und dies wurde auch philosophisch reflektiert: Die alte Vedaritualschule der Pūrva-Mīmāṃsās entwickelte eine Theorie der Ewigkeit des Klangs anhand einer erstaunlich modern anmutenden linguistischen Theorie, die ganz Mythisches beweisen will: Die Ewigkeit des Veda. Die Philosophen vertraten die Ansicht, der Veda sei gar nie entstanden, es habe ihn schon immer gegeben. Deshalb sei keine Person (*puruṣa*), weder ein Gott noch ein Mensch, sein Urheber, vielmehr sei der Veda eine „nicht-personale" Offenbarung (*apauruṣeyaśruti*). Dies ist auch ein verbreiteter Volksglaube geworden. Die vedische Tradition selbst unterstützt die Deutung, da sie betont, die Worte des Veda seien nie verfasst, sondern „gesehen", d.h. intuitiv erschaut worden. Der Veda gilt als Śruti, als „Gehörtes", als Sonderkategorie von Offenbarung, anders als alle anderen Offenbarungstexte (Smṛti). Was sich durchgehend erhalten hat und sich nicht nur auf die vedische Tradition beschränkte, war der Gedanke, dass Mantraklänge numinose Machtsubstanzen sind. Wir finden ihn wieder in tantrischen *bīja*-Mantras und als Mantras verstandenen Gebetsformeln mit Gottesnamen, die auch von jenen rezitiert werden können, die nicht zu den Veda-Qualifizierten gehören.

Die Wirkmacht des Klangs beschränkt sich nicht auf den Veda. Der Gedanke wurde auf die Purāṇas übertragen und findet sich in den Tantras mit ihren machtvollen einsilbigen Mantras sogar noch potenziert. Die Klangzentriertheit der indischen Kultur erschöpft sich nicht im Religiösen, durchdringt vielmehr selbst die komplexesten Denkfiguren in Philosophie und Wissenschaften. Klang kann als Organisationsprinzip in so abstrakten Konzeptualisierungen, wie sie in Grammatik, Mathematik und Astronomie zu finden sind, erscheinen. Im Zentrum von Pāṇinis genialer Grammatik stehen bestimmte Klangcodes, die das Alphabet neu ordnen. Das Alphabet selbst ist nach dem anatomischen Ort der Artikulation strikt phonetisch aufgebaut und der hoch rationale Aufbau inspirierte auch die numerischen Codesysteme der Astronomen. Anstatt Übersichtstafeln und Diagrammen finden wir Memorisierungssysteme und poetische Verse voller Alliterationen. Die universelle und ausschließliche Beziehung, die Goody zwischen Schriftlichkeit und „wissenschaftlichem Denken" annimmt, scheint angesichts solcher Beispiele fragwürdig, und seine Annahme, daß Mathematik nie phonetisch abgebildet wurde, findet in Indien mit Āryabhaṭa (5. Jh. n. Chr.) ein Gegenbeispiel.[79] Eine Dominanz des Klanglichen zeigt sich auch in der Metaphysik, wo Klänge zum Mittel der Weltdeutung werden. Die komplexen Kosmologien der Tantras basieren einmal mehr auf den Lettern des Alphabets, und mysteriöse Klangcodes dienen als Modell, die Schöpfung von Sprache und Welt zu erklären. Die Tantras haben eine „Wissenschaft“ des Klangs bzw. der Mantras (*mantraśāstra*) entwickelt.

Klang rangiert somit sehr hoch in der Wahrnehmungs- und Wertehierarchie der hinduistischen Kultur und wurde auf vielerlei Weisen als Mittel symbolischer Kommunikation eingesetzt. Dies eingedenk wird verständlich, warum beim Veda auf Inhalt so wenig Wert gelegt wird. Obgleich es Veda-Übersetzungen allen zugänglich in Buchhandlungen gibt, wäre es falsch zu glauben, die Rezitatoren und Hörer wüssten heute notwendigerweise mehr über den Inhalt des Rezitierten als jene des 19. Jahrhunderts. Müller erkannte nicht, daß Sinnpflege gar nicht als notwendig erachtet wird und daß Klangpflege eine eigene Bedeutungvalenz besitzt.

Der Klang selbst vermittelt Sinn: ästhetisch und ideell und im Fall des Veda sogar ein ganzes Kulturmuster. Wie kein anderes Symbol repräsentiert Vedarezitation die „reine“ Lebenswelt brahmanischer Lebensführung, und im Veda-Klangteppich „schwingen mit“: besondere Sakralität, auspiziöser Schutz, magische Wirkmacht sakraler Klänge, übersinnliches Wissen, weise Seher, archaisch-arkadische Idyllen frommer Brahmanen und edler Könige. Dieses vedische „Tableau“ ist konstant geblieben, angefangen mit den Epen, über die Dramen Kālidāsas und Bhavabhūtis[80] bis hin zu den populären mythologischen Bollywood-Filmen der Gegenwart. Mit der Vedarezitation wird weit mehr übertragen als Schallwellen, mehr kommuniziert als das, was akustisch rezipierbar ist und auch mehr als das, was nachgelesen werden könnte, würde man das Rezitierte übersetzen: neben ästhetisch sinnlich-emotiven Stimmungen auch religiöse Vorstellungen von Transzendenz, uralter Weisheit und immergültiger Wahrheit sowie soziale Ideale wie Geistesadel, Gelehrsamkeit, kontrollierter Lebensstil, *dharma*-Werte, ein bestimmtes Gesellschaftsmodell – eine ganze Kulturform. Werden andere Texte „Veda“ genannt, dann absorbieren sie dieses Kulturmuster und den autoritativen Status des Veda.

---

[79] Vgl. Kurt Elfering, *Die Mathematik des Āryabhaṭa I. Text und Übersetzung aus dem Sanskrit und Kommentar* (München: Fink, 1975).

[80] David L. Gitomer, „Whither the Thick Sweetness of Their Passion?“ in Patton, *Authority*, 185.

2.4 Vedische Kanonbildung

2.4.1 Historische Rekonstruktionen

Im Bezug auf den Veda kann man mit Sicherheit annehmen, daß der Kommentar keine notwendige Begleiterscheinung seiner Kanonisierung war. Als Sāyaṇa im 14. Jahrhundert den *Ṛgveda* kommentierte, war die Fixierung der vier Saṃhitās längst abgeschlossen. Sie ereignete sich schätzungsweise bereits mit den spätvedischen Texten, aber wir sind hier immer noch in einer der dunkelsten Zeitperioden, über die wir wenig Konkretes wissen, und alle Rekonstruktionsversuche bleiben zwangsläufig mehr oder weniger spekulativ. Die Frage, wann und wie es zu einer Steigerung der Verbindlichkeit eines Textkorpus kam und wann und wie sich die Fixierung und Schließung seines Wortlauts und seiner Textgestalt ereignete, ist in der Kanonforschung die zentrale Frage überhaupt. Für indische Literaturen ist sie prinzipiell immer schwierig zu beantworten, da an den Sakralliteraturen wie den Epen und Purāṇas Jahrhunderte weiter geschrieben wurde, also extreme Formen dessen vorliegen, was Assmann „Mouvance“[81] nennt: Tradition als lebendiger Prozess – aber gleichwohl an einem Punkt der Geschichte ein verbindlicher Textbestand vorlag. Dies gilt jedoch nur für den Sanskrithinduismus, denn in den Volkstraditionen kam die Mouvance eigentlich nie zum Stillstand. Was den Veda betrifft, so wurde er mehr als spätere Werke sakrosankter Wert in sich und verkörpert für die Rezipienten einen geschlossenen, invarianten Textbestand von höchster Authentizität und Verbindlichkeit. Man darf wohl annehmen, daß schon mit der Brāhmaṇa-Literatur, aber spätestens zur Zeit der jüngsten noch kanonischen, teilweise ritualkritischen Upaniṣads die Mouvance zum Stillstand kam, aber das heißt zugleich, daß es einen Kanon im Kanon gibt und daß die Kanonisierung schub- und schichtenweise vor sich ging. Die Upaniṣads wurden erst später dem bereits bestehenden Veda eingegliedert. Will man den Veda als historisches Dokument lesen, so zerfällt die textuale und ideelle Einheit in verschiedene Texte und Textgattungen aus verschiedenen Kulturepochen.

David Carpenter situiert die Kanonformation im Rahmen einer „Vedisierung“ („Aryanisierung“) der östlichen Provinzen und einer „interaction with the indiginous peoples“.[82] Kontrolle geschah nach Carpenter wesentlich über die Kontrolle formal korrekter Rede: Den „ungeschliffenen“ und „unstrukturierten“ Dialekten habe man die präzisen und wohl

[81] Assmann, *Text und Kommentar*, 24.

[82] Carpenter, „The Mastery of Speech“, in: Patton, *Authority*, 19–34, hier: 23 und 24.

„gemessenen" Klänge des „kanonischen" *śrauta*-Opfer-Rituals entgegengestellt.[83] Was dabei kodifiziert und kanonisiert wurde, war nicht primär ein Textkorpus, sondern eine Form von Kultur. Dies erkläre, warum so wenig Wert auf semantische Sinnerhaltung gelegt wurde und in der Kanonbildung der Saṃhitās allein die Form (formale Richtigkeit, präzise Aussprache, rituelle Angemessenheit) und Adäquatheit der Träger (Brahmanen) genügte. Es sei dergestalt möglich gewesen, nicht-vedische Traditionen in das *śrauta*-System zu integrieren und es damit zu erweitern. Hierbei habe sich die Rezeption der ṛgvedischen Hymnen maßgeblich verändert:

> [I]t is the formal fit of a specific verse at a given moment in the ritual that matters, not the meaning of the verse, or the hymn to which it belongs, might have had in its original context. Ellison Banks Findly has argued, further, that a shift of emphasis from content to form, from insight expressed in a verse to the correctness of the verse's pronounciation, can be seen in the later parts of the *Ṛg-Veda* itself, specifically in the concept of mantra, ... namely in Maṇḍala 1 and 10. She quotes with approval Paul Thieme's comment that a 'mantra has an effect ... that is conditioned less through its content than its form, a form that must be safeguarded through scrupelously correct recitation.[84]

Nach Michael Witzel sind bereits die ṛgvedischen Hymnen Produkt eines Kompilations-, Redaktions- und Vereinheitlichungsprozesses, und er rekonstruiert kleinschrittig die Formation des vedischen Kanon als mehrstufigen Prozess.[85] Ursprünglich habe es nur einen „Kanon" von Texten innerhalb diverser vedischer Schulen (*śākhās*) gegeben, d.h. je verschiedene Sammlungen innerhalb von Brahmanenkommunitäten unterschiedlicher Regionen, welche zum *einen* Veda vereint wurden. Dies geschah nach Witzel in der Zeit von *śrauta*-Ritual und „Mantra-Periode" im Nordosten Indiens, wohin sich die vedische Tradition verlagerte, weil hegemoniale Königreiche in dieser Region entstanden. Die neuen Kosala-Fürsten holten Brahmanen aus dem Westen und strebten eine Sanskritisierung ihres Territoriums an, um bei westlichen Herrschern Akzeptanz zu finden. Im Osten habe deshalb ein Veda-Import und eine Kompilation vedischer Materialien in großen Stil stattgefunden. Dabei seien auch die Texte im Brāhmaṇa-Stil neugeordnet und die theologischen Positionen

83 Carpenter, „Mastery of Speech", 28–32. Für das Folgende 30–31.

84 Carpenter, „Mastery of Speech", 24.

85 Michael Witzel, „The Vedic Canon and its Political Milieu", in *Inside the Texts and Beyond the Texts: New Approaches to the Study of the Vedas*, Hg. Michael Witzel (Cambridge: Harvard University, 1997), 257–345. Zum *Ṛgveda* 261–266. Für das folgende vgl. 327–331.

des Yajurveda neu durchdacht worden. Die vier Sammlungen und der Begriff „Śruti" seien hier entstanden und wenig mehr später hinzugefügt worden. Die östlichen Regionen waren nach Witzel auch das ideale Ferment für die Entwicklung neuer Konzepte. Die Upaniṣads erklärten sich mit peripatetischen Lehrern und einer intensivierten Weiterführung des neuen Brāhmaṇa-Stils. Witzel sieht somit vorwiegend machtpolitische und geographische Gründe (die Verbreitung westlicher Vedaschulen im Osten), sowie Sammlertätigkeit und wechselseitigen Austausch unter den unterschiedlichen Vedaschulen als Nährboden vedischer Kanonbildung.

2.4.2 Rituelle Kanonbildung

Witzel datiert die Endredaktion des vedischen Kanon erst in die Maurya-Zeit um 150 v. Chr. und versteht den Veda als ein Textkorpus. Die Kompilation des Hauptkorpus der Sammlungen und die Fixierung des Lautmaterials geschah anscheinend jedoch schon Jahrhunderte früher (ca. 600 v. Chr.?). Wohl zu Recht hat Carpenter geltend gemacht:

> The context here is not primarily one of texts, but rather one of formulated speech as employed in ritual action.[86]

> [T]he codification of the Vedic Saṃhitās remained subordinate to the codification of the rites themselves... In the present case it is possible to argue that we have to do not with canonical texts, but with canonical speech.[87]

Wie auch Holdredge betont Carpenter, daß das „dreifache Wissen", d.h. *Ṛg-*, *Yajur-*, *Sāmaveda*, die im komplexen Opferritual von drei unterschiedlichen Priestern verwendet wurden, nicht ein Set von drei Texten war, sondern drei Typen von Mantras (*ṛc*s, *yajus*es, *sāman*s) bezeichne.

Bereits Moritz Winternitz machte geltend, dass die genaue Fixierung des Klangmaterials, die mit dem *padapāṭha* (der „gebrochenen Lesung") in den frühen Phonetikwerken (Prātiśākhyas) schon in vedischer Zeit vorgenommen wurde, das primäre Mittel war, aus dem Veda einen Kanon, d.h. einen invariablen Text, zu machen.[88] Ähnlich argumentiert Carpenter:

> The concept of Saṃhitā ... is logically connected to the concept of a *padapāṭha*...[89]

> ... canonical constraint is exercised not only by closure of the different Saṃhitās as regards to their material content ..., but more importantly by the concern to preserve

[86] Carpenter, „Mastery of Speech", 23.

[87] Carpenter, „Mastery of Speech", 30.

[88] Moritz Winternitz, *History of Indian Literature*, Bd. 1 (Delhi: Motilal, Reprint 1985; deutsche Originalausgabe 1905), 263.

[89] Carpenter, „Mastery of Speech", 22.

the correct phonetic form of the individual mantras and by the formal requirements of the ritual.[90]

Witzel vermutet in der „Padapāṭha-Komposition“ des *Ṛgveda* eine Redaktion im Osten Indiens, die eine vorgängige östliche *Ṛgveda*-Version habe ausschließen und an die „korrekte“ Wortwahl westindischer Vedapraxis angleichen wollen.[91] Vom Ritus aus betrachtet müssen jedoch nicht notwendigerweise (nur) machtpolitische Gründe angenommen werden, dass es zu einer Kanonisierung, Fixierung und Schließung des Wortmaterials kam. Eine erste Form von Kanonisierung ereignete sich wohl eher durch rituelle Kohärenz (Memorisierung, Wiederholung, rituelle Anwendung) und weniger durch textuelle Kohärenz. Für die Notwendigkeit einer Fixierung (genaue Festlegung des akustischen Materials, Entwicklung besserer Memorisierungstechniken) wären das elaboriertere Ritual in spätvedischer Zeit und/oder großflächige Migration in das neue kulturelle Zentrum im Nordosten, vielleicht auch die dortige Unkenntnis des alten vedischen Sanskrit valide Gründe. Dass Fixierung und Schließung gleichzeitig geschahen, ist nicht zwingend. Die Schließung könnte mit der Angst vor dem Vergessen der eigenen Tradition und der Konkurrenz anderer religiöser Stile im neuen Kulturraum, sowie der Entstehung neuer religiöser Traditionen und Literaturen zu tun haben, d.h. mit einer Abgrenzung und Identitätsbildung in der Diaspora und dem Markt der Religionen.

Ein Modell, das mir hinsichtlich des Veda und seiner unterschiedlichen Literaturen passend scheint, ist die Unterscheidung von „Canon I-“ und „Canon II“-Typen, die Jonathan Smith im Anschluss an Kendall W. Folkert und anderen bespricht.[92] Der Kanon I-Typ kennzeichnet sich durch rituelle Aktivität, scholastische Debatte, gelebte Praxis: Autorität fließt durch die akkumulierte Tradition *in* den Text; der Kanon II-Typ andererseits kennzeichnet sich durch Fixierung, Geschlossenheit und Ontologisierung: Hier fließt Autorität *aus* dem Text.[93] In gewisser Hinsicht ist der Veda immer ein Kanon I-Typ geblieben, insofern die Upaniṣad-Produktion weit in post-vedische Epochen hineinreicht und auch weitere Literaturen als Veda erklärt und rezipiert wurden. Was diesen „erweiter-

[90] Carpenter, „Mastery of Speech“, 24.

[91] Witzel, „Vedic Canon“, 323.

[92] Jonathan Smith, „Canons, Catalogues and Classics“, *Canonization and Decanonization*, Hg. A. van der Kooij und K. van der Toorn (Leiden: Brill, 1998), 295–311, insb. 299–303.

[93] J. Smith, „Canons“, 303.

ten Veda" betrifft, gab es nie einen Kanon II-Typ, aber im engeren Sinne der vier Sammlungen des Veda gibt es ihn wohl. Das Stichwort „Ontologisierung" passt gut auf das kosmisierte Opfer und die mikro-makrokosmischen Entsprechungen in der Brāhmaṇa-Literatur. Bemerkenswerterweise korrespondiert damit die Ontologisierung der machtvollen ṛgvedischen Opferrede (*brahman*) als Göttin Sprache (Vāc) in den späten Maṇḍalas des *Ṛgveda* (RV 10.71, 10.125, 1.164) und die zunehmende Disziplinierung der Vāc (AitBr 5.1.27, KauBr 12.3.4, KāṭhakaS 12.5.27.1; ŚatapathaBr 3.2.1.18–23; 3.2.4; 3.5.1.21f.; 4.6.9.16ff; 5.1.1.12,16; 7.4.2.34; TaittirīyaS 6.1.6 etc.). Es kam also zu einer philosophisch-theologischen Überhöhung der rituellen Kohärenz und in diesem Zusammenhang anscheinend auch zu einer verstärkten Kontrolle der Opfersprache, die zur Invarianz führen musste, da nur mit dem Gebot der absolut fehlerlosen Aussprache die kosmische Wirkmacht der Mantras garantiert war. Handlungspraktisch wie auch psychologisch ist Fixierung geboten aufgrund der magischen Potenz der Opfersprüche, die falsch auszusprechen tödliche Konsequenzen haben könnte.[94] Die Schließung des über lange Zeit flüssigen Kanons wäre mit dem Dominantwerden anderer religiöser Stile erklärbar: Der „rituelle Kanon" wird durch die ritualkritischen späten kanonischen Upaniṣads begrenzt.

Die Upaniṣads sind in der Tat das „Ende des Veda" (Vedānta), denn sie depotenzieren die magische Kraft der Opfersprache. Das neue Brahman der Upaniṣads ist entsinnlicht und entsprachlicht, aber dafür nun vollkommen semantisiert und ontologisiert: *satyam jñānaṃ anantam*, das „Wahrhaft-Seiende, reine Bewusstheit und Unendlichkeit" (TaittirīyaUp 2.1.1). Einst die machtvolle evokative, magisch-poetische Rede, mit der die ṛgvedischen Dichter die Götter präsent machten, in den Brāhmaṇas dann die homologische Vernetzung der Dinge, ist das Brahman der Upaniṣads das Absolute, das von Worten nicht erreicht wird (TaittirīyaUp 2.4.1; 2.9.1). Mit den Upaniṣads ereignete sich eine fundamentale Wende: An die Stelle der *rituellen* Sinnpflege der Brāhmaṇas tritt philosophisch-mystischer Sinn. Indem die Upaniṣads dem vedischen Kanon einverleibt wurden, wurden sie auch gezähmt. Ihre zunehmende Sprach- und Ritualkritik tangierte die Veda-Transmission phonetischer Akribie jedoch nicht. Klangpflege behielt die primäre Rolle. Die *Taittirīya-Upaniṣad* wird wie andere Texte des *Yajurveda* memorisiert und im typischen dreitonalen Klangmuster rezitiert, und sie vermittelt wie diese „Veda". Diese

[94] Klassisch dazu die Indraśatru-Episode des *Śatapathabrāhmaṇa* (1.6.3.8), die auch beim Grammatiker Patañjali (2. Jh. v. Chr.) überliefert wird.

akustische Dimension macht wesentlich die Geschlossenheit und Konsistenz des Veda aus.

Wohl nicht allein durch die von Witzel herausgearbeiteten sozio-politischen Prozesse, sondern auch durch den Wettbewerb mit den kanonischen Upaniṣads, die nicht mehr der Opferritualistik der Brāhmaṇas entsprechen, den heterodoxen neuen Religionen Buddhismus und Jainismus und den neuen Sakralliteraturen *Rāmāyaṇa* und *Mahābhārata* wurde der Veda auch zu einem Kanon II-Typ und zu einem intrinsischen Wert in sich. Zu seiner Invarianz und überzeitlichen Gültigkeit trugen maßgeblich die vedischen Wissenschaften und die Gelehrtenschule der Pūrva-Mīmāṃsā bei, aber kanonische Geltung verlieh ihm ebenso das Veda-Image, das in nicht-vedischen Literaturen aufgebaut wird. Interkontextualität, etwa der Veda-Bezug der Epen und anderer nicht-vedischer Texte, gehört beim Veda zur Kanonbildung mit dazu und verhalf zur Kanonisierung von „unten", im Veda die Norm sakraler Autorität zu sehen.

Assmann betont, daß typische Situationen für Kanonbildung Zeiten der „Orientierungslosigkeit durch Komplexitätssteigerung" und der „Steigerung des Möglichkeitsraumes" seien.[95] Solch eine Ausweitung sei z.B. gegeben im „Wandel von ritueller zu textueller Kohärenz": „Im Rahmen der Schriftkultur verliert die Tradition ihre alternativenlose Selbstverständlichkeit und wird prinzipiell veränderbar".[96] Um ein enthropisches „anything goes" zu verhindern und wo die Tradition an Tragfähigkeit verliere, entstehe „ein Bedürfnis nach 'Genauigkeit' ('akribeia') ..., „die es ermöglicht, identischen Sinn gegenüber verschiedenen Partnern in verschiedenen Situationen festzuhalten ...".[97] Partiell ist dies sicher auch für den Veda zutreffend; allerdings nicht notwendigerweise in Abhängigkeit von einer entstehenden Schriftkultur oder im Kontext von Sinnpflege (wobei dies durchaus der Grund gewesen sein mag, die Upaniṣads dem Veda einzuverleiben). Selbst wenn man annimmt, daß eine entstehende Schriftkultur mit der vedischen Kanonisierung zusammenfällt, was im 2. Jh. v. Chr. als Datum der Endredaktion der Fall wäre, war sie doch so wenig signifikant, daß sie keine Spuren hinterließ und die Oralität und Klangpflege nicht tangierte.

Besser als an Assmann lässt sich an Smith anschließen, der geltend macht, daß Kanongeschichte nicht in erster Linie eine Frage der Trans-

[95] Assmann, *Kulturelles Gedächtnis*, 123.
[96] Assmann, *Kulturelles Gedächtnis*, 123.
[97] Assmann, *Kulturelles Gedächtnis*, 123–124.

mission, sondern primär der Rezeption sei.[98] Die Autorität liege weniger im Buch als in der Fähigkeit, das Buch zu manipulieren und zum sakralen Wort zu erheben. Kanon sei eine Kategorie von Professionalisierung und selbst der sogenannte Kanon II letztlich eine relative Kategorie. Geschlossenheit und Invarianz seien zwar als der entscheidende Faktor zu postulieren, aber in der konkreten Praxis gebe es doch eine ganze Reihe von Beispielen, die die Geschlossenheit widerlegen.

Der starke Fokus auf der Ausdrucksseite und der fehlende Fokus auf der Inhaltsseite bewirkten zusammen mit der Image-Pflege des Veda als Autorität und Wert in sich, daß es nicht zu einem Bedeutungsverlust kam. Der Veda behielt kulturellen Sinn. Seine Bedeutsamkeit als kultureller Text und seine bleibende Autorität, so mein Argument, verdankt sich nicht der Sinnpflege, sondern ganz im Gegenteil gerade dem Umstand, daß eine inhaltliche Fixierung nicht als notwendig erachtet wurde und deshalb neue Inhalte als Veda erklärt werden konnten und in einem steten *aggiornamento* das Sinnvakuum füllten. Einerseits kam es in der Tat zu einem Sinnverfall, wie dies Assmann einer bloßen Textpflege zuschreibt, andererseits aber bot es zugleich die Möglichkeit zu stetiger Sinngeneration. Dies beginnt bereits mit den Upaniṣads. Sie enthalten ganz neues Gedankengut, das für die post-vedische Zeit bleibend prägend wird: *ātman*, *brahman*, *karma,* Nichtdualität des Seins, Spiritualisierung des Opfers, Entsagerideal, Yoga, überweltliche Soteriologie. Noch spätere Upaniṣads sind die Texte, die am deutlichsten zum Veda als Textkorpus gehören bzw. sich an ihn anbinden und zugleich sind sie die Texte, die am weitesten in den Hinduismus, wie wir ihn heute kennen, hineinreichen. Sie sind die Schnittstelle, über die Hochgottheiten, yogisch-tantrische und devotionale Strömungen in „den" Veda einflossen.

Genau weil ein inhaltliches „anything goes" nicht gestoppt wurde und es auch nicht werden musste, wurde der Veda zu einem kulturellen Text über Brahmanenkreise hinaus und zur Legitimationssicherung des ständigen Zustroms neuer Offenbarung und einer Erkenntnis offenen Tradition. Assmanns strenge Definition des Kanon „als Inbegriff eines geschlossenen, invarianten Textbestandes von höchster Authentizität und Verbindlichkeit, im Gegensatz zu einer dem ständigen Zustrom neuer Offenbarung bzw. Erkenntnis offenen Tradition" trifft einerseits zu und anderseits gerade nicht. Wenn die Rezeptionsgemeinschaft miteinbezo-

[98] Smith, „Canons", 299.

gen wird, kann gesagt werden: Der Veda ist Kanon, weil er kulturelle Kohärenz in immer neuen Varianten erlaubte.

2.5 Ein geschlossener Kanon mit offenen Enden

Müller hat richtig gesehen, daß die ṛgvedischen Hymnen das älteste Substrat des vedischen Kanons bilden. Weit unklarer aber ist, wo der Veda endet. Neben den kanonischen Upaniṣads entstanden über Jahrhunderte weitere bis ins Mittelalter hinein, z.B. die Allāh-Upaniṣad. Zwar kam es nach vielen Jahrhunderten von Mouvance innerhalb der Vedaschulen zu einem fixen Kanon von vier Saṃhitās, aber an den Enden franste es aus. In der traditionellen Sammlung von 108 Upaniṣads ist nur ein kleiner Teil „kanonisch", d.h. entstand noch in vedischer Zeit und war Gegenstand früher Kommentarliteratur. Śaṅkara (um 800 n. Chr.) kommentierte nur zehn Upaniṣads. Noch extremer ist der Fall, daß sich nicht-vedische Literaturen als Veda ausgaben und dies traditionell sanktioniert und von einer breiten Rezeptionsgemeinschaft, einschließlich den Brahmanen, akzeptiert wurde. Die Grundsatzfrage ist deshalb berechtigt: Darf man überhaupt von Kanon sprechen? Louis Renou hat die Ambivalenz und Schwierigkeit, die Kanon-Kategorie auf den Veda anzuwenden, gut ausgedrückt, wenn er bemerkt:

> Without really being a Canon, that is to say a codified, completed thing, the Veda is nevertheless, analogous to a Canon, in the sense that it presents itself as an indivisible whole for public adoration.[99]

Das Hauptproblem ist, daß unterschiedliche Rezipienten diese Grenzen eines unscheidbaren Ganzen unterschiedlich ziehen und dies partiell schon mit den vedischen Texten selbst beginnt. So wurde beispielsweise die vierte Sammlung, der *Atharvaveda*, erst später aufgenommen und hat nie ganz die Dignität des *Ṛg-*, *Yajur-* und *Sāmaveda* erlangt.

Unter den zahlreichen religiösen Literaturen Indiens nimmt der Veda als brahmanisches Elitewissen par excellence zweifellos eine Sonderstellung ein. Als Gedächtnisspezialisten entwickelten die brahmanischen Vaidikas auf der Ebene der Speicherung ihr Mnemosystem zu einer einzigartigen Kulturtechnik, und auf der Ebene der Institutionalisierung erklärten sie ihr Vedastudium zum Rezitationsopfer und höchsten Opfer. Die mündliche Überlieferung sicherte die Monopolstellung der Brahmanen[100] und natürlich auch ihr Auskommen: Nur sie dürfen traditionellerweise Riten mit vedischen Mantras vollziehen. Das Vedastudium war

---

[99] Renou, *Destiny of the Veda*, 16.

[100] Dieses Argument wurde auch von Goody (*Literalität*, 22–25) stark betont.

ihr Privileg. Das heilige und machtgeladene Vedawort sollte Unbefugten nicht verfügbar sein und bekanntlich durften Śūdras den Veda nicht hören. Assmann hat den treffenden Ausdruck „strategische Geheimnisse“ geprägt und das Geheimnis, d.h. vorbehaltenes Wissen, als wichtige soziale Funktion gesellschaftlicher Kommunikation und als explizite Inszenierungsform herausgestellt.[101] „Strategische Geheimnisse“ dienen der asymmetrischen Verteilung von Wissen in unterschiedlichen sozialen Gruppen und in Indien ist nichts so sehr mit Brahmanentum verknüpft wie der Veda – sowohl faktisch wie auch ideell. Witzel stellt fest:

> Wo es Veda gab, da lebten stets auch Brahmanen, die ihn rezitieren konnten. Auch das Umgekehrte war meist der Fall: Wo es Brahmanen gab, da waren auch solche (zumindest einige), die den Veda auswendig herzusagen wußten.[102]

Auf sozialer wie ideeller Ebene fand statt, was nach Assmann typisch für Kanonisierungsprozesse ist: Die Heiligung einer bestimmten Tradition läuft auf die Heiligung einer bestimmten Gemeinschaft hinaus.

Zentral ist nun aber, daß am Prestige und der Autorität des Veda nicht nur die Brahmanen partizipierten. In vielen unterschiedlichen Weisen wurde der Veda parochialisiert, angefangen mit Bharatas *Nāṭyaśāstra*, in welchem das Theater salonfähig gemacht wird, indem es als fünfter Veda, oder Veda für das Volk, erklärt wird,[103] über die Identifizierung der Hochgötter mit dem Brahman oder die Integration bestimmter Veda-Passagen und -Mantras in die post-vedische *pūjā*,[104] bis hin zur musikuntermalten Vedarezitation in beliebten Audiomedien der Moderne.[105] Vedarezitation hat heute die Brahmanenkreise verlassen.[106] Sie gehört zu jeder guten

[101] A. und J. Assmann u.a.: *Schleier und Schwelle,* Bd. 1*: Geheimnis und Öffentlichkeit*, 1997.

[102] Witzel, „Regionale und überregionale Faktoren“, 37.

[103] *Nāṭyaśāstra* 1.4; 1.12–18.

[104] So etwa das *Śatarudrīya,* das *Pañcabrahma-Mantra* und andere vedische Mantras in den Āgama-Kultus (Bhatt, *La Religion de Śiva*, 203, 293) oder das *Puruṣasūkta* in die Smārta-pūjā (Gudrun Bühnemann, *Pūjā: A Study in Smārta Ritual*, Wien: Institut für Indologie, 1988).

[105] Vgl. etwa das Angebot „Gitaa Cassettes: Catalogue (Cassettes & CS’s)“ (Giritrading, Chennai, 2006) und http://www.musicindiaonline.com.

[106] Zur traditionellen Veda-Rezitation bemerkt Wayne Howard (*Veda Recitation*, x): „However, the Vedas are approaching a point in history which will determine whether they survive or slip into extinction. They have shown remarkable vigor and preseverance in the past – thriving under potentially destructive political, economic, and religious upheal – but whether they can withstand the accelerated rate of social change in the twentieth century is a formidable question which leaves their future in grave doubt.“

Schulabschlussfeier, versüßt dem indischen Computerexperten in Amerika seine Fahrt ins Büro und wird auch von Frauen und Śūdras gelernt.[107] Im Unterschied zu den Vaidikas, die wirklich ganze Sammlungen auswendig kennen, beschränkt sich der Veda in den meisten modernen Rezeptionen auf einen „Kanon" vedischer „Evergreens" wie das *Puruṣasūkta*, ein alter Schöpfungsmythos, der heute als Viṣṇu-Hymnus angesehen wird, oder die alte Bṛhaspati-Hymne „*gaṇānām tvā*", die nun als Bittgebet an Gaṇeśa gilt. Nur eine bestimmte Selektion von Texten machen für die Majorität „den Veda" aus, und semantische Verschiebungen sind häufig, aber nicht durchgängig, denn auf die Semantik kommt es gar nicht an. Während diese Beispiele den tatsächlichen Vedatext betreffen und modernen Datums sind, haben andere Beispiele der Parochialisierung, wie das *Nāṭyaśāstra*, inhaltlich und formal wenig mit dem Veda zu tun und werden dennoch Veda genannt.[108]

2.5.1 Rezeption und Variation

Der Veda diente nicht nur der Selbstdarstellung der Brahmanen, sondern auch der Selbstdarstellung der unterschiedlichsten Gruppen und ihrer Vorstellungen von der Ordnung der Welt. Das Theater nennt sich wohl „fünfter Veda" nicht allein um an der Autorität des Veda zu partizipieren und sich zu legimieren, sondern auch deshalb, weil im Theater ein ebenso umfassendes Weltmodell – mit allen *rasas*, einschließlich des Ekligen und Schrecklichen – zur Darstellung kommt. Das Veda-Image als Epitom von Heiligkeit war so formal und umfasste ein so weites semantisches Feld, daß die Anschlussmöglichkeiten nahezu unendlich waren. Holdrege bemerkt zu Recht: „[T]he strategies for expanding the Veda beyond the domain of the mantras, do not generally involve an extension of content, ... but rather an extension of status",[109] und versteht darunter den „Status transzendenten Wissens", der übertragen oder angeeignet worden sei. Zum Veda-Mythos gehört nicht nur sein Nimbus besonderer Heiligkeit,

---

107 In den Ashrams der Chinmaya Mission beispielsweise wird Vedarezitation seit den 1950er Jahren unabhängig von Kaste und Geschlecht gelehrt. Andere Ashrams, die bis vor wenigen Jahren noch den traditionellen Regeln folgten, wie z.B. der Kailasa-Ashram von Rishikesh, lassen teilweise unterdessen auch Frauen zu Vedarezitation und Vedānta-Studium zu. Für Veda-Schulen gilt dies allerdings noch nicht.

108 Gerade beim *Nāṭyaśāstra* fehlte es in der Forschung nicht an Versuchen, die vedische Substanz herauszukristallisieren. Gitomer („Whither the Thick Sweetness", in Patton, *Authority*, 171–198) wirft die Problematik solcher Ansätze, wie sie von Kuiper und Byrski vertreten wurden, auf.

109 Barbara Holdrege, „Veda in the Brāhmaṇas", in Patton, *Authority*, 36.

Nobilität und magischer Wirkmacht, sondern auch sein archaisches Alter. Alle relevanten religiösen Strömungen des Sanskrithinduismus konnten auf den Veda als etwas Vorgängiges und Ursprüngliches zurückblicken und suchten sich in irgendeiner Form an den alten Text anzubinden. Nicht selten präsentieren sich post-vedische Sakralliteraturen als Metatexte zum Veda oder als dessen Neuredaktion. In einem historischen wie ideellen Sinn war und ist der Veda damit Wurzel des kulturellen Gedächtnisses, kultureller Identität und kultureller Kohärenz.

Das kulturelle Gedächtnis, wie ich es hier im Sinne von Assmann verstehen möchte, bezeichnet nicht Geschichte, wie sie sich ereignet, sondern Geschichte, wie sie erinnert wird. Und dieses Erinnerte ist im Falle des Veda nicht einmal nur legendenhaft, sondern schon aufgrund der Kryptik des Textes hoch mythisch. Es wurde zwar der Text überliefert, aber sein historisches Umfeld vollkommen vergessen. Umso stärker wurde der Veda in Imaginationen gekleidet und schließlich selbst zum Mythos. So wurde er nicht selten als Basis und Ursprung aller Kultur, gar als Ursache der Welt gedeutet. All dies führte dazu, den Veda nicht nur an den Anfang der Welt zu stellen, sondern ihn als gänzlich überweltlich und überzeitlich zu betrachten. Mit dem Śruti-Begriff und der Mīmāṃsā-These der „Verfasserlosigkeit“ wurde der Veda von anderen Literaturen abgehoben und verewigt. Seine Zeitresistenz wurde gar philosophisch mit einer rationalen Sprachtheorie begründet.[110]

Der griechischen Aufklärung des 5. Jh. schreiben die Assmanns den Gedanken eines Kanons „als Inbegriff treffsicherer Genauigkeit im Gegensatz zur variantenreichen Ungenauigkeit des mythischen Denkens“ zu.[111] Beim Veda ist dies anders. Der sakrale Text wurde von Gelehrten als andere Offenbarungskategorie „kanonisiert“ und in anderen Sakralliteraturen durch Mythos und Re-Interpretation weitergeschrieben: Die Varianten selbst wurden zum Veda erklärt. So konnte beispielsweise im Rahmen der purāṇischen Weltalter- und Dekadenztheorie ein Schema nachfolgender Literaturgattungen konstruiert werden, das für jedes neue Zeitalter sozusagen seinen eigenen Veda erfand bzw. die neuentstandenen Sakralliteraturen als neue Redaktionen des Veda oder jeweils neue Fassungen der ewig-gleichen Wahrheit verstehen konnte: im jetzigen Kaliyuga sind es die Purāṇas[112] und die liebende Verehrung. Der kulturelle Wert

---

110 Vgl. Wilke und Moebus, *Sound and Communication*, Kap. 4.4.

111 Assmann, *Das kulturelle Gedächtnis*, 122.

112 Purāṇas und Epen zusammen oder je einzeln werden „fünfter Veda“ genannt. Zur omnipräsenten Veda-Anbindung in späteren Literaturen vgl. auch Renou, *Destiny*,

des Veda bewies sich immer wieder darin, divergenteste Strömungen in einen globalen kulturellen Nexus einzubinden. Kaum eine spätere Tradition hat sich nicht auf den Veda bezogen, sei es, indem sie sich als neuen Veda, als volkssprachlichen Veda (tamilische *bhakti*-Lyrik als Tamil-Veda), als wahren Urveda (Pañcarātra) oder als theistische Überbietung des Veda (Purāṇa-Rezitation, Namen-Rezitation, purāṇisches Pilgerwesen ist so wirkungsvoll wie große vedische Opfer) und gar als Veda-unabhängige höhere Offenbarung und wahre Soteriologie (Āgamas) präsentierte. Selbst nicht-religiöse Wissenschaften nannten sich Veda (oder Upaveda) z.B. die Medizin (Ayurveda) oder die Kriegskunst des Bogenschießens (Dhanurveda).

Jene Schichten der Bevölkerung, denen brahmanische Initiation versagt ist, konnten ihre Texte und Gottheiten stets doch in irgendeiner Form an den Veda anbinden, sich als wertvoller Bestandteil im kulturellen System lokalisieren und ihren eigenen Traditionen folgen, ohne sich als Außenseiter zu empfinden. Umgekehrt konnten sich auch die Brahmanen in deren populäre Traditionen integrieren, vorausgesetzt, sie konnten die fremden Texte und Gottheiten in den Veda (im genannten sehr breiten Sinne) hineinlesen. So geschah quasi eine wechselseitige Kanonisierung: Der vedische Nimbus von Heiligkeit nahm zu, während die anderen Literaturen gleichzeitig davon profitierten. Nicht-vedische Literaturen bekleideten sich mit brahmanischer Autorität und Normativität, und die sakrale Aura des Klangs und der magischen Wirkmacht der Rezitation wurde zunehmend ausgeweitet bis hin zur Konzentration auf einen einzigen Götternamen.

In den vedischen Nexus haben sich ganz unterschiedliche Gruppen mit ganz unterschiedlichen Interessen eingebunden. Der Veda diente bis heute als „Image-Maker“ und Medium der Selbstbeschreibung und Sakralisierung der eigenen – post-vedischen – Gruppe, wie auch als kulturpolitische Strategie gesellschaftlicher Eliten, populare, nicht-brahmanische Traditionen mit dem Label „Veda“ in den Mainstream der „Großen Tradition“ zu integrieren.

Richard King hat an Max Müller kritisiert, dass dieser den Veda zum „Fetisch“ gemacht habe, indem er ihn als authentische Verkörperung hinduistischer Religiosität erklärte und indische Religion

14 f.; Smith, *Reflections*.

„vertextualisierte".[113] Die Kritik ist in vielerlei Hinsicht berechtigt und wichtig, doch reduziert King den Veda auf die Upaniṣads, also den Veda der Reformer, und bedenkt nirgends den Veda als „kulturellen Kanon" brahmanischer Lebensführung, seine kulturprägende Rolle bereits über Jahrhunderte, seine Omnipräsenz in späteren Literaturen, den „erweiterten Veda". Was *diese* Formen von Veda-Kanon betrifft, kann man sagen, die emische Rezeption selbst habe aus dem Veda einen Fetisch oder eine Ikone gemacht, doch war es nicht der Veda Müllers, also nicht das Buch bzw. der Textkorpus der vier Sammlungen oder gar der *Ṛgveda* und die Upaniṣads als Gründungsurkunden der Kultur, vielmehr ein ideeller Veda oder besser die Idee Veda, ein bestimmtes Image von sakraler Autorität und „vedischer Aura", ein sozio-religiöses Statussymbol.

Auf die bleibende Dominanz des Veda hat Brian Smith in *Reflections on Resemblance, Ritual, and Religion* (1989) erstmals hingewiesen und einen wichtigen Gesichtspunkt aufgeworfen, den sowohl die „Orientalisten" als auch die „anti-Orientalisten" übersehen haben, nämlich dass der Veda mehr ist als der Veda (die vedischen Saṃhitās). Was Müller „fetischierte" war ein akademischer „Kanon" des Religionsstudiums Indiens, dem noch Generationen von Philologen anhingen. Ihr Veda war ein Buch, das aus vier historisch gewachsenen Textsammlungen bestand, aber wenig zu tun hatte mit dem oralen Veda der Brahmanen oder dem „erweiterten Veda" im gelebten Hinduismus. Kaum wurde das „Veda-Image" thematisiert und der Veda als virtueller Kodex brahmanischer Lebensführung (*dharma*) wahrgenommen, welcher nicht-brahmanischen Traditionen nicht nur aufgedrängt wurde, sondern dem sie sich auch willentlich anschlossen. Smith warf einen neuen Blick auf den kanonischen Status des Veda, indem er nicht nur den Veda der Saṃhitās, sondern den gesamten Komplex Hinduismus miteinbezog. Er meinte gar, mit der Akzeptanz des kanonischen Status des Veda eine brauchbare Definition des Hinduismus gefunden zu haben. In dieser Hinsicht war seine Pionierstudie zu eindimensional und forderte zu Recht Kritik heraus. Weder ist der Veda der einzige zentrale kulturelle Text, noch beziehen sich alle auf ihn. Lokalkulturen, tribale Traditionen, ländlicher Hinduismus insge-

[113] King, *Orientalism*, 62–81, 128. Scharf kritisiert King die Annahme, der Sitz von Religion sei in einem Korpus kanonischer Texte und ihrem Studium zu finden, während die Glaubensanschauungen und Praktiken der religiösen Akteure, die oftmals drastisch davon abweichen, nicht gefragt waren. Der Fokus auf kanonische Schriften schaffe „idealized doctrinal systems" und mache aus den Religionen „abstract, ahistorical and universal entities".

samt haben wenig mit dem Veda zu tun – nicht einmal mit dem Veda als „kulturellem Kanon", geschweige denn mit dem Veda der Saṃhitās. Bereits John Abbots Ethnographie anfangs dieses Jahrhunderts hat dies gezeigt.[114] Seine Beobachtungen von Riten und Popularreligion führten ihn dazu, *śakti* (kosmische „Macht") als Zentralkategorie des Hinduismus zu erklären, ein Begriff, der kaum im vedischen Kanon der Sammlungen, aber häufig in Tantras und Śaiva-Āgamas zu finden ist.

2.5.2 Abgrenzung, interaktive Prozesse und Osmosen

Wenn ich den Veda einen „kulturellen Marker" nenne, darf nicht verschwiegen werden, dass es Traditionen selbst innerhalb Sanskrithinduismus gab, die sich abgrenzend auf den Veda bezogen und das „Veda-Image" im Modus von Kritik perpetuierten. Āgamas und Tantras beanspruchten für sich eine eigene Sonderkategorie von Offenbarung, und gerade die Geschichte des Śivaismus zeigt, dass es auch innerhalb des Sanskrithinduismus Gruppen gab, die den Veda und das brahmanische Sozialsystem vehement ablehnten (z.B. die Vīraśaivas im 12. Jh.) und stolz die eigene Offenbarung als die weit Überlegenere auffassten. Für die ursprünglich vermutlich gänzlich nicht-brahmanische Āgama-Tradition ist dies mit Sicherheit belegt. Sie war eine andere Offenbarungsreligion, hatte ein anderes priesterliches Geheimwissen und sie hatte den universalen Hochgott Śiva, der im Veda ein ambivalenter und gefürchteter Gott und ein Außenseiter ist. Aus der wechselseitigen Distanz, ja Opposition, wurde über die Jahrhunderte jedoch eine so starke Nähe, dass Bhatt zum Schluss kommt, der heutige Hinduismus – vor allem in Südindien – sei aus der wechseitigen Beeinflussung von Āgama und Tantra entstanden.

Die Āgamas beanspruchen, für Soteriologie verantwortlich zu sein, während der Veda nur für diesseitiges Wohl wie Söhne und Furchtbarkeit Mittel biete. Ihr sinnlicher Kultus und ritualzentrierter Hochgottglaube wurde so wirkungsvoll, dass sich ihm selbst vedatreue Brahmanen nicht entziehen konnten. Umgekehrt absorbierten die (südindischen) Śaiva-Siddhāntins so viele vedische Mantras und vedāntische Deutungsmuster, dass es heute schwierig ist, die Traditionen zu trennen. Nach den schriftlichen Quellen zu schließen geschah dies erst im späteren Mittelalter. Beim chinesischen Pilger I-Tsing (670 n. Chr.) findet sich jedoch eine bemerkenswerte Passage zu den extraordinären Fähigkeiten der Brahmanen, welche nicht nur das erste Zeugnis einer rein mündlichen

[114] John Abbot, *Indian Ritual and Belief: The Keys of Power* (Repr. New Delhi: Manohar, 2000; Original 1932).

Vedatradierung darstellt, sondern auch ein frühes Zeugnis eines Veda-Tantra-Kontinuums sein könnte. I-Tsing stellt fest, dass die Brahmanen vier Vedas mit insgesamt ca. 100.000 Versen kennen, die ohne schriftliche Fixierung allein durch mündliche Überlieferung tradiert werden, und es in jeder Generation einige kluge Köpfe gebe, die alle 100.000 Verse auswendig rezitieren können.[115] Anscheinend sichtlich beeindruckt fährt er in einer interessanten und etwas dunklen Passage mit den Methoden fort, die geradezu mirakulöse Gedächtnisleistungen erzeugen:

> Gemäß der Tradition der westlichen Gegenden [das schließt Indien ein] gibt es [folgende] Weisen, Klugheit zu erwerben: 1. Weisheit hervorgerufen [mittels] wiederholtem Überprüfen, 2. die 'Buchstaben' beruhigen den Geist (oder: die Geister).[116]

Diese Methoden führen nach I-Tsing dazu, dass der Geist angeregt wird und man bereits nach zehn Tagen oder einem Monat Praxis alles unmittelbar im Gedächtnis behalten kann, ohne dass es wiederholt werden muss; er habe dies mit eigenen Augen gesehen. Die erste dieser beiden fabulös effizienten Techniken bezieht sich unbestritten auf das regelgeleitete Rezitieren und Repetieren („Nachprüfen") des vedischen Materials.[117] Die zweite Technik „wiederholten Überprüfens" ist weniger klar, hat offenbar aber etwas mit Alphabet zu tun.[118] Die „Fixierung" der Sprachlaute in wohlgeordneter Reihenfolge spielt(e) im rigorosen brahmanischen Vedastudium sowohl in Grammatik als auch in Phonetik eine entscheidende Rolle. Der hier verwendete chinesische Begriff *zimu* wird in der Regel jedoch für das tantrische Siddham-Alphabet verwendet,[119] so dass

[115] Vgl. Harry Falk, *Schrift im alten Indien: Ein Forschungsbericht mit Anmerkungen* (Tübingen: Gunter Narr, 1993): 288. Für das Folgende ebd. 289.

[116] Ich verdanke diese Übersetzung des chinesischen Originals (*Taisho* 2125.229b.26ff., hier: 229c.2f.) Max Deeg (persönliche e-mail-Kommunikation, 20.5.2006).

[117] So Deeg (e-mail 20.3.2006) und auch Falk, *Schrift*, 289.

[118] Deeg (e-mail 20.3.2006) bestätigte mir, dass Takakusus Übersetzung „Alphabet" durchaus korrekt das chinesische Wort *zimu* wiedergibt (vgl. dazu die Problematisierung bei Falk, Schrift, 289), und „*zimu* sich auf die Akṣaras bezieht; *zi* als die Konsonantenzeichen, *mu* ('Mutter', *mātṛkā*) als die Vokalzeichen." Er machte mich darauf aufmerksam, dass das Wort *zimu* häufig in der tantrischen Praxis verwendet werde. Dies ist mehr als ein Zufall: Der chinesische Begriff *zimu* spiegelt mit dem Zeichen „*mu*" („Mutter") den im Hindu-Tantra geläufigen Begriff „*mātṛkā*" („Mütterchen"), der das tantrische Alphabet („Siddham-Alphabet") bezeichnet. Dieses ist mit dem Sanskritalphabet, wie auch lokalsprachlichen Alphabeten identisch, addiert aber das Phonem *kṣa* und wird rituell mit nasalisierten Auslauten verwendet.

[119] Vgl. obige Anmerkung und R. H. van Gulik, *Siddham*: *An Essay on the History of Sanskrit Studies in China and Japan*, 2. Auflage (New Delhi: International Academy of Indian Culture, 2001; Original 1956).

es weit wahrscheinlicher ist, hier nicht Vedapraxis zu vermuten, sondern die typisch tantrische Rezitation des Alphabets. Alphabetriten, in denen jeder einzelne Buchstabe nasalisiert als „Mantra“ gilt, wie auch kosmologische Alphabetspekulationen sind in den Āgamas und im Hochtantra relativ häufig. In diesem Diskursfeld werden nicht die vedischen Mantras, sondern die Lettern des Alphabets als „blue-print“ des Universums gedeutet. Typisch vedisch-brahmanische und typisch tantrische Vorstellungen scheinen hier eine Osmose eingegangen zu sein. Im Alphabet war ein starker gemeinsamer Nenner gegeben für zwei Traditionen, die sich wechselseitig als „unrein“ ablehnten.

Das Tantra gab sich oft bewusst anti-vedisch und anti-brahmanisch und entwickelte mit Ritualen unreiner Dinge nicht nur einen Gegenentwurf, sondern konzentrierte auch die magisch-sakrale Macht des Klangs auf einzelne Silben mit nasalem Ausklang: die *bīja*-Mantras, eine andere und noch potentere Kategorie als die vedischen Mantras. Die vedische Initiation wurde durch die tantrische Initiation ersetzt oder supplementiert. Mit einer bewussten Verschlüsselungstechnik und Code-Sprache wird das strategische Geheimnis potenziert. Das spätere brahmanisierte Tantra bindet dann die tantrische Weltsicht wiederum in den vedischen Nexus ein (Smārta-Tantra); durch die Repetition der hochpotenten *bījas* und tantrischen Wurzelmantras ist Erlösung im Hier und Jetzt möglich, unabhängig von Kaste, Stand und Geschlecht, aber die machtvollen Mantras können sozusagen als Hausapotheke auch für die Bewältigung aller alltäglichen Probleme eingesetzt werden. Philosophisch treibt das Tantra die spätvedische Vernetzung aller Dinge, die non-duale Lehre der Upaniṣads und die vedische Göttin Sprache (Vāc) zu neuen Höhen. Und vor allem in der Śrīvidyā ist die vedische Anbindung zunehmend explizit. So nennt sich selbst das Ritualmanual *Paraśurāmakalpasūtra* (10.85) aus dem 16. Jahrhundert, das heterodoxe Kaulapraktiken integriert, „Upaniṣad“.

Während in der Veda-Transmission der Fokus auf formell perfekter phonetischer Fixierung zum Zweck korrekter Mantra-Anwendung im vedischen Ritual und zur Sicherstellung ihrer Wirkmacht liegt und nur bei den Upaniṣads eine Suche nach semantischem Sinn im Vordergrund stand, geht es in (späteren) Āgama-Tantra-Traditionen nicht nur um Form, Ritual und Wirkmacht, sondern auch um ein sensuelles Erleben von Nondualität und um Hermeneutik. Während der Veda ohne „Sinnpflege“ tradiert wurde, zeichnet das brahmanisierte „Hochtantra“ geradezu eine Sinninflation hinsichtlich der eigenen nonsemantischen Mantras aus, obgleich sie numinose Machtsubstanzen sind, die unabhängig von Bedeutung wirken. Auch der Kanon der Riten und Ikonographie gewinnt mittels einer ausgeprägten Allegorese tiefen philosophischen und kosmologischen Sinn.

Im Tantra wie auch im Devotionalismus (*bhakti*) waren die Interaktionsprozesse mit der brahmanisch-vedischen Tradition vielstimmig, und neben Osmosen gab es immer – und bis heute – Stimmen, die Veda-/Vedāntakritik äußern. Doch zweifellos sind vedisch-tantrische Osmosen in späterer Zeit häufig, nicht zuletzt im Smārta-Hinduismus, der heute gängigsten Form von Hinduismus. Oft ist dies nicht mehr so durchsichtig wie etwa im Falle des späteren, „vedisierten" Tantra, wo sich zahlreiche Hybridbildungen vedischer und tantrischer Mantras finden oder in der Smārta-Tantra-Kombinationen vedischer und tantrischer Ritualelemente, die teilweise zu neuen populären Ritualformen, z.B. den „Mālā-Mantras", führten.[120] Während die tantrischen Mantras der Initiation bedürfen und wie bei den vedischen fehlerlose Aussprache gefordert wird, ist im Devotionalismus allein die Gottesliebe entscheidend, wenn z.B. die populären Tausend-Namen-Hymnen im Māla-Mantra-Stil rezitiert oder Gottesnamen beständig wiederholt werden.

2.6 Konklusion: Ein Kanon zwischen Fixierung und Mouvance

Die Kanonisierung war mit dem geschlossenen Korpus der vedischen Saṃhitās noch nicht zuende. Sie wurde durch die Inklusion bestimmter vedischer Hymnen und Mantras in den neuen *pūjā*-Kultus und durch deren Umdeutung weitergeschrieben. Sie wurde aber auch durch Intertextualität fortgesetzt, d.h. durch Fortschreibung, Neu- und Umkodierung des Veda in anderen Texten. Ferner kam es zu Osmoseprozessen und als besonders wirkmächtig erwiesen sich die vedisch-tantrischen. All dies kombiniert machte den Veda zum kulturellen Text und mehr noch: zum kulturellen Marker. Dies gilt für den Sanskrithinduismus und partiell sogar über diesen hinaus. Das religiöse Leben Indiens umfasst, wie schon Müller richtig erkannt hat, „unzählige Mittelpunkte" oder Zentralitätsmodelle und unzählige Sakralliteraturen. Der Traditionsstrom des Hinduismus ist in immer neuen Ausdifferenzierungen bis heute nicht versiegt. Der Veda ist nicht zuletzt deshalb ein fundamentaler kultureller Text, weil ihm in der Pluralität hinduistischer Traditionen seit Jahrhunderten eine ausgesprochen integrative Rolle zukommt. Durch die Klang-

[120] Für eine Reihe von Beispielen solch gängiger Hybridisierungen vgl. Jürgen Hanneder, „Vedic und Tantric Mantras", *Rivista degli Studie Orientali* 71 (1998): 147–167.

dominanz und Sinnentleertheit, wie auch die upaniṣadische Idee der Nicht-Zweiheit – die sich in der Rezeption mit Śaṅkaras Kevala-Advaita, tantrischen Formen dynamischer Nondualität und im Hochgottglauben vor allem mit devotionalen Formen differenzierter Nondualität vermischte –, war ein bleibender Gegenwartsbezug möglich. Der Veda war nicht nur exklusives Gut von brahmanischen Priestern und Gelehrten, sondern auch Gemeinbesitz: zwar nicht als Text- und Klangkorpus, aber als Mythos und Legitimationsbasis.

Mehr als ein textualer Kanon ist der Veda ein „Klang-Kanon", und darüber hinaus ein „kultureller Kanon", ein Symbol für brahmanischen Lebensstil, und ein „virtueller Kanon", der nicht-vedische Traditionen absorbierte. Nicht zuletzt über den Klang und was er (nonsemantisch) kommuniziert, wurde der Veda ein kulturelles Symbol und vermittelt kulturellen Sinn. In der brahmanischen Rezeptionsgemeinschaft ist die Klangpflege immer wichtig geblieben und eigentlich nur diese. Genau dies war, so mein Argument, ein fruchtbarer Nährboden dafür, daß sich Hermeneutik und Erfindergeist in anderen Literatursparten und „neuen Veden" äußern konnten. Mit der intensiven Klangpflege wurde der Veda nicht nur „fixiert", sondern aufgrund der Formzentriertheit auch ein semantisches Sinnvakuum geschaffen und die Möglichkeit eines erweiterten Veda. Dieser Veda hat ebenfalls seine Grenzen: Er musste in irgendeiner Form zum brahmanischen System passen, um als Veda deklariert und rezipiert zu werden. Die Veda-Zuschreibungen haben ihre je eigene, oft mehrstufige Kanonisierungsgeschichte. Entscheidend scheint mir dabei, nicht nur den sozialen und „transzendenten" Statusgewinn nicht-vedischer Literaturen und Gruppen zu betonen, sondern auch deren Macht, den (virtuellen) Veda subtil umzugestalten und sich anzugleichen. Nicht der Veda der Saṃhitās schuf kulturelle Kohärenz, sondern die Idee Veda und der erweiterte Veda. Ein ganz anderer Kanon ist der Veda Müllers und der Reformer im Vergleich zu dem um Śāstras, Purāṇas und Āgamas erweiterten Veda, den Diogo im 16. Jahrhundert konstatierte. Dieser ist nicht mehr nur der Veda der Brahmanen oder moderner urbaner Eliten, sondern einer weit breiteren Rezipientengruppe. Kanongeschichte als Diskurs- und Interaktionsgeschichte, die die Rezeptionsgemeinschaft miteinbezieht, ergibt somit einen völlig anderen Kanonbegriff als jenen von Assmann und Witzel, nämlich einen Veda zwischen Fixierung und Mouvance.

So stehen wir vor der irritierenden Tatsache, daß es zwei Veda-Definitionen gibt: eine engere im Sinne der Saṃhitās und eine erweiterte im

Sinne einer Vielzahl von Literaturen, die sich je einzeln Veda nennen und teilweise wiederum selbst als „Kanonfundus" bezeichnet werden können. Der etische Veda-Kanon ist allein jener der Saṃhitās, und mehr oder weniger gilt dies auch für den emischen Veda-Kanon streng orthodoxer Brahmanen. Wenn wir aber den Blick auf das Gesamt des Sanskrithinduismus, also jene weithin normative Form von Hinduismus, die stark vom Brahmanentum geprägt ist, nicht aus den Augen verlieren, darf mit Recht gesagt werden, daß der kulturelle Kanon und erweiterte Veda der eigentlich emische Kanon ist. Kanonisierung, so mein Argument, muss sich in der Rezeptionsgeschichte erweisen. Im Falle des Veda ereignete sie sich nicht zuletzt durch Austauschprozesse (einschließlich Rivalitäten) und Imagepflege. Mit „Imagepflege" meine ich ein Doppeltes: Sowohl die Reproduktion der Vorstellungen von Sakralität und Besonderheit des Veda und Vedaklangs, als auch die Statussicherung, Legitimation und Aufwertung neuer Literaturen. Man kann diesbezüglich von wechselseitiger Kanonisierung sprechen.

Ein Kanon zwischen Stillstand und Fluss! Werden damit nicht die wichtigsten Definitionskategorien über den Haufen geworden? Assmann sieht den wesentlichen Unterschied zwischen Tradition und Kanon darin, daß der Kanon Alternativen ausgrenze und das Ausgewählte einzäune.[121] Nach dieser Unterscheidung wäre der Veda kein Kanon, obgleich er andere Kanon-Bedingungen erfüllt. Da er dies tut, würde ich eher umgekehrt argumentieren und vorschlagen, Assmanns Kanon-Theorie zu erweitern und zu modifizieren. Will die Theorie universell anwendbar sein (so der Anspruch), dann sollte sie auch die hinduistische (und andere) Kultur(en) inkludieren können und damit alternative Wahrnehmungsmuster von Kanon. Einerseits sind die vedischen Saṃhitās über sorgfältige Klangpflege fixe Größen geworden, andererseits wurden für die Sinnpflege anstelle von Kommentarliteratur neue Upaniṣads weit über die vedische Zeit hinaus produziert und gänzlich andere Texte als Veda erklärt, deren Inhalt wenig mit dem Veda zu tun hat. Manche wurden dennoch als Vedahermeneutik verstanden: Smṛti als „Erinnern" des „Gehörten" bzw. als *Vergegenwärtigung* der Śruti in einem sehr wörtlichen Sinn. In anderen nahmen die Autoren subversiv vedisch-brahmanische Aristokratie in Anspruch, um ihre mindere soziale Stellung aufzuwerten; so etwa beim *Nāṭyaśāstra* die Stückeschreiber, Dramaturgen und Schauspieler.[122] In wiederum anderen wird eine populäre volkssprachliche Tra-

[121] Assmann, *Das kulturelle Gedächtnis*, 122, 124, und andere Publikationen.
[122] Gitomer, „Whither the Thick Sweetness", in Patton, *Authority*, 182.

dition zur Hochtradition umgestaltet, wenn sie politisch wichtig wird, wie es etwa bei den volksnahen ekstatischen *bhakti*-Dichtungen tamilischer Śaivas und Vaiṣṇavas der Fall war, die zum „tamilischen Veda“ erklärt wurden.[123] Indem nicht-vedische Literaturen an den Veda angebunden wurden, profitierten sie selbst am sakralen Veda-Image und waren zugleich Veda-Image-Pflege. Dies gilt selbst da, wo Rivalitäten zwischen vedischen und nicht-vedischen Akteuren deutlich werden und sich Literaturen wie etwa die Pañcarātra-Saṃhitās als primordialen Veda dem Veda der vier Saṃhitās überordnen.[124]

Der Veda als „kultureller Kanon“ erklärt, warum Brahmanen andere Literaturen ebenfalls zum Veda erklärten, aber auch nicht-brahmanische Akteure ihre Literaturen und Rituale „Veda“ nannten und sich damit subversiv brahmanische Aristokratie aneigneten. Dergestalt entstand ein „erweiterter Veda“, der neben den Saṃhitās auch andere Literaturen umfasst und dessen materielle Grenzen je nach Gruppe der Rezipienten unterschiedlich gezogen wird. Bemerkenswerterweise finden wir in diesen anderen Literaturen, worauf in der Veda-Transmission keinen Wert gelegt wurde: die Sinndimension und Sinnpflege. Die Purāṇas werden sogar explizit als hermeneutische Texte zum Veda verstanden und dies ist gar nicht so falsch, obgleich die Purāṇas wenig mit vedischen Mantras und Opferkult zu tun haben. Nicht so falsch ist die Behauptung jedoch, wenn der Veda nicht als kanonischer Textkorpus, sondern als kultureller Kanon brahmanischer Denk- und Lebensform aufgefasst wird.

Man kann einwenden, der „erweiterte Kanon“ sei gar kein richtiger Kanon, der Veda sei hier lediglich ein symbolischer oder metaphorischer Kanon, der nicht-vedische Texte mit vedischer Aura und Autorität ausstatten und legitimieren soll. Aber damit begibt man sich auf ein Terrain, das jenem Max Müllers nicht unähnlich ist: Im Mittelpunkt stehen Textualität, Gelehrtenkultur, ein historisch-kritisch verwissenschaftlichter

---

[123] Zur politischen Dimension dieser Bewegungen vgl. Burton Stein, *Peasant State and Society in Medieval South India* (Delhi: Oxford University Press, 1980): 72–89, und Peter Schalk, „Pallava Policy on Buddhism“, in *Buddhism among Tamils I*, Hg. Peter Schalk (Uppsala, Uppsala Universitet, 2002): 378–430, insb. 420–430. Zu „Tamil-Veda“, Institutionalisierung des tamilischen Devotionalismus und Integration von *bhakti* und Veda vgl. V. Raghavan, *The Great Integrators: The Saint-Singers of India* (New Delhi: Publications Division, 1964, Repr. 1969): 31f., 45–54, 74–82, und K. Pechilis Prentiss, „A Tamil Language for Śaiva Siddhānta“, *History of Religions* 35 (1996): 231–258.

[124] Vgl. Marion Rastelli, *Die Tradition des Pāñcarātra im Spiegel der Pārameśvarasaṃhitā* (Wien: Verlag der Österreichischen Akademie der Wissenschaften, 2006).

Veda, während die gelebte Praxis und emische Diskurswelten ausgeblendet werden. Wird Kanongeschichte als Rezeptions- und Diskursgeschichte verstanden, dann interessieren nicht nur die Anfänge von Kanonisierung und der Punkt der Geschlossenheit, sondern auch die Strategien der Aneignung, Selektion und Umgestaltung in der Rezeptionsgeschichte und die Vielstimmigkeit gelehrter und alltagsreligiöser Lebenswelten.

Insgesamt funktionierte die indische Kultur weniger durch Ausgrenzung und Einzäunung, als vielmehr durch Addition, Integration und Identifikation. Anstatt der einen reinen und richtigen Lehre freute man sich, immer wieder neuen Sinn zu finden. Bestimmte Vedapassagen, etwa der *catvari vāk*-Vers aus dem *Ṛgveda* (4.58.3), der besagt, daß drei Viertel der Sprache den Menschen verborgen seien, wurde nicht nur immer wieder neu ausgedeutet,[125] sondern kann auch als Erklärung dafür dienen, daß der ständige Zustrom neuer Offenbarungen und Erkenntnisse nie als wirklich problematisch empfunden wurde. Eine strenge Scheidung zwischen Kanon und apokrypher Literatur hat es in Indien nie gegeben – obgleich man seine Häretiker kennt[126] – und auch keinen notwendigen Zusammenhang von Kanon und Konversion.[127] In Griechenland führte der Kanonbegriff „zur Gründung neuer Disziplinen und somit zur Komplexitätssteigerung der Kultur durch eigengesetzliche Diskurse. Unter dem Begriff der Kanonisierung kam es hier zu einem Innvovationsschub, der Entdeckung neuer Gesetze und Aufstellung neuer Axiome, und nicht etwa zu einem Traditionsschub, der Verfestigung alter Überlieferung, der Heiligung überkommenen Kulturbestandes".[128] In Indien geschah beides: Heiligung des überkommenen Kulturbestands wie auch neue Disziplinen (Veda-Wissenschaften als früheste emanzipative Wissenschaften überhaupt) und eine Reihe „neuer Veden".

Oralität und Sonalität bewirkten anscheinend ein partizipatorischeres und holistischeres Kanon-Modell. Insofern ist Heinz Schlaffer rechtzugeben, der in seiner Einleitung zu Goodys *Entstehung und Folgen der Schriftkultur* feststellt: „'Mündlichkeit' oder 'Schriftlichkeit' bezeichnen ... nicht bloß verschiedene Medien, sondern ebenso verschiede-

---

[125] Ganz anders als in der Brāhmaṇa-Literatur z.B. von Patañjali (*Mahābhāṣya* 1.1.1) und wiederum ganz anders in tantrischen Sprachtheorien.

[126] Ein „Nāstika", oft übersetzt mit „Atheist", ist einer, der nicht dem Veda verpflichtet ist. Aber die Veda-Orthodoxie ist nicht die einzige Orthodoxie. Vgl. Klaus Klostermaier, „Orthodoxie und Häresie" in *Hinduismus* (Köln: Bachem, 1965), 44–76.

[127] Assmann, *Das kulturelle Gedächtnis*, 125.

[128] Assmann, *Das kulturelle Gedächtnis*, 124.

ne Denkweisen."[129] Entschieden nicht rechtzugeben ist ihm allerdings, wenn er wie Goody meint: „Formales, logisches Denken kann nicht ohne Schrift entstehen."[130] An logischem Denken hat es in der hinduistischen Kultur keineswegs gefehlt und einige der wichtigsten Entdeckungen (z.B. das Schöpfrad oder die Zahl Null) wurden hier gemacht, doch wurde im Unterschied zur abendländischen Entwicklung der Logos nie gegen den Mythos ausgespielt.[131] Der Mythos – und nicht zuletzt der Veda-Mythos – blieb wichtig, und es kam immer wieder sogar zu bewussten Re-Mythisierungen und reflektierten Universalmythen. Dazu gehört die Theorie der Ewigkeit des Vedaklangs der Pūrvamīmāṃsā-Schule, ebenso wie die kosmogonischen und erkenntnistheoretisch-spekulativen Alphabet-Deutungen des Tantra und seine „Mantra-Wissenschaft". Die Verhärtung auf Schrift und Schriftlichkeit von Max Müller bis hin zu den neueren Debatten bei Goody und Assmann ist problematisch im Hinblick auf die Erforschung Indiens. Oralität und Sonalität spielen hier eine herausragende Rolle. Klang ist nicht nur zentral im Ritus, sondern auch als Mittel symbolischer Kommunikation. Nicht nur ist der Veda orthodoxer Brahmanen ein „Klang-Kanon", sondern auch der „ideelle Kanon" über brahmanische Orthodoxie hinaus. Zum Veda-Image gehört konstitutiv – seit den Epen bis Bollywood – das nostalgische „Tableau" konstanter Vedarezitation und seine nonverbalen Botschaften. Ich habe deshalb postuliert, daß es nicht genüge, nur Mündlichkeit und Schriftlichkeit zu untersuchen, sondern auch Sonalität und ästhetisch-sensuelle Klangwahrnehmung in die Analyse einzubeziehen. Kanon, und wie Kanon in einer Kultur verstanden wird, hat auch mit kulturellen Wahrnehmungshierarchien zu tun.

„If we seek in the Vedic tradition a true counterpart of the canonical scriptures of the West, then ... we will be disappointed",[132] hat Carpenter zu Recht festgestellt. Wollen wir auch andere Kulturen und indigene Kategorien und Kriterien in die Kanondefinition und -debatte miteinbeziehen, muss das dominante westliche Kanon-Modell, das Textualität und Sinnpflege ins Zentrum stellt, erweitert werden. Gerade weil der Veda für die Kanonfrage exzeptionell ist, macht er auf wichtige Faktoren aufmerksam, die in einer generellen Kanontheorie mitzuberücksichtigen sind:

---

[129] Heinz Schlaffer, „Einleitung" in Goody, *Entstehung und Folgen der Schriftkultur*, 16.

[130] Schlaffer, „Einleitung", 17.

[131] Ausführlich zu diesem Argument Wilke und Moebus, *Sound and Communication.*

[132] Carpenter, „Mastery of Speech", in Patton, *Authority*, 31.

a) Ich habe die Klangpflege betont, und beim Veda äußert sich dies in einem überdurchschnittlichen Maß. Aber bei manch anderen Traditionen müssten möglicherweise ebenfalls gesprochenes Wort und Klangaspekt stärker berücksichtigt werden und nicht nur „das Buch"; etwa beim Jain-Kanon, der sprechend „Divyaśabda", „Heiliges Wort", genannt wird. Auch was den Koran betrifft, ist das gesprochene Wort und die korrekte klangliche Realisation und deren ästhetische Wirkung fundamental.[133] Kanonische Geltung, sakrosankte Autorität und kultureller Sinn, so mein Argument, erschöpft sich nicht in Text und Semantik. Hier hat nicht nur Müller zu kurz gegriffen, sondern auch zeitgenössische Theorien zu Kanon und Literalität vermögen diesen Aspekt nicht zu fassen und dies zwangsläufig, da Schriftlichkeit und Semantik eng zusammengehören und der Fokus auf Schriftlichkeit kulturellen Sinn auf semantischen Sinn einengt und andere mögliche Sinndimensionen notwendigerweise ausblenden muss.

b) Der Fokus auf Schrift und Schriftlichkeit blendet ferner aus, dass es multiple Weisen der Traditionsaneignung und Kanonisierung gibt – z.B. auch Kanonbildung durch Riten, „Klangpflege", imaginäre Sinnbezüge, metaphorische Repräsentation, interkontextuelle und interkulturelle Austauschprozesse etc. Mit dem Fokus auf Schrift kommt nur Elitekultur in den Blick und im Extremfall sogar eine christlich-eurozentrische oder etische Voreingenommenheit, die freilich wiederum selbst „kanonbildend" auf emische Diskurswelten zurückwirken kann, wie dies bei den „Orientalisten" geschah. Müller war nur am *Ṛgveda* als dem hinduistischen „Urtext" interessiert und definierte nur diesen als „Kanon Indiens",[134] veröffentliche als ersten Band der *Sacred Books* aber auch eine Upaniṣad-Sammlung. Diesem bereits im Hinblick auf die vier vedischen Sammlungen reduzierten Kanon steht in extremer Disproportion die „Endgestalt" eines durch spätere Literaturen erweiterten vedischen

[133] Vgl. William A. Grahman, „Qur'ān as Spoken Word: An Islamic Contribution to the Understanding of Scripture", in *Approaches to Islam in Religious Studies*, Hg. Richard C. Martin (Tucson: University of Arizona Press, 1985), 23–40, und Navid Kermani, *Gott ist schön: Das ästhetische Erleben des Koran* (München: Beck, 1999).

[134] Hier meinte Müller die größte Nähe zu seinem christlichen Glauben feststellen zu können („Vorlesung über die Vedas", *Essays*, 25, 37–39, 41, 46). Während er (ebd., 8, 9) den *Ṛgveda* als „Kanon des Brahmanentums" und „Bibel Indiens" definiert und in den ṛgvedischen (metrischen) Hymnen den „allein wichtigen" und „einzig wirklichen Veda" sieht, kennzeichnet er den Yajur-, Sāma- und Atharvaveda als die „drei kleinen Vedas".

Kanons gegenüber, wie Diogos Informanten den Veda verstanden und wie die diversen Veda-"Parochialisierungen", -Popularisierungen und -Aneignungen verdeutlichen. Müller hat durch seine Textualisierung und Semantisierung in Indien einen neuen Veda-Kanon erzeugt: Erstmals in der Geschichte wurden die Upaniṣads breit rezipiert. Er hat aber auch die europäische Forschung und Populärkultur in ihrem Blick auf den Hinduismus maßgeblich beeinflusst. Es kam zu einer extremen Veränderung des Traditionsbestands durch die Orientalisten. Dennoch, so mein Argument, war Müllers Selektion des Veda als Kanon des Hinduismus nicht vollkommen unbegründet, wenn man die „Idee Veda", das „Veda-Image" und den Veda als „kulturellen Kanon" mitbedenkt.

c) Kanon und Kanongeschichte, so ein weiteres zentrales Argument dieses Artikels, gibt es nicht ohne Rezeptions-, Diskurs- und Interaktionsgeschichte. Gerade der Blick auf den Veda macht deutlich, dass Kanongeschichte als Diskursgeschichte nicht nur als Ausdruck einer Intellektuellen- und Elitereligiosität rekonstruiert werden muss, sondern dass es auch eine Kanonisierung „von unten" gibt. Die kulturelle Kohärenz des Veda erwies sich im Modus von Imagepflege, intertextuellen Bezügen bzw. wechselseitiger Kanonisierung in Rezeptions- und Austauschprozessen und durch Fortschreibungen in radikalen Neu- und Umdeutungen. Damit meine ich nicht nur die „pluralen Vedas", auf die Laurie Patton aufmerksam gemacht hat:

> The study of Vedic interpretation reveals that canonical knowledge can be fixed and fluid in a number of ways; moreover, canonical knowledge can bestow various kinds of prestige in particular interpretative situations. While Vedic authority may be invoked continuously throughout Indian history, it cannot be said to have a single continous influence. For the Brahmanical author, the Vedas are interpreted to reinforce the *varṇa* system; for the dramatists, an appeal to the Vedas overcomes the anxiety that they are engaging in a lesser form of discourse; for the modern Indian interpreter, the Vedas 'prove' the value of the Indian nation.[135]

Diese Form von pluralem Veda ist eigentlich banal. Ganz analog kann man von pluralen Bibeln sprechen, denn auch die Bibel wurde sehr unterschiedlich rezipiert und von diversesten Strömungen als Legitimationsbasis benutzt. Es gehört zu einem Kanon, dass er bleibende gesellschaftliche Wirksamkeit hat und damit notwendigerweise eine dynamische Geschichte stetiger Neuinterpretationen erfährt. Auch die Bibel oder der Koran ist ein „kultureller Kanon" und genau deshalb von besonderer Bedeutung. Was ich „erweiterten Veda" nenne, also völlig neue Textbe-

---

[135] Patton, *Authority*, 6.

stände, geht jedoch weit über die pluralen Vedas Pattons hinaus. Dieser erweiterte Veda-Kanon ist vermutlich singulär und schwer vergleichbar mit der Bibel, dem Koran und anderen kanonischen Sakralliteraturen. Dennoch macht sein Faktum auf Wichtiges aufmerksam: die Notwendigkeit der Rekonstruktion einer Kanongeschichte als Rezeptionsgeschichte. Dies wird beim Veda lediglich besonders deutlich, gilt jedoch für jeglichen Kanon. Man denke an die Selektion, die in Kinderbibeln vorgenommen wird oder an die Wahl der Bibellesungen im liturgischen Kirchenjahr. Auch beim biblischen Kanon gibt es eine Kanongeschichte von unten, und was in den Köpfen der Menschen „die Bibel" ist, ist nicht notwendigerweise das gesamte Textkorpus und noch weniger die Bibel der akademischen Theologie. Wichtig ist deshalb ein methodischer Kanonbegriff, wie bereits Jonathan Smith gefordert hat.[136] Die entscheidende Frage ist hier weniger – bzw. nicht nur – die Frage nach der „Stillstellung des Traditionsflusses", sondern die nach Strategien der Aneignung und Selektion.

d) Neben strukturellen Gemeinsamkeiten darf der Blick auf kulturspezifische Besonderheiten nicht aus dem Blick kommen. Es ist unmöglich, kohärent von einem vedischen Kanon zu sprechen. Der Blick auf den Veda ergibt unterschiedliche Kanonbegriffe:

– Kanon als Textkorpus (die vier Saṃhitās der akademischen Wissenschaft);
– „Klang-Kanon" (die drei oder vier Saṃhitās orthodoxer Brahmanen);
– ideeller (virtueller) Kanon (das vedische „Tableau" von den Epen bis Bollywood);
– kultureller Kanon (der Veda als Symbol brahmanischer Lebensführung);
– „erweiterter Kanon" (Übertragung anderer Literaturen auf den Veda und vice versa);
– „verengter Kanon" (Müllers ṛgvedischer „Urtext" und Upaniṣaden und Vedānta als Kanon der Reformer).

Es ist deutlich, dass diese unterschiedlichen Kanonbegriffe wesentlich mit unterschiedlichen Rezeptionsgemeinschaften zusammenhängen.

---

136 Smith (*Imagining Religion,* 52) schlägt als Kanondefinition vor: „... essential structure of limitation and closure along with exegetical ingenuity remains constant. It is this which provides a suggestive base for a redescription of canon... I have argued that canon is best seen as one form of a basic cultural process of limitation and of overcoming that limitation through ingenuity."

Dies wiederum scheint mir verallgemeinerbar, und es stellt sich die Frage, wer die Definitionshoheit erhält: die Wissenschaftler? die emischen Eliten? die gelebte Religion?

Bibliographie

Abbot, John. *Indian Ritual and Belief: The Keys of Power.* Repr. New Delhi: Manohar, 2000 (Original 1932).

Assmann, Jan. *Das kulturelle Gedächtnis.* München: Beck, ²1999 (Original 1997).

--- *Religion und kulturelles Gedächtnis: Zehn Studien.* München: Beck, 2000.

Assmann, Aleida und Jan. „Kanon und Zensur als kultursoziologische Kategorien". In *Kanon und Zensur,* hg. von A. und J. Assmann. Beiträge zur Archäologie der literarischen Kommunikation II. 7–27. München: Fink Verlag, 1987.

--- *Schleier und Schwelle,* Bd. 1*: Geheimnis und Öffentlichkeit.* Archäologie der literarischen Kommunikation IV. München: Fink, 1997.

Assmann, Jan und Burkhard Gladigow (Hg.). *Text und Kommentar.* Archäologie der literarischen Kommunikation IV. München: Fink, 1995.

Bechert, Heinz. „Die Erneuerung des asiatischen und die Entstehung des abendländischen Buddhismus". In *Der Buddhismus: Geschichte und Gegenwart,* hg. von Heinz Bechert und Richard Gombrich. 336–360. München: Beck, 2000 (engl. Original 1984).

Bergunder, Michael und Rahul Peter Das (Hg.). *„Arier" und „Draviden": Konstruktionen der Vergangenheit als Grundlage für Selbst- und Fremdwahrnehmungen Südasiens.* Halle: Franckesche Stiftungen, 2002.

Bhatt, Niddodi Ramacandra. *La Religion de Śiva.* Traduction française par Pierre-Sylvain Filliozat. Palaiseau: Éditions Āgamat, 2000.

Bühnemann, Gudrun. *Pūjā: A Study in Smārta Ritual.* Wien: Institut für Indologie, 1988.

Buitenen, J. A. B. van. *The Mahābhārata I: The Book of the Beginning.* Chicago: University of Chicago Press, 1973.

Carpenter, David. „The Mastery of Speech". In: Patton, *Authority, Anxiety, and Canon.* 19–34.

Coburn, Thomas. „Scripture in India". *Journal of the American Academy of Religion* 52 (1984): 435–459.

Danino, Michel und Sujata Nahar. *The Invasion that Never Was.* Mysore: Mira Aditi, 2000.

Deeg, Max. *Die altindische Etymologie nach dem Verständnis Yāska's und seiner Vorgänger.* Dettelbach: Röll, 1995.

Elfering, Kurt. *Die Mathematik des Āryabhaṭa I: Text und Übersetzung aus dem Sanskrit und Kommentar.* München: Fink, 1975.

Falk, Harry. „Goodies for India?" In *Erscheinungsformen kultureller Prozesse,* hg. von

Wolfgang Raible. 103–120. Tübingen: Narr, 1990.

--- *Schrift im alten Indien: Ein Forschungsbericht mit Anmerkungen*. Tübingen: Narr, 1993.

--- „On the Origins of Saṃhitapāṭha and Padapāṭha". In *The Pandit: Traditional Scholarship in India*, hg. von Axel Michaels. 181–202. New Delhi: Manohar, 2001.

Faure, Bernard. *Buddhismus: Ausführungen zum besseren Verständnis, Anregungen zum Nachdenken*. Bergisch Gladbach: Domino, 1998 (franz. Original 1997).

Fisch, Jörg. „Der Niedergang des Abendlandes im Morgenland. Diogo do Couto (1542–1616) und die portugiesische Herrschaft in Asien". In *Niedergang: Studien zu einem geschichtlichen Thema*, hg. von R. Kosselleck und P. Widmer. 148–171. Stuttgart: Klett-Cotta, 1980.

Goody, Jack (Hg.). *Literalität in traditionellen Gesellschaften*. Frankfurt: Suhrkamp, 1981 (engl. Original 1968).

--- *The Interface Between the Written and the Oral*. Cambridge: Cambridge University Press, 1987.

--- *Die Logik der Schrift und die Organisation von Gesellschaft*. Frankfurt: Suhrkamp, 1990 (engl. Original *The Logic of Writing*, Cambridge 1986).

--- *The Power of the Written Tradition*. Washington: Smithonian, 2000.

Goody, Jack, Ian Watt und Kathleen Gough. *Entstehung und Folgen der Schriftkultur*. Frankfurt: Suhrkamp, 1986.

Gitomer, David L. „Whither the Thick Sweetness." In Patton, *Authority, Anxiety, and Canon*. 171–198.

Grahman, William A. „Qur'ān as Spoken Word: An Islamic Contribution to the Understanding of Scripture". In *Approaches to Islam in Religious Studies*, hg. von Richard C. Martin. 23–40. Tucson: University of Arizona Press, 1985.

Günzel, Marcus. *Die Taiwan-Erfahrung des chinesischen Saṅgha: Zur Entwicklung des buddhistischen Mönchs- und Nonnenordens in der Republik China nach 1949*. Göttingen: Seminar für Indologie und Buddhismuskunde, 1998.

Gulik, R. H. van. *Siddham: An Essay on the History of Sanskrit Studies in China and Japan*. New Delhi: International Academy of Indian Culture, ²2001 (Original 1956).

Halbfass, Wilhelm. *Indien und Europa: Perspektiven ihrer geistigen Begegnung*. Basel: Schwabe, 1981.

Hanneder, Jürgen. „Vedic und Tantric Mantras". *Rivista degli Studie Orientali* 71 (1998): 147–167.

Hahn, Alois. „Kanonisierungsstile". In A. und J. Assmann, *Kanon und Zensur*. 28–37.

Holdrege, Barbara A. „Veda in the Brāhmaṇas". In Patton, *Authoritiy, Anxiety, and Canon*. 35–66.

Howard, Wayne. *Veda Recitation in Vārāṇasī*. Delhi: Motilal, 1986.

Inden, Ronald. *Imagining India*. Oxford: Blackwell, 1990.

Jones, Charles B. *Buddhism in Taiwan: Religion and State, 1600–1990*. Honolulu: University of Hawai'i Press, 1999.

Kermani, Navid. *Gott ist schön: Das ästhetische Erleben des Koran*. München: Beck, 1999.

King, Richard. *Orientalism and Religion. Postcolonial Theory, India and 'The Mystic East'*. London: Routledge, 1999.

Kippenberg, Hans und Kocku von Stuckrad. *Einführung in die Religionswissenschaft*. München: Beck, 2003.

Klostermaier, Klaus. „Orthodoxie und Häresie". In ders., *Hinduismus*. 44–76. Köln: Bachem, 1965.

Laliberté, André. *The Politics of Buddhist Organisations in Taiwan, 1989–2003: Safeguarding the Faith, Building a Pure Land, Helping the Poor*. London und New York: Routledge/Curzon, 2004.

Lopez, Donald S. „Authority and Orality in the Mahāyāna". *Numen* 42 (1995): 21–47.

Michaels, Axel. „Das Buch als Fundament von Religionen". In *Die Bedeutung des Buches gestern – heute – morgen*, hg. von P. Rusterholz und R. Moser. 111–142. Bern: Verlag Haupt, 1996

Müller, F. Max. *Einleitung in die vergleichende Religionswissenschaft: Vier Vorlesungen nebst zwei Essays*. 2., unveränderte Auflage. Strassburg: Trübner, 1876.

--- *Essays: Erster Band: Beiträge zur vergleichenden Religionswissenschaft*. 2. vermehrte Auflage. Leipzig: Engelmann, 1879.

--- „Preface", *The Sacred Books of the East*. Bd. 1. ix–xxxviii. Oxford: Clarendon Press, 1879: (http://www.sacred-texts.com/sbe/index.htm)

--- „Program of a Translation of the Sacred Books of the East". *The Sacred Books of the East*. Bd. 1. xxxix–xlvii. Oxford: Clarendon Press, 1879.

--- *Rig-Veda Sanhita*. The First and Second Adhyayas of the First Ashtaka: With Notes and Explanations, and an Introductory Essay on the Study of the Vedas. Calcutta: Thacker Spink, 1875 (First Indian Edition).

--- *Vedic Hymns: Part I: Hymns to the Maruts, Rudra, Vāyu, and Vāta*. The Sacred Books of the East 32. Oxford: Clarendon Press, 1981.

--- „Damals und Jetzt". *Deutsche Rundschau* 41 (1884): 414–423.

Padoux, André. „Contributions à l'étude du Mantraśāstra". *Bulletin de l'Ecole Française d'Extrême Orient* 76 (1987): 117–159.

Paraśurāmakalpasūtra with Rāmeśvara's Commentary. Ed. A. Mahadeva Sastry, revised and enlarged Sakarlal Yajneswar Dave. Baroda: Oriental Institute, Repr. 1999 (Original 1950).

[Patañjali, *Mahābhāṣya*] *Vyākaraṇamahābhāṣya*, [with Commentaries] Pradīpa des Kaiyaṭa und Uddyota des Nāgeśabhaṭṭa, ed. Bhargava Sastri. Mumbai: Satyabhamabai Panduranga 1951.

Patton, Laurie L. (Hg.) *Authoritiy, Anxiety, and Canon: Essays in Vedic Interpretation*. Albany: State University of New York Press, 1994.

Pechilis Prentiss, K. „A Tamil Language for Śaiva Siddhānta". *History of Religions* 35 (1996): 231–258.

Pittman, Don Alvin. *Toward a Modern Chinese Buddhism: Taixu's Reforms*. Honolulu:

University of Hawai'i Press, 2001.

Raghavan, V. *The Great Integrators: The Saint-Singers of India.* New Delhi: Publications Division, 1964, Repr. 1969.

Rastelli, Marion. *Die Tradition des Pāñcarātra im Spiegel der Pārameśvarasaṃhitā.* Wien: Verlag der Österreichischen Akademie der Wissenschaften, 2006.

Renou, Louis. *The Destiny of the Veda.* Delhi: Motilal Banarsidass, 1965.

Rocher, Ludo. „Max Müller and the Veda". *Mélanges Armand Abel.* Bd. 3. Hg. von A. Destrée. 221–235. Leiden: Brill, 1978.

Schalk, Peter. „Pallava Policy on Buddhism". In *Buddhism among Tamils I*, hg. von Peter Schalk. 378–430. Uppsala: Uppsala Universitet, 2002.

Singer, Milton. *When a Great Tradition Modernizes: An Anthropological Approach to Indian Civilization.* New York: Praeger, 1972.

Smith, Brian K. *Reflections on Resemblance, Ritual, and Religion.* Oxford: Oxford University Press, 1989.

Smith, Jonathan Z. *Imagining Religion: From Babylon to Jonestown.* Chicago: University of Chicago Press, 1982.

--- „Canons, Catalogues and Classics". In *Canonization and Decanonization*, hg. von A. van der Kooij und K. van der Toorn. 295–311. Leiden: Brill, 1998.

Smith, Wilfred Cantwell. „The True Meaning of Scripture: An Empirical Historian's Nonreductionist Interpretation of the Qur'an". *International Journal of Middle East Studies* 11 (1980): 487–505.

Staal, Frits. „The Fidelity of Oral Traditions and the Origins of Science". *Mededelingen* 49,8 (1986): 3–40 (251–288).

Stein, Burton. *Peasant State and Society in Medieval South India.* Delhi: Oxford University Press, 1980.

Stietencron, Heinrich von. *Der Hinduismus.* München: Beck, 2001.

Vyāsa-Śikṣā: with the commentary of Surya Narain Suravadhani. Varanasi: Chaukambha, 1976.

Wilke, Annette und Oliver Moebus. *Sound and Communication. An Aesthetic Cultural History of Sanskrit Hinduism.* Berlin: de Gruyter, 2011.

Winternitz, Moritz. *History of Indian Literature.* Bd. 1. Delhi: Motilal, Reprint 1985 (deutsche Originalausgabe 1905).

Witzel, Michael. „Regionale und überregionale Faktoren in der Entwicklung vedischer Brahmanengruppen im Mittelalter". In *Regionale Tradition in Südasien*, hg. von H. Kulke und D. Rothermund. 37–76. Wiesbaden: Steiner 1985.

--- „The Development of the Vedic Canon and its Schools: The Social and Political Milieu". In *Inside the Texts – Beyond the Texts: New Approaches to the Study of the Vedas*, hg. von Michael Witzel. 257–345. Cambridge: Harvard University, 1997.

Vom „Kanon-Fundus“ zum „variablen“ Kanon

Über den Status religiöser Texte im Hinduismus

Angelika Malinar

In wissenschaftlichen Diskussionen über die Definition des „Hinduismus“ wird immer wieder darauf hingewiesen, dass dieser kein kanonisches Schrifttum kenne, welches für alle Hindus verbindlich sei. Andererseits spricht man in bezug auf einzelne religiöse Traditionen jedoch durchaus von „Kanon“, und auch bestimmten Texten wird zuweilen ein traditionsübergreifender kanonischer Status zugesprochen (z.B. dem Veda oder der *Bhagavadgītā*). Diese doch recht unterschiedlichen Ansichten spiegeln eine seit dem 19. Jahrhundert geführte Debatte um die Deutung des Hinduismus wider, deren wissenschaftsgeschichtlicher Kontext im ersten Teil dieses Beitrags umrissen und exemplarisch erläutert wird. Daran anschließend geht es um die Frage, welche Formen von „Kanon“ in welchen Phasen der Geschichte des Hinduismus greifbar werden. Die Analyse konzentriert sich auf die Beziehung zwischen der von mir als „Kanon-Fundus“ bezeichneten älteren sog. *śruti-* und *smṛti-*Literatur und den „variablen Kanons“ der jüngeren hinduistischen Religionsgemeinschaften (*sampradāya*). Die Charakteristika eines solchen „variablen Kanons“ werden am Beispiel des auf das 16. Jahrhundert zurückgehenden Madhva-Gaureśvara-*sampradāya* diskutiert. Die Analyse konzentriert sich auf indigene Kategorien und Textgattungen sowie auf die Überlieferung kanonischer Texte und ihre Rolle in der religiösen Praxis.

1. Die Suche nach dem „hinduistischen Kanon“

Die Frage nach der Existenz eines „kanonischen“ Schrifttums bzw. „heiliger“ Schriften im Hinduismus begleitet die wissenschaftliche Beschäftigung mit dieser Religion seit dem 19. Jahrhundert. Dabei richtete sich

Max Deeg, Oliver Freiberger, Christoph Kleine (Hrsg.), *Kanonisierung und Kanonbildung in der asiatischen Religionsgeschichte.* VÖAW: Wien 2011, pp. 57–79.

das Interesse nicht allein auf kanonische Texte, sondern auch auf eine Kanonisierung des Hinduismus selbst. Dieser sollte dadurch als eine der christlich-jüdischen Tradition vergleichbare „Buch-Religion" erwiesen werden. Bei diesem Unterfangen stützten sich die frühen europäischen Forscher vor allem auf einheimische, zumeist brahmanische Gelehrte, die auf Nachfrage oder im Auftrag aus der überlieferten bzw. ihnen zugänglichen Textmasse das auswählten, was ihnen relevant schien. Zu diesem Zeitpunkt ging man noch von einer grundsätzlichen Einheit hinduistischer Religion und deren Repräsentation durch die brahmanische Gelehrten- und Priesterschicht aus. Die Brahmanen galten als die religiösen Spezialisten, die für die drei Kernaufgaben der Kanon-Verwaltung, d.h. Zensur, Textpflege und Sinnpflege,[1] zuständig waren. Die jeweilige religiöse Affiliation bzw. die Einbindung der brahmanischen Überlieferung in Patronagesysteme fanden kaum Beachtung.

Das alles hatte zur Folge, dass man kaum nach der Anwendbarkeit des Begriffs „Kanon" fragte, sondern sich vielmehr direkt um die Auswahl, Auflistung und Bearbeitung der ältesten und heiligsten Texte bemühte. Somit bildete nicht ein bereits in der Tradition im Sinne eines „Kanon" fixiertes Textkorpus den Ausgangspunkt der wissenschaftlichen Beschäftigung. In dieser Hinsicht unterscheidet sich die „Arbeit am Kanon" in bezug auf den Hinduismus von derjenigen hinsichtlich des Buddhismus und Jainismus, da man hier bereits geformte Kanons vorzufinden glaubte, die man einer historisch-kritischen Analyse unterziehen konnte. Obgleich dem Textkorpus der sog. *śruti-* und *smṛti*-Literatur in der indischenTradition ein authoritativer Rang zukommt, bleibt es doch im Einzelfall zu bestimmen, inwiefern sie für Hindus verbindlich order kanonisch sind. Dieses gilt auch für die wissenschaftliche Kanonisierung der „Religion of the Brahmans" im Rahmen der von Max Müller herausgegebenen „Sacred Books of the East".

Das programmatische Anliegen der gesamten Reihe und die Auswahl der von Max Müller unter dem Titel „Sacred Books of the East" versammelten Werke asiatischer Religionen spiegelt die Wechselwirkung zwischen wissenschaftlichem Interessen und indigenen Kategorien wider. Das programmatische Vorwort zum ersten, 1876 erschienenen Band der Reihe verdeutlich das wissenschaftliche Anliegen, eine fakten- und quellenorientierte Erforschung der Religionsgeschichte Asiens auf Grundlage

[1] Zu dieser Trias vgl. Aleida und Jan Assmann, „Kanon und Zensur", in *Kanon und Zensur: Beiträge zur Archäologie der literarischen Kommunikation II*, Hg. Aleida und Jan Assmann (München: Fink 1987), 7–27.

der „ancient sacred canons“[2] zu fördern. Zugleich geht es Müller darum, das, was er „Religion of the Brahmans“ nennt, zu einer dem Christen- und Judentum ebenbürtigen Buchreligion („founded on sacred books“, xli) und damit zur „Religion“ im engeren Sinne zu erheben. Mit Edward Said kann man somit sagen, dass Max Müllers Zusammenstellung auf einen „canon of validation“ zielt, d.h. es geht um die Aufwertung einer außer-europäischen Traditionen und um deren Aufnahme in den westlichen, akademischen Bildungskanon. Die im Rahmen der Reihe z.T. erstmals vollständig übersetzten Texte sollen, so Müller, die bisherigen „Extrakte“ und willkürlichen Kompilationen ersetzen, da diese einen unausgewogenen Eindruck von dem vermitteln, was Müller als „dawn of religious thought“ bezeichnet. Adressat der Reihe ist in erster Linie das „gelehrte“ Publikum im Westen, welches sich aus Missionaren, Akademikern und „enthusiasts“ aller Art zusammensetzt. Im Gegensatz zu seiner ausführlichen Stellungnahme zur Übersetzung äußert sich Müller kaum über die Kriterien für die Auswahl der Texte. Es scheint, als sei vor allem das hohe Alter eines Textes für dessen Aufnahme in die Reihe relevant. Das ist jedenfalls das entscheidende Argument für die Aufnahme des *Ṛgveda* in die Reihe, denn „there is nothing more ancient in India than the Vedas“.[3]

Neben der Auswahl von Einzeltexten wie dem *Ṛg-* und *Atharvaveda*, der *Bhagavadgītā* sowie dem *Brahmasūtra* mit den Kommentaren von Śaṅkara und Rāmānuja, finden jedoch auch Gattungskriterien Anwendung. Denn in der Reihe finden sich Repräsentanten jener Textgattungen, die in der indigenen Klassifikation als *śruti-* bzw. *smṛti*-Texte bezeichnet werden und als autoritativ gelten, wie z.B. Brāhmaṇa, Upaniṣad, Gṛhyasūtra, sowie Dharmasūtra und Dharmaśāstra.[4] Die weitere Forschungsgeschichte zeigt, dass diese Auswahl eine erste Kanonisierung

[2] F. Max Müller, „Preface to the Sacred Books of the East“, in *The Sacred Books of the East,* Hg. F. Max Müller, Bd. 1 (Oxford: Oxford University Press, 1879), xii. Für eine Analyse des wissenschaftsgeschichtlichen Kontexts des Projekts und seiner Verbindung zu Müller's 'comparative method' siehe N. J. Girardot, „Max Müller's ‚Sacred Books‘ and the Nineteenth-Century Production of the Comparative Science of Religions“, History of Religions 41 (2002:213-250).

[3] Müller, „Preface“, xl.

[4] Als *śruti*, das Gehörte (später umgedeutet in „göttliche Offenbarung“ bzw. in der Mīmāṃsā als sich selbst, d.h. unabhängig von einem Autor, offenbarende Wahrheit), gelten die Veden, Brāhmaṇas und Upaniṣads; als „*smṛti*“, das Erinnerte (d.h. Autoren zugeschriebenen), gelten die Epen, Purāṇas und Dharmaśāstras. Für eine Diskussion der Forschungslage vgl. Thomas B. Coburn, „‚Scripture‘ in India: Towards a

hinduistischer Texte durch die westliche Wissenschaft darstellt und von daher deren Rezeption lenkt.[5] Zugleich sind die hier versammelten Werke auch Resultat einer Kooperation mit brahmanischen Gelehrten und somit bereits geleisteter Forschung. Es werden hier auch bereits bestehende Forschungsfelder kanonisiert, wie etwa der Veda, die Upaniṣads, die *Bhagavadgītā* oder die Dharmaśāstras. Nicht zufällig prägen diese Texte für die nächsten Jahrzehnte die Erforschung der indischen Religionsgeschichte.[6] Das zeigt sich auch am ursprünglichen Plan, ein Purāṇa, und zwar das *Vāyupurāṇa*, zu einem „Sacred Book of the East" zu erheben. Dieser Plan wurde jedoch nicht realisiert. Der Verzicht auf das Purāṇa deutet auf die etwas zwiespältige Haltung zu dieser, damals allgemein noch als „epigonal" gewerteten Literatur. Man darf durchaus darüber spekulieren, ob die Erhebung eines Purāṇa zum „sacred book" die Purāṇa-Forschung nicht beflügelt hätte.

Obgleich der Status der hier als „sacred books" versammelten Texte in den einheimischen Traditionen durchaus unterschiedlich ist, versammelt die Reihe doch in großen Teilen das, was in der brahmanischen Tradition als *śruti* bzw. *smṛti* bezeichnet wird und autoritativen Rang besitzt.[7] Trotz aller genannten Einschränkungen hinsichtlich Kontext und Intention repräsentiert Max Müllers Textkorpus, religionsgeschichtlich betrachtet, eine bestimmte Phase der hinduistischen Kanon-Bildung und ein wichtiges Merkmal der Kanon-Struktur. Von daher sind die „Sacred Books" nicht einfach nur „Max Müller's canon"[8], nicht nur Illustration einer vergangenen wissenschaftsgeschichtlichen Konstellation oder des „Orientalismus", sondern trifft wesentliche Aspekt der Sachlage, die es nunmehr zu erörtern gilt.

Typology of the Word in Hindu Life", *Journal of the American Academy of Religion* 52 (1984): 439ff.

[5] Damit spiegelt die Reihe einen zur damaligen Zeit generellen Trend zum „Bildungskanon", der u.a. auch durch die vermehrte Publikation außereuropäischer Literaturen ausgelöst wurde (vgl. Gorak, *The Making*, 71ff.).

[6] Auch für Coburn liegt eine der Ursachen für die (retrospektive) Bedeutung des Ṛgveda im modernen Indien in Max Müllers Bemühungen. Vgl. Coburn, „‚Scripture' in India", 455.

[7] Eine Ausnahme ist das *Brahmasūtra*, das als philosophischer Text nicht unter diese Klassifikation fällt.

[8] So Coburn, „‚Scripture' in India", 436, ohne weitere Erläuterung.

2. Die *śruti*- und *smṛti*-Literatur als hinduistischer „Kanon-Fundus“

Das soeben vorgestellte Beispiel gibt einen repräsentativen Überblick über die Werke der altindischen Religionsgeschichte, welche nicht allein über lange Zeit die Forschung dominierten, sondern auch zur „*śruti*“ bzw. „*smṛti*“ gehören. Das Problem der „Sacred Books of the East“ besteht jedoch in deren Interpretation als „religiöser Kanon“ im Sinne einer „limited totality of sacred books“.[9] Denn dadurch wird das spezifische Merkmale dieses Korpus ausgeblendet: Denn die *śruti*- und *smṛti*-Literatur ist kein Textkorpus, das für eine historisch greifbare Überlieferungstradition des Hinduismus jemals insgesamt „kanonisch“ war im Sinne eines abgeschlossenen, nicht erweiterbaren und zudem als Ganzem verbindlichen Ensembles von Texten. Gleichwohl gelten dessen Elemente, seien es Textgattungen oder Einzeltexte als Bestandteile eines normativen und umfassenden, jedoch numerisch nicht insgesamt fixierten Textkorpus, das ich als „Kanon-Fundus“ bezeichnen möchte. Dessen wesentliche Bestandteile sind bereits in der Gupta-Zeit (5. Jh. n. Chr.) greifbar, ohne jedoch eindeutig einer bestimmten Religionsgemeinschaft oder religiösen Elite zugeordnet werden zu können. Die als *śruti* bzw. *smṛti* bezeichneten Texte bilden somit einen „Kanon-Fundus“, das heißt, ein Inventar autoritativer Texte, deren normative, sakrale, liturgische oder narrative Verbindlichkeit zwar konsensfähig ist, ohne dass jedochsämtliche ihr zugerechneten Texte in einer bestimmte hinduistischen Gemeinschaft überliefert oder befolgt werden müssen. Obgleich die Pflege der einzelnen Texte und auch Textgattungen Aufgabe von damit betrauten Spezialisten war (etwa die vedischen Texte in den brahmanischen Vedaschulen (*śākhā*) oder die Purāṇas von den Paurāṇikas), handelt es sich jedoch nicht um einen Kanon, dessen Pflege von den Repräsentanten der Religion institutionell bzw. zentralisiert betrieben wurde. Der Fundus gewährleistet Autorität, erlaubt jedoch Auswahl und gelegentliche Nutzung. Bestimmte religiöse Gemeinschaften können einzelne Texte auswählen und „kanonisieren“, d.h.sie werden als Offenbarungs- bzw. Lehrtexte für alle Mitglieder verbindlich (z.B. die *Bhagavadgītā* im Advaita-Vedānta oder das *Bhāgavatapurāṇa* in der Caitanya-Tradition) oder man kann Zitate aus Texten des Kanon-Fundus zur Untermauerung der eigenen Lehre verwenden (z.B. den Veda oder die Upaniṣads als „Beweismittel“ in einem Disput oder als *mantra* im Ritual). Die dem Kanon-Fundus zuge-

[9] Vgl. Gorak, *The Making*, 19.

rechneten Texte sind zwar allgemein anerkannt, aber nur im Besonderen verbindlich.

Weitere Merkmale des Kanon-Fundus betreffen dessen Struktur: Denn einerseits besteht er aus Einzeltexten, wie den Veden oder der *Bhagavadgītā*, was zu einer Schließung des Kanons hätte führen können. Andererseits wurden jedoch Textgattungen als solche „kanonisiert", wie z.B. Upaniṣad oder Purāṇa. Letzteres erlaubt zum einen die Erweiterung des Fundus, indem Texte aufgrund ihrer Zugehörigkeit zu einer als „kanonisch" geltenden Gattung Aufnahme in den Fundus finden.[10] Zum anderen können verschiedene Texte als Repräsentanten der Gattung fungieren. Letzteres zeigt sich insbesondere in bezug auf numerisch begrenzte „Kanon-Listen", wie z.B. die 18 Purāṇas. In den Quellen gibt es unterschiedliche Angaben darüber, welche Purāṇas zu den kanonischen achtzehn zählen.[11] Das Zusammenspiel dieser Merkmale charakterisiert die Struktur des hinduistischen Kanon-Fundus: Zwar handelt es sich im Hinblick auf die namentlich genannten Einzeltexte (wie *Manusmṛti*) bzw. numerisch fixierten Ensembles von Einzeltexten (wie die vier Veden) um ein relativ stabiles Textkorpus, aufgrund der Aufnahme von literarischen Gattungen in den Kanon sind aber Erweiterungen bzw. Substitutionen möglich. Weiterhin ist, rezeptionsgeschichtlich betrachtet, festzuhalten, dass Verwendung und Verbindlichkeit dieser Texte in den einzelnen hinduistischen Religionsgemeinschaften erheblich variieren. Sucht man im Hinduismus nach einem Pendant für die biblische „Kanon-Formel",[12] so wäre sie im Falle der *śruti*- und *smṛti*- Literatur (aber auch mancher späterer hinduistischer Kanonbildungen) vielleicht wie folgt zu formulieren: „Es darf zwar nichts weggenommen, aber es darf ausgewählt und hinzugefügt werden."

---

[10] Diese Erweiterung betrifft sogar in einzelnen Fällen den numerisch fixierten Veda, neben dem sich spätere Texte als „fünfter Veda" zu etablieren suchen, wie das *Nāṭyaśāstra* oder etwa die Purāṇa-Literatur insgesamt (vgl. Frederick M. Smith, „Purāṇaveda", in *Authority, Anxiety, and Canon: Essays in Vedic Interpretation*, Hg. Laurie Patton (Albany: State University of New York Press, 1994), 97–138. Im Falle der Purāṇas wird diese Fundus-Erweiterung von der Tradition unter dem Stichwort „*upabṛmhana*" (Erweiterung) behandelt und als eine historische und heilsrelevante Expansion des vedischen Text-Korpus angesehen.

[11] Es werden je nach Quelle unterschiedliche Texte zu den 18 Mahāpurāṇas gezählt. Vgl. Giogio Bonazzoli, „The Dynamic Canon of the Purāṇa-s", *Purāṇa* 21 (1979): 116–166. Ähnliches gilt auch für die 18 bzw. 108 Upaniṣads.

[12] So Assmann und Assmann, „Kanon und Zensur", 12: Man soll nichts wegnehmen und nichts hinzufügen.

Das sei an zwei Beispielen kurz erläutert: Der *Ṛgveda* z.B. vereint als Hymnen-Sammlung und Quelle für rituelle Invokationen narrativ-poetische Inhalte mit deren performativen Kontexten. Das macht den Text zum Kompendium sakraler Sprache, d.h. er wird zum „Wahrheitswort“ (*brahman) auf welchem der Erfolg der rituellen Handlungen basiert.*[13] Als solcher ist er ein Ensemble von Hymnen, die vor allem im rituellen Kontext bis auf den heutigen Tag Verwendung finden. Als in sich abgeschlossener Text erhält er jedoch nur in einzelnen späteren Religionsgemeinschaften einen kanonischen Rang (etwa im Madhva Sampradāya oder im Arya Samāj), was sich u.a. darin zeigt, dass er insgesamt kommentiert wird. Im Kontext anderer Traditionen, z.B. der tantrischen, ist der *Ṛgveda* Teil des Veda. Damit ist zumeist weniger ein geschlossener Textkanon gemeint, als vielmehr die mit ihm verbundenen Rituale und *mantras*.[14] Noch mehr als der *Ṛgveda* erfüllt die *Bhagavadgītā* die gängigen Kriterien für Kanonizität wie z.B. eine abgeschlossene, nicht erweiterbare Textgestalt, kontinuierliche Kommentierung, Erhebung der Lehren zum Vorbild religiösen Lebens, Wertung als „Wort Gottes“, Etablierung performativer Kontexte der Textpflege (wie die Rezitation des Textes) und die Validierung des Textes als „kanonisch“ in unterschiedlichen religiösen Traditionen. Zugleich behält die *Bhagavadgītā* ihren Status als ein zum älteren Kanon-Fundus gehörender Text. Denn sie kann aus dem Kanon-Fundus in die Kanon-Listen einzelner Religionsgemeinschaften aufgenommen werden, ohne dass sich dadurch ihre Position im „Fundus“ ändert, d.h. sie bleibt allgemein anerkannt, aber nur für einzelne Traditionen verbindlich.

Die hier beschriebene Struktur charakterisiert den Kanon-Fundus, der in seinem wesentlichen Teilen in der Gupta-Zeit greifbar wird und bis ca. ins 10. Jahrhundert weiter heranwächst. Er dokumentiert zum einen den religionsgeschichtlichen Wandel vom Veda bis zur Dharmaśāstra- und Purāṇa-Literatur und hält ihn somit in einem „Nebeneinander“ fest.[15] Die Texte bilden als Fundus „aus der Vergangenheit“ zugleich die Grundlage für die nachfolgende Phase der Religionsgeschichte, in der die Aus-

---

[13] Siehe dazu Paul Thieme, „Brahman“, *Zeitschrift der Deutschen Morgenländischen Gesellschaft* 102 (1952): 91–129.

[14] Zu den unterschiedlichen Konnotationen und Inhalte, die sich mit dem Wort bzw. der Bezeichnung „Veda“ in späterer Zeit verbinden, siehe Louis Renou, *The Destiny of the Veda in India* (Delhi: Motilal Banarsidass, 1965) und *Authority, Anxiety, and Canon: Essays in Vedic Interpretation*, Hg. Laurie Patton (Albany: State University of New York Press, 1994).

[15] Vgl. dazu Jan Assmann, *Fünf Stufen auf dem Wege zum Kanon: Tradition und Schriftkultur im frühen Judentum und seiner Umwelt* (Münster: LIT Verlag, 1999), 34.

differenzierung des Hinduismus in verschiedene religiöse Traditionen Kontur gewinnt. Das führt zu Kanonbildungen, die über die Grenzen der jeweiligen religiösen Gemeinschaft hinaus nicht mehr konsensfähig sind. Es werden somit konkrete Aussagen zu hinduistischen Kanonisierungen möglich, wenn man einzelne religiöse Traditionen untersucht und die Einbindung von Textüberlieferung, Auswahl und Sinnpflege in institutionelle und performative Kontexte berücksichtigt.[16] Zugleich können einzelne Merkmale dieser neuen Kanons nur vor dem Hintergrund des älteren Kanon-Fundus verstanden werden.

3. Kanon und Kanonisierung in hinduistischen Religionsgemeinschaften (*sampradāya*)

Die Diversifizierung hinduistischer Religiosität geht fast immer mit Kanonisierungsprozessen einher, so dass man spätestens seit dieser Zeit über Kanon im Hinduismus nur im Plural und im Hinblick auf einzelne Traditionen sprechen kann. Wichtige, in der Forschung immer wieder genannte Merkmale eines Kanon bzw. von Kanonisierungsprozessen werden mit der Herausbildung einzelner religiöser Traditionen ab dem ca. 6. Jahrhundert auch für den Hinduismus greifbar. Die einzelnen Traditionen tradieren einen Kanon im Sinne einer „limited totality of sacred books".[17] Gorak weist darauf hin, dass ein religiöser Kanon neben Offenbarungstexten und rechtsgültigen Vorschriften und Regeln oft auch narrative Texte enthält, die ein Modell für die Umsetzung der religösen Lehren durch den Einzelnen liefern.[18] Sowohl der ältere Kanon-Fundus der

---

[16] Wie bereits festgestellt, wurde das Problem des Kanons im Hinduismus oftmals zu allgemein, d.h. ohne die notwendige Unterscheidung historischer Kontexte, diskutiert. Obgleich Coburn, „‚Scripture' in India", 455ff., einige wichtige Merkmale des hinduistischen Umgangs mit „scripture" nennt, fehlen konkrete historische Zuordnungen.

[17] Der zuweilen diskutierte Unterscheidung zwischen „scripture" and „canon" kann im Rahmen dieses Beitrags nicht weiter nachgegangen werden. Vgl. die Diskussion bei Coburn, „‚Scripture' in India", 437ff. Es ist mit Coburn zu unterstreichen, dass die „Buch-Gestalt" eines Textes im Hinduismus erst relativ spät relevant wird. Jedoch spielen Texte als abgeschlossene Einheiten und des weiteren Bücher als materiale Erscheinungsformen von sakraler Sprache in späteren Traditionen eine nicht unerhebliche Rolle. Siehe im folgenden und C. Mackenzie Brown, „Purāṇa as Scripture: From Sound to Image of the Holy Word in the Hindu Tradition," *History of Religions* (1986): 68–86.

[18] Nach Gorak umfassen religiöse Kanon-Listen in der Regel „a set of laws, a unified story, and an inspired revelation" (Gorak, *The Making*, 21).

śruti- und *smṛti*-Literatur als auch jüngere hinduistische Kanonbildungen umfassen ein weites Spektrum von Inhalten und Gattungen, so dass rituelle, normative, sakrale und narrative Funktionen abgedeckt sind.[19]

Das kanonische Textkorpus einzelner religiöser Gemeinschaften des Hinduismus weist zudem folgende Merkmale auf: Begrenzung der Texte durch Listen, Entstehung von Autoren-Kanons, Institutionalisierung der Text- und Sinnpflege z. B. durch die Abfassung von Kommentaren, Aufnahme narrativer Texte, die ein idealtypisches Modell für die Praktizierung der in der religiösen Gemeinschaft propagierten Lehre liefern sowie die Schaffung performativer bzw. liturgischer Kontexte für die Text-Praxis. Markant ist weiterhin die religiöse Aufwertung der Lehrerpersönlichkeiten (*guru*, *ācārya*) durch ihr Amtscharisma als Träger der Überlieferung und Vorbilder religiöser Praxis. Letzteres schlägt sich vor allem in der kontinuierlichen Produktion „sakraler Biographien" (*carita*) nieder. Das führt nicht selten dazu, dass nicht allein der charismatische Religionsstifter und seine Lehre „kanonisiert" werden, sondern auch spätere Lehrer. Ich möchte einige dieser Merkmale hinduistischer Kanon-Bildungen zunächst allgemein vorstellen und dann anhand einer hinduistischen Tradition, dem Madhva-Gaureśvara-*sampradāya*, näher erörtern.

3.1. Kanon-Listen

Die Existenz von Kanon-Listen verweist auf das Anliegen, die autoritativen Texte der Tradition zu begrenzen und dadurch die Lehre als abgeschlossenes Ganzes zu präsentieren. Bruhn hat als Merkmal der jainistischen „Kanon-Architektur" das Prinzip der parataktischen Reihung genannt, d.h. die Auflistung von Texten nach Maßgabe „solenner Zahlen": „Durch die Reihung erhalten auch ungleichwertige Einheiten den

---

[19] Auch Coburn, „‚Scripture' in India", 452, nennt einige dieser Merkmale, ohne jedoch weiter auf die Kanon-Forschung einzugehen, weshalb diese im Vergleich mit anderen Kanonisierungen weniger einschlägig erscheinen. Weiterhin erscheint problematisch, dass folgendes Charakteristikum die Hindu Tradition von allen anderen unterscheiden soll: „the distinctively Hindu way of engaging oneself with this compact, boundaried verbal material is to *recite* it, not necessarily to *understand* it. And this is likely to contrast strikingly with the scriptual situation elsewhere in the world." (Coburn, „‚Scripture' in India", 452). Damit unterschätzt Coburn nicht allein die Wertschätzung gelehrter Debatten, sondern auch der Unterweisung in die Inhalte des Textes.

gleichen Status."[20] Für hinduistische Kanon-Listen scheint eher markant, dass oft Texte der *gleichen* Gattung mit Hilfe solenner Zahlen zusammengeführt werden. Zudem gilt das numerische Prinzip oft nur für einzelne Bestandteile des Kanons. So treten in einigen hinduistischen Traditionen andere Texte zu einer Gruppe von numerisch fixierten „Offenbarungstexten" hinzu. Das gilt insbesondere für die tantrischen Traditionen, die sich auf ein direkt vom Gott oder der Göttin offenbartes Textkorpus beziehen, das als *saṃhitā*, *āgama* oder *tantra* bezeichnet wird. So anerkennen die viṣṇuitische Pāñcarātra-Tradition 108 *saṃhitā*s, die śivaitischen Āgama-Traditionen 28 *āgama*s und die śāktistischen Traditionen auf 64 *tantra*s.[21] Welche Texte im einzelnen dazu zählen, kann variieren. Dadurch wird die numerisch festgelegte Gruppe zu einem Bestandteil des Kanons, womöglich zu dessen „Kern", dem andere Texte hinzugefügt werden können, ohne dass deren Zahl fixiert wird. Dadurch kommt es zu einem „variablen" Kanon[22], der zwar eine numerisch geschlossene Kanon-Liste enthalten mag, insgesamt jedoch unabgeschlossen bleibt, da sowohl weitere Texte hinzukommen als auch die Repräsentanten der kanonischen Gattung (*tantra*, *āgama* etc.) variieren können. Im Gegensatz zum „Kanon-Fundus" sind sämtiche in diesen Kanon aufgenommenen Texte gültig, auch wenn in einzelnen Überlieferungsgemeinschaften bestimmte Texte den Vorzug erhalten mögen.

3.2. Autoren-Kanon

Weitgehend unvermerkt geblieben ist bislang die Existenz und Relevanz des sog. „Autoren-Kanons" als Merkmal einiger hinduistischer Kanonbildungen. Bei einem „Autoren-Kanon" gelten alle Werke eines Autors aufgrund des kanonischen Status der Person ebenfalls als kanonisch. In hinduistischen Traditionen kommt es z. B. zum Autorenkanon, wenn ein Religionsstifter retrospektiv zum kanonischen Autor erhoben wird (so etwa im Falle des Philosophen Śaṅkara, der im Kontext des späteren

[20] Klaus Bruhn, „Kanonprobleme bei den Jainas," in *Kanon und Zensur: Beiträge zur Archäologie der literarischen Kommunikation II*, Hg. Aleida und Jan Assmann (München: Fink 1987), 108.

[21] Vgl. Teun Goudriaan and Sanjukta Gupta, *Hindu Tantric and Śākta Literature* (Wiesbaden: Harrassowitz 1981), 13ff.; und Jan Gonda, *Medieval Religious Literature* (Wiesbaden: Harrassowitz, 1981), 42ff., 180-183.

[22] Die Fixierung und Verbindlichkeit der Kerntexte unterscheidet diese Kanonbildung vom „dynamischen Kanon", den Bonazzoli für die Purāṇa-Literatur beschreibt: „a canon that is valid for some time and some persons but not everywhere and that changes under different circumstances" (Bonazzoli, „The Dynamic Canon", 126).

Daśanāmī-*sampradāya* kanonisiert wurde), oder wenn der Religionsstifter keine oder nur recht spärliche Zeugnisse hinterlassen hat und andere Lehrerpersönlichkeiten eine überlieferungsfähige Texttradition geschaffen haben (so etwa im Fall der Gosvāmins der Caitanya-Tradition, siehe unten).

3.3. Text- und Sinnpflege

Beides ist in den meisten religiösen Traditionen des Hinduismus in den Kontext einer „Lehrer-Schüler-Genealogie“ (*guru-śiṣya-paramparā*) gestellt und erfolgt, idealtypischerweise, in Form einer kontinuierlichen mündlichen Unterweisung in die kanonischen Texte. Dem geht in der Regel jedoch die Initiation (*dīkṣā*) in die jeweilige religiöse Tradition vorausgehen, welche das Lehrer-Schüler Verhältnis etabliert und den Schüler selbst zum potentiellen Träger der Überlieferung erhebt. Der Lehrer (*guru*, *ācārya*) wird dann durch eine spezielle Initiation Oberhaupt der jeweiligen Lehrtradition (*paramparā*) und vereint als *ācārya* beide Aspekte der Überlieferung: die Bewahrung (und möglichst auch Kommentierung) der kanonischen Literatur und die Berechtigung zur Durchführung aller Rituale. Die Überlieferung und Auslegung kanonischer Texte ist nicht an eine zentrale religiöse Institution gebunden, sondern vielmehr an einzelne Lehrerpersönlichkeiten, die sowohl durch ihr Amt als Lehrer als auch durch ihr persönliches Charisma für die Text- und Sinnpflege zuständig sind. Dadurch kommt es nicht nur zur Diversifizierung der Texttradition, sondern auch einer individualisierten Auslegung. Zu Recht stellt Coburn fest: „Written documents, unvivified by personal relationship are lifeless.“[23] Das kann dazu führen, einzelnen Lehrern Charisma und damit eine Position zuzuweisen, die mit derjenigen des Religionsstifters vergleichbar ist. Eine immer wieder anzutreffende Reaktion auf diese Situation ist die Abfassung von „sakralen Biographien“ bis hin zur Bildung eigener, diesem Lehrer verpflichteter Gruppen innerhalb einer religiösen Gemeinschaft. Diese Biographien vereinen die Vermittlung der religiösen Inhalte mit einem idealtypischen Narrativ der Lebensgeschichte der betreffenden Lehrers. Oft wird das Spektrum der für eine religiöse Tradition verbindlichen Texte erweitert, indem solche Texte einen kanonischen Status erhalten.

---

[23] Coburn, „‚Scripture‘ in India“,444.

3.4. *Performative Kontexte*

Neben der von den Anhängern geforderten Praktizierung der in den kanonischen Texten enthaltenen Lehren und der in den „sakralen Biographien“ vorgelegten Modelle einer ganz an der Religion orientierten Lebensführung, sind diese selbst Gegenstand von rituellen Performanzen. Im Zentrum steht dabei die Rezitation des Textes bzw. seine Erhebung zu einem „sakralen“ Gegenstand.

4. Kanonische Texte des Madhva-Gaureśvara-*sampradāya*

Die genannten Aspekte sollen nun anhand einer religiösen Tradition des Hinduismus, dem kṛṣṇaitischen Madhva-Gauḍeśvara-*sampradāya*, näher erläutert werden.[24] Diese Gemeinschaft sieht sich in der Nachfolge ihres Stifters Caitanya, der 1486 in einer Brahmanenfamilie in Navadvip im heutigen Bundesstaat West-Bengalen geboren wurde. Er führte zunächst ein Leben als Haushälter, bis er auf einer Pilgerfahrt in die Tradition der Verehrung des Gottes Kṛṣṇa initiiert wurde. Kurze Zeit später wurde er zum Asketen geweiht und erhielt den Namen Kṛṣṇa-Caitanya. Er zog mit seinen Anhängern nach Puri und damit in den durch den Tempel des Gottes Jagannātha geprägten und bedeutendsten Pilgerort des heutigen indischen Bundesstaates Orissa. Dort lebte er, nur von einigen Pilgerfahrten unterbrochen, 18 Jahre lang bis zum seinem Tod im Jahre 1533. Caitanya scheint eine neue Interpretation der *bhakti*, der Gottesliebe, geliefert zu haben. Diese Deutung ist jedoch weniger an Texte und Konzepte als an seine Person gebunden, denn er gilt als Verkörperung der idealen Gottesliebe. Diese findet ihren Ausdruck in einer ekstatischen Verzückung, die durch die meditative Schau Gottes hervorgerufen wird und sich im Singen von *mantra*-Texten äußert. Weiterhin ist charakteristisch, dass diese Form der Erlösungssuche und damit die Mitgliedschaft im *sampradāya* allen offensteht, d.h. Kastenlosen, Frauen und Angehörigen anderer Religionen. Die Aufnahme in den *sampradāya* erfolgt durch eine als *mantra-dīkṣā* bezeichnete erste Initiation, zumeist auf Grundlage einer persönlichen Entscheidung.

---

[24] Für einen Überblick über die Tradition siehe S.K. De, *Early History of Vaisnava Faith and Movement in Bengal from Sanskrit and Bengali Sources* (Calcutta: K. L. Mukhopadhyay, 1961), und R. Chakrabarty, *Vaiṣṇavism in Bengal: A Historical Study, 1486–1900.* (Calcutta: Sanskrit Pustak Bhandar, 1985).

Die Caitanya-Tradition weist viele Merkmale auf, die auch für andere hinduistische *samprādaya*s charakteristisch sind. Diese Religionsgemeinschaften wurden lange mit der mißverständlichen Bezeichnung „Sekte“ belegt und damit tendenziell marginalisiert. Es handelt dabei jedoch um „Überlieferungsgemeinschaften religiöser Tradition“, in denen sich das religiöse Leben vieler Hindus lokal und regional abspielt. Diese Gemeinschaften führen sich in der Regel auf eine charismatische Stifterpersönlichkeit zurück, die nicht selten als die Inkarnation eines Gottes oder einer Göttin angesehen wird. In diesen Gemeinschaften wird die Lehre des Stifters und ein entsprechendes kanonisches Textkorpus tradiert, und zwar in einer möglichst ununterbrochenen Lehrer-Schüler Sukzession (*guru-paramparā*). Hindus gehören einer solchen Gemeinschaften entweder als Laienanhänger oder als Mitglieder einer monastischen bzw. asketischen Gemeinschaft an. Deshalb sind die *sampradāya*s zumeist durch eine klösterliche Institution (*maṭha*, *āśrama*) lokal vertreten und auf regionalen sowie pan-indischen Ebenen miteinander vernetzt. Die Identität der Gemeinschaft basiert in der Regel auf einem kanonischen Textkorpus, das sowohl Texte aus dem älteren Kanon-Fundus als auch neuere umfaßt. Die Kanonisierung von Texten signalisiert, wie in vielen anderen Religionen auch, die Konsolidierung der Gemeinschaft nach einer Phase der Institutionalisierung und meist umkämpfter Richtungsbestimmung, die zumeist auf den Tod des Stifters folgt. Welche Texte gelten nun im Madhva-Gaureśvara-*sampradāya* als verbindlich?[25]

4.1. Umfang des Kanons, Kanonerweiterung

Im Unterschied zu anderen *sampradāya*s, deren Stifter nicht nur eine bestimmte Form des Hinduismus vorgelebt, sondern auch dessen theologisch-philosophische Grundlegung unternommen hat, wird dem Caitanya nur ein einziges literarisches Zeugnis zugeschrieben. Es handelt sich dabei um das sog. „Śikṣaṣṭaka“, um acht Verse, die von Caitanyas Schüler und „Gefährten“ (*parṣāda*) Rūpa Gosvāmin zunächst nicht als zusammenhängendes „Verswerk“, sondern als Einzelverse in einer Sammlung bedeutender „Gesangsverse“ (*pāda*) überliefert wurden.[26] Erst im

---

[25] Die folgende Analyse basiert auf der Untersuchung der Literatur des *samprādaya* und auf Feldforschungen, die ich seit 1999 in den Klöstern der Tradition in Nordostindien (vor allem Orissa und Bengalen) durchführe. Ich möchte der Deutschen Forschungsgemeinschaft für die großzügige Förderung dieser Forschung danken.

[26] Es handelt sich dabei um Rūpa Gosvāmins *Padyāvalī*. Vgl. Edward C. Dimock, Jr., *Caitanya Caritāmṛta of Kṛṣṇadāsa Kavirāja: A Translation and Commentary,* Hg.

Caitanyacaritāmṛta, der kanonischen „sacred biography“[27] des Caitanya-von Kṛṣṇadāsa Kavirāja,[28] wurden diese Verse zusammengestellt und als Worte des Caitanya autorisiert und popularisiert. Der nächste Schritt auf dem Weg zur Kanonisierung der Verse als eigenständiger Text bestand dann in ihrer Herauslösung aus dem *Caitanyacaritāmṛta* und der Etablierung einer autonomen Überlieferung und Kommentierung. Wie der Name des kurzen Textes bereits anzeigt, geht es dabei in erster Linie um eine „*śikṣā*“, um die religiöse Belehrung über die von Caitanya repräsentierte *bhakti* (Gottesliebe). Es handelt sich bei diesem Text nicht um eine „göttliche Offenbarung“ im engeren Sinne, auch wenn Kṛṣṇa-Caitanya als „Doppel-Inkarnation“ (*avatāra*) des göttlichen Paares Rādhā und Kṛṣṇa gilt. Das *Śikṣaṣṭaka* spiegelt vielmehr die andere Dimension des Caitanya wider, denn er ist nicht allein Inkarnation Gottes, sondern auch des idealen Gläubigen *(bhakta)*.

Die Rolle eines Offenbarungstextes im engeren Sinne nimmt in der Caitanya-Tradition ein anderer Text ein, der als *tanu*, als eine Erscheinungsform des Gottes Kṛṣṇa gilt: das Bhāgavatapurāṇa (ca. 9. Jh. n. Chr.), das den Aufenthalt des Gottes Kṛṣṇa auf Erden (*līlā*) in Gestalt des Kuhhirten Kṛṣṇa-Govinda schildert. Es handelt sich hierbei um einen Text, der, aufgrund seiner Zugehörigkeit zur Gattung „Purāṇa“, zum älteren Kanon-Fundus des *smṛti*-Literatur gehört und in zahlreichen Listen der sog. 18 Mahāpurāṇas erscheint. Hier bestätigt sich die zuvor allgemein beschriebene Struktur im Umgang mit dem älteren Kanon-Fundus. Der ausgewählte Text wird einer direkten göttlichen Offenbarung, einem *śruti*-Text gleichgestellt und erhält durch den Status der höchsten Autorität in bezug auf Methoden und Ziele der religiösen Überlieferung.[29] Fast

---

Tony K. Stewart (Cambridge, MA: Harvard University Press, 1999), 993, Anm. ad *śloka* 3.

27 Siehe dazu Charles F. Keyes, „Introduction: Charisma: From Social Life to Sacred Biography“, in *Charisma and Sacred Biography*, Hg. Michael A. Williams (Missoula: Scholars Press, 1982), 1–22.

28 Der Text ist zwischen 1600 und 1612 zu datieren. Die acht Verse werden am Ende der Biographie zitiert (3.20.7–38, Verse 3–10); vgl. Edward Dimocks und Tony Stewarts Einleitung in Dimock, *Caitanya Caritāmṛta*, 11.

29 Vgl. auch den Fall *Bhagavadgītā*: im Kanon-Fundus als *smṛti* tradiert, erhält sie im Advaita-Vedānta *śruti*-Status. Für eine ähnliche Aufwertung des *Devīmāhātmya* siehe Coburn, „‚Scripture‘ in India“, 449f. Bemerkenswert für die Anpassungsfähigkeit des gebildeten Kanons und für die Eingebundenheit der Überlieferung in regionale und lokale Kulturen ist, dass z.B. in Orissa das in Oriya verfaßte *Bhāgavatapurāṇa* des Jagannātha Dāsa (ca. frühes 16. Jh.) inzwischen ebenso relevant ist wie das Sanskrit *Bhāgavatapurāṇa*.

ebenso bedeutsam wie das *Bhāgavatapurāṇa* ist jedoch ein Text, der als Neuschöpfung der sich auf Caitanya berufenden Anhängergemeinschaft angesehen werden kann. Es handelt sich hierbei um das bereits erwähnte *Caitanyacaritāmṛta* des Kṛṣṇadāsa Kavirāja, welches als das maßgebliche „*carita*", die Darstellung des Lebens und Wirkens des Caitanya gilt und fest zum Kanon gehört. Wie Stewart[30] gezeigt hat, ist dieser Text das Resultat einer durchaus heterogen verlaufenden Kanonisierung von Caitanyas Leben. Der Text basiert auf zahlreichen Vorläufern, die er in einer abschließenden Weise synthetisiert und mit eigenen theologischen Elementen ausstattet. Der Autor erreicht einen synthetisierenden Ausgleich zwischen konkurrierenden Versionen von Caitanyas Biographie und setzt dessen theologische Überhöhung als „Doppel-*avatāra*" durch. Für diesen Text trifft zu, was Gorak in bezug auf den christlichen und jüdischen Kanon als „encyclopaedic" bzw. „communal narrative" bezeichnet: „a narrative that comprehends everything from their required readings and codes of behaviour to their shared assumptions and manifest beliefs."[31] Mit der kanonischen Nebeneinanderordnung von *Bhāgavatapurāṇa* und *Caitanyacaritāmṛta* verleiht sich der *sampradāya* zugleich eine historische Tiefendimension, denn trotz des relativ jungen Alters der Tradition ist Caitanya als *avatāra* und als Vorbild einer lebendigen Umsetzung der bereits viele Jahrhunderte zuvor im *Bhāgavatapurāṇa* gelehrten Kṛṣṇa-Verehrung der Beweis für die andauernde Präsenz des Göttlichen und seiner Offenbarungsformen. Es bestätigt sich hier die eigentümliche Zeit-Qualität des Kanons, die Jan Assmann wie folgt beschreibt: „Der Kanon schafft jenseits von Zeit und Geschichte einen Raum der Dauer, in dem die Geschichte ausgeschaltet ist. ... Der Kanon erzeugt Gleichzeitigkeit. Er schafft die Illusion einer zeitlosen Gesprächssituation."[32]

Neben diese Texte tritt weiterhin ein autoritatives Ritual-Handbuch, welches nicht allein die religiöse und insbesondere rituelle Praxis (*vidhi*), sondern auch die Regeln der Lebensführung (*sadācāra*) festlegt und bis heute in zahlreichen monastischen Institutionen und Tempeln

---

[30] Vgl. Tony K. Stewart, „The Biographies of Śrī-Caitanya and the Literature of the Gauḍīya Vaiṣṇavas," in *Vaiṣṇavism: Contemporary Scholars Discuss the Gauḍīya Tradition*, Hg. Steven J. Rosen (New York: Folk Books, 1992), 101–125.

[31] Vgl. Gorak, *The Making*, 20.

[32] Assmann, *Fünf Stufen*, 34. Für die im *Caitanyacaritāmṛta* verwendeten Zeitkonzepte, die auf eine Verbindung unterschiedlicher Zeiten und Räume zielen, siehe Angelika Malinar, „Interconnecting Parallel Times: Notions of Time in the Caitanya Tradition", in *Time in India: Concepts and Practices*, Hg. Angelika Malinar (New Delhi: Manohar, 2007), 55–82.

des *sampradāya* als Norm gilt und dementsprechend verwendet wird: der *Haribhaktivilāsa* von Gopāla Bhaṭṭa. Der Text kombiniert die beiden Aufgaben, die ansonsten auf Dharmaśāstra und Veda verteilt sind. Die Rituale im Tempel und die in ihnen verwendeten *mantra*s basieren ebenso auf diesem Ritualhandbuch wie die Initiationsrituale oder die Verhaltensweisen gegenüber anderen Religionen (wie etwa dem Śivaismus).

Schließlich umfaßt das kanonische Textkorpus noch die Schriften der sog. Gosvāmins. Mit diesem Namen wird eine Gruppe von wichtigsten Schülern des Caitanya und seiner Gefährten bezeichnet, welche die theologisch-philosophische Ausarbeitung der Lehren und des Lebens des Caitanya leisteten. Es handelt sich bei diesem Teil des Kanons um einen Autoren-Kanon. Denn alle von Rūpa, Jīva und Sanātana Gosvāmin verfaßten Werke erhalten aufgrund ihres Status als Schüler Caitanyas einen kanonischen Rang, indem sie als verbindliche Exegeten der Texte und Lehren dienen, welche die Lehren des Religionsstifters Caitanya begründen und seinen Status als „Verkörperung" des göttlichen Paares Rādhā und Kṛṣṇa garantieren.

4.2. Text- und Sinnpflege

Die soeben vorgestellten Texte werden im Rahmen einer Schüler-Lehrer Genealogie (*guru-paramparā*) überliefert. Die persönliche Unterweisung wird zumeist durch Selbststudium und die öffentliche Auslegung kanonischer Texte (*pracāra* oder *upadeśa*) ergänzt. Die Überlieferungstradition ist den unterschiedlichen *guru-paramparā*s entsprechend in verschiedene „lineages", die sog. *parivāra*s (wörtlich: ‚Familie') unterteilt. Die lineages werden nicht hierarchisch klassifiziert, sondern stellen die einzelnen, nebeneinandergeordnete Segmente der Überlieferungsgemeinschaft dar.[33] Die Aufnahme eines Adepten in den *sampradāya* erfolgt immer durch eine Initiation[34] in eine dieser Lineages. Die einzelnen Lineages sind entweder durch die Gefährten und Schüler Caitanyas bzw. deren Schüler begründet worden und tragen dementsprechend den Namen des Lineage-Begründers. Sie unterscheiden sich voneinander durch Körperbemalungen (*tilaka*) oder Haartracht, aber auch z.T. durch die verwendeten Texte. Während alle Lineages die zuvor genannten kanonischen Texte

---

[33] Für eine Analyse der segmenäten Organisationsstruktur des *sampradāya* siehe Angelika Malinar, „Genealogies and Centres: Communities of the Caitanya Tradition in Orissa," in *Periphery and Centre: Studies in Orissan History, Religion and Anthopology*, Hg. Georg Pfeffer (New Delhi: Manohar, 2007), 27–57.

[34] Je nach Lineage werden ein bis drei Initiationen durchgeführt.

anerkennen, erweitert sich das Spektrum der autoritativen Texte in den einzelnen Lineages durch die Abfassung neuer *caritas*.[35] Die segmentäre Überlieferungs- und Lehrtradition führt somit zu einer Diversifizierung der Überlieferungstradition, was in der Regel mit einer Erweiterung des Kanons einhergeht.

Traditionellerweise wurden die kanonischen Texte in Manuskriptform in den Klöstern aufbewahrt. Besonders umfangreich waren und sind auch noch z.T. die Bibliotheken der sog. „*gaddi*s“, d.h. derjenigen Klöster, die als „Thron“ des Lehroberhauptes einer Lineage fungieren.[36] Dieser fungiert als *ācārya* und besitzt alle rituellen Rechte. Deshalb muß in der Regel der Inhaber einer *gaddi* ein Brahmane sein. Von ihm wird auch erwartet, dass er die Texttradition auszulegen und womöglich durch Abfassung von Kommentaren zu bereichern versteht. Diese Funktion des Amtsträgers zeigt sich auch darin, dass nach seinem Ableben die wichtigen Utensilien seiner Tätigkeit zur Verehrung aufbewahrt werden. Dazu zählt oft ein kanonischer Text in Form eines Manuskriptes oder Buches, welches auf der traditionellen Buchstütze und in Seide gehüllt vor ein Bild des Lehrers gestellt und damit der Verehrung zugänglich gemacht wird.

4.3. Performative Kontexte

Es gehört zu bekannten Charakteristika hinduistischer und anderer asiatischer Religionen, das die ältesten heiligen Texte im Rahmen einer mündlichen Überlieferung entstanden und überliefert wurden, bevor sie in einer schriftlichen Form fixiert wurden. Die schriftliche Fixierung der Texte in Manuskriptform bedeutet jedoch nicht zwangsläufig das Ende der mündlichen Überlieferung oder anderer Formen des praktischen Umgangs. Das zeigt sich auch in der Caitanya-Tradition, die seit ihren Anfängen einen verschriftlichen Kanon mitführt. Nicht nur die Überlieferung der kanonischen Texte, sondern auch die Rezitation bzw. das Hören der heiligen Textes gelten als religiös verdienstvoll und werden

---

35 Für eine solche Kanonisierung in der Moderne siehe Angelika Malinar, „Rādhāramaṇa Caraṇa Das und die Caitanya-Nachfolge in Orissa: Zur Textualisierung von Charisma“, in *Toḥfa-e-Dil: Festschrift für Helmuth Nespital*, Hg. Dirk Lönne (Reinbek: Wezler, 2001), 296–313; für die Satyanārāyaṇa-Tradition vgl. Peter Schreiner, „Institutionalization of Charisma: The Case of Sahajānanda“, in *Charisma and Canon: Essays on the Religious History of the Indian Subcontinent*, Hg. Vasudha Dalmia, Angelika Malinar und Martin Christof (Oxford/New Delhi: Oxford University Press, 2001), 155–170.

36 In Orissa konnte ich fünf noch lebendige *gaddī* nachweisen.

einer Ritualhandlung gleichgesetzt. Zahlreiche Texte schließen mit einer sog. „*phalaśruti*" ab, der Aufzählung der Verdienste, die man durch das Lesen, Studieren, Rezitieren bzw. Anhören der Texte erworben hat. Denn den Lauten wird heilsträchtiges Wirkpotential zugeschrieben, welches die Sinne und das Denken transformiert, selbst wenn man den Inhalt nicht vollständig oder auch gar nicht begreift. Das bedeutet jedoch nicht, dass es gleichgültig ist, ob man den Sinn eines Textes auch versteht.[37] In der Caitanya-Tradition erhielt das Heilspotentials der sakralen Sprache, insbesondere der *mantra*s, eine zentrale Rolle.[38] Das gilt sowohl für den rituellen Einsatz von *mantra*-Texten als auch für die rituelle Rezitation kanonischer Texte im Ganzen. Im Unterschied zu einem in erster Linie „liturgischen" Einsatz von vedischen *mantra*s bei Ritualen unterschiedlichster Art, sind im Madhva-Gaureśvara- *sampradāya mantra*s auch Gegenstand individueller Meditationsübungen sowie von gruppengebundenen Rezitations- bzw. Gesangsperformanzen (*kīrtana*). In diesen beiden Fälle dienen *mantra*s nicht in erster Linie dazu, einzelne Ritualhandlungen zu begleiten, vielmehr ist die *mantra*-Rezitation das Ritual selbst. Es geht dabei darum, den im *mantra* benannten Gott oder die Göttin (hier zumeist Kṛṣṇa und/oder Rādhā) zu evozieren. Von daher ist das Ritual, ähnlich wie in tantrischen Traditionen, ebenso Gottesdienst (*sevā*) wie religiöse Verwirklichung (*sādhanā*), da der Rezitator dabei den mit dem Text verbundenen „Seinszustand" (*bhāva*) erfüllt. Deshalb kann diese Text-Praxis zu ekstatischen Zuständen führen und letztendlich die Erlösung bewirken. In einigen Klöstern (*maṭha*) der Caitanya-Tradition ist diese Form der *mantra*-Praxis institutionalisiert, und zwar in Form des „*akhaṇḍa-nāma-kīrtana*", des „ununterbrochenen Singen des Namens (Gottes oder der Göttin)". Dabei wird der innerhalb einer Lineage als „*nāma*" oder „*kīrtanamantra*" tradierte Text täglich und über die gesamten 24 Stunden in verschiedenen Melodien (*svara*) gesungen.[39] Während diese Praxis hochangesehen ist, wird doch der gesungene Text

---

[37] Dieser Ansicht ist Coburn, „‚Scripture' in India", 452; siehe auch oben, Anm. 20.

[38] Die dabei geleistete theologisch-philosophische Untermauerung wird von Beck als „sonic theology" bezeichnet. Siehe Guy Beck, „Sonic Theology", in *Vaiṣṇavism: Contemporary Scholars Discuss the Gauḍīya Tradition*, Hg. Steven J. Rosen (New York: Folk Books, 1992), 261–281.

[39] In einem *maṭha* in Bhubaneshvar wird z.B. seit 1973, dem Jahr der Klostergründung, ununterbrochen gesungen. Siehe dazu Angelika Malinar, „Mantra-Recitation as a Religious Institution: Śrī Kalpataru Sevā Āśrama in Bhubaneshwar", in *Text and Context in the History, Literature and Religion of Orissa*, Hg. Angelika Malinar, Johannes Beltz und Heiko Frese (New Delhi: Manohar, 2004), 175–202.

nicht immer von allen Mitgliedern des *sampradāya* akzeptiert oder praktiziert. Weiterhin ist als Charakteristikum festzuhalten, dass ein hinduistischer Kanon, in der bereits erwähnten theologischen Interpretation des „Wortes“ bzw. der „Laute“ als Manifestationsform der göttlichen Schaffenskraft, nicht nur diskursive Texte umfaßt, sondern auch Kern- oder Essenz-Texte von ganz geringem Umfang aber umso konzentrierterem sakralen Potential.

Die diskursiven Texte haben demgegenüber, wie bereits gezeigt, eine andere Funktion (normativ, didaktisch, narrativ) innerhalb des Kanons, die sich auch in entsprechenden performativen bzw. rituellen Kontexten zeigt. Die Texte bzw. das Manuskript oder Buch als deren materielle Erscheinungsform sind in den regelmäßigen, zumeist jährlich stattfindenden Rezitationen, dem sog. *pārāyaṇa*, Gegenstand und zugleich Medium der Verehrung. Der Text dient dabei nicht als Gegenstand der Unterweisung oder als „Begleittext“ eines Rituals, sondern steht selbst im Zentrum. Beim *pārāyaṇa* werden zumeist das *Bhāgavatapurāṇa* oder das *Caitanyacaritāmṛta* innerhalb einer vorher festgelegten Anzahl von Tagen (meistens sieben, manchmal aber auch fünf) rezitiert. Die Rezitation kann entweder als eigenständiges Ritual im Rahmen eines Festes stattfinden (so z.B. bei der Feier von Caitanyas „Geburtstag“) oder das *pārāyaṇa* kann selbst das Fest sein, wie z.B. bei der sog. *rāsa-līlā* oder dem *jhulana*-Fest.[40] Dabei kann die Rezitation, welche vom Veranstalter des Festes in Auftrag gegeben wird, von Musik und Tanz begleitet werden. Entscheidend ist, dass der gesamte Text vollständig rezitiert wird. Es ist nicht notwendig, dass diese Rezitation von einem Publikum verfolgt wird. Oft trifft man einen einsamen Rezitator vor dem Schreinraum eines Tempels oder *maṭha* sitzend, der das Purāṇa oder einen anderen Text vorträgt, ohne dass ihm irgend jemand Aufmerksamkeit schenkt. Diese Situation zeigt, dass die Rezitation in erster Linie einen „Dienst an und für Gott“ (*sevā*) darstellt. Dementsprechend sind der im Schreinraum residierende Gott und die Göttin Adressaten und Publikum der Rezitation. Die Tatsache, dass die Rezitation in erster Linie für den Gott veranstaltet wird, kommt z.B. bei der *rāsa-līlā* auch dadurch zum Ausdruck, dass das im Schreinraum residierende Götterpaar (Rādhā und Kṛṣṇa) für die Rezitation eigens aus dem Schrein geholt wird.

[40] Bei der *rāsa-līlā* stehen der Gott Kṛṣṇa und das *Bhāgavatapurāṇa* im Mittelpunkt, beim *jhulana* geht es um Caitanya.

Weil die Rezitation dazu dient, den Gott mit der Schilderung seiner eigenen Taten und Worte zu erfreuen, ist es vollkommen gleichgültig, ob irgend jemand anders den Text hört, versteht oder als Publikum dabei sitzt. Auch ist es nicht unbedingt nötig, dass der Rezitator ein überzeugter Anhänger des Gottes ist, den er besingt. Vielmehr ist seine Rolle der eines Ritualisten vergleichbar, der im Auftrag des Veranstalters ein Rezitations-Ritual durchführt. Der rituelle Charakter zeigt sich auch darin, dass ein eigener ritueller Raum (*maṇḍapa*) für die Rezitation geschaffen wird. Am Anfang steht zumeist ein *homa*-Opfer, welches mit Bekundung einhergeht, das Ritual durchzuführen (*saṃkalpa*). Ebenso gilt, wie bei anderen Opfer- und Ritualveranstaltungen im hinduistischen Kontext auch, dass der Lohn des Rituals demjenigen zukommt, der das Ritual hat durchführen lassen und bezahlt hat. Alle drei Formen des Text-Performanz, die *mantra*-Rezitation, der *pārāyaṇa* und die *līlā*, sind nicht weniger wichtig als die anderen Formen der Text- und Sinnpflege.

5. Schlussbemerkung

Es sollte gezeigt werden, dass die divergierenden und z.T. widersprüchlichen Aussagen über den kanonischen Status religiöser Texte des Hinduismus auf eine wissenschaftsgeschichtliche Konstellation zu Beginn des 19. Jhs. zurückzuführen ist. Ein Hauptanliegen der Auswahl von heiligen Texten bestand darin, den Hinduismus selbst zu kanonisieren und dadurch als eine klar konturierbare, auf verbindlichen Texten basierende Religion zu erweisen. Dadurch kam es auf der Grundlage der frühen Kontakte zwischen europäischen Wissenschaftlern und einheimischen Eliten zu einer Kanonisierung bestimmter Texte. Das Beispiel der „Sacred Books of the East" macht jedoch deutlich, dass es sich dabei keineswegs um ein Phantasieprodukt oder eine willkürliche, ganz aus einer europäisch-kolonialen Interessenlage resultierende Zusammenstellung handelt. Vielmehr spiegelt sich darin wider, was in der einheimischen Klassifikation als *śruti*- bzw. *smṛti*-Text bereits Autorität besaß. Der „kanonische", allgemein für alle Hindus verbindlicher Status dieser Literatur war jedoch umstritten und zudem historisch nicht nachweisbar bzw. auf eine bestimmte religiöse Tradition beziehbar. Dennoch erfolgte die Debatte um die Definition des Hinduismus in bezug auf die so kanonisierte Literatur und führte vor allem in den Reformbewegungen des Hinduismus zu neuartigen Kanonbildungen. In bezug auf die Kanonbildungen in späteren religiösen Tradition des Hinduismus fungiert die *śruti*- und *smṛti*- Literatur als ein „Kanon-Fundus“. Dieser war zwar weder für den Hinduismus insgesamt noch auch nur für einzelne religiöse Traditionen des Hinduismus jemals als ein klar umgrenzter, normativer bzw. als exegetische Grundlage dienender „Kanon“ verbindlich. Er bildet jedoch einen Referenzpunkt für die meisten späteren Traditionen, die Texte aus diesem Fundus in ihren eigenen Kanon aufnahmen oder den Fundus prinzipiell neben dem eigenen Kanon gelten ließen. Diese Struktur läßt sich in folgender „Kanon-Formel“ zusammenfassen: ‚Es darf zwar nichts weggenommen, aber es darf ausgewählt und hinzugefügt werden.‘

Klarer abgrenzbare Traditionen und Kanonbildungen unter Rückgriff auf den älteren „Fundus“ sind dann in den einzelnen religiösen Gemeinschaften (*sampradāya*) zu beobachten. Es handelt sich von daher, wie am Beispiel des Madhva-Gaureśvara- *sampradāya* gezeigt, um einen „variablen“ Kanon. „Variabel“ meint hier nicht, dass der Kanon immer neu gebildet wird, sondern vielmehr, dass er erweiterbar ist, wenn die Kerntexte beibehalten werden. Text- bzw. Sinnpflege umfassen dabei nicht allein die schriftliche Fixierung, eine fortschreitende Kommentierung oder Institutionen des Textstudiums, sondern auch die rituelle Performanz der Texte. Der Kanon erhält seine Verbindlichkeit zum einen durch den normativen und revelatorischen Status der Texte und zum anderen durch die sozialen Kontexte seiner Überlieferung und Praktizierung. Die einzelnen Gemeinschaften bewegen sich bei der Bildung ihres Kanons auf zwei Ebenen: Sie anerkennen einen älteren Kanon-Fundus, ohne ihn sich insgesamt als „Kanon“ anzueignen, und sie bilden in Rückbezug auf ihn sowie durch die Abfassung neuer Texte einen eigenen Kanon, der wiederum nicht für andere religiösen Traditionen des Hinduismus Gültigkeit besitzt.

Bibliographie

Assmann, Aleida und Jan. „Kanon und Zensur“. In *Kanon und Zensur: Beiträge zur Archäologie der literarischen Kommunikation II*, hg. von Aleida und Jan Assmann. 7–27. München: Fink, 1987.

Assmann, Jan. *Fünf Stufen auf dem Wege zum Kanon. Tradition und Schriftkultur im frühen Judentum und seiner Umwelt*. Münster: LIT Verlag, 1999.

Beck, Guy. „Sonic Theology“. In *Vaiṣṇavism: Contemporary Scholars Discuss the Gauḍīya Tradition*, hg. von Steven J. Rosen. 261-281. New York: Folk Books, 1992.

Bonazzoli, Giorgio. „The Dynamic Canon of the Purāṇa-s“, *Purāṇa* 21 (1979): 116–166.

Brown, C. Mackenzie. „Purāṇa as Scripture: From Sound to Image of the Holy Word in the Hindu Tradition", *History of Religions* (1986): 68–86.

Bruhn, Klaus. "Kanonprobleme bei den Jainas". In *Kanon und Zensur: Beiträge zur Archäologie der literarischen Kommunikation II*, hg. von Aleida und Jan Assmann. 100–112. München: Fink, 1987.

Chakrabarty, R. *Vaiṣṇavism in Bengal: A Historical Study, 1486–1900*. Calcutta: Sanskrit Pustak Bhandar, 1985.

Coburn, Thomas B. "‚Scripture' in India: Towards a Typology of the Word in Hindu Life". *Journal of the American Academy of Religion* 52 (1984): 439–459.

De, S. K. *Early History of Vaisnava Faith and Movement in Bengal from Sanskrit and Bengali Sources*. Calcutta: K. L. Mukhopadhyay, 1961.

Dimock, Edward C. Jr. *Caitanya Caritāmṛta of Kṛṣṇadāsa Kavirāja: A Translation and Commentary*, hg. von Tony K. Stewart. Cambridge, MA: Harvard University Press, 1999.

Girardot, N. J. „Max Müller's "Sacred Books and the Nineteenth-Century Production of the Comparative Science of Religions", History of Religions 41 (2002:213-250).

Gonda, Jan. *Medieval Religious Literature*. History of Indian Literature II, 1. Wiesbaden: Harrassowitz, 1981.

Goudriaan, Teun und Sanjukta Gupta. *Hindu Tantric and Śākta Literature*. History of Indian Literature II, 2. Wiesbaden: Harrassowitz 1981.

Gorak, Jan. *The Making of the Modern Canon: Genesis and Crisis of a Literary Idea*. London: Athlone, 1991.

Keyes, Charles F. „Introduction: Charisma: From Social Life to Sacred Biography". In *Charisma and Sacred Biography*, hg. von Michael A. Williams. 1–22. Missoula: Scholars Press, 1982.

Malinar, Angelika. "Rādhāramaṇa Caraṇa Das und die Caitanya-Nachfolge in Orissa: Zur Textualisierung von Charisma". In *Tohfa-e-Dil: Festschrift für Helmuth Nespital,* hg. von Dirk Lönne. 295–313. Reinbek: Wezler, 2001.

Malinar, Angelika. „Mantra-Recitation as a Religious Institution: Śrī Kalpataru Sevā Āśrama in Bhubaneshwar". In *Text and Context in the History, Literature and Religion of Orissa*, hg. von Angelika Malinar, Johannes Beltz und Heiko Frese. 175–202. New Delhi: Manohar, 2004.

Malinar, Angelika. „Genealogies and Centres: Communities of the Caitanya Tradition in Orissa". In *Periphery and Centre: Studies in Orissan History, Religion and Anthopology*, Hg. Georg Pfeffer (New Delhi: Manohar, 2007), 27–57.

Malinar, Angelika. „Interconnecting Parallel Times: Notions of Time in the Caitanya Tradition". In *Time in India: Concepts and Practices,* hg. von Angelika Malinar. 55–82. New Delhi: Manohar, 2007.

Müller, F. Max. „Preface to the Sacred Books of the East". In *The Sacred Books of the East,* hg. von F. Max Müller. Bd. 1. ix–lv. London: Clarendon Press, 1879.

Patton, Laurie (Hg.). *Authority, Anxiety, and Canon: Essays in Vedic Interpretation*. Albany: State University of New York Press, 1994.

Renou, Louis. *The Destiny of the Veda in India*. Delhi: Motilal Banarsidass, 1965.

Schreiner, Peter. “Institutionalization of Charisma: The Case of Sahajānanda“. In *Charisma and Canon: Essays on the Religious History of the Indian Subcontinent*, hg. von Vasudha Dalmia, Angelika Malinar und Martin Christof. 155–170. Oxford/New Delhi: Oxford University Press, 2001.

Smith, Frederick M. „Purāṇaveda“, in *Authority, Anxiety, and Canon. Essays in Vedic Interpretation*, hg. von Laurie Patton. 97–138. Albany: State University of New York Press, 1994.

Stewart, Tony K. „The Biographies of Śrī-Caitanya and the Literature of the Gauḍīya Vaiṣṇavas“. In *Vaiṣṇavism: Contemporary Scholars Discuss the Gauḍīya Tradition*, hg. von Steven J. Rosen. 101–125. New York: Folk Books, 1992.

Thieme, Paul. „Brahman“. *Zeitschrift der Deutschen Morgenländischen Gesellschaft* 102 (1952): 91–129.

Canonizing Biographies

Topoi in the Discourses on Rāmakṛṣṇa and Vivekānanda[1]

FRANK NEUBERT

"You say that we go round the sun.
If we went round the moon it would not make
a pennyworth of difference to me or to my work."

Sherlock Holmes, in *A Study in Scarlett* by Sir Arthur Conan Doyle.

Introduction

I could have also entitled my paper "Charisma and Canon", were this not the title of a recent book on Indian religious history, a *Festschrift* for the German Indologist and *Religionswissenschaftler* Heinrich von Stietencron.[2] However, I will try to cover both notions here and connect them in a slightly different way than von Stietencron suggests in his own contribution to that volume.[3] He reflects on the two notions as contrary but complementary, forming a special case of the more general relation

[1] Parts of this paper are based on my doctoral dissertation: Frank Neubert, *Charisma und soziale Dynamik: Religionswissenschaftliche Untersuchungen am Beispiel von Śrī Rāmakṛṣṇa und Svāmī Vivekānanda* (Aachen: Shaker, 2005). Here, I add the notions of canon/canonization that did not play any role there, as well as material that I could not consider there. Thanks for reading earlier drafts of this paper to Lauren Pfister and Christoph Kleine.

[2] Vasudha Dalmia, Angelika Malinar, Martin Christof, eds., *Charisma and Canon: Essays on the Religious History of the Indian Subcontinent* (Oxford: Oxford University Press, 2001).

[3] Heinrich von Stietencron, "Charisma and Canon: The Dynamics of Legitimization and Innovation in Indian Religions," in *Charisma and Canon: Essays on the Religious History of the Indian Subcontinent*, ed by Vasudha Dalmia, Angelika Malinar and Martin Christof (Oxford: Oxford University Press, 2001), 14–38.

Max Deeg, Oliver Freiberger, Christoph Kleine (Hrsg.), *Kanonisierung und Kanonbildung in der asiatischen Religionsgeschichte*. VÖAW: Wien 2011, pp. 81–104.

of tradition and innovation, or permanence and change.[4] A canon, von Stietencron argues, can develop out of the establishment of a charismatic community, and yet canons can equally be challenged and changed by charismatic leaders. At the same time, canonical texts have charismatic authority (in a Weberian sense), as charisma is "[...] instrumental in creating, keeping alive, changing, and rejuvenating a canonical tradition."[5]

In this paper, I shall follow a different line of argument. As points of departure, I will not use the terms "canon" and "charisma" (in the sense of readymade "products"), but instead will primarily employ those of "canonization" and "charismatization"[6] (in the sense of processes eventually but not necessarily leading to *idealized* canon and charisma). I will argue that the two processes are closely intertwined, or put more directly, that charismatization is unthinkable without a certain form of canonization.[7] I shall develop that argument in four steps. First, I will briefly explain my understanding of the two notions in question. Secondly, I will give an overview of the method I applied in my research on the biographies of two nineteenth-century Indian saints, whose biographies – or what remains of them – will be given in the third part of my paper. The final part will return to the notions of charismatization and canonization, drawing conclusions on the basis of the previous reflections.

1. Terminology

a. Canon and Canonization

It does, of course, not make sense to ask what canon *is*. Rather, we have to ask what we mean when we use the term in a scholarly context. Within its common use in the study of religion, the term canon refers to the corpus

[4] von Stietencron, "Charisma and Canon", 15.

[5] von Stietencron, "Charisma and Canon", 30–31.

[6] This term was esp. used in Eileen Barker, "Charismatization: The Social Production of 'an Ethos Propitious to the Mobilization of Sentiments'," in *Secularization, Rationalism and Sectarianism: Essays in Honour of Bryan R. Wilson*, ed. by Eileen Barker, James A. Beckford and Karel Dobbelaere (Oxford: Oxford University Press, 1993), 181–201.

[7] In the passage quoted above, von Stietencron stated that the process goes the other way round, namely that canonization involves charismatization. So did others before, taking as starting point "traditional" views of charisma and canon.

of authoritative texts of a religious community.[8] Departing from this general usage, explorations have been made into how texts become parts of the canon, or become the canon itself. That is to say, scholars have turned their attention to the process of canonization.

For Jan Assmann[9], one of the most influential recent theoreticians of canon in German speaking countries, a canon is created when the flow of tradition is (it seems, consciously) stopped. This flow of tradition becomes fixed in one or several texts that are "closed", that is, not to be extended or changed any further.[10] This process of canonization takes place in five steps that Assmann finds ideal-typically in the development of the Hebrew canon.[11] The first step is an "excarnation of law", meaning that law books are generated that deprive the king of an important part of his power. At the same time, a "normative history" is created. Secondly, there is an "excarnation of tradition", i.e. it is no more only humans that carry a tradition, but this tradition is transferred to texts which preserve it. In a third step, interpretation is added to the process of canonization. Interpretation, Assmann says, adapts the normative, fixed texts to the tides of time. It is usually dependent upon the powerful who order and authorize interpretations of canon.[12] Fourthly, textual communities emerge that separate from the majority and compete with it for the power to define the right texts. The fifth and last step is an "abhorrence of idolatry" that results in an expulsion of the divine from everything but the text.

At the same time as he laid down this partly general model, Assmann identified (in accordance with Carsten Colpe) two original canonizations, namely the Buddhist and the Hebrew canons, on which all others depend.[13] This, to my mind, is a step back to what we might call a nineteenth-century

[8] For example, Bernhard Lang, "Kanon," in *Handbuch religionswissenschaftlicher Grundbegriffe* III (1993), 332–335, 332; and Gerald T. Sheppard, "Canon" *Encyclopedia of Religion;* III, ed. by Mircea Eliade (New York: Macmillan, 1987), 62–69.

[9] Jan Assmann, *Das kulturelle Gedächtnis: Schrift, Erinnerung und politische Identität in frühen Hochkulturen* (München: Beck, 1999), 103–129; Jan Assmann, *Religion und kulturelles Gedächtnis: Zehn Studien* (München: Beck, 2000), 81–100 and 124–147.

[10] Assmann speaks of *Stillegung des Traditionsstromes* and *Schließung.*

[11] Assmann, *Religion und kulturelles Gedächtnis,* 81–100.

[12] Jonathan Z. Smith has made the existence of hermeneuts a necessary by-product of canon. Their task is the adaptation of the canon to new situations without changing the canon. Jonathan Z. Smith, "Sacred Persistence: Towards a Redescription of Canon," in *Imagining Religion: From Babylon to New Jonestown,* ed. by Jonathan Z. Smith (Chicago: Chicago University Press, 1996), Ch. 3, 36–52,52.

[13] Assmann, *Religion und kulturelles Gedächtnis*, 56.

ethnographic model of definition by enumeration. On the following pages, I want to take another route, trying to understand canonization as a permanent process of the negotiation of form and content that may, but need not finally, end in the existence of a canon in the sense of an (idealized)[14] fixed and closed corpus of texts.[15] I shall develop that model after a closer look at the term charisma, the important notions of discourse, text and topos, and at the biographies of two nineteenth-century Indian saints.

b. Charisma and Charismatization

Most explorations in charisma take Max Weber's *Wirtschaft und Gesellschaft*[16] and its historical and sociological arguments as their starting point. For Weber, the term charisma refers to a quality that is *considered* extraordinary, by virtue of which a person is *rated* as being equipped with supernatural or superhuman characteristics. In this sense, the person is seen as having been sent by god or as exemplary and that is why the person is considered to be a legitimate leader.[17] In a religious context, the prophet is the ideal type of a charismatic leader, for Weber.[18] Following Hubert Seiwert's recent essay on charisma, we can understand Weber's notion of the prophet as "[…] a religious innovator who based on the power of his personal charisma proclaims a teaching that offers a new interpretation of human existence to overcome the experience of psychic, ethical, or religious distress."[19] Subsequently, the questions that most often arise are: What are extraordinary qualities? Where does a person get them from? Often, ponderings about divine inspirations, meditation, asceticism and so on will follow. Many scholars of charisma also argue that the charismatic person would have been abnormal or deviant *before* they became charismatic.[20] Following Seiwert's suggestions again, we should ask:

---

14 On the notion of canon as an ideal social concept, see Max Deeg's contribution to the present volume.

15 In regard to a great number of "proto-canonical" texts, one can speak with Angelika Malinar (see her contribution in this volume) of a *Kanonfundus*.

16 Max Weber, *Wirtschaft und Gesellschaft* (Tübingen: Mohr, ^{5}1972).

17 Weber, *Wirtschaft*, 140, my paraphrase.

18 Weber, *Wirtschaft*, 268–275.

19 Hubert Seiwert, "The Charisma of the Prophet and the Birth of Religions," in *Il Carisma Profetico: Fattore di Innovazione Religiosa*, ed. by Giovanni Filoramo (Piacenza: Morcelliana, 2003), 291–306, 294.

20 One of the most prominent representatives of such an approach is David Aberbach, *Charisma in Politics, Religion and the Media: Private Trauma, Public Ideals* (Lon-

> What is the difference between an abnormal person who has no charisma and an abnormal person who has? [...] At least for most people a charismatic prophet is just a religious eccentric, maybe a fool or mentally deranged person, or even a charlatan. For some others, however, he has charismatic authority.[21]

Seiwert then answers these questions by falling back on the rational-choice-theoretical basis presented by Rodney Stark and William Sims Bainbridge.[22] As social relationships are basically exchange relationships, we have to ask for the exchanged goods: What does the prophet have to offer (a rewarding teaching), and what does he receive (belief and affirmation)? So Seiwert concludes: "As the charisma depends on this exchange relationship, it vanishes as one side fails to contribute to it."[23]

Most approaches to charisma are restricted to the relationship between the charismatic leader and his followers, as Seiwert's is. Here, I would like to direct the reader's attention to the notions of *considering* a quality as extraordinary, and *rating* a person as possessing charisma. Weber had already included this double discursive sense in his definition of charisma. This underlines the importance of the relationship between the leader and his followers for the constitution of charismatic leadership, but it also opens up the way for processes of ascription and the negotiation of such ascription in a religious field to be included.[24] The notion of negotiation also includes the engagement of critics and competitors whose statements form the basis of debates and renewed or even reinforced arguments on the legitimacy of the charismatic leader. Of course, the qualities that are considered extraordinary have to be located from within the respective discourse, but this is only the first step. In my own research, I have found it primarily necessary first of all to reconstruct the surroundings (or contexts, or networks) in which the protagonist moved and where extraordinary qualities were ascribed to him. Social relationships, time, place and circumstances of the ascription-processes have to be made obvious. As a result, the central question that guided my research observations

don: Macmillan, 1996).

21 Seiwert, "The Charisma of the Prophet," 299.

22 Rodney Stark, William S. Bainbridge, *A Theory of Religion* (New Brunswick: Rutgers University Press, 1996).

23 Seiwert, "The Charisma of the Prophet", 302.

24 The most prominent proponent of the notion of a religious field is, of course, Pierre Bourdieu, *Das religiöse Feld: Texte zur Ökonomie des Heilsgeschehens* (Konstanz: UVK, 2000). See, for a more recent application and extension of this approach, Werner Schiffauer, *Die Gottesmänner: Türkische Islamisten in Deutschland* (Frankfurt/Main: Suhrkamp, 2000), esp. 315–331.

was multifaceted: "When does anyone ascribe whatever to whom, under which circumstances, and with whom does that person have what kind of social relationship?"[25]

In my search for answers, Werner Schiffauer's idea of religion as an open discursive field served me as a basic guideline, for in this approach, constancy, rather than change, in the religious field becomes the explanandum. How do enduring elements develop in a field that is distinguished by constant shifts?[26]

> A discursive field is an arena wherein diverse actors settle symbolic fights. A religious community is thus conceived of less as a group sharing a common system of symbols, but as an open network of ever regrouping believers in which interpretations and meanings are debated.[27]

These debates, Schiffauer continues, are fought by the actors (Weber's and Bourdieu's religious specialists) with the help of three ideal-typical practices, namely of representation, symbolic fight, and manipulation of the social public.[28] With this approach, we can better understand and explain breaks and inconsistencies in the religious field, as interaction and communication in it do not necessarily imply that the actors understand each other. The relationship between understanding and (intentional or non-intentional) misunderstandings is of decisive importance in the analysis of a discursive field.[29] This finally leads to a further premise for my study: actors (as Vivekānanda) act within open, dynamic discursive fields that influence each other and cannot be regarded as static entities.[30] Again, this leads to the demand for a deeper exploration into the discursive surroundings of an actor, in this case of a charismatic person.

2. Method: Discourse, Text, Topos and Their Analysis

When we analyse historical charismatic personalities, the first question has to be directed to the way how we can approach them. What are our sources? How can they be arranged? How are they to be evaluated relative to each other? How did/do they influence each other? Only then can

[25] See Neubert, *Charisma und soziale Dynamik,* 29.
[26] Schiffauer, *Die Gottesmänner*, 323, my paraphrase.
[27] Schiffauer, *Die Gottesmänner*, 320, my translation.
[28] Schiffauer, *Die Gottesmänner*, 321–322.
[29] Schiffauer, *Die Gottesmänner*, 324, my paraphrase.
[30] Neubert, *Charisma und soziale Dynamik*, 30.

we ask: What can we learn from them about our 'object'? During my investigation of Rāmakṛṣṇa's and Vivekānanda's *charismata*, the terms *discourse, text* and *topos* proved to be helpful. That is why I shall explain my understanding of these terms briefly before I come to describe how they helped me in finding a way through the biographies of these two nineteenth-century Indian Saints.[31]

Access to knowledge about charismatic persons becomes available in *texts* in the widest sense of the term, including written, oral, pictorial and other representations. In their structure, argumentation and contents, texts follow models and norms that are prescribed by and revealed through the kind of the text, its time and place, the social context in which or for which the text was created, and so on. Scholarly texts portray a matter in different ways, following rules other than those employed by journalistic or aesthetical texts. Again, academic texts of the late nineteenth century are different from those of the late twentieth. This is not just a matter of progress in knowledge. Thus, the structure and contents of a text depend on the discursive surroundings in which the texts are being written, read, portrayed and displayed. In the vocabulary adopted here, texts dedicated to one and the same topic form a *discourse*.[32] Consequently I understand at the outset of my study that scholarly, hagiographic, polemic and other texts on Vivekānanda[33] belong to the same discourse without any difference. This offers the great advantage that it is possible as a result to gain a different view and interpretation of the elements within the discourse, namely, of the texts and the representations transferred by them. It is these representations that I call *topoi*. They are elements of discourses that occur with varying frequency. Topoi that are especially frequent

---

[31] The following remarks are based on Ch. 3 "Vorverständnisse und Methode", pp.28–34, of Neubert, *Charisma und soziale Dynamik*.

[32] My definition, thus, roughly corresponds with the first thesis that he himself rejects in his reflections on what constitutes a discourse in the *Archaeology of Knowledge*. Michel Foucault, *Archäologie des Wissens* (Frankfurt/Main: Suhrkamp, ^{8}1997), 49–51; 49: "Statements different in form, and dispersed in time, form a group if they refer to one and the same object." (English version at www. thefoucauldian.co.uk/ archaeology.htm on July 16th, 2006.)

[33] This may also include texts that only mention Vivekānanda *en passant*. "Discourse" is no more than an analytical category. Thus, texts that deal primarily with, say, the Indian National Congress may be considered part of "my" Vivekānanda-discourse. Put the other way round, texts on Vivekānanda can, of course, also be analysed as belonging to other discourses (e.g. on Vedānta, or rationalism, or Rāmakṛṣṇa) in the sense defined above.

and that are repeated (nearly) ubiquitously in a discourse, I call *powerful* topoi, because they most often have a seemingly obligatory[34] character – empirically, nearly everyone who is part of the discourse makes use of these topoi. They are rarely, if ever, questioned critically. Powerful topoi relate, in a special way, to what I call canonization. Though it may already be rather obvious, their relationship will have to be explained in the concluding section of this paper.

Furthermore, topoi can be "real" or have a real core, but they can also be (freely) invented. Thus, a topos as such does not necessarily contain any information about historical "reality". Rather, a kind of philological work needs to be done. It is necessary to trace the topoi down through the history of the discourse and to find out how a specific topos was included into it. Several questions have to be answered: Which function does the topos have in the discourse? Under what circumstances did it develop and become powerful? Who had influence on its form, structure, contents and dissemination? Only with answers to these kind of questions can we hope to find access to the topos' "contents". On the one hand, it is but a rare but lucky case when we can discover statements related to the historical validity of a topos, since we rarely have sufficient sources. Some of the topoi about Vivekānanda can, after all, be analysed in a way that allows for access to historical "facts", as I will show below. On the other hand, we may find that a topos arose some time after the person's death. Then, it is not possible to make statements about the person, but we can very well analyse the development of the respective discourse.[35]

In the following passages I shall demonstrate how I have employed these preoccupations and method in studying the two examples of Rāmakṛṣṇa as Advaitin and/or Tāntrika and of Vivekānanda's mission to the World's Parliament of Religions.

---

[34] In using this term, I have the respective Durkheimian notion in mind. See Émile Durkheim, *Les règles de la méthode sociologique* (Paris: Presses Universitaires de France, 1895), where being obligatory is the central character of social facts.

[35] However, this does not mean, that the topos has an unreal content. We just cannot make statements about "reality" in that case.

3. Biographies

a. Rāmakṛṣṇa – Advaitin and/or Tantric?

Śrī Rāmakṛṣṇa, born Gadādhar Chattopādhyāya in 1836 in a Bengali village, has until recently been categorized twofold, namely as a folk-religious saint and mystic and as a proponent of Advaita Vedānta. It is this division of Rāmakṛṣṇa's personality that I want to examine in this section of my paper.

First of all, what are our sources for knowledge about this widely worshipped but contested saint of nineteenth-century Bengal? To be honest, the sources present us with major difficulties. The dominant text is the *Gospel of Ramakrishna*, which was published in five sequential volumes between 1905 and 1935, i.e. the first volume appearing about twenty years after the saint had died (1886). Although some of the tales and accounts contained in the first volume had already appeared shortly after Rāmakṛṣṇa's death, questions of authenticity remain that will never be fully cleared up. This is all the more valid for the subsequent volumes, each being ordered chronologically accounting for his biography from the 1870s to 1886. Furthermore, a secret doctrine is mentioned in the first, outlined in the third and presented in its full text only in the fifth volume. All of these as well as some other facts let me doubt the authenticity of the texts as concerns the "real" words of Rāmakṛṣṇa. Further limitations of the reliability of the *Gospel* will become clear below. However, it is the only source we have that a least claims to present the original words of Rāmakṛṣṇa.

One of the first scholarly biographies of Rāmakṛṣṇa was written by Friedrich Max Müller, and depends on an account by Vivekānanda, who had a great interest in drawing a very special image of his master, as we shall presently see. Müller, who was deeply impressed by what he had heard of Rāmakṛṣṇa, asked Vivekānanda for a longer biographical account on which he would later base his own biographical work.[36] All fur-

[36] Of course, Müller did not trust Vivekānanda's account in all its details, but rather started a kind of "demythologisation" which he judged necessary. He wrote: "I had made it as clear as possible to Vivekananda that the accounts hitherto published of his Master, however edifying they may be to his followers, would sound perfectly absurd to European students, that stories of miraculous events in childhood, of apparitions of goddesses (*devi*) communicating to the Sannyasin a knowledge of languages and literatures which, as we know, he never possessed in real life, would simply be thrown away on us poor unbelievers, and that descriptions of miracles performed

ther biographies of Rāmakṛṣṇa, including my own assessment, are based on the *Gospel* and on Vivekānanda's account as mediated through Max Müller. Understandably, then, these biographies are correspondingly diverse, as the basic resource material allows for very divergent interpretations, starting from the mystic saint and ending with the sexually deranged madman.[37] This, seemingly, is a characteristic of canon: one text serves as the basis for hermeneutic debate and contrary interpretations, and in so doing it most often serves as the core of what I call a discourse in great parts of which the text is regarded to be an unchangeable entity. Until the present day, diverse authorities (religious, psychological, historical, sociological) have claimed to present the "true interpretation". These authorities have always been debating their interpretations and fighting for a certain supremacy in the discourse about Rāmakṛṣṇa.

Now for a short account of Rāmakṛṣṇa's biography: Born in 1836 in a small Bengali village, he followed his elder brother to Calcutta after his father's death. He assisted in his brother's Sanskrit school, and later on served also as a temple priest at the newly established Kālī-temple in Dakshineswar, whose donor was a low-caste widow. After his brother's death, Gadādhar took over his work and established a mystical relationship with the temple's goddess. His ecstatic experiences made him famous in Bengal and beyond, and brought numbers of pilgrims to the temple. Two wandering ascetics (one female) introduced him to tantric and śāktic mystical (including erotic?) practices. Disciples and close friends introduced him to Islam and Christianity. The way to the mystical experiences that followed such studies, as it is usually described, was this: He asked the goddess for permission, separated from her for the duration of his studentship to place himself in the service of his temporary new guru,

by the Saint, however well authenticated, would produce the very opposite effect of what they were intended for. Vivekananda himself is a man who knows England and America well, and perfectly understood what I meant" (p. 105–106). Nevertheless, Müller relied on Vivekānanda's account of Rāmakṛṣṇa as being an Advaita-Vedāntin. Friedrich Max Müller, *Rāmakrishna: His Life and Sayings* (London: Longmans and Green, 1916).

37 Sil brings the latter to a climax when he writes of Rāmakṛṣṇa's "intestinal as well as verbal diarrhoea", Narasingha P. Sil, *Rāmakṛṣṇa Paramahaṃsa: A Psychological Profile* (Leiden: Brill, 1991), 5. Kripal analysed Rāmakṛṣṇa's "mystico-erotic energies that he neither fully accepted nor understood." Jeffrey J. Kripal, *Kālī's Child: The Mystical and the Erotic in the Life and Teachings of Ramakrishna* (Chicago: Chicago University Press, 1995), 4.

and then emancipated himself from him to come back to Kālī.[38] During this period, Rāmakṛṣṇa is also said to have experienced mystical unifications with Muhammad, Jesus and Mary in the same way. On this path he is said to have developed his "advaitic" ideas of the unity of all religions. Rāmakṛṣṇa attracted a number of disciples beginning in the late 1860s, who formed a loose but identifiable group by the late 1870s. From 1875 onwards, members of the Brāhmo Samāj became attracted to the temple. In that year, Rāmakṛṣṇa had met Keshub Chandra Sen who invited him to a number of Brahmo events. Rāmakṛṣṇa became the guru of the loosely formed group of disciples. In 1886, Rāmakṛṣṇa died from throat-cancer, after he had become famous all over India partly through the mediation of the Brāhmo Samāj.

This is the skeleton of the biographical account. What is of interest to us here is the topos of Rāmakṛṣṇa being categorized as Advaitin in the philosophical sense of Śaṅkara. Two factors have mainly contributed to this "historically untenable"[39] thesis which is, nevertheless, nearly ubiquitous in the discourse about Rāmakṛṣṇa.

First, Rāmakṛṣṇa played an important role in the development of the Brāhmo Samāj since 1875. In that year, Keshub Chandra Sen, the most prominent figure in the Samāj since the early 1860s, had come in contact with him and was deeply impressed by his religiosity. He invited Rāmakṛṣṇa to meetings of the Samāj where the latter had mystical experiences and thus attracted students to the Dakshineswar temple. In this way, Rāmakṛṣṇa was one of the main factors that led to the reorientation of many Brāhmos to what was understood to be traditional Hinduism. On the other hand, the Brāhmo Samāj was also responsible for a great deal of Rāmakṛṣṇa's fame in India, since many Indian newspapers and journals were published and disseminated by the Samāj. In addition, the Samāj was an elite movement, maintained by intellectuals and students who were mostly influenced by Rammohan Roy's, Debendranāth Tagore's and Keshub's ideas of "true" Indian religion and philosophy, namely, Advaita Vedānta. On the other hand, idolatry and mysticism were the main aims of the Samāj's attacks on the "desolate state of Hinduism". Rāmakṛṣṇa's attractiveness to the Samāj could therefore only be justified if it was pos-

[38] See Hans-Peter Müller, *Die Rāmakrishna-Bewegung: Studien zu ihrer Entstehung, Verbreitung und Gestalt* (Gütersloh: Gütersloher Verlagshaus Mohn, 1986), 25.

[39] Rolf Schneiter, *Rāmprasād Sen und Śrī Rāmakrishna Paramahaṃsa (1836–1886): Eine religionshistorische Untersuchung zur Beziehung von Tradition und integraler Erfahrung* (Bern: Lang, 1986), 154–155.

sible to present him as a non-educated, but nonetheless ingenious and original, Advaitic thinker rather than a mystic and tantric saint.

Secondly, Vivekānanda founded his movement, the Ramakrishna Math and Mission, with reference to the name of the Saint. Starting in the mid-1890s, he presented Rāmakṛṣṇa in his lectures in the West. As a Western-educated Indian intellectual, Vivekānanda knew the representations of Hinduism in America and Europe. He knew that śāktic and tantric practices were notorious in the eyes of Christian missionaries, orientalists and, through their mediation, of a wider public. They were considered the dark and primitive side of Hinduism that was to be overcome with the help of British Dominance and empirical sciences. In the circles where it was studied (mainly, though not exclusively, by intellectuals, artists, and scholars), Hinduism was reputed for its long tradition of philosophy and wisdom – as represented by Advaita Vedānta. Consequently, a presentation of Rāmakṛṣṇa as a tāntrika and śākta could only have failed in such an environment, and Vivekānanda fully knew that this was the case.[40]

Viewed from another angle, Rāmakṛṣṇa has been continually worshipped in the Dakshineswar temple even to this day as a folk-religious saint and mystic. As a result, we have to deal with at least two images of Rāmakṛṣṇa – the Advaitin and the Tāntrika.[41] From a historical point of view, the latter seems to be the "more correct" one, even the more since we can demonstrate the reasons for the overemphasis of the former. Nevertheless, in the respective layers of the discourse, both images are, in a sense, canonical. They are fixed, unavoidable, obligatory, and therefore powerful topoi.

b. Vivekānanda – "Missionary" to the World's Parliament of Religions?

In the case of Svāmī Vivekānanda's participation in the World's Parliament of Religions in Chicago, 1893, we can see very clearly how a certain topos enters a discourse, spreads, and becomes canonical in the end. In this case, I will show that the contents of the topos is historically unten-

---

[40] This is also one of the main arguments in Kripal's book on Rāmakṛṣṇa (Kripal, *Kālī's Child*). See also Schneiter, *Rāmprasād Sen*, 154 and 173–174.

[41] This double image can be seen as a major reason for the success of the Ramakrishna movement. By referring to his master in this manner, Vivekānanda not only appealed to Indian intellectuals and Western followers, but also to the masses that worshipped Rāmakṛṣṇa as a folk-religious saint. See Partha Chatterjee, "A Religion of Urban Domesticity: Sri Ramakrishna and the Calcutta Middle Class," *Subaltern Studies* VII (1992): 40–68.

able. This leads us to the conclusion that it is not historical reliability which is paramount in the canonization processes. We have to find other sources that give topoi the power to influence whole discourses.

First of all, following the method outlined above, some remarks on the sources are adequate. The situation is much better than in the case of Rāmakṛṣṇa. We have written sources (letters, speeches, essays) that have been published with enough care to make them reliable.[42] However, there are two problems within them that make one work a little harder. First, the texts are presented in chronological order only in the separate volumes. This is to be attributed to the fact that a new volume was always published as soon as enough new material had been brought to the attention of the editors from the Advaita Ashrama. Secondly, a number of letters and texts seem to have been abridged or slightly altered by the editors. Neither the kind of alteration nor the reasons for doing so have been made sufficiently obvious.[43] On the other hand, these volumes have the great advantage of being published with rather large and helpful indices. A second major source of primary knowledge is Mary Burke's voluminous description of Vivekānanda's travels in the West, added to an extensive edition of primary sources (newspaper-articles, photographs, and other materials).[44] Third, there is Shankari P. Basu's edition of the articles on Vivekānanda in Indian newspapers and periodicals, starting in 1893.[45] Fourth, in *The Life of Swami Vivekananda* (henceforth LSV), Vivekānanda's close disciples compiled an extensive bio-hagiography a few years after his death.[46] All in all, our source material for an analysis of the early discourse about Vivekānanda is outstandingly good.

Now I will present a short biographic skeleton. I shall leave out many important details and concentrate on what is of particular interest for my

---

[42] Swami Vivekananda, *The Complete Works of Swami Vivekananda*, 9 vols. [21st reprint, 1. ed. 1965, vol. 9 1999] (Calcutta: Advaita Ashrama, 1995).

[43] See on this problem Makarand Paranjape, "*Re*presenting Swami Vivekananda: Some Issues and Debates," *The Cyclonic Swami: Vivekānanda in the West*, ed. by Sukalyan Sengupta and Makarand Paranjape (New Delhi: Samvad India Foundation, 2005), 39–63.

[44] Mary L. Burke, *Swami Vivekananda in the West: New Discoveries*. 7 vols. [1st ed. 1958] (Calcutta: Advaita Ashrama, 41992).

[45] Shankari P. Basu,ed., *Vivekananda in Indian Newspapers 1893–1902: Extracts from twenty-two Indian Newspapers and Periodicals* (Calcutta: Ramakrishna Math, 1969).

[46] Eastern and Western Disciples, *The Life of Swami Vivekananda*. 2 vols. [1. ed. 1912] (Kolkata: Advaita Ashrama, 61992).

present purposes. Narendranāth Datta was born in 1863 in Calcutta to a more traditionally Indian mother and a Western-educated father. As a result, he experienced inner conflicts similar to those of many of his intellectual contemporaries. These conflicts can be regarded as a kind of guiding line through his biography.[47] The search for a solution later influenced him in developing his famous interpretation of the dichotomy of spiritual India versus the social/wealthy West. Narendra was brought up in British and missionary controlled schools, and started to study legal sciences in Calcutta. He became a member of the Brāhmo Samāj, as did many of his fellow students, and of freemasonry. In the latter, it is said that he underwent the three stages of initiation in short succession within three months.[48] In the Brāhmo Samāj, Keshub Chandra Sen became his mentor. Meanwhile, he engaged in studies of Western philosophy. In a course on Western literature, his attention was drawn to Rāmakṛṣṇa. The saint was introduced by Reverend William Hastie as a model for ecstasies as described in the poems of Wordsworth. Consequently, the first meetings between the two men were rather ambiguous. Narendra did not know what to make of the strange saint, but he attained special spiritual experiences after being touched by Rāmakṛṣṇa. The sources describe these encounters with a dichotomy of attraction and repulsion. It was only after Keshub's and his father's deaths in 1884 that Narendra established a closer guru-śiṣya relation with the temple priest at Dakshineswar. He ascended to become the master's favourite disciple. Shortly after Rāmakṛṣṇa had died in 1886, Narendra and a number of his co-disciples founded a small order called the Ramakrishna Math by performing a controversial self-initiation.[49] The task of the order was mainly to worship Rāmakṛṣṇa and his widow Śāradā Devī, who would later play an important role in establishing and maintaining the Ramakrishna Mission's charitable branches. The young monks adopted new names, thus Narendranāth Datta first became Sacchidānanda, and a few years later changed his name again

[47] Similarly, the topos of a conflict between traditional and westernized upbringing plays an important role in the biographies of a great number of Indian intellectuals in the 19th century, for example Rammohan Roy, the Tagores, or Keshub Chandra Sen.

[48] This can well be understood as a topos underlining Vivekānanda's spiritual achievement already in his youth. This, however, is not equivalent to saying that the topos' content was invented.

[49] Additionally it is said that Rāmakṛṣṇa himself initiated a few disciples to be ascetic monks. This is the more controversial. On this issue, see Müller, *Die Rāmakrishna-Bewegung*, 60–62; Neubert, *Charisma und soziale Dynamik*, 67–69. On the self-initiation of the young monks, see Neubert, *Charisma und soziale Dynamik*, 86.

to Svāmī Vivekānanda. Beginning in 1888/89 he travelled through India and studied with various different gurus. He got to know the misery of the Indian people during his travels, and conceived of his plan for a fruitful exchange between India and the West. While India could teach the West spirituality, it could learn from there how to build a functional and wealthy society. Therefore, he planned to travel to the U.S. to learn more about "Western" social life. Wealthy friends (Alasinga Perumal in Madras, the Mahārājas of Khetri and Mysore as well as others) supported him financially, and in May 1893 Vivekānanda departed from Bombay via South-East and East Asia to visit America. He travelled to Chicago, were the World Exhibition took place, and there took part in the World's Parliament of Religions in September 1893.[50] This was his breakthrough. He became famous right after his first speech, and his fame spread not only throughout America and Europe, but also within India. During his years in the USA and in Europe, he was a sought-for speaker presenting countless lectures, mainly on Indian religion and philosophy. His well-known books on the different Yogas and on Vedānta are all based on these series of lectures. In 1897 he returned to India, having already become famous. He was received with great pomp in many Indian cities. In May of that year, he founded the Ramakrishna Mission after he had revived[51] the Math in letters from America. His original plan was to found an organisation in Madras, but after some difficulties there,[52] he "used" the old ties of his youth and the reputation of Rāmakṛṣṇa to extend the potential social capital[53] for the Mission. Vivekānanda became the first president of the Ramakrishna Math and Mission. He undertook a second tour of America and Europe in 1899. After his return, Vivekānanda retired from all the positions he held, and died in 1902 at the age of 39.

[50] For a deeper analysis of the WPR, see Dorothea Lüddeckens, *Das Weltparlament der Religionen von 1893: Strukturen religiöser Begegnung im 19. Jahrhundert* (Berlin: de Gruyter, 2002).

[51] It is not sure what the state of the order was like in the years between 1890 and 1894. Some speak of a serious break in the *math*, others of slight disagreements among its members that led to a period of silence.

[52] One of these difficulties was the presence of the Theosopical Society's headquarters in Madras. Vivekānanda had for various reasons become critical of the TS during his stay in Chicago.

[53] The term capital, of course, derives from Pierre Bourdieu, "Ökonomisches Kapital – Kulturelles Kapital – Soziales Kapital", in *Die verborgenen Mechanismen der Macht: Schriften zu Politik und Kultur* 1, ed. by Margareta Steinrücke (Hamburg: VSA-Verlag, 1992), 49–79. See Neubert, *Charisma und soziale Dynamik*, 153–158.

I shall concentrate here on a point that seems secondary when it is first considered, but is central in virtually all biographical and hagiographical works on Vivekānanda. I mean his "mission" to the World's Parliament of Religions (henceforth WPR) in Chicago.[54] What is the general concept here? Most biographies speak of Vivekānanda as having been sent to the WPR by his South Indian friends and mentors. This statement is nearly ubiquitously repeated, and rarely if ever questioned, in the discourse about Vivekānanda. In cases where it does not appear, the issue is completely omitted, and the account only stresses Vivekānanda's glorious performance on the stage set by the WPR. The only critical note on this event that I know of is Satindra M. Chatterjee's statement that "To present Hinduism [in the WPR, F.N.] was perhaps not his objective, certainly not a primary one. It circumstantially developed to be a vital factor in his enterprise in America."[55] More radical than this author, it is possible to show that Vivekānanda was not sent by anyone at all, that he probably did not know of the WPR before he came to Chicago, and that he took part in it because of a number of lucky circumstances. Furthermore, I can show how, when and why this topos of Vivekānanda's mission to the WPR entered the discourse.

In the *Life of Swami Vivekananda*, the topic is rather shortly dismissed with the statement that Vivekānanda said to one of his co-disciples "Haribhai, I am going to America. Whatever you hear of as happening there [meaning preparations for the Parliament of Religions], it is all for this [striking on his own chest]. For this [me] alone everything is being arranged."[56] This, of course, is more suggestive than helpful. More interesting is what one discovers by reading Vivekānanda's letters from the time before his departure and before the WPR. In February 1893, three months before his departure, he wrote to the Mahārāja of Khetri, introducing his friend and donor Alasinga Perumal:

> Here is a zamindar of Ramnath, now staying in Madras. He is going to send me over to Europe and, as you are already aware of, I have a great mind to see those places. So

[54] The following passages are drawn from Neubert, *Charisma und soziale Dynamik*, 104–113.

[55] Satindra M. Chatterjee, "Swami Vivekananda and the Ramakrishna Order", in *Political Thinkers of Modern India; Vol. 24: Swami Vivekananda*, ed. by Verinder Grover (New Delhi: Deep & Deep, 1993), 353–445, 375.

[56] Eastern and Western Disciples, *Life of Swami Vivekananda*, 1, 378; the brackets are in the original.

> I have determined to take this opportunity of making a tour in Europe and America. [...] I only want to make a short tour in those places.[57]

There is here no mention of the WPR, not even very much about the U.S. If it were true that Vivekānanda had conceived of his participation already in 1892 while meditating in South India, this plan would be expected to be evident in such a letter. He first mentioned the WPR in a letter written on August 20, 1893. His Chicago acquaintances, he reports, had invited him to participate in the WPR, but he refused because the expenses involved were too high.[58] From a letter written six weeks after the WPR, we learn why he was enabled at last to participate: Prof. Wright, a Harvard classicist and hobby-orientalist, "undertook to arrange everything", and Vivekānanda "eventually came back to Chicago".[59] What had happened? Vivekānanda had come to Chicago, and had soon attracted the attention of people interested in the orient and its religions. But because of financial difficulties (he had already written to India for additional support), he preferred going to Boston were the costs of living were cheaper. On his way there, he met Miss Kate Sanborn, who invited him to her farm where he stayed and then got to know a number of people interested in oriental religion and philosophy (strongly influenced by the American transcendentalists Emerson, Thoreau, Sanborn et al.), among them Prof. Wright.[60] They sent him back to Chicago, as we know now, and supported him financially. If all that is true – and the sources to my mind allow only this interpretation – where then did the idea of a delegation from India come from? Why did it flourish and become so powerful in the discourse? The answer is to be found in a number of diverse but interrelated factors. First of all, the WPR organizers had in mind to bring together representatives of the major world religions. Therefore, they had in advance sent inquiries for appropriate candidates to religious authorities throughout the world. Later, they followed these up with invitations

[57] Vivekananda, letter to the Mahārāja of Khetri, Feb 15, 1893, http://www.ramakrishnavivekananda.info/Vivekananda/unpublished, (accessed August 12, 2004).

[58] Vivekananda, letter to Alasinga Perumal, Aug 20, 1893, in: Vivekananda, *Complete Works*, 5, 18.

[59] Vivekananda, letter to Alasinga Perumal, Nov 11, 1893, in: Vivekananda, *Complete Works*, 5, 20.

[60] Carl T. Jackson, "Turning East: American Interest in Asian Religions since the 1890s," in *The Cyclonic Swami: Vivekānanda in the West*, ed. by Sukalyan Sengupta and Makarand Paranjape (New Delhi: Samvad India Foundation, 2005), 64–73, gives an overview of the growing American interest in Asian religions in the 19th century.

to the future participants. Thus, all speakers were "legitimized". Yet this was not the case with Vivekānanda. This fact was used by others, esp. Theosophists[61] and Brāhmos who took part in the WPR, who tried to discredit Vivekānanda as an illegitimate representative. From his letters to American friends it becomes apparent that some of them later disassociated from him because of the reproaches against him. This caused him to write to his Indian friends. He asked them to hold a meeting and pass a resolution which should state that Vivekānanda was sent by the Hindus of Madras and Calcutta, and that he fulfilled their mission most satisfactorily.

> One thing is to be done if you can do it. Can you convene a big meeting in Madras, getting Ramnad or any such big fellow as the President, and pass a resolution of your entire satisfaction at my representation of Hinduism here, and send it to the *Chicago Herald, Inter-Ocean*, and the *New York Sun*, and the *Commercial Advertiser* of Detroit (Michigan). [...] Send copies to Dr. Barrows, Chairman of the Parliament of Religions, Chicago. [...] Try to make this meeting as big as possible. Get hold of all the big bugs who must join it for their religion and country. Try to get a letter from the Mysore Maharaja and the Dewan approving the meeting and its purpose – so of Khetri – in fact, as big and noisy a crowd as you can.[62]

In spite of some problems with the resolutions, they were passed in 1895 and sent to America where they were published in newspapers. Therefore, it can be justifiably concluded that the idea of Vivekānanda's mission to the WPR was introduced into the discourse by Vivekānanda himself. In interviews held in London in 1896, he stated that he had been sent from Madras. Of course, the maintenance of this topos conferred to Vivekānanda the legitimacy he needed to be recognized as a representative of Hinduism. Later, it became a vital factor in this discourse. The topos was again and again repeated and even extended to include other factors. Not only had Vivekānanda been sent to Chicago, but he had even conceived of the plan while meditating at Kanyakumari. This can also be seen in 20th and 21st century representations, for example, in hagiographic comic books.[63]

---

61 Vivekānanda's relationship to the Theosophists has been analysed by William W. Emilsen, "Vivekananda and the Theosophists," *Journal of Indian History* 62 (1984): 199–216.

62 Vivekananda, letter to Alasinga Perumal, April 9, 1894, in: Vivekananda, *Complete Works*, 5, 31–32.

63 On the general topic of comics as new forms of hagiography, see Christoph Kleine, "Vom Heiligen zum Comic-Helden: Hagiographie und die Suche nach dem adäquaten Medium," unpublished lecture at the DVRG-conference, Leipzig 2001. A comic

c. Summary

Several other topoi in the discourses about Rāmakṛṣṇa and Vivekānanda could be analysed in a similar way. This is especially so for the latter, since the sources are comparatively more accessible and reliable. For example, R. Chattopadhyaya and M. Paranjape have undertaken similar tasks for specific topoi.[64]

Speaking summarily: All these topoi occur in discourses as we find them today. What we can and should do is analyse the emergence and development of these topoi. With regard to the two cases presented here, we still need to look briefly at the present state of these discourses, for in the discourses on Rāmakṛṣṇa and Vivekānanda, some topoi have already become fixed and are close to what we could call canonical. Other topoi, however, are still debated and will probably remain unstable. Nevertheless, by examining these two cases, we have identified three important factors for any process of canonization. First, we have discovered a new approach to written texts that were compiled shortly after the deaths of the protagonists: Topoi – historically "real" or not – that were created in their lifetimes have found their ways into these texts. Other topoi have also been added to these discourses at a later time. Secondly, we have an organisation, the Ramakrishna Math and Mission that controls the texts and their interpretation in a specific sector of the discourses, namely, among believers. Thirdly, we can follow processes of the negotiation of specific topoi, and thus of the contents of the texts. Thus, we have both the text, as a result of processes of negotiation, and an organisation controlling the text and thus taking power in the negotiation processes as major factors in the process of canonization. However, we cannot speak of a canon in the sense that the term is commonly used for the Hebrew or Pali scriptures – questionable as this usage of the term may be. In my view, what we can see here is the early stages of the making of a canon. They do not have to lead to the creation of "a canon", since this process could also fail. Nevertheless, I think that it is appropriate to speak of "canonized topoi". That is, those topoi that are used to elevate the "charisma" of the key actors before their believers.

---

book on Vivekānanda is Amar Chitra Katha 517. For a short analysis, see Neubert, *Charisma und soziale Dynamik*, 146–148.

64 Rajagopal Chattopadhyaya, *Swami Vivekananda in India: A Corrective Biography* (Delhi: Motilal Banarsidass, 1999); Paranjape, "*Re*presenting Swami Vivekananda".

4. Conclusion

What does all this say about the general topic of our volume? Obviously, it has only little to do with the concept of canon in the traditional or current sense of the term. But as I have tried to show here, it has more to do with the process of canonization, which we can observe here at an early stage of development. I shall lay out before the reader these claims in the form of a few theses. In this process, I will use terminology drawn from the discussion on canon and canonization.

1. Before a canonical text is generated, its content is defined in a respective discourse. This happens in constant debate within a field, in which different actors with different goals and interests struggle over the interpretation and meaning of various objects, symbols, and events. Such a field is structured horizontally and vertically. Different participants bring forth various kinds of alterations and exert differing grades of influence on its development. In the case of the topos of Vivekānanda's mission, the most influential person was Vivekānanda himself, even if we can show the discursive necessities that led to its creation. Later on, the topos was included in his official biography by other powerful actors, namely, the governing body and Swamis of the Ramakrishna Math and Mission, as well as Western writers and scholars. In order to give a more complete analysis, one would have to render an exploration into the reasons for their assuming a powerful role for the course of the discourse.

2. Whether or not a topos is included in a written text or in a canonical tradition is not so much dependant on "historical facticity" than on the influence of actors on the discourse, wherever it comes up and is perpetuated. We need to ask: what position do the proponents of the topos have in the discourse? Which external factors mark their influence on it? For instance, politically or economically powerful actors may exert greater influence on a discourse than do scholars, or vice versa, depending on the implicit rules that govern the development of the respective (section of the) discourse.

3. As a result of my research, I would take the term "canonization" to denote a permanently continuing process of negotiation and assertion of specific positions of power in a discourse. If it is not restricted to written "textualization", it can be seen as an appropriate category for understanding how certain claims about reality and history (as well as various

norms[65]), get fixed in a discourse, community and/or society. This process may or may not lead to the establishment of a "canon" in the sense of an ideally, but illusively, stable text or corpus of texts.

4. As I said in the beginning, I regard the processes of "canonization" and "charismatization" to be closely intertwined. Now I can formulate it more precisely: If charisma, as stated above, is a discursive concept referring to ascribed extraordinary characteristics of a thing or person, then charismatization can be regarded as essentially implying the canonization of topoi that present extraordinary qualities.

5. By viewing recent and current developments in the discourses on Rāmakṛṣṇa and Vivekānanda as early stages of two different canonization processes, we may also learn about the generation of ancient canonical traditions. To understand those, it may be helpful to regard the canonization of particular topoi preserved in them. Why, how, when and by whom were they included in the discourses that were later on consolidated into a written form, becoming "fixed" and "closed"? Which structures of power and influence made their impact on them?

6. Finally, one question arises that cannot be answered here: should we not analyse the notions of a text being "fixed" and "closed" as topoi in the discourse about "canonical texts" and "sacred scriptures"? For even if we can historically show that texts and collections of texts have never been closed and fixed, these topoi are nevertheless powerful in so-called "emic" as well as "etic" discourses.

References

Aberbach, David. *Charisma in Politics, Religion and the Media: Private Trauma, Public Ideals.* London: Macmillan, 1996.

Assmann, Jan. *Das kulturelle Gedächtnis: Schrift, Erinnerung und politische Identität in frühen Hochkulturen.* München: Beck, 1999.

Assmann, Jan. *Religion und kulturelles Gedächtnis: Zehn Studien.* München: Beck, 2000.

Barker, Eileen. "Charismatization: The Social Production of 'an Ethos Propitious to the Mobilization of Sentiments.'" In *Secularization, Rationalism and Sectarianism: Essays in Honour of Bryan R. Wilson*, edited by Eileen Barker, James A. Beckford and

[65] On the notion of social norms in the study of religions, see Hubert Seiwert, "Kodifizierte Normen, soziale Normen und Praxis – am Beispiel des chinesischen Buddhismus," in *Im Dickicht der Gebote: Studien zur Dialektik von Norm und Praxis in der Buddhismusgeschichte Asiens*, ed. by Peter Schalk (Uppsala: Univ., 2005), 15–38.

Karel Dobbelaere, 181–201. Oxford: Oxford University Press, 1993.

Basu, Shankari P. (ed.). *Vivekananda in Indian Newspapers 1893–1902: Extracts from twenty-two Indian Newspapers and Periodicals*. Calcutta: Ramakrishna Mission, 1969.

Beckerlegge, Gwilym. *The Ramakrishna Mission: The Making of a Modern Hindu Movement*. Oxford: Oxford University Press, 2000.

Bourdieu, Pierre. "Ökonomisches Kapital – Kulturelles Kapital – Soziales Kapital." In *Die verborgenen Mechanismen der Macht: Schriften zu Politik und Kultur* 1, edited by Margareta Steinrücke, 49–79. Hamburg: VSA-Verlag, 1992.

Bourdieu, Pierre. *Das religiöse Feld: Texte zur Ökonomie des Heilsgeschehens*. Konstanz: UVK, 2000.

Burke, Mary L. *Swami Vivekananda in the West: New Discoveries*. 7 vols. [1st ed. 1958]. Calcutta: Advaita Ashrama, 41992.

Chatterjee, Partha. "A Religion of Urban Domesticity: Sri Ramakrishna and the Calcutta Middle Class." *Subaltern Studies* VII (1992): 40–68.

Chatterjee, Satindra M. "Swami Vivekananda and the Ramakrishna Order." In *Political Thinkers of Modern India, Vol. 24: Swami Vivekananda*, edited by Verinder Grover, 353–445. New Delhi: Deep & Deep, 1993.

Chattopadhyaya, Rajagopal. *Swami Vivekananda in India: A Corrective Biography*. Delhi: Motilal Banarsidass, 1999.

Dalmia, Vasudha, Angelika Malinar, and Martin Christof, eds.eds.). *Charisma and Canon: Essays on the Religious History of the Indian Subcontinent*. Oxford: Oxford University Press, 2001.

Dücker, Burckhard. [Review of] *Kanon und Theorie*, edited by M. Moog-Grünwald and *Kanon Macht Kultur – Theoretische, historische und soziale Aspekte ästhetischer Kanonbildungen*, edited by R. von Heydebrand. *Zeitschrift für Ästhetik und allgemeine Kunstwissenschaft*, 45.1 (2000): 143–159.

Durkheim, Émile. *Les règles de la méthode sociologique*. Paris: Presses Universitaires de France, 1895.

Eastern and Western Disciples. *The Life of Swami Vivekananda*. 2 vols. [1. ed. 1912]. Kolkata: Advaita Ashrama, 61992.

Emilsen, William W. "Vivekananda and the Theosophists." *Journal of Indian History* 62 (1984): 199–216.

Foucault, Michel. *Archäologie des Wissens*. Frankfurt/Main: Suhrkamp, 81997.

Hacker, Paul. "Schopenhauer und die Ethik des Hinduismus." *Saeculum* 4 (1961): 366–399.

Jackson, Carl T. *Vedanta for the West: The Ramakrishna Movement in the United States*. Bloomington: Indiana University Press, 1994.

Jackson, Carl T. "Turning East: American Interest in Asian Religions since the 1890s." In *The Cyclonic Swami: Vivekānanda in the West*, edited by Sukalyan Sengupta and Makarand Paranjape, 64–73. New Delhi: Samvad India Foundation, 2005.

Kleine, Christoph. "Vom Heiligen zum Comic-Helden.: Hagiographie und die Suche nach dem adäquaten Medium." Unpublished lecture at the DVRG-conference, Leipzig 2001.

Kripal, Jeffrey J. *Kālī's Child: The Mystical and the Erotic in the Life and Teachings of Ramakrishna*. Chicago: Chicago University Press, 1995.

Lang, Bernhard. "Kanon." In *Handbuch religionswissenschaftlicher Grundbegriffe;* III. edited by Hubert Cancik, 332–335. Stuttgart et al.: Kohlhammer, 1993.

Lüddeckens, Dorothea. *Das Weltparlament der Religionen von 1893: Strukturen religiöser Begegnung im 19. Jahrhundert*. Berlin: de Gruyter, 2002.

Müller, Friedrich Max. *Rāmakrishna: His Life and Sayings*. London: Longmans and Green, 1916.

Müller, Hans-Peter. *Die Rāmakrishna-Bewegung: Studien zu ihrer Entstehung, Verbreitung und Gestalt*. Gütersloh: Gütersloher Verlagshaus Mohn, 1986.

Neubert, Frank. *Charisma und soziale Dynamik: Religionswissenschaftliche Untersuchungen am Beispiel von Śrī Rāmakṛṣṇa und Svāmī Vivekānanda*. Aachen: Shaker, 2005.

Paranjape, Makarand. "*Re*presenting Swami Vivekananda: Some Issues and Debates." In *The Cyclonic Swami: Vivekānanda in the West*, edited by Sukalyan Sengupta and Makarand Paranjape, 39–63. New Delhi: Samvad India Foundation, 2005.

Schiffauer, Werner. *Die Gottesmänner: Türkische Islamisten in Deutschland*. Frankfurt/Main: Suhrkamp, 2000.

Schneiter, Rolf. *Rāmprasād Sen und Śrī Rāmakrishna Paramahaṃsa (1836–1886): Eine religionshistorische Untersuchung zur Beziehung von Tradition und integraler Erfahrung*. Bern: Lang, 1986.

Seiwert, Hubert. "The Charisma of the Prophet and the Birth of Religions." In *Il Carisma Profetico: Fattore di Innovazione Religiosa*, edited by Giovanni Filoramo, 291–306. Piacenza: Morcelliana, 2003.

Seiwert, Hubert. "Kodifizierte Normen, soziale Normen und Praxis – am Beispiel des chinesischen Buddhismus." *Im Dickicht der Gebote: Studien zur Dialektik von Norm und Praxis in der Buddhismusgeschichte Asiens*, edited by Peter Schalk, Uppsala: Univ., 2005, 15–38.

Sen, Amiya P. *Swami Vivekananda*. Delhi: Oxford University Press, 2000.

Sengupta, Sukalyan and Makarand Paranjape, eds. *The Cyclonic Swami: Vivekānanda in the West*. New Delhi: Samvad India Foundation, 2005.

Sheppard, Gerald T. "Canon." In *Encyclopedia of Religion;* III, edited by Mircea Eliade, 62–69. New York: Macmillan, 1987.

Sil, Narasingha P. *Rāmakṛṣṇa Paramahaṃsa: A Psychological Profile*. Leiden: Brill, 1991.

Smith, Jonathan Z. "Sacred Persistence: Towards a Redescription of Canon." In *Imagining Religion: From Babylon to New Jonestown*, edited by Jonathan Z. Smith, 36–52. Chicago: Chicago University Press, 1996.

Stark, Rodney and William S. Bainbridge. *A Theory of Religion*. New Brunswick: Rutgers University Press, 1996.

Vivekananda, Swami. *The Complete Works of Swami Vivekananda*. 9 vols. [21st reprint, 1. ed. 1965, vol. 9 1999]. Calcutta: Advaita Ashrama, 1995.

von Stietencron, Heinrich. "Charisma and Canon: The Dynamics of Legitimization and Innovation in Indian Religions." In *Charisma and Canon: Essays on the Religious History of the Indian Subcontinent*, edited by Vasudha Dalmia, Angelika Malinar and Martin Christof, 14–38. Oxford: Oxford University Press, 2001.

Weber, Max. *Wirtschaft und Gesellschaft*. Tübingen: Mohr, 51972.

Śvetāmbaras, Digambaras und die Geschichte ihres Kanons als Besitz, Verlust und Erfindung

Christoph Emmrich

In keiner religiösen Tradition Südasiens ist das Fundierende und das Prekäre des Überlieferungsprozesses kanonischer Texte so nah beieinander und gleichzeitig so sehr Teil der eigenen Überlieferung geworden wie im Jinismus. Die Geschichte ihrer Religionsgemeinschaft wird von den Jainas selber in einem ganz besonderen Masse dargestellt als Prozess des institutionalisierten Behaltens ebenso wie des an historische Begebenheiten geknüpften Verlierens der Worte Mahāvīras und seines Vorgängers Pārśva. Schismen und Neuformierungen verbinden sich mit dem Verwerfen des nur vorgeblich Erinnerten und dem Sammeln des erwiesenermaßen Authentischen als Prozess der Kanonisierung. Die Skepsis gegenüber der eigenen Überlieferung führte entweder zu Mosaiken atomisierter Bruchstücke oder zu deren Einschreibung in wachsende Kommentartexte. Dass dies auch immer ein Prozess des Schreibens neuer Texte war, soll sowohl an der Anlage der überlieferten zwölf Aṅgas der Śvetāmbaras ebenso wie an den Grundzügen des Ṣaṭkhaṇḍāgama der Digambaras verdeutlicht werden. Wie weit diese jinistische Anlage zur Selbstvergewisserung anhand des als überliefert gehandelten Wortes und zur Rechtfertigung einer auf dieser Grundlage sich entfaltenden Gelehrsamkeit sich mit dem europäischen Wunsch vertrug, in Südasien und so auch bei den Jainas etwas zu finden, was den Namen Kanon verdient, soll sich auf einem Gang entlang der gewundenen Pfade indologischer wie ethnologischer Jainaforschung, insbesondere mit Bezug auf die Beiträge von Klaus Bruhn und Kendall W. Folkert[1] zu dieser Fragestellung, zeigen.

[1] K. Bruhn, „Das Kanonproblem bei den Jainas“, in *Kanon und Zensur: Beiträge zur Archäologie der literarischen Kommunikation II,* Hg. Aleida und Jan Assmann

Max Deeg, Oliver Freiberger, Christoph Kleine (Hrsg.), *Kanonisierung und Kanonbildung in der asiatischen Religionsgeschichte.* VÖAW: Wien 2011, pp. 105–129.

Ur-Erzählung

Es gibt so etwas wie eine Ur-Erzählung des Jaina-Kanons, welche gleichzeitig eine Ur-Erzählung der Jainaforschung ist, und sie lautet, nacherzählt in meinen eigenen Worten, folgendermaßen: Es war einmal eine Hungersnot in Māgadha, in Nordost-Indien unter dem König Candragupta Maurya, und alle hungerten sehr. Auch die Jainas. Da sie vom Bettelgang und von der Unterstützung des Königs lebten, war auch ihr Leben bedroht. Um zu überleben einigten sie sich folgende Strategie: Ein Teil von ihnen würde das Land verlassen, um in einem von der Dürre nicht geplagten Land ausharren, bis die Hungersnot vorüber sei. So ging ein Teil der Jainas unter der Führung des Ältesten namens Bhadrabāhu in eine Gegend im Süden, die heute Karnataka heißt. Unterdessen verschlimmerte sich in der Heimat die Hungersnot, und immer mehr Mönche fielen ihr zum Opfer. Schließlich war die Zahl der Jainas hier so geschrumpft, dass die Gefahr bestand, auch diejenigen würden sterben, die sich an die Worte des Mahāvīra noch erinnerten. So entschied man sich, unter dem Ältesten namens Sthūlabhadra die Worte Mahāvīras zu rezitieren und zu sammeln, gemäß der überlieferten Ordnung. Als die letztendlich zwölfjährige Hungersnot schließlich vorüber war, kehrten die Exilierten unter Bhadrabāhu zurück und mussten feststellen, dass das, was die Daheimgebliebenen gesammelt hatten, alles andere war als die Worte Mahāvīras. Unglücklicherweise hatten sie selber aber versäumt, im Exil die wahren Worte Mahāvīras festzuhalten. Die Daheimgebliebenen bestanden hingegen weiterhin unverdrossen auf der Echtheit ihrer Sammlung. So gab es fortan unter den Jainas zwei Gruppen: die eine mit, die andere ohne eine Sammlung der Worte ihres großen Lehrers. Weil die ersteren sich außer einer autoritativen Textsammlung sich auch noch ungefärbte Mönchsroben zugelegt hatten, wurden sie Śvetāmbaras, die Weißgekleideten, genannt, und weil die letzteren weiterhin nichts trugen, galten sie als diejenigen, die nichts als die Himmelsrichtungen anhaben, die Digambaras. Die Śvetāmbaras, so die Ur-Erzählung, oder eine ihrer Apokryphen, weiter, produzierten ein umfangreiches Schrifttum, aufbauend auf der Sammlung der Worte Mahāvīras, das sie wiederum in einem weiteren abschließenden Treffen sammelten, der ersten Sammlung hinzufügten und als für alle Śvetāmbaras verpflichtend erklärten. Die endgültige Sammlung umfasst damit 45 Werke und ist bis zum heutigen

(München: Fink, 1987), 100–112; *Scripture and Community: Collected Essays on the Jains by Kendall W. Folkert*, Hg. J. E. Cort (Atlanta: Scholars Press, 1993).

Tag der Kanon der Śvetāmbaras. Soweit die Ur-Erzählung von Jaina-Kanon und Jaina-Forschung.

Zurückverfolgen lässt sich dieses Narrativ von europäischer Seite aus vermutlich bis zu den Begegnungen Georg Bühlers[2] mit seinen jinistischen Gesprächspartnern in Nordwestindien, wo der deutsche Indologe in den siebziger Jahren des 19. Jahrhunderts unter anderem Jaina-Handschriften sammelte, um sie nach Berlin schicken. Weiter wissenschaftsgeschichtlich bedeutsam wurde das Narrativ dann im Laufe der sich daran anschließenden Transaktionen zwischen Bühler und Albrecht Weber, der in der dortigen Staatsbibliothek das Material sammelte und auf dessen Grundlage 1883 bis 1885 seine kleine Literaturgeschichte in zwei Teilen „Über die heiligen Schriften der Jainas" schrieb, wo die Erzählung sich dokumentiert findet.[3] Eine Ur-Erzählung ist diese Geschichte vom Jaina-Kanon insofern, als sie seitdem vielfach ab- und fortgeschrieben wurde und so vorgeschrieben hat, wie über viele Jahrzehnte über die Jainas geforscht wurde. Eine Ur-Erzählung ist sie aber auch, weil sie in dieser oder ähnlicher Form fast in jeder Gesamtdarstellung des Jinismus vorkommt, ohne dass ihre Faktizität selber auf ihre Narrativität hin relativiert wird.[4] Umso wichtiger sind daher die frühen Bemühungen Hermann Jacobis[5]

---

[2] Der Vortrag, in dem Bühler den Jinismus erstmals einem westlichen akademischen Publikum vorstellte, hatte den Titel „Über die indische Sekte der Jainas", festgehalten in *Die feierliche Sitzung der Kaiserlichen Akademie der Wissenschaften am 26. Mai 1887* (Wien: Verlag der Kaiserlichen Akademie der Wissenschaften, 1887), 79–122, auf Englisch veröffentlicht durch J. Burgess als *On the Indian Sect of the Jainas, by Johann George Buhler* [sic] *Tr. from the German. Ed. With an Outline of Jaina Mythology*, by (London: London, Luzac & Co., 1903). Ausgebaut wird das frühe Bild der Jainas durch Bühler dann in „On the Authenticity of the Jaina Tradition", *Wiener Zeitschrift für die Kunde des Morgenlandes* 1 (1887): 165–180.

[3] A. Weber, „Über die heiligen Schriften der Jaina I", *Indische Studien* 16 (1883): 211–479, sowie „Über die heiligen Schriften der Jaina II", *Indische Studien* 17 (1885): 1–90.

[4] Sie findet sich, um nur einige einschlägige Beispiele zu nennen, in dieser Form bei M. Winternitz, *History of Indian Literature*, Bd. 2 (Calcutta: The University of Calcutta, 1933), 293; H. von Glasenapp, *Der Jainismus: Eine indische Erlösungsreligion* (Berlin: Häger, 1925); P. S. Jaini, *The Jaina Path of Purification* (Delhi: Motilal Banarsidass, 1979), 50f., der sich vor allem auf Textgeschichte bezieht, und P. Dundas, *The Jains* (London: Routledge, 1992), 47.

[5] H. Jacobi, „Über die Entstehung der Çvetāmbara und Digambara Sekten", *Zeitschrift der Deutschen Morgenländischen Gesellschaft* 38 (1884): 1–42. Jacobi hat versucht, die Spaltung schon früh in der Geschichte des Jinismus auszumachen und eine Spannung zwischen Anhängern einer vor den Stifter Mahāvīra zurück datierenden Tradition und jüngeren Reformern vermutet, die sich ebenfalls bereits in Kleider-

und in seiner Nachfolge Walter Schubrings[6], auf den verzweigten Pfaden von Überlieferungsgeschichte und Legendenbildung die historischen Wegmarken freizulegen und deutlich zu machen wie viele alternative Erzählungen sich im Laufe der jinistischen Historiographie herausgebildet haben. Beide arbeiten die unterschiedlichen Narrative heraus, die bei den Digambaras bereits in der *Bhadrabāhukathā* aus dem 9. Jh. n. Chr. und später bei den Śvetāmbaras im *Pariśiṣṭaparvan* des Hemacandra aus dem 12. Jh.[7] ihre *loci classici* gefunden haben.[8] Deutlich sehen beide, dass die Śvetāmbaras möglicherweise bis ins 7. Jh. eine relativ exklusive Gruppierung mit wenig Ausstrahlungskraft blieben, doch im Besitz des ältesten literarischen Materials zu sein, räumt ihnen philologisch einen innerhalb des herrschenden Paradigmas unbestreitbaren Vorrang ein. Sobald die Śvetāmbaras wissenschaftlich als „Stammgemeinde" gefasst werden, können den anderen Gruppierungen nicht viel mehr als Randpositionen zukommen. Das hat dazu geführt, dass lange Zeit, wie von Schubring selbst beklagt,[9] die Jaina-Forschung gleichbedeutend mit Śvetāmbara-

---

ordnungsfragen artikulierte. Bei seiner Untersuchung der Quellen für die Schismengeschichte kommt Jacobi zu dem Ergebnis, dass sich Belege für ein historisches Schisma kaum finden lassen und Berichte über ein solches Spuren nachträglicher Konstruktion aufweisen. Vor allem Digambara-Quellen scheint es daran gelegen zu sein, eine allmähliche Entfremdung zu dokumentieren. Schubring (W. Schubring. *Die Lehre der Jainas nach den alten Quellen dargestellt* [Berlin/Leipzig: Walter de Gruyter, 1935], 38) tendiert, peripher-regionale Absetzungstendenzen (Digambaras) gegen eine „Stammgemeinde „ (Śvetāmbaras) geltend zu machen und scheint damit die Jacobi'sche Trennung in Traditionalisten und Reformer fortzuschreiben. Welche Seite hier traditionalistisch und welche reformerisch sei, scheint mir keineswegs ausgemacht, noch, aufgrund möglicherweise wechselnder Rollen, durchgängig historisch bestimmbar zu sein. Jacobis und Schubrings Perspektive wären durchaus der Śvetāmbara-Lastigkeit ihrer wissenschaftlichen Prägung zuschreibbar.

6 Schubrings Darstellung ist in dieser Hinsicht vorbildlich, als er seinen „Abriss der Geschichte des Jainatums" (Schubring, *Die Lehre der Jainas*, 17ff.) mit der temporalen Kosmographie der Jainas beginnt und es ihm so möglich ist, die Erzählungen zu Mahāvīras Leben und den weiteren Entwicklung der Gemeinde gleichzeitig aus der Perspektive jinistischer Historiographie weiterzuverfolgen wie unter Bezugnahme auf sich widerstreitende Quellen sowie Inschriften-Funde auch gegen den Strich zu lesen.

7 Zu Hemacandras Quellen in der Avassaya-Literatur bzw. dessen Kommentaren siehe Schubring, *Die Lehre der Jainas*, 34.

8 Zu den abweichenden und ergänzenden Versionen in *Bṛhatkathākośa* (931 n. Chr.) und *Bhadrabāhucarita* (16. Jh. n. Chr.) siehe Schubring, *Die Lehre der Jainas*, 39.

9 Schubring, *Die Lehre der Jainas*, 6; siehe auch P. S. Jaini, „The Jains and the Western Scholar", in *Collected Papers on Jaina Studies*. Hg. P. S. Jaini (Delhi: Motilal Banarsidass, 2000), 29.

Kanon-Forschung blieb, und das ist nicht überraschend, denn wie in der Ur-Erzählung war das Bild vom Jinismus geprägt von der Dichotomie von Śvetāmbaras und Digambaras, der Dichotomie „mit-Kanon" und „ohne-Kanon"[10] und damit tendenziell den mit ernst zu nehmenden Texten und denen mit, zumindest dem Forschungsinteresse bis in die europäische Nachkriegszeit hinein nach zu urteilen, ein wenig weniger ernst zu nehmenden. Die letzte Dichotomie war wissenschaftsgeschichtlich folgeträchtig, denn Weber und seine Nachfolger widmeten ihre Arbeit der Texttradition, von der behauptet wurde, sie habe einen Kanon und von dem es sich ergab, dass dessen Bestandteile verfügbar waren. Ausschlaggebend war sicherlich einerseits, dass Bühler in Rājasthān und Gujarāt unterwegs und tätig gewesen war, wo vor allem Śvetāmbaras leben.[11] Entscheidend waren schließlich auch Jacobis Urteile über das Alter der in den Kanon fallenden Texte[12], die zeitlich vor allem lagen, was bis dahin von der Digambara-Tradition bekannt war. Wichtiger für die Verbreitung der gelieferten Texte durch Weber war aber zweifellos deren ideologischer Anschluss an Max Müllers *Sacred Books of the East*-Projekt, für das Hermann Jacobi vier Śvetāmbara-Texte, das Ācārāṅga, das Kalpasūtra, das Uttarādhyayanasūtra sowie das Sūtrakṛtāṅgasūtra unter dem Titel „Jaina Sūtras" übersetzte, einleitete und mit Anmerkungen versah. Die durch dieses Projekt verbreitete Orientierung an der Idee vom eine religiöse Tradition fundierenden Heiligen Buch und, weiterentwickelt von der Pali Text Society, einer Gruppe Heiliger Schriften und damit, in einem dritten Schritt, einem Kanon,[13] wurde damit auch fuer die Jaina- qua Śvetāmbara-Schriften institutionalisiert. Die Vorstellung, jede

[10] Schubring, *Die Lehre der Jainas*, 16.

[11] Schubring fügt als weitere Gründe „zahlenmäßige Überlegenheit", „groessere literarische Regsamkeit" und „Bereitwilligkeit zur Fühlungnahme mit Europäern" seitens der Śvetāmbaras hinzu, sowie dass, zumindest was die geringe Vertrautheit vieler Indologen mit nicht-indoarischen Sprachen Südasiens angeht, „ihre Schriften leichter durchdringbar als die der Digambara" seien. (Schubring, *Die Lehre der Jainas*, 6).

[12] H. Jacobi, *Jaina Sūtras* (Oxford: Oxford University Press, 1884), xxxix ff.

[13] Es ist jedoch auffällig, dass ein Projekt wie das des Pāli-Kanons selbst für die Śvetāmbara-Literatur seitens der westlichen Philologie niemals ernsthaft in Angriff genommen wurde (siehe auch Schubring, *Die Lehre der Jainas*, 6). Das mag vor allem daran liegen, dass die kulturellen Aneignungsprozesse, die in Bezug auf den so genannten „frühen Buddhismus" in Europa im 19. Jh. in Gang kamen, für den Jinismus so nicht zu verzeichnen waren. Dieser war und ist aus westlicher Perspektive weitgehend, um nicht zu sagen ausschließlich, ein Gegenstand akademischer Forschung geblieben. Es ist anzunehmen, dass die Positionen, die Buddhismus und

ernstzunehmende Religion brauche entweder einen Stifter oder einem Kanon oder am besten beides und für philologisch orientierte Disziplinen vornehmlich letzteres, diskreditierte die Überlieferung der Digambaras, deren Literatur nur ansatzweise bekannt war, die aber ohne einen Kanon vorweisen zu können, sich weniger gut zur Legitimierung solch enormer Forschungsanstrengungen eignete, die zur Bearbeitung der gewaltigen jinistischen Literatur zu mobilisieren waren. Die Śvetāmbaras kamen auf Grund der Ereignisse, die ihnen seit Bühler zugeschrieben wurden, diesen Erwartungen viel näher, nämlich dass sie nicht nur Texte besäßen, die in die Frühphase des Jinismus zurückreichten, sondern auch über eine Sammlung verfügten, die abgeschlossen und unveränderlich sei. Die Zahl der 45 Werke und die vollständige Liste ihrer Titel galt als klares und unmissverständliches Zeichen, dass die Śvetāmbaras einen Kanon besitzen.[14] Ein weiteres Element, das die Forscher in dem Wunsch bestärkte, einen Kanon vor sich zu haben, war das Modell des Jinismus als einer Variante des Buddhismus und die Erwartung, einen Textkorpus vorzufinden, der den Vorstellungen vom Pāli-Kanon entspreche, mit den Vorzügen, teilweise älter und im Idealfall besser überliefert zu sein. Die Ur-Erzählung von Jaina-Forschung und Jaina-Kanon ist, wie zu erwarten war, also keineswegs eine Ur-, sondern bestenfalls eine Weitererzählung anderer, besser bekannter orientalistischer Forschungsgeschichten.

Forschungsgeschichtliche Konsequenzen

Interessant und wichtig an der vermeintlichen Ur-Erzählung sind, abgesehen von ihren Umständen und Folgen, ihre Fehler oder Einseitigkeiten in Bezug auf Śvetāmbaras wie Digambaras. Obwohl die Geschichte von der Hungersnot als Ursprung des Śvetāmbara-Kanons letztlich Śvetāmbarakanon-Forschung motivierte, ist es, das wird selten dazu gesagt, eine von den Digambaras überlieferte, polemische Erzählung,[15] die

Hinduismus in der ideologischen Ökonomie des Bildes „indischer" Religiosität besetzen, für den Jinismus keinen Platz lassen.

14 Derselbe gelangte in Form der ersten gedruckten Ausgabe (Hg. Rāy Dhanpati Siṃha Bahādur, Murshidabad [oder laut Titelblättern Makśūdābād] 1880ff.), von denen einige Bände von Walter Schubring „für unsere Begriffe monströs" genannt wurden, ebenfalls in den achtziger Jahren nach Europa (Schubring, *Die Lehre der Jainas*, 4).

15 Śvetāmbara-Quellen sprechen von einer Wanderung in Richtung des Golfs von Bengalen und tradieren einen Aufenthalt Bhadrabāhus in Nepal (so Pariśiṣṭaparvan 9,55f., in H. Jacobi, *Sthavirāvalīcarita, or Pariśiṣṭaparvan by Hemacandra: Being an app. of the Triṣaṣṭi-śalakā-puruṣacarita*. 2. Ausg. Bibliotheca Indica; 96 = N.S.

mit großer Wahrscheinlichkeit die Textüberlieferungspraxis und nicht die Texte der Śvetāmbaras diskreditieren sollte.[16] Sie steht in der Tradition einer bei Śvetāmbaras wie Digambaras überlieferten Literatur über den Verfall der Lehre Mahāvīras, die Gefahren und die Notwendigkeit ihnen vorzubeugen, also einem Appell zu Ordenszucht und Textpflege[17], Motive, die sich ähnlich in buddhistischen Traditionen finden.[18] Wichtiger aber noch ist, dass es unter den vielen Berichten vom Schisma der Śvetāmbaras und Digambaras nur einen einzigen gibt, der einen Dissens über Texte als einen Grund für die Spaltung angibt. In den meisten Berichten steht die Kleiderordnung im Zentrum und in fast allen Berichten werden zusätzlich weitere orthopraktische Streitpunkte genannt.[19] Die Fixierung auf die Geschichte vom Kanonstreit macht Jaina-Geschichte faktisch zur Text- und zur Kanon-Geschichte. Außerdem macht es die Geschichte der Jainas zu einer Geschichte des Schismas, in der ausgehend von Textgeschichten und mit dem Forschungswert als Ordnungsprinzip Hierarchien aufgebaut und Forschungsinteressen sortiert werden können. Der Kanon wird zum Maß der Forschung. Als letztes folgenträchtiges Mosaikstück der Ur-Erzählung schließlich gilt die Zahl 45: 45 Werke, keines mehr und keines weniger. Georg Bühler schreibt 1882 in seinem Bericht an die Kaiserliche Akademie in Wien in einer Fußnote: „Die Liste wurde für mich im Jahre 1871 von einem gelehrten Yati [einem Land besitzenden Mönch] angefertigt und ist später von verschiedenen Jaina-Gelehrten, unter denen ich Śrîpûj des Kharatara Gaccha nennen

---

1519 [Calcutta: Asiatic Society of Bengal, 1932], v ff.), während Digambara-Inschriften aus der südindischen Digambara-Hochburg Śravaṇa Beḷgoḷa von der Wanderung der gesamten Gemeinde unter Bhadrabāhu wissen (Schubring, *Die Lehre der Jainas*, 39). Auch hier zeigt sich, dass in der Frage, welcher Teil der Jaina-Gemeinschaften Zentrum und welcher Peripherie sei, Argumentationsstrategien selber mehr über tatsächliche Entwicklungen verraten als es Vorentscheidungen aufgrund unreflektierter Forschungsinteressen zulassen.

[16] So noch Jaini, *The Jaina Path*, 51.

[17] Schubring hat darauf hingewiesen, dass die Digambara-Kritik an dem von der Śvetāmbaras erhobenen Anspruch, die Texte seien in ihrer ursprünglichen Form überliefert worden, von philologischer Warte aus zu teilen sei und spricht davon, dass „neuer Wein in alte Schläuche gegossen“ worden sei (Schubring, *Die Lehre der Jainas*, 55). An anderer Stellen nennt Schubring die Texte „ein wirbelndes Chaos von Atomen“ (W. Schubring, *Ācārānga-Sutra: Erster Śrutaskandha* [Leipzig: Brockhaus, 1910], 63).

[18] C. J. Shah, *Jainism in North India: 800 B.C.– A.D. 526* (New York: Longmans, Green, & Co., 1932), 67–74.

[19] Shah, *Jainism in North India*, 221–223.

kann, geprüft und für richtig erklärt."[20] Weitere Angaben zum Ursprung dieser Liste oder ihrer literaturhistorischen oder kirchengeschichtlichen traditionsgeschichtlichen Einordnung fehlen. Albrecht Weber in Berlin verwendete diese Liste beim Katalogisieren und beim Verfassen seines bahnbrechenden Werkes und gab ihr Bestand. Seitdem steht die Liste mit 45 Werken des einzig existierenden Jaina-Kanons im Raum und findet sich in den Gesamtdarstellungen des Jinismus auf den ersten Seiten der Kapitel zum Schrifttum. Selbst in aus anderen Gründen unschätzbar verdienstvollen Monographien wie denen Walter Schubrings[21], Padmanabh Jainis[22] und Paul Dundas'[23] findet sich dieselbe Liste und dieselbe Zahl, die in den genannten Fällen durch Fußnoten zum Teil relativiert wird. Möglicherweise noch gewaltigere Konsequenzen hatte diese Festschreibung in Rückwirkung auf die Publikationspraxis und Wahrnehmung der Śvetāmbara-Literatur in Südasien.[24] Sicherlich war Bühlers 45er-Liste akkurat für einen bestimmten historischen Kontext, einen bestimmten Ort und eine bestimmte Tradition. Aber alle folgenden Daten wurden zu Abweichungen von dieser normierenden Vorgabe.

Der vorgefundene Kanon

Die Liste besteht aus sechs Werkgruppen, jeweils mit einer tendenziell abnehmenden Zahl von Werken nach dem Muster 11+12+10+6+2+4. Die erste, die 11er-Gruppe heißt Aṅgas oder Glieder. In ihnen findet sich wie in allen folgenden Gruppen die „Worte des Jina", gewissermaßen *jinavacana*, in der Jaina-Terminologie *divyadhvani*, „göttlicher Klang", also ähnlich wie im Suttapiṭaka Berichte der Reden Mahāvīras, die in Ardhamāgadhī beginnend mit „ich habe gehört" (*suyam me*) und endend mit „so sage ich" (*tti bemi*). Teil der Digambara-Erzählung ist, dass es diese 11 Aṅgas waren, die während der Hungersnot von den Śvetāmbaras gesammelt, aber eben aus falschem Text zusammengesetzt wurden. In der Annahme, dass es diese 11 Glieder einmal gab, sind sich die Digambaras mit den Śvetāmbaras einig, nicht in den Einzelheiten ihrer Beschaffenheit. Die Vorstellung vom Text als Klang und dass in ihnen, immer

[20] K. W. Folkert, „Scripture and Continuity in the Jain Tradition", in *Scripture and Community,* 45, Anm. 5.

[21] Schubring, *Die Lehre der Jainas*, 57f.

[22] Jaini, *The Jaina Path*, 47–49.

[23] Dundas, *The Jains*, 73–76.

[24] Folkert, „Scripture and Continuity", 45.

wenn Mahāvīra spricht, der göttliche Klang nachhallt, ist vergleichbar mit der vedischen Klangtheologie, auf die Annette Wilke in ihrem Beitrag hinweist[25]. In den Aṅgas findet sich das erwiesenermaßen älteste jinistische Textmaterial, von Jacobi auf das 4. Jh. v. Chr. datiert.[26] Die zweite Werkgruppe, die 12er-Gruppe, heißt Uvaṅga (Skt. Upaṅga), was soviel heißt wie „sekundäre Glieder" oder „Angliederungen". In ihnen finden sich ebenfalls Lehrreden Mahāvīras, und inhaltlich unterscheiden sich die Texte dieser Gruppe kaum von den der ersten: In beiden finden sich Texte, die das gesamte Spektrum der Śvetāmbara-Orthodoxie formulieren, einschließlich Soteriologie, Kosmographie, Mythologie, Ordensregeln, Tempelritus. Die Texte sind insgesamt jünger als die der ersten Gruppe. Erst in der dritten, vierten und sechsten Textgruppe, also den 10 Paiṇṇas, den so genannten „Zerstreuungen", den sechs Cheyasuttas über die Kürzung der Seniorität von Ordensmitgliedern, sowie den vier Mūlasuttas über das Streichen der Dienstjahre von Mönchen haben wir ein inhaltlich klareres Textprofil, geht es hier vor allem um Ordensregeln. In den beiden Texten der Gruppe fünf, den Chuyasuttas, geht es schließlich rein um erkenntnistheoretische Propädeutik. Diese Liste und viele andere Listen finden sich, wie H. R. Kapadia gezeigt hat, frühestens im 13./14. Jh.[27]. Klaus Bruhn spricht von „Listenliteratur".[28] Wir haben hier aber einen ganz bestimmen Typ von Liste und eine bestimmte Art, Texte zu systematisieren, nämlich eine, in der Werktitel und Zahlen genannt werden, vor allem Zahlen von Werken, aber auch Zahlen von Kapiteln, von Lehrgegenständen und von Wörtern, also Angaben zum Umfang der Werke. Bei den Wortzählungen findet sich eine weitere Eigenart dieser Listen, denn der Umfang des ersten Textes der ersten Gruppe, das *Āyāraṅga*, wird mit 18 000 Wörtern wiedergegeben. Der zweite Text derselben Gruppe, das *Sūyagadaṅga*, hat genau doppelt so viele Wörter, der dritte Text dreimal so viele und so fort bis Texte 6 bis 11 den astronomischen Umfang von 18 432 000 Wörtern aufweisen oder die Bezeichnung *saṃkhejja* tragen, was soviel heißt wie „[so viele, das sie erst einmal] gezählt werden müssen". Tatsächlich aber finden sich, gerechnet nach *word count*, die längeren Texte in der Mitte der Reihe, während die kürzeren

25 In diesem Band S. 31.

26 Jacobi, *Jaina Sūtras*, xliii.

27 H. R. Kapadia, *A History of the Canonical Literature of the Jainas* (Surat: Gujarati Print Press, 1941), 30, 34, 41, 58.

28 Bruhn, „Das Kanonproblem", 101f.

am Ende stehen.[29] Ebenso wie diese Listenliteratur Textsysteme entwirft, so scheint sie auch zur Simulation eines gewaltigen Korpus zu dienen, dessen Größe Autorität suggeriert, dessen Meisterung wahrhafter Meister bedarf und das in seiner akkuraten Beschreibung mit den philologisch erfassbaren und von der Jaina-Philologie erfassten nur noch bedingt etwas zu tun hat.[30] Gleichzeitig fußt aber die Jainaforschung auf solchen Listen, in denen sich unterschiedliche Ebenen kreuzen. Diese Listen sind ein Feld, bei dessen Bearbeitung es wichtig ist, Fragen der Repräsentation und Autoritätsstiftung als Probleme und Triebfedern der Kanonisierung zu formulieren, falls man sich entscheidet, hier mit dem Kanonbegriff zu operieren. Dann hätte man es hier mit einer doppelten Erfindung eines Kanons zu tun: des Jaina-Kanons der frühen Jaina-Forscher und eines Kanons mit Titeln, die eine bestimmte Śvetāmbara-Gemeinschaft in einer bestimmten historischen Situation[31] zusammengestellt hat mit einem Umfang, der sich schwer abmessen lässt. Der Kanon wird im zweiten Fall, und möglicherweise auch im ersten, zu etwas gewissermaßen Fiktivem. Es geht nicht so sehr um konkrete Texte, sondern um die Idee von Texten und zwar ganz außergewöhnlichen Texten. Die Idee dieser Texte, die den Śvetāmbaras so wichtig sind, ist die dass sie sehr, sehr umfangreich sind und in ihnen sehr, sehr viel steht, wenn man so will, alles steht. Christian Luzanits hat während der Konferenz, auf der dieser Beitrag vorformuliert wurde, darauf hingewiesen, dass die Textsammlungen, die wir kanonisch nennen, oft eben nicht synthetisieren, sondern im Gegenteil wiederholen. Der Mangel an Systematik ist verknüpft mit dem geordneten Anhäufen von Texten, deren Einheitlichkeit im Nachhinein durch Eingriffe hergestellt wird. In der mittelalterlichen jinistischen Selbstwahrnehmung, ob bei Śvetāmbaras oder Digambaras, ist ein guter, zu verehrender Text einer, der die *sarvajñatā*, die Allwissenheit

[29] Bruhn nennt diese Angaben „solenne Zahlen" (Bruhn, „Das Kanonproblem", 108). Angesichts einer solchen Idee von einem Text, bei der es denkbar ist, dass ein Text mehr Wörter hat als er Wörter hat, stellt sich die Assmannsche Frage nach der Textpflege vermutlich ganz anders.

[30] Ähnliche Entwicklungen sind auch im tantrischen Buddhismus zu beobachten, wie bei der in der buddhistischen Quellen wiederholt belegten Behauptung, das Hevajratantra sei nur ein Teil eines ursprünglich weit umfangreicher überlieferten Werkes (H. Isaacson, persönliche Mitteilung).

[31] Bruhn äußert sich kritisch zum starken Interesse an traditionellen Konzilsberichten seitens der Jaina-Forschung, denn diese enthielten „kaum Angaben über das literarische Material, mit dem man sich auf dem Konzil tatsächlich befasste". (Bruhn, „Das Kanonproblem", 104.)

des Jina widerspiegelt, und Allwissenheit ist in den verschiedenen jinistischen Traditionen vor allem geordnetes Detailwissen als Spiegel der Welt in ihrer Vollständigkeit. Vergleichbar mit dem Mahāyāna-Buddhismus könnte man den Śvetāmbara-Kanon der genannten Liste, tendenziell aber auch andere Textsammlungen, etwa der Digambaras als enzyklopädisch definieren, nur eben nicht als Ausdruck des Buddhawortes, sondern der Allwissenheit des Jina.

Der verlorene Kanon

Allwissenheit und Vollständigkeit umfasst aber auch das Wissen um Unvollständigkeit und um das, was fehlt und verlorengegangen ist. In diesem Sinne ist die Listenliteratur auch eine, die Texte nennt, die es nicht mehr gibt. Das sind zuerst einmal die Puvvas (Skt. Pūrvas), die so genannten „Früheren [Textsammlungen]“, insgesamt 14 Sammlungen, die alle bekannt sind hinsichtlich Titel, Kapiteln, Inhalt und *word count*. Nach einigen Überlieferungen waren es die Lehren von Pārśva, des Vorgängers von Mahāvīra, die durch Mahāvīra erneut gelehrt worden waren. Nach anderen Überlieferungen hingegen waren es Texte in Form von Streitgesprächen über Themen wie Wahrheit, *karman*, Wissen, Sein und Nichtsein, Willenskraft. Śvetāmbara- wie Digambara-Überlieferung sind sich einig, dass diese verloren gegangen sind. Nach Erläuterungen zu Śvetāmbara-Werklisten wurden Fragmente der Puvvas vorübergehend gerettet und zu einem eigenständigen Text, dem *Diṭṭhivāya* (Skt. *Dṛṣṭivāda*) zusammengesetzt, der in die erste Gruppe der Werkliste als 12. Aṅga aufgenommen wurde. Beim ersten historisch gesicherten Treffen zur Rezitation der Texte der Śvetāmbaras in Mathura zwischen 300 und 342 n. Chr.[32] war dieses 12. Aṅga aber bereits ebenfalls verloren gegangen.[33] Dabei fällt diesen Texten die Rolle eines „legendären Protokanons“[34] zu, der zwar unzweifelhaft historisch ist, dessen Historie aber fortgesetzter Umschreibung unterworfen gewesen zu sein scheint. Der Umfang sowohl der

[32] Noch unberücksichtigt ist in Bezug auf die Śvetāmbaras die Frage, inwiefern sich bei ihnen im Rahmen der machtpolitischen Konstellationen der Gupta-Zeit ein Drang zum Kanon entwickelte.

[33] L. Alsdorf, „What were the Contents of the Dṛṣṭivāda?“, in *German Scholars on India: Contributions to Indian Studies*, Hg. Cultural Department of the Federal Republic of Germany, New Delhi (Varanasi: Chowkhamba Sanskrit Series Office, 1973), 1–5.

[34] Bruhn, „Das Kanonproblem“, 104.

Puvvas wie des *Diṭṭhivāya* wird in dem oben genannten Gestus des Nennens besonders hoher Zahlen beschrieben. Śvetāmbaras wie Digambaras nutzen dabei die Zahlen, um den Prozess des Vergessens dieser Texte zu beschreiben, in dem mit jeder Generation weniger Worte, Kapitel, Texte erhalten blieben: Mythisch-historische Ordensführer wurden rückschreitend als Pkt. *dasapuvvi*, *navapuvvi* usf., d.h. als solche bezeichnet, die nur noch zehn, neun usf. Puvvas gekannt haben sollen.[35] Verfallende Autorität wird markiert und beschrieben durch verfallendes Textwissen. Der Topos von einer fortschreitenden Textvergessenheit als Symptom einer Verfallsgeschichte der Welt,[36] die vermutlich spätestens seit der Gupta-Zeit in Südasien verbreitet ist, wird in späteren Texten der Śvetāmbaras verknüpft mit einer Wissenssoteriologie, die behauptet, Erlösung sei heutzutage nicht mehr möglich, weil man dafür den *Diṭṭhivāya* und die Puvvas kennen müsse. Ähnlich wie Mahāvīra ein weiterer Wegbereiter, nämlich Pārśva, vorgelagert ist, so wird dem ältesten Teil der Textgruppen eine weitere Textgruppe vorangestellt. Das Wissen um das Verlorene ist eines, das die zeitlichen Grenzen des textuellen Wissens ausdehnt und gleichzeitig mahnt, das Übriggebliebene zu Pflegen, um Schlimmeres zu verhindern. Strukturell scheinen wir es hier mit einem legendären Proto-Kanon oder Prä-Kanon zu tun zu haben, dessen Reste zu eine prekären Kanon im Kanon gesammelt wurden oder dessen Existenz ausgehend von diesen Stellen im Kanon herausprojiziert wird.

Der geschätzte und der verschätzte Kanon

Das führt uns zum Spektrum der Listenliteratur. Tatsächlich ist die von Bühler gefundene Liste nur eine von vielen Varianten, was auf Śvetāmbaras wie Digambaras zutrifft. Einig sind sich alle Überlieferungen gewissermaßen über die, wie Klaus Bruhn sie genannt hat, „Kanonarchitektur“[37] dieser Textgruppe, also über die Existenz zumindest einer verlorenen Textgruppe, der Puvvas, für die Digambaras zusätzlich noch die Aṅgas, sowie über die Reihenfolge von sechs weiteren Gruppen, deren Bezeichnung ebenfalls geteilt wird. Wenn nicht verbindlich, so doch gemeinsam ist die modellhaft ideale Architektur einer Reihe von Textgruppen,

[35] Bruhn, „Das Kanonproblem“, 104.

[36] Siehe z. B. H. v. Stietencron, „Kalkulierter Religionsverfall: Das Kaliyuga in Indien“, in *Der Untergang von Religionen*, Hg. Hartmut Zinser (Berlin: Reimer, 1986), 135–150.

[37] Bruhn, „Das Kanonproblem“, 101.

ob existent oder nicht. Kanonizität im Assmannschen Sinne reicht für die Jainas nur so weit und das ist nicht sehr weit. Varianz tritt schon bei der Gesamtzahl der Texte dieser Gruppen ein. Neben der 45er-Liste sind die am meisten verbreiteten 72er-, 60er-, 17er- und 10er-Listen, einige von ihnen sogar schon Weber bekannt.[38] Schon Bühler wusste, dass die Digambaras andere Listen führen.[39] Varianten betreffen nicht nur die Zahl, sondern auch Titel und Reihenfolge von Texten. Besonders hoch ist die Varianz bei als verschollen gemeldeten Texten, so dass bei den diversen Listen ein Kern von überlieferten und oft geteilten Texten umgeben ist von einem Kranz verlorengegangener Texte, deren Verteilung, zur Bestimmung der Verwandtschaft von Textlisten herangezogen werden kann. Bruhn, dessen Arbeit geholfen hat, die Tendenz zu starrer Systematik in der Jainaforschung aufzulösen, spricht hier von „Pseudowerken", die möglicherweise helfen sollen, eine auf Zahlensymbolik beruhende künstliche Kanonarchitektur zu gestalten.[40] Möglich wäre, dass das Entwerfen solcher Listen und das Zurückgreifen und Hantieren mit verlorenen oder fiktiven Werken ein Textprofil herzustellen half, das zur Abgrenzung und Identifikation bestimmter Gruppierungen auf der Textebene diente. Dafür musste nicht in den Text eingegriffen werden; die Abänderung des Grundrisses des Kanongebäudes genügte. Umgekehrt scheint hier viel für eine aktive Konstruktionstätigkeit zu sprechen, die Bruhn „Kanonisierung" genannt hat. Die „literarische Architektur" homogenisiert heterogene Texte, „legendäre Verfasserschaft" bindet sie in die Reihe autoritativer Lehrerfiguren ein, eine „Ornamentik" stilisiert mit Anfangs- und Schlussformen oder über Handschrift und Illuminationen den Text selber, eine „Verkettung" wird durch Intertextualität bestimmter Wendungen erreicht und schließlich garantiert die Gültigkeit von „Überlieferungsstrategien" bezüglich Tradierung und Exegese für das gesamte Material eine einheitliche Textpraxis.[41] Dennoch tendiert Bruhn dazu, das erfolgreiche Funktionieren der Kanonisierungspraxis stärker zu machen, als er die Herausforderungen ernst nimmt, die alte Kanonisierungen in Frage stellen oder zu stetiger Re-Kanonisierung herausfordern.

[38] Die von Bühlers abweichenden, in den kanonischen Werken *Nandīsutta* und *Aṇuogadāra* selbst belegten Listen bearbeitete Kapadia, *A History*, 24ff.

[39] J. G. Bühler, „The Digambara Jainas", *Indian Antiquary* 7 (1878): 28f.; K. K. Dixit, „The Problem of a Historical Evaluation of the Ancient Jaina Texts", *Sambodhi* 1, 1 (1972): 14; ders., „Evolution of the Jaina Treatment of Ethical Problems", *Sambodhi* 2, 1 (1973): 20f.

[40] Bruhn „Das Kanonproblem", 101, 104.

[41] Bruhn, „Das Kanonproblem", 108.

Ein wichtiges Beispiel für eine späte und einschneidende Handhabung der Śvetāmbara-Listen durch Śvetāmbaras selbst, das Bruhn selber erwähnt, sind die Sthānakavāsins, eine den Bilderkult ablehnende Reformbewegung, entstanden im frühen 18. Jh. Sie führen eine 31er-Liste, die sie wie andere Gruppierungen nicht begründen. Teils sortierten sie Texte aus, die den Kult der Fußspuren Mahāvīras betreffen, teils Texte, die jüngeren Datums, aber damals immerhin möglicherweise schon über 1000 Jahre alt waren.[42] Jetzt, d.h. in den letzten 20 Jahren, in denen die literarische Praxis kleinerer, regionaler Gruppen von Jainas punktuell klarer erfasst wird, ergibt sich ein sehr viel genaueres und zersplittertes Bild der jinistischen Literatur, die bisher als Kanon gehandelt wurde. Von einem einheitlichen Śvetāmbara-Kanon kann selbst bis ins 20. Jh. hinein keine Rede sein. Tatsächlich ist bis in den Wortlaut der Texte hinein und selbst bei der wachsenden Publikationstätigkeit gedruckter Ausgaben keine Tendenz zu Einheitsausgaben zu erkennen. Darüber hinaus ist es weder in Klöstern noch in Privathaushalten üblich, Gesamtexemplare des vermeintlich verbindlichen Kanons oder aller Texte der jeweiligen Listen zu besitzen. Gewöhnlich sind es mehr oder weniger umfangreiche Auswahlsammlungen.[43]

Auch texthistorisch ist zunehmend die Willkürlichkeit der Listen Thema der Jainaforschung geworden. Bruhn kritisierte in den 80er Jahren, Albrecht Weber habe tatsächlichen Befund und Listen zu stark vermischt und letzteren einen zu großen Realitätsgehalt zugeschrieben. Als Grund für diese Defizite nennt Bruhn die fatale Kombination der „Aussagefreudigkeit der Listen“ und des „unbefriedigenden Zustands des Kanons“.[44] Schon Schubring hatte in den 60er Jahren darauf hingewiesen, dass sich Werktitel und Zahlen insofern schlecht zum Quantifizieren und Bemessen von jinistischen Textgruppen eigneten, da mal Kapitel aus größeren Texten herausgelöst werden können, um als eigenständige Texte gezählt zu werden, mal sehr lange Texte gezählt werden, in denen sich Werke eingebettet finden, die wiederum noch einmal als eigenständige Texte

[42] Schubring, *Die Lehre der Jainas*, 48; Bruhn, „Das Kanonproblem“, 102.

[43] John Cort hat in einem rezenten Artikel, der gewissermaßen eine Fußnote zum Werk seines Lehrers, Kendall Folkert über Kanonizität bei den Jainas darstellt, diesen Sachverhalt anhand einer Studie von religiösen Kurrikula für Laien beleuchtet: Cort, John, „How Jains Know What They Know: A Lay Jain Curriculum“, in *Jambū-Jyoti (Munivara Jambūvijaya Festschrift)*, Hg. M. A. Dhaky, J. B. Shah, (Ahmedabad: Shresthi Kasturbhai Lalbhai Smarak Nidhi, 2004), 399–413.

[44] Bruhn, „Das Kanonproblem“, 108.

auftauchen können.[45] Schließlich haben Fortschritte in der Erforschung jinistischer Texte des indischen Mittelalters, dem Zeitraum zwischen 500 n. Chr. und dem 15. Jh., gezeigt, dass die ältesten Listen aus dem 13./14. Jh. mit Texten enden, die in eine Zeit erhöhter und länger andauernder literarischer Tätigkeit fallen und dass sie, sollten sie als zeitliche Grenzziehung gemeint sein, Werke auseinanderreißen, die in Form, Inhalt und teilweise Sprache nah beieinander stehen. Eine weitere von Schubring und Bruhn[46] erkannte Inkonsistenz ist, dass in den Listen Texte mit reicher Kommentarliteratur neben Texten stehen, die erst sehr spät einen Kommentar erhielten, neben anderen, die offensichtlich niemals wert waren, kommentiert zu werden. Der Kanon als Rezeptionseinheit zerfällt.

Der Kanon, der keiner sein sollte

Diese Tendenzen einer kritischen Überprüfung der Kanonizität des Śvetāmbara-Kanons sind jedoch bisher nicht einhergegangen mit einer verstärkten Initiative zur Erforschung der Digambara-Literatur, die bisher wenig bekannt bleibt.[47] Die ältesten überlieferten Digambara-Texte legitimieren sich dadurch, dass sie sich als Bearbeitung fragmentarisch überlieferter Abschnitte aus den Puvvas verstehen. So fußt das *Ṣaṭkhaṇḍāgama* (Pkt. *Chakkhaṃḍāgama*), die „Überlieferung in Sechs Teilen" aus dem 2. Jh., vermutlich 156 n. Chr., von Puṣpadanta und Bhūtabali (mitsamt des enzyklopädischen Kommentars *Dhavalā* von Vīrasena, abgeschlossen 816 n. Chr., zu den ersten fünf Teilen und dem *Mahābandha* oder *Mahādhavalā* zum sechsten Teil) auf dem vierten Kapitel des fünften Abschnitts des zweiten Puvva, während das *Kāśāyaprābhṛta* (Pkt. *Kasāyapāhuḍa*), die „Erläuterung der Leidenschaften" von Guṇadhara mitsamt des Kommentars *Jayadhavalā* ebenfalls von Vīrasena auf dem zehnten Abschnitt des

[45] Schubring, *Die Lehre der Jainas*, 57; vgl. L. Alsdorf, „Jaina Exegetical Literature and the History of the Jaina Canon", in *Mahāvīra and His Teachings*, Hg. A. N. Upadhye, N. Tatia, D. Malvania, M. Mehta, N. Shastri, K. Shastri. 1–8 (Bombay: Bhagavān Mahāvīra 2,500 Nirvāṇa Mahotsava Samiti, 1977), 1–8.

[46] Bruhn, „Das Kanonproblem", 108.

[47] Schon früh lag Wegweisendes mit folgenden Publikationen vor: G. Bühler, „The Digambara Jainas"; W. Denecke, „Mitteilungen über Digambara-Texte", in *Beiträge zur Literaturwissenschaft und Geistesgeschichte Indiens: Festgabe für Hermann Jacobi zum 75. Geburtstag (11. Februar 1925) dargebr. v. Freunden, Kollegen u. Schülern*, hg. von W. Kirfel. (Bonn: Klopp, 1926), 161–168, sowie dessen unveröffentlichte Dissertation *Digambara-Texte* (Hamburg 1922); von Glasenapp, *Der Jainismus*, 104; Winternitz, *History*, 474, Anm. 1.

fünften Puvva basiert. Beide Grundtexte sind somit älter als die letzte große Anstrengung zur Sammlung der Śvetāmbara-Texte und beide werden von den Digambaras als ihr Siddhānta oder Paramāsiddhānta bezeichnet, als Texte, die die „höchste" oder „allerhöchste Vollendung" darstellen. Damit wären wir bei dem Ausdruck, den die Jainas in ihren Listen verwenden, für die Texte die an der Spitze ihrer Hierarchie stehen. In diesem Sinne haben Digambaras wie die Śvetāmbaras auch einen Siddhānta. Ein weiterer Ausdruck für diese Texte, der sich bei den meisten Jainas findet, ist Āgama, „Überlieferung". Beides sind Ausdrücke, die später, vermutlich zur Zeit der verschlungenen Auseinandersetzungen zwischen sich als tantrisch oder vedisch verstehenden Traditionen vom Jinismus übernommen wurden, als Bezeichnung für Werke, die als Autorität mit dem Veda in Konkurrenz traten.[48] Die Jains sind bekannt dafür, sich eindeutigen Zuordnungen zu entziehen, und so findet sich bei den Digambaras auch „Veda" und „Anuyoga"[49] als Bezeichnung nicht nur der zwei oben genannten, sondern sehr viel pauschaler für wichtige und verbindliche Texte. Zur ehemals einhelligen Frage, ob bei den Digambaras von Kanon die Rede sein könne, finden sich inzwischen abweichende Ansichten. Schubring weist frühe Spekulation über einen verlorenen Digambara-Kanon zurück: „Den Kanon der Digambara, dessen Vorhandensein [Richard] Pischel einleitend voraussetzt, hat es gewiss nie gegeben." Er spricht an dieser Stelle stattdessen von „Digambara-Klassiker[n]".[50] Bruhn benennt die Differenz zwischen Śvetāmbaras und Digambaras vermeintlich klar: „Die Digambaras leugnen die Autorität des 45-er Kanons, geben eine Liste des ihrer Meinung nach echten, aber verlorenen alten Kanons [...] und verfügen über eine eigene Literatur mit quasikanonischem Rang,"[51] und an anderer Stelle: „[A]ber grundsätzlich hatten die Śvetāmbaras ihren Kanon, während die Digambaras kein maßgebliches Gesamtkorpus vorweisen konnten",[52] erläutert aber nicht den Unterschied zwischen Kanon

[48] Annette Wilke weist in ihrem Beitrag im vorliegenden Band darauf hin.

[49] Bruhn, „Das Kanonproblem", 107.

[50] Schubring, *Die Lehre der Jainas*, 16. Schubring bezieht sich dabei auf R. Pischel, *Grammatik der Prākrit-Sprachen* (Strassburg: Trübner, 1900), 19, der dort ausgehend von R. G. Bhāṇḍārkar, *Report on the Search for Sanskrit Manuscripts in the Bombay Presidency during the Year 1883–84* (Bombay 1887), 106ff. behauptet: „Über die Sprache des Canons der Digambara, der sich nicht unerheblich von dem der Śvetāmbara unterscheidet, sind wir noch nicht genügend unterrichtet. Wie man aus der Sprache der nichtcanonischen Schriften einen Rückschluß machen darf, [...]."

[51] Bruhn, „Das Kanonproblem", 102.

[52] Bruhn, „Das Kanonproblem", 107.

und einem „maßgeblichen Gesamtkorpus" bzw. „quasikanonisch", selbst wenn er später die Entwicklung der „Textarchitektur" bei den Digambaras mit Entwicklungen bei den Śvetāmbaras parallelisiert, die er „Kanonisierung außerhalb des Kanons" nennt.[53] Abgesehen davon, dass sich dadurch ein geschlossener Kanon, wie Bruhn ihn für die Śvetāmbaras anzunehmen tendiert, auch aufgrund der von ihm selbst gelieferten Evidenzen, nur schwer denken lässt, erscheint in diesem Lichte unklar, weshalb nicht auch bei den Digambaras von einem Kanon die Rede sein kann, zumal Bruhns Kriterien für eine „Kanonisierung" durchaus auch etwa auf das *Ṣaṭkhaṇḍāgama* zutreffen.[54] Andererseits ist dies vielleicht in großem Maße ein Produkt wiederum der Forschungsgeschichte, gelangte doch das *Ṣaṭkhaṇḍāgama* erst in den 20er Jahren aufgrund der Bemühungen von A. N. Upadhye an die indische akademische Öffentlichkeit und fand erst 1938–1959 zu einer von Hīrārlāl Jain betreuten Ausgabe.[55] Dabei gibt es durchaus Ansätze zu einem Rekurs auf so etwas wie „Kanon" seitens der Digambaras,[56] und auch in der Forschung finden sich Aussagen, die die Kanonfrage positiv beantworten, jedoch überraschend wenig explika-

---

[53] Bruhn, „Das Kanonproblem", 106f.

[54] Zur „Architektur" (1) siehe den Aufbau der Sammlung durch Puṣpadānta und Bhutabali in fünf plus eins Teile (J. P. Jain, „General Editiorial", in B. Śāstrī, *Ṣaṭkhaṇḍāgama pariśīlana*, 2. Ausgabe [Dillī: Bhāratīya jñānapīṭha, 1999], 9); zu „Verfasserschaft und Verkündigungsformen" (2) siehe die Hierographie von Dharasena, insbesondere die ihm zugeschriebene Kenntnis der Puvva- bzw. Diṭṭhivaya-Überlieferung in Form des *Mahākammapayādipāhuḍa* (Skt. *Mahākarmaprakṛtiprabhrata*) sowie die Markierung überlieferter „kanonischer" Verse (*gāthā*s) durch das autoritative „*bhaṇidaṃ*"; zur Ornamentik (3) wären Fragen der Einbettungform von Versen in eine sich herausdifferenzierende Kommentarliteratur in Sanskrit, Prakrit, Hindī und Kannaḍa zu stellen, die Entwicklung von editorischen Vorworten in modernen Ausgaben, sowie die Wahl der Position der Textausgabe in einer spezifischen Serie; zur „Werkverkettung" (4) dem Verhältnis zu vergleichbaren Werken siehe ausführlich Śāstri, *Ṣaṭkhāṇḍāgama-pariśīlana*, 146–336, zu den „Überlieferungsstrategien" (5) siehe K. K. Dixit, „Evolution of the Jaina Treatment of Ethical Problems", *Sambodhi* 2, 1 (1973): 79, doch gerade hier besteht, wie auch in Hinblick auf 1–4, reichlich Forschungsbedarf.

[55] *Ṣaṭkhaṃḍāgamaḥ vīrasenācārya-viracita-dhavalāṭīkā-samanvitaḥ*, 16 Bde, Hg. H. Ā. Jaina, A. N. Upādhyāya (Solapur: Jaina saṃskrti saṃrakṣaka saṃgha, 1938–1959; Nachdruck Solapura: Jaina saṃskrti saṃrakṣaka saṃgha, 1995–2000).

[56] Wie als Antwort auf die oben genannte (Re-)Kanonisierung von vier kanonischen Śvetāmbara-Werken durch Jacobis Beitrag zu Max Müllers SBE-Reihe, erschienen seit 1917 in Arrah Digambara-Werke im Rahmen einer Serie mit dem Namen „Sacred Books of the Jainas".

tionsfreudig bleiben. Während Autoren wie N. L. Jain[57] oder H. Jain und A.N. Upadhye[58] im Unterschied zum Śvetāmbara-Kanon, den Jain und Upadhye auch „Ardhamāgadhī canon"[59] nennen, für die frühen Digambara-Texte, die Bezeichnung „pro-canons"[60] und „pro-canonical" verwenden, stellt Padmanabh S. Jaini kurzerhand fest: „The Ṣaṭkhaṇḍāgama and the Kāśāyaprābhṛta are the only canonical works that the Digambaras possess."[61] Hier scheinen die Kategorien durchaus noch in Bewegung zu sein, zumal Uneinigkeit herrscht, welche Texte noch in die Kategorie „procanonical" gehören würden, der „Pro-Kanon" also durchaus noch (oder wieder) offen zu sein schein: Die Bandbreite reicht von den frühen Kommentarwerken bis hin zu Kundakunda.[62] Im Lichte solcher Überlegungen fragt sich rückblickend: Welch ein Kanonbegriff beherrscht einen Diskurs, der „kanonisierte" Texte „außerhalb des Kanons" sich „kanonisch" zu nennen sträubt? Weshalb wird von den Digambaras positiv behauptet, sie haben keinen Kanon? Oder noch einmal anders gefragt und auf die Digambaras angewendet: Was leitet, abgesehen von der Kritik an fremder Überlieferungspraxis, die zur Rechtfertigung keineswegs hinreichend ist, das Interesse der Digambaras, zu behaupten, in der Sprache der westlichen Forschung „keinen Kanon", aus der Perspektive der Digambaras müsste man nachformulieren, „nicht in von anderen Gruppen behaupteten Umfang angebliches Material aus den Aṅgas und anderen Werkgruppen" mehr zu haben?[63] Es ist zu vermuten, dass in der Haltung, den Digambaras „Kanon" abzusprechen, die Ansicht sich erhält, der Kanon leiste eine Legitimierung, die nur durch Kontinuität, Alter und letztlich „Heiligung" durch einen, wenn auch nur konstruierten, Rückbezug auf das Jinawort gewährleistet wird.

Die Frage, ob Digambaras einen Kanon hätten, ist nicht unabhängig von der Frage ihres Verhältnisses zum Śvetāmbara-Kanon zu stellen. Verfehlt erscheint die hartnäckig sich gehalten habende Ansicht, die Di-

---

[57] N. L. Jain, *Chapters on Passions. English Translation of Kasāya-Pahuḍa of Ācarya Guṇadhara.* (Varanasi: Parshwanath Vidyapeeth, 2005), 2f.

[58] *Ṣaṭkhaṃḍāgamaḥ,* Editorial, 7.

[59] *Ṣaṭkhaṃḍāgamaḥ,* Editorial, 3.

[60] H. L. Jain, *Chapters on Passion*, 3, alternativ zu „quasi-canon".

[61] Jaini, *The Jaina Path*, 51.

[62] H. L. Jain, *Chapters on Passion*, 3f.

[63] Folkert, der das Problem des Status' der Digambara-Texttradition nur kurz aufwirft, bemerkt, dass die Stimme der Digambaras in dieser Frage von der bisherigen Forschung nicht gehört worden ist (K. W. Folkert, „The Jain Scriptures and the History of Jainism", in *Scripture and Community*, 85–94).

gambaras würden die Schriften der Śvetāmbaras generell ablehnen oder zurückweisen, was sogar Bühler schon anders bezeugte.[64] Auf der Ebene der Listen scheint eher die Ansicht vertreten zu werden, die beiden Überlieferungszweige würden sich ergänzen und auf die Gemeinsamkeiten hindeuten, die Śvetāmbaras und Digambaras vor dem behaupteten Schisma und weiterhin eine,[65] worin aktuelle ökumenische Tendenzen anklingen. Folkert fordert, ohne weiter darauf einzugehen, in dieser Frage eine stärkere Differenzierung.[66] Sein Plädoyer gegenüber der Philologie, sich kleineren Texteinheiten anzunehmen, also unterhalb der Ebene der historisch polarisierenden Werktitel anzusetzen,[67] ist ein wichtiger Vorschlag, dessen Gangbarkeit an Digambara-Material aber erst geprüft werden müsste. Mit Bruhn, der die von ihm außerhalb des Kanons angesiedelten Aktivitäten dadurch erklärt, dass die Aṅgas und andere Āgamas einem veränderten Lehrbetrieb nicht mehr angemessen waren,[68] wäre es möglicherweise wichtiger, stärker in die Richtung zu argumentieren, die K. K. Dixit[69] vorschlägt, nämlich dass zur Zeit der Komposition z. B. des *Ṣaṭkhaṇḍāgama* auf Digambara- oder z. B. des *Aṇuogadāra* auf Śvetāmbara-Seite, also in den ersten nachchristlichen Jahrhunderten in traditionsübergreifendem Maßstab ein Prozess im Gang war, in dem die alten Texte zumindest in Bezug auf bestimmte neue Funktionen stillgestellt und neue entworfen wurden. Anstelle Kanon und Nicht-Kanon voneinander abzugrenzen, scheint angesichts dieser historischen Entwicklung eher angebracht, Abschluss und Neubeginn, Schließung und Öffnung als zwei Aspekte eines und desselben Prozesses der Neukonfigurierung, -bewertung und -zusammenstellung von alten und neuen Texten zu verstehen. Im jinistischen Kontext wurde ein Kanon mögli-

[64] Bühler, „The Digambara Jainas", 28f.

[65] „Thus in a way the two traditions would seem to complement each other. This fact also accounts for the agreement between the two sections on doctrinal fundamentals and for the presence, in their respective canonical literatures, of many common gathas, which had been prevailing as common heritage before the schismatic division." (B. Śāstrī, *Ṣaṭkhaṇḍāgama-pariśīlana*, 20).

[66] Folkert, „The Canons", 71.

[67] Folkert, „Scripture and Continuity", 52.

[68] Denecke weist darauf hin, dass, nach dem Kommentar von Vasunandin, der Digambara Vaṭṭakerācārya mit seinem Werk *Mūlācāra* den *Āyāraṅga* zur „Förderung seiner Schüler" (*alpa-bala-medhāyuḥ-śiṣya-nimittaṃ*) zusammengefasst habe (Denekke, „Mitteilungen", 162).

[69] „What seem to have happened is that [...] the Jain authors had devised to compose such texts as would render superfluous a study of the old Āgamic texts." (K. K. Dixit, *Jaina Ontology* [Ahmedabad: L.D. Institute of Indology, 1971)], 79).

cherweise mehrmals im Laufe seiner Geschichte nie nur geschlossen, sondern immer auch wieder geöffnet, neu zusammengesetzt, vor allem aber von Material getrennt, dass *neben ihn* trat und neuen Bedürfnissen entsprach, insofern es für diese geschaffen wurde, aber eben in Bezug auf bestimmte Funktionen auch *an seine Stelle* trat und ihn ablöste, sodass Öffnen, Neuordnen und Wieder-Schließen immer auch mit einer von den agierenden Institutionen betriebenen Rollen-Umverteilung zu tun hatte. „Verlust“ in seiner Ambivalenz als gleichzeitig Gefahr und Verhängnis scheint bei der Thematisierung ihrer eigenen Textgeschichte durch die Jainas gleichzeitig Motiv und Markierung solch einer Umbruchssituation gewesen zu sein.

Wenn wir uns aber umsehen nach einer möglichst frühen Kategorisierung der jinistischen Literatur, die vor den Listen ab dem 13. Jh. und vor der Opposition Veda vs. Tantra liegt, so findet sich häufig in den späten Siddhāntas der Śvetāmbaras[70] ein Modell zur Einteilung ihrer Siddhānta-Werke, das einem ganz anderen Modell folgt als das, dem die Listen zu Grunde zu liegen scheinen.[71] Es bezeichnet alle Texte, die zu kategorisieren sind, als „Wissen durch Hören“ (Pkt. *suyaṇāṇa*). Dieses Wissen teilt sich auf in Aṅgas (Pkt. *aṅgapaviṭṭha*) und Nicht-Aṅgas (Pkt. *anaṅgapaviṭṭha*), also die ersten 11 Texte der ersten Gruppe der obigen Listen und alle übrigen Texte, gewissermaßen eine engere Auswahl geschieden vom Rest. Der Rest nun wird wiederum geteilt in die Āvassayas, also die Texte mit den täglichen „Pflichten“ für Mönche , Nonnen und Laien und wiederum den Rest (Pkt. *āvassayavairitta*). Die täglichen Pflichten nun werden ein letztes Mal aufgeteilt in die, welche man jederzeit rezitieren darf (Pkt. *ukkāliya*) und die, welche man nur zu einer bestimmten Zeit rezitieren darf (Pkt. *kāliya*), möglicherweise in Gegenwart des Lehrers oder/und zu rituell vorgeschriebenen Stunden. Interessant an diesem Modell ist, dass zwar auch Textnamen genannt werden, insgesamt 72, dass aber nicht Titel, sondern Funktionen dominieren, vor allem aber, dass das Ziel der Kategorisierung nicht so sehr die Auswahl einer Textreihe ist, vielmehr die Ansiedelung der Überlieferung in der rituellen Praxis. Texte werden nicht sortiert nach „Drinnen“ oder „Draußen“, sondern unterschieden und auf der Seite derjenigen Unterscheidung verfolgt und ausdifferenziert, die hilft, den Text zur Anwendung zu brin-

[70] Z.B. Aṇuogadāra [Anuyoga-dvāra-sūtra] 6a.

[71] Diskutiert von Folkert, „Scripture and Continuity“, 47–49, und Bruhn, „Das Kanonproblem“, 102f.

gen.[72] Zwar zeigt uns das Modell auch, dass die Aṅgas einen besonderen Stellenwert haben, dass sie sich in größerer Nähe zum Ereignis des klingenden Jinawortes befinden und das nicht in Abtrennung, sondern in lediglich gradueller Abschattung.[73] Es zeigt sich aber eben zusätzlich ganz klar, dass sie nicht – nicht mehr – monastisches und rituelles Handeln direkt regeln – ein Hinweis auf die Aṅgas als einem besonderen Bereich von Texten, alt oder als alt verehrt, stillgelegt, sedimentiert.[74] Es zeigt auch, wie sich Texte mit Handeln verzahnen, von den Worten Mahāvīras, über generelle Vorschriften bis hin zur rechten Handlung zur rechten Zeit, wie Handlung ohne textuelle Anleitung nicht auskommt, wie Texte im Handeln ihren Ort haben und das eine ohne das andere unvollständig bleibt. Wenn Siddhānta beides umfasst, die höchste Vollendung im Wort und in der Tat und wenn Siddhānta bei den Jainas das ist, was Kanon am nächsten kommt, dann geht es in einem jinistisch umformulierten Kanon weniger um „offen" und „geschlossen", um „drin" oder „draußen", um Iota oder nicht Iota, sondern darum, dass man mit dem Kanon etwas macht und dass er dabei hilft, dass man es richtig und gut macht. Sich Assimilationsdruck zu widersetzen, Identitäten konstruieren, Kultur in ihrer Gesamtheit repräsentieren, Ereignisgeschichte machen: das alles bestimmt auch. Aber vielleicht auch einfach nur am Morgen einen ordentlichen Bettelgang absolvieren, am Vormittag einen Text sorgfältig kopieren und so ein guter Mönch oder eine gute Nonne sein.

Welcher Kanon, wozu?

Das führt uns zum Abschluss zu Kendall W. Folkert selber, von dessen ethnographischer und textorientierter Arbeit seit den siebziger Jahren wichtige Anregungen ausgingen. Auf der Grundlage seiner Arbeit an jinistischen Ritualtexten, den Pratikramaṇasūtras, und in Anlehnung an Wilfred Cantwell Smith schlägt er eine inzwischen über die Jaina-Forschung hinaus bekannt gewordene Unterscheidung mit den Bezeich-

---

[72] „[T]he scheme is based [...] on distinctions in types of things that one must know, and not on a distinction of texts per se." (Folkert, „Scripture and Continuity", 49.)

[73] Diese Systematik ist Bezugsrahmen („frame of reference", Folkert, „Scripture and Continuity", 48), nicht Kategorisierung.

[74] Bruhn spricht die doketische Seite dieser Situation an, wenn er über den alten Śvetāmbara-Kanon sagt, er sei „für einen den Stand der Zeit gemäßen Lehrbetrieb nicht sonderlich geeignet" gewesen (Bruhn, „Das Kanonproblem", 107).

nungen „Kanon I“ und „Kanon II“ vor.[75] Als Kanon I wären nach diesem Modell Texte, - Folkert fügt hinzu „normative Texte“, - zu bezeichnen, die innerhalb einer Tradition präsent sind auf Grund von Trägern („vectors“) und in einem gleichsam organischen Verhältnis zu diesen Trägern stehen. Solche Träger wären Rituale oder religiöse Praktiken allgemein: Die Texte schreiben vor, werden bei der religiösen Praxis in der Hand gehalten und vorgelesen, sie bilden die Performanz ab. Sie leben dann erst auf und erfüllen ihren Zweck, spielen eine Rolle. Sie sind ohne das, was mit ihnen und durch sie getan wird, nicht vollständig zu verstehen. Folkert nennt als Beispiel jinistische Texte, wie das illuminierte und vor allem aus Hierographien bestehende *Kalpasūtra*, das zum großen jährlichen Bußfest des Śvetāmbaras, zu Paryuṣaṇa, vorgetragen und gezeigt wird, um zu illustrieren, was rezitiert und gehört wird. Man könnte dies ausweiten auf Ritualhandbücher und Ordensregeln. Dagegen umfasst Kanon II nach diesem Modell normative Texte, die tendenziell versuchen, ohne z.B. den rituellen Kontext auszukommen, der einen Träger verweigert und stattdessen selber Träger ist. Dieser Typ trägt selber Bedeutung, steht für etwas anderes, ist Symbol. Folkert führt als Beispiel die protestantische Bibel an, die für etwas steht, und dafür ihre klar umrissene Form, ihre Objektform betont und zu dem wird, worauf man schwört und was der Pastor in die Hand nimmt, wenn er predigt. Kanon I ist eingebunden in seinen Gebrauch, und sein Gebrauch kann zurückschlagen oder behutsam den Kanon verändern: Die Bilder des Kalpasūtra können aufwändiger gemalt, die Schrift dicker gezogen werden. Es kann ein anderes Buch ausgewählt werden, wenn sich das Ritual verändert. Es kann bis aufs erste Kapitel gekürzt werden, wenn das Ritual abgekürzt wird. Das Ritualhandbuch kann abgeändert, die Vorschriften können den veränderten Bedingungen angepasst werden. Dagegen ist Kanon II solchen Veränderungen gegenüber resistent und indifferent, denn er darf sich nicht verändern, um seinen symbolischen Wert zu bewahren. Ich halte die Unterscheidung für nützlich; sie an bestimmte konkrete Texte zu binden, die den einen zu Kanon I und den anderen zu Kanon II machen, und nicht an eine bestimmte historische Praxis, finde ich problematisch. Folkert verwendet sie unter anderem um zu zeigen, oder zu behaupten, dass „Bühler superimposed a Canon II model onto a tradition whose literature was of the Canon I variety“,[76] mit anderen Worten, dass die frühe Jainaforschung

---

[75] Kendall W. Folkert, „The ‚Canons‘ of ‚Scripture‘“, in *Scripture and Community*, 69–76, insbesondere 69–71.

[76] Folkert, „The ‚Canons‘“, 7.

aus einem Teil des Jaina-Schrifttums eine protestantische Bibel gemacht hat. Da schwingt Anklage mit, und das ist legitim, ich würde aber, anders als Folkert, behaupten wollen, dass Texte hinsichtlich ihrer Aneignung als Kanon I oder Kanon II auf Grund ihrer jeweiligen Komposition oder ihrer vergangenen Verwendung zwar mehr oder weniger resistent, prinzipiell jedoch offen sind. Es ist möglich, aus dem Jaina-Kanon eine „protestantische Bibel“ zu machen und ein Symbol für das Licht aus dem Orient oder für Gewaltlosigkeit, wie im modernen Jinismus nicht unüblich. Und selbst die protestantische Bibel ist nicht nur Symbol, sondern durchaus Teil und Gegenstand ritueller Handhabe. Zu behaupten, Einzeltext und Kanontyp seien prinzipiell aneinander gekoppelt statt in einem durch die handelnden Institutionen geprägten historischen Verhältnis zu einander zu stehen, ergibt nur Sinn, wenn Bühlers Übertragung in orientalismuskritischer Absicht als folgenreicher Fehler gelesen werden soll und nicht als ein Beispiel dessen, was permanent mit Texten passiert, wenn sie durch Aneignung Kontexte wechseln. Zu sagen, die protestantische Bibel sei Kanon als Symbol und das Kalpasūtra Kanon als Praxis, unterschätzt die Handlungsmacht der Institutionen, in deren Händen die Texte gelegt sind und reproduziert letztlich die Hegemonie des Textes, statt sie zu hinterfragen: Auch der in Bombay gedruckte Śvetāmbara-Kanon steht im Glaskasten hinter dem Schreibtisch des Anwalts, meist ungelesen und als Symbol seines Glaubens. Es ist vielleicht gerade die Verbindung von Symbol und Praxis, die ein gut gewählter Kanonbegriff leisten kann.

Abkürzungen

Pkt. Prakrit

Skt. Sanskrit

Bibliographie

1. Literatur in südasiatischen Sprachen

Aṇuogadāra [*Anuyoga-dvāra-sūtra*], hg. von Venicand Surcand. Bombay: Āgamodaya samiti, 1924.

Jaina, Hīrālāla. *Ṣaṭkhaṇḍāgama kī sāstrīya bhūmikā.* Mujaphpharnagara: Prācya śramaṇa bhāratī, 2000.

Mahābandho. Siri bhagavaṃta Bhūdavali bhaḍāraya paṇīdo Mahābaṃdho [Mahādhavala siddhānta-śāstra]. 7 Bde, hg. von Sumerucandra Divākara. Nayī Dillī: Bhāratīya jñānapīṭha, 1944.

Śāstrī, Bālacandra. *Ṣaṭkhaṇḍāgama pariśīlana*. 2. Ausgabe. Dillī: Bhāratīya jñānapīṭha, 1999.

Ṣaṭkhaṃḍāgamaḥ vīrasenācārya-viracita-dhavalāṭīkā-samanvitaḥ. 16 Bde, hg. von Hīrālāla Jaina, Ādinātha Neminātha Upādhyāya, Phulacandra Siddhāntaśāstrī und Bālacandra Siddhāntaśāstrī. Solapura: Jaina saṃskrti saṃrakṣaka saṃgha, 1938–1959; Nachdruck Solapura 1995–2000.

2. Literatur in europäischen Sprachen

Alsdorf, L. „Jaina Exegetical Literature and the History of the Jaina Canon". In *Mahāvīra and His Teachings*, hg. von A. N. Upadhye, N. Tatia, D. Malvania, M. Mehta, N. Shastri, K. Shastri. 1–8. Bombay: Bhagavān Mahāvīra 2,500 Nirvāṇa Mahotsava Samiti, 1977.

Alsdorf, L. „What were the Contents of the Dṛṣṭivāda?" In *German Scholars on India: Contributions to Indian Studies*, hg. von Cultural Department of the Federal Republic of Germany, New Delhi. 1–5. Varanasi: Chowkhamba Sanskrit Series Office, 1973.

Bruhn, Klaus. „Das Kanonproblem bei den Jainas". In In *Kanon und Zensur: Beiträge zur Archäologie der literarischen Kommunikation II*, hg. von Aleida und Jan Assmann. 100–112. München: Fink, 1987.

Bühler, J. G. „The Digambara Jainas". *Indian Antiquary* 7 (1878): 28–29.

Bühler, J. G. „On the Authenticity of the Jaina Tradition". *Wiener Zeitschrift für die Kunde des Morgenlandes* 1 (1887): 165–180.

Cort, John E. „How Jains Know What They Know: A Lay Jain Curriculum". In *Jambū-Jyoti (Munivara Jambūvijaya Festschrift)*, hg. von M.A. Dhaky and J.B. Shah, 399–413. Ahmedabad: Shresthi Kasturbhai Lalbhai Smarak Nidhi, 2004.

Denecke, W. „Mitteilungen über Digambara-Texte". In *Beiträge zur Literaturwissenschaft und Geistesgeschichte Indiens. Festgabe für Hermann Jacobi zum 75. Geburtstag (11. Februar 1925) dargebr. v. Freunden, Kollegen u. Schülern*, hg. von W. Kirfel. 161–168. Bonn: Klopp, 1926.

Denecke, W. *Digambara-Texte*. Unveröffentlichte Dissertation. Universität Hamburg 1922.

Dixit, K. K. „Evolution of the Jaina Treatment of Ethical Problems". *Sambodhi* 2, 1 (1973): 19–38.

Dixit, K. K. *Jaina Ontology*. Ahmedabad: L.D. Institute of Indology, 1971.

Dixit, K. K. „The Problem of a Historical Evaluation of the Ancient Jaina Texts". *Sambodhi* 1, 1 (1972): 1–14.

Dundas, Paul. *The Jains*. London/New York: Routledge 1992.

Folkert, Kendall W. „The 'Canons' of 'Scripture'". In *Scripture and Community: Collected Essays on the Jains*, hg. von John E. Cort. Studies in World Religions 6. 53–83. Atlanta: Scholars Press, 1993.

Folkert, Kendall W. „The Jain Scriptures and the History of Jainism“. In *Scripture and Community: Collected Essays on the Jains*, hg. von John E. Cort. Studies in World Religions 6. 85–94. Atlanta: Scholars Press, 1993.

Folkert, Kendall W. „Scripture and Continuity in the Jain Tradition“. In *Scripture and Community: Collected Essays on the Jains*, hg. von John E. Cort. Studies in World Religions 6. 41-52. Atlanta: Scholars Press 1993.

Glasenapp, H. von. *Der Jainismus: Eine indische Erlösungsreligion*. Berlin: Häger 1925.

Jacobi, H. *Jaina Sūtras I–II*. Oxford: Oxford University Press, 1884.

Jacobi, H. „Über die Entstehung der Çvetāmbara und Digambara Sekten“. In *Zeitschrift der Deutschen Morgenländischen Gesellschaft* 38 (1884): 1–42.

Jacobi, H. *Sthavirāvalīcarita, or Pariśiṣṭaparvan by Hemacandra: Being an app. of the Triṣaṣṭi-śalākā-puruṣacarita*. 2. Ausg. Bibliotheca Indica; 96 = N.S. 1519. Calcutta: Asiatic Society of Bengal, 1932.

Jain, N. L. *Chapters on Passions: English Translation of Kasāya-Pāhuḍa of Ācarya Guṇadhara*. Varanasi: Parshwanath Vidyapeeth, 2005.

Jaini, P. S. *The Jaina Path of Purification*. Delhi: Motilal Banarsidass, 1979.

Jaini, P. S. „The Jains and the Western Scholar“. In *Collected Papers on Jaina Studies*, hg. von P. S. Jaini. 24–36. Delhi: Motilal Banarsidass, 2000.

Kapadia, H. R. *A History of the Canonical Literature of the Jainas*. Surat: Gujarati Print Press, 1941.

Pischel, Richard. *Grammatik der Prakrit-Sprachen*. Strassburg: Trübner, 1900.

Schubring, W. *Ācārānga-Sutra: Erster Śrutaskandha*. Leipzig: Brockhaus, 1910.

Schubring, W. *Die Lehre der Jainas nach den alten Quellen dargestellt*. Grundriss der Indo-Arischen Philologie und Altertumskunde. Encyclopedia of Indo-Aryan Research 3, 7. Berlin/Leipzig: Walter de Gruyter, 1935.

Shah, Chimanlal J. *Jainism in North India: 800 B. C.–A. D. 526*. New York: Longmans, Green, & Co, 1932.

Stietencron, Heinrich von. „Kalkulierter Religionsverfall: Das Kaliyuga in Indien“. In *Der Untergang von Religionen*, hg. von Hartmut Zinser. 135–150. Berlin: Reimer, 1986.

Weber, A. „Über die heiligen Schriften der Jaina I“. *Indische Studien* 16 (1883): 211–479.

Weber, A. „Über die heiligen Schriften der Jaina II“. *Indische Studien* 17 (1885): 1–90.

Winternitz, M. *A History of Indian Literature*. Translated form the original German by Mrs. S. Ketkar, and revised by the author. Calcutta: The University of Calcutta, 1927-1933.

Kīrtan and *Kathā* in the *āsā aṃdesā* (Song and Story in the Land of Hope and Fear)

Narratives of the Life of Gurū Nānak as Canonical Commentary in the Sikh Panth

James M. Hegarty

The Sikhs developed a fairly cohesive canon at a relatively early stage in their development as a religious community. By the time of the fifth guru, Arjan, (1563–1606) it was apparent that there were a considerable number of compilations of authoritative philosophical verse in circulation, known as *pothis*. There were also a considerable number of itinerant poet-saints in North India whose theologies and practices were compatible with the teachings of the first Sikh *gurū*, Nānak. Gurū Arjan wasted no time, in a context of economic, social and political consolidation within the Sikh Panth,[1] in establishing an authoritative, canonical, selection of

[1] Panth, meaning path or way, is a means of referring to the Sikh community taken as a notional totality. My use of this term is as a convenient shorthand for all groups which make, as B.K. Smith puts it in regard to the Vedas 'legitimating reference' to Nānak; this is of course, even true of schismatic formations, which legitimate themselves by means of contesting the succession of *gurūs*, such as the Mīṇās - the followers of Prithī Chand (1558–1619) the eldest son of the fourth Gurū Rām Dās – or the Hindālīs – who accepted the claim of Bidhī Chand over that of Gurū Hargobind (1595–1644) or ascetic movements such as the Udasis – who claim Sirī Chand, one of the two sons of Gurū Nānak, as their founder. For details of these, and other movements, see H. W. McLeod, *Early Sikh Tradition*, in *Sikhs and Sikhism,* Oxford University Press, Delhi, 1999 (also published as a separate volume) and Smith, B. K., *Reflections on Resemblance, Ritual and Religion,* Motilal Barnarsidass, Delhi, 1998. I would like, at this point, to thank Profs. Hew McLeod, Eleanor Nesbitt, Anne Murphy and Max Deeg for reading, and commenting upon, earlier drafts of this paper. I would also like to acknowledge the support of the British Academy in their provision of an overseas travel grant to facilitate my research in this area. This paper is humbly dedicated to the memory and scholarship of Prof. McLeod who died in July of 2009.

Max Deeg, Oliver Freiberger, Christoph Kleine (Hrsg.), *Kanonisierung und Kanonbildung in der asiatischen Religionsgeschichte.* VÖAW: Wien 2011, pp. 131–160.

the literary output of himself, his predecessors and selected, editorially approved, *bhagats* (Skt. *bhaktas* – here with a sense of philosopher – or theologian-poet). This compilation is known as the *Ādi Granth,* the first book. With the addition of the hymns of the ninth Gurū, Tegh Bahadur, it was the *Ādi Granth,* that was to be was installed as the eleventh and final *gurū*, the Gurū Granth Sāhib.[2] It is this volume, in a peculiarly South Asian fusion of Perso-Islamic bibliophilia and Hindu emphasis on the *murti* (or icon), which sits at the centre of a *gurdwārā* anywhere in the world to this day.

As with all summaries of historical development, the above delineates, in broad brush strokes, what was in fact a vexed and nuanced process of textual consolidation (and often contestation) in the Pañjāb of the sixteenth to the eighteenth century. However, the Gurū Granth Sāhib did come to stand as something of a textual monolith within Sikh tradition both as a consequence of its philosophical and theological content and through its wide variety of ritual roles (from its circumambulation to its use in the generation of proper names and even its bibliomantic functions). Indeed, it is one of the key sources of information on forms of medieval North Indian *bhakti* (devotion to a god without form) more generally. For the Sikhs, then, canonical compilation, manuscript production and dissemination and, eventually, the production of a printed edition of the canonical text with a near universally observed pagination, are indices of a profound concern with canon formation and protection.

The Gurū Granth Sāhib is, however, a difficult text. It is almost completely devoid of concrete historical or narrative content (other than in a few scattered references such as those to *mir-ji,* the first Mughal emperor Babur) and it presents its austere theologies through the medium of pithy philosophical verse which, although often of great beauty, hardly commends itself to a wide readership. It is also written in a hieratic language, Sant Bhāṣā,[3] which even in the period of composition was considerably

[2] The Gurū Granth Sāhib is the principal scripture of the Sikhs. It consists of 3,000 devotional hymns. 2,400 are the compositions of the six Gurūs who lived between 1469–1675 in the Pañjāb (Nānak, Aṅgad, Amar Dās, Rām Dās, Arjan, Tegh Bahadur). The rest of the verses are attributed to non-Sikh *bhagats* (Sanskrit: *bhakta*).

[3] A lingua franca used by many of the saint-poets of North India. It is a composite language showing a complex mixture of regional dialects and vernaculars as well as Sanskritic vocabulary (The mixture includes Apabhraṃśa, Braj Bhāṣā, Hindui and Persianised Pañjābi). The script is Gurmukhi (lit. 'from the mouth of the gurū'). For details see Surinder Singh Kohli, *A Critical Study of Adi Granth,* Motilal Barnarsidass, Delhi, 1961. Gurinder Singh Mann, *The Making of Sikh Scripture,* Ox-

at variance with workaday north Indian vernaculars. How then was this difficult canonical material mediated to a wider public and what was the impact of this process of mediation?

In order to answer this question, I will take up the *janam sākhī* literature (accounts of the life of Gurū Nānak) as an interpretive resource for the eighteenth century Sikh Panth.[4] I will, in particular, focus on the role of the *janam sākhī* as a means of formulating a mode, and model, of ap-

---

ford University Press, Delhi, 2001. Pashaura Singh, *The Guru Granth Sahib: Canon, Meaning and Authority,* Oxford University Press, Delhi, 2000.

[4] The *janam sākhī* is an episodic, hagiographic, account of the life of Gurū Nānak. The majority have a *digvijaya* motif, even if somewhat scrambled, in which Nānak visits regions in all four of the cardinal directions. The term itself is a composite of '*sākhī*', meaning a witness or testimony and '*janam*' meaning literally 'birth' and deriving from *janam patrī,* meaning a horoscope. The major traditions of *janam sakhī* have been catalogued, and their mutual interrelationships discussed, by H. W. McLeod in his *Early Sikh Tradition* (all dates refer to the common era). The major traditions are (1) The Bālā Janam-Sākhīs, these are polemical in part (Hindālī), the earliest extant *janam sākhī* manuscript is of this tradition (1658) (2) The Purātan Janam-Sākhīs: In which the Gurū Granth Sāhib is quoted without paraphrase in Pañjābi. These are also likely to be mid C17[th] in origin. (3) The Ódi Sākhis: This is a highly composite strand of tradition, and is also likely to be C17th. (4) The Miharbān Tradition: These are a more explicitly exegetical form of *janam sākhi,* in which the constituent sections are described as *goṣṭs*, or discourses, they form part of Mīṇā tradition. These texts have their origins in C17[th] but they indicate an evolved tradition, and examples can be found into the C18[th] and C19[th]. There are also a number of *janam sākhī* related texts, these include: The Gyān Ratanāvalī, this is a Bālā based account of the life of Nānak but is a much expanded and only partially coherent text: it is almost certainly late C18[th]. The Mahimā Prakāś: Only the *vāratak* (prose) version constitutes a distinct *janam sākhī* tradition. It emphasises the reputation of Khaɗūr (the home of the second Sikh Gurū Aṇgad). It is, according to McLeod, late C18[th] /early C19[th]. Important unique manuscripts include: LDP 194: which is Purātan in part, but with important variations and the B40: The most representative in terms of content and the subject of this paper. It was completed on 31st August 1733. Some related works include: The *vārs* of Bhāī Gurdās who was Arjan's amanuensis for the compilation of the Adi Granth: Verse compositions (approved for recitation in a Gurdwārā) include the *Nānak Prakaś* of Santokh Singh: This is another highly composite narrative (it draws on the, itself composite, B40). The famous sequel, popularly known as the *Sūraj Prakaś*, tells of the lives of the subsequent Gurūs. '*āsā aṃdesā*' is Nānak's designation for the conventional world, he uses it during a discourse with Gorakhnāth on Mt. Sumeru, folio 86b, B40 *janam sākhī.* This is McLeod's rather nice translation; one might also render it the land of hope and fear. See H. W. McLeod, *The B40 Janam Sākhī,* Guru Nanak Dev University, Amritsar, 1980, p. 93. It is appropriate at this point to record my gratitude for the extraordinary depth and breadth of the scholarship of Professor H. W. McLeod.

proach to the Gurū Granth Sāhib. I will argue that it is in and through the narrative construction of Guru Nanak that his austere monism was both communicated, commented upon, and transformed (often as part of a process of aggregation of Sikh doctrine to more widely held and popular notions of divinity and the socially and cosmically transformative power of the sage and his utterances). By extension, I intend to explore the relationship between canonical or authoritative text and forms of ancillary narrative in religious tradition more generally. This is a form of textual interrelationship which finds analogues that range from South Asian examples, such as that of Veda and Mahābhārata[5], to examples drawn from beyond South Asia, such as that of Torah and Haggadah and Koran and Hadith, to name but a few.

This paper will, then, attempt to contribute to the refinement of our understandings of some of the roles and capacities of narrative discourse as it pertains to the formation and interpretation of canonical text. I will explore, in particular, the role of narrative as a *model of interpretive engagement.* Critical to this capacity both to interpret and to model interpretation is the fact that narrative, as a form of expression, is capable of situating other forms of discourse, in this case religio-philosophical verse, in its own elaborate evocation of space and time (often with evident hermeneutic intent). Thus a critical aspect of this study of the *janam sākhī*, will be in observing the way in which they take up and transform the skeletal references to narrative and historical context in the Gurū Granth Sāhib, and use these to interpret canonical text. In this way, forms of 'cultural memory' (a term I will expand upon below) and canon become inextricably linked in Sikh tradition. In summary then, I will suggest, through a case study of the narrative construction of Nānak and his work (as well as that of select others) in early eighteenth century Pañjāb, that the creative capacities of narrative discourse are integral to the social and cultural determination of both canon and cultural memory as processes of 'transformation and reconstruction'.[6]

I will focus almost entirely on the B40 *janam sākhī.* This text is perhaps the most composite of the accounts of the life of Nānak, drawing on

[5] Although this by no means exhausts the commentarial range of the Sanskrit epic. See my "Encompassing the Sacrifice: On the Narrative Construction of the Significant Past in the Sanskrit Mahābhārata." *Acta Orientalia Vilnensia,* 7 (2006), 77–119.

[6] Jan Assmann, "Ancient Egyptian Antijudaism", 365.

a range of oral and manuscript tradition in a maximally inclusive fashion.[7] The, lavishly illustrated, manuscript is dated to 1733 and is currently held in the India Office Library. It is structured in fifty eight *sākhīs,* a term which can be translated as originally meaning only a 'witness' but which, by extension, came to signify an anecdotal episode, evidence, teaching or an instruction. It emerged from a non-Khālsā *saṅgat,* or congregation, in the region north-west of Nānak's village of Kartāpur.[8] The text provides a broadly chronological account of the life, travels and miraculous feats of Gurū Nānak. It is replete with verse quotations, by Nānak, and to a lesser extent by others, of a broadly religio-philosophical and devotional type (most of which are now to be found in the Gurū Granth Sāhib). Indeed, many of the narrative episodes of the text are structured around, and for, the occasion of the recitation of canonical verse. It is these episodes that I will focus upon in this paper. I will suggest that is precisely in the contextualising of Nānak's verse (and not all the verse that is placed in Nānak's mouth is in fact Nānak's) that we find a form of 'concrete' commentary on canon.

Thus, through a close reading of episodes drawn from the B40, I will demonstrate how the narratives of the life of Gurū Nānak were capable of functioning as both mode and model of exegetical engagement with canonical text (or as a means of surreptitiously admitting apocryphal verse to the canon). It is further my hypothesis that the process of inserting devotional verse (as well as other religio-philosophical materials), and Gurū Nānak himself, in (narrative) time and space generates a religious history

7 For a full analysis of the antecedent traditions of the manuscript, see H. W. McLeod, *The B40,* 1–32. McLeod states: "The B40 is, of all the *janam sākhīs*, the most representative in terms of content." p. 4. See also his *Early Sikh Tradition*, which includes a summary of the sources of the B40 sources on p.229 ff. For the full text of the B40, without translation, see Piar Singh, *Janam Sākhī Srī Gurū Nānak Dev Jī* (Amritsar: Guru Nanak Dev University, 1974). While I have checked the translations of McLeod against the original text, unless otherwise stated, I have used McLeod's translation of the text in all quotations (I have tended to adapt the translations slightly, in order to bring out the circulation of key terms and the economy of the syntax of the original text). All references to the Gurū Granth Sāhib are to the standard pagination of the modern printed editions. The version of the text to which I had access when writing this paper was Winand M. Callewaert's *devanāgarī* edition, *Śri Guru Granth Sāhib* (Delhi: Motilal Barnarsidass, 1996).

8 Meaning a company or association. For details see W. H. McLeod, *B40,* 19–25. See also W. H. McLeod, "The Hagiography of the Sikhs" in *According to Tradition: Hagiographical Writing in India,* W. M. Callewaert, R. Snell, eds. (Wiesbaden: Harrasowitz Verlag, 1994), 26.

and geography which itself can function as a complex mode of ongoing commentary on religious, social and political life.

I do not believe that J.Z. Smith was speaking only for Jewish Traditions when he, drawing on the work of Jacob Neusner, stated 'Judaism should look different when interpreted from the perspective of the history of religions; the history of religions should be altered by the act of interpreting Jewish data.'[9] So, too, does the Sikh data provide a particularly rich and challenging resource for the refinement of scholarly orientations to textual and performative practice in general and to the formation and mediation of canon in particular. Before we can look in detail at the text of the B40 *Janam Sākhī,* I must, however, clarify my use and understanding of the terms canon and canonical commentary.

Canon and Canonical Commentary

There has been a renewed scholarly dialogue over the last two or more decades on the nature and function of the concepts of 'scripture' and 'canon' in the interpretation of religious traditions. This efflorescence originated, perhaps, with Wilfred Cantwell Smith's work in this area and the range of symposia and edited volumes (as well as monographs) that took their inspiration from his work.[10] Cantwell's critical insight was the necessity of an exploration of scripture as concept and process:

> To observe the situation accurately is to recognise that that coalescence with the actual – the many diverse actuals – that fact of continuous change, that active participation as an integrated part of the flux of an on-going historical process, are not an accidental modifying of some higher or more stable reality. These matters are not something that we must set aside or get beyond or behind in order to understand scripture itself, uncluttered by the vicissitudes. Rather, it is they that are responsible for this or that text's being scripture; that they constitute scripture's essential character.[11]

---

[9] J. Z. Smith, *Imagining Religion: From Babylon to Jonestown* (Chicago: Chicago University Press, 1982), p. 36.

[10] See Wilfred Cantwell Smith, *What is Scripture? A Comparative Approach* (London: SCM press, 1993). Jean Holm and John Bowker eds, *Sacred Writings* (London: Pinter, 1994). Barbera A. Holdrege, *Veda and Torah: Transcending the Textuality of Scripture* (Albany: SUNY Press, 1996). M. Levering ed., *Rethinking Scripture* (Albany: SUNY Press, 1989).

[11] William Cantwell Smith, *What is Scripture?*, 4. Such a formulation resonates with a considerably more long standing opinion on these matters, that of Giambattista Vico; Croce summarises Vico's conception of philology as follows "By Philology Vico means not only the study of words and their history, but since words are bound

Acknowledging the processual character of scripture only takes us so far, however. We must define the role of canon-formation within the more general process of the transmission and adaptation of religious knowledge. In a celebrated formulation, J.Z. Smith characterises canon as a process of textual limitation and goes on to state that:

> The radical and arbitrary reduction represented by the notion of canon and the ingenuity represented by the rule-governed exegetical enterprise of applying the canon to every dimension of human life is that most characteristic, persistent and obsessive religious activity.[12]

Thus for Smith, canon is as much about the overcoming of self-imposed textual limitation as it is about limitation itself. Jan Assman's characterisation of textual authority resonates with Smith's formulation when he states:

> Authority means that everything the text says possesses absolute normative validity, and whatever lays claim to normative validity must be able to prove itself to be the meaning of the text.[13]

The really interesting process is, then, how a given perspective on an authoritative or canonical text proves itself to be a meaning of that text. This is, of course, the crux, of the 'exegetical enterprise' of overcoming canonical limitation and the primary opportunity for exploration of the interrelationship of canonical, para-canonical and even non-canonical forms of textual codification in a given historical context. Jan Assman, in his *Religion and Cultural Memory*, has formulated a very useful notion of 'explanatory recontextualisation' as a critical necessity when a given textual form is separated from its original context of development and dissemination. Assman states:

> This new framework recontextualises the overall text for the changing face of the present; it translates the text into historical values and orientations. This framework is the commentary[14]

---

up with the idea of things, he means also the history of things. Thus philologists should deal with war, peace, alliances, travels, commerce, customs, laws and coinage, geography and chronology, and every other subject connected with man's life on earth. Philology, in a word, in Vico's sense, which is also the true sense, embraces not only the history of language or literature, but also that of events, philosophy and politics." See Benedetto Croce, *The Philosophy of Giambattista Vico,* trans. R. G. Collingwood, (London: Howard Latimer, 1913).

12 J.Z. Smith, *Imagining Religion,* 43.

13 J. Assmann, *Religion and Cultural Memory,* 64.

14 J. Assmann, *Religion and Cultural Memory,* 71.

This framework, more often than not, at least at the popular level, is dominated by narrative genres and this is certainly so in the case of the Sikh Panth of the eighteenth century. The notion of narrative as a form of canonical commentary is still, however, relatively underdeveloped. Patton's pioneering work, and in particular her perspective on the post-Vedic Sanskrit text the *Bṛhaddevatā* is instructive here:

> the function of narrative as commentary is the opposite of the Elidean escape from time. In the *itihāsa* (Sanskrit narrative) explanations, *mantra* is inserted into the progression of events (one might say inserted into time) in order to provide a credible framework for its efficacy.[15]

In the *janam sākhī* narratives, it is the *gurū* and his poetic output (the *śabad*) that is 'inserted in time'. This insertion allows the *gurū* and his work to function as a theoretical resource for the early Sikh Panth in its engagement with its canonical texts and its own more general understandings of cosmos, society, self and other (be this 'other' religious, social or politicial).[16]

This moves us from issues solely of the mediation of canonical text to wider issues in, what Jan Assmann has termed, the 'codification of human memory'.[17] This forms part of Assman's wider theoretical engagement with the notion of 'cultural memory' ('Kulturelles Gedächtnis') and its textual and institutional transmission and adaptation. Assman summarises the concept, with an important qualification of his use of the term memory, as follows:

> With the concept of cultural memory we are taking a major step beyond the individual who alone possesses a memory in the true sense. Neither the group, nor even

[15] L. Patton, *Myth as Argument: The Bṛhaddevatā as Canonical Commentary* (Berlin: Walter de Gruyter, 1996), 42. My brackets.

[16] This was a century which saw the struggles of the nascent Khālsā and its eventual consolidation, the decline of the Mughals, Afghani incursion (by Ahmad Shāh Abdālī), the 'theocratic confederate feudalsism' of the *misls* (the mobile bands of Sikh warriors), the eventual ascendancy of the Shukerchakiā *misl,* the leader of which was Rañjīt Siṅgh who was to become the first leader of an expanding Sikh state in, and beyond, the Pañjāb from 1792–1849. For an overview see Khushwant Singh, *A History of the Sikhs Volume One 1469–1839* (Delhi: Oxford University Press, 1991 (1963)). The quotation above is from J.S. Grewal, *From Guru Nanak to Maharaja Ranjit Singh: Essays in Sikh History* (Chandigarh: Panjab University, 1970), 2.

[17] See, in English, Jan Assmann, *Religion and Cultural Memory,* Rodney Livingstone trans. (Stanford: Stanford University Press, 2006), and "Ancient Egyptian Antijudaism: A Case of Distorted Memory", in *Memory Distortion: How Minds, Brains and Societies Reconstruct the Past.* D. Schacter ed. (Cambridge, Mass.: Harvard University Press, 1995), 365–385.

culture, 'has' a memory in that sense. To talk as if they did would be an illegitimate act of mystification. As always, man is the sole possessor of memory. What is at issue is the extent to which this unique memory is socially and culturally determined.[18]

Canon formation, in this context, forms part of a wider conglomeration of modes of 'symbolic codification' as they pertain to the creation, mainte-

[18] Assmann, *Religion and Cultural Memory,* 8. It is unfortunate, then, given the subtlety of Assmann's own approach, that the assumption of an authorial 'culture' is prominent in characterisations of the entire field of comparative historiography: "There is no human culture without a constitutive element of common memory..."History" in this fundamental and anthropologically universal sense is a culture's interpretive recollection of the past serving as a means to orient the present". The very examination of processes of historical self-fashioning implicitly destabilises, however, the holistic categories that circulate in this sort of statements. J. Rüsen, "Some Theoretical Approaches to Intercultural Comparative Historiography", *History and Theory,* 35, 4, Theme Issues 35: *Chinese Historiography in Comparative Perspective,* 1996, 5–22 (here 7–8). Rüsen exhibits a combination of useful insight (into the multiple domains in which a given conception of the past is active and relevant) with valuable, but ultimately frustrating, generalisation (as in the above quotation). Indeed, if one had to characterise the relevant 'anthropological universal' then it is far better, in my view, to consider as universal the elaboration of both successive, and competing, reflective 'technologies' or 'practices' in human social groups. This paper's analyses of the role of narrative data in the fashioning of an understanding of authoritative text and of the significant past in eighteenth century Pañjāb is such a contribution to an analysis of human social groups in the light of such an orientation. Rüsen usefully argues that a certain mode of historical consciousness, namely the 'western' mode, has an 'unreflected meta-status' in comparative analyses. One must, however , be wary of generalisation even in this regard, Linda Orr explores the genre typologies and literary conventions of 'Western' history writing at some length in her L. Orr, "The Revenge of Literature: A History of History", *New Literary History* 18 (1986–87), 1–47. A more subtle approach than Rüsen's is adopted by Christian Meier in his "Die Entstehung der Historie," in *Geschichte: Ereignis und Erzählung* (Poetik und Hermeneutik V), eds. Koselleck , R., and Stempel, W. (Munich: Wilhelm Fink Verlag, 1975), 256: „Es scheint an der Zeit, eine in größerem Stile vergleichende Betrachtung der verschiedenen Formen anzustellen, in denen in den verschiedenen Kulturen und Gesellschaften historische Fragen, Betrachtungsweisen, Interessen mit den Problemen, Perspektiven und Bedürfnissen, mit bestimmten Weisen des Handelns, der Veränderung, der Erwartungen und mit bestimmten Struktureigentümlichkeiten der Gesellschaft korrelieren.“ ("It seems to me time to install an elaborated comparative view of the different forms, within which the different cultures and societies correlate historical questions, world-views, and interests with certain ways of activity, of change, of expectation, and with certain structural peculiarities of society.") Canon formation and adaptation can, quite easily, take up a subordinate position within this subtle orientation to social process and the construction of the significant past.

nance and adaptation of forms of cultural memory. This is an ineluctably political process:

> … whatever advantages symbolic codification might provide over individual memory, they are more than balanced by the fact that writings and other forms of objectivization and codification are open to censorship, manipulation and even annihilation.[19]

It is my intention to explore the B40 *janam sākhī* as an example of precisely this process: I will contend that the *janam sākhī* literature, in their relation to the canonical utterances of the Gurūs,[20] and in their more general relation to the person of Gurū Nānak as exemplar and guide, allow us to analyse the process whereby the parameters of both canonical interpretation, and the constitution of the past as a stable, even if varied, site for the formation of cultural memory, were established in the Sikh Panth as it consolidated and developed in the seventeenth and eighteenth century.[21]

The *janam sākhī* was not, of course, the only para-canonical interpretive resource available to the Sikh Panth as it developed in the eighteenth century: The matrix of texts was formidable in its range and complexity and, in addition to the compositions of the ubiquitous *bhagats* (*bhaktas*) that were not included in the Gurū Granth Sāhib, it included the *Dasam Granth*, which, traditionally, is thought to be made up of the writings of the tenth Gurū, Gobind Singh; the life histories of the Gurūs other than Nānak; and the developing forms of the Khalsa Rahit; as well as the poetic output of several leading Sikhs who had not risen to the status of Gurū.[22] The *janam sākhī*s represent, however, perhaps the earliest of the

---

19 Jan Assmann, "Ancient Egyptian Antijudaism", 366.

20 Which, of course, with the selected poetic outputs of the non-Sikh *bhagats*, form the content of the Gurū Granth Sāhib.

21 This model was, of course, expanded to include other Gurūs, and the hagiography became one of the chief means whereby the Sikh Panth constructed the past as a mode of commentary and guide for the present. The centrality of this form of remembrance persists to this day but was at its height in the sixteenth and seventeenth centuries (in which we find the points of origin and trajectories of development of several interrelated traditions of *janam sākhī*). Gurinder Singh Mann provides an overview of these sources in his *The Making of Sikh Scripture,* 19. By the middle of the eighteenth century we also see the emergence of reference to the history of the Gurū Granth Sāhib itself (the earliest source for this sort of material is Kesar Singh Chhibbar's *Bansavlinama Dasan Patishahian Ka* ('The genealogy of the Ten Masters') of 1769.

22 McLeod's pioneering work is yet to be surpassed here, but much work remains to be done. A study of the Sikh textual matrix as index and actor in the religious, social and political development of the Pañjāb of the period is yet to be undertaken.

para-canonical genres,[23] and, in view of their ubiquity, generally simple language, and their widespread popularity (which is evident to this day), one of the richest resources for gaining an insight into the ongoing process of the interpretation and contextualisation of Gurū Nānak and his (and other's) canonical verse. They also provide a window from which to observe the attendant concretization of Sikh self-understandings and cultural memories.

The B40 as Canonical Commentary

My analysis of the B40 *Janam Sākhī* will proceed, first of all, through an inventory of the functions of canonical and non-canonical quotation in the text. I will then narrow my analyses in order to consider the particular role of the quotation of religio-philosophical verse as a form of social commentary. Following this, I will summarise some of the key theoretical contributions, as well as the functional capacities, of the *Janam Sākhī* as canonical, and historical, commentary in the Sikh Panth of the eighteenth century.

Before I do this, however, I will provide certain basic statistical data regarding the patterns of quotation of canonical and non-canonical text in the B40: fifty-seven of the quoted texts of the B40 are drawn from the Gurū Granth Sāhib as we now have it.[24] Of these texts, only a handful are unaltered (although the alterations are, by and large, fairly minimal, some are significant and are discussed below). Gurū Nānak is cited as the

The work, although there are significant disagreements between the two scholars, of Gurinder Singh Mann and Pashaura Singh, constitutes a significant contribution to such an undertaking in the early, formative period of the Sikh Panth.

[23] Perhaps, in terms of lines of oral transmission, reaching back to the life time of Nānak himself.

[24] The development of the Gurū Granth Sāhib is a complex process: From the Gurū Harsahai Poṭhī (1530s) to the Goindval Poṭhī (1570s) and the Kartāpur Poṭhī to the Adi Granth (1680s). The situation was one of competing compilations reflecting panthic division, however, the numbering system, metrical ordering, authorship details etc. made interpolation from the time of Gurū Arjan increasingly difficult. The narrative of Gurū Gobind Singh's dissolving of the office of the human *gurū* and the investiture of the Adi Granth as *gurū*, as the Gurū Granth Sāhib, is first related in Sainapati's *Śrī gurū śobha* in 1711. See the works of Pashaura Singh and Gurinder Singh Mann, cited above, for details. See also Mann's *The Goindval Pothis: The Earliest Extant Source of the Sikh Canon* (Cambridge, Mass.: Harvard University Press, 1996) (Department of Sanskrit and Indian Studies, Harvard University), 1–53.

author[25] in the Gurū Granth Sāhib of forty-two quotations of these quotations, four are drawn from the work of Gurū Aṅgad, three from the work of Gurū Amar Das, and four are attributed to the non-Sikh (Sufi) *bhagat* (or *bhakta* in Sanskrit) Farīd. There are twenty-nine quotations from texts not drawn from the Gurū Granth Sāhib. Of the fifty eight *sākhī*s of the text, nineteen involve the quotation of religio-philosophical text, the rest are purely narrative in content. Of the eighty-six conspicuous quotations in the B40 only fifteen are sung or recited by anyone other than Gurū Nānak.[26]

From this brief survey of the text, we can see immediately that the B40 is by no means solely a foil for the quotation and contextualisation of religio-philosophical text. However, the singing or recitation of suchlike

[25] The Gurū Granth Sāhib has an enormously complicated structure, it is basically tripartite, with a further sub-division in the main, central, section by *rāg* and within each *rāg* by the length of the composition, beginning with the shortest (the *chaupad* of four stanzas and a refrain, then the eight stanza *aṣṭapadī* and the *chhant,* of four stanzas but where each is of successively greater length). After this, there are the longer compositions in a variety of measures. Finally, at the end of each section are the compositions of the non-Sikh *bhagats.* The *chaupad, aṣṭapadī,* and *chhant* are themselves given in author order, they begin with the compositions of Gurū Nānak, then Amar Das, Rām Das, and Arjan and, if available, Tegh Bahadur. Aṅgad is not included as his compositions are all *ŝaloks* (*śloka* in Sanskrit) and not *śabads* (hymns). All the Gurū's 'sign' themselves as Nānak, they are differentiated by means of the word Mahalā and a given number (M1 for Nānak, M2 for Aṅgad etc.).

[26] From this one can also deduce that Nānak's use of religio-philosophical text is not limited to his oeuvre as it is preserved in the Gurū Granth Sāhib as we have it now (which contemporary scholarship dates to the 1680s, see above, note 26, for details). Of course, the compilation of devotional verse, was limited to the Nānak panthis. See, for example, W. Callewaert's *sarvāṅgī of the ∂ādūpanthī rajab* (Leuven: Departement Oriëntalistiek, Katholieke Universiteit, 1978), and the work of Linda Hess on the compilations of Kabir's work in W. H. McLeod and K. Schomer eds., *The Sants: Studies in a Devotional Tradition of India* (Delhi: Motilal Barnarsidass, 1987). This date, of the late 1680's means that we can by no means assume that the rigidly fixed, now print-based, form of the Gurū Granth Sāhib, with its standardised pagination etc. was that which was known and circulating in the variety of traditions, oral and manuscript based, from which the 1733 B40 draws. It is for this reason that I will not engage in close comparison of the shifts in the quotations of the B40 and the Gurū Granth Sāhib as we now have it. A concerted attempt to locate the non-Gurū Granth Sāhib quotations of the B40 in the wider extant manuscript tradition is beyond the scope of the present study. Close comparison of quotations depends on an accurate knowledge of what is being quoted. I will, however, comment on significant differences from the received text of the Gurū Granth Sāhib when they seem to be of particular doctrinal or political interest.

texts is a conspicuous feature of the B40, and of the *Janam Sākhī* literature in general, and a prominent activity in the mode of operation of Gurū Nānak in particular. My analyses will explore the varieties of ways in which externally sourced (at least in terms of the self-presentation of the text[27]) canonical materials are deployed in the B40 in relation to broader features of the narrative structure, thematic content, and historical context of the text. I will focus in particular on the quotation of materials which now form part of the Gurū Granth Sāhib. Given my emphasis on the term 'function', McLeod's distinction between purpose and function is worth noting here:

> The function of the *janam sākhīs* must be clearly distinguished from their avowed purpose. Whereas their purpose concerns the conscious intention of their authors, their function concerns the role which they actually played within the later community.[28]

I do not propose to provide an inventory of the function of every single quotation in the text of the B40. Instead, I will examine some representative examples as they pertain to forms of social, religious and cosmic commentary.[29] I will then relate my analyses to broader concerns evinced within the text and to my opening speculations on the functions of narrative in relation to the codification of both textual authority and the significant past.

---

[27] It is important to note that where no extant source for a non Gurū Granth Sāhib quotation in a *janam sākhī* is available then we must at least entertain the possibility that some of them, although presented as external compositions, might be original material (not necessarily to the B40 but to the contributory oral and manuscript-based traditions).

[28] W. H. McLeod, *Early Sikh Tradition,* 244, drawing on the work of R.K. Merton.

[29] I have broken down the quotation of religio-philosophical verse, whether it is recited or sung in the B40, into five basic functions; social and religious commentary and justification; the modelling or re-modelling of time and space; theological refinement; the exemplification of a cognitive orientation that is productive of release; and finally, the exemplification of inter-textual dialogue. The last of these functions has something of a meta-status, of course, as it can facilitate the achievement of any and all of the foregoing functions. In the present work, I will take up only the first of these functions. I have ascribed each and every quotation in the B40 to one of the categories in this series of five functions in a document that would be more suited for circulation as an appendix to an extended book-length study.

Social, Religious and Cosmic Commentary and Justification in the B40 *Janam Sākhī*

There are twenty-two texts deployed in this fashion in the B40, only three of which derive from sources other than the Gurū Granth Sāhib. Perhaps the most explicitly justificatory of these quotations comes from Aṅgad in the narrative of his meeting and selection as pupil by Gurū Nānak (*sākhī* 24): While participating in a pilgrimage to a *bavaṇ,* or shrine, of Durgā, Aṅgad, then known as Lahiṇā (or Lahana), meets Nānak, by now a renowned *bhagat* (*bhakta*), in Kartāpur. He is immediately recognised by Nānak as his pupil, indeed as his very limb (*aṅg*), and it is for this reason that Nānak renames him Aṅgad. Having spent three years with Nānak in Kartāpur, he returns to the village of Matte di Sarai, near his home village of Harike, and is recognised as a shining one (*joti*). This triumphant return culminates with a *śabad* from which I will now quote:

> They who cherish love in their hearts are exalted.
> Assuredly, they are carried across, (upon them) are bestowed the blessing of joy, scattering their woes afar. (1)
> To those in whose fate it is so inscribed there comes the *gurū*,
> And to them he reveals the divine name of truth, conferring immortality … (2)
> Why should he who dwells in the divine presence submit to another? …
> He upon whom there rests the master's grace finds release in the Gurū's utterance. (3)[30]

This *śabad,* a work by Nānak, is triumphant in tone and in the context of delivery. It also marks a characteristic form of extension (or perhaps contraction) of the semantic range of the term *gurū* in the *janam sākhī* literature: Where, in the more rigorously philosophical context of Nānak's work, the term might refer to the transcendent divine being, and, in a more workaday sense, simply to a religious teacher, here it also refers to the *gurū* himself, Nānak, and to the institution of successive Gurūs, which was known to all who read or heard this text (or others like it). This knowledge is evident, at a very simple level, in the B40's consistent reference to Aṅgad, as Gurū Aṅgad from the moment of his re-naming. Furthermore, he is installed as Gurū during the course of this *sākhī.* In this way, the *śabad* functions as a series of promises (of exaltation, joy, immortality and release) to those whom have been selected by fate and who take heed of 'the *gurū*'s utterance'. While this might be very much based on a model of individual devotion when the text is read as a stand-alone entity, or as part of the compilation of suchlike religio-philosophical texts

[30] Folio 97a: Gurū Granth Sāhib, *sūhī 5*, p.729. All references to the Gurū Granth Sāhib follow the standard pagination. See McLeod, *B40,* 106.

in the Gurū Granth Sāhib, or any of the other *poṭhis* (books or volumes) of devotional verse circulating in the period, here, in the B40 narrative, the promises, in view of the multivalency of the term *gurū*, and the focus of the text on the elevation of Aṅgad, the successor of Nānak as human *gurū*, becomes considerably more social and reflect a consciousness of commitment to the Panth: This is, of course, based on the conflation of the word of god (the divine *gurū*) with that of the human teacher (the human *gurū*) which accomplishes a semantic extension of the term *gurū*. All of this occurs in the context of a quotation which is itself considered to be part of 'the *gurū*'s utterance' which is, of course, the purveyor of the means of release; but only if the student is in receipt of the master's grace. The identity of 'the master' in the text, and much more clearly in the encompassing narrative context, vacillates between divine and human *gurū*.

In addition, the time-space of the text, in which villagers hear a *śabad*, authored by Nānak and quoted by Aṅgad, dramatically instantiates both a line of succession, human and textual, and recalls very strongly the probable contexts of textual transmission in the Pañjāb of the period. There is a simple logic at work here, the relationship between Nānak and the object of his devotion, the divine name (*nām*) or God, is replicated in the relation between Aṅgad and Nānak in the text, which in turn is replicated in the relation between devotee and the succession of human *gurū*s and their work. This series of relations allows both individual lexemes (most prominently *gurū*) and the text as a whole to function at a number of levels: as a promise to the *bhagat*; as a promise to the follower of a *bhagat*; and as a promise to any subsequent member of the Sikh Panth interacting with either a Gurū (that is to say one of the ten human Gurūs) or a Gurū's utterance. This provides a firm conceptual bedrock for the eventual conflation of Gurū and Gurū's utterance in the Gurū Granth Sāhib.[31]

[31] It is worth noting that the investiture of the Ādi Granth as Gurū which, as I mentioned above, is credited to Gurū Gobind Singh, can be seen as both a consequence of succession difficulties in the Sikh Panth but also as an outcome of certain currents of exegesis, particularly those which tended toward the deification of Nānak. This process had a ripple effect on the other Nānaks (the other Gurū's who self identified as Nānak in the Gurū Granth Sāhib) and lent the text an authority which is reflected in the institutionalised compilatory efforts of the seventeenth century, culminating in the Ādi Granth. The status of the text was also treated in the Gurū Granth Sāhib itself: 'Those who attempt to understand God through the writings recorded in Gurmukhi will attain liberation', Gurū Granth Sāhib, p.432.

It is also worth noting that Aṅgad holds the unique honour of being the only *gurū* installed before his successor dies (and the B40 relates this event). This dyadic relation with Nānak is critical as a devotional trope, that is to say as a narrative 'argument', that is capable of modelling the relation between both God and Bhagat and Gurū and Panth and subsequently between the canon of Gurū's (and approved *Bhagat's*) utterances and Panth. Thus we encounter, in the use of Gurū in the quotation above, a form of paronomasia that is not comic but rather profoundly philosophically, socially, textually and even politically communicative.

An example of the potentially political register of this form of religious language occurs in the first line of the third stanza, in which the notion of the sufficiency of commitment, that is to say the 'dwelling in the divine presence', potentially functions as both a sectarian and a political manifesto: 'Why should he who dwells in the divine presence submit to another?' Such statements can be read as potentially sectarian if one bears in mind the contested nature of the *gurū*-succession (a fact which is explicitly referred to in the B40 and which finds much fuller treatment in other, explicitly sectarian, *janam sākhī* traditions[32]). It is potentially political when one considers the progressive militarization of sections of the Sikh Panth that accelerated after the death of Gurū Tegh Bahadur on November the eleventh 1675.[33] That it was conceivable for his son, and successor, Gurū Gobind Singh to write, in Persian, less than two decades later, 'When all avenues have been explored, all means tried, it is rightful to draw the sword out of the scabbard and wield it with your hand'[34] indexes some seismic shifts in the self-understandings of certain sections of the Sikh Panth between the time of Gurū Nānak and that of

[32] Folio 227b. See above, note three.

[33] The celebrated *sīs diyā par sirr nā diyā* 'I gave my head but not my secret' account of the martyrdom of Gurū Tegh Bahadur in which he, refusing to convert to Islam, is beheaded (under the auspicies, if not the physical presence, of the Emperor Aurangzeb) may be found in Ratan Singh Bhangu's *prācin paṇth prakaś*. Interestingly, there is also an apocryphal tale of Tegh Bahadur predicting the coming of the British to defeat the Mughals, while Khushwant Singh dismisses this as fabrication (see his *History of the Sikhs*, 74), this predictive capacities of Nānak are referred to in the B40, indeed he predicts that the Mughals will persist only 'for a while' (see below for extended treatment of this narrative in the B40). This places his agency and power as the dominating force. While the more unsavoury details of this anecdote may indeed have been added, the notion of an assertion of dominating agency by means of predictive power is by no means alien to the life histories of the *gurūs*.

[34] Zafarnāma: *'cu kār az hamā hīlate dar guzaśt, halāl ast būrdan ba śamśīr dast.'* Cited in K. Singh, *History of the Sikhs 1*, 78.

Gurū Gobind Singh. In this way, we can see how the strategic contextualisation of a verse from the Gurū Granth Sāhib can allow it to mean in a variety of new and interesting ways. Here, the text becomes a guarantor of a series of graded relationships with God or Nām; for Gurū Nānak, for Gurū Aṅgad, for their utterances and for the members of the Sikh Panth. It also, at least potentially, admits of more exclusivist self-understandings of the nature of that Panth. In this way, devotional verse begins to be refunctioned as Panthic charter in the *janam sākhī*.

The deployment of authoritative text in the B40 is not limited to texts of complex philosophical justification. One of the clearer examples of social commentary in the B40 comes in the context of a refusal by Gurū Nānak of the gift of food and clothing in the context of his return, after a period of twelve years away, to the vicinity of his home village of Talvandi. He is visited there by his mother. She offers him food, to which he responds:

> To believe (in the *nām*) is to taste all the sweet *ras*; to hear it, all the salty.
> To utter (the *nām*) is to taste all the tart *ras*; to sing it, all the spicy ... (1)
> Mother, to eat now would be to turn joy into suffering.
> He who eats brings agony to his body and liberates evil with his mind.[35] *(refrain)*

Thereafter, he is offered new clothing, and he states:

> Let the crimson that you wear be a steeping of your cognitive faculties (in God), and let your white be the giving of charity ... (2)
> Mother, to wear other (garments) would be to turn joy into suffering.
> He who arrays himself (in any other) brings agony to his body and liberates evil within his mind (*man*). *(refrain)*

The quotation continues with a stanza that rejects martial accoutrements (specifically a horse) and culminates with a rejection of familial ties:

> The joy of your name is (my) home and (my) temple; your grace (my) family ...
> Nānak, (is) the true king; (He) asks of no one nor seeks the counsel (of any). (4)
> Bābā, any other repose turns joy into suffering ...*(refrain)*

This series of verses progressively reject all aspects of workaday life, they form part of a pronounced ascetic emphasis in portions of the B40. This emphasis actually runs counter to the thrust of Nānak's work as we have it in the Gurū Granth Sāhib, which does not, overall, enjoin ascetic

[35] *sākhī* 35a: *sirī rāg* 7, Gurū Granth Sāhib p.16–17. See McLeod, *B40,* 36–37. I translate the term *man* (Skt. *manas*) as mind and as 'cognitive faculties' in a context-sensitve fashion: if the context is prosaic then I use mind, if the setting is one of a technical philosophical type, then I use cognitive faculties. Thus in the above, I use cognitive faculties in the context of the notion of the steeping of the *man* (in God) and mind in the context of the freeing of the *man* from its evil.

practice as contributory to release. Instead, the B40's critique of worldly goods forms part of the re-moulding of the figure of Nānak in the light of dominant assumptions regarding the dispositions and practices of the empowered religious teacher in the Pañjāb of the period (many of which were configured by the mythology of the 'Siddhs' and the ubiquitous, at least in narrative terms, Kānphata Yogīs[36]). The verse is selected precisely because of its renunciative force. The terms of address in the verses as they appear in the Gurū Granth Sāhib are all that of *mātā*, mother, while in the B40 they vary from *mātā,* in the first two stanzas quoted, to *bābā,* grandfather/respected elder, in the second two stanzas of the quotation. The first two vocatives provide the prompt for the narrative back-formation of an encounter between Nānak and his mother: That is to say, the entire narrative is spun out of the occurrence of this precise term of address in a verse authored by Nānak. This is a very clear example of the process I mentioned in my introduction in which scant narrative detail is 'fleshed out' in the *janam sākhī,* here with evident exegetical intent. The second two vocatives, introduced in the B40, widen the circle of addressees to any and all male listeners (as the term *bābā* has a general function as a polite term of address even to this day across north India). This is minor, but significant, shift in the text as it provides a degree of emphasis on the applicability of the verse to all listeners. Here, then, we have an example of a strategic selection and, I would argue, deliberate minor adaptation, of a composition from Nānak's œuvre in order to offer, an uncharacteristically extreme, critique of worldly existence. This perspective is, however, reflective of certain strands of belief and practice within the Sikh Panth of the period. In particular it reflects the emphases of the Miharbān traditions[37] and, in particular, the ascetic focus of what is now

[36] *Siddha*: One of the eighty four perfected beings who dwell in the Himalayas (significant to both Nāths and to *Vajrayāna* Buddhism). The terms *siddha* and *nāth* are used interchangeably in the *janam sākhī* literature. For more information on the legendary Goraknāth and the order of 'split ear' or *Kānphata* ascetics who follow him, see G. W. Briggs, *Gorakhnāth and the Kānphata Yogīs* (Delhi: Motilal Barnarsidass, 1973 (1938)).

[37] The non-khālsā stream of Sikh identity and practice is now collectively referred to as *sahaj-dhārī,* which is often given the pejorative gloss 'slow-adopter'. McLeod traces the term to Nānak's use of the term *sahaj* to describe the condition of ineffable bliss that is the consequence of the disciplined practice of mediation on the divine name, *nām simaran*. He interprets *sahaj-dhārī* identitiy as part of an alternate, non-khālsā stream of Nānak-panthī identity. See *Early Sikh Tradition,* 35.

known as the Udāsī *panth*.[38] More general expressions of the transience of worldly goods are, however, common in the B40 and are reflective of an emphasis in Nānak's work, as it is preserved in the Gurū Granth Sāhib, on the limitations of worldly success. This disdain is encapsulated in the Nānakian concept of *haumai* (from *hau-main,* 'I-I'):

> Under the compulsion of *haumai* man comes and goes, is born and dies, gives and takes, earns and loses, speaks truth and lies, smears himself with *pāp* and washes himself of it.[39]

It is interesting however how, in places in the B40, this teaching is developed in a more pragmatic context of moral and social regeneration. In a narrative devoted to Nānak's eradication of the negative *karma* of a robber by the name of Bhola, we find the quotation of the following *śabad* of which I will offer selected verses:

> Bronze shines brightly, but rub it and it sheds an inky black.
> Though I clean it a hundred times polishing will never remove its stain. (1)
> O heedless one! They are my real friends who accompany me (now) and who will accompany me (in the hereafter).
> Who, at that door, where accounts are demanded, will stand and give an account? (*refrain*)
> Houses, temples, and palaces may be colourful without,
> But met them collapse and they are useless. Devoid of the divine *nām,* they are empty shells. (3)
> Of what use is service, virtue or wisdom other than the divine *nām*?
> Honour the divine *nām,* O Nānak, for (only) thus shall your bonds be broken.[40]

In the narrative of the rehabilitation of the robber Bhola, the refrain functions as the model for the question Nānak asks Bhola to direct to his family: Nānak tells Bhola to enquire as to which members of the family will stand by him when he faces the consequences of his violent existence. They respond that his deeds will be his only companions. In this way, a verse which takes up the more general issue of the transience of material goods and activities, is turned, firstly, into a didactic strategy for inculcating moral realisation and, secondly, is integrated into a programme of morally responsible behaviour that is productive of release and which

---

[38] I would not wish to infer too much about the authorial intent of the B40 as a whole from this *sākhī*. The *udāsīs* constitute an ascetic order who share both caste connections and a veneration of the Gurū Granth Sāhib with the wider Sikh Panth. They are traditionally celibate.

[39] Gurū Granth Sāhib, p.1010.

[40] Sākhī 11: folio 41b ff. Quoting *sūhī rāg* 3, Gurū Granth Sāhib p.729. See McLeod, *B40,* 42.

centres on the honouring of the divine *nām*,[41] this is in spite of the somewhat more broadly critical culmination of the canonical verse. Here, the narrative moderates canonical utterance and contextualises the verse in relation to the concrete social issue of dacoitry in the Pañjāb of the period. It also extends the process of the blending of traditionally ascetic and renunciative values with the demands of the day-to-day existence of the householder (which is, of course, a conspicuous concern of devotional literature from the period of the Bhagavad Gītā, with its doctrine of *niṣkāma karma,* onwards).

As well as general rejections of worldly goods, Nānak is narrated as deploying devotional verse in the B40 in a more directly world altering and critical fashion in a way which is far more clearly concerned with issues of cultural memory in the Sikh Panth. Examples of this sort of mobilisation of canonical verse can be found in the narrative of Nānak's encounter with Babur. The *sākhī*[42] commences with Nānak approaching the town of Saidpur, upon reaching the town the inhabitants fail to offer food to Nānak and an accompanying band of *faqirs.* In anger, Nānak sings a *śabad:*

> I proclaim the tidings which I have received from the lord, O beloved.
> From Kabul[43] he has descended with sin as his marriage party and forcibly demanded a dowry, O beloved... (1)
> In the city of the dead Nānak praises the lord, and to all he proclaims this belief:
> When the fabric of (our) body is torn to shreds then will Hindustan recall my words;
> For the lord is true, justice is true, true will be his judgement.44

A nearby Brahmin hears this verse and recognises it as a curse. He begs that it might be retracted. However, Nānak cannot perjure himself. He does, however, offer the Brahmin the chance of escape. The narrative continues by reporting the vicious sack of Saidpur by Babur. After a

[41] Later portions of the text provide considerably more concrete guidance as to how this is to be achieved (most especially *sākhīs* 54 and 55 on 'the way of salvation').

[42] Folio 66b ff. *goṣṭ bābur nāl hoi,* "Discourse with Babur." The actual discourse commences at folio 70a. It is highly unlikely that it reports an actual historical event (for reasons that are both external, and related to the prominence of Gurū Nānak in his lifetime, and internally, given the B40's conspicuous pattern of narratives of dialogues between Nānak and significant figures in the religio-political landscape of medieval Pañjāb such as that between Nānak and Kabir and Gorakhnāth, to name only two). However, it does not preclude Nānak having witnessed Mughal depredations.

[43] A reference to Babur.

[44] Folio 67a: *tilaṇg* 5, Gurū Granth Sāhib, p. 722–23. See McLeod, *B40,* p.71.

somewhat rambling excursus on the nature of the true *faqir*, the narrative continues with Nānak returning to the, now devastated, Saidpur. At this point, we have a literal deployment of another verse emphasising the transience of worldly achievement when Nānak, in response to the devastation, sings:

> ... Where are the houses, mansions and palaces; where are the splendid inns?
> Where are the soft beds and the bewitching women?
> Here are there none of these to be seen.
> Where is the Betal leaf, where its vendors, and where the occupants of the harems?
> Like spectres, all have fled.[45] (2)

The quotation continues with details of the human cost of the Mughal incursion into Hindustan. In this way, by means of the narrative device of the curse, Gurū Nānak's agency is interposed between the Mughals and their victims in Saidpur, and indeed their entire conquest of Hindustan. The narrative closes with the lines 'The rule of Mir Babur prevailed. Hindustan was seized and joined to Khurasan.'[46] This event is transformed by the B40 narrative into a demonstration of Nānak's extraordinary power. However, it is important to take note that Gurū Nānak's curse is effected by means of his singing one of his own compositions. In this way, the empowered status of Gurū Nānak's verse is emphasised as well. In addition, the Nānakian emphasis on material transience is grounded historically, not just by narrative means, but in the very content of the second *śabad* that is quoted, with its details of the Mughal invasion. The combined impact of these two quotations is to bring the scope and power of Nānak's agency to the same level as the transcendent itself and to establish Nānak's centrality in recent historical experience in the North India of the period (which after all, in 1723, was still subject to, albeit contested and strained, Mughal suzerainty). It also roots the fall of Hindustan in the material preoccupations of its inhabitants and their failure to adequately honour a peripatetic sage (a narrative motif of such currency in South Asia that it hardly needs emphasis). However, the text also emphasises the all-encompassing reach and power of the person, and the utterances, of Nānak as Gurū.

This emphasis is taken up and developed in the *sākhī* as it continues with a dialogue between Nānak and Babur. Babur overhears Nānak reciting a *śabad:*

> If anyone acquires worldly prestige, parades and indulges himself,

[45] Folio 69a: *āsā aśṭ* 12, Gurū Granth Sāhib, pp.417–8. See McLeod, *B40,* p. 73.

[46] Folio 70a.

> He becomes a worm in the sight of the master, regardless of how much corn he pecks up.
> Slaying the self while yet alive, Gurū Nānak obtains the merit of the divine *nām*.[47]

Babur has Gurū Nānak brought to him. He requests further recitations. Nānak recites a series of verses that impress Babur. The narrative progresses with a verse that is cited as a response to Nānak's sympathy with the plight of Babur's prisoners. It is openly critical of Babur: 'and now that Babur's authority has been established everyone starves.'[48] It is also worth noting here the political force of a shift in wording between this text as quoted in the B40 and the one that we find in the Gurū Granth Sāhib: In the former, it is princes who will starve (which McLeod interprets as the Lodhi rulers[49]), while in the latter it is everyone who will starve. This, perhaps, reflects a more generalised (and possibly therefore later) sense of dissatisfaction with Mughal rule. After uttering this *śabad* Nānak falls to the floor in a trance at the wrath of god, Babur says:

> "Pray to god that the *faqir* may rise, friends." commanded Babur.
> Bābā Nānak then sat up, and as he did so there blazed forth a radiance as if a thousand suns had risen. Babur made *salaam* to him and cried, "Have Mercy!"
> "Mirji," replied Bābā Nānak "if you desire mercy, then release the prisoners."
> "May I make one request?"asked Babur.
> "Speak." Answered Bābā.
> "Promise me one thing and I shall release (them)."
> "Make you request," Bābā said to him.
> "This I ask," said Babur, "that my kingdom may endure from generation to generation"
> "Your kingdom will endure for a time." replied Bābā.[50]

This, near theophanic, section of the narrative makes explicit what has gone before: Nānak's power is superior and divine, Nānak, indeed, is very close to being divine in this section (a view which would not be upheld by contemporary Sikh orthodoxy or by the materials preserved in the Gurū Granth Sāhib). Furthermore, one might suggest that the B40 narrative evinces (as we saw in just the shift of a single term in the foregoing quotation from the Gurū Granth Sāhib of the terms 'princes' to that of 'everyone') a historical consciousness of the Mughals that reflects a longer period of time under their rule. A final note of political defiance is struck at the close of the *sākhī:* 'The false, O Nānak, are overthrown, and

---

[47] Folio 70b: āsā 39, Gurū Granth Sāhib, p. 360. See McLeod, *B40,* p. 75.
[48] Folio72b: āsā aṣṭ 11, Gurū Granth Sāhib p.417. See McLeod, *B40,* p. 78.
[49] W. H. McLeod, *Guru Nanak and the Sikh Religion* (in *Sikhs and Sikhism*), 136.
[50] Folio 73a ff. See McLeod, *B40,* 78.

only the true endure.'[51] This line (and this might reflect a certain political prudence on the part of the author) is uttered by Nānak only after he has left the presence of Babur. In this way, the power and moral and religious superiority of Gurū Nānak is emphasised in a series of strategic canonical quotations that subordinate Mughal rule to the agency of the Gurū, which, yet again, reflects a fundamental blurring of the boundaries between the human and the divine. This is now achieved, however, through a much broader construction of the role of Gurū Nānak and his canonical utterances in the cultural memory of the Sikhs.

This theme, of the unique agency of Gurū Nānak is taken up and developed elsewhere in the B40: Part of the emphasis on the failings of the workaday world and conventional religious forms of practice[52] as well as forms of critical historical consciousness, centre, in the B40, on the role of Nānak as the purveyor of a means of salvation appropriate to the *kaliyug,* the final age in the cosmic cycle of progressively declining ages of

[51] Folio 73a: Last line of *vār rāmkali* 13:2, Gurū Granth Sāhib p. 953 'the false will be overthrown.' By Amar Das. See McLeod, *B40,* 79.

[52] Other examples include: Folio 69a: on the transience of worldly achievements, āsā āṣṭ 12, Gurū Granth Sāhib, pp.417–8; Folio 101a: *śalok* in criticism of merchants: *surplus śaloks* 21: Gurū Granth Sāhib p. 1412. At the end of this narrative, the merchant dies as a consequence of his failure to offer proper hospitality to Nānak, he is only 'saved' in any sense by having had final *darśan* with Nānak; Folio 81b: *aṣṭapadī in rāg tilang*, this is a non-Gurū Granth Sāhib text on the glories of the kingdom of poverty. It is marked by a high instance of Persian loan words and an Islamic idiom; There are more general forms of social commentary at folio 30a/b where we find *āsā* 33, Gurū Granth Sāhib p.358: This text has a certain anti-caste sentiment. Another quotation that occurs specifically in the context of a narrative that is concerned with the emptiness of contemporary religious practice is that of 80b: *vār sirī rāgu* 20, 1st stanza only, Gurū Granth Sāhib p. 91: Here, a metaphor of low caste status is applied to polluted faculties. The second stanza is quoted soon after, and applies a metaphor of the purity of the household cooking area to righteous deeds and repetition of the divine name. As a consequence of this recitation, the assembled Hindus cease to practice their rites, give away their possessions and assemble before Nānak, they are *his first disciples* or pupils (the simplest meaning of sikh, from Sanskrit *śiṣya*); There are, of course, more general statements of social and cosmic despair such as on folio 86b:In which the world is described as subject to a famine of truth: *vār āsā* 11, stanza 1, Gurū Granth Sāhib p. 468. This is joined to *vār mājh* 16, stanza 1, Gurū Granth Sāhib p.145, which is, in turn joined to *vār rāmkali* 11, 1, p.951. This type of quotation also expresses the capacity for combinatorially strategic verse shifting of materials drawn from the Gurū Granth Sāhib. The later (*vār rāmkali*) material critiques Hindu assumptions of purity and pollution, 'Turkic' government and a lack of attention to the Vedas and *śāstras*.

humankind. There is a certain almost 'millenarian' intensity to the presentation of Nānak in certain portions of the text.[53] Nowhere is this clearer than in the narrative of Nānak's encounter with Kaliyug: In this tale, Nānak and his Muslim musician companion Mardānā[54] encounter the ferocious and gigantic Kaliyug. The narrative commences with Nānak and Mardana lost in a storm. Mardana fears for his safety and is instructed to utter the words *vāh gurū*, 'Praise to the Gurū' as a means of calming both his own fears and the storm itself.[55] This is an explicitly 'mantric' use of the phrase that is rather at odds with both Nānakian philosophy and normative conceptions of contemporary Sikh practice. After this, the horizon-spanning Kaliyug appears: The anthropomorphised form of the final, degenerate, age of the world honours Nānak and offers him, in turn, a pearl and jewel encrusted palace, a world studded with diamonds and rubies, and even world suzerainty. Nānak, of course, refuses each in turn, citing, as part of each refusal, a verse from the Gurū Granth Sāhib which explicitly makes mention of that which he is refusing:

> If there were to be built a palace of pearl encrusted with jewels ... (1)
> If the world were to be encrusted with diamonds and rubies ...(2)
> If I were to be a monarch, one who gathered an army and sat upon a throne ...(4)[56]

This text is thus another example of a narrative backformation from canonical verse which situates that verse in a concrete narrative time-space in order to instruct as to the nature of Nānak and canonical verse. In this

[53] This is also a feature of the narrative accounts of the life of Tulsīdās, P. Lutgendorf, "The Quest for the Legendary Tulsīdās", in *Introduction to Tradition*, 81. Yugic self consciousness is also evident in the *bhāktamāl* of Jagga, a disciple of the Rajasthani sant Dādū, another Dādūpanthī *bhāktamāl*, that of Cain, incorporates Nānak in his enumeration of saints and seers. See W. Callewaert, "Bhagatmāls and Parcaīs in Rajasthan", in *According to Tradition*, 87–88.

[54] A *dum*: a low status *jāt* of muslim genealogists who performed as bards and dancers at festivals and weddings. There is something of Vedic and epic resonance in the accompanying of the hero by a bard and/or panygerist. King Pṛthu's sociogenic levelling of the earth in the Mahābhārata includes very specific mention of the birth of the *sāta* and *magadha* (the bard and the panegyrist) before he commences his great feat. For the birth of the bard and the panegyrist see Mbh.12.59.118. This is a narrative which also occurs in the *Śatapatha Brāhmaṇa* (7.4.2.6) and the *Śaṅkhāyana Gṛhya Sūtra* (3.3.2) as well as elsewhere. All references are to the Pune critical edition of the text, V.S. Sukthankar et al., eds. (Pune: Bhandarkar Oriental Research Institute, 1933–72).

[55] This phrase was, in later usage, to become a designation for God. However, here it evinces all the characteristic semantic ambivalence of the terms Gurū in our previous examples.

[56] Sākhī 12a: Folios 44a ff. *sirī rāg* 1, Gurū Granth Sāhib p.14. See McLeod, *B40,* 14.

way, textual and personal authority, cultural memory and canonical commentary are blended so as to provide a narrative charter of the entire Sikh Panth. Having refused the offers of material goods and status from the personified Kaliyug, Nānak asks Kaliyug to characterise his realm. He does so in a rich description of moral and social decline:

> My lord, the way of life is characteristic of the Kaliyug: hunger, lethargy, thirst, abuse, avarice, sloth, drunkenness and indolence. Highway robbery, gambling, strangling, slander, the four great evils,[57] falsehood, deceit, wrath, greed, covetousness, and pride abound.[58]

The inclusion of strangling here provides an odd note of specificity in the list of generalised degeneracy. The critique stands, in and of itself, as a remarkably pessimistic social commentary. Subsequent to this dystopian vision, Nānak requests a boon:

> "Let not any of my sikhs[59] who may be subject to your power (*tej*) be harassed, brother," said Bābā Nānak, "nor any *saṅgat* of mine which may be in your domains. Do not let your shadow fall upon them. Let not the recitation of *śabads,* (works of) mercy and benevolence, auspicious charity, (remembrance of) the *nām,* and bathing in *tīrath* (Skt. *tīrtha)* of truth be neglected… If you are going to give a boon…then let it be this. Let my *saṅgats* live in peace, happiness and the fear of god."[60]

This is not the request of a solitary mendicant but rather that of the coordinator of a complex, institutionally established, Panth. The *saṅgat,* the congregation of Sikhs, looms large in the B40. Indeed, the majority of episodes that do not involve the direct quotation of canonical verse in the B40 are, in fact, tales of the establishment of *dharamsala*s in diverse locations both actual and semi-mythic (it is in this way that a cultural geography is delineated in the B40). Here a narrative derived from a detail drawn from a canonical verse allows for the institution of the *saṅgat* as a refuge, guaranteed by an agency no less than the personified form of the

---

57 *char pāpu*: The slaying of a Brahmin, the consumption of liquor, theft and intercourse with the wife of one's *gurū*. Given by McLeod, *The B40* , 48.

58 Folio 46a: McLeod's translation, *B40,* 48. This is reinforced in the riddling contest of Gorakhnāth and Nānak in *sākhī* 53 in which Nānak describes the *yug* as the one in which Indra cannot give salvation (folio 208a).

59 Much hangs on the capitalisation of this letter: McLeod observes, "Although the word has been given an initial capital in the English translation it seems that the word could still mean "disciple" in a general sense rather than in a specific sense…by the time the B40 *janam sākhī* was recorded usage must have been moving strongly towards the specific and exclusive sense." The *B40,* p. 48. We must still, however, be careful of the sorts of identity formations we infer from the deployment of the term Sikh / sikh in this period.

60 Folio 46b ff. McLeod's translation, *B40,* 48.

yug itself, from the ills of contemporary society. The narrative does not end here however, Nānak re-establishes his dominant position, and reverses the roles of boon giver and receiver in the culmination of the tale:

> "Go on your way," He (Nānak) said. "Your glory shall succeed that of all ages. In your kingdom there will be *kīrtan* and *kathā* of the most exalted kind. Previously men performed austerities for a hundred thousand years, but in your age (that of Kaliyug) if anyone meditates (upon the *nām*) with undivided concentration for only a *gharī*[61] he will be saved.[62]

Now it is Nānak who grants a boon to Kaliyug.[63] Just as Kaliyug will facilitate the existence of the *saṅgat* so to will the chief activities of the *saṅgat, kīrtan* and *kathā,* the singing of devotional verse and the commentary, narrative or otherwise, on that verse, rehabilitate the entire age. It is not for nothing that the opening of the B40 includes the following words:

> In the Kaliyug, Bābā Nānak proclaimed *(dharāiā)* the divine *nām*, in the Kaliyug he founded the *panth.*[64]

---

61 A unit of time of twenty four minutes.

62 Folio 47a. McLeod's translation, *B40,* 49.

63 This is part of a series of encounters in which Nānak 'inverts' standard conceptions of authority: See folio 2b: *sirī rāgu 6*, Gurū Granth Sāhib p.16. In which Nānak teaches his teacher concerning the limitations of all pedagogy. Here he offers a close interpretation of the verse. In the missing folio material, from folio 14b, supplied by McLeod, *B40*, 16–20, there is a critique of a physician that employs *vār malār* 3: 1, Gurū Granth Sāhib p.1279. The second and fourth stanza of this composition are non-Gurū Granth Sāhib. The third stanza is *vār malār* 3:2 Gurū Granth Sāhib p. 1279 (incomplete) and is by Guru Aṅgad. This is followed by another *śabad* which is a composite of Malār 7 and 8, Gurū Granth Sāhib p. 1256–7. In which there is further emphasis on transience. This text also has anti-authoritarian and theological. Folio 20a: Teaching of Qazi: *rāg mārū* 6, Gurū Granth Sāhib p. 991. Nānak speaks of his devotion and his cognitive fortitude in the face of the judgement of his peers (that he is insane). Mardana now accompanies Nānak's recitations musically (on the *rabab*, a string instrument using a bow). It is worth noting that the *khan* recognises the status and power of Nānak and thus is not lampooned although the Qazi, his minister, is roundly criticised: while this still emphasises the greatness of Nānak, it also might be considered politically adroit (if potentially controversial). In the same narrative context we find the quotation of *vār mājh* 8:1, Gurū Granth Sāhib p. 141. This is a text on the nature of the true Muslim. Nānak then laughs at the Qazi at prayer. Nānak reads the Qazi's mind at the culmination of this section. In addition to these sequences one also has the various occasions upon which Nānak bests various sages and ascetics (Including Kabir, folio 136a). Those narratives that include Gorakhnāth retain a sense of the status of this legendary ascetic however (indeed, he prophecies the Gurū to come, Aṅgad - Folio 106b ff.).

64 Folio 1a: *kalijuga vici bābā nānaku nāu dharāiā. adhaṇā panthu calāiā.*

Not only does the narrative internalise pilgrimage practice (the *tīrath* of truth) and offer an example of 'māntric' activity reliant on solely the phrase *vāh gurū* 'Praise to the Gurū', but we see here the construction of the activities of the Nānak Panthīs (and by extension the more complex array of institutions and forms of religious and political governance of the eighteenth century Panth) as a form of cosmic and social rehabilitation that stands also as a powerful assertion of the dominant agency of Nānak as the sole mediator of release in a debauched age. Nānak here is constructed as putting the hope into a world of fear (thus giving us a land of both hope and fear, an *āsā aṃdesā*) and it is the job of the congregation of Sikhs to maintain the presence of this salvific knowledge through *kīrtan* and *kathā*.[65] This is of course developed with a, by now, characteristic degree of reflexivity in the B40 for it is itself precisely an example of *kathā*, of canonical commentary. Thus, from an exploration of only the capacity of narrative, by means of canonical quotation, to engage in social, political and even cosmic commentary, we begin to see the rich interpretive capacities of the B40, and by extension the *janam sākhī* as genre, in the Pañjāb of the eighteenth century in relation to its canonical scriptural compilation, the Guru Granth Sāhib.

In the B40 *janam sākhī*, Nānak and his work are inserted in narrative time and space. This process allows the B40 to develop a perspective on

---

[65] Another narrative sequence in the B40 that is of critical significance is that of the discourse with Siddhs at Achal (folio 117b ff.). Here Nānak quotes a text from the Gurū Granth Sāhib that deploys a metaphor for the refinement of the cognitive faculties based on the churning of butter: *sūhī 1* (stanza 2), p. 728, 'Grasp this *man* like a handle of a churning cord of spiritual vigilance. Let your churning be the repeating of the *nām with* your tongue, for thus is nectar obtained.' Through this quotation Nānak offers a verse which resonates both with the descriptions of churning in the Ṛgveda (ṚV.1.28.1–4), and with one of the critical post-Vedic creation narratives, that of the *amṛtamanthana,* the churning of the *amṛta* (first found in the Mahābhārata Mbh.I.15), in which the *devas* and *asuras* engage in an epic act of competitive churning that produces the fundaments of cosmic and social life. It is also worth noting how Nānak 'internalises' the churning process (here with a somewhat more rustic register). This parallels, rather nicely, the allegorisation of the *yajña,* the Vedic sacrifice, in the celebrated opening of the Bṛhadāraṇyaka Upaniṣad (Br. Up.1.1). This of course leads us to the celebrated 'interiorisation of the *yajña'* hypothesis of Malamoud and Biardeau. See *Le Sacrifice dans L'Inde Ancienne* (Paris:, 1976). I take up the role of churning metaphors in the Sanskrit Mahābhārata in my "Extracting the *kathā-amṛta* (the elixir of story): Creation, Ritual, Sovereignty and Textual Structure in the Sanskrit Mahābhārata," *Journal of Vaishnava Studies* 14 (2006), 39–60.

the *gurū* and his verse that considerably widens the social appeal and cosmic scope of the Guru Granth Sāhib and its austere *bhakti* theology. Furthermore, it establishes an arena for the formation and adaptation of forms of cultural memory within the Panth. The texts I have selected thus contextualise and, in so doing, interpret the canonical Sikh scripture (as well as other materials). The process of the telling of tales of the life of the *gurū* and his verse creates a theoretical tool of such utility that it begins to 'act back' on its cause. Both Nānak and his work (as well as that of his successors and select others) are transformed into grace-giving entities by a strategic blurring of the status of god, teacher and text as *gurū*. In many ways, they make explicit and concrete a conception that is internal to the Gurū Granth Sāhib when it says of the compositions of the Gurūs (the *bāṇī*):

> The bāṇī is the *gurū* and the *gurū* the *bāṇī*, and the nectar (*amṛt*) permeates all the *bāṇī*. When the *gurū* utters the *bāṇī* and the believer responds with commitment, then shall it be seen that the *gurū* bears him to freedom.[66]

My analyses have thus focussed on narrative approaches to Gurū Nānak as a mode of both exegetical and theoretical practice. In the specific case of the B40 *janam sākhī*, I considered the way in which the text situated Gurū Nānak in pivotal historical and cosmic moments (the coming of the Mughals, the debauched *kaliyug*) and used these as a means of both consolidating, and commenting upon, the status of the Gurū and canon. In addition, by providing a model of contextualisation of, and commentary upon, canonical text, the *janam sākhī* literature encourages an ongoing 'overcoming' of canonical limitation by means of creative narrative response which becomes, in turn, constitutive of cultural memory within the developing Panth.

Bibliography

Assmann, Jan. *Religion and Cultural Memory*. Trans. Rodney Livingstone. Stanford: Stanford University Press, 2006.

Assmann, Jan. "Ancient Egyptian Antijudaism: A Case of Distorted Memory". In *Memory Distortion: How Minds, Brains and Societies Reconstruct the Past*. D. Schacter, ed., 365–385. Cambridge, Mass.: Harvard University Press, 1995.

Briggs, G. W. *Gorakhnāth and the Kānphata Yogīs*. Delhi: Motilal Barnarsidass, 1973

[66] Gurū Rām Dās, Gurū Granth Sāhib, p. 982. Cited in Pashaura Singh, *The Gurū Granth Sāhib: Canon, Meaning...*, 11. Also cited in W. H. McLeod, ed. and trans. *The Chaupa Singh Rahit-nama* (Dunedin: University of Otago Press, 1987), 73.

(1938).

Callewaert W. M., ed. *Śri Guru Granth Sāhib.* Delhi: Motilal Barnarsidass, 1996.

Callewaert W. M. *According to Tradition: Hagiographical Writing in India.* Callewaert, W. M., and R. Snell eds. Wiesbaden: Harrasowitz Verlag, 1994.

Callewaert W. M. *The sarvāṅgī of the ∂ādūpanthī rajab.* Leuven: Departement Oriëntalistiek, Katholieke Universiteit, 1978.

Croce, B. *The Philosophy of Giambattista Vico.* Trans. R. G. Collingwood. London: Howard Latimer, 1913.

Foucault M. *The History of Sexuality, Vol. 1.* New York: Vintage Books, 1980.

Grewal, J. S. *From Guru Nanak to Maharaja Ranjit Singh: Essays in Sikh History.* Chandigarh: Panjab University, 1970.

Hegarty, J. "Encompassing the Sacrifice: On the Narrative Construction of the Significant Past in the Sanskrit Mahābhārata." *Acta Orientalia Vilnensia,* 7, (2006) 77–119.

Holdrege, B. A. *Veda and Torah: Transcending the Textuality of Scripture.* Albany: SUNY Press, 1996.

Holm, J., Bowker, J., eds. *Sacred Writings.* London: Pinter, 1994.

Levering, M., ed. *Rethinking Scripture.* Albany: SUNY Press, 1989.

Lutgendorf, P. "The Quest for the Legendary Tulsīdās". In *Introduction to Tradition.*

Biardeau, M., Malamoud, C. *Le Sacrifice dans l'Inde ancienne.* Paris: , 1976.

Mcleod, W. H. *The B40 Janam Sākhī.* Amritsar: Guru Nanak Dev University, 1980.

Mcleod, W. H. *Sikhs and Sikhism.* Delhi: Oxford University Press, 1999.

McLoud W., Schomer K., eds. *The Sants: Studies in a Devotional Tradition of India.* Delhi: Motilal Barnarsidass, 1987.

Meier C. „Die Entstehung der Historie". In *Geschichte: Ereignis und Erzählung* (Poetik und Hermeneutik V). Koselleck , R., Stempel, W., eds. Munich: Wilhelm Fink Verlag, 1975.

Nair, R. B. *Narrative Gravity: Conversation, Cognition, Culture.* Delhi: Oxford University Press, 2002.

Orr, L. "The Revenge of Literature: A History of History". *New Literary History,* 18 (1986–87), 1–47.

Patton, L. *Myth as Argument: The Bṛhaddevatā as Canonical Commentary.* Berlin: Walter de Gruyter, 1996.

Rüsen, Jörn. "Some Theoretical Approaches to Intercultural Comparative Historiography". *History and Theory,* 35, 4, Theme Issues 35: *Chinese Historiography in Comparative Perspective* (1996), 5–22 (7–8).

Singh, Kohli S. *A Critical Study of Adi Granth.* Delhi: Motilal Barnarsidass, 1961.

Singh Mann, G. *The Making of Sikh Scripture.* Delhi: Oxford University Press, 2001.

Singh Mann, G. *The Goindval Pothis: The Earliest Extant Source of the Sikh Canon.* Cambridge: Harvard University Press, Mass. 1996 (Department of Sanskrit and Indian Studies, Harvard University).

Singh, K. *A History of the Sikhs Volume One 1469–1839.* Delhi: Oxford University Press, 1991 (1963).

Singh, Pashaura. *The Guru Granth Sahib: Canon, Meaning and Authority.* Delhi: Oxford University Press, 2000.

Singh, Piar. *Janam Sākhī Srī Gurū Nānak Dev Jī.* Amritsar: Guru Nanak Dev University, 1974.

Smith, B. K. *Reflections on Resemblance, Ritual and Religion.* Delhi: Motilal Barnarsidass, 1998.

Smith, J. Z. *Imagining Religion: From Babylon to Jonestown.* Chicago: Chicago University Press, 1982.

Smith, W. Cantwell. *What is Scripture? A Comparative Approach.* London: SCM press, 1993.

Sukthankar, V.S., et al., eds. *The Māhābhārata.* Pune: Bhandarkar Oriental Research Institute, 1933–72.

An Unwieldy Canon

Observations on Some Distinctive Features of Canon Formation in Buddhism[1]

RICHARD SALOMON

1. Distinctive features of the Buddhist canons

Like human beings who created them, each canon is different and special in its own way. But the canon, or rather canons[2] of the Buddhist tradition, are, I would submit, more special than most. Among the features which distinguish the Buddhist canons from those of other religious traditions, three stand out: (1) their volume, (2) their diversity, and (3) their flexibility.

(1). With regard to the first point, namely the volume of the Buddhist scriptures, modern printed versions of even the shorter Buddhist canons comprise dozens of volumes. For example, the Pali Text Society's editions of the canonical texts in Pali of the Theravāda tradition of Sri Lanka and Southeast Asia, which are the standard version usually consulted by western scholars, consists of fifty-three volumes. For reasons which will be explained under (2) below, the canons of East Asian Buddhism are even larger. For instance, the *Taishō shinshū daizōkyō* edition of the Chinese Buddhist canon, published in Japan between 1924 and 1934, consists of one hundred volumes of about one thousand pages each,

---

[1] I would like to thank the participants in the conference at which this paper was originally presented for their helpful comments. Special thanks are also due to Mark Allon, who provided very important suggestions for this revised version of the paper. Finally, I wish to acknowledge the support of the National Endowment for the Humanities, which facilitated much of the research underlying this study.

[2] In the words of Paul Harrison, "[t]here is no such thing as *the* Buddhist canon;" "Canon," *Encyclopedia of Buddhism*, ed. Robert E. Buswell, Jr. (New York: MacMillan Reference USA, 2004), pp. 111–115 (p. 111).

Max Deeg, Oliver Freiberger, Christoph Kleine (Hrsg.), *Kanonisierung und Kanonbildung in der asiatischen Religionsgeschichte*. VÖAW: Wien 2011, pp. 161–207.

while the Peking edition of the Tibetan canon, in the modern printed edition published in Tokyo (1955–62), comprises no less than 168 folio-size volumes.

The enormous bulk of the Buddhist canons results from their being, in principle, a complete record of everything that that Buddha said to his followers in elucidating his *dharma* from the time of his enlightenment until his death, a period of some forty-five years. Thus in theory, the Buddhist canons are simply a compendium of *buddha-vacana*, "the words of the Buddha," as they were recalled, memorized, and (eventually) set down in writing by his immediate followers and their spiritual descendants, in the form of thousands of discourses of varying length and subjects. This basic scriptural core was further expanded as a result of the widespread (though not unanimous) acceptance of an expanded conception of *buddha-vacana*, according to which anything which was said by reliable disciples or interpreters of the Buddha could also be considered as "words of the Buddha," in the sense that they were inspired by, though not actually spoken by the master himself. This category includes, among other texts, most of the material in the voluminous *abhidharma* literature, which comprised one of the three main divisions of the traditional canons.

Finally, later canonical traditions, particularly those of the Mahāyāna, further incorporated an enormous body of material which was totally absent from the traditional or conservative canons of the so-called "Hīnayāna" schools. These texts were conceived as legitimate *buddha-vacana* on the grounds that they constituted hidden or esoteric teachings which were in fact spoken by the Buddha himself.[3]

(2). With regard to the diversity of the various Buddhist canons,[4] it must be noted that they are by no means merely translations of each other, or different versions of essentially the same set of texts. On the contrary, the Pali, Chinese, and Tibetan canons – to mention the three best-known and best preserved ones – are very different indeed from each other, not only in terms of their form and content, but even of their very conception. The Pali canon of the Theravādin school, which is the only surviving complete canon in an original Indian language, presents what it

[3] See also the further discussion of the *buddha-vacana* issue under (2) below.

[4] For an authoritative brief overview of the Buddhist canons, see Harrison, "Canon." For a more detailed recent treatment, see Thomas Oberlies, "Heilige Schriften des Buddhismus," *Heilige Schriften: eine Einführung*, ed. Udo Tworuschka (Darmstadt: Wissenschaftliche Buchgesellschaft, 2000), pp. 167–196.

considers to be the definitive and correct form of the *buddha-vacana* as divided into three main categories: *vinaya* or monastic laws propounded by the Buddha, *sutta* (= Sanskrit *sūtra*) or discourses of the Buddha about the *dharma*, and *abhidhamma* (= *abhidharma*) or analytic studies of the *dharma* by the Buddha and/or his disciples. These three categories together constitute the *ti-piṭaka* (= *tri-piṭaka*) or "Three Baskets," this term being the closest approximation in traditional terms to the European notion of "canon."[5]

The Chinese Buddhist canon, usually referred to as 大臧經 *Dà zàng jīng*, "Great Treasure of Scriptures," or 三臧經 *Sān zàng jīng* "Three Treasures of Scriptures," is structured and conceived very differently from the Pali canon, despite the similar title. Whereas the latter is distinctly and explicitly a sectarian canon of the Theravādins, presenting what that school considers to be the correct and authoritative version of the *buddha-vacana*, the Chinese canon is more in the nature of an encyclopaedic collection or comprehensive library of Buddhist texts.[6] For instance, whereas the Pali canon contains, naturally, only one version of the *vinaya-piṭaka*, the Chinese canon includes no less than five distinct complete *vinaya*s, each representing Chinese translations of the *vinaya*s of different schools from originals (now mostly lost) in Sanskrit or other Indian languages.

With regard to the *sūtra* material, the Chinese tradition similarly adopted an encyclopaedic approach, in contrast to the restrictive method of the Theravādins. Whereas the Pali canon included only the traditional *sutta/sūtra* texts of the class known as *nikāya*- or *āgama-sūtra*s, rigorously excluding the *sūtra*s of the Mahāyāna which it dismissed as apocryphal, the Chinese canon enthusiastically embraced everything, including the conservative *āgama-sūtra*s of the so-called "Hīnayāna" as well as the innovative ones of the Mahāyāna. The volume and scope of the Chinese canon was still further increased by the inclusion of multiple Chinese translations of the same *sūtra*, as for instance in the case of the

---

[5] On the problem of the relationship of the terms canon, *t(r)ipiṭaka*, and *buddha-vacana*, see the discussion in K.R. Norman, *A Philological Approach to Buddhism: The Bukkyō Dendō Kyōkai Lectures 1994* (London: School of Oriental and African Studies, University of London, 1997), pp. 132–134.

[6] Miriam Levering refers to the Chinese Buddhist scriptures as an "archival canon;" "Scripture and Its Reception: A Buddhist Case," *Rethinking Scripture: Essays from a Comparative Perspective*, ed. Miriam Levering (Albany: State University of New York, 1989), pp. 58–101 (p. 95 n. 26).

Vajracchedikā-prajñāpāramitā Sūtra, which is represented by six different versions in the received canon.[7]

Thus the Chinese canon is in effect a bibliographic enterprise, the result of a centuries-long effort to collect and translate any and all of the sacred scriptures of Buddhism from India, regardless of their contents and sectarian affiliation. In this approach, the Chinese Buddhist tradition was influenced by a pre-existing, non-Buddhist system of recording, arranging and distributing the canonical Chinese classics.[8] As a result, the Chinese Buddhists developed a canon which was fundamentally different in conception and execution from that of their Indian forebears.

The third major group of canons, the Tibetan, embodies yet another set of principles of conception and arrangement. It shares with the Chinese canon an encyclopedic approach, including both primary texts embodying the actual words of the Buddha in the section known as *Bka' 'gyur* ("The word [of the Buddha] translated [into Tibetan]") and secondary works such as analytic treatises and commentaries in the *Bstan 'gyur* ("The teachings translated [into Tibetan]"). Unlike the Chinese canon, however, the Tibetan canon does not incorporate multiple translations,[9] and contains only one *vinaya* (that of the Mūlasarvāstivāda school). Moreover, the traditional collections of *āgama-sūtra*s which are common to the Pali and Chinese canons are absent as a whole from the Tibetan canon, although a few individual texts of this class are represented.[10]

---

[7] Lewis Lancaster, "Buddhist Literature: Its Canons, Scribes, and Editors," *The Critical Study of Sacred Texts*, ed. Wendy Doniger O'Flaherty (Berkeley CA: Graduate Theological Union, 1979), pp. 215–229 (pp. 221, 229 n.7).

[8] See Lewis Lancaster, "The Movement of Buddhist Texts from India to China and the Construction of the Chinese Buddhist Canon," *Collection of Essays 1993: Buddhism Across Boundaries – Chinese Buddhism and the Western Regions* (Sanchung, Taiwan: Foguang Shan Foundation for Buddhist and Culture Education, 1999), pp. 517–544 (esp. pp. 530–536).

[9] On the origin of this principle and its contrast with Chinese practice, see Peter Skilling, "From bKa' bstan bcos to bKa' 'gyur and bsTan 'gyur," *Transmission of the Tibetan Canon: Papers Presented at a Panel of the 7th Seminar of the International Association for Tibetan Studies, Graz 1995*, ed. Helmut Eimer (Vienna: Verlag der Österreichischen Akademie der Wissenschaften, 1997), pp. 87–111 (p. 100 n. 96).

[10] At least some of the *āgama* collections had been translated into Tibetan before the formulation of the definitive modern canon, but they were not included in it (Skilling, "From bKa' bstan bcos to bKa' 'gyur and bsTan 'gyur," 96). On thirteen individual *āgama-sūtra*s from the Theravāda tradition which were admitted into the Tibetan canon, see Peter Skilling, "Theravādin Literature in Tibetan Translation," *Journal of the Pali Text Society* 19 (1993): 69–201.

Furthermore, although the differences in structure and contents are particularly drastic when we compare Buddhist canons from different parts of Asia, even within the Indian Buddhist world there must have existed[11] canons which differed very significantly from each other. For example, even as basic a principle as the division into "Three Baskets" was by no means agreed upon by all of the schools of Indian Buddhism. The Sautrāntika school, for instance, denied the canonicity of the *abhidharma* literature and thus maintained a canon consisting of only two baskets, whereas, according to a report by the Chinese pilgrim Xuanzang,[12] the Mahāsāṅghikas had a canon of five baskets, adding to the usual three a *dhāraṇī-piṭaka* containing magical formulae and a *kṣudraka-piṭaka* or collection of minor works.

Moreover, this *kṣudraka-piṭaka* which was the fifth "basket" in the Mahāsaṅghika canon corresponds to what in the Theravādin canon is called *khuddaka-nikāya*, but which is thus classified there, not as a separate "basket," but as one of the five sub-sections (*nikāya*) of the *sutta-piṭaka*. This correspondence shows that the differences between the Indian canons involve not only the inclusion or exclusion of certain classes of texts, but also significantly different classifications or arrangements of the materials which they do hold in common. Thus the contrasts among the Indian canons resemble, though they are not as extensive as, the contrasts

---

11 With the exception of the Theravādin canon in Pali which survives in full, the canons of the other Indian schools are either lost entirely or survive only in fragments. Information about the structure of these lost Indian canons is derived mostly from later scholastic treatises rather than directly from the texts of the canons themselves, and from the analysis by modern scholars of their fragmentary manuscript remains. Although many questions and problems inevitably remain, we do have a sufficient amount of information from both types of sources to provide a reasonably clear general picture. Moreover, new discoveries of large numbers of early manuscripts in Gāndhārī and Sanskrit and the ongoing study thereof will no doubt continue to improve our knowledge of the mainland Indian Buddhist canons. These new discovered are summarized in Richard Salomon, "Recent Discoveries of Early Buddhist Manuscripts and their Implications for the History of Buddhist Texts and Canons," *Between the Empires*, ed. Patrick Olivelle (New York: Oxford University Press, forthcoming) and Mark Allon, "Recent Discoveries of Buddhist Manuscripts from Afghanistan and Pakistan and their Significance," *Art, Architecture and Religion on the Silk Road and Across Inner-Asian History*, ed. Ken Parry (Turnhout [Belgium]: Brepols, forthcoming).

12 As translated in É. Lamotte, *History of Indian Buddhism: From the Origins to the Śaka Era* (Louvain-la-Neuve: Université Catholique de Louvain, Institut Orientaliste, 1988), 286.

between the Indian and extra-Indian canons, in that they involve different principles of arrangement as well as different contents.

To a great extent, the major differences between the Indian canons turned on the issue of the definition of *buddha-vacana*, "words of the Buddha." As noted above under (1), this concept has both a stricter and a broader sense, referring in the former sense to words that were literally spoken by the Buddha, and in the latter to words spoken by others – his disciples, the gods, the sages, and the spontaneously generated beings (*aupapāduka*) – under the inspiration of the Buddha or his teachings; in the words of K.R. Norman, "*Buddhavacana*, in this broad sense, means . . . what the Buddha would have said, had he been there, or sayings about the Buddha, or sayings in accordance with the Buddha's teaching."[13]

This expanded definition, though accepted in varying degrees by most if not all schools of Buddhism, gave rise to a vast grey area of material which can be considered "canonical" in a broader sense of the term, and the issue of what can be accepted as *buddha-vacana* – that is, in our terms, as "canonical" – is by no means beyond controversy in Buddhist tradition. On the one hand, the extended sense of *buddha-vacana* is essentially well-grounded in textual tradition of unquestioned authenticity, for instance in the rule that "Whatever is well-said, all of that is the word of this Lord, the *arhat*, the fully enlightened Buddha."[14] But on the other hand, one senses in many Buddhist traditions a certain unease about this looser sense and a hestitancy about accepting it, and it is precisely such doubts that are responsible for many of the major differences between the various Indian Buddhist canons. In particular, the most striking anomaly among the Indian canons, namely the aforementioned rejection of the entire *abhidharma-piṭaka* by the Sautrāntika school, is justified precisely on the grounds that the *abhidharma* texts were taught by the Buddha's disciples and not by him personally; that is to say, they were *buddha-vacana* only in the broader sense.

Moreover, even though the *abhidharma* was incorporated (albeit in very widely differing forms) in the canons of all the schools other than the Sautrāntikas, a lingering unease about their true canonicity is reflected in the commentarial legend which explains that the Buddha himself

[13] Norman, "A Philological Approach to Buddhism," 136.

[14] Aṅguttara-nikāya 4.164: *yaṃ kiñci subhāsitaṃ, sabbaṃ taṃ tassa bhagavato vacanaṃ arahato sammāsambuddhasa*. See the further discussion of this sūtra in Steven Collins, "On the Very Idea of the Pali Canon," *Journal of the Pali Text Society* 15 (1990): 89–126 (pp. 94–95).

did actually preach the *abhidharma* to his mother in the Tuṣita heaven, and thereafter communicated it to his disciple Śāriputra, who thus became its nominal author.[15] This story would seem to be an *ex post facto* creation intended to allay concerns about the canonical status of the *abhidharma*.

Similarly, the somewhat marginal and variable status of the *khuddaka-nikāya/kṣudrakâgama*, which is variously classified in different canons as a separate *piṭaka*, as one of the *nikāyas* of the *sutta-piṭaka*, or omitted entirely, reflects doubts about its status as *buddha-vacana* in the strict sense. For many of the texts contained in it either were not spoken by the Buddha himself (e.g., the *Thera-* and *Therī-gāthā*, and the most of the *Apadāna*, containing the words of the disciples), or do not comform to the normal formal patterns of *buddha-vacana*.[16]

(3). The third characteristic feature of the Buddhist canons is their relatively flexible character, loose structure, and permeable boundaries. In comparison with many other religious traditions, Buddhists seem to have been concerned less with the precise wording of the *buddha-vacana* than with the general sense and spirit of the *dharma* which they embody. One may contrast, for example, the Vedic tradition, in which precisely correct recitation of the sacred texts is held to be absolutely crucial in order for the *mantras* to have validity and ritual efficacy, while comprehension of the words themselves is unnecessary and even irrelevant. Similarly, outside of the Indian world, among the "peoples of the book," written scriptures such as the Torah or Qur'an are felt to be rendered invalid by the most trifling scribal scribal error.

In contrast to this, the Buddhist canons in general place far less emphasis on the precise wording of the texts. Although there is a clear sense, at least in the more strictly defined canons such as that of the Theravādins, of an exactly "correct" text, the issue is not stressed nearly as heavily as in the other religious traditions mentioned above. One rarely finds an attitude in the Buddhist tradition that minor errors, variants, or corruptions in a text destroy its meaning or lessen its value, and in practice one often finds a surprising degree of textual variation in the manuscript versions of canonical Buddhist texts.

---

[15] Lamotte, *History of Indian Buddhism*, 182–183.

[16] Lamotte, *History of Indian Buddhism*, 158–159.

In short, in Buddhism there is an underlying sense, and sometimes even an explicit acknowledgement, that the spirit of the law outweighs its letter.[17] This position is stated directly in the post-canonical *Catuḥpratisaraṇa-sūtra*, which establishes four principles for the interpretation of Buddhist texts, the second of which is that, in interpreting a canonical text, one should rely on the sense rather than the letter (*arthaḥ pratisaraṇaṃ na vyañjanam*).[18] Lamotte clarifies this point as follows: "[I]l n'est nullement dans l'intention du *Catuḥpratisaraṇasūtra* de nier l'importance de la lettre, mais seulement de la subordonner à l'esprit."[19]

By way of illustration, Lamotte[20] cites a famous episode in the early history of the Buddhist community, as told in the *vinaya* of the Pali canon, in which the monk Assaji, a recent convert of the Buddha, is asked by Sāriputta (= Sanskrit Śāriputra) – who was later to become one of the Buddha's foremost disciples – to explain his teacher's doctrine. Assaji explains that, being a new monk, he is unable to explain the *dharma* in detail (*vittharena*), but can only state it in summary form (*saṃkhittena*). Sāriputta responds, "So be it, venerable sir; speak in brief or at length (*appaṃ vā bahuṃ vā*), but only tell me the sense (*atthaṃ*). I only have use for the sense; why should you speak at length of the letter (*vyañjanaṃ bahuṃ*)?" In response, Assaji recites a celebrated verse summarizing the set of causal relations that constitutes the most basic principle of the Buddha's *dharma*: "With regard to those phenomena which arise from causes, the Tathāgata proclaimed their causes, and also their cessation; this is what the Great Renouncer teaches." As will be further discussed in part 4.2, this single verse, the *pratītyasamutpāda-gāthā* or "verse on dependent origination,"[21] has come to be widely regarded in much of the Buddhist world as encapsulating the very essence of the *dharma*.

---

17 Compare the comments on this point in Reginald A. Ray, "Buddhism: Sacred Text Written and Realized," *The Holy Book in Comparative Perspective*, eds. Frederick M. Denny and Rodney L. Taylor (Columbia, South Carolina: University of South Carolina, 1985), pp. 148–180 (p. 158).

18 Ét. Lamotte, "La critique d'interprétation dans le bouddhisme," *Annuaire de l'Institut de Philologie et d'Histoire Orientales et Slaves* 9 (1949): 341–361 (pp. 342 n.1, 344–348).

19 Lamotte, "La critique d'interprétation dans le bouddhisme," 347.

20 Lamotte, "La critique d'interprétation dans le bouddhisme," 347.

21 Also frequently, though less accurately, referred to as "the Buddhist creed." On the role of this verse in Buddhist tradition and practice, see Daniel Boucher, "The *Pratītyasamutpādagāthā* and its Role in the Medieval Cult of the Relics," *Journal of the International Association of Buddhist Studies* 14 (1991): 1–27.

This episode thus illustrates three major points about the Buddhist attitude toward "scripture." Besides embodying the principle of "the spirit over the letter of the law," as shown by Lamotte,[22] the *pratītyasamutpāda-gāthā* also illustrates an extreme example of the important Buddhist principle of the expansion and contraction (*vistara*, *saṃkṣepa*) of scripture, according to which expositions of the same subject or text in different lengths and differing degrees of detail are felt to be equally valid, and may even be included side by side in canonical collections.[23] Finally, the story of Assaji's verse embodies the extended sense of *buddha-vacana* according to which words spoken by the Buddha's followers could be considered, in effect if not literally, as the Buddha's own words.

2. Historical and cultural background of the Buddhist canons

Thus it is particularly their volume, diversity, and variability that make the Buddhist canons stand out among the world's major scriptural corpora. This is not to say that these three characteristics are unique to Buddhist canons, as they are shared, to some extent and in some cases, with other scriptural corpora, and many partial parallels could no doubt be found elsewhere. But I would still maintain that these three features are, broadly speaking, sufficiently distinctive and highly developed to set off the Buddhist canonical tradition as as a special, if not unique instance of canon formation.

This being the case, we can try to account for these peculiarities of Buddhist canons in light of their historical and cultural backgrounds. To begin with, one of the most outstanding and frequently cited features of the Buddhist canonical tradition is its essentially oral character. The original Buddhist scriptures, particularly the old or "mainstream" *sūtras*, were originally composed and delivered in oral form (theoretically at some time in or around the fifth century B.C.), and were preserved and transmitted for several centuries afterwards by recitation and memorization. Only at a considerably later stage, beginning most likely in or around the first century B.C., were they first set down in writing. The oral

---

[22] One could however argue here that this point is not entirely valid, in that Sāriputta was not yet a Buddhist at the time at the time he enunciated the principle, but was converted only as a result of Assaji's response. But it does seem reasonable to suppose, with Lamotte, that the legend implies that the principle of the spirit over the letter is harmonious with Buddhist values.

[23] See the examples discussed in section 4.2.

background of the Buddhist canon is evident in several of its essential features, including a tendency towards extensive repetition and formulaic compositional techniques.[24] For example, the *sūtra*s consist in large part of standardized tag phrases and narrative set pieces, repeated over and over in different contexts and stitched together in various patterns and sequences.

On a higher level too, there was a great deal of duplication of larger subtextual units or even of entire texts, both within and between the main subsections of the canons. For example, within the *sutta-piṭaka* of the Pali canon, there are cases in the *Dīgha-nikāya* and *Majjhina-nikāya* subsections in which virtually the same episode is repeated as many as four times.[25] Similarly, within the Pali, Sanskrit, and Chinese versions of the *Aṅguttara-nikāya/Ekottarikâgama* and *Saṃyutta-nikāya/Saṃyuktâgama* classes of *sūtra*s, there is a high degree of overlap, with, for example, the same text frequently being represented twice or more with only minor variations. There is also extensive overlapping between these two *nikāya*s, both of which comprise large collections of short *sūtra*s of similar format and contents.

Finally, even between the major divisions of the canons as a whole, that is, across the separate *piṭaka*s, there may be extensive repetition and overlapping. For example, a considerable amount of *sūtra* material is repeated in the *Vinaya-piṭaka* and (in some canons at least) in the *Abhidharma-piṭaka* as well.

In this regard, the Buddhist scriptures manifest many of the typical features of orally composed literature, and this oral background explains, in part at least, some of their peculiar characteristics, such as their extreme volume and tolerance of variability and repetition; this, in contrast to strictly fixed written scriptures like the Torah. Yet, in and of itself this is by no means a sufficient explanation for the peculiar characteristics of the Buddhist canons. For the Vedic texts, which like the Buddhist canons arose in a non-literate environment and were not written down until long after their original composition and compilation, do insist, indeed, to an extreme degree, on textual precision. In this regard, they go against all

[24] These techniques are discussed in detail, with reference to the Pali canon, in Mark Allon, *Style and Function: A Study of the Dominant Stylistic Features of the Prose Portions of Pāli Canonical Sutta Texts and their Mnemonic Function* (Tokyo: The International Institute for Buddhist Studies, 1997).

[25] Oskar von Hinüber, *A Handbook of Pāli Literature* (Berlin: Walter de Gruyter, 1996), 29, 33.

the standard formulations of orality theory, and in fact tend to constitute a persistent thorn in the side of the practitioners of that subject, who have attempted in various ways to explain away the Vedic exception, though for the most part unsuccessfully, at least in the eyes of Indologists.[26]

However this may be, the Vedic example shows that orality alone does not adequately explain the unusual path of development followed by the Buddhist canons, though it is certainly relevant to the issue. Here, as so often seems to be the case, different rules seem to apply to India, and we must consider other features of Buddhism's cultural background in an attempt to provide a more fully satisfactory explanation. One consideration which weighs heavily in this regard is linguistic diversity, which, like the preference for oral composition and preservation of textual material, has been very much a characteristic feature of the Indian world from ancient times right up to the present day. As with the issue of the importance of textual precision and fidelity, so too in regard to the problem of communicating in a multilingual environment the Buddhist tradition followed a policy which was diametrically opposed to that of the Vedic schools. For, whereas the latter viewed the Vedic Sanskrit language as an intrinsic and fundamental element of the sacredness and ritual potency of their texts, the Buddhists took the opposite tack right from the very beginning, at least if we are to take at face value the oft-cited canonical episode in which the Buddha urges his disciples to spread the word of the *dharma* to people of different regions in their own languages (*sakāya niruttiyā*).[27] In the words of Jan Nattier, the intention of this proclamation was to "inhibit the formation of a special 'church language' for the recitation of the Buddhist scriptures."[28]

---

[26] See, for example, Harry Falk, "Goodies for India – Literacy, Orality, and Vedic Culture," *Erscheinungensformen kultureller Prozesse*, ed. Wolfgang Raible (Tübingen: Gunter Narr, 1990), pp. 103–120. Falk's criticisms of Jack Goody's treatment of orality in early India (esp. p. 120), though harsh, are fully justified.

[27] See, among many the discussions of this controversial passage, Lamotte, *History of Indian Buddhism*, 552–556, and further references on p. 740. For a recent review of the issue, see D. Seyfort Ruegg, "On the Expressions *chandaso āropema, āyataka gītassara, sarabhañña* and *ārṣa* as applied to the 'Word of the Buddha' (*buddhavacana*)," *Harānandalaharī: Volume in Honour of Professor Minoru Hara on his Seventieth Birthday*, eds. Ryutaro Tsuchida and Albrecht Wezler (Reinbek: Dr. Inge Wezler Verlag für Orientalistische Fachpublikationen, 2000), pp. 283–306.

[28] Jan Nattier, "Church Language and Vernacular Language in Central Asian Buddhism," *Numen* 37 (1990): 195–219 (p. 201). However, as pointed out by Nattier herself, in its actual historical development "the 'language policy' followed by Buddhist believers has been far from monolithic, but rather has varied from place to place

This attitude is in keeping with, indeed can be seen as a manifestation of the principle discussed above that it is the sense and not the precise words of the Buddha's teaching which really matters, so that the specific language or style through which they are communicated is unimportant. In short, in the Buddhist context language is the vehicle of scripture, not part of its essence. This spirit is enunciated, for example, in a passage from the Chinese translation of the *Vinayamātṛka*, as rendered by Lamotte:[29] "The Buddha answered: 'In my religion, there is no concern for fine language. As long as the meaning and reasoning are not lacking, that is all I wish. You must teach according to the sounds which enable people to understand."

Thus Buddhism came to be, almost from the very beginning, a religion of translation. In this regard Buddhism contrasts not only with Vedic brahmanism within India, but also with other traditions in other parts of the world, such as Judaism and Islam, which required that their scriptures be learned and transmitted in their original sacred languages. In this connection, Buddhism rather resembles Christianity, in that both religions encourage the translation of the scriptures into any and all languages. But there is still a significant difference in that in Buddhism, which originally arose in a multilingual environment, the translation policy was (if we are to accept its own historical accounts at face value) formulated by the explicit command of the founder, whereas the translation of the Christian Bible began only after the institutional church had been established. The result of this was that Buddhist texts were apparently composed and learned in different dialects and languages from the very beginning, and this inevitably contributed to their characteristic diversity and flexibility. The rapid spread of Buddhism in its formative period from its place of origin in northeastern India to other parts of India, and subsequently to other regions of Asia, no doubt further promoted the formation of local textual corpora, and eventually of full canons in different languages and with ever-diverging formats and contents.

---

and from time to time, according to differing local cultural conditions" (p. 212). In particular (although this point is not discussed by Nattier, who was concerned in this article only with Central Asia), Pali did in fact eventually develop in Sri Lanka and Southeast Asia into a full-fledged "church language" which was felt to embody the original linguistic form of the Buddha's teachings. Still, though the case of Pali looms large because of its vast cultural and historical influence, it is actually exceptional and uncharacteristic of the Buddhist tradition as a whole.

[29] Lamotte, *History of Indian Buddhism*, 554.

Finally, one can understand the special characteristics of Buddhist canons more broadly in terms of the founder's attitudes towards and intentions for his own teachings. The Buddha always approached his mission in a pragmatic manner. He considered himself a spiritual doctor whose sole purpose was to heal his followers, or at least to ease their pain. The goal was the healing itself, and the particular medicine – in the form of words – was merely a means to that end.[30] What was of concern to him was the efficacy of his teachings, not their outward form, and if translating or otherwise adapting or adjusting them to a particular audience or individual would enhance their benefit, he felt no hesitation about doing so. Thus, although his words were inevitably treated as sacred by his disciples, the teacher's own attitudes, as manifested by his linguistic liberalism, worked against an excessively rigid and literalist approach to their preservation. The seeds of diversity, in other words, were planted in the Buddhist canons by the founder himself.[31]

3. Preserving the *dharma*

The preservation and transmission of such a vast canon was no doubt a formidable task, and all the more so in that the Buddha's words – that is to say, the canon, or more precisely, what was to become the canon – was literally all that the Buddha's followers had left after his death. For the Buddha specifically instructed his disciples that after his *parinirvāṇa* his teachings, that is, the *dharma*, were to be their sole guide. He declined to appoint a successor who would singlehandedly embody and interpret his *dharma*, preferring to leave the *dharma* to speak for itself, as it were. The result was that it was the Buddha's words, rather than the Buddha himself, that became and have remained the central focus of Buddhism throughout its history. This is not to say, of course, that the figure of Buddha

[30] Compare the comments on this point by Heinz Bechert, ed. *Zur Schulzugehörigkeit von Werken der Hīnayāna-Literatur: Erster Teil* (Göttingen: Vandenhoeck & Ruprecht, 1985), 21–24; for example (p. 22), "es ursprünglich nur ein einziges Ziel der Buddha-Lehre gegeben hat, nämlich das der Erlösung aus der leidvollen Welt des Saṃsāra. Dafür waren . . . genauer Wortlaut von Texten irrelevant."

[31] This attitude presumably also underlies the situation of the later literature of the Mahāyāna, involving "a remarkable and highly important phenomenon in the history of religio-philosophical literature . . ., namely a Sūtra extant in recensions closely related in their contents but not necessarily in their verbal expression;" David Seyfort Ruegg, "Aspects of the Study of the (Earlier) Indian Mahāyāna," *Journal of the International Association of Buddhist Studies* 27 (2004): 3–62 (pp. 21–22).

himself was ignored or disregarded; rather, as an ideal to be emulated and even worshipped he is indeed as important as the texts, at least in popular practice. Nonetheless, there is a qualitative difference between Buddhism and, for example, the theistic religions of the Judaeo-Christian-Islamic traditions, that is, of the "religions of the book." For, whereas in the latter the ultimate focus is on God as revealed through scripture, in Buddhism the central concern is the teachings themselves, and on the Buddha as their revealer.

Perhaps because of the centrality of the *buddha-vacana* and the difficulty of preserving it in its vast entirety, the Buddhist tradition has manifested a pervasive sense of anxiety, sometimes implicitly and sometimes explicitly, about the responsibility of preserving the *dharma* intact and complete. Indeed, the Buddha himself is often quoted in the scriptures themselves as predicting the disappearance of the *dharma* after a specified period of time, which varies in different texts but which is most often as little as five hundred years.[32] In later phases of the tradition, one also finds a concern that the canon as it has been handed down was already incomplete, large amounts of *buddha-vacana* having been lost at the very earliest stages of Buddhist history. And even at a very early stage of the history of Buddhism, during the reign of Aśoka, around the middle of the third century B.C., we have an explicit testimony from outside the canon itself of the anxiety about its longevity. This is to be found in Aśoka's Calcutta-Bairāṭ (or Bhabra) edict, in which the emperor recommends to the Buddhist community seven particular "expositions of the *dharma*" (*dhaṃma-paliyāyāni* = Sanskrit *dharma-paryāyāḥ*), specifically on the grounds that the study of them will, in his opinion, will be conducive to a long duration for the *dharma*.[33]

This pervasive anxiety about both the past and future of the *dharma* or of the *buddha-vacana* – which comes to the same thing – is easy enough to understand. On the one hand, the Buddhist canon was meant to embody the entirety of the words spoken by the Buddha between the time of his enlightenment and his *parinirvāṇa*, retrieved after his death from the memory of his disciples, so we can easily understand how later Buddhists would have been concerned that some or even many of these precious words had already been lost. On the other hand, the turbulent history and chronic political instability and fragmentation of India during the forma-

[32] Lamotte, *History of Indian Buddhism*, p. 192.

[33] See the further discussion of this inscription in section 4.3.

tive period of Buddhism must have lent an added sense of danger to the canon and the community. In particular, several post-canonical texts refer to the threats to the Buddhist community, and thus to the *buddha-vacana*, from barbarian kings such as the Indo-Greeks, Śakas, and Parthians who invaded northern Indian for some three centuries around the beginning of the Christian era. Although, ironically enough, after the initial chaos and destruction wrought by these invaders they often became important patrons of the *saṅgha*, the effects of the initial invasions during a critical period in the spread and development of Buddhism in India were evidently traumatic enough to leave a distinct mark on the literature of the times.[34]

Thus the maintenance of the *dharma* as embodied in the words of the Buddha became a matter of the highest importance, and the Buddhist communities had to employ or develop various technologies to deal with this daunting mass of material. In the early period, the mode of preservation was exclusively mnemonic and oral, the texts being recited in communal chants (*saṅgīti*) intended to ensure their uniformity and durability. This oral mode was of course not an innovation of the new-born Buddhist community, but simply an adaptation of standard modes of education in early India; not surprisingly, it resembles in certain respects the corresponding systems which are known to us from the Vedic tradition. For example, just as the Vedic tradition involved a division of labor whereby separate groups of specialists were responsible for the study, teaching, and ritual application of different classes of Vedic mantras, so too did the Buddhists develop the *bhāṇaka* system whereby different monks specialized in the recitation of different *nikāya*s or sub-groupings of the vast corpus of *sūtra*s; thus the *dīgha-bhāṇaka*s were reciters of the *Dīgha-nikāya* or collection of long (*dīgha*) *sūtra*s, the *majjhima-bhāṇaka*s preserved and taught the *Majjhima-nikāya* or medium-length (*majjhima*) *sūtra*s, and so on.

But the differences between Buddhist and Vedic mnemotechics are also significant and revealing. A fundamental technique of Vedic textual tradition and education involved various forms of *pāṭha*s or recitation patterns, according to which the *mantra*s were repeated in different formats and sequences in order to reinforce the knowledge of their exact word-

[34] For a summary of the relevant material, see Lamotte, *History of Indian Buddhism*, 198–202. For a more detailed study, see Jan Nattier, *Once Upon a Future Time: Studies in a Buddhist Prophecy of Decline* (Berkeley: Asian Humanities Press, 1991), 145–227.

ing and pronunciation. We have little if any evidence of such systems, however, in the early Buddhist tradition, and in fact some *Vinaya* texts specifically condemn the word-by-word recitation pattern (*pada-pāṭha*) practiced by the Brahmans.[35] This contrast is hardly surprising in view of what we have already seen about the lesser emphasis on the retention of precise wording among the Buddhists.[36]

Despite this deeply rooted oral tradition, somewhat later on in the history of the Buddhist communities – during the first century B.C., according to the historical records of the Theravādin school – Buddhists did begin to write their texts down. The exact historical circumstances and motivations of this epoch-making shift are poorly understood, but apparently the new system was conceived as a sort of "back-up" or insurance policy in situations where the old oral modes of transmission were felt to be in some way threatened or inadequate. The earliest references to this innovation are found in the ecclesiastical chronicles (*Mahāvaṃsa* and *Dīpavaṃsa*) of Sri Lanka, which refer to monks beginning to write down the canonical and commentarial texts in order that they might be "long-lasting." Significantly, the term in question here, *ciraṭṭhitatthaṃ*, is virtually the same as the one employed by Aśoka in the Calcutta-Bairāṭ edict: *sadhaṃme cilaṭhitīke hosatī ti*, "so that the true *dharma* shall be long-lasting."

The motivation for this innovation is unfortunately referred to only laconically in the Sri Lankan chronicles as a *hāni* or "decline," and it is a matter of controversy as to whether this refers, for example, to a decrease of population, a loss of knowledge on the part of the monks, or civic disorders such as war or famine.[37] But in any case, rather than replacing the old oral mnemotechnics, the new system of written texts only provided an alternative technology which co-existed alongside the previous one. As

---

[35] *Hôbôgirin (Dictionnaire Encyclopédique du Bouddhisme d'après les Sources Chinoises et Japonaises)*, p. 94a (s.v. *Bombai*).

[36] This is by no means to say that the Buddhists did not care at all about the accurate recitation of their texts. There was indeed a deep concern about this, especially in regard to certain portions of the canon, such as the *prātimokṣa* and certain other parts of the *Vinaya-piṭaka*. My point is only that, broadly speaking and with regard to the canon as a whole and the Buddhist traditions in general, this concern was less central and less rigid than in many other religious traditions.

[37] For discussions of these alternatives, see Lamotte, *History of Indian Buddhism*, 368–369, Collins, "On the Very Idea of the Pali Canon," 96–98, and Heinz Bechert, "The Writing Down of the Tripiṭaka in Pāli," *Wiener Zeitschrift für die Kunde Südasiens und Archiv für indische Philosophie* 36 (1992): 45–53 (pp. 51–52).

far as we can see from the available sources, the choice of oral or written transmission was never a doctrinal issue or point of controversy among the Buddhists; typically of their approach to scripture, the attitude was essentially practical, and any mode that was conducive to the protection and propagation of the *dharma* was acceptable. Indeed, thoughout Buddhist tradition, ever since the inception of written texts and down to the present day, oral and written methods have coexisted and reinforced each other.

The surviving specimens of early forms of written Buddhist texts – specific examples of which will be described later in this article – consisted of manuscripts written on the standard writing materials of northern and southern India, namely birch bark and palm leaf respectively. But such organic materials are notoriously short-lived in the monsoon climate of the Indian sub-continent. Indeed, it can be argued that the perennial preference for oral modes of learning and teaching in the Indian world was in part conditioned by the chronic instability of written materials there. This is impossible to prove, but it is certainly true that manuscripts very rarely survive for more than a few centuries in the Indian subcontinent, and it is no coincidence that the virtually all of the really old Indic manuscripts which have come down to us were preserved in regions outside of the subcontinental monsoon zone, mostly in Afghanistan and Central Asia, whither they had been exported.

Thus we can suppose that the limitations of the new technology of written manuscripts must have become evident to the Buddhist community quite quickly, and this could have influenced the development of a third level of technology for the preservation of the canon, namely the epigraphic method: that is, the recording of individual texts or even entire canons on non-perishable materials such as metal or stone. A report of an early enterprise of this type is provided to us by Xuanzang, the Chinese Buddhist pilgrim who travelled in Indian in the early seventh century A.D. According to traditions which he heard in northwestern India, the Kuṣāṇa emperor Kaniṣka, who had ruled there in the second century A.D., was frustrated by the inconsistent presentations of the *dharma* provided to him by the teachers of the various schools and therefore convened a council of 499 learned monks in Kashmir to standardize, record, and preserve a definitive version of the texts and commentaries on them. At the end of the council, he had this definitive corpus "engraved on sheets of red copper" (赤銅為鍱 *chìtóng wéi yè*) and interred inside a stone *stūpa* or relic mound.[38]

Although the historicity of this legend is not beyond doubt, the story, in its broad outlines at least, has the ring of truth, or at least of plausibility. The circumstances of the formulation of a definitive canon and an authoritative interpretation of it, under the auspices of a governmental power with a bureaucratic mentality that was impatient with confusingly diverent views, are typical of the patterns of the formation of fixed, closed, formalized canons, not only in Buddhist history but in religious traditions in general. Archaeologically too, the story of Kaniṣka's inscriptional canon is believable. For although these "sheets of red copper," if they ever existed, have never been found, the practice of inscribing sacred Buddhist texts on metal plates and other durable substances is well attested for the period and region in question, as well as for later times and other areas.

Indeed, Kaniṣka's inscriptional canon, whether the stuff of history or of pious legend (or perhaps some of both), clearly foreshadows later enterprises which were undertaken in a similar spirit in far-flung regions of the Buddhist world. One well-known example is the *sūtra* cave at the Yúnjūsì (雲居寺) temple at Fangshan, near Beijing, where some fifteen thousand stone slabs containing Buddhist scriptures were carved over a period of several centuries, beginning in A.D. 616. Although these so-called *shíjīng* (石經) or "stone scriptures" do not constitute a complete formal canon as such, the motivation for the project of recording individual *sūtra*s and other canonical texts was nonetheless the same one that underlay similar projects before and after it, namely to preserve them from the inevitable decline and eventual disappearance of the *dharma*, stimulated by the anxiety which arose in a period of civil disorder and danger.

In the case of the Yúnjūsì stone *sūtra*s, it would seem that the practice of recording *sūtra*s on stone was influenced by a pre-existing, non-Buddhist Chinese practice of recording classic texts on stone.[39] But other examples show that this practice was not confined to China, nor to ancient times. For example, in 1871, in connection with the fifth Buddhist council convened by King Mindon of Burma, the entire Theravādin Pali canon was incribed, first on palm leaves in gold ink and then on 729 mar-

---

[38] For further discussion of this legend, see Salomon, "Recent Discoveries of Early Buddhist Manuscripts," part 4.

[39] Lancaster, "The Movement of Buddhist Texts from India to China," 531–532.

ble slabs erected in Mandalay, with the intention that they would endure forever.

4. Managing the *dharma*

The various efforts so assiduously undertaken by Buddhists throughout history to preserve the *dharma* for posterity have in large part achieved their goal. For the *buddha-vacana* has in fact survived in many sectarian and linguistic manifestations, in some cases in the form of complete and intact standardized canons, though in many others only in more or less partial or fragmentary forms. This, in spite of the Buddha's pessimistic predictions of the disappearance of the *dharma*; or perhaps rather because of it, in that these disturbing predictions may have provided (or may even been *intended* to provide) the motivation for his followers to carefully and conscientiously preserve the Buddha's words in whatever form was available to them. In this – if we may assume for argument's sake that the prophecies about the decline of the *dharma* which are attributed to the Buddha were actually spoken by him, even though this, like everything else about his career, can never be conclusively proven – we can see his unique insight into human nature and psychology, which enabled him to motivate and direct his disciples in such a way as to maximize the impact of his message and to ensure its survival. This was the same psychological and organizational insight which, for instance, led him to refuse to appoint a successor – a refusal which, paradoxically, may have been a key element in the survival and longevity of the Buddha community.

But the preservation of such an enormous volume of scriptural material also raised formidable problems on the practical level: to put it simply, what were Buddhists to *do* with such a massive canon? Surely in antiquity as in modern times, few Buddhists actually studied the entire canon, or even substantial portions of it, let alone memorized it. On the level of propagating of the essential message of the *dharma* and of the ordinary practice of its devotees, the scriptures had to be somehow to be rendered practically accessible. This was achieved, for the most part, by three techniques, all of them widespread throughout Buddhist tradition: (1) selection, (2) abridgement, and (3) anthologization.

4.1. Selecting from the canon

For the most part, the comprehensive Buddhist canons serve as "notional," "symbolic," or "ideal" canons, in contrast to the functional, practical, or ritual canons representing what Buddhists of a given community or persuasion actually read and used.[40] Complete written or printed sets of the canon, when available at all, seem to serve more as symbolic or ritual objects than as reference tools or subjects of study. For instance, in modern monasteries in Taiwan the printed canon is typically "kept as a precious possession in a locked but transparent bookcase, and virtually never opened."[41] In Taiwan, "[f]or most people, it is appropriate to confine study and recitation to a selection only,"[42] and this seems to be the norm rather than the exception for Buddhist practice in general.

Although the principle is common, the processes of selective focus have taken many forms. For example, in some prominent Buddhist traditions practitioners focus their attention on a single group of *sūtra*s or even on a single *sūtra*, to the effective disregard of all other scriptures. While the other scriptures are in no way denied or rejected, they are simply felt to be superfluous in light of the power of concentration on a single *sūtra* to effect enlightenment, advantageous future rebirths, or any other desired spiritual practical goal. As a result, some schools of Buddhism have developed, in effect, into cults of a single *sūtra*, the most notable case being the enormously influential *Tiantai* (Japanese: *Tendai*) sects of East Asia which concentrate exclusively on the Lotus *Sūtra* (*Saddharmapuṇḍarīka-sūtra*).

Such concentration on a single *sūtra* is particularly characteristic of Mahāyāna Buddhism, and it has in fact been suggested that the Mahāyāna was, in origin, a loosely affiliated grouping of miscellaneous communities or congregations which crystallized around individual *sūtra*s.[43] But even among those Mahāyāna and non-Mahāyāna schools which are less exclusively devoted to single *sūtra*s, there may still be a strong focus on a particular text. For example, some teachers in the Theravāda tradition center their teaching on particular texts such as the *Satipaṭṭhāna-sutta* or *Visuddhimagga*. This situation is virtually inevitable; with literally thou-

[40] Collins, "On the Very Idea of the Pali Canon," 103–4; Paul Harrison, "Another Addition to the An Shigao Corpus? Preliminary Notes on an Early Chinese *Saṃyuktāgama* Translation," *Shoki Bukkyō kara Abidaruma e: Sakurabe Hajime hakushi kiju kinen ronshū / Early Buddhism and Abhidharma Thought: In Honour of Doctor Hajime Sakurabe on His Seventy-seventh Birthday* (Kyoto: Heirakuji Shoten, 2002), pp. 1–32 (p. 25).

[41] Levering, "Scripture and Its Reception," 89.

[42] Levering, "Scripture and Its Reception," 69.

[43] See, for example, Joseph Walser, *Nāgārjuna in Context: Mahāyāna Buddhism and Early Indian Culture* (New York: Columbia University, 2005), 24.

sands of texts to choose from, all of them (in theory at least) of equal validity and truth, teachers and students alike are compelled to focus their attention selectively.

4.2. Abridging the canon

The second technique which has often been employed by Buddhists of various stripes to deal with the masses of textual material available to them is abridgement, on various levels. The practice is in keeping with the well-established rhetorical principle of expansion and contraction (*saṃkṣepa* and *vistara*), according to which a particular text or topic may be propounded at length or in brief, according to the requirements of a particular situation and audience, as perceived by the speaker.

One outstanding instance of this has already been mentioned above (section 1), namely the *pratītyasamutpāda-gāthā*, the "verse on dependent origination," in which the essence of the Buddha's teaching is compressed into a single verse.[44] This verse is found in a vast variety of textual and inscriptional formats, found from Turkmenistan to Vietnam, which were evidently executed as ritual acts of propagating and protecting the *dharma*; by inscribing this verse on a ball of clay and interring it in a *stūpa*, for example, a worshipper could be considered to have dedicated the entire *dharma*. Similarly in the Vajrayāna context of Himalayan Buddhism, one sees almost literally at every turn the mantra *oṃ mani padme hūṃ*, which was understood to embody the fundamental power of enlightenment.

The principle of abridgement is also exemplified in the *prajñāpāramitā* literature, which includes some of the most influential and popular texts of Mahāyāna Buddhism. The *prajñāpāramitā* is presented in texts of similar content but widely differing lengths: the fully expanded form, the *Śatasāhasrikā Prajñāpāramitā*, consists (nominally) of 100,000 verses, while the brief version, the *Aṣṭasāhasrikā Prajñāpāramitā*, has only 8,000 verses. Beyond this, the *prajñāpāramitā* can even be conceived of as compressed into a single syllable, thus illustrating the extremes of expansion and contraction to which Buddhist scriptures can be subjected

---

[44] Here, as elsewhere, I do not claim that the technique of reducing the fundamental doctrine into a single verse or line is unique to Buddhism, as one may compare the *pratītyasamutpāda-gāthā* to, for example, the Jewish *Shema'* or the Muslim *Kalima*. My point, once again, is merely that such techniques of abbreviation and encapsulation are particularly characteristic of and widely employed in the Buddhist tradition.

without (in theory, at least) affecting their essential meaning and sacred character.

Other types of abridgement have recently become apparent in the course of studies of new manuscript and epigraphic materials. One such technique has been observed among the recently discovered remnants of manuscript texts in Gāndhārī. These new manuscripts, datable to the first two or three centuries of the Christian era, have revealed the existence of a large Buddhist literature, hitherto virtually unknown, in the ancient vernacular language of the northwestern fringe of the Indian subcontinent. While it remains to be determined whether this literature had yet crystallized into a formal canon in the strict sense of the term, or whether it rather represented a pre- or proto-canonical mass of unstandardized textual corpora, these new manuscripts nonetheless provide the oldest known material remains of any Buddhist texts and hold great potential for the study of the formation of Buddhist literatures and canons.[45]

In the two largest groups of Gāndhārī manuscripts, known as the British Library and Senior collections,[46] a consistent pattern has emerged according to which, in most if not all cases in which a single scroll contains a portion of a long text (as identified by comparison to parallel versions preserved in other languages) which would have required several scrolls to be written out in full, the actually occurring scroll is the first of the hypothetical set. That is to say, in at least six cases and possibly several more, the surviving scrolls contain the beginning of a long text, whereas there are no definite cases in which such a scroll was the second or subsequent volume of a multi-scroll text. For example, the British Library scroll of the "Songs of Lake Anavatapta" (*Anavatapta-gāthā*) can be identified on the basis of parallel versions as the first of what should be a set of three or more scrolls comprising the entire text.[47]

This consistent pattern leads us to question whether in such cases the subsequent scrolls were ever actually written out. For it seems unlikely,

[45] See Allon, "Recent Discoveries of Buddhist Manuscripts from Afghanistan and Pakistan," and Salomon, "Recent Discoveries of Early Buddhist Manuscripts."

[46] Richard Salomon, *Ancient Buddhist Scrolls from Gandhāra* (Seattle: University of Washington/London: The British Library, 1999), and Richard Salomon, "The Senior Manuscripts: Another Collection of Gandhāran Buddhist Scrolls," *Journal of the American Oriental Society* 123 (2003): 73–92.

[47] Some other examples of this pattern are discussed in Salomon, "Recent Discoveries of Early Buddhist Manuscripts," part 4. Further examples, besides the ones mentioned there, are Senior scrolls 5, 13 and 14.

given the considerable amount of Gandhāran manuscripts that have been discovered and identified so far, that this pattern is merely coincidental. In all likelihood, if long texts had been written out in full in sets of multiple scrolls, by now we should have found at least some of the latter scrolls of such sets; but in fact no clear cases of such scrolls have yet been identified. Thus the conclusion – albeit still a tentative one – seems to be that there existed in the Gandhāran manuscript tradition a practice of writing what might be called symbolic texts, in which the first scroll or portion of a longer text was understood to represent the text as a whole. As to exactly how such abbreviated or symbolic texts might have been conceived, we can at this point only speculate. They may, for example, have been conceived primarily as ritual objects, that is, as textual relics rather as than practical objects of study, so that it was felt unnecessary to write them out in full. The beginning of the text could have sufficiently represented the entirety, in keeping with the Buddhist principle of the expandability and contractability of texts.

Another type of abridgement among the new corpus of Gandhāran texts involves the Gāndhārī *avadāna* and *pūrvayoga* manuscripts, which consist of sets of legends sketched out in an extremely abbreviated forms, such that the texts constitute no more than barest outlines of the story. These manuscripts thus seem to served more as prompts to stimulate the reader's memory of the text than as the primary records of them.[48] This sort of extremely abridged text, which, as pointed out by Timothy Lenz,[49] is not without parallel in other branches of Buddhist literature, is presumably a manifestation of the lingering orality which pervades Buddhist scribal traditions, whereby written texts tended to function as supplements to, rather than as replacements for recitation and memorization.

Another interesting instance of the abridgement of a written version of a *sūtra* which has recently come to light involves the text of the *Gaṇḍavyūha-sūtra* in Tibetan which accompanies a set of painted illustrations of the *sūtra*, datable to the eleventh century A.D., in the temple at Tabo in Spiti (Himachal Pradesh, India). In order to make the *sūtra* text fit onto the available space on the walls of the structure, it has been abbreviated in various ways, including both the omission of short words and

[48] Timothy Lenz, *A New Version of the Gāndhārī Dharmapada and a Collection of Previous-Birth Stories: British Library Kharoṣṭhī Fragments 16 + 25* (Seattle: University of Washington, 2003), 85–98.

[49] Lenz, *A New Version of the Gāndhārī Dharmapada and a Collection of Previous-Birth Stories*, 93–98.

phrases and of longer sections, often involving repeated or stereotyped units; and in one case, an entire chapter of the text has been dropped.[50] According to the authoritative interpretation of this inscription by Ernst Steinkellner, the purpose of the text accompanying the paintings is serve as "the evidence adduced, as a document of scripture, for proving that what is depicted in the painted scenes is truly authentic Buddhist teaching. In other words, it is attached to the scenes as authentication."[51]

Assuming that Steinkellner's interpretation of the function of the inscriptional text of the *Gaṇḍavyūha-sūtra* is correct, this would mean that even though the text is very considerably abridged due to practical limitations of space, it was nonetheless considered as fully authoritative scripture. This raises the question as to whether the motivation for the apparently incomplete copies of Gāndhārī *sūtra*s discussed above was a similarly practical one, for example, an inadequate supply of birch bark for writing out long texts in full. But in any case, the same underlying principle is in effect in both cases, the Gāndhārī scrolls and the Tibetan temple inscription, though they come from very different periods and schools of Buddhism: an abridged text can stand for the whole, with no diminution in its authority and validity.

4.3. Anthologizing the canon

A third, and a particularly influential technique for rendering the Buddhist canon practically accessible is the compilation of anthologies. Anthologies of various sorts are prominent in virtually all of the regional and doctrinal manifestations of Buddhism. One important and well-documented instance of the anthologizing tendency is the "Six-*sūtra* Collection" (*Ṣaṭsūtraka-nipāta*) which is abundantly attested among the fragmentary manuscript remnants of the Sanskrit canon of the Sarvāstivādins found

[50] Ernst Steinkellner, "Notes on the Function of Two 11th-Century Inscriptional Sūtra Texts in Tabo: *Gaṇḍavyūhasūtra* and *Kṣitigarbhasūtra*," *Tabo Studies II: Manuscripts, Texts, Inscriptions, and the Arts*, eds. C.A. Scherrer-Schaub and E. Steinkellner (Rome: Istituto Italiano per l'Africa e l'Oriente, 1999), pp. 243–274 (pp. 246–247). See also Ernst Steinkellner, "Manuscript Fragments, Texts, and Inscriptions in the Temple of Tabo: An Interim Report with Bibliography," *Wisdom, Compassion, and the Search for Understanding: The Buddhist Studies Legacy of Gadjin M. Nagao*, ed. Jonathan A. Silk (Honolulu: University of Hawai'i, 2000), pp. 315–331 (pp. 324–325).

[51] Steinkellner, "Manuscript Fragments, Texts, and Inscriptions in the Temple of Tabo," 325–6; see also Steinkellner, "Notes on the Function of Two 11th-Century Inscriptional Sūtra Texts in Tabo," 255–8.

in Chinese Central Asia. As demonstrated by Jens-Uwe Hartmann,[52] this group of six *sūtra*s extracted from the *Dīrghâgama* or "Long *sūtra*s"[53] subsection of the Sarvāstivādin *Sūtra-piṭaka* must have enjoyed a special status in Central Asian Buddhism, since the fragments of these texts are proportionally far more common than those of other *Dīrghâgama sūtra*s. This indicates that there were, in Hartmann's words, "a far larger number of manuscripts containing only the *Ṣaṭsūtrakanipāta* than those comprising the whole *Dīrghāgama*."[54] Thus it was apparently on this anthology of six *sūtra*s, rather than the entire canon or even the entire *Dīrghâgama*, that monks focused on in their studies. Quite possibly, it constituted the basic curriculum of a monastic education in Sarvāstivādin monasteries in India and Central Asia.

In the case of the "Six-*sūtra* Collection," the rationale of the choice of the particular texts is readily discernible – this, in contrast to some of the other of the anthologies to be discussed below. The six *sūtra*s fall into two distinct groups of three *sūtra*s each,[55] the first of which, comprising the *Daśottara-*, *Saṅgīti-*, and *Arthavistara-sūtra*s, consists of numerically or conceptually arranged summaries of basic Buddhist doctrinal points and terms, while the second group, made up of the *Catuṣpariṣat-*, *Mahāvadāna-* and *Mahāparinirvāṇa-sūtra*s, are historical in character, concerning respectively the formation of the Buddhist monastic community, the careers of the Buddhas of past eons, and the life of the "historical" Buddha, Śākyamuni.

Thus in the case of the *Ṣaṭsūtraka*, we are dealing with a systematic and logically ordered anthology extracted from a single subdivision (*āgama* = Pali *nikāya*) of the *Sūtra-piṭaka*, namely the *Dīrghâgama*. Thanks to

---

52 Jens-Uwe Hartmann, "Buddhist Sanskrit Texts from Northern Turkestan and their Relation to the Chinese Tripiṭaka," *Collection of Essays 1993: Buddhism Across Boundaries – Chinese Buddhism and the Western Regions* (Sanchung, Taiwan: Foguang Shan Foundation for Buddhist and Culture Education, 1999), pp. 107–136 (pp. 127–34).

53 In the Sarvāstivādin *Dīrghâgama* as it has come down to us, the six *sūtra*s which constitute the *Ṣaṭsūtraka-nipāta* come at the very beginning of the compilation. According to Mark Allon (*Three Gāndhārī Ekottarikāgama-Type Sūtras: British Library Kharoṣṭhī Fragments 12 and 14*. Seattle: University of Washington, 2001, p. 23), this situation may reflect a secondary restructuring of the *Dīrghâgama* under the influence of this popular anthology.

54 Hartmann, "Buddhist Sanskrit Texts from Northern Turkestan," 133.

55 Hartmann, "Buddhist Sanskrit Texts from Northern Turkestan," 128.

the efforts of Paul Harrison,[56] we now also have strong documentation for two other early anthologies which resemble the format of the *Ṣaṭsūtraka* insofar as they are similarly derived from single *nikāya*s/*āgama*s of the *Sūtra-piṭaka*, namely the *Aṅguttara-nikāya/Ekottarikâgama* or numerically arranged *sūtra*s, and the *Saṃyutta-nikāya/Saṃyuktâgama* or thematically arranged *sūtra*s; this, in contrast to other anthologies embracing materials from various *āgama*s, to be discussed below. Both of these anthologies survive only in Chinese translations, attributable according to Harrison to the early (second century A.D.) translator An Shigao.

The first of these *āgama*-based anthologies is an collection of *sūtra*s of the *Aṅguttara/Ekottarikā* class, the "*Sūtra* Miscellany in Forty-four Sections" (雜經四十四遍 *Zá jīng sìshísì biàn*) which, as shown by Harrison,[57] is incorporated in the standard Chinese canon in a garbled form within the "The Seven Places and Three Contemplations *Sūtra*" (佛說七處三觀經 *Fó shuō qī chù sān guān jīng*, T. no. 150a). This anthology, as reconstructed by Harrison, is structured along numerical principles like those of the complete *Aṅguttara-nikāya/Ekottarikâgama*s, comprising *sūtra*s describing sets of 2, 3, 4, 5, 8, and 9 items, in that order. Of the forty-four *sūtra*s in this anthology, Harrison found that 36 "have close parallels in the Pāli *Aṅguttara-nikāya*,"[58] although, somewhat surprisingly, only five are paralleled in the Chinese version of the corresponding *Ekottarikâgama* collection.

The second of the *sūtra* anthologies attributed to An Shigao is a collection of twenty-seven *sūtra*s of the *Saṃyuktâgama* class entitled 雜阿含經 *Zá àhán jīng*[59] (T. no. 101), which has also been authoritatively analyzed by Paul Harrison.[60] Most of the *sūtra*s in this anthology have parallels in both the complete Chinese *Saṃyuktâgama* and in the Pali *Saṃyutta-nikāya*, although a fair number of the Pali parallels are found in the *Aṅguttara-nikāya*.

---

[56] Paul Harrison, "The *Ekottarikāgama* Translations of An Shigao," *Bauddhavidyāsudhākaraḥ: Studies in Honour of Heinz Bechert on the Occasion of His 65th Birthday*, eds. Petra Kieffer-Pülz and Jens-Uwe Hartmann (Swisttal-Odendorf: Indica et Tibetica Verlag, 1997), pp. 261–284; Harrison, "Another Addition to the An Shigao Corpus?"

[57] Harrison, "The *Ekottarikāgama* Translations of An Shigao."

[58] Harrison, "The *Ekottarikāgama* Translations of An Shigao," 276.

[59] Not to be confused with the complete Chinese *Saṃyuktâgama* translation with the same title (T. no. 99).

[60] Harrison, "Another Addition to the An Shigao Corpus?"

Although in both of these single-*āgama* anthologies the formal, that is, genre-wise criteria are self-evident, the rationale for the selection of the specific *sūtra*s is not so readily apparent. In his study of the *Ekottarikâgama* anthology, that is, the "*Sūtra* Miscellany in Forty-four Sections," Harrison originally commented, "why did he pick these texts for translation, and not others? We may never know the answers to these questions."[61] But in his later study of the *Saṃyuktâgama* anthology, Harrison was able to point to the following as the "important themes" that are emphasized in the *sūtra*s selected for inclusion therein: "the value of giving gifts …; the wisdom, spiritual supremacy and magical potency of the Buddha …; the efficacy of the practice of Buddhist meditation …; the importance of spiritual self-cultivation …; the ephemeral nature of existence in the world, and the disgusting nature of the human body …; the dangers posed by womankind …; and the promotion of what we might regard as more conventional social values, most notably filial piety."[62] In light of this additional material, Harrison returned to the question of the criteria of the selection of *sūtra*s in the *Ekottarikâgama* anthology, noting similarities in the "thematic content" of both anthologies, with the first one similarly focusing on "the value of giving gifts … and the promotion of more conventional social values," with the main difference being that the texts in it are "rather more technical and 'definitional' in nature, as is to be expected from the *Ekottarikāgama*."[63] Thus these two compendia were evidently similar in conception and purpose, the differences in their content being determined in part at least by the different character of their source material, that is, the different *āgama*s from which they were selected.

As for the question of whether this anthology was a pre-existing Indian one or rather was compiled by An Shigao himself with a view to presenting the fundamentals of Buddhism to a Chinese audience, Harrison commented "[w]ith respect to many of these themes, and especially the last [filial piety], we may well detect the influence of Chinese values and expectations on An Shigao's choices, as he attempted to give the Chinese their first close look at the literary riches of the Buddhist religion."[64] But he also considers the possibility that the anthology was a pre-existing one, and this now seems to be the more likely option, especially in light

---

61 Harrison, "The *Ekottarikāgama* Translations of An Shigao," 279.
62 Harrison, "Another Addition to the An Shigao Corpus?," 24.
63 Harrison, "Another Addition to the An Shigao Corpus?," 32 n. 51.
64 Harrison, "Another Addition to the An Shigao Corpus?," 24.

of new evidence for similar Indian *sūtra* anthologies such as the one embodied in the Senior manuscript collection (as discussed below). Thus Harrison's conclusion that "this collection and the *Za jing sishisi bian* [i.e., the *Saṃyuktâgama* anthology] alike are simply Chinese renditions of compilations which were already circulating in an Indic language"[65] is probably the correct one.

But this still leaves questions about the criteria for the inclusion of specific *sūtra*s in this and similar anthologies. The focus on filial piety becomes less central if, as now seems likely, the anthology is of Indian origin, and in any case, as has been convincingly demonstrated by Gregory Schopen, the focus on filial piety which is sometimes cited as characteristic of Chinese adaptations of Buddhism actually has deep Indian roots.[66] Thus we are left with collections which broadly summarize "mainstream" Buddhist values, without any discernible sectarian or ideological focus, so that – as with several of the other anthologies discussed in this study – the selections seem to reflect little more the individual preferences of their compilers. Since Buddhist teachers had available such a vast mass of material with a high degree of repetition, it is hardly surprising that the contents of the various anthologies are very different, with little if any duplication.

Thus, although the two An Shigao anthologies share with the more distinctly structured *Ṣaṭsūtraka* the principle of drawing their *sūtra*s from a single *āgama/nikāya* grouping, they differ from it and rather resemble, in their miscellaneous contents and lack of any obvious doctrinal coherence or agenda, the second type of *sūtra* anthologies to be discussed here, namely those which draw from wider funds of materials. A particularly early and important example of anthologies of this miscellaneous class is embodied in Aśoka's Calcutta-Bairāṭ rock edict (mentioned above in section 3), in which the emperor presents a list of seven "expositions of the *dharma*" (*dhaṃma-paliyāyāni*), the study of which, in his opinion, will be conducive to the longevity of the *dharma*.[67]

---

[65] Harrison, "Another Addition to the An Shigao Corpus?," 24–5.

[66] Gregory Schopen, "Filial Piety and the Monk in the Practice of Indian Buddhism: A Question of 'Sinicization' Viewed from the Other Side," *T'oung Pao* 70 (1984): 110–126.

[67] Although no manuscript copy of this group of seven texts exists, and quite possibly never existed, it is nevertheless conceptually, if not textually, an "anthology," and the same goes for the list of eighteen "Great *Sūtra*s" presented in the Sarvāstivādin *Vinaya*, as discussed below.

The abundant scholarship on the Calcutta-Bairāṭ edict has tended to focus on the problems of the textual identification of the seven "expositions of the *dharma*," sometimes to the neglect of certain other points of interest. Among the latter is the fact that Aśoka introduces this list in a context of his concern for the longevity of the *dharma*: "Whatever, venerable ones, was said by the Lord Buddha, all that was truly well-said. But it seems to me, venerable ones, that I ought to say what it is that seems to me will make the true Dharma long-lasting."[68] This introduction reflects the sense of anxiety about the durability of the *dharma* which, as we have already seen, was pervasive in the Buddhist tradition. But what interests us here is exactly why Aśoka saw fit to introduce a list of personally recommended scriptures in this context; in other words, how did he think that this particular list of seven favorite texts would be conducive to the durability of the *dharma*? Here I would propose that he was concerned with precisely the overall problem under discussion here, namely the enormous volume of the *buddha-vacana* and the consequent difficulty of preserving it intact. His suggestion for focusing on seven texts was perhaps intended as a sort of insurance policy by which, even if the rest of the *buddha-vacana* were to be lost or forgotten, these seven, which in his opinion contained the essential message of the *dharma*, would suffice to perpetuate it.

As for the identification of the texts recommended by Aśoka with canonical texts in Pali and other languages, there remain several problems and controversies. But to judge from the most generally accepted identifications,[69] they include texts which, with respect to their positions in the Pali and other established canons, would occur in the *Aṅguttara-nikāya, Majjhima-nikāya*, and *Sutta-nipāta* (a subsection of the *Khuddaka-nikāya*). Thus they seem to have been drawn from a rather diverse group of sources, primarily if not exclusively within the *sūtra-piṭaka* corpus, and the precise logic of the selection and combination is not readily apparent. Perhaps the best explanation is, once again, that they represented

[68] *e keci bhaṃte bhagavatā budhena bhāsite sarve se subhāsite vā. e cu kho bhaṃte hamiyāye diseyā hevaṃ sadhaṃme cil[aṭhi]tīke hosatī ti alahāmi ta[ṃ] v[ā]tave* (lines 2–4).

[69] As summarized in Lamotte, *History of Indian Buddhism*, 234–6, 735. For a recent review of the issue, see Lambert Schmithausen, "An Attempt to Estimate the Distance in Time between Aśoka and the Buddha in Terms of Doctrinal History," *The Dating of the Historical Buddha/Die Datierung des historischen Buddha, Part 2*, ed. Heinz Bechert (Göttingen: Vandenhoeck & Ruprecht, 1992), pp. 110–147 (pp. 113–117).

the personal favorites of their compiler. If the selections seem arbitrary and unsystematic, they are nonetheless justifiable on the basis of the principle, elicited by Aśoka, that "Whatever … was said by the Lord Buddha … was truly well-said," according to which any selection is, in principle, equally valid and equally valuable.

Another *sūtra* anthology of the miscellaneous type is apparently referred to in a passage in the Sarvāstivādin Vinaya, as preserved in Chinese translation.[70] This passage occurs in the context of a set of rules which permit a monk to exceptionally leave his place of residence during the rainy-season retreat for seven nights. One of the special circumstances in which this is allowed is if someone requests to be instructed in a group of eighteen "great *sūtras*" (大經 *dà jīng*) which are "of great learning and great wisdom" (多識多知 *duó shì duó zhì*).[71] According to the identifications proposed by Skilling (based mainly on the prior studies by Lévi[72] and others[73]) for the eighteen *sūtras* or groups of *sūtras* enumerated in this passage, they include seven from the *Dīrghâgama*, five from the *Madhyamâgama*, three from the *Saṃyuktâgama*, and three from the *Kṣudrakâgama*. Thus four of the five *āgamas* of the *sūtra-piṭaka* are represented in this anthology, and the individual *sūtras* are grouped together by their *āgama* order, with the seven *Dīrghâgama sūtras* at the beginning of the list, followed by the five *Madhyamâgama sūtras*, and so on. Moreover, even the order of the *sūtras* within each *āgama* grouping follows, at least in part, their order within the complete *āgamas*.[74]

All of this suggests that these particular texts may have been selected to provide a sampling of *sūtra* texts from the different *āgama* categories. Of the five *nikāyas*, only the *Ekottarikâgama* is left unrepresented, perhaps because it was felt to be unnecessary due to its extensive overlapping with the *Saṃyuktâgama*. If this admittedly speculative interpretation is correct, the anthology of the eighteen "great *sūtras*" may have been in-

---

[70] T. vol. 32, text no. 1435, pp. 174b17–175c14.

[71] Sylvain Lévi, in "Sur la récitation primitive des textes bouddhiques," *Journal Asiatique* sér. 11, v. 5 (1915): 401–447 (pp. 415, 420), and, following him, Peter Skilling, in *Mahāsūtras: Great Discourses of the Buddha, volume II* (Oxford: The Pali Text Society, 1997), p. 20, interpret this epithet as referring once to the person who requests instruction in these *sūtras*, and subsequently to the monk who is asked to recite them. But a comparison of its two occurrences in the passage in question (174b17, 29) indicates that in both cases it must rather refer to the "great *sūtras*" themselves.

[72] "Sur la récitation primitive des textes bouddhiques," 419–22.

[73] For references, see Skilling, *Mahāsūtras*, 5–6 and 54–5 (esp. p. 54 n. 1).

[74] Skilling, *Mahāsūtras*, 27, 54.

tended to constitute a sort of *sūtra-piṭaka* in miniature. Thus, in Skilling's words, "it may be that the Mahāsūtras were extracted in order to make a collection that would be easier for diligent monks, nuns or lay-followers to study. This might explain their arrangement according to the sequences of Āgamas, with the internal sequence of some sūtras intact."[75]

Another anthology with an apparently similar general structure is represented by the partially preserved group of fifty-five *sūtra*s recorded in the twenty-four surviving scrolls comprising the Senior collection of Gāndhārī scrolls,[76] which are datable to the reign of Kaniṣka, that is, the first half of the second century A.D.[77] The criteria for the selection of the *sūtra*s in the Senior collection and the rationale of the collection as a whole are currently under study,[78] so that the discussion here is still only preliminary. But the nature of the group is elucidated by the presence of two scrolls (nos. 7 and 8) which seem to constitute a kind of index to or summary of the collection as a whole, and in particular by the final note on one of them which reads in part "in all, fifty-five, 55, *sūtra*s."[79] Although the collection as it has been preserved appears to be incomplete, and although problems remain regarding the correlation of the surviving *sūtra*s with those enumerated on the index scrolls (see n. 80) this concluding note does suffice to inform us that the Senior collection originally was conceived as an integral anthology of fifty-five *sūtra*s.

The contents of the Senior anthology and their identification with parallel texts in Pali, Chinese, and Sanskrit are now fairly well-established, thanks in large part to the efforts of Mark Allon. Among the texts which have been definitely or tentatively identified therein, either from the actual surviving manuscripts or from summary references to them in the

---

75 Skilling, *Mahāsūtras*, 27. This Sarvāstivādin list of eighteen "great *Sūtra*s" overlaps to a certain extent to the several lists of eight or nine "great *Sūtra*s" preserved in Mūlasarvāstivādin texts. The latter anthology is clearly intended as a set of *rakṣā*s or protective charms, like the *paritta* collections in Pali (in connection with which it will be discussed below), but there is no clear evidence that the Sarvāstivādin "great *Sūtra*" anthology had such a function (Skilling, ibid.).

76 See also the previous discussion of this collection in section 4.2.

77 Salomon, "The Senior Manuscripts," 76–8.

78 The Senior scrolls are being published under the leadership of Mark Allon of the University of Sydney, as a sub-program of the British Library/University of Washington Early Buddhist Manuscripts project. Others currently involved in the study of the Senior scrolls are Andrew Glass, Richard Salomon, and Tien-chang Shih.

79 *Sarvapiḍa sūtra pacapacaïśa 20 20 10 4 1* (Salomon, "The Senior Manuscripts," 83).

two index scrolls, the largest number, approximately twenty, are *sūtra*s whose primary or closest parallels are in the Pali *Saṃyutta-nikāya* and/or the Chinese *Saṃyuktâgama* (雜阿含經 *Zá àhán jīng*). The second largest group of parallels, with ten *sūtra*s, are with the *Majjhima-nikāya/Madhyamâgama* (中阿含經 *Zhōng àhán jīng*). *Sūtra*s of the *Dīgha-nikāya/Dīrghâgama* (長阿含經 *Cháng àhán jīng*) and *Aṅguttara-nikaya/Ekottarikâgama* (增一含經 *Zēngyi àhán jīng*) are represented by only one text each.[80]

There are also three other texts in the Senior anthology for which no parallels have been located in any other *sūtra* corpora, but which do have at least partial parallels in various vinaya texts. However, since the summary on the index scroll seems to say that all fifty-five texts in the anthology were categorized as *sūtra*s, these texts may have been considered as part of the *sūtra* corpus in the textual tradition from which they are derived. This is not at all unlikely, in view of frequent overlapping and alternation between *sūtra* and *vinaya* material in Buddhist canons generally, as noted above in section 2.

Finally, the Senior anthology includes a few texts whose genre status is not clear from the available parallels in other Buddhist languages and traditions. Most notable among these are the extacts from the *Anavataptagāthā*, which might have belonged to a category of miscellaneous *sūtra*s analogous to the *Kṣudrakâgama/Khuddaka-nikāya* of the Sanskrit and Pali canons.

Thus in terms of the distribution of its contents, the Senior collection apparently resembles most closely the set of eighteen "great *sūtra*s" enumerated in the Sarvāstivādin *Vinaya*. Both anthologies consist primarily of selections from the *Dīrgha-*, *Madhyama-*, *Saṃyukta-*, and *Kṣudrakâgama*s, albeit in differing proportions. The absence or minimal representation of the *Aṅguttara-nikāya/Ekottarikâgama* in both of these

[80] The structure of the Senior anthology is in reality considerably more complex than it was presented above, for discussion's sake. The main problem is that the listing of the *sūtra*s in the index scrolls does not correspond completely with the contents of the other scrolls, so that it is not clear whether the former or the latter – or perhaps rather some combination of the two – actually reflect the contents of the anthology as originally conceived by its compiler. For example, the sole representative of the *Dīgha-nikāya/Dīrghâgama*, namely a version of the *Śrāmaṇyaphala-sūtra*, is not included among the texts listed on the index scrolls. The details of this complex relationship are being worked out by Mark Allon.

anthologies[81] is noteworthy. As mentioned above in connection with the "great *sūtras*" anthology, this may have resulted from the extensive duplication between the *Saṃyuktâgama* and *Ekottarikâgama*. But in any case, the fact that both anthologies prefer the *Saṃyuktâgama* to the *Ekottarikâgama* may suggest some common background to their formulation.

These evaluations, of course, rest on the assumption that the larger canons which are presumed to underlie these anthologies were structured in a manner more or less similar to the extant canons in terms of their *āgama/nikāya* divisions. But this seems a reasonably safe assumption, given the broad overall agreement in the structure of the main *āgama*s/*nikāya*s in all of the known canons.[82] It is also true, however, that there is a considerable degree of shifting of the *āgama/nikāya* position of individual *sūtra*s between the different canons, especially between the *Dīrghâgama*s and *Madhyamâgama*s and between the *Ekottarikâgama*s and *Saṃyuktâgama*s, so that the figures and comparisons offered here actually have only an approximative value at best.

But a more important question is how significant the representation of separate *āgama*s/*nikāya*s in anthologies of this type is, or indeed whether it is significant at all. In other words, we must try to guess whether the compilers of such anthologies really had a conscious intention to give a "sampler" of the various classes of *sūtra*s, as suggested above, or whether they rather selected *sūtra*s simply on the basis of their themes and contents, irrespective of their *āgama/nikāya* affiliation. Unfortunately, it is not yet possible to give any firm answer to this question, since the criteria for selection of the texts in the anthologies under consideration here are not understood well enough; but we may hope that further study of them, especially of the Senior anthology, may eventually clarify the issue. At this point, all that can be said with reasonable confidence is that miscellaneous anthologies of the type represented in the Senior manuscript collection and the eighteen "great *sūtra*s" seem to have been chosen to represent the principal doctrines and concepts of Buddhism, but lack any obvious formal mode of organization of the type seen in other Buddhist

---

81 The single *sūtra* in the Senior collection with an *Aṅguttara-nikāya* parallel is actually a marginal case, as it is also paralleled in several *vinaya* texts and hence may have been represented in multiple places in the (hypothetical) canon underlying the Senior anthology.

82 Compare the comments in Harrison, "The *Ekottarikāgama* Translations of An Shigao," 276, on related issues concerning the "*Sūtra* Miscellany in Forty-four Sections."

canonical corpora and anthologies such as, for example, arrangement by a numerical/mnemonic system or in terms of increasing or decreasing size. For the time being, it would seem that they simply represent the personal selections of the favorite texts of some individual scholar or teacher, as was apparently also the case with Aśoka's anthology of seven recommended *sūtra*s. We could imagine, for example, that such anthologies grew out of the curriculum followed by some master in instructing his pupils and followers, which was eventually formalized into a sort of textbook, either by the teacher himself or by his students.

The familiar anthologies of *sutta* and other types of texts that are preserved in the Pali tradition provide a useful ground for comparison with the less well-known texts discussed above, especially in that the Pali anthologies are preserved in the context of a more or less continuous cultural and commentarial tradition, making it somewhat easier to understand the motives for and principles of their compilation.[83] One of the best known of the Pali anthologies is the canonical *Khuddaka-pāṭha* or "Recitation of Small Texts," which is the first of the fifteen texts or collections which make up the *Khuddaka-nikāya*. The *Khuddaka-pāṭha* is a sort of miniature anthology, consisting of nine short texts drawn from the *sutta*- and *vinaya-piṭaka*s. Four of the six *sutta* texts in the *Khuddaka-pāṭha* occur elsewhere in the *Khuddaka-nikāya* (three in the *Sutta-nipāta* and one in the *Petavatthu*), one has an approximate correspondent in the *Aṅguttara-nikāya*,[84] and one other has no parallel elsewhere in the Pali canon.[85] According to Norman, the *Khuddaka-pāṭha* "was probably compiled as a extract from the canon to serve as a handbook for novices."[86]

A widespread and influential class of anthologies in non-canonical Pali literature is the *paritta* collections, which are compendia of "protections" (*paritta*) which were believed to ward off threats and anxieties. Prominent among the several *paritta* anthologies[87] is the Sri Lankan *Catubhāṇavāra*, extant in both a shorter version with twenty-two texts

---

[83] On Pali anthologies in general, see K.R. Norman, *Pāli Literature: Including the Canonical Literature in Prakrit and Sanskrit of All the Hīnayāna Schools of Buddhism* (Wiesbaden: Otto Harrassowitz, 1983), 172–174, and von Hinüber, *A Handbook of Pāli Literature*, 177–81.

[84] Von Hinüber, *A Handbook of Pāli Literature*, 44.

[85] Norman, *Pāli Literature*, 58.

[86] Norman, *Pāli Literature*, 58.

[87] For an authoritative overview of this literature, see Peter Skilling, "The Rakṣā Literature of the Śrāvakayāna," *Journal of the Pali Text Society* 16 (1992): 109–182.

and a longer one with twenty-nine texts. According to the list of the contents of the shorter *Catubhāṇavāra* given in the Epilegomena to the *Critical Pali Dictionary* (vol. 1, pp. 93*–94*), it comprises texts from all five *nikāya*s of the *Sutta-piṭaka*. The best represented *nikāya*s are the *Khuddaka* (nine *sutta*s), *Saṃyutta* (six), and *Aṅguttara* (five), while the *Dīgha* and *Majjhima* are represented by only one *sutta* each. This pattern of distribution roughly resembles that seen in the *sūtra* anthologies in other languages discussed above, at least insofar as it has a higher representation of texts from the *nikāya*s comprising short *sutta*s, and fewer texts from *Dīgha*- and *Majjhima-nikāya*s. But this is perhaps only to be expected, given the nature of the anthologies as brief, practically summaries of the vast canonical corpus.

It is noteworthy that of the nine texts from the *Khuddaka-nikāya* contained in the *Catubhāṇavāra* anthology, seven have parallels in the *Khuddaka-pāṭha*, and were perhaps drawn directly from it. Thus the *Catubhāṇavāra* can be considered a sort of super-anthology which draws nearly one-third of its texts from the presumably pre-existing *Khuddaka-pāṭha*.

Parallel to the Pali *paritta* anthologies are several Sanskrit collections of *rakṣā* texts which serve similar purposes. Notable among these are the groupings, attested in the *vinaya* texts of the Mūlasarvāstivādin tradition, of eight or nine "great *sūtra*s" (alluded to in n. 75, above) which "were employed ritually as rakṣā in the Mūlasarvāstivādin order."[88] There were evidently also other similar anthologies of *rakṣā* texts elsewhere in the Sanskrit literary tradition; for example, a fragmentary manuscript from Khocho containing a set of seven *sūtra*s probably "enshrined an anthology of liturgical or rakṣā texts popular with the Central Asian Sarvāstivādins."[89]

Unlike many other Buddhist anthologies discussed here, the logic of the selection of the contents of the *Catubhāṇavāra* and the other *paritta* and *rakṣā* anthologies is generally readily discernible in view of their specific function, namely to serve as a protective charms. Thus it is not surprising that the *sutta* texts contained in the *paritta* anthologies typically concern threats or anxieties and the protections against them that were prescribed by the Buddha.[90] In these anthologies, therefore, the princi-

88 Skilling, *Mahāsūtras*, 10.
89 Skilling, *Mahāsūtras*, 19.
90 For example, in the Dhajagga-sutta (*Saṃyutta-nikāya*, Pali Text Society ed., 1.218–20), which is incorporated into the *Catubhāṇavāra* as its sixteenth text, the Buddha

ples of inclusion are much more readily understandable and seemingly less arbitrary than was the case with many of the previously discussed anthologies discussed.

Another important Pali *sutta* anthology is the *Sutta-saṃgaha*, "Collection of *Sutta*s." This is a semi-canonical anthology, which is accepted as part of the *Khuddaka-nikāya* in Burmese tradition but not in Sri Lanka.[91] According to the listing of its contents in the Epilegomena to the *Critical Pali Dictionary* (vol. 1, pp. 95*–96*), it too, like the *Paritta* anthology, draws *sutta*s from all five *nikāya*s of the *Sutta-piṭaka*, in the following numbers:

Khuddaka: 29

Saṃyutta: 26

Aṅguttara: 17

Majjhima: 7

Dīgha: 2

Here the proportions of representation of the individual *nikāya*s are quite similar to those of the *Catubhāṇavāra paritta* anthology. What sets the *Sutta-saṃgaha* apart from the anthologies discussed previously, both those in Pali and in other languages, is its more explicit structure. It is divided into six topical subsections concerning gift-giving (*dānakathāpaṭisaṃyuttāni suttāni*), good behavior (*sīlakathā-*), heaven (*saggakathā-*), and so on. In this regard, the structure of the *Sutta-saṃgaha* more resembles other topically arranged post-canonical compilations such as the Sanskrit *avadāna* collections than it does the other *sūtra* collections discussed in this article. This raises several questions, among them, why the other anthologies lack, or perhaps rather seem to lack, such an explicit organizational principle. It could be that this structure is the work of later redactional refinement of a pre-existing anthology of the more casual type; or that some of the other anthologies do in fact have underlying structural principles that have not yet been recognized as such. Perhaps further study of the texts concerned may eventually clarify the point; that is all that can be said here.

Besides the canonical and semi-canonical Pali anthologies noted here, there is a substantial amount of manuscript evidence of the existence,

---

tells the monks that, if they feel fear or anxiety (*bhayaṃ vā chambhitattaṃ vā*), they should meditate upon the Buddha, the *dharma*, or the *saṅgha*.

[91] Norman, *Pāli Literature*, 172; von Hinüber, *A Handbook of Pāli Literature*, 76.

at various stages in the Pali tradition, of other short anthologies of *suttas*, including both compilations based on a single *nikāya*, and those collected from various *nikāyas*. Examples of such anthologies, and also of a similar multi-*āgama* anthology in Sanskrit, are cited by Mark Allon.[92] In light of these examples, we may reasonably surmise that many more such individual or personal anthologies existed in various forms, written or otherwise, throughout Buddhist history, but have not come down to us (or have not come to my attention).[93]

The anthologies discussed up to this point all reflect the literature of "mainstream Buddhism," that is, of the non-Mahāyāna traditions. But recent discoveries of Buddhist manuscripts have provided new information about the construction of text collections in the Mahāyāna sphere as well. Particularly interesting with regard to the discussion at hand here are the substantial remnants of what is evidently a long anthology, or perhaps rather, a compilation of Mahāyāna *sūtras* in Sanskrit, datable on paleographic grounds to the fifth century A.D.[94] This text was found among the thousands of manuscript fragments in Sanskrit and Gāndhārī from the area of Bamiyan, Afghanistan, which are now part of the Schøyen manuscript collection in Norway. The folio numbers on the surviving fragments of this text, which comprise all or part of thirty-three separate folios, show that the manuscript as a whole contained more than 550 folios.[95] The surviving folios range in number from 322 to 543, and contain portions of four different *sūtras*. Thus the missing portion at the beginning of the manuscript might have contained, at a very rough guess, anywhere from four to eight more *sūtras*, but there is no way to even estimate how many *sūtras* followed the surviving portion. Therefore all that can be said is that the complete compilation probably comprised more than eight *sūtras*, but how many more, we have no way to determine.[96]

Regarding the contents of the collection, Matsuda remarks:

---

92 Allon, *Three Gāndhārī Ekottarikāgama-Type Sūtras*, 23.

93 K.R. Norman, in referring to Aśoka's personal anthology, commented "[o]thers too, no doubt, made selections of the *suttas* which seemed to them to contain the most important teachings of Buddhism" (*Pāli Literature*, 172).

94 Jens Braarvig, ed. *Buddhist Manuscripts, volume I* (Oslo: Hermes Publishing, 2000), 64.

95 Braarvig, *Buddhist Manuscripts, volume I*, 63.

96 Kazunobu Matsuda, in "A Mahāyāna version of the Pravāraṇāsūtra," *Buddhist Manuscripts, volume I*, ed. Jens Braarvig (Oslo: Hermes Publishing, 2000), pp. 77–80 (p. 77), estimates that the complete text probably contained "over ten Mahāyāna sūtras."

> The sūtras contained in the manuscript set have no common subject. We see parallel examples of this in the Chinese translations of the Mahāyānasūtra collections, such as the *Ratnakūṭasūtra* and the *Mahāsannipātasūtra*. These sūtra collections respectively contain forty-nine and seventeen Mahāyāna sūtras, but their sūtras share no common subject. It would seem to have been common practice in India to assemble a manuscript set without concern as to thematic continuity. If this manuscript set had been transmitted to China, it would have represented another *Ratnakūṭasūtra* or *Mahāsannipātasūtra*.[97]

Matsuda's observations are of particular interest to the subject of this paper in two regards. First, his observations on the apparent absence of any thematic unity to this Mahāyāna collection accords with what we have found in connection with several of the "mainstream" anthologies discussed above. Of course, it may be dangerous to draw any conclusions about the Mahāyāna collection as a whole on the basis of only four partially surviving *sūtra*s, but Matsuda's intuitions on this point are likely to be correct, and there is even some hope that further fragments of this text may come to light which may eventually clarify the question.[98] Second, Matsuda's remark that "[i]f this manuscript set had been transmitted to China, it would have represented another *Ratnakūṭasūtra* or *Mahāsannipātasūtra*" seems to imply that there may have existed other, perhaps many other such collections of Mahāyāna *sūtra*s in India, only a few of which survived intact because they happened to be translated into Chinese and/or Tibetan, while others were lost – at least until now.

If this is correct, though, the situation regarding such Mahāyāna compilations is in an important way different from that of the mainstream ones. The mainstream (that is, non-Mahāyāna) anthologies of the sort discussed in this paper were presumably constructed by a process of selection out of pre-existing large canonical or proto-canonical collections. This is clearly the case, for example, with the *Ṣatsūtraka-nipāta*, which presupposes a complete *Dīrghâgama*, and the *Ekottarikâgama* and *Saṃyuktâgama* anthologies translated by An Shigao, which similarly presuppose complete versions of those two larger *sūtra* groupings. In the case of the Senior *sūtra* anthology the situation is less certain, since the existence of complete *nikāya/āgama* collections is not yet conclusively attested for Gāndhārī as it is for Pali, Sanskrit, and Chinese, but the

[97] Matsuda, "A Mahāyāna version of the Pravāraṇāsūtra," 77–8.

[98] Paul Harrison and Jens-Uwe Hartmann, "Another Fragment of the Ajātaśatrukaukr̥tyavinodana," *Buddhist Manuscripts, volume II*, ed. Jens Braarvig (Oslo: Hermes Publishing, 2002), pp. 45–49 (p. 45).

mounting body of evidence for an extensive body of Buddhist literature in Gāndhārī makes this at least a reasonable scenario.

In the case of the Mahāyāna compilations, however, the situation may have been the reverse. According to the currently prevalent thinking about the origins of Mahāyāna *sūtra*s, these were separate compositions (or, as some might prefer to say, "revelations") which only gradually coalesced into somewhat coherent doctrinal units and organized textual corpora. In the period with which we are concerned here, roughly the first five centuries of the Christian era, this process of assembly was probably still going on, so that Mahāyāna *sūtra* collections such as the one that is now known to us from the Schøyen fragments are likely to represent the incipient coalescence of previously separate texts, as opposed to selections from pre-existing larger corpora as in the case of the mainstream anthologies. In this sense, the Bamiyan *sūtra* manuscript and similar Mahāyāna sūtra collections, are perhaps not to be understood as "anthologies" in the usual sense of the term, that is to say, as partial selections from a larger, underlying corpus.

Thus, in terms of the historical development of Buddhist canons, the Mahāyāna *sūtra* collections are perhaps comparable less to the mainstream anthologies discussed in this article, and more like earlier, subcanonical compilations in the non-Mahāyāna tradition such as the *Sutta-nipāta* of the Pali canon. The *Sutta-nipāta* itself consists, on the one hand, of a grouping together of five collections of short *sutta*s, and constitutes, on the other hand, one of the fifteen texts that make up the *Khuddaka-nikāya*. The *Khuddaka-nikāya* itself, in turn, is one of the five *nikāya*s of the *Sutta-piṭaka* of the Pali canon. Thus in the Mahāyāna *sūtra* collections such as the one recently discovered at Bamiyan, we may rather have the underlying building blocks of a Mahāyāna *sūtra* canon still in the process of formation, rather than a true anthology, that is, a small selection out of a larger corpus.

But even if this is correct, the anthologizing urge did manifest itself later on the history of Mahāyāna literature, in the form of anthologies such as Śāntideva's *Śikṣāsamuccaya* and Nāgārjuna's *Sūtrasamuccaya*. Although these Mahāyāna anthologies serve broadly the same purpose as the mainstream anthologies, namely, to put the vast mass of the *sūtra* texts into a practically accessible and usable form, they differ significantly from those mainstream anthologies in their structure and conception.[99] Instead of being mere compilations of complete, pre-existent texts, these Mahāyāna anthologies are composed mainly of selected passages from various Mahāyāna *sūtra*s (and occasionally also from the mainstream *āgama-sūtra*s) arranged in a topical or thematic manner.[100] The Mahāyāna anthologies also differ from the mainstream ones in that they are explicitly authored works. Thus the Mahāyāna texts concerned are anthologies in a rather different sense than the non-Mahāyāna ones, and to a certain extent are more comparable to popular Pali handbooks such as the *Visuddhimagga*.

Thus in the case of the Schøyen and other Mahāyāna *sūtra* collections, we seem to have reflections of earlier stages of the formative process of canon building, which in the case of mainstream Buddhism are mostly lost in an ancient period for which we have virtually no direct evidence. In a sense, then, one can see the history of the formation of Buddhist canons as a cyclical process, involving, at first, the construction of a massive corpus through the conglomeration of texts, first into small compilations like the five sub-sections of the *Sutta-nipāta* and then into larger groupings like the *nikāya*s / *āgama*s. Thereafter, these now impractically large corpora would be subjected to a process of winnowing-down by the production of selective anthologies of the sort described above.

In conclusion, Buddhist anthologies are, like Buddhist literature as a whole (and for that matter, like Buddhism itself), diverse in their intention, conception and execution. With regard to their intention or function, some anthologies, such as the the eighteen "great *Sūtra*s" enumerated in the Sarvāstivādin *Vinaya*, seem to represent an attempt to give a representative sampling or summary of the entire *sūtra* corpus, or to render it accessible by abbreviation, while others, notably the *paritta* and *rakṣā* compilations, have a specific liturgical or ritual function. With respect to their fund of sources, some anthologies, such as the *Ṣatsūtraka-nipāta*

[99] It is perhaps with these pecularities in mind that the editor of the *Śikṣāsamuccaya* characterizes it as "practically an anthology;" Cecil Bendall, *Çikshāsamuccaya: A compendium of Buddhistic teaching compiled by Çāntideva chiefly from earlier Mahāyāna-sūtras* (St. Petersburg: Imperial Academy of Sciences, [1897-]1902), p. VI, although elsewhere (e.g., p. VII) he refers to it simply as "the anthology."

[100] For a list of the thirteen topics of the *Sūtrasamuccaya*, see Chr. Lindtner, *Nagarjuniana: Studies in the Writings and Philosophy of Nāgārjuna* (Copenhagen: Akademisk Forlag, 1982), 173–5.

and the *Ekottarikâgama* and *Saṃyuktâgama* anthologies translated by An Shigao, are composed of extracts from a single pre-existing *nikāya/āgama* collection, while others, like Aśoka's seven recommended texts, the eighteen Sarvāstivādin "great *Sūtra*s," the Senior anthology of Gāndhārī *sūtra*s, and Pali anthologies such as the *Sutta-saṃgaha*, are drawn from *sūtra*s of various classes, and sometimes also from *vinaya* materials as well. On another level, some anthologies, most notably the *Ṣatsūtraka-nipāta* and *Sutta-saṃgaha*, are arranged according to a straightforward logical structure, but for many of the others the criteria of selection and arrangement are obscure and seemingly arbitrary.

In many of these cases one gets the impression that the selection was personal and idiosyncratic, and in the case of Aśoka's anthology we actually have an explicit statement to this effect. This process can be explained by and reconciled with basic Buddhist principles of scripture and canon on the grounds that, as Aśoka reminds us, "whatever was said by the Lord Buddha is well-said." This being the case, any *buddha-vacana* is equally valid and equally perfect, and any Buddhist follower could legitimately feel free to chose, out of the masses of material available to him, whatever he wished to include in his selection. For as we have seen, anthologization, along with other techniques such as selection and abbreviation, were a natural and even inevitable result of the special characteristics of the Buddhist canons themselves, which in view of their enormous volume, complexity and diversity required such special treatment to make them practically accessible. [101]

[101] The examples of anthologies discussed in this study are intended as little more than a preliminary sampling. Many other examples of anthologies of diverse sorts can no doubt be found in various branches of Buddhist literature. For example, the Khotanese *Book of Zambasta*, which was compiled as a personal anthology, could be studied in this context, as also could the *Mahāvastu*, which is aptly characterized as a "Textsammlung" in Oberlies, "Heilige Schriften des Buddhismus," 180. But a complete study of all such anthologies is far beyond the limits of this article, which is after all intended merely to broach the subject and also, it is hoped, to stimulate further study and discussion of it.

Appendix: Summary of main anthologies discussed in part 4.3

Title	***Number of texts***	***Contents***	***Form of attestation***	***Reference***
Ṣatsūtraka-nipāta	6 *sūtras*	*Sūtras* from *Dīrghâgama* of Sarvāstivādin school	Numerous manuscript fragments from Central Asia	Hartmann, "Buddhist Sanskrit Texts from Northern Turkestan"
雜經四十四遍 *Zá jīng sìshísì biàn* ("*Sūtra* Miscellany in Forty-four Sections")	44 *sūtras*	Sūtras of *Aṅguttara/ Ekottarikâgama* type, mostly with parallels in Pali *Aṅguttara-nikāya*	Chinese translation by An Shigao (T. no. 150a)	Harrison, "The *Ekottarikāgama* Transl-ations of An Shigao"
雜阿含經 *Zá àhán jīng* ("[Abridged] *Saṃyuktâgama*")	27 *sūtras*	*Sūtras* of *Saṃyutta/ Saṃyukta* type, with parallels in the complete Chinese *Saṃyuktâgama* and in Pali *Saṃyutta-* and *Aṅguttara-nikāyas*	Chinese translation by An Shigao (T. no. 101)	Harrison, "Another Addition to the An Shigao Corpus?"
List of seven "expositions of the *dharma*" recommended by King Aśoka	7 *sūtras*	*Sūtras* indentified (with several uncertainties) with Pali *Aṅguttara-nikāya*, *Majjhima-nikāya*, and *Sutta-nipāta*	Cited by titles in Calcutta-Bairāṭ rock inscription. No text version extant	Lamotte, *History of Indian Buddhism*, 234–236, 735
List of eighteen "Great *Sūtras*" (大經 *dà jīng*)	18 *sūtras*	*Sūtras* corresponding to *Dīrghâgama* (7 sūtras), *Madhyamâgama* (5), *Saṃyuktâgama* (3), and *Kṣudrakâgama* (3)	Cited by title in Sarvāstivādin Vinaya. No text version extant.	Skilling, *Mahāsūtras*, 1–29, 54–5

Senior scrolls	55 *sūtras*	*Sūtras* corresponding to *Saṃyutta-nikāya*/ *Saṃyuktâgama* (20), *Majjhima-nikāya*/ *Madhyamâgama* (10), *Dīgha-nikāya*/ *Dīrghâgama* (1), *Aṅguttara-nikaya*/ *Ekottarikâgama* (1) [but see n. 43 above]	Unique group of scrolls in Gāndhārī, 2nd c. A.D.	Salomon, "The Senior Manuscripts"
Mahāyāna *sūtra* anthology in Schøyen collection	4 *sūtras*, plus indeterminate number lost; probably 10 or more in all	Mahāyāna *sūtras* with parallels in various Chinese and Tibetan translations	Fragments of unique palm leaf manuscript from Bamiyan, ca. 5th c. A.D.	Braarvig, *Buddhist Manuscripts, volume I*, 63–218
Khuddaka-pāṭha	6 *suttas* and 3 *vinaya* texts	*Suttas* mostly drawn from other *Khuddaka-nikāya* texts; three short *vinaya* extracts	Incorporated into *Khuddaka-nikāya* of Theravadin canon in Pali	Norman, *Pāli Literature*, 57–58
Catubhāṇavāra	22 *suttas* (in shorter version; also longer version with 29 *suttas*)	*Suttas* from *Khuddaka-* (9), *Saṃyutta-* (6), *Aṅguttara-* (5), *Dīgha-* (1), and *Majjhima-nikāya* (1)	Extra-canonical but widely attested in Sri Lankan manuscript tradition	Skilling, "The Rakṣā Literature of the Śrāvakayāna"
Sutta-saṃgaha	81 *suttas*	*Suttas* from *Khuddaka-* (29), *Saṃyutta-* (26), *Aṅguttara-* (17), *Majjhima-* (7), and *Dīgha-nikāya* (2)	Semi-canonical; included in *Khuddaka-nikāya* of Theravadin canon in Burma, but not in Sri Lanka	Norman, *Pāli Literature*, 172

References

Allon, Mark. *Style and Function: A Study of the Dominant Stylistic Features of the Prose Portions of Pāli Canonical Sutta Texts and their Mnemonic Function* (Studia Philologica Buddhica, Monograph Series 12). Tokyo: The International Institute for Buddhist Studies, 1997.

Allon, Mark. *Three Gāndhārī Ekottarikāgama-Type Sūtras: British Library Kharoṣṭhī Fragments 12 and 14* (Gandhāran Buddhist Texts 2). Seattle: University of Washington, 2001.

Allon, Mark. "Recent Discoveries of Buddhist Manuscripts from Afghanistan and Pakistan and their Significance." *Art, Architecture and Religion on the Silk Road and Across Inner-Asian History.* Ed. Ken Parry (Silk Road Studies: Proceedings from the Fifth Conference of the Australian Society for Inner Asian Studies [A.S.I.A.S.], Macquarie University, November 27th to 28th, 2004). Turnhout (Belgium): Brepols, forthcoming.

Bechert, Heinz, ed. *Zur Schulzugehörigkeit von Werken der Hīnayāna-Literatur: Erster Teil* (Abhandlungen der Akademie der Wissenschaften in Göttingen, philologisch-historische Klasse, ser. 3, no. 149; Symposien zur Buddhismusforschung 3.1). Göttingen: Vandenhoeck & Ruprecht, 1985.

Bechert, Heinz. "The Writing Down of the Tripiṭaka in Pāli." *Wiener Zeitschrift für die Kunde Südasiens und Archiv für indische Philosophie* 36 (1992): 45–53.

Bendall, Cecil. *Çikshāsamuccaya: A compendium of Buddhistic teaching compiled by Çāntideva chiefly from earlier Mahāyāna-sūtras* (Bibliotheca Buddhica 1). St. Petersburg: Imperial Academy of Sciences, [1897-]1902.

Boucher, Daniel. "The *Pratītyasamutpādagāthā* and its Role in the Medieval Cult of the Relics." *Journal of the International Association of Buddhist Studies* 14 (1991): 1–27.

Braarvig, Jens, ed. *Buddhist Manuscripts, volume I* (Manuscripts in the Schøyen Collection I). Oslo: Hermes Publishing, 2000.

Collins, Steven. "On the Very Idea of the Pali Canon." *Journal of the Pali Text Society* 15 (1990): 89–126.

Falk, Harry. "Goodies for India – Literacy, Orality, and Vedic Culture." *Erscheinungensformen kultureller Prozesse.* Ed. Wolfgang Raible, 103–120. Tübingen: Gunter Narr, 1990 (ScriptOralia 13).

Harrison, Paul. "The *Ekottarikāgama* Translations of An Shigao." *Bauddhavidyāsudhākaraḥ: Studies in Honour of Heinz Bechert on the Occasion of His 65th Birthday.* Eds. Petra Kieffer-Pülz and Jens-Uwe Hartmann, 261–284. Swisttal-Odendorf: Indica et Tibetica Verlag, 1997.

Harrison, Paul. "Another Addition to the An Shigao Corpus? Preliminary Notes on an Early Chinese *Saṃyuktāgama* Translation." *Shoki Bukkyō kara Abidaruma e: Sakurabe Hajime hakushi kiju kinen ronshū / Early Buddhism and Abhidharma Thought: In Honour of Doctor Hajime Sakurabe on His Seventy-seventh Birthday,* 1–32. Kyoto: Heirakuji Shoten, 2002.

Harrison, Paul. "Canon." *Encyclopedia of Buddhism*. Ed. Robert E. Buswell, Jr., 111–115. 2 vols.; New York: MacMillan Reference USA, 2004.

Harrison, Paul and Jens-Uwe Hartmann. "Another Fragment of the Ajātaśatrukaukṛtyavinodana." *Buddhist Manuscripts, volume II* (Manuscripts in the Schøyen Collection III). Ed. Jens Braarvig, 45–49. Oslo: Hermes Publishing, 2002.

Hartmann, Jens-Uwe. "Buddhist Sanskrit Texts from Northern Turkestan and their Relation to the Chinese Tripiṭaka." *Collection of Essays 1993: Buddhism Across Boundaries – Chinese Buddhism and the Western Regions*, 107–136. Sanchung, Taiwan: Foguang Shan Foundation for Buddhist and Culture Education, 1999.

Hinüber, Oskar von. *A Handbook of Pāli Literature*. Indian Philology and South Asian Studies 2. Berlin: Walter de Gruyter, 1996.

Lamotte, Ét. "La critique d'interprétation dans le bouddhisme." *Annuaire de l'Institut de Philologie et d'Histoire Orientales et Slaves* 9 (*Παγκαρπεία: Mélanges Henri Grégoire*) (1949): 341–361.

Lamotte, É. (tr. Sara Webb-Boin). *History of Indian Buddhism: From the Origins to the Śaka Era*. Publications de l'Institut Orientaliste de Louvain 36. Louvain-la-Neuve: Université Catholique de Louvain, Institut Orientaliste, 1988.

Lancaster, Lewis. "Buddhist Literature: Its Canons, Scribes, and Editors." *The Critical Study of Sacred Texts*. Ed. Wendy Doniger O'Flaherty, 215–229. Berkeley CA: Graduate Theological Union, 1979 (Berkeley Religious Studies Series).

Lancaster, Lewis. "The Movement of Buddhist Texts from India to China and the Construction of the Chinese Buddhist Canon." *Collection of Essays 1993: Buddhism Across Boundaries – Chinese Buddhism and the Western Regions*, 517–544. Sanchung, Taiwan: Foguang Shan Foundation for Buddhist and Culture Education, 1999.

Lenz, Timothy (with contributions by Andrew Glass and Bhikshu Dharmamitra). *A New Version of the Gāndhārī Dharmapada and a Collection of Previous-Birth Stories: British Library Kharoṣṭhī Fragments 16 + 25* (Gandhāran Buddhist Texts 3). Seattle: University of Washington, 2003.

Levering, Miriam. "Scripture and Its Reception: A Buddhist Case." *Rethinking Scripture: Essays from a Comparative Perspective*. Ed. Miriam Levering, 58–101. Albany: State University of New York, 1989.

Lévi, Sylvain. "Sur la récitation primitive des textes bouddhiques." *Journal Asiatique* sér. 11, v. 5 (1915): 401–447.

Lindtner, Chr. *Nagarjuniana: Studies in the Writings and Philosophy of Nāgārjuna* (Indiske Studier 4). Copenhagen: Akademisk Forlag, 1982.

Matsuda, Kazunobu. 2000. "A Mahāyāna version of the Pravāraṇāsūtra." *Buddhist Manuscripts, volume I* (Manuscripts in the Schøyen Collection I). Ed. Jens Braarvig, 77–80. Oslo: Hermes Publishing, 2000.

Nattier, Jan. "Church Language and Vernacular Language in Central Asian Buddhism." *Numen* 37 (1990): 195–219.

Nattier, Jan. *Once Upon a Future Time: Studies in a Buddhist Prophecy of Decline* (Nanzan Studies in Asian Religions 1). Berkeley: Asian Humanities Press, 1991.

Norman, K.R. *Pāli Literature: Including the Canonical Literature in Prakrit and Sanskrit of All the Hīnayāna Schools of Buddhism.* (A History of Indian Literature, 7.2). Wiesbaden: Otto Harrassowitz, 1983.

Norman, K.R. *A Philological Approach to Buddhism: The Bukkyō Dendō Kyōkai Lectures 1994* (The Buddhist Forum 5). London: School of Oriental and African Studies, University of London, 1997.

Oberlies, Thomas. 2000. "Heilige Schriften des Buddhismus." *Heilige Schriften: eine Einführung.* Ed. Udo Tworuschka, 167–196. Darmstadt: Wissenschaftliche Buchgesellschaft.

Ray, Reginald A. "Buddhism: Sacred Text Written and Realized." *The Holy Book in Comparative Perspective.* Eds. Frederick M. Denny and Rodney L. Taylor, 148–180. Columbia, South Carolina: University of South Carolina, 1985.

Salomon, Richard (with contributions by Raymond Allchin and Mark Barnard). *Ancient Buddhist Scrolls from Gandhāra.* Seattle: University of Washington/London: The British Library, 1999.

Salomon, Richard. "The Senior Manuscripts: Another Collection of Gandhāran Buddhist Scrolls." *Journal of the American Oriental Society* 123 (2003): 73–92.

Salomon, Richard. "Recent Discoveries of Early Buddhist Manuscripts and their Implications for the History of Buddhist Texts and Canons." *Between the Empires.* Ed. Patrick Olivelle. New York: Oxford University Press, forthcoming.

Schmithausen, Lambert. "An Attempt to Estimate the Distance in Time between Aśoka and the Buddha in Terms of Doctrinal History." *The Dating of the Historical Buddha/Die Datierung des historischen Buddha, Part 2* (Symposien zur Buddhismusforschung, 4.2). Ed. Heinz Bechert, 110–147. Göttingen: Vandenhoeck & Ruprecht, 1992.

Schopen, Gregory. "Filial Piety and the Monk in the Practice of Indian Buddhism: A Question of 'Sinicization' Viewed from the Other Side." *T'oung Pao* 70 (1984): 110–126. Reprinted in Gregory Schopen, *Bones, Stones and Buddhist Monks: Collected Papers on the Archaeology, Epigraphy, and Texts of Monastic Buddhism in India,* 56–71. Honolulu: University of Hawai'i, 1997.

Seyfort Ruegg, David. "On the Expressions *chandaso āropema, āyataka gītassara, sarabhañña* and *ārṣa* as applied to the 'Word of the Buddha' (*buddhavacana*)." *Harānandalaharī: Volume in Honour of Professor Minoru Hara on his Seventieth Birthday.* Eds. Ryutaro Tsuchida and Albrecht Wezler, 283–306. Reinbek: Dr. Inge Wezler Verlag für Orientalistische Fachpublikationen, 2000.

Seyfort Ruegg, David. "Aspects of the Study of the (Earlier) Indian Mahāyāna." *Journal of the International Association of Buddhist Studies* 27 (2004): 3–62.

Skilling, Peter. "The Rakṣā Literature of the Śrāvakayāna." *Journal of the Pali Text Society* 16 (1992): 109–182.

Skilling, Peter. "Theravādin Literature in Tibetan Translation." *Journal of the Pali Text Society* 19 (1993): 69–201.

Skilling, Peter [1997a]. "From bKa' bstan bcos to bKa' 'gyur and bsTan 'gyur." *Transmission of the Tibetan Canon: Papers Presented at a Panel of the 7th Seminar of the*

International Association for Tibetan Studies, Graz 1995 (Österreichische Akademie der Wissenschaften, philosophisch-historische Klasse, Denkschriften 257). Ed. Helmut Eimer, 87–111. Vienna: Verlag der Österreichischen Akademie der Wissenschaften, 1997.

Skilling, Peter. *Mahāsūtras: Great Discourses of the Buddha, volume II.* (Sacred Books of the Buddhists 46). Oxford: The Pali Text Society, 1997.

Steinkellner, Ernst. "Notes on the Function of Two 11th-Century Inscriptional Sūtra Texts in Tabo: *Gaṇḍavyūhasūtra* and *Kṣitigarbhasūtra.*" *Tabo Studies II: Manuscripts, Texts, Inscriptions, and the Arts* (Serie Orientale Roma 87). Eds. C.A. Scherrer-Schaub and E. Steinkellner, 243–274. Rome: Istituto Italiano per l'Africa e l'Oriente, 1999.

Steinkellner, Ernst. "Manuscript Fragments, Texts, and Inscriptions in the Temple of Tabo: An Interim Report with Bibliography." *Wisdom, Compassion, and the Search for Understanding: The Buddhist Studies Legacy of Gadjin M. Nagao.* Ed. Jonathan A. Silk, 315–331. Honolulu: University of Hawai'i, 2000 (Studies in the Buddhist Traditions).

Walser, Joseph. *Nāgārjuna in Context: Mahāyāna Buddhism and Early Indian Culture.* New York: Columbia University, 2005.

Was ist das Kanonische am Pāli-Kanon?

OLIVER FREIBERGER

Mit dem Wort Pāli-Kanon bezeichnet die Buddhismusforschung üblicherweise das Tipiṭaka, den „Dreikorb" des Theravāda-Buddhismus. Meist verwenden wir die Begriffe Pāli-Kanon und Tipiṭaka synonym, als deskriptive Termini, wobei sich ‚Pāli-Kanon', wahrscheinlich wegen der leichteren Verständlichkeit, einer größeren Beliebtheit erfreut. Neben seiner rein deskriptiven Funktion transportiert dieser Begriff aber zusätzlich einen Aspekt, der im Wort ‚Tipiṭaka' nicht zwangsläufig enthalten ist, das Konzept eines Kanons im westlichen Sinn. In diesem Beitrag möchte ich der Frage nachgehen, aus welchen Gründen wir den Begriff ‚Kanon' für diese Textsammlung verwenden und ob dies sinnvoll ist. Ich gehe dabei von einer Begriffsdefinition aus, die in der heutigen Religionswissenschaft allgemein verbreitet und akzeptiert ist.[1] Danach besitzt eine Textsammlung, die als kanonisch bezeichnet wird, grundsätzlich zwei Eigenschaften: ihr wird normative Autorität zugesprochen und sie ist fixiert. Manchmal sprechen Forscher von einem „offenen" Kanon, womit sie betonen wollen, daß der Fixierungsprozeß (noch) nicht abgeschlossen ist. Da ein offener Kanon aber potentiell eine unbestimmbare Anzahl weiterer Texte aufnehmen kann, verliert der Kanonbegriff damit an Schärfe in seiner deskriptiven Verwendung. Welche Texte genau ein offener Kanon beinhaltet, ist nicht generell, sondern nur jeweils für einen bestimmten Zeitpunkt in der Religionsgeschichte zu sagen.[2]

---

[1] Gerald T. Sheppard, „Canon", in *The Encyclopedia of Religion,* hg. von Mircea Eliade, Bd. 3 (New York: Macmillan, 1987), 62–69; siehe auch Jonathan Z. Smith, „Sacred Persistence: Toward a Redescription of Canon", in *Imagining Religion: From Babylon to Jonestown* (Chicago: University of Chicago Press, 1982), 36–52.

[2] Für Jonathan Z. Smith ist es die Geschlossenheit, die einen Kanon von einer ‚Liste' oder einem ‚Katalog' unterscheidet. Smith, „Sacred Persistence". Siehe auch Smith, „Canons, Catalogues and Classics", in *Canonization and Decanonization,* hg. von A. van der Kooij und K. van der Toorn (Leiden et al.: Brill, 1998), 295–311, hier: 305f.

Max Deeg, Oliver Freiberger, Christoph Kleine (Hrsg.), *Kanonisierung und Kanonbildung in der asiatischen Religionsgeschichte.* VÖAW: Wien 2011, pp. 209–232.

Diese Unsicherheit könnte das Symptom einer tieferliegenden Problematik des Kanonbegriffs sein. Durch unsere deskriptive Verwendung unterstellen wir, daß es in einer religiösen Tradition faktisch eine Textsammlung gibt, die als kanonisch, d.h. autoritativ und fixiert, betrachtet wird. Wir fragen aber selten, ob diese Textsammlung zu allen Zeiten und an allen Orten diesen kanonischen Status besaß, wer genau innerhalb der Tradition ihr diesen Status zuspricht und ob alle anderen Anhänger diese Einschätzung teilen. Daran anschließend kann man fragen, aus welchen Gründen bestimmte Personen oder Gruppen zu bestimmten Zeiten die Normativität und Fixiertheit einer bestimmten Textsammlung betonen wollen. Ist dieser Definitionsakt vollzogen, z.B. auf einem Kanonisierungskonzil, welche Bedeutung wird einem solchen Kanon *nach* seiner Schließung beigemessen? Und: Wird unser Kanonbegriff dieser Bedeutung gerecht?

Im folgenden möchte ich diesen Fragen anhand des sogenannten Pāli-Kanons nachgehen. Zunächst betrachte ich einige Vorgänge in der Frühgeschichte des Theravāda-Buddhismus, die man gewöhnlich als Ausdruck eines Kanonisierungsprozesses versteht. Dann gehe ich kurz darauf ein, wann und wie der Begriff Pāli-Kanon in die westliche Buddhismusforschung eingeführt wurde. Abschließend versuche ich, aus den Beispielen eine allgemeinere religionsgeschichtliche These zu entwickeln, die ich zur Diskussion stelle.[3]

---

[3] Die Diskussion um kanonische Texte bringt es mit sich, daß andere Texte hier außen vorbleiben, auch wenn sie in der religiösen Praxis vielleicht eine wesentlich größere Bedeutung hatten und haben. Siehe dazu Steven Collins, „On the Very Idea of the Pali Canon“, *Journal of the Pali Text Society* 15 (1990), 89–126, hier: 102–104. In seinem Aufsatz „The ‚Canons‘ of ‚Scripture‘“ unterscheidet Kendall W. Folkert zwischen ‚Canon I' und ‚Canon II' (in *Rethinking Scripture: Essays from a Comparative Perspective,* hg. von Miriam Levering [Albany: State University of New York Press, 1989], 170–179). Canon I bezeichne „normative texts, oral or written, that are present in a tradition principally by the force of vectors. ... By ‚vector‘ is meant the means or mode by which something is carried; thus Canon I's place in a tradition is largely due to its ‚being carried‘ by some other form of religious activity“, z.B. „ritual activity“. Canon II dagegen „refers to normative texts that are more independently and distinctively present within a tradition, that is, as pieces of literature more or less as such are currently thought of“ (173). Texte, die beispielsweise im Ritual verwendet und in diesem Kontext überliefert werden, würde Folkert als Canon I bezeichnen, ganz unabhängig davon, ob sie Teil eines anderweitig festgelegten Textkorpus (Canon II) sind. J. Z. Smith („Canons, Catalogues“, 303) überlegt dazu: „It may be that Canon I is, in fact, simply a description of some of the functions of sacred texts, the broader category out of which canons are often formed.“ Dann müßte allerdings der Begriff

1. Kanonbildung im frühen Theravāda-Buddhismus

1.1. Aspekte von Kanonbildung im Pāli-Kanon

Die Frage der Kanonbildung führt uns bis in die Lebenszeit des Buddha zurück.[4] In den Texten wird berichtet, daß der Buddha ausdrücklich erlaubt hat, den Dhamma in anderen Dialekten zu lehren, womit er sich gegen eine sprachliche Standardisierung wandte. Es ist wahrscheinlich, daß schon in früher Zeit Schüler des Buddha eigenständig lehrend in verschiedenen Dialektregionen umhergewandert sind und sich von Zeit zu Zeit mit dem Buddha und anderen Bhikkhus über die Lehre ausgetauscht haben. Da im allgemeinen angenommen wurde, daß der Dhamma über das hinausgeht, was der Buddha persönlich formuliert hat, konnte man ihn auch inhaltlich bestimmen. Danach waren unter Dhamma nicht nur die Worte zu verstehen, die der Buddha und „die Weisen" selbst aussprechen, sondern alle formulierten Lehrinhalte, die zur Befreiung führen. Mit dieser Vorstellung wird dem Inhalt mehr Bedeutung beigemessen als der buchstabengetreuen Wiedergabe der Originalformulierungen des Buddha, und seine Schüler konnten so auch eigene Formulierungen des Dhamma als *buddhavacana,* „Wort des Buddha", bezeichnen.[5] Und in der Tat finden sich im heute vorliegenden Pāli-Kanon etliche Stellen, an denen nicht der Buddha selbst, sondern seine Schüler den Dhamma formulieren. Das wohl prominenteste Beispiel sind die *Therīgāthā* und *Theragāthā*, aber auch in vielen Suttas halten Schüler des Buddha Lehrreden, die teilweise wörtlich mit dessen Formulierungen übereinstimmen.

Diese idealisierte Vorstellung vom Dhamma als der einen Wahrheit, die allen spirituell fortgeschrittenen Schülern des Buddha zugänglich ist, kann in Konflikt mit der Realität geraten, sobald unterschiedliche, sich widersprechende Formulierungen auftreten. Schon an einigen Stellen des Pāli-Kanons selbst wird erörtert, wie zu verfahren sei, wenn jemand

„sacred texts" genauer definiert werden. Es ist daneben näher zu untersuchen, ob der Begriff Kanon für jene Canon I-Texte passend gewählt ist, weil für diese Texte unter Umständen die Eigenschaft der Fixiertheit nicht gegeben ist. Der vorliegende Beitrag behandelt lediglich Canon II-Texte, kommt aber noch einmal auf Folkerts Einsichten zurück.

[4] Siehe zum folgenden Ronald M. Davidson, „An Introduction to the Standards of Scriptural Authenticity in Indian Buddhism", in *Chinese Buddhist Apocrypha,* hg. von Robert E. Buswell, Jr. (Honolulu: University of Hawaii Press, 1990), 291–325. Davidson nennt auch die einschlägige Literatur zum Thema.

[5] Siehe auch Steven Collins, „On the Very Idea", 93f.

bestimmte Texte für autoritativ erklärt.[6] Deren „Echtheit“ läßt sich mit vier „Hinweisen auf Autorität” (*mahāpadesa*) prüfen, wenn ein Bhikkhu bestimmte Punkte aus Dhamma, Vinaya und der „Lehre des Lehrers“ (*satthu sāsanam*) (1) auf Äußerungen des Buddha selbst zurückführt; (2) auf Äußerungen eines Saṅgha mit Theras und herausragenden Bhikkhus (*pāmokkha*); (3) auf Äußerungen von vielen Theras und Bhikkhus, welche hochgelehrt (*bahussuta*) und in den Āgamas (Textsammlungen) erfahren (*āgatāgama*) seien sowie Träger von Dhamma, Vinaya und Mātikās;[7] (4) auf Äußerungen von *einem* Thera und Bhikkhu, der die in (3) genannten Eigenschaften besitzt. In jedem dieser Fälle seien die Lehren zunächst weder anzuerkennen noch abzulehnen, sondern zunächst wörtlich und buchstabengetreu zur Kenntnis zu nehmen. Dann solle man sie mit den Suttas und dem Vinaya vergleichen. Wenn sie mit diesen nicht übereinstimmten, sollten sie abgelehnt werden, da sie somit keine Rede des Buddha *(bhagavato vacanaṃ)* darstellten und von dem Betreffenden falsch verstanden worden seien. Im anderen Fall sollten sie akzeptiert werden.[8]

Diese Stelle schreibt mit seltener Deutlichkeit Kriterien für die Anerkennung ‚authentischer’ Texte fest.[9] Sie zeigt, daß zur Zeit ihrer Abfassung bereits eine bestimmte Textsammlung vorhanden gewesen sein muß, die die Verfasser als autoritativ ansahen. Dies geht aus der Unterscheidung von Dhamma, Vinaya und Mātikās (offenbar inhaltlich unterschiedenen Textgattungen) hervor, aus der Erwähnung von Āgamas (Textsammlungen, vielleicht von Suttas) und aus der zugrundegelegten Möglichkeit, neu herangetragene Texte mit vorhandenen Texten („Suttas“, „Vinaya“) zu vergleichen. Daß diese vorhandene Textsammlung

[6] Siehe zum folgenden ausführlicher und mit Verweisen Oliver Freiberger, *Der Orden in der Lehre: Zur religiösen Deutung des Saṅgha im frühen Buddhismus* (Wiesbaden: Harrassowitz, 2000), 45–48.

[7] *Vinayadharas* und *dhammadharas* sind Spezialisten für Vinaya- und Suttatexte. Mit *mātikā,* wörtl. „Liste, Zusammenfassung“, wurden in späterer Zeit Abhidhammatexte bezeichnet, möglicherweise weil diese aus systematischen Begriffslisten hervorgegangen sind. Hier könnten aber auch Listen des Vinaya, vielleicht das *Pātimokkhasutta,* gemeint sein. Vgl. zu dieser Frage die Diskussion der betreffenden Stellen bei Oskar von Hinüber, „Vinaya und Abhidhamma“, in *Festschrift Georg Buddruss,* hg. von Renate Söhnen-Thieme und Oskar von Hinüber, *Studien zur Indologie und Iranistik* 19 (1994), 109–122.

[8] DN II 123,33-126,5; parallel in AN II 167,29-170,19.

[9] Siehe zu dieser Stelle auch Collins, „On the Very Idea“, 109f., Anm. 18; Oskar von Hinüber, *A Handbook of Pāli Literature,* (Berlin: Walter de Gruyter, 1996), 6; ders., *Das Pātimokkhasutta der Theravādin: Seine Gestalt und seine Entstehungsgeschichte.* Studien zur Literatur des Theravāda-Buddhismus II (Stuttgart: Steiner, 1999), 6.

aber nicht abgeschlossen war, wird daraus ersichtlich, daß neue Texte mit der dargelegten Methode integrierbar waren. Auffällig ist, daß dabei die Autorität bereits vorhandener Texte („Sutta" und „Vinaya") höher bewertet wird als die Autorität der Berufung auf den Buddha, auf eine große Anzahl von Bhikkhus (quantitatives Kriterium) und auf die Gelehrtheit bestimmter Bhikkhus (qualitatives Kriterium). Mit dieser Favorisierung der bestehenden Texte gegenüber personaler Kompetenz wird eine Traditionsbildung dokumentiert, in der sich möglicherweise eine Vielfalt von Meinungen in der frühbuddhistischen Gemeinschaft spiegelt. Die Überprüfung neu herangetragener anhand der vorhandenen Texte muß nicht ausschließlich Ausdruck des Bemühens um Authentizität sein, sondern könnte auch darauf hindeuten, daß die Verfasser der Stelle die Kompetenz anderer Bhikkhus nicht anerkannten, weil diese andere Auffassungen vertraten als die Texte ihrer eigenen Lehrtradition. Zumindest eröffnet sich mit jener Methode die Möglichkeit, andere Texte aus diesem Grund abzulehnen.

Die Sorge um die Weitergabe ‚falscher' Texte wird auch aus anderen Stellen ersichtlich, an denen der Erhalt bzw. der Niedergang des Dhamma von der Überlieferungspraxis abhängig gemacht wird. An einer Stelle werden folgende Gründe für den Niedergang des Saddhamma, der „Guten Lehre", genannt: Wenn Bhikkhus falsch verstandene Texte (*suttanta*) lernen, die wörtlich und buchstäblich schlecht niedergelegt wurden und daher auch sinngemäß falsch verstanden werden; wenn Bhikkhus sich nur ungern unterweisen lassen und damit „schwer ansprechbar" (*dubbaca*) sind; wenn Bhikkhus, die hochgelehrt, in den Āgamas erfahren und Träger von Dhamma, Vinaya und Mātikās sind, ein Suttanta nicht sorgsam an einen anderen weitergeben (*paraṃ vācenti*) und das Suttanta damit nach ihrem Tod „an der Wurzel abgeschnitten" (*chinnamūlaka*) und ohne Schutz sei (*appaṭisaraṇa*).[10] Neben der Sorge um korrekte Überlieferung deutet sich auch hier an, daß es andere Textüberlieferungen gab, von denen man sich abgrenzen konnte, indem man sie als „falsch verstanden" und „schlecht niedergelegt" bezeichnete. Mit dem zweiten Punkt könnten Bhikkhus angesprochen sein, die auf ihrer eigenen Textversion beharrt haben und daher hier als unbelehrbar erscheinen. In der Verurteilung der

[10] AN II 147,20-33; parallel AN III 178,25-179,6. Es folgt ein vierter Grund, der sich auf das nachlässige Verhalten von Bhikkhus bezieht (und an der Parallelstelle außerdem als Grund die Spaltung des Saṅgha). Vgl. zu dieser Stelle auch Oskar von Hinüber, *Der Beginn der Schrift und frühe Schriftlichkeit in Indien* (Wiesbaden: Steiner, 1990), 67.

Nachlässigkeit bei der Weitergabe der Lehre schließlich deutet sich eine systematisierte Praxis mündlicher Überlieferung an.

Diese Stellen dokumentieren das Bemühen der Verfasser, Authentizität von Texten festzustellen und diese Texte gewissenhaft zu überliefern. Ihre Kriterien sind jedoch im wesentlichen inhaltlicher Natur, und auch der Vergleich mit vorhandenen Texten bedarf inhaltlicher Interpretation. Es regt sich also der Verdacht, daß diese Bemühung um Kanonisierung nicht der Bewahrung des Dhamma im allgemeinen diente, sondern der Bewahrung einer bestimmten Version des Dhamma, von der wir nicht wissen, ob oder in welcher Weise sie mit der Lehre des historischen Buddha übereinstimmt. Die Verfasser dieser Stellen, die Vertreter jener Version des Dhamma, konnten mit den genannten Methoden Texte als „Nicht-Buddhawort“ deklarieren. Ist dies einerseits genau das, was man gewöhnlich unter Kanonisierung versteht, so zeigt es andererseits, daß es andere Versionen des Dhamma gab, die die Verfasser dieser Stelle ablehnten. Diese können aber dennoch Eingang in die heute vorliegenden Texte gefunden haben. Da der vorliegende Pāli-Kanon keineswegs inhaltlich homogen ist, kann man schließen, daß jene inhaltlich orientierten Kanonisierungsmethoden nur in einem begrenzten Rahmen erfolgreich waren. Die Frage ist, ob man, wenn die Methoden trotz ihres ausdrücklichen Anspruchs nicht zu inhaltlicher Homogenität geführt haben, hierbei überhaupt von Kanonisierung sprechen sollte.

1.2. Die Bedeutung des ersten „Konzils“ für die Kanonisierung

Neben dem inhaltlichen Aspekt, der Normativität der Texte, kann bei näherer Betrachtung auch das zweite Charakteristikum eines Kanons, die Fixiertheit, kritisch beleuchtet werden. Diese formale Festlegung der Texte wird manchmal auf die erste Zusammenkunft von Bhikkhus zurückgeführt, die der Tradition zufolge nach dem Tod des Buddha in Rājagaha stattgefunden hat.[11] Diese *saṅgīti,* „gemeinsame Rezitation“, hat man nach dem Modell der christlichen Kirchengeschichte als erstes „Konzil“ bezeichnet, was dem Eindruck, es habe sich dabei um einen Kanonisierungskonvent gehandelt, nicht gerade entgegenwirkt. Der sogenannte „Konzilsbericht“ über diese Saṅgīti im Cullavagga des Vinayapiṭaka bleibt uns jedoch für eine exakte Bestimmung der rezitierten Texte einiges schuldig. In dem Bericht über die Befragung des Bhikkhu Upāli zum

[11] Einen guten Überblick über die ältere Literatur zu den Saṅgītis gibt Charles S. Prebish, „A Review of Scholarship on the Buddhist Councils“, *Journal of Asian Studies* 33 (1974): 239–254.

Vinaya und seine Erläuterungen erwähnen die Verfasser die ersten vier Regeln des Ordensrechts – d.h. die *pārājikas,* die zum Ausschluß aus dem Saṅgha führen – um dann lediglich zusammenfassend zu bemerken, daß Upāli in dieser Weise über beide Vinayas (d.h. die für Bhikkhus und Bhikkhunīs) befragt wurde. Ähnlich werden bei der Befragung Ānandas zu den Suttas lediglich die ersten beiden Suttas des Dīghanikāya namentlich genannt und dann erklärt, daß er ebenso über die fünf Nikāyas befragt wurde. Abhidhamma-Texte, die später das dritte Piṭaka darstellen, werden bekanntlich in diesem Bericht überhaupt nicht erwähnt.[12]

Selbst wenn man die Historizität dieses Berichts akzeptierte, enthielte er doch für unsere Zwecke nur wenige Informationen. Zur Zeit seiner Abfassung fehlte noch der gesamte dritte Teil des Pāli-Kanons in seiner heute vorliegenden Form, und über den Inhalt der anderen Teile erhalten wir nur unspezifische Auskünfte. Es ist allerdings wahrscheinlich, daß dieser Bericht, da recht spät verfaßt, nicht eine historische Dokumentation der Ereignisse nach dem Tod des Buddha darstellt, sondern vielmehr eine für die Zeit ihrer eigenen Abfassung bedeutsame (Re-)Konstruktion des Ursprungs der Tradition. Die Bedeutung könnte darin bestanden haben, zu demonstrieren, daß die zur Zeit der Berichtsabfassung vorhandenen Vinaya- und Sutta-Fassungen tatsächlich auf den Buddha selbst zurückgehen und damit *buddhavacana* sind. Charles Hallisey unterscheidet in einem erhellenden und methodologisch hilfreichen Aufsatz zu dem Thema zwei Dimensionen im Verständnis der Saṅgītis. Zum einen können sie als *events* betrachtet werden, die jeweils in einem spezifischen historischen Kontext unter spezifischen Umständen stattfinden; zum anderen können sie als *idea* fungieren, als ein Konzept, das zur Identitätsformung des Theravāda dient.[13]

---

[12] Vin II 286f. Der parallele, jedoch weniger spezifische Bericht in der ceylonesischen Chronik *Dīpavaṃsa* erwähnt in seiner ersten Version (Kap. 4, Dīp 30–32) zwar die ältere Einteilung in neun Aṅgas, aber gibt keine weiteren Informationen über den Inhalt der bei der Saṅgīti geschaffenen „Dhamma- und Vinaya-Sammlung". Siehe zu den neun Aṅgas Oskar von Hinüber, „Die neun Aṅgas: Ein früher Versuch zur Einteilung buddhistischer Texte", *Wiener Zeitschrift für die Kunde Südasiens* 38 (1994): 121-135. Die zweite Version (Kap. 5, Dīp 34f.) ist noch kürzer und erwähnt nicht einmal die Aṅgas. Der parallele Bericht im *Mahāvaṃsa,* der größeren ceylonesischen Chronik, ist zwar stärker ausgeschmückt, nennt aber die Inhalte der bei der Saṅgīti zusammengestellten Sammlung ebenfalls nicht (Kap. 3, Mhv 16–20).

[13] Charles Hallisey, „Councils as Ideas and Events in the Theravāda", *The Buddhist Forum* 2 (1991): 133–148, hier: 135–137. „When we discern ‚events' being given meaning by ‚ideas' and ‚ideas' being shaped by ‚events' in particular contexts, we

Der Bericht macht jedoch keinen Versuch, die Abgeschlossenheit der Textsammlung herauszustellen. Vielmehr enthält er sogar die kleine Episode von dem später ankommenden Bhikkhu Purāṇa, der darauf verzichtet, sich der gerade rezitierten Version des Dhamma anzuschließen, und erklärt, ihn stattdessen in Erinnerung behalten zu wollen, wie er selbst ihn vom Buddha gehört habe.[14] Da dies nicht weiter problematisiert wird, scheinen die Verfasser davon ausgegangen zu sein, daß es durchaus Buddhaworte außerhalb der rezitierten Texte gab. Ein „Kanonisierungskonzil", das eine abgeschlossene Textsammlung richtiger Buddhaworte in Abgrenzung zu falschen festlegen will, ist also in diesem Bericht nicht zu erkennen.

Bekanntlich sind eine Reihe von Texten mit Sicherheit erst lange Zeit nach dem Tod des Buddha entstanden und als *buddhavacana* deklariert worden. Neben jüngeren Abschnitten des Vinayapiṭaka betrifft das einige Teile des Khuddakanikāya sowie die Abhidhammatexte. Ein prominentes Beispiel ist das *Kathāvatthu,* das sich mit anderen Lehrmeinungen auseinandersetzt, von dem Thera Moggaliputta Tissa verfaßt und auf der dritten Saṅgīti zur Zeit Aśokas vorgetragen sein soll, ca. anderthalb Jahrhunderte nach dem Tod des Buddha. Da sein Inhalt für jeden ersichtlich nicht vom Buddha selbst stammt, gab es eine Debatte über seine Wertigkeit, welche in der Tradition mit dem Hinweis begründet wurde, der Buddha selbst habe die inhaltliche Struktur vorgezeichnet, die von Tissa dann nur entfaltet worden sei.[15] Trotz einiger Bedenken war es also möglich, auch später noch Texte zu verfassen, die als authentisch – in diesem Fall explizit als „Wort des Buddha" (*buddhabhāsita*) – angesehen wurden.

---

will be able to see the Theravāda as a tradition whose identity is continually being constituted and reconstituted, with its history and account of continuity in difference" (137). Steven Collins kommt zu dem Schluß, daß die „Idee" eines Kanons, die sich in Strategien wie seiner Niederschrift und Schließung, der Standardisierung von autoritativen Kommentaren, aber auch der Entwicklung einer historiographischen Tradition spiegelt, der Selbstdefinition und Selbstlegitimation der Mahāvihāra-Schule in Sri Lanka gedient hat. Collins, „On the Very Idea", 101f.

[14] Vin II 289f.

[15] Diese Begründung geben die Kommentatoren in der *Atthasālinī* (As 4f.). Siehe dazu von Hinüber, *Handbook,* 71. Siehe auch K.R. Norman, *A Philological Approach to Buddhism: The Bukkyō Dendō Kyōkai Lectures 1994* (London: School of Oriental and African Studies, 1997), 135.

1.3. Die Bedeutung der ersten Niederschrift des Pāli-Kanons für die Kanonbildung

Es stellt sich die Frage, zu welchem Zeitpunkt der Pāli-Kanon geschlossen wurde. Nach K.R. Norman ist es wahrscheinlich, daß, unter anderem aufgrund der *bhāṇaka*-Tradition, in der einzelne Textsammlungen separat voneinander überliefert wurden, manche Teile früher geschlossen wurden als andere.[16] Daß im Vinayapiṭaka von den ersten beiden Saṅgītis berichtet wird, aber nicht von der dritten, weist darauf hin, daß es vor dieser fixiert wurde. Das *Kathāvatthu* hingegen, ein Teil des Abhidhammapiṭaka, behandelt die Fragen der dritten Saṅgīti, zeigt also, daß das Abhidhammapiṭaka zu jener Zeit noch nicht abgeschlossen war. Eine naheliegende Überlegung ist, die erste Niederschrift des Pāli-Kanons im 1. Jh. v. Chr. auf Sri Lanka als Zeitpunkt für seine endgültige Festlegung zu betrachten. Für Steven Collins steht dieses Ereignis im Zusammenhang mit der Rivalität zwischen der Mahāvihāra- und der Abhayagirivihāra-Schule auf Sri Lanka. Da König Vaṭṭagāmiṇī die letztere unterstützt habe, sei die Monopolstellung der Mahāvihārins bezüglich der Bewahrung des Dhamma zu jener Zeit in Gefahr gewesen. Dies habe dazu geführt, daß sie eine definitive Fassung der Texte verschriftlicht hätten, auch um sich von den – manchmal als ‚mahāyānisch' bezeichneten – Texten der Abhayagirivihārins abzugrenzen. Collins stellt dies in den größeren Zusammenhang einer Selbstdefinierung der Mahāvihāra-Schule, zu der auch die spätere Standardisierung von Kommentaren sowie die Ausbildung einer historiographischen Tradition (*vaṃsas*) gehörten.[17] Für Heinz Bechert gibt es zu wenig Belege für eine solche Vermutung. Er nimmt an, daß politische und soziale Probleme sowie eine Hungersnot und der damit verbundene Verlust von Mönchen, die Texte auswendig gelernt hatten, zu der Entscheidung über die Verschriftlichung geführt haben. Er weist auch auf den Umstand hin, daß dies ein innovativer Schritt war, den konservative Mönche wahrscheinlich abgelehnt haben. Darüber hinaus seien die Texte auch danach noch lange parallel mündlich überliefert worden.[18]

Die Frage nach den Motiven für die erste Verschriftlichung des Pāli-Kanons kann hier nicht entschieden werden. Es scheint aber Einigkeit darüber zu bestehen, daß diese Motive im sozio-politischen Kontext jener

---

[16] Siehe zum folgenden Norman, *A Philological Approach,* 138–140.

[17] Collins, „On the Very Idea", 95–102.

[18] Heinz Bechert, „The Writing Down of the Tripiṭaka in Pāli", *Wiener Zeitschrift für die Kunde Südasiens* 36 (1992): 45–53.

Zeit auf Sri Lanka zu suchen sind. Nach der Verschriftlichung scheint dort kein vollständiger Text mehr in den Pāli-Kanon aufgenommen worden zu sein, was daran zu ersehen ist, daß Texte wie das noch recht alte *Milindapañha* zwar hochgeschätzt, aber nicht als Teil des Tipiṭaka betrachtet werden.[19] Da es aber keine sicheren Belege dafür gibt, welche Gestalt die Textsammlung hatte, als sie erstmals verschriftlicht wurde, ist der endgültige Zeitpunkt *ante quem* das fünfte Jahrhundert, in dem die großen Kommentare zum Tipiṭaka verfaßt wurden.[20]

1.4. Angeblich (nicht-)kanonische Texte nach dem fünften Jahrhundert

Die Gewißheit, daß das Tipiṭaka seit dem fünften Jahrhundert eindeutig definiert sei, wird jedoch durch einige irritierende Sachverhalte erschüttert. In der birmanischen Theravāda-Tradition beispielsweise ist die Unterscheidung zwischen dem Tipiṭaka und den älteren, nach von Hinüber „para-kanonischen" Texten *Peṭakopadesa, Suttasaṅgaha, Nettipakaraṇa* und *Milindapañha* nicht eindeutig. Folgt man Mabel Bode, so gehören diese Texte in Birma zum Khuddakanikāya des Suttapiṭaka.[21] Sie sind in der Version des Pāli-Kanons enthalten, die König Mindon im 19. Jahrhundert in Stein meißeln ließ, wie auch in der Edition der sechsten Saṅgīti (Chaṭṭhasaṅgāyana) im 20. Jahrhundert. Auch wenn dagegen eingewendet wurde, daß die Texte für Birmanen nicht einen Teil, sondern vielmehr ein Addendum zum Khuddakanikāya darstellten,[22] fragt doch K.R. Norman zu Recht: „If these texts are published with the canon, how are we to decide whether they are regarded as canonical or not?"[23]

Einen anderen Fall stellen in Theravāda-Ländern verbreitete Texte dar, die sich, obwohl nicht im Tipiṭaka enthalten, sowohl in Form als auch in Inhalt kaum oder gar nicht von den „kanonischen" Texten unterscheiden. Es gibt in der Forschung eine Debatte darüber, wie solche Texte zu bezeichnen seien. Eine Möglichkeit ist, sie als Fälschungen zu betrach-

---

19 So Norman, *A Philological Approach,* 140.

20 Der Kommentar *Atthasālinī* beschreibt die bekannte dreigliedrige Struktur des Tipiṭaka, einschließlich der Anzahl der Suttas in den einzelnen Nikāyas (As 23–26). Daneben geht indirekt aus den Einzelkommentaren zum Tipiṭaka hervor, welche Texte den Kommentatoren vorlagen.

21 Mabel Haynes Bode, *The Pali Literature of Burma* (London: Luzac, 1909 [Nachdr. 1966]), 4f.

22 C. Duroiselle, „Pali Literature of Burma", *Journal of the Burma Research Society* 1 (1911), 119–121, hier: 120f. [Rezension zu Bodes Buch].

23 Norman, *A Philological Approach,* 141. Siehe dazu auch Collins, „On the Very Idea", 108 (Anm. 11), mit weiteren Verweisen.

ten, wie es H. Saddhatissa in bezug auf die *Dasabodhisattuppattikathā* tut. In der Einleitung zu seiner Edition und Übersetzung dieses Textes, der vermutlich aus dem 14. Jahrhundert stammt, bezeichnet er ihn geradeheraus als ein gefälschtes („counterfeit“) Sutta.[24] Padmanabh Jaini, der eine Sammlung von „nicht-kanonischen“ Jātakas herausgegeben und teilweise übersetzt hat (*Paññāsa-Jātaka*), spricht von „apokryphen Jātakas“.[25] Steven Collins schließt sich der Terminologie in seinem Vorwort zur Übersetzung dieser Texte an, ergänzt sie aber durch einen einschränkenden Hinweis aus der Definition des *Oxford Dictionary of the Christian Church:* „The epithet ‚apocryphal‘ here does not of itself imply inaccuracy, unauthenticity, or unorthodoxy“.[26] Charles Hallisey betont dies ebenfalls, möchte aber die Begriffe ‚gefälscht‘ und ‚apokryph‘ ganz vermeiden, da sie die Gefahr bärgen, den Status dieser Texte voreilig zu bewerten. Er spricht stattdessen, im Anschluß an K. D. Somadasa, von „angeblich nicht-kanonischen“ („allegedly non-canonical“) Suttas.[27] Peter Skilling unterscheidet im jüngsten Beitrag zum Thema neutral zwischen „classical“ und „non-classical“ Jātakas und spielt damit die Kanonizitätsfrage herunter.[28] In dieser detaillierten Studie zu den vielfältigen Jātaka-Überlieferungen in Südostasien bemerkt Skilling zur Frage der

[24] „At the beginning of the book we see that an introduction beginning ‚*Evaṃ me sutaṃ* – Thus have I heard...‘ has been written in the same way as a *Sutta* in the Pāḷi Canon. Thus, by putting the narrative of DBK [the *Dasabodhisattuppattikathā*] into the Buddha's mouth, the author has in effect made this work a counterfeit *Sutta.*“ H. Saddhatissa, *The Birth-Stories of the Ten Bodhisattas and the Dasabodhisattuppattikathā* (London: Pali Text Society, 1975), 16. Auch wenn Saddhatissa dies kurz diskutiert, wäre noch einmal genau zu prüfen, ob oder inwieweit der Text auch inhaltlich mit „kanonischen“ Lehren übereinstimmt.

[25] Siehe die Einleitungen in Padmanabh S. Jaini, Hg., *Paññāsa-Jātaka or Zimme Paṇṇāsa (in the Burmese Recension),* 2 Bde. (London: Pali Text Society, 1981; 1983); zur Übersetzung siehe die folgende Fußnote. Zu Jainis Verwendung des Begriffs ‚apokryph’ siehe auch seinen Aufsatz „*Ākāravattārasutta:* An ‚Apocyphal‘ Sutta from Thailand“, *Indo-Iranian Journal* 35 (1992): 193–223.

[26] Steven Collins, „Preface“, in *Apocryphal Birth-Stories (Paññāsa-Jātaka),* übers. von I. B. Horner und Padmanabh Jaini, Bd. 1, (London: Pali Text Society, 1985), vii–x, hier: x.

[27] Charles Hallisey, „*Nibbānasutta*: An Allegedly Non-Canonical Sutta on Nibbāna as a Great City“, *Journal of the Pali Text Society* 18 (1993): 97–130, hier: 97f. (Anm. 2).

[28] Peter Skilling, „*Jātaka* and *Paññāsa-jātaka* in South-East Asia“, *Journal of the Pali Text Society* 28 (2006): 113–173, hier: 124. Skilling merkt an, daß „classical“ eine relative Kategorie ist und verwendet sie technisch nur für die im Khuddakanikāya überlieferte Sammlung einschließlich des Kommentars (Aṭṭhavaṇṇanā).

'Authentizität' der „nicht-klassischen" Jātakas: „We can only suggest that at least for some, perhaps most, the *jātakas* were fully integrated into the tapestry of lives and deeds of the bodhisattva and the Buddha." Er zeigt an zwei Beispielen, daß die Zugehörigkeit eines Jātaka zur „klassischen" Sammlung für die religiöse Praxis oft nicht relevant ist: Wandmalereien zeigen Szenen aus „nicht-klassischen" Jātakas Seite an Seite mit solchen aus den „klassischen"; und eine Praxis des Verdiensterwerbs in Thailand besteht darin, einem Tempel bestimmte Texte zu spenden, die mit dem eigenen Geburtsdatum verknüpft sind – darunter auch „nicht-klassische" Jātakas.[29]

Neben diesen Jātakas werden auch andere Texte überliefert, die den „kanonischen" zum Verwechseln ähnlich sind. In den Einleitungen zu seinen Editionen und Übersetzungen des *Tuṇḍilovāda-Sutta* und des *Nibbāna-Sutta* diskutiert Charles Hallisey diese „angeblich nicht-kanonischen" Texte und macht dabei interessante Beobachtungen. Zunächst stellt er fest, daß diese Suttas nicht nur formal der standardisierten Form eines „kanonischen" Suttas entsprechen, sondern auch inhaltlich nicht vom Mainstream des orthodoxen Theravāda abweichen.[30] Sie imitieren die Form von „kanonischen" Texten, versuchen aber nicht, auf diese Weise neue oder kontroverse Inhalte einzuschmuggeln. K. R. Norman beschreibt dies folgendermaßen: „There was no intention to deceive. I know of no evidence that would make me think that those who composed such works were deliberately forging material which they hoped to pass off as *Buddhavacana*. There is nothing which would make such a thing desirable."[31]

Hallisey legt dar, daß eine Überlieferungspraxis, in der eher einzelne Texte als komplette Nikāyas – oder gar ein vollständiges Tipiṭaka – über-

[29] Skilling, „*Jātaka* and *Paññāsa-jātaka*", 166f. Skillings Studie der vielen verschiedenen Sammlungen von „nicht-klassischen" Jātakas – in Pāli und in Lokalsprachen – zeigt deutlich, daß es sich bei diesen Texten nicht etwa um kuriose Einzelfälle handelt. Er erklärt die Popularität der Jātakas folgendermaßen: „The stories glorify the bodhisattva. That is, they are expressions of the 'Theravādin cult of the bodhisattva' which is an outstanding feature of South-East Asian Buddhism, in which the bodhisattva acts as exemplar, transmitter of folk-wisdom, sanctifier, and embodiment of power and *pāramī*" (160).

[30] Charles Hallisey, „*Tuṇḍilovāda:* An Allegedly Non-Canonical Sutta", *Journal of the Pali Text Society* 15 (1990): 155–195, hier: 158f.; Hallisey, „*Nibbānasutta*", 99. Wie Hallisey anmerkt (ebd.), trifft dies auf andere Texte, wie die oben erwähnte *Dasabodhisattuppattikathā* oder das *Ākāravattārasutta,* nur teilweise zu.

[31] Norman, *A Philological Approach,* 147.

liefert wurden, das Auftreten solcher Texte begünstigt hat.[32] Ihre Verfasser übernehmen und integrieren Teile aus anderen Suttas und modellieren das Endprodukt zu einem „kanonischen" Sutta.[33] Diese und andere Überlegungen führen Hallisey zu der Vermutung, daß diese Texte hauptsächlich zur Unterweisung gedient haben.[34]

Der allgemeinste Schluß, den man aus diesen Beispielen ziehen kann, ist der, daß eine genaue Festlegung der Inhalte des Tipiṭaka nicht für alle Theravāda-Buddhisten zu allen Zeiten dieselbe Relevanz besaß.[35] Manche Buddhisten haben offensichtlich auch noch lange nach den großen Kommentaren von der Möglichkeit Gebrauch gemacht, Texte, die nach den vom Buddha niedergelegten Kriterien ‚authentisch' sind (d.h. mit Vinaya und Suttas übereinstimmen), als *buddhavacana* zu betrachten, auch wenn sie nicht Teil des von Kommentatoren beschriebenen Tipiṭaka waren.

Ein Kanonbegriff, der durch die beiden Elemente Autorität und Fixiertheit definiert ist, kann, wie gesehen, für die Analyse der Theravāda-Literatur zwar heuristisch nützlich sein, aber beschreibt die vorhandenen Texte nur ungenügend bzw. unvollständig. Hallisey bemerkt: „It should be noted that one result of this process of composing new texts would be a blurring of the distinctions between canonical and non-canonical literature."[36] Es drängt sich die Frage auf, warum wir dann überhaupt vom „Pāli-Kanon" sprechen. Dazu erscheint es nützlich, sich die Ursprünge dieses westlichen Begriffs zu vergegenwärtigen.

2. Der akademische Gebrauch der Begriffe Pāli und Pāli-Kanon

Die westliche Gewohnheit, die Sprache der Theravāda-Tradition Pāli zu nennen, geht auf französische Gesandte und Missionare in Thailand zurück. In ihren Büchern beschrieben sie Pāli als Texte der Buddhis-

---

[32] Hallisey, „*Tuṇḍilovādasutta*", 162.

[33] Hallisey, „*Nibbānasutta*", 104f.

[34] Hallisey, „*Tuṇḍilovādasutta*", 160f.; Hallisey, „*Nibbānasutta*", 99–101; siehe auch Norman, *A Philological Approach,* 147. Weitere ‚apokryphe' Texte werden vorgestellt in H. Saddhatissa, „Pāli Literature of Thailand", in *Buddhist Studies in Honour of I. B. Horner,* hg. von L. Cousins, A. Kunst und K. R. Norman (Dordrecht: Reidel, 1974), 211–225; und in von Hinüber, *Handbook,* 95f., 135f. und 198–202.

[35] Hallisey bemerkt treffend: „If nothing new was said, why was a new text needed or desired? Perhaps that question itself is skewed by our common assumption that a closed canon had a rigid and inviolable force in the Theravāda." Hallisey, „*Tuṇḍilovādasutta*", 161.

[36] Hallisey, „*Nibbānasutta*", 105.

ten sowie als Sprache, in denen diese Texte verfaßt sind. Das Pāli-Wort *pāli* bedeutet wörtlich „Text", insbesondere bezogen auf den „Text" des Tipiṭaka, im Unterschied zum „Kommentar" (*aṭṭhakathā*). Die älteste bisher bekannte Erwähnung des *Sprachnamens* Pāli findet sich in einer Publikation von 1680, wo berichtet wird, daß der Missionar M. Laneau im Jahre 1671 seine Thai- und Pāli- („Baly-") Studien abgeschlossen und ein Wörterbuch und eine Grammatik beider Sprachen verfaßt habe.[37] Diese Referenzwerke sind nicht erhalten, aber nur kurze Zeit später hat sich Simon de la Loubère, nach von Hinüber der „Urahn der europäischen Pāli-Philologie", in seinem erhaltenen Werk *Du Royaume de Siam* (1691) mit Pāli als Sprache beschäftigt.[38] Man kann damit vermuten, daß der Sprachname Pāli im Thailand des 17. Jahrhunderts gebräuchlich war. Wahrscheinlich war es eine Kurzform für *pālibhāsa,* „Sprache des (Tipiṭaka-) Textes", einen Begriff, der erstmals in einem singhalesischen Werk von 1779 nachzuweisen ist und im 15. Jahrhundert noch nicht gebräuchlich war.[39] Oskar von Hinüber kommt zu folgendem Ergebnis: „Danach darf man vermuten, daß irgendwann zwischen dem 15. und 17. Jh. der Ausdruck *pālibhāsa* entstand, der jedoch Māgadhī als Namen für das Pāli im Orient nie verdrängte, während Pāli durch de la Loubère in Europa eingeführt wurde."[40] Zu Beginn des 19. Jahrhunderts war Pāli als Sprachname in Europa gebräuchlich, wie Burnoufs und Lassens *Essai sur le Pāli, ou langue sacrée* von 1826 zeigt.[41]

Der Begriff Pāli-Kanon erscheint aber in diesem Werk noch nicht[42] und auch nicht in Burnoufs *Introduction à l'histoire du Buddhisme indien* von 1844.[43] Thomas William Rhys Davids ist dem Begriff in seinem Buch *Buddhism* von 1878 schon sehr nahe, wenn er von „the three *Piṭakas* or

---

[37] William Pruitt, „References to Pāli in 17th-Century French Books", *Journal of the Pali Text Society* 11 (1987), 121–131, hier: 123f.

[38] Siehe Oskar von Hinüber, „Zur Geschichte des Sprachnamens Pāli", in *Beiträge zur Indienforschung: Ernst Waldschmidt zum 80. Geburtstag gewidmet,* hg. von Herbert Härtel (Berlin: Museum für Indische Kunst, 1977), 237–246, hier: 244; siehe auch Pruitt, „References", 127f.

[39] Von Hinüber, „Zur Geschichte", 244f.

[40] Von Hinüber, „Zur Geschichte", 245.

[41] Eugène Burnouf, Christian Lassen, *Essai sur le pali, ou langue sacrée de la presqu'ile au-dela du Gange* (Paris: Libraire orientale de Dondey-Dupré, 1826).

[42] Burnouf und Lassen sprechen nur von „les livres palis" (z.B. S. 4, 11).

[43] Eugène Burnouf, *Introduction à l'histoire du Buddhisme indien* (Paris: Imprimerie Royale, 1844). Burnouf spricht von „les livres pālis de Ceylan" (iv, 10, 12f.), „la collection des livres du Sud" (16), „la collection pālie de Ceylan" (30), „la collection des livres pālis qui font autorité pour les Buddhistes de cette île" (=„Ceylan") (587). Im

Collections, as the canonical books of the Southern Buddhists are called", vom „Southern Canon", oder von „the Pāli text of the Southern canon" spricht.[44] Hermann Oldenberg spricht in seiner Edition des Vinayapiṭaka (1879) von „Buddhist Holy Writings", „sacred literature" und „Buddhist sacred canons"[45] und in seinem Buch *Buddha* (1881) von „heiligen Pāli-Texten".[46] Der früheste Beleg für den Begriff Pali-Kanon, den ich aufspüren konnte, findet sich im Untertitel einer Anthologie von Karl Eugen Neumann aus dem Jahre 1892: „Texte aus dem Pāli-Kanon".[47] Kurze Zeit später, in einem Aufsatz von 1898, verwendet Oldenberg den Begriff bereits wie selbstverständlich,[48] und spätestens seit Wilhelm Geigers *Pāli: Literatur und Sprache* (1916) und Moriz Winternitz' *Geschichte der Indischen Litteratur* (Bd. 2, 1920) darf er als eingeführt gelten.[49] Auf den ersten Blick scheint der Begriff also eher schleichend und unreflektiert Eingang in die Wissenschaftssprache gefunden zu haben.

Bereits in seinen Hibbert Lectures (1881) macht Rhys Davids jedoch eine interessante Bemerkung zu diesem Thema, auch wenn er den Begriff Pāli-Kanon als solchen noch nicht verwendet. Er schreibt:

> The belief of the orthodox Buddhists assigns the whole of the existing canonical books to the period immediately following the death of Gotama, and claims for them the sanction and authority, if not the authorship, of the immediate disciples of the Buddha himself. It would be strange indeed if such a belief had not arisen. Many of the books purport to record the very words of the Master, or events in his life witnessed by his personal followers. ... The tendency of the more devout minds among the early followers of Gotama would inevitably lead them to attach great importance to the books that had been handed down, and to assign to them therefore the highest possible antiquity. And when the idea that those very books had been in exis-

---

Vorbeigehen nennt er das Lotussūtra einen „livre canonique", ohne dies allerdings weiter zu vertiefen (29).

44 Thomas William Rhys Davids, *Buddhism: A Sketch of the Life and Teachings of Gautama, the Buddha* (New York: Pott, Young, & Co., 1878) (vermutlich der amerikanische Nachdruck des 1877 in London erschienenen Originals), 9, 10, 15. Eine Überschrift lautet ferner: „List of the three *Piṭakas,* the sacred books of the Southern Buddhists" (18).

45 Vin I ix, x, xxv.

46 Hermann Oldenberg, *Buddha: Sein Leben, seine Lehre, seine Gemeinde* (Berlin: Hertz, 1881), 76.

47 Karl Eugen Neumann, Übers., *Buddhistische Anthologie: Texte aus dem Pāli-Kanon* (Leiden: Brill, 1892).

48 Hermann Oldenberg, „Buddhistische Studien", *Zeitschrift der Deutschen Morgenländischen Gesellschaft* 52 (1898): 613–694, hier: 618 und passim.

49 Moriz Winternitz, *Geschichte der Indischen Litteratur,* Bd. 2 (Leipzig: Amelangs, 1920), 1; Wilhelm Geiger, *Pāli: Literatur und Sprache* (Strassburg: Trübner, 1916), 6.

tence shortly after the death of the Buddha had once gained ground, any one who denied or even doubted the fact would be regarded with dislike, and avoided as a dangerous person.[50]

Rhys Davids beschreibt hier einen Kanonisierungsprozeß, in dem man den Texten Authentizität und Autorität zugesprochen und sich von abweichenden Meinungen abgegrenzt hat. Leider führt er keine Belege an, so daß nicht ersichtlich wird, von welchen Zeiträumen er spricht.[51] Seine Ausdrucksweise („canonical books") sowie der an dieses Zitat anschließende Vergleich mit der Untersuchung des „New Testament canon" zeigen aber, daß er einen religionsgeschichtlichen Prozeß annimmt, der ähnlich der Kanonisierung der christlichen Bibel verlaufen ist.[52] Man mag letzteren Vergleich auch auf die verbreitete Tendenz der Buddhismusforschung des späten 19. Jahrhunderts zurückführen, den Buddhismus als eine dem Christentum gleichwertige – wenn nicht überlegene – Religion zu präsentieren.[53] Unterstellt man, daß Rhys Davids' oben zitierte Darstellung von anderen Buddhismusforschern seiner Zeit geteilt wurde, erscheint die wissenschaftliche Etablierung des Begriffs Pāli-Kanon als ein natürlicher Vorgang. Wie die Bibel verstand man das Tipiṭaka als ‚kanonisch',

[50] Thomas William Rhys Davids, *Lectures of the Origin and Growth of Religion as Illustrated by Some Points in the History of Indian Buddhism,* 2. Aufl. (London: Williams and Norgate, 1891), 34f.

[51] Wie oben gesehen, war die Textsammlung über lange Zeit – wenn nicht bis heute – offener, als Rhys Davids' Formulierung vermuten läßt.

[52] Ähnliches ist auch für die Jaina-Tradition feststellbar. Nach Kendall Folkert hat Georg Bühler im 19. Jahrhundert ein Modell des Kanons, das im protestantischen Christentum verbreitet ist (‚Canon II', siehe dazu oben, Anm. 3), auf die Jaina-Sammlung von 45 Texten angewendet. Folkert beschreibt, welche Probleme sich daraus für die Jaina-Forschung ergaben. „The ‚Canons' of ‚Scripture'", 174–177. Siehe dazu ausführlicher Christoph Emmrichs Beitrag im vorliegenden Band.

[53] Vgl. dazu z.B. Karl Eugen Neumanns Klage in der Einleitung zu seiner oben erwähnten Anthologie von „Texten aus dem Pāli-Kanon" (1892), daß die Mehrheit der Bücher über den Buddhismus „mit triumphirender Anpreisung des unendlich vollkommeneren ‚Christenthums', den Buddhismus kritisiren, depriziren, kondamniren … Die vorliegende Anthologie wird daher Denen willkommen sein, welche den wahren Buddhismus aus seinen eigenen Urkunden genauer kennen lernen wollen. ... Das Licht der buddhistischen Lehre ist endlich auch auf unserem Horizonte aufgegangen: und es wird Allen leuchten, die das Antlitz der Wahrheit ertragen können" (x–xii). Siehe zum Verhältnis von Anthologien und Kanonisierung Oliver Freiberger, „Akademische Kanonisierung? Zur Erstellung von Anthologien buddhistischer Texte", in *Jaina-Itihāsa-Ratna: Studies in Honour of Gustav Roth on the Occasion of his 90th Birthday,* hg. von Ute Hüsken, Petra Kieffer-Pülz und Anne Peters (Swisttal-Odendorf: Indica et Tibetica Verlag, 2006), 193–207.

durchaus im modernen religionswissenschaftlichen Sinne als von der Tradition auf den Ursprung zurückgeführte, authentische Textsammlung, die Autorität besitzt, fixiert und abgeschlossen ist.[54] Die oben angestellten Betrachtungen haben demgegenüber gezeigt, daß dieses Kanon-Konzept, historisch betrachtet, im Theravāda-Buddhismus nur beschränkt anwendbar ist.

3. Folgerungen für die Verwendung des Kanonbegriffs

Es ist deutlich geworden, daß es in der Geschichte des Theravāda-Buddhismus immer wieder Versuche gegeben hat, eine autoritative Sammlung von Texten zu fixieren. Es beginnt mit den Kriterien zur Anerkennung authentischer Texte, die schon im Tipiṭaka selbst genannt werden. Es ist möglich, daß bestimmte Kreise im Saṅgha nicht nur das Anliegen hatten, das Buddhawort authentisch zu erhalten, sondern auch, ihre eigene Version des Dhamma mit dieser Methode von anderen Überlieferungen abzugrenzen. Ein weiterer Vorgang ist die Abfassung des Berichts über die erste Saṅgīti, mit dem die Verfasser offenbar zeigen wollten, daß es eine Art Kanonbildung direkt nach dem Tod des Buddha gab, durch die die von ihnen überlieferten Texte eine Rechtfertigung erhalten. Wiederum ein anderes Ereignis ist die erste Niederschrift des Kanons. Zwar ist in der Forschung umstritten, welche Motive den Hintergrund für dieses Ereignis bildeten, doch besteht Einigkeit darüber, daß sie in der sozio-politischen Situation Sri Lankas im ersten vorchristlichen Jahrhundert zu verorten sind. Wie im Fall der früheren (angeblichen) Fixierungen kennen wir auch den genauen Inhalt des ersten niedergeschriebenen Tipiṭaka nicht. Der Inhalt geht erst aus den Kommentaren des fünften Jahrhunderts hervor, was im allgemeinen als die endgültige Schließung des Pāli-Kanons angesehen wird. Ob die Kommentatoren eine solche Schließung bewußt angestrebt haben, wäre gesondert zu untersuchen.[55]

---

[54] Daß es unterschiedliche Meinungen über den Inhalt des Khuddakanikāya gab, erwähnt Rhys Davids an anderer Stelle (*Lectures*, 48), schließt daraus aber nur, daß dieser Nikāya offenbar jünger als die anderen sei und ihm noch Texte hinzugefügt worden seien. Welche Bedeutung dies für die Kanonisierungsfrage hat, läßt er an dieser Stelle offen.

[55] Die Kommentatoren des fünften Jahrhunderts erkennen einerseits z.B. in der *Atthasālinī* an, daß es Suttas gibt, die nicht bei einer Saṅgīti rezitiert wurden (As 65). Andererseits erwähnt der Kommentar zum Vinaya einige (uns nicht erhaltene) Texte und ganze Sammlungen, die nicht bei den drei Saṅgītis zusammengestellt worden seien, und konstatiert, daß sie daher nicht des Status des Buddhaworts hätten (*ab-*

Wie gesehen, besteht jedoch selbst nach der Fixierung der Sammlung durch die Kommentatoren nicht unter allen Theravāda-Buddhisten Einigkeit über deren Abgeschlossenheit. In Birma erhalten einige andere Texte kanonischen Status, und wieder andere Texte, die inhaltlich und formal den kanonischen gleichen („apokryphe" oder „angeblich nicht-kanonische" Suttas und Jātakas), sind in Theravāda-Ländern ebenfalls verbreitet. Wenn man als das kanonische Merkmal einer Textsammlung ihre Autorität und Fixiertheit versteht, so fällt es schwer, eine solche Sammlung definitiv für alle Zeiten und Orte des Theravāda-Buddhismus zu bestimmen.

Ein Grund dafür, daß wir dennoch von einem „Kanon" sprechen, liegt in der Einführung des Begriffs Pāli-Kanon im 19. Jahrhundert. Die frühen Buddhismusforscher konnten damit dem christlichen Kanon einen buddhistischen gegenüberstellen, der ihrer Ansicht nach durch einen ähnlichen religionsgeschichtlichen Prozeß – einschließlich der Konzile – entstanden war. Dies konnte dazu dienen, die von der christlichen Theologie behauptete Singularität des Christentums zu relativieren – ein Anliegen der sich zu jener Zeit etablierenden vergleichenden Religionswissenschaft[56] –, und dazu, der westlichen Welt den Buddhismus als eine dem Christentum gleichwertige, wenn nicht überlegene Religion zu präsentieren – ein Anliegen der ersten Generationen westlicher Buddhisten, zu denen auch Rhys Davids zählte.

Wenn wir also einen Moment von der konventionellen Terminologie zurücktreten, können wir einen neuen Blick auf die Textgeschichte werfen. Wie gesehen, findet in der Geschichte des Theravāda-Buddhismus Kanonbildung immer in spezifischen historischen Kontexten statt, mit spezifischen Akteuren. Die Abgeschlossenheit wie auch die Autorität der jeweils erstellten Textsammlung kann zu anderen Zeiten, an anderen Or-

---

uddhavacana) (Sp 742f.). Siehe dazu von Hinüber, *Handbook,* 201f. Nach Hallisey wird allerdings Buddhaghosas Kommentierung später, im *Saddhammasaṅgaha* (ca. 14./15. Jh.), in einer Reihe mit den Saṅgītis genannt und damit gewissermaßen als Kanonisierungsereignis rezipiert. Hallisey, „Councils as Ideas and Events", 145.

56 Siehe dazu z.B. Friedrich Max Müllers Forderung, alle Religionen (einschließlich des Christentums) mit gleichem Maß zu messen, und die vergleichende Sprachwissenschaft als Vorbild für die Religionswissenschaft anzusehen: niemand käme heute mehr auf den Gedanken, eine Sprache als überlegene und einzig wahre ausgeben zu wollen. Siehe Friedrich Max Müller, *Einleitung in die vergleichende Religionswissenschaft: Vier Vorlesungen* (Straßburg: Trübner, 1874), 10–14; 260. Siehe dazu auch Hans-Joachim Klimkeit, „Friedrich Max Müller (1823–1900)", in *Klassiker der Religionswissenschaft: Von Friedrich Schleiermacher bis Mircea Eliade,* hg. von Axel Michaels (München: Beck, 1997), 29–40.

ten und/oder von anderen Gruppierungen durchaus in Frage gestellt bzw. schlicht ignoriert werden.

Ich möchte daher folgende These zur Diskussion stellen, die auch für andere religionsgeschichtliche Kontexte relevant sein könnte. Nur in bestimmten, vielleicht sogar eher selten auftretenden Situationen der Religionsgeschichte entsteht der Wunsch, eine autoritative und fixierte Textsammlung zu definieren. Zumindest prinzipiell – wenn die Quellenlage es zuläßt – ist es möglich, die elitären Gruppierungen, die eine solche Fixierung vorantreiben, und ihre kontextgebundenen Motive historisch zu bestimmen.[57] Es könnte sich zeigen, daß in anderen Zeiten der Religionsgeschichte die Frage nach dem Inhalt eines „Kanons" schlicht nicht gestellt wird und die Anhänger einer Religion nicht daran interessiert sind, welche Texte über die von ihnen verwendeten hinaus als „kanonisch" betrachtet werden sollten. In anderen Worten: Die Affirmation von Autorität und Fixiertheit eines Kanons findet nur in bestimmten isolierbaren zeitlichen und lokalen Kontexten statt und geschieht aus spezifischen religiösen, politischen, ökonomischen oder anderen Gründen. An anderen Orten und zu anderen Zeiten (auch nach expliziten Festlegungen) spielen beide Aspekte nicht unbedingt eine große Rolle.[58]

---

[57] Carsten Colpe formuliert in seinen Bemerkungen zum buddhistischen Kanon abstrakt: „Der Abschluß selbst wäre nicht Resultat einer Übereinkunft oder einer Anordnung, sondern der Punkt in der Geschichte, an welchem Entstehungsbedingungen so weit in einem Resultat aufgehen, daß von ihnen nicht genug übrigbleiben, um als Antecedensbedingungen für eine Fortsetzung des Entstehungsprozesses dienen zu können." Siehe Carsten Colpe, „Sakralisierung von Texten und Filiationen von Kanons", in *Kanon und Zensur: Beiträge zur Archäologie der literarischen Kommunikation II,* hg. von Aleida und Jan Assmann (München: Fink, 1987), 80–92, hier: 85. Diese Formulierung berücksichtigt m.E. zu wenig den konkreten historischen Kontext und die vielfältigen, auch nicht-religiösen Motive für die Formung eines Kanons. Colpe fährt fort: „Nur historische Sozialforschung, welche methodologisch gerüstet ist, Gegebenheiten als Resultate eines Prozesses festzuhalten, welche in diesem selbst nicht beabsichtigt waren, wird jenen historischen Punkt – aber niemals mathematisch exakt! – fixieren und seine Setzung erklären können" (ebd.). Der vorliegende Beitrag betont demgegenüber die bewußte Deklaration eines Kanons, die aus bestimmten kontextgebundenen Gründen geschieht, d.h. gerade diejenigen „Resultate des Prozesses", die beabsichtigt und geplant waren.

[58] Jonathan Z. Smith kommt zu einem ähnlichen Ergebnis, wenn er sagt, daß ein ‚Kanon' nach seinem Verständnis zwar geschlossen sein müsse; aber „closure may well need to be understood as a relative category". Er weist darauf hin, daß auch der christliche Begriff eines allgemeingültig abgeschlossenen Kanons relativ jung und besonders in bestimmten, protestantischen Kreisen verbreitet sei (Smith, „Canons,

Diese Beobachtungen verdeutlichen die Ambivalenz des Kanonbegriffs in seiner religionswissenschaftlichen Verwendung. Zum einen bezeichnet er, deskriptiv verwendet, eine bestimmte, meist genau definierbare Textsammlung, zum anderen spricht er dieser Textsammlung darüber hinaus eine bestimmte Funktion zu, die normativen Charakter hat und in der Tradition zuweilen nicht unumstritten ist. Mit einer solchen Verwendung des Begriffs stellt sich die Religionswissenschaft – vermutlich meist ungewollt – auf die Seite jener Gruppierung innerhalb der religiösen Tradition, die jeweils den Anspruch auf Kanonizität erhebt. Da dieser Anspruch, wie gesehen, in der Religionsgeschichte immer wieder neu erhoben wird und die Textsammlung dabei durchaus nicht immer dieselbe Gestalt haben muß, wird die Verwendung des Begriffs dadurch auch auf der deskriptiven Ebene unpräzise.

Es erscheint daher sinnvoll und notwendig, den Kanonbegriff in religionshistorischen Untersuchungen ausschließlich kontextualisiert zu verwenden. Anstatt von „dem" Kanon einer religiösen Tradition zu sprechen, sollte man die fixierten Sammlungen der verschiedenen historischen Kontexte einzeln betrachten und sich dabei auf die Frage konzentrieren, *für wen* in jedem einzelnen Fall die betreffende Textsammlung ein „Kanon", also autoritativ und fixiert ist, und aus welchen Gründen genau diese Fixierung vorgenommen wurde.[59] Ich schlage daher vor, Kanonbildung nicht nur als Prozeß zu verstehen, der seinen Höhepunkt in der Fixierung eines Kanons hat, sondern auch als immer wieder punktuell in der Religionsgeschichte auftretendes Ereignis, das zur Affirmation von Autorität und Fixiertheit einer bestimmten Textsammlung und damit bestimmten Gruppeninteressen dient. Wenn diese Betrachtung der Ereignisgeschichte neben die der Prozeßgeschichte tritt, ist es möglich, den Begriff Kanon in den jeweiligen historischen Kontexten sinnvoll zu verwenden.[60]

Catalogues", 306f.) und bezieht sich dabei auf Folkert, „The ‚Canons' of ‚Scripture'", bes. 177–179.

59 Siehe ähnlich zur Ambivalenz des Kanonbegriffs – hier bei der Beschreibung der Dynamiken in der chinesisch-buddhistischen Textgeschichte – Max Deegs Beitrag im vorliegenden Band.

60 Die Erforschung der Prozeßgeschichte, die, wie es Aleida und Jan Assmann skizzieren, über die Fixierung eines Kanons hinausgeht und in der Folge auch Zensur, Textpflege und Sinnpflege beinhaltet, ist auch weiterhin von großem Interesse. Die eigentliche Affirmation eines „Kanons" als eindeutig fixierte, autoritative Sammlung scheint aber in diesem Prozeß nur punktuell stattzufinden – im Rahmen einzelner Ereignisse wie z.B. der Niederschrift einer Sammlung. Siehe Aleida und Jan As-

Wenn wir abschließend auf die Frage zurückkommen, was das „Kanonische" am Pāli-Kanon sei, so lassen sich die Überlegungen folgendermaßen zusammenfassen. Der Pāli-Kanon ist eine Textsammlung, die an verschiedenen Punkten der Geschichte verschiedene Gestalten hat. Wenn wir den Begriff Pāli-Kanon deskriptiv verwenden, meinen wir gewöhnlich die uns heute vorliegende Version (in der Ausgabe der Pali Text Society) und sind uns selten der Unschärfe und Ambivalenz des Begriffs bewußt. Denn das „Kanonische", Autorität und Fixiertheit, ist keine inhärente Eigenschaft einer Textsammlung, sondern muß ihr von Personen oder Gruppen innerhalb der Tradition zugesprochen werden.[61] In der Moderne tut dies auch die Buddhismusforschung und konstruiert damit eine Statik, die der sozialen Realität im Buddhismus nicht entspricht.

smann, „Kanon und Zensur", in *Kanon und Zensur: Beiträge zur Archäologie der literarischen Kommunikation II*, hg. von Aleida und Jan Assmann (München: Fink, 1987), 7–27.

[61] Nach François Bizot wird dies in Kambodscha mit dem Begriff *tipiṭaka* verbunden: „Au Cambodge, on le verra, le terme [*tipiṭaka*] se réfère moins à un recueil de textes qu'à un concept idéologique". *Le figuier a cinq branches: Recherche sur le bouddhisme Khmer* (Paris: Ecole Française d'Extrême-Orient, 1976), 21. Steven Collins verweist auf Bizot und kommt in seiner Untersuchung zu dem Ergebnis, daß „the actual importance of what we know as the Pali Canon has not lain in the specific texts collected in that list, but rather in the *idea* of such a collection, the idea that one lineage has the definitive list of *buddha-vacana*. So *the* Pali Canon should be seen as just *a* ‚canon' (in one sense of that word) in Pali, one amongst others." „On the Very Idea", 104.

Bibliographie

AN = *Aṅguttaranikāya*. Hg. von R. Morris und E. Hardy. 5 Bde. London: Pali Text Society, 1885–1900.

As = *Atthasālinī*. Hg. von Edward Müller. Überarb. Ausg. London: Pali Text Society, 1897 (Nachdr. 1979).

Assmann, Aleida und Jan. „Kanon und Zensur". In *Kanon und Zensur: Beiträge zur Archäologie der literarischen Kommunikation II,* hg. von Aleida und Jan Assmann, 7–27. München: Fink, 1987.

Bechert, Heinz. „The Writing Down of the Tripiṭaka in Pāli". *Wiener Zeitschrift für die Kunde Südasiens* 36 (1992): 45–53.

Bizot François. *Le figuier a cinq branches: Recherche sur le bouddhisme Khmer.* Paris: Ecole Française d'Extrême-Orient, 1976.

Bode, Mabel Haynes. *The Pali Literature of Burma.* London: Luzac, 1909 (Nachdr. 1966).

Burnouf, Eugène. *Introduction à l'histoire du Buddhisme indien.* Paris: Imprimerie Royale, 1844.

Burnouf, Eugène und Christian Lassen. *Essai sur le pali, ou langue sacrée de la presqu'ile au-dela du Gange.* Paris: Libraire orientale de Dondey-Dupré, 1826.

Collins, Steven. „Preface". In *Apocryphal Birth-Stories (Paññāsa-Jātaka).* Übers. von I. B. Horner und Padmanabh Jaini. Bd. 1. London: Pali Text Society, 1985.

Collins, Steven. „On the Very Idea of the Pali Canon". *Journal of the Pali Text Society* 15 (1990): 89–126.

Colpe, Carsten. „Sakralisierung von Texten und Filiationen von Kanons". In *Kanon und Zensur: Beiträge zur Archäologie der literarischen Kommunikation II*, hg. von Aleida und Jan Assmann. 80–92. München: Fink, 1987.

Davidson, Ronald M. „An Introduction to the Standards of Scriptural Authenticity in Indian Buddhism". In *Chinese Buddhist Apocrypha.* Hg. von Robert E. Buswell, Jr., 291–325. Honolulu: University of Hawaii Press, 1990.

Dīp = *Dīpavaṃsa: An Ancient Buddhist Historical Record.* Hg. und übers. von Hermann Oldenberg. Oxford: Pali Text Society, 1879 (Nachdr. 2000).

DN = *Dīghanikāya.* Hg. von T.W. Rhys Davids und J.E. Carpenter. 3 Bde. London: Pali Text Society, 1890–1911.

Duroiselle, C. „Pali Literature of Burma". *Journal of the Burma Research Society* 1 (1911): 119–121.

Folkert, Kendall W. „The ‚Canons' of ‚Scripture'". In *Rethinking Scripture: Essays from a Comparative Perspective.* Hg. von Miriam Levering, 170–179. Albany: State University of New York Press, 1989.

Freiberger, Oliver. „Akademische Kanonisierung? Zur Erstellung von Anthologien buddhistischer Texte". In *Jaina-Itihāsa-Ratna: Studies in Honour of Gustav Roth on the Occasion of his 90th Birthday.* Hg. von Ute Hüsken, Petra Kieffer-Pülz und Anne Peters. 193–207. Swisttal-Odendorf: Indica et Tibetica Verlag, 2006.

Freiberger, Oliver. *Der Orden in der Lehre: Zur religiösen Deutung des Saṅgha im frühen Buddhismus.* Wiesbaden: Harrassowitz, 2000.

Geiger, Wilhelm. *Pāli: Literatur und Sprache.* Strassburg: Trübner, 1916.

Hallisey, Charles. „Councils as Ideas and Events in the Theravāda". *The Buddhist Forum* 2 (1991): 133–148.

Hallisey, Charles. „*Nibbānasutta:* An Allegedly Non-Canonical Sutta on Nibbāna as a Great City". *Journal of the Pali Text Society* 18 (1993): 97–130.

Hallisey, Charles. „*Tuṇḍilovāda:* An Allegedly Non-Canonical Sutta". *Journal of the Pali Text Society* 15 (1990): 155–195.

Hinüber, Oskar von. *Der Beginn der Schrift und frühe Schriftlichkeit in Indien.* Wiesbaden: Steiner, 1990.

Hinüber, Oskar von. „Zur Geschichte des Sprachnamens Pāli". In *Beiträge zur Indienforschung: Ernst Waldschmidt zum 80. Geburtstag gewidmet.* Hg. von Herbert Härtel, 237–246. Berlin: Museum für Indische Kunst, 1977.

Hinüber, Oskar von. *A Handbook of Pāli Literature.* Berlin: Walter de Gruyter, 1996.

Hinüber, Oskar von. „Die neun Aṅgas: Ein früher Versuch zur Einteilung buddhistischer Texte". *Wiener Zeitschrift für die Kunde Südasiens* 38 (1994): 121-135.

Hinüber, Oskar von. *Das Pātimokkhasutta der Theravādin: Seine Gestalt und seine Entstehungsgeschichte.* Studien zur Literatur des Theravāda-Buddhismus II. Stuttgart: Steiner, 1999.

Hinüber, Oskar von. „Vinaya und Abhidhamma". In *Festschrift Georg Buddruss.* Hg. von Renate Söhnen-Thieme und Oskar von Hinüber. *Studien zur Indologie und Iranistik* 19 (1994): 109–122.

Jaini, Padmanabh S. „*Ākāravattārasutta:* An ‚Apocyphal' Sutta from Thailand". *Indo-Iranian Journal* 35 (1992): 193–223.

Jaini, Padmanabh S., Hg. *Paññāsa-Jātaka or Zimme Paṇṇāsa (in the Burmese Recension).* 2 Bde. London: Pali Text Society, 1981; 1983.

Klimkeit, Hans-Joachim. „Friedrich Max Müller (1823–1900)". In *Klassiker der Religionswissenschaft: Von Friedrich Schleiermacher bis Mircea Eliade.* Hg. von Axel Michaels, 29–40. München: Beck, 1997.

Mhv = *The Mahāvaṃsa.* Hg. von Wilhelm Geiger. London: Pali Text Society, 1908 (Nachdr. 1958).

Müller, Friedrich Max. *Einleitung in die vergleichende Religionswissenschaft: Vier Vorlesungen.* Straßburg: Trübner, 1874.

Neumann, Karl Eugen, Übers. *Buddhistische Anthologie: Texte aus dem Pāli-Kanon.* Leiden: Brill, 1892.

Norman, K.R. *A Philological Approach to Buddhism: The Bukkyō Dendō Kyōkai Lectures 1994.* London: School of Oriental and African Studies, 1997.

Oldenberg, Hermann. *Buddha: Sein Leben, seine Lehre, seine Gemeinde.* Berlin: Hertz, 1881.

Oldenberg, Hermann. „Buddhistische Studien". *Zeitschrift der Deutschen Morgenländischen Gesellschaft* 52 (1898): 613–694.

Prebish, Charles S. „A Review of Scholarship on the Buddhist Councils". *Journal of Asian Studies* 33 (1974): 239–254.

Pruitt, William. „References to Pāli in 17th-Century French Books". *Journal of the Pali Text Society* 11 (1987): 121–131.

Rhys Davids, Thomas William. *Buddhism: A Sketch of the Life and Teachings of Gautama, the Buddha*. New York: Pott, Young, & Co., 1878.

Rhys Davids, Thomas William. *Lectures of the Origin and Growth of Religion as Illustrated by Some Points in the History of Indian Buddhism*. 2. Aufl. London: Williams and Norgate, 1891.

Saddhatissa, H. *The Birth-Stories of the Ten Bodhisattas and the Dasabodhisattuppattikathā*. London: Pali Text Society, 1975.

Saddhatissa, H. „Pāli Literature of Thailand". In *Buddhist Studies in Honour of I. B. Horner*. Hg. von L. Cousins, A. Kunst und K. R. Norman, 211–225. Dordrecht: Reidel, 1974.

Sheppard, Gerald T. "Canon". In *The Encyclopedia of Religion*. Hg. von Mircea Eliade. Bd. 3, 62–69. New York: Macmillan, 1987.

Skilling, Peter. „*Jātaka* and *Paññāsa-jātaka* in South-East Asia". *Journal of the Pali Text Society* 28 (2006): 113–173.

Smith, Jonathan Z. „Canons, Catalogues and Classics". In *Canonization and Decanonization*. Hg. von A. van der Kooij und K. van der Toorn, 295–311. Leiden et al.: Brill, 1998.

Smith, Jonathan Z. „Sacred Persistence: Toward a Redescription of Canon". In *Imagining Religion. From Babylon to Jonestown*. Chicago: University of Chicago Press, 1982. 36–52.

Sp = *Samantapāsādikā: Vinaya-aṭṭhakathā*. Hg. von J. Takakusu und M. Nagai. 7 Bde. London: Pali Text Society, 1924–1947.

Vin = *Vinayapiṭaka*. Hg. von Hermann Oldenberg. 5 Bde. London: Pali Text Society, 1879–1883.

Winternitz, Moriz. *Geschichte der Indischen Litteratur*. Bd. 2. Leipzig: Amelangs, 1920.

Canon Rejected

The Case of Pauttam among Tamiḻs in Pre-Colonial Tamiḻakam and Īḻam

Peter Schalk

1. Introduction

From about 400 C.E., which is the beginning of the Pallava period in South India, Pauttam (Buddhism) transmitted in Tamiḻ among Tamiḻs, flickered in local *caṃkam* (saṃgha) organisations mainly along the eastern coast of Tamiḻakam (Tamiḻ land).[1] It had no common canon, actually no known Tamiḻ canon at all. It was extinguished in about 1400, not least due to interreligious criticism from xenophobic post-Vedic traditions, devotional Caivam (Śivaism), Vaiṇavam (Viṣṇuism) and competing Caiṇam (Jainism),[2] due also to a competitive system of royal protection, ending in the deportation or even physical elimination of the loser, and finally due to corruption and decay from within.[3] Pauttam never reached a stability and continuity that would result in the formation of a Tamiḻ Pautta canon. The knowledge about a canon, a canon in Pāli, was existent, indeed, es-

---

1 For the concept of Tamiḻakam see Peter Schalk, "The Fundamentals," in Peter Schalk (ed.-in-chief) and Āḷvāpiḷḷai Vēluppiḷḷai (co-ed.), *Buddhism among Tamiḻs in Pre-Colonial Tamiḻakam and Īḻam,* part 1: Prologue; The Pre-Pallava and the Pallava period, Acta Universitatis Upsaliensis, Historia Religionum 19 (Uppsala: University of Uppsala, 2002) [hereafter *Buddhism among Tamiḻs* 1], 57.

2 Peter Schalk, "Buddhism and Jainism as Minor Religions among Tamiḻs," *Buddhism among Tamiḻs* 1, 18–52.

3 Iramaccantiraṉ Nākacāmi, "Buddhist Icons of Tamiḻakam," *Buddhism among Tamiḻs* 1, 109–145.

Max Deeg, Oliver Freiberger, Christoph Kleine (Hrsg.), *Kanonisierung und Kanonbildung in der asiatischen Religionsgeschichte.* VÖAW: Wien 2011, pp. 233–257.

pecially through the teams set up by or inspired by Buddhaghosa in the 5th–6th centuries C.E. and later in the 11th and 12th centuries.[4]

Xenophobia and the other given reasons are, however, not a sufficient cause for the rejection of Pauttam. Caiṇas were also exposed to Caiva xenophobia and had to fight in the competitive system for royal protection, the use of violence not excluded.[5] They survived and brought their canon formations to South India. In the case of Pauttam, we can note an intensification of the marginalisation of Pauttam, due to inimical interstate relations with Laṃkā.[6]

The consequence of the marginalisation of Pauttam was not only that the local *caṅkam* organisations were economically and morally destabilised; it also lead to a "freedom" from normative bonds established by a canon, and to a "freedom" to forming a local diversity of Pautta establishments and to a formation of a specific Caiva-Pautta syncretism during the period of the imperial Cōḻas. I have called this formation Cōḻapauttam.[7] This also affected Northern Īḻam (Laṃkā) in the pre-colonial middle and later Anurādhapura period.[8] The rejection of a canon by the adversaries of Pauttam provided a freedom to develop a specific kind of indigenised Pauttam among Tamiḻs. This "freedom's" strength was also its weakness: without an authoritative textual base it was soon assimilated with Caivam and finally eliminated in the 14th century.[9]

---

4 Peter Schalk, "Written Sources Pertaining to the Study of Buddhism among Tamiḻs," *Buddhism among Tamiḻs* 1, 69–83.

5 Āḷvāppiḷḷai Vēluppiḷḷai, "Tiruñāṉacampantar's Polemical Writings against Buddhists and Jains," *Buddhism among Tamiḻs* 1, 446–486.

6 Schalk, "Buddhism and Jainism as Minor Religions," 18–52.

7 Peter Schalk, "Introduction: Buddhism under the Imperial Cōḻar," in Peter Schalk (ed.-in-chief) and Āḷvāpiḷḷai Vēluppiḷḷai (co-ed.), *Buddhism among Tamils in Pre-Colonial Tamiḻakam and Īḻam,* part 2: The Period of the Imperial CōḻarTamiḻakam and Īḻam, Acta Universitatis Upsaliensis, Historia Religionum 20 (Uppsala: University of Uppsala, 2002) [hereafter *Buddhism among Tamiḻs* 2], 514–559.

8 Peter Schalk, "Īḻaccōḻapauttam in Tirukkōṇamalai and Anuradhapura," *Buddhism among Tamiḻs* 1, 776–783.

9 Āḷvāpiḷḷai Vēluppiḷḷai, "The Significance of a Damaged Tamiḻ Pautta Inscription from Tiruccōparam of the Thirteenth Century," *Buddhism among Tamiḻs* 2, 662–666; id., "An Epigraphic Reference to a puttar *kōyil* in the Sixteenth Century," *Buddhism among Tamiḻs* 2, 666–669.

2. Buddhism in Pre-Pallava Tamiḻakam?

Elsewhere I have critically examined all available statements by scholars and Pautta and anti-Pautta activists about the alleged presence of Buddhism in pre-Pallava Tamiḻakam before the 4th century C.E. These statements are tested by me. The statements are numbered in chapter 3 in the first volume of *Buddhism among Tamiḻs*.[10]

- 3.2.3. The Story about the *caitya vṛkṣa*
- 3.2.4. The Irāyappēṭṭai Panel
- 3.2.5. The *buddhapāda* from Kāvirippūmpaṭṭiṉam
- 3.2.6. *Stūpas* in Pre-Pallava Kāñci?
- 3.2.7 The Story about *pu ta śa*
- 3.2.8. The Story about *matavira*
- 3.2.9. The Story about Ariṭṭha
- 3.2.10. Sources about Buddhism of the Mōriyar in the South
    - 3.2.10.1. The Sources
    - 3.2.10.2. The Story about the Mauryan Invasion
    - 3.2.10.3. Bindusāra in South India?
    - 3.2.10.4. Asokan Edicts 2 and 13.
    - 3.2.10.5. *Pariccheda* 5: 234–282 in the *Mahāvaṃsa*
    - 3.2.10.6. Aśoka's Edict from Kosambī
    - 3.2.10.7. The *dhammamāhāmātā*
    - 3.2.10.8. *pāsaṃda/atapāsaṃda – dhaṃma/sadhaṃma*
    - 3.2.10.9. Satyaputo from Jampāy
    - 3.2.10.10. The Stories about a Buddha, Aśoka and Mahendra in Tamiḻakam
    - 3.2.10.11. The Story about Mahendragiri
    - 3.2.10.12. The Story about Aśokavarman
    - 3.2.10.13. The *mōriyar*
    - 3.2.10.14. *puṟanāṉūṟu* 175
    - 3.2.10.15. *akanāṉūṟu* 69: 11–12
    - 3.2.10.16. *akanāṉūṟu* 251
    - 3.2.10.17. *akanāṉūṟu* 281
    - 3.2.10.18 Who were the *mōriyar*?
- 3.2.11. The Story about the Buddhist *īḻavar*.
- 3.2.12. The Story about Pallavabhoga
    - 3.2.12.1. Statements
    - 3.2.12.2. The Only Source: *Mahāvaṃsa* 29.
    - 3.2.12.3. Different Lists
    - 3.2.12.4. Interpretations
- 3.2.13. The List from Nāgārjunikoṇḍa
- 3.2.14. The Story about the Nun from Kākaṃdi

---

[10] Peter Schalk, "In Search of Buddhism in Pre-Pallava Tamiḻakam," *Buddhism among Tamiḻs* 1, 238–347.

3.2.15. The Story about Pāli Inscriptions in Pre-Pallava Tamil̲akam
3.2.16. The Story about Multi-Religious Kāñci in the Pre-Pallava Period
3.2.17. The Story about an *agrahāra* of a Buddha
3.2.18. The Stories about Pōtiyar, Cāttan̲ar, Pūtan̲ar, Kōtaman̲, and Tarumaputtiran̲
3.2.19. The Story about the *caṅkam.*
3.2.20. The Story about Intiran̲'s Ambrosia
3.2.21. The Story about the Buddhist Ascetics in Maturai
3.2.22. The Story about the Buddhist Liars
3.2.23. The Story about the Good Man
3.2.24. The Story about Cipi
3.2.25. The Story about Akitti
3.2.26. The Story about the *tavapaḷḷi* in Pukār
3.2.27. The Story about the Stolen Alms Bowl
3.2.28. The Story about the Theme *kāñci*
3.2.29. The Story about the Monks who fled from Īl̲am to the Cōl̲a-Pāṇṭiya Countries
3.2.30. The Story about the "Buddhist" Flower Offering
3.2.31. The Story about *bodhi-il>pōti-y-il>potiyil*

Having examined all these sources – none has been consciously left out – I have come to the conclusion that none is definitely conclusive about projecting Buddhism to Tamil̲akam in the pre-Pallava period before 400 B.C.E., in spite of the massive presence of Pauttam in Āntiram (Āndhra) and Īl̲am.[11] In Tamil̲akam Pauttam's presence was limited and mainly confined to the coastal cities outside the horizon of royal courts.

All preserved Tamil̲ Pautta texts, complete, fragmentary or only referred to, are dated to a period after the 4th century. Pauttam was never mentioned in sources pertaining to Tamil̲akam of the pre-Pallava period, which, however, does not imply that it was not known by Tamil̲ *paṇṭitar*, merchants, and mercenaries. There were intensive commercial and martial relations between Āntiram, Īl̲am and Tamil̲akam in the pre-Pallava period.[12] Therefore, I suggest that the knowledge about Pauttam was consciously withheld in the documents produced in the pre-Pallava period. Cain̲am, however, is well documented for this period, but Cain̲am also was at least from the Pallava period onwards exposed to xenophobic marginalisation.

---

[11] Peter Schalk, "Cultural Exchange between Tamil̲, Antiram and Īl̲am in the Pre-Pallava Period," *Buddhism among Tamil̲s* 1, 206–238.

[12] Ibid.

3. The First and the Last Evidences of Pauttam in Tamiḻ

The very first dateable reference to Buddhism in Tamiḻakam during the Pallava period is the building of the so-called Buddhavihāra in Kāvirippūmpaṭṭiṉam.[13] It is dated by the Archaeological Survey of India (ASI) to the 4th–5th century C.E.[14] There is a detailed report about the excavations completed by ASI in 1993. The layers where finds were made are carefully specified. Kāvirippūmpaṭṭiṉam means "city port at the mouth of Kāviri". The city is also known as *(pūm)pukār* and was known as *kākanti.* In Pāli the city was known as Kāviripaṭṭana and Kolapaṭṭana (Tamiḻ **cōḻapaṭṭiṉam?*). The modern anglicised rendering is Pumpoohar. It is located in the district of Tañjāvūr in present-day Tamiḻnāṭu. This was the area of the ancient Cōḻas in pre-Pallava Tamiḻakam. I have described the Buddhavihāra with its artefacts, but with emphasis on the influence from Āntiram.[15]

Nākapaṭṭiṉam, "the city port of the *nāgas*", is only a few miles south of Kāvirippūmpaṭṭiṉam. Nākapaṭṭiṉam would succeed Kāvirippūmpaṭṭiṉam as a local Buddhist centre in the 8th–9th centuries. The sailing time to the northern tip of Īḻam is only a few hours. In the pre-colonial period, a trip to Anurādhapura from Kāvirippūmpaṭṭiṉam or Nākapaṭṭiṉam took only a few days. This pilgrim route is described in the *Sīhaḷavatthuppakaraṇa*[16] and is analysed by me together with the story about the Coḷika Saṃghamitta in *Mahāvaṃsa* 36: 110–113.[17] Nākapaṭṭiṉam had its peak period during the period of the imperial Cōḻas and is characterized for its development of Cōḻapauttam.[18] We can forget about Kāñci being the *dominant* centre for Pauttam at any time during the whole pre-colonial period.[19]

---

13 Peter Schalk, "The Oldest References to Buddhism among Tamiḻs in Īḻam in the Early Anurādhapura Period," *Buddhism among Tamils* 1, 347–357. The term *buddhavihāra* was created by historians. There is no inscription that gives the *vihāra* that name.

14 Loc. cit.

15 Peter Schalk, "The First Evidence of Buddhism in Tamilakam," *Buddhism among Tamiḻs* 1, 430–446.

16 *Le Sīhaḷavatthuppakaraṇa*, texte Pāli et traduction, par Jacquelin Ver Eecke (Paris: EFEO, 1980).

17 Schalk, "The First Evidence of Buddhism in Tamilakam," 430–446.

18 Nākacāmi, "Buddhist Icons," 133–141; Schalk, "Introduction: Buddhism under the Imperial Cōḻar," 534–537; Patmanātaṉ Civacuppiramaṇiyam, "Buddhism in Nākapaṭṭiṉam," *Buddhism among Tamiḻs* 2, 569–609.

19 For arguments see Schalk, "In Search of Buddhism in Pre-Pallava Tamiḻakam," 245–258; id., "Pallava Policy on Buddhism," *Buddhism among Tamiḻs* 1, 395–403.

The last evidence for the existence of Pauttam is a Tamil̲ inscription from the 16th century that looks back and remembers the existence at a certain place of a *puttar kōyil*, then a ruin, in the past.[20] It is a kind of epitaph of a Pautta *vikāram* that had been assimilated by Caivam as it had been classified as *kōyil*, which is the normal designation for a Caiva (or Vaiṇava) sanctuary. The transformation of a *vikāram* into a *kōyil* with an intermediate period of a Caiva-Pautta syncretism – expressed in the hybrid form *puttar kōyil*[21] – was the normal historical process towards the extinction of Pauttam through physical elimination or assimilation.

4. Tamil̲ Texts

All preserved Tamil̲ pro-Pautta texts, texts with reference to Pauttam in Tamil̲, and anti-Pautta texts have been listed by me and examined with regard to their origin.[22] Buddhism among Tamil̲s during the period concerned was locally produced in the form of poetic didactic and doctrinal tracts and fiction in Tamil̲. None of these texts were produced before the 4th century and none after the 14th century. All these texts combined do not exceed the volume of a normal book. Not even Pauttas themselves have attempted to collect all these texts in a volume that could be presented as a canon. There is no claim in any of these texts that they are *buddhavacanam*. Not even in the self-image of these Buddhists a canon is yearned for. Some of these texts have been published in Tamil̲, together with a fresh translation, by Āḷvapillai Vēluppiḷḷai and Cuppiramaṇiyam Patmanātan̲, namely the *parappakkam* section of the *civananacittiyar*, the *puttapakavān̲* stanzas of the *peruntokai* and the inscriptions on the pedestals of the bronze images from Nākapaṭṭin̲am.[23]

---

20 Āḷvāppiḷḷai Vēluppiḷḷai, "An Epigraphic Reference."

21 *Puttar* is a Tamil̲ form for *buddha*. *Kōyil or kōvil* means *'place of the king'*, where king may refer to a wordly or godly king. They may refer to a palace or temple, mostly to a Caiva or Vaiṇava temple.

22 Schalk, "Written Sources Pertaining," 69–83.

23 Āḷvāppiḷḷai Vēluppiḷḷai, "Presentation and Refutation of Four Schools of Pauttam in the parapakkam of the civañān̲acittiyār: Introduction, Transliteration and Translation," *Buddhism among Tamil̲s* 2, 785–810; id., "The 'putapakavan̲ stanzas' in the *peruntokai*: Text, Transliterated and Translated," *Buddhism among Tamil̲s* 2, 811–827; Civacuppiramaṇiyam Patmanātan̲, "Texts and Alternative Translations of the Inscriptions on the Pedestals of Bronze Images," *Buddhism among Tamil̲s* 2, 828–834.

5. Pāli Canonical and Commentarial Texts

The works of the Pāli commentators in Tamiḻakam are listed in *Buddhism among Tamiḻs*.[24] It can be shown that there is no relation between the known Tamiḻ Pautta texts and the work done in Pāli by the commentators in Tamiḻakam. Not one complete single Tamiḻ text is translated from a known Buddhist canon formation. Some few Tamiḻ texts reveal, however, by their contents a dependency on canonical Pāli texts.[25] The teams of Pāli translators in the 5th/6th and 11th/12th centuries in Tamiḻakam left no traces in the formation of a canon in Tamiḻ and not even in Pāli destined for the Tamiḻs. Those who finally profited from the South Indian Pāli commentators' products were the Siṃhalas and the Burmese, and from the Sanskrit Mahāyāna texts in South India the Chinese. Buddhaghosa's negative evaluation of the language Tamiḻ[26] has to be considered as one of the reasons why he and his teams preferred to and also were forced to live and work like in an ivory tower.[27] His concept of using Pāli as universal language contradicted the relative evaluation of *dhammadūta* languages by the Buddha. He was also mistaken that Pāli was the language of the Buddha. Furthermore, he misjudged the resistance against Pauttam in Tamiḻakam. His project, to make Buddhism known in India through Pāli, developed into a failure. The Caiṉas had another strategy: the oldest Caiṉa documents in Tamiḻakam, Pirāmi (Brāhmī) inscriptions were, although revealing a Prākrit substratum, written in Tamiḻ.[28] The whole strategy by the Caiṉas throughout history in Tamiḻakam was to create a Tamiḻ indigenous form of Caiṉam to avoid being assimilated or eliminated. It did not work always. There is a long passion history of the Caiṉas in Tamiḻakam.[29]

There is no sign that Buddhaghosa's translation and commenting teams ever had in mind to transfer Pāli to Tamiḻ or make Pāli complementary to

---

[24] Schalk, "Written Sources Pertaining," 73–74; id., "Pallava Policy on Buddhism," 387–395.

[25] Schalk, "Pallava Policy on Buddhism," 390–395.

[26] *Samantapāsādikā: Buddhaghosa's Commentary on the Vinaya Piṭaka,* Ed. J Takakusu, M Nagai, vol. 1 (London: Pali Text Society, 1975 [1924]), 255: *milakkham nāma yo koci anariyako Andha-Damiḷādi.*

[27] Schalk, "Pallava Policy on Buddhism," 388, 410f.

[28] Iravattham Mahadevan, *Early Tamiḻ Epigraphy: From the Earliest Times to the Sixth Century AD,* ed. Michael Witzel, Harvard Oriental Series 62 (Cambridge: Harvard University Press, 2003).

[29] Vēluppiḷḷai, "Tiruñāṉacampantar's Polemical Writings," 388, 446–485.

Tamil̲ in a bilingual situation, like later Pāli and Burmese became complementary in Burma, Pāli and Thai in Thailand, or Pāli and Siṃhala in Īl̲am/Laṃkā. It seems that the Pāli commentators' attitude was one of arrogance, as reflected in Buddhaghosa's rejection of Tamil̲ and in his insistence of using Pāli only because it allegedly was the language of the Buddha. True, a second wave of Pāli commentators was tolerated by the Cōl̲as in the Nākapaṭṭin̲am area in the 11th–12th centuries, but they were not included as part of the royal Cōl̲a-Pautta establishment. We do not find them in Nākapaṭṭin̲am, but far off in the country side.[30] Did they not appreciate the Caiva-Pautta syncretism that was cultivated there or were they not tolerated? The kind of Pauttam from Nākapaṭṭin̲am that was actively integrated by the Cōl̲as into the royal establishment was not the Pāli *dhamma*, but a syncretistic Mahāyāna buddhology in Tamil̲ that showed affinity to Vaiṇava and Caiva theology.[31]

If we study the recipients, the Pauttas using Tamil̲, and what they actually produced in Tamil̲, there is no indication that they planned or wished to form a canon in Tamil̲ or take over a Hīnayāna canon in Pāli or Sanskrit.

6. A Sanskrit Text from Tamil̲akam

There is one Sanskrit text, a chronicle from the 11th/12th century, the *Mūṣikavaṃśamahākāvyam* attributed to the poet Attula.[32] It gives a few pieces of information about Pauttam in Kēraḷam that was included in the geographical concept of Tamil̲akam in the pre-colonial period. It is a local chronicle and no canonical text, not even a text inspired by Pautta ideas.

---

[30] Peter Schalk, "Buddhism during the Pallava Period," *Buddhism among Tamil̲s* 1, 387–395.

[31] Patmanātan̲, "Buddhism in Nākapaṭṭin̲am," 569–608; Anne Monius, *Imagining a Place for Buddhism: Literary Culture and Religious Community in Tamil-Speaking South India* (Oxford/New York: Oxford University Press, 2001); id., *In Search of "Tamil Buddhism": Language, Literary Culture, and Religious Community in Tamil-Speaking South India*. Diss. Harvard University (Cambridge, MA, 1997); Āḷvāppiḷḷai Vēluppiḷḷai, "Some Significant Aspects of the *vīracōl̲iyam* and Its Commentary," *Buddhism among Tamil̲s* 2, 644–661; Nākacami, "Buddhist Icons," 133–145.

[32] Schalk, "Introduction: Buddhism under the Imperial Cōl̲ar," 553–559.

7. Sanskrit Texts of Mahāyāna Provenience

There has never been an Indian Sanskrit Mahāyāna canon. Therefore we cannot expect to find one in Tamiḻakam. We have to limit the question to Sanskrit *ācāryas* and their production's influence on the Tamiḻs. There is a widespread evaluation among scholars that the Sanskrit texts not only by the *ācārya* Diṅnāga, but also by Āryadeva, Dharmakīrti, Dharmapāla, Bodhidharma, Vajrabodhi, etc, who had some connections to Tamiḻakam, are part of Tamiḻ Pautta consciousness, mainly because the paradigm, Diṅnāga's influence, has allegedly been identified in the Tamiḻ Pautta work known as *maṇimēkalai* from about 550 C.E.[33] There are many wrong and misunderstood references about their relations to Tamiḻakam during the Pallava period (about 400–800).[34] Let us make it short: We can note that Vasubandhu enjoyed protection at the court of Vikramāditya and Bālāditya at that of Ayodhyā, but there is no single example that a Pallava or Cōḻa king has protected a Sanskrit Bauddha *ācārya*. These *ācāryas* were, just because they wrote in Sanskrit, related to the rest of Buddhist India, but not to the Pallava and Cōḻa Courts. One exception is Vajrabodhi in the 7th century C.E., who left a deep memory during the rule of the Pallava king Narasiṃhavarman II. He profited from Vajrabodhi's powers developed in a Tantric tradition,[35] but Vajrabodhi did not establish a Tantric institution protected by a King, because he, like Bodhidharma, went to China.[36] Why did they go to China if not because they anticipated a hopeless future in Tamiḻakam? The connecting with Tamiḻakam of all these Sanskrit *ācāryas* is indeed arbitrary.

8. Inscriptions

There are Tamiḻ inscriptions relating to Buddhism among Tamiḻs in Tamiḻakam from the Pallava period onwards, but none is before the 4th and none after the 14th century.[37] Īḻam has a large number of inscriptions in

---

33 Schalk, "Buddhism during the Pallava Period," 383–387.

34 Loc. cit.

35 Ibid., 386f.

36 Loc. cit.

37 Peter Schalk, "More References to Buddhism among Tamiḻs," *Buddhism among Tamiḻs* 1, 77; Civacuppiramaṇiyam Patmanātaṉ, "The Bronzes of Nākapaṭṭiṉam," *Buddhism among Tamiḻs* 2, 584–609; id., "Texts and Alternative Translations of the Inscriptions on the Pedestals," 828–834; Patmanātaṉ, "Buddhism in Nākapaṭṭiṉam,"

Prākrit[38] from the early Anurādhapura period, some with a clear Tamil̲ substratum[39]. Even the Prākrit ones tell about the involvement of Tamil̲s in Pauttam.[40] From the middle and later Anurādhapura period stem the Tamil̲ Pautta inscriptions.

9. Artefacts from Tamil̲akam

Artefacts of Buddhist provenience from Tamil̲akam are listed, described, and interpreted in *Buddhism among Tamil̲s*.[41] None of these artefacts is from before the 4th and after the 14th centuries.

10. A Pautta Centre in Tamil̲akam?

The modern launched Western and Indian concept of "a Buddhist centre in Tamil̲akam," mostly related to Kāñci, sometimes to Nākapaṭṭin̲am – Kāverippūmpaṭṭin̲am is usually forgotten – has to be critically examined. They were only local centres for a limited period with limited influence in territorial range and time. We have one case of the designation *caṅkattār*, "who are of the saṃgha," in a Tamil̲ inscription from the 13th century describing only local conditions and therefore only a local *caṅkam*.[42] Especially Kāñci has to be taken down to realities.[43] Statements about Kāñci's Pautta population during the pre-Pallava period cannot be confirmed. Later, Kāñci was only one of several local Pautta centres.[44]

The formation of a normative textual collection was usually undertaken under the protection of a ruler like Aśoka or Vaṭṭagāmaṇī (103, restored 89–77,[45] 43, restored 29–17 [–77 ?][46]) in Laṃkā. There was, however, not one single royal protector for all Pauttas in Tamil̲, who could

828–834; Āḷvāpiḷḷai Vēluppiḷḷai, "An Epigraphic Reference to a puttar *kōyil*," 666–669; id., "The Significance of a Damaged Tamil̲ Pautta Inscription," 662–666.

38 Schalk. "The Oldest References to Buddhism among Tamil̲s," 347–357.

39 Loc. cit.

40 Loc. cit.

41 Peter Schalk, "Prologue," *Buddhism among Tamil̲s* 1, 91–95; Turaicāmi Tayāḷan̲, "Recent Finds of Buddhist Artefacts and Architecture in Tamil̲akam," *Buddhism among Tamil̲s* 1 oder 2?, 559–568.

42 Vēluppiḷḷai, "The Significance of a Damaged Tamil̲ Pautta Inscription," 663.

43 Schalk, "Pallava Policy on Buddhism," 387f., 395–403.

44 Loc. cit.

45 Dating by the Peradeniya School.

46 Dating by Wilhelm Geiger.

establish stability and continuity within the *caṃkam* by an authoritative text formation. Moreover, there was no local ruler anywhere, who protected Pauttam. The cases of the Pallava ruler Siṃhavarman I, of the establishment in Kāvirippūmpaṭṭiṉam, of the Kalabhra Kings's protection of Pauttas in the 5th and 6th centuries, of Narasiṃghavarman II's support of Tantric Buddhism, of the Cōḻas in Pautta Nākapaṭṭiṉam, are specific cases that clearly confirm my statement.

We never hear of a Pallava king who had any personal inclination to Pauttam – except for the first one, Siṃhavarman I, but that was still in his Āntiram period when he was not yet ruler over Kāñci.[47] Nobody doubts that Pauttam in Āntiram had the rulers' protection.

In the case the Buddhavihāra of Kāvirippūmpaṭṭiṉam from the 4th century C.E., the Pallavas were not involved in the foundation, because they did not yet have influence, still less control over Kāvirippūmpaṭṭiṉam in the 4th century C.E.[48]

The Kalabhra Kings' relation to the Pallava rulers in the 5th century demonstrated an inimical and martial relation from within Tamiḻakam and resulted in a physical elimination of the Kalabhras. Their sporadic support of Pauttam, not least Pāli *dhamma*, documented in Buddhadatta's description of the vihāra at Bhūtamaṅgalam,[49] gave Pauttam an inimical political touch of being a religion of the enemy.[50]

Narasiṃhavarman's II occasional protection of a Tantric Pautta monk in the 7th/8th century cannot be regarded as a protection of Pauttam as an institution, but as an exploitation of one monk's "magic" powers,[51] not least for political and martial aims. Moreover, this monk, Vajrabodhi, left for China.[52]

The Pautta establishment at Nākapaṭṭiṉam supported by the Cōḻas was the result of an economic deal with the Śailendras in Sri Vijaya who wished to have a harbour with a Pautta sanctuary.[53] This did in no way affect or influence the deeply rooted Caiva tradition of the Cōḻa court, which was away in Tañjāvūr, but it demonstrated the pragmatism of their religious policy. In documents pertaining to the imperial Cōḻas no ac-

[47] Schalk, "Buddhism during the Pallava Period," 409.
[48] Loc. cit.
[49] Ibid., 388f.
[50] Ibid., 412f.
[51] Ibid.: 403–408.
[52] Loc. cit.
[53] Ibid., 406.

ceptance of Pauttam is documented for the life of the Court, unlike the acceptance of Caiṉam.

There was no translocal *caṃkam* organisation that could take the initiative to create and present a canon to Tamiḻ society. There was no translocal *śāsana* in Tamiḻakam during the pre-colonial period.

To conclude, all this indicates that the rulers had a conscious religious policy that was selective and that was not for the benefit of the Pauttas. It seems that Pauttam had been consciously deselected. Furthermore, the Pauttas were attacked not only by the Caivas and Vaiṇavas, but also by the Caiṉas, who competed for royal protection.[54] Tamiḻakam was torn apart by inter-religious and intra-religious polemics. The Pauttas themselves did not have the strength or even the wish to unite on the basis of a common normative collection of texts, which affected their possibilities to resist ideological and physical attacks. I make one exception here: there is a plausible interpretation that the *maṇimēkalai* was indented as an ecumenical work to overcome intra-religious fighting, but it failed. The *maṇimēkalai* was forgotten in the pre-colonial and colonial period and was only retrieved from oblivion in the 1890s.

11. Chinese Pilgrims' Reports

Only Xuanzang is relevant here, because Faxian's and Yijing's reports about the Tamiḻ area yield nothing for our purpose. When coming to the area named Dravida, Xuanzang tells us that that there are some hundred of *saṃghāramas* and 10,000 monks who all study the teaching of the Sthavira school belonging to the Great Vehicle.[55] His information gives an impression of a massive presence of Pauttas. The existence of Theravādins is confirmed by the Nāyaṉmār, but not the gigantic numbers of them.[56] I am concerned not about Xuanzang's connecting of Sthaviras with the Great Vehicle, for which an explanation can be found, but about his statistics about monasteries and monks all over India. To obtain such numbers in the hundreds and thousands, there must have been some kind of central registration: not even a lifetime would suffice to walk from

[54] Āḷvāppiḷḷai Vēluppiḷḷai, "Jain Polemics against the Buddhists in the *nīlakēci*," *Buddhism among Tamiḻs* 2, 609–632; id., "Jain Polemic against Buddhism in the *tirukkalampakam*," *Buddhism among Tamiḻs* 2, 632–644.

[55] Schalk, "Buddhism during the Pallava Period," 400–403.

[56] Ibid., 403.

monastery to monastery and collect statistics. There was no such central registration; Xuanzang himself mentions no such registration. As Xuanzang did not visit several of the areas in Tamiḻakam, which he pretends to have visited, his numbers must have come from hearsay. Xuanzang does not bring us further than what we already knew through the Nāyaṉmār: there were Theravādins in Tamiḻakam, who had a canon, but who were marginalised and made disappear.

12. The Nāyaṉamārs' Testimony

The Nāyaṉmār were confronted with *tērar* (Theravādins) in Tamiḻakam, but ridiculed them for their incomprehensible way of communicating. They are also called *piṭakar*, "those with the *piṭaka*," which makes evident that the Nāyaṉmār knew about a Pautta canon. The Nāyaṉmār seem to have been alienated to Pāli and to their spoken Prākrit (and to the Prākrit of the Camaṇar, the Jains).[57] The Theravādins had a canon, but the Nāyaṉamār's (and Āḻvār's) resistance made it difficult to do *dhammadūta* work among Tamiḻs, if at all this was on the program of the Pāli commentators after many failures.

13. Īḻattuttamiḻs' Testimony

Even in Īḻam, we find during the middle and later Anurādhapura period a transmission of Pauttam in Tamiḻ, documented in Tamiḻ inscriptions,[58]

[57] Nākacāmi, "Buddhist Icons," 109–145; Vēluppiḷḷai, "Tiruñāṉacampantar's Polemical Writings," 446–486.

[58] Civacuppiramaṇiyam Patmanātaṉ, "A Pillar Inscription from Morakavelai," *Buddhism among Tamiḻs* 2, 722–726; id., "A Pillar Inscription from Puḷiaṅkuḷam: A Land Grant to a Buddhist Shrine," *Buddhism among Tamiḻs* 2, 754–757; id., "A Polonnaruvai Slab Inscription of the Vēḷaikkāṟar as Custodians of the Tooth Relic Temple at Vijayarājapuram," *Buddhism among Tamiḻs* 2, 737–754; id., "A Tamiḻ Inscription from Panḍuvasnuvara: The Establishment of a pirivuṇa at Śrīpura nakar," *Buddhism among Tamiḻs* 2, 726–737; id., "A Tamiḻ Pillar Inscription from Māṅkaṇāy," *Buddhism among Tamiḻs* 2, 757–767; id., "An Inscription of the aiññūṟṟuvar: The Bōḷapaḷḷi of Poloṉṉaṟuvai," *Buddhism among Tamiḻs* 2, 703–706; id., "Buddhism in Nākapaṭṭiṉam," 569–609; id., "Interaction between Merchant Guilds and Buddhist Institutions: The Taṉmacākarap-paṭṭiṉam in Ilaṅkai," *Buddhism among Tamiḻs* 2, 713–722; id., "Tamiḻ Inscription from Apaikiri Site, Anuradhapura," *Buddhism among Tamiḻs* 2, 682–690; id., "Texts and Alternative Translations of the Inscriptions on the Pedestals," 828–834; id.,"The Mākkōtaippaḷḷi of Anurādhapura," *Buddhism*

separate from Pāli, spoken Prākrit, and later Siṃhala, but there is no reference to specific Pautta Tamil̲ texts used by this island-wide formation of a *dāmiḷabhikkhusaṃgha* in Īl̲am mentioned in *Cūḷavaṃsa* 49:24.[59] I presume that these Tamil̲s from Īl̲am used the Pāli canon in a bilingual situation. There was a shared kind of Pauttam between Tamil̲- and Prākrit-speaking groups, shared on the basis of language, in this case Prākrit or proto-Siṃhala, as it is sometimes called.

Evidently, there was a co-operation also between Tamil̲-speaking and Prākrit-speaking groups with a common aim of establishing monumental Buddhism on the island already in the early Anurādhapura period around 200 B.C.E. and 300 C.E.[60] Pauttam was embraced by Tamil̲s from Īl̲am in this period, when Pauttam had not yet been identified with cultural and "racial" characteristics of the Siṃhalas. For Tamils to be integrated in society and state in the early Anurādhapura period, it was necessary for them to use Prākrit. This Prākrit-Buddhism adopted by Tamil̲s also includes the Buddhism described as "mercantile Buddhism" in Kantarōṭai[61] and Vallipuram up to about the 5th century C.E.[62] Kantarōṭai was a commercial centre in the Western part of the district of Yāl̲ppāṇam and at the same time a Pautta centre. Its remains are influenced by South Indian models.[63] It is not difficult to discern a Tamil̲ substratum in these Prākrit inscriptions in early Tamil̲ settlements in the island, not least in the famous Vallipuram Pautta inscription.[64]

---

among Tamil̲s 2, 694–698; id.,"The Rājarājapperumpaḷḷi at Periyakuḷam," *Buddhism among Tamil̲s* 2, 767–776; id., "The Tamil̲ Pillar Inscription from Hingurakgoḍa," *Buddhism among Tamil̲s* 2, 709–712; id., "The Tamil̲ Pillar Inscription of the 15th Year of Gajabāhu from Pollan̲n̲ar̲uvai: The Shrine of a *puttatēvar* and *vērattāḷvar*," *Buddhism among Tamil̲s* 2, 706–709; id., "Vikkirama Calāmēkan̲ Perumpaḷḷi: A Tamil̲ Pillar Inscription of the Velaikkārar from Mayilaṅkuḷam," *Buddhism among Tamil̲s* 2, 699–703; Schalk, "Īl̲accōl̲apauttam in Tirukkōṇamalai and Anuradhapura," 776–783; Āḷvāpiḷḷai Vēluppiḷḷai, "A Critical Study of the Mākkōtaippaḷḷi Inscription from Anurādhapura," *Buddhism among Tamil̲s* 2, 690–694., id., "An Epigraphic Reference to a puttar *kōyil*," 666–669.

59 For comments on this term see Schalk, "Prologue," 43, note 64.

60 Schalk. "The Oldest References to Buddhism among Tamil̲s," 347–375.

61 Āḷvāppiḷḷai Vēluppiḷḷai, "The History of Buddhism among Tamil̲s in Pre-Colonial Ilaṅkai," *Buddhism among Tamil̲s* 1, 146f.

62 Ibid., 150f.

63 Ibid., 147, fig. 8.

64 Peter Schalk, "Buddhism during the Pre-Pallava Period," *Buddhism among Tamil̲s* 1, 212–224.

The concept of Pauttam among Tamil̠s is sensitive in a situation of civil war in contemporary Īl̠am. The Siṃhala side retrieves vaṃsic concepts that question the possibility for Tamil̠s to be Bauddhas. The polemic anti-Pautta tradition in the *tirumurai* is also living among contemporary Caiva *paṇṭitar*.[65]

An attempt has been made to revive this *dāmiḷabhikkhusaṃgha* in contemporary Īl̠am, especially in border areas between Tamil̠ and Siṃhala speaking groups where the background of the laity is Caiva.[66] The Tamil̠ lay folk converts to Pauttam and passes through a period of Caiva-Pautta syncretism before it is assimilated into Pāli Buddhism.[67]

14. Cōl̠appauttam

I mentioned that in Tamil̠akam a syncretistic Buddhist-Caiva/Vaiṇava variant existed, which I call Cōl̠appauttam. It can also be called Īl̠accōl̠appauttam when it arrived in Īl̠am/Ilaṇkai. It was transmitted in Tamil̠. From the 10th century, inscriptional documents in Tamil̠ from Īl̠am referred to a type of Pauttam that was closely connected with the imperial Cōl̠as from Tamil̠akam. It was transmitted through several generations by mercenaries and merchants.[68] It was already ideologically and ritually forged in the Cōl̠a homeland and followed with migrations of merchants and mercenaries to Īl̠am.[69] Caiva/Vaiṇava terms and concepts were used to expound on Pauttam. This was another start for Pauttam among Tamil̠s: there was no connection to earlier Prākrit-Buddhism among Tamil̠s in Īl̠am. We cannot see any influence from Siṃhala-Pāli Buddhism other than terms pertaining to localities in Īl̠am. It was, however, not just a blueprint of Caiva/Vaiṇava concepts and sentiments. There is no indication that the *puttar* was regarded as bewildered as he was in the official Caiva state ideology, and the aggressive feelings towards Pauttam and Pauttar as we know them from Caiva and Cain̠a saints were of course suspended in this mainly Pautta surrounding. The theology of this Caiva/Vaiṇava/Pautta syncretism is not in any canonical text, but can be documented in

65 Peter Schalk, "Summary and Conclusion," *Buddhism among Tamil̠s* 2, 835–842.
66 Schalk, "Prologue," 30–33.
67 Loc. cit.; Peter Schalk, "Īl̠acol̠appauttam in Tirukkōṇamalai and Anurādhapura," *Buddhism among Tamil̠s* 2, 776–784.
68 Loc. cit.
69 Loc. cit.; Schalk, "Introduction: Buddhism under the Imperial Cōl̠ar," 514–549.

the *vīracōḻiyam* and its commentary from the 11th and 12th centuries.[70] Both are grammatical treatises, but have Mahāyanistic buddhological expositions, originally in Sanskrit, which connect Caiva/Vaiṇava concepts with Pautta concepts. The Sanskrit substratum is discernible. This conscious connecting is also visible in the inscriptions of the pedestals of Pautta bronzes from Nākapaṭṭiṉam,[71] which can be regarded as a centre for this syncretism during short period with a spatial limitation of influence. *Patti* (Sanskrit *bhakti*) from the Nāyaṉmār and Āḻvār, transmitted in Tamiḻ, is connected with a Mahāyānistic devotional buddhology, originally transmitted in Sanskrit, in this Caiva/Vaiṇava/Pautta syncretism. It should be noted that the documents for this syncretism are not authorised by anybody as normative Pautta texts.

15. Pauttar and Caiṉar Compared

As to the Caiṉar, they were rejected by the Caivas for three main reasons. 1. They had a "false" religion and their religious performance was repellent. 2. They competed with the Caivas for royal patronage and allegedly – according to Caiva sources – even used violence to achieve their aim.[72] This fighting can be defined as an intra-state inter-religious struggle for patronage. 3. In a few cases they were also representatives of inimical foreign territories. These latter cases cannot be taken as the basis for a general theory about an inter-state conflict between the Caivas and foreign Caiṉa rulers. The general picture is that Caiṉa migration from the north was not part of a martial conquest, but of itinerant trade. Therefore Caiṉas could not be seen as possible threats to the national interests of the Pallavas and of the Cōḻas.

If we apply these same three points to the Pauttas, we find that both were classified as liars (point 1), but the Caiṉar were prepared to assimilate some of the Caivas' truths.[73] They both competed with the Caivas for royal patronage (point 2), which was a threat to the economies of the Caiva and Vaiṇava temples and led to violent outbursts of intra-state conflicts.

---

70 Vēluppiḷḷai, "Some Significant Aspects of the vīracōliyam," 632–643; Anne Monius, *Imagining a Place for Buddhism*; id., *In Search of "Tamil Buddhism"*.

71 Patmanātaṉ, "Texts and Alternative Translations of the Inscriptions on the Pedestals," 828–834.

72 Peter Schalk, "Summary and Conclusion," 835–842.

73 Loc. cit.

Coming to point 3, the place of origin of the Theravādins was the island Laṃkā. These Theravādins were not known to have adapted themselves to Paurāṇic mythology and to the temple cult, and they have left no Tamiḻ inscriptions in Pirāmi (Brāhmī), unlike the Caiṉas. They seem to have been alienated from Tamiḻ and Tamiḻ culture in their role as Pāli *dhammadūtas*. They did not apply the missionary strategy of Indian Buddhists in China, who took up Chinese religious concepts to redefine them in a Buddhist way. The Pāli Buddhists seem to have lived in a world of their own with roads to Laṃkā and Rāmaññadesa, but not to the Tamiḻ royal courts which were decisive for survival.

While Caiṉas were marginalised, Pauttas were undermined to such a degree that they could not survive as an institution after the 14th century in Tamiḻakam. One reason for this is that Pauttar unlike Caiṉar were regarded as a national threat in a protracted inter-state conflict that continued for centuries and that the Theravādins were not prepared to make any compromise in the most important of all matters, the sacred language. They insisted on preserving and using Pāli which led to a breakdown in communication in Tamiḻakam. These Theravādins never used the Caiṉa way of developing a strategic Caiva/Caiṉa ambiguity in ritual, doctrine, and art, which preserved their originality and at the same time attracted Caiva intellectuals.

16. The Position of the *maṇimēkalai*

In absence of a canon, in presence of only a modern anthology of Pautta Tamiḻ texts, the *peruntokai*,[74] the *maṇimēkalai*[75] has taken the position of

[74] For the *peruntokai* see Āḷvāppiḷḷai Vēluppiḷḷai, "The 'puttapakavāṉ stanzas' in the *peruntokai*: Text, Transliterated and Translated," *Buddhism among Tamiḻs* 2, 811–827.

[75] For editions and translations of the *maṇimēkalai* see cittalai cattanar. *manimekalai*. pattipaciriyar u ve caminata aiyar (cennai: nulnilaiyam, 1983); *Manimekalai*, transl. P. Pandian (Madras: The South India Saiva Siddhanta Works Publishing Society, 1989); *Girdle of Gems: Manimekalai,* retold in English and ed. with a critical introduction and notes by S. K. Guruswamy and S. Srinivasan (Madras: U. V. Swaminatha Aiyar Library, 1994); *Manimekalai*, transl. Panchapakesa Ayyar (Madras: The Alliance Company, 1947); *Manimekalai*, transl. Dr Prema Nandakumar (Thanjavur: Tamil University, 1989); *Manimekhalai*, transl. G. U. Pope (Madras: Pioneer Book Services, 1987 [1911]); *Manimekhalai: The Dancer with the Magic Bowl, by Merchant-Prince Shattan*, transl. A. Daniélou with the collaboration of T. V. Gopala Iyer (New York: New Directions, 1989).

being an authoritative text among modern Ambedkar Buddhists including Dalits in part of the area of former Tamil̲, in Tamil̲nāṭu.[76]

Peruntokai means "great anthology" and is an attempt to assemble a collection of Pautta texts from the past, but together with non-Pautta texts. This collection was not finished before 1935/1936, being the work of one man called Mu. Irākavaiyaṅkar. This work cannot be classified even as an attempt to form a canon, but it is valuable being a collection of important Pautta Tamil̲ texts. Āḷvāppiḷḷai Vēluppiḷḷai has translated the Pautta section of this collection.[77]

To be a refuge, Pauttam has to be something, a substance, a solid ground. This ground is allegedly provided by the *maṇimēkalai* (composed about 550 C.E.)[78] It should be noted that the *maṇimēkalai* had been forgotten in the literary Tamil̲ tradition and was retrieved only towards the end of the 19th century. This work has therefore not influenced Pautta

76 G. Aloysius, *Religion as Emancipatory Identity: A Buddhist Movement among the Tamils under Colonialis (*New Delh New Age International, 1989). ayottitacar. *cintanaikal 1. (araciyal, camukam).* tokuppaciriyar nan. alayciyas. (palaiyankottai: nattar val̲akkarriyal ayvu maiyam, 1999). ayottitacar. *cintanaikal 1. 2. (camayam, ilakkiyam).* tokuppaciriyar nan. Alayciyas(palaiyankottai: nattar val̲akkarriyal ayvu maiyam, 1999). *Reconstructing the World: B.R. Ambedkar and Buddhism in India.* Edited by Surendra Jondhale and Johannes Beltz (New Delhi: Oxford University Press, 2004).

77 Vēluppiḷḷai, "The 'puttapakavān̲ stanzas'," 811–834.

78 For works on *the maṇimekalai* see Peter Schalk (ed.-in-chief), *A Buddhist Woman's Path to Enlightenment: Proceedings of a Workshop on the Tamil Narrative* maṇimēkalai, *Uppsala University, May 25–29, 1995*, Acta Universitatis Upsaliensis, Historia Religionum 13 (Uppsala: University of Uppsala, 1997). It contains the following essays: Dennis D Hudson, "The Courtesan and her Bowl: An Esoteric Buddhist Reading of the *maṇimēkalai*" (151–190); Anne Monius and Araṅkarācan̲ Vijayalaṭcumi, "Ētunikal̲cci in the *maṇimēkalai*: The Manifestation of the Beneficial Root 'Causes' and Renunciation" (261–277); Iramacami Nākacuvāmi, "Vedic Traditions in the *maṇimēkalai*" (297–304); Pirēmār Nantamumār, "The *maṇimēkalai*: Inspirer of the Sacred Narrative in Tamil̲ Literature" (115–132); id., "The Magic Bowl in the *maṇimekalai*" (133–190); Civacuppiramaṇiyam Patmanātan̲, "The *maṇimēkalai* in its Historical Setting" (35–52); Paula Richman, "Gender and Persuasion: The Portrayal of Beauty, Anguish, and Nurturance in an Account of a Tamil̲ Nun" (95–114); Peter Schalk, "Introduction" (9–34); id., "A Comparative Study of the Flower Offering in Some Classical Tamil̲ Texts, Including the *Maṇimēkalai*" (191–222); David Shulman, "Cāttan̲ār's Dream Book" (241–261); Āḷvāpiḷḷai Vēluppiḷḷai, "A Negative Evaluation of Non-Buddhist Indian Religions in the *maṇimēkalai*" (223–240); id., "The Role of Rebirth in the Lives of Maṇimēkalai" (277–297); id., "Historical Background of the *Maṇimēkalai* and Indigenization of Buddhism" (53–95).

enthusiasm or provoked polemics by Caivas, Vaiṇavas or Caiṉas in the pre-colonial and the greater part of the colonial period. My conclusion about this work's sectarian affiliation is as follows: Having examined the technical doctrinal terms of the *maṇimēkalai*, nothing has been found that cannot be explained by reference to late Abhidharma literature, to works like the *Abhidharmakośa* and the *Visuddhimagga*. There is nothing that points to existence of specific Mahāyāna doctrines, like the pluralism of Buddhas, the democratisation of bodhisattvahood and the radicalisation of the doctrine of *dharmāh* by the describing them as being empty. The evident similarity of chapter 29 with the *Nyāyapraveśakasūtra* does not imply the adoption of specific Mahāyāna doctrines, but belongs to the sphere of overlapping that exist between late Hīnayāna and Mahāyāna doctrines. The *maṇimēkalai* has a sectarian affiliation to late Hīnayāna schools, but the alleged author, Cāttaṉār, avoids specifying it, probably to avoid to be classified as a sectarian. We can presume that he knew works with ideas similar to those in the *Abhidharmakośa* and the *Visuddhimagga*. Through them, he was brought in contact with canonical doctrinal and narrative traditions that he fully exploited, especially the *cilappatikāram* by Ilaṅkō. This conclusion contradicts other interpretations that present the *maṇimēkalai* as a consciously syncretistic work and as an attempt to retrieve original Buddhism that all could accept. Other interpretations classify this work as a Mahāyāna or even Tantric work and date it much later.[79]

17. Conclusion

The final formation of a canon is usually the victorious end and coronation of a long process of discussion, and of a fight, verbal and sometimes physical, of a painful process of selection, and of an intervention of a worldly power. I refer here to a traditional concept of a canon as "closed". The Pāli canon was really closed in the sense that after the fourth century C.E. nothing could be added or taken away in the South Asian area, and Buddhaghosa's team insisted on the transmission in Pāli even in areas where Indo-Aryan languages were ridiculed. The Pāli *ācariyas* failed due to active resistance against them caused by their arrogance: in the eyes of the local Caivas and Vaiṇavas they were not prepared to adapt linguisti-

[79] For the history of interpretations see Peter Schalk, "Research on Buddhism among Tamiḻs," *Buddhism among Tamiḻs* 1, 83–108.

cally. They made themselves object of ridicule with their odd behaviour and were connected to inimical powers like the Kalabhras (and Siṃhala dynasties). The usual way of promoting a religion by "protection" in the sense of making it a court religion of a king was never extended by the Pallavas, Cōḻas, or Pāṇṭiyas to any Buddhist group, but it was in some cases to the Caiṉas. In the 14th century Pauttam was finished and its sanctuaries were overbuilt with *kōyils.*

In Īḻam the situation was different. There was a canon in Pāli already and it is clear that Tamiḻ-speaking Pauttas adapted to the dominant language, which was Prākrit, as documented in the inscriptions from the early Anurādhapura period. Later they wrote their inscriptions in Tamiḻ and evidently there were two kinds of Tamiḻ-speaking Pauttas, the indigenous ones who organized themselves in a Tamiḻ Buddhist saṃgha under a national saṃgha as documented in the *Mahāvaṃsa,* and a minority of immigrated ones that came with merchants and mercenaries through the middle and late Anuradhapura period. They settled in places were already a Buddhist *vihāra* was functioning and they re-organised it according to their syncretistic understanding of Pauttam. Their 'Cōḻa Buddhism' was independent of the national Lankan Buddhist administration. Due to the ruthless martial advance of the Cōḻas during the later Anurādhapura period Tamiḻs per se were regarded as non-Buddhists by the Prākrit speaking Buddhist people and the idea was generated that a Tamiḻ cannot be a Buddhist. In the end of the 19th century this idea was expressed in the logo "Sinhala Buddhism", which among extremist groups implied the meaning of "Sinhala and Buddhism only" in the island of Lanka. It was turned against European Christian colonials, but since also against the Tamiḻs, which were regarded as Indian colonisers. At this point in the 19th century, from the late Anurādhapura period, we have no signs of any organised form of Pauttam among Tamiḻs and of course no sign of a canon in Tamiḻ. Buddhists among Tamiḻs never reached the social and political stability to give themselves a religious continuity expressed in the formation of a Buddhist canon.

References

Primary Sources

ayōttitācar *cintanaikaḷ 1. (araciyal, camūkam).* tokuppaciriyar ñān. āyciyas. paḷaiyaṅkōṭṭai: nāṭṭar vaḻakkāṟṟiyal āyvu maiyam, 1999. 725 pages.

ayōttitācar *cintanaikaḷ 2. (araciyal, camūkam).* tokuppaciriyar ñān. āyciyas.

paḷaiyaṅkōṭṭai: nāṭṭar vaḻakkāṟṟiyal āyvu maiyam, 1999. 785 pages.

cittalai cattanar. *manimekalai.* pattipaciriyar u ve caminata aiyar. cennai: nulnilaiyam, 1983.

Girdle of Gems: Manimekalai. Retold in English and ed. with a critical introduction and notes by S. K. Guruswamy and S. Srinivasan. Madras: U. V. Swaminatha Aiyar Library, 1994.

Manimekalai. Transl. P. Pandian. Madras: The South India Saiva Siddhanta Works Publishing Society, 1989.

Manimekalai. Transl. Panchapakesa Ayyar. Madras: The Alliance Company, 1947.

Manimekalai. Transl. Dr Prema Nandakumar. Thanjavur: Tamil University, 1989.

Manimekhalai. Transl. G. U. Pope. Madras: Pioneer Book Services, 1987 (1911).

Manimekhalai: The Dancer with the Magic Bowl, by Merchant-Prince Shattan. Transl. A. Daniélou with the collaboration of T. V. Gopala Iyer. New York: New Directions, 1989.

Samantapāsādikā: Buddhaghosa's Commentary on the Vinaya Piṭaka. Ed. J. Takakusu and M. Nagai. Vol. 1. London: Pali Text Society, 1975 (1924).

Le *Sīhaḷavatthuppakaraṇa.* Texte Pāli et traduction par Jacquelin Ver Eecke. Paris: EFEO, 1980.

Secondary Sources

Aloysius, G. *Religion as Emancipatory Identity: A Buddhist Movement among the Tamils under Colonialism.* New Delhi: New Age International, 1989.

"Being Religious and Living through the Eyes" see Schalk, Peter (ed.-in-chief) and Michael Stausberg (co.-ed.).

Buddhism among Tamils see Schalk, Peter (ed.-in-chief) and Āḷvāpiḷḷai Vēluppiḷḷai (co-ed.).

A Buddhist Woman's Path to Enlightenment see Schalk, Peter (ed.-in-chief).

Hudson, Dennis D. "The Courtesan and her Bowl: An Esoteric Buddhist Reading of the *maṇimēkalai.*" *A Buddhist Woman's Path to Enlightenment,* 151–190.

Jondhale, Surendra and Johannes Beltz (eds.). *Reconstructing the World: B. R. Ambedkar and Buddhism in India.* New Delhi: Oxford University Press, 2004.

Mahadevan, Iravattham. *Early Tamiḻ Epigraphy: From the Earliest Times to the Sixth Century A.D.* Harvard Oriental Series 62. Cambridge: Harvard University Press, 2003.

Monius, A. E. *In Search of "Tamil Buddhism": Language, Literary Culture, and Religious Community in Tamil-Speaking South India.* Diss. Harvard University. Cambridge, 1997.

Monius, Anne. *Imagining a Place for Buddhism: Literary Culture and Religious Community in Tamil-Speaking South India.* Oxford/New York: Oxford University Press, 2001.

Monius, Anne and Araṅkarācaṉ Vijayalaṭcumi. "Ētunikaḻcci in the *maṇimēkalai:* The Manifestation of the Beneficial Root 'Causes' and Renunciation" *A Buddhist Woman's Path to Enlightenment,* 261–277.

Nākacāmi, Iramaccantiraṉ. "Buddhist Icons of Tamiḻakam." *Buddhism among Tamiḻs* 1, 109–145.

Nākacuvāmi, Irāmacāmi. Vedic Traditions in the *maṇimēkalai.*" *A Buddhist Woman's Path to Enlightenment,* 297–304.

Nantamumār, Pirēmār. "The Magic Bowl in the *maṇimekalai.*" *A Buddhist Woman's Path to Enlightenment,* 133–190.

Nantamumār, Pirēmār. "The *maṇimēkalai*: Inspirer of the Sacred Narrative in Tamiḻ Literature." *A Buddhist Woman's Path to Enlightenment,* 115–132.

Patmanātaṉ, Civacuppiramaṇiyam. "Buddhism in Nākapaṭṭiṉam." *Buddhism among Tamiḻs* 2, 569–609.

Patmanātaṉ, Civacuppiramaṇiyam. "An Inscription of the aiññūṟṟuvar: The Bōḷapaḷḷi of Poloṉṉaṟuvai." *Buddhism among Tamiḻs* 2, 703–706.

Patmanātaṉ, Civacuppiramaṇiyam. "The Mākkōtaippaḷḷi of Anurādhapura." *Buddhism among Tamiḻs* 2, 694–698.

Patmanātaṉ, Civacuppiramaṇiyam. "The *maṇimēkalai* in Its Historical Setting." *A Buddhist Woman's Path to Enlightenment*, 35–52.

Patmanātaṉ, Civacuppiramaṇiyam. "A Pillar Inscription from Morakavelai." *Buddhism among Tamiḻs* 2, 722–726.

Patmanātaṉ, Civacuppiramaṇiyam. "A Pillar Inscription from Puḷiaṅkuḷam: A Land Grant to a Buddhist Shrine." *Buddhism among Tamiḻs* 2, 754–757.

Patmanātaṉ, Civacuppiramaṇiyam. "A Poloṉṉaṟuvai Slab Inscription of the Vēḷaikkāṟar as Custodians of the Tooth Relic Temple at Vijayarājapuram." *Buddhism among Tamiḻs* 2, 737–754.

Patmanātaṉ, Civacuppiramaṇiyam. "The Tamiḻ Pillar Inscription from Hiṅgurakgoḍa." *Buddhism among Tamiḻs* 2, 709–712.

Patmanātaṉ, Civacuppiramaṇiyam. "The Tamiḻ Pillar Inscription of the 15th Year of Gajabāhu from Pollaṉṉaṟuvai: The Shrine of a *puttatēvar* and *vērattāḷvar.*" *Buddhism among Tamiḻs* 2, 706–709.

Patmanātaṉ, Civacuppiramaṇiyam. "A Tamiḻ Pillar Inscription from Māṅkaṉāy." *Buddhism among Tamiḻs* 2, 757–767.

Patmanātaṉ, Civacuppiramaṇiyam. "A Tamiḻ Inscription from Paṇḍuvasnuvara. The Establishment of a pirivuṉa at Śrīpura nakar." *Buddhism among Tamiḻs* 2, 726–737.

Patmanātaṉ, Civacuppiramaṇiyam. "Interaction between Merchant Guilds and Buddhist Institutions: The Taṉmacākarap-paṭṭiṉam in Ilaṅkai." *Buddhism among Tamiḻs* 2, 713–722.

Patmanātaṉ, Civacuppiramaṇiyam. "The Rājarājapperumpaḷḷi at Periyakuḷam." *Buddhism among Tamiḻs* 2, 767–776.

Patmanātaṉ, Civacuppiramaṇiyam. "Tamiḻ Inscription from Apaikiri Site, Anuradhapura." *Buddhism among Tamiḻs* 2, 682–690.

Patmanātan̲, Civacuppiramaṇiyam. "Texts and Alternative Translations of the Inscriptions on the Pedestals of Bronze Images." *Buddhism among Tamil̲s* 2, 828–834.

Patmanātan̲, Civacuppiramaṇiyam. "Vikkirama Calāmēkan̲ Perumpaḷḷi: A Tamil̲ Pillar Inscription of the Velaikkārar from Mayilaṅkuḷam." *Buddhism among Tamil̲s* 2, 699–703.

Richman, Paula. "Gender and Persuasion: The Portrayal of Beauty, Anguish, and Nurturance in an Account of a Tamil̲ Nun". *A Buddhist Woman's Path to Enlightenment,* 95–114.

Schalk, Peter. "A Comparative Study of the Flower Offering in Some Classical Tamil̲ Texts, Including the *Maṇimēkalai.*" *A Buddhist Woman's Path to Enlightenment,* 191–222.

Schalk, Peter. "Buddhism and Jainism as Minor Religions among Tamil̲s." *Buddhism among Tamil̲s* 1, 18–52.

Schalk, Peter (ed.-in-chief). *A Buddhist Woman's Path to Enlightenment: Proceedings of a Workshop on the Tamil Narrative* maṇimēkalai, *Uppsala University, May 25–29, 1995.* Acta Universitatis Upsaliensis, Historia Religionum 13. Uppsala: University of Uppsala, 1997.

Schalk, Peter. "Cultural Exchange between Tamil̲, Antiram and Īl̲am in the Pre-Pallava Period." *Buddhism among Tamil̲s* 1, 206–238.

Schalk, Peter. "The First Evidence of Buddhism in Tamilakam." *Buddhism among Tamil̲s* 1, 430–446.

Schalk, Peter. "Fundamentals." *Buddhism among Tamil̲s* 1, 52–69.

Schalk, Peter. "Īl̲accōl̲apauttam in Tirukkōṇamalai and Anuradhapura." *Buddhism among Tamil̲s* 2, 776–783.

Schalk, Peter, "Introduction." *A Buddhist Woman's Path to Enlightenment*, 9–34.

Schalk, Peter. "Introduction to the Study of Buddhism among Tamil̲s in Īl̲am During the Period of the Cōl̲as." *Buddhism among Tamil̲s* 2, 672–681.

Schalk, Peter. "Introduction: Buddhism under the Imperial Cōl̲ar." *Buddhism among Tamil̲s* 2, 514–559.

Schalk, Peter. "The Oldest Buddhist Artefacts Discovered in Tamil̲." *"Being Religious and Living through the Eyes,"* 307–328.

Schalk, Peter. "The Oldest References to Buddhism among Tamil̲s in Īl̲am in the Early Anurādhapura Period." *Buddhism among Tamil̲s* 1, 347–357.

Schalk, Peter. "Pallava Policy on Buddhism." *Buddhism among Tamil̲s* 1, 378–430.

Schalk, Peter. "Research on Buddhism among Tamil̲s." *Buddhism among Tamil̲s* 1, 83–108.

Schalk, Peter. "In Search of Buddhism in Pre-Pallava Tamil̲akam." *Buddhism among Tamil̲s* 1, 238–347.

Schalk, Peter. "Summary and Conclusions." *Buddhism among Tamil̲s* 2, 835–842.

Schalk, Peter. "Written Sources Pertaining to the Study of Buddhism among Tamils." *Buddhism among Tamil̲s* 1, 69–83.

Schalk, Peter (ed.-in-chief) and Michael Stausberg (co-ed.). *"Being Religious and Living through the Eyes": Studies in Religious Iconography and Iconology. A Celebratory Publication in Honour of Professor Jan Bergman, Faculty of Theology, Uppsala University, Published on the Occasion of his 65th Birthday, June 2, 1998.* Acta Universitatis Upsaliensis: Historia Religionum, 14. Uppsala: University of Uppsala, 1998.

Schalk, Peter (ed.-in-chief) and Āḷvāpiḷḷai Vēluppiḷḷai (co-ed.). *Buddhism among Tamils in Pre-Colonial Tamiḻakam and Īḻam.* Part 1: Prologue; The Pre-Pallava and the Pallava period. Part 2: The Period of the Imperial CōḻarTamiḻakam and Īḻam. Acta Universitatis Upsaliensis, Historia Religionum 19, 20. Uppsala: University of Uppsala, 2002.

Shulman, David. "Cāttaṉār's Dream Book." *A Buddhist Woman's Path to Enlightenment*, 241–261.

Tayāḷaṉ, Turaicāmi. "Recent Finds of Buddhist Artefacts and Architecture in Tamiḻakam." *Buddhism among Tamiḻs* 2, 559–568.

Vēluppiḷḷai, Āḷvāppiḷḷai. "A Critical Study of the Mākkōtaippaḷḷi Inscription from Anurādhapura." *Buddhism among Tamiḻs* 2, 690–694.

Vēluppiḷḷai, Āḷvāppiḷḷai. "An Epigraphic Reference to a puttar *kōyil* in the Sixteenth Century". *Buddhism among Tamiḻs* 2, 666–669.

Vēluppiḷḷai, Āḷvāpiḷḷai. "Historical Background of the *Maṇimēkalai* and Indigenization of Buddhism." *A Buddhist Woman's Path to Enlightenment*, 53–95.

Vēluppiḷḷai, Āḷvāppiḷḷai. "The History of Buddhism among Tamiḻs in Pre-Colonial Ilaṅkai." *Buddhism among Tamiḻs* 1, 145–166.

Vēluppiḷḷai, Āḷvāppiḷḷai. "Jain Polemics against Buddhists in the *nīlakēci*." *Buddhism among Tamiḻs* 2, 609–632.

Vēluppiḷḷai, Āḷvāppiḷḷai. "Jain Polemics against Buddhists in the *tirukkalampakam*." *Buddhism among Tamiḻs* 2, 632–644.

Vēluppiḷḷai, Āḷvāppiḷḷai. "Jainism in Tamiḻ Inscriptions and Literature." *Buddhism among Tamiḻs* 1, 167–203.

Vēluppiḷḷai, Āḷvāpiḷḷai. "A Negative Evaluation of Non-Buddhist Indian Religions in the *maṇimēkalai*." *A Buddhist Woman's Path to Enlightenment*, 223–240.

Vēluppiḷḷai, Āḷvāppiḷḷai. "Presentation and Refutation of Four Schools of Pauttam in the parapakkam of the civañāṉacittiyār: Introduction, Transliteration and Translation." *Buddhism among Tamiḻs* 2, 785–810.

Vēluppiḷḷai, Āḷvāppiḷḷai. "The 'putapakavaṉ stanzas' in the *peruntokai*: Text, Transliterated and Translated." *Buddhism among Tamiḻs* 2, 811–827.

Vēluppiḷḷai, Āḷvāpiḷḷai. "The Role of Rebirth in the Lives of Maṇimēkalai." *A Buddhist Woman's Path to Enlightenment*, 277–297.

Vēluppiḷḷai, Āḷvāppiḷḷai. "The Significance of a Damaged Tamiḻ Pautta Inscription from Tiruccōparam of the Thirteenth Century." *Buddhism among Tamiḻs* 2, 662–666.

Vēluppiḷḷai, Āḷvāppiḷḷai. "Some Significant Aspects of the *vīracōḻiyam* and its Commentary". *Buddhism among Tamiḻs* 2, 644–662.

Vēluppiḷḷai, Āḷvāppiḷḷai. "Tiruñāṉacampantar's Polemical Writings against Buddhists and Jains." *Buddhism among Tamiḻs* 1, 446–486.

Vēluppiḷḷai, Āḷvāppiḷḷai. "Tiruvācakar and Īḻam Buddhism". *Buddhism among Tamiḻs* 1, 486–504.

Vēluppiḷḷai, Āḷvāppiḷḷai. "The Vision of Civaṉ in Tamiḻ Caivam." *"Being Religious and Living through the Eyes,"* 361–372.

Kanonisierungsansätze im ostasiatischen Buddhismus

Von der Kanon-Bibliothek zur buddhistischen Bibel?

CHRISTOPH KLEINE

1. Einführung

Im Arbeitstitel zu meinem Beitrag habe ich bewußt eine provozierende Frage gestellt: „Kann es eine buddhistische Bibel geben?“ Bei aller Lust an der Provokation hätte ich diesen Titel wohl nicht gewählt, wenn es nicht tatsächlich seit dem 20. Jahrhundert immer wieder Zusammenstellungen buddhistischer Lehrtexte gegeben hätte, die unverblümt unter dem Titel „Buddhist Bibles“ firmieren. Erst im Jahr 2002 hat der prominente Buddhologe Donald Lopez eine „Modern Buddhist Bible“ mit „Essential Readings from East and West“ herausgegeben,[1] und wie weiter unten zu sehen sein wird, war Lopez’ Buch nicht die erste „buddhistische Bibel“. Da die Bibel im europäischen Verständnis gleichsam der Prototyp eines Kanon ist, hängt die Frage nach einer buddhistischen Bibel mit der nach buddhistischen Kanones unmittelbar zusammen. Daher möchte ich zunächst einmal die für unser Rahmenthema entscheidende Frage klären, ob es in der Geschichte des Buddhismus jemals einen Kanon oder mehrere Kanones gegeben hat. Immerhin wird bekanntlich immer wieder ganz selbstverständlich von buddhistischen Kanones gesprochen. Die Bezeichnung „Kanon“ wird im Zusammenhang mit der Sammlung auto-

[1] Lopez vertritt hier die Auffassung, daß der „moderne Buddhismus“ als eine eigenständige buddhistische „Sekte“ zu betrachten sei, die eigene Genealogien, Lehren, Praktiken und „its own canon of sacred scriptures“ hervorgebracht habe, von dem er einige in seinem Buch abgedruckt hat. Donald S. Lopez, Hg., *A Modern Buddhist Bible: Essential Readings from East and West* (Boston: Beacon Press, 2002), xxxix. Lopez’ Kanon-Begriff ist offenkundig recht weit gefaßt.

Max Deeg, Oliver Freiberger, Christoph Kleine (Hrsg.), *Kanonisierung und Kanonbildung in der asiatischen Religionsgeschichte.* VÖAW: Wien 2011, pp. 259–319.

ritativer Schriften der Theravādin als „Pāli-Kanon“ ebenso wie im Zusammenhang mit den Schriftsammlungen des ostasiatischen Buddhismus („Taishō-Kanon“ etc.) so durchgehend verwendet, daß sich hier Verweise auf bestimmte Autoren erübrigen.[2] Zuallererst aber ist es notwendig zu erläutern, von welchem Verständnis des Begriffs „Kanon“ ich ausgehe.

In meinem Versuch, eine für die vergleichende und systematische Religionswissenschaft handhabbare Arbeitsdefinition des Begriffs „Kanon“ zu entwickeln, lasse ich mich von folgenden Überlegungen leiten: Meines Erachtens sollte ein Begriff stets so definiert werden, daß Definition und Anwendung des Begriffs möglichst „intuitiv evident“ sind. Das heißt, daß sich die Definition weitgehend am allgemeinen und am akademischen Sprachgebrauch orientieren sollte. Erst wenn ein stillschweigendes Einverständnis der potentiellen oder tatsächlichen Gesprächpartner über die primären Eigenschaften des zu definierenden Gegenstandes besteht, kann man fruchtbar über Erweiterungen, Präzisierungen, Modifikationen usw. verhandeln. Es hat sich gezeigt, daß der Kanon-Begriff im gegenwärtigen kulturwissenschaftlichen Diskurs wesentlich von Jan Assmann geprägt ist, und auch ich werde mich an ihm abarbeiten. Es wird zu prüfen sein, ob der Assman’sche Kanon-Begriff, so wie er ist, sinnvoll auf nicht-vorderasiatische Kontexte angewendet werden kann, oder ob man ihn erweitern, präzisieren, modifizieren oder gar aufgeben muß.

Entgegen der später zu diskutierenden These des Soziologen Alois Hahn, moderne Gesellschaften bräuchten keinen Kanon, hat der Ruf nach Kanonisierung in den letzten Jahren Konjunktur. Allenthalben wird bemängelt, daß es unserer pluralistischen Gesellschaft an einem „Wertekanon“ fehle, daß in den Schulen kein verbindlicher „Bildungskanon“ mehr existiere usw. Was aber haben „Wertekanon“ und „Bildungskanon“ mit der Art von Kanon zu tun, mit der wir uns hier befassen wollen? Bei genauerem Hinsehen eine ganze Menge: Es sind nämlich zwei wesentliche Funktionen eines Kanons, die durch diese beiden Begriffe repräsentiert werden. Die Forderung nach einem „Wertekanon“ zielt zumeist darauf ab, gleichsam eine Grenzziehung zwischen gesellschaftlicher Orthopraxie und Heteropraxie vorzunehmen. Es ist kein Zufall, daß vom Wertekanon meist im Zusammenhang mit der Integration von Migranten die Rede ist. In dieser Hinsicht hat der Begriff teilweise den verunglückten Terminus „Leitkultur“ abgelöst, den der CDU-Politiker Friedrich Merz vor einigen Jahren ins Spiel gebracht hatte. Ein Wertekanon ist die

[2] Vgl. hierzu auch den Beitrag von Max Deeg in diesem Band.

Antwort auf den immer wieder diagnostizierten und mitunter kritisierten „Wertepluralismus“ der spät- oder postmodernen Gesellschaft. Die primäre Funktion eines Wertekanons – von seiner politischen Funktion möchte ich hier einmal absehen – besteht in der Reduktion normativer Komplexität. Eine soziale Einheit wählt aus einer kaum noch überschaubaren Menge von Handlungsoptionen einige aus, erklärt diese für innerhalb der Gruppe verbindlich, identifiziert sich mit ihnen und schließt all diejenigen aus, die sich nicht auf diesen Wertekanon verpflichten lassen wollen. Identitätsstiftung nach innen und Ausgrenzung nach außen sind m.E. zwei wesentliche Aspekte der Kanonbildung.

Das gleiche gilt für den an prominenter Stelle von Dietrich Schwanitz eingeforderten und sogleich von ihm selbst eingeführten Bildungskanon. In einer Welt, in der es keine Hoffnung mehr gibt, auch nur einen vagen Überblick über alles verfügbare Wissen erlangen zu können, scheint es unvermeidlich, in der Bildung „das Wesentliche vom weniger Wichtigen zu unterscheiden“[3]. Dabei geht es bei der Aufstellung eines Bildungskanons auch um die Selbstvergewisserung einer „Kulturgemeinschaft“ über ihre zentralen Kulturgüter, was zugleich impliziert, daß man diese „Kulturgemeinschaft“ nicht zuletzt über den Kanon identifiziert. Eine gewisse Zirkularität ist solchen Vorhaben inhärent. So beschränkt sich Schwanitz bewußt ausschließlich auf die europäische und nordamerikanische Kultur und blendet außereuropäische Kulturen vollkommen aus. Daraus folgt nach seinem eigenen Selbstverständnis, daß es für einen Europäer nicht wichtig sei, etwas über indische Philosophie, chinesisches Theater oder japanische Tuschmalerei, tibetische Geschichte oder Religion in Südostasien zu wissen. Schwanitz erteilt in seinem Buch einem globalisierten Bildungsbegriff eine klare Absage.

Ich denke, es ist tatsächlich sinnvoll, sich auch den Gebrauch des Kanonbegriffs in nicht-religiösen Zusammenhängen vor Augen zu führen, um den Kanonbegriff nicht völlig an der Alltagssprache vorbei zu definieren indem wir ihn zu eng an die Spezifika seiner Verwendung im Bezug auf die vorderorientalischen Religionen knüpfen. Und dabei ist diese enge, am Beispiel der christlichen Bibel orientierte Definition von

[3] Dietrich Schwanitz, *Bildung: Alles was man wissen muss* (Augsburg: Weltbild, 2004). Klappentext. Auch hier geht es also um Selektion und Ausschluß, zugleich aber auch um Identitätsstiftung und Abgrenzung, denn es ist offensichtlich und auch Schwanitz klar, daß sein Kanon zunächst einmal ein rein europäischer ist. Eine Suchanfrage nach dem Begriff „Bildungskanon“ mit der Internet-Suchmaschine „Google“ erbrachte 39.700 Ergebnisse (Stand: 08.08.06).

„Kanon" in ihrer Exklusivität recht neu und spiegelt nicht einmal die innerchristliche Anwendungsgeschichte wieder.[4] Es ist nämlich unmittelbar evident, daß es z.B. im Buddhismus niemals einen Kanon gegeben hat, der hinsichtlich seiner Verbindlichkeit und Abgeschlossenheit etwa mit der Bibel vergleichbar wäre. Und für die angesprochenen „säkularen Kanones" gelten einige der charakteristischen Merkmale der Bibel als „prototypischer" Kanon offenkundig ebenfalls nicht.

Zunächst einmal möchte ich aber den Kanon-Begriff Jan und z.T. Adeleida Assmanns kurz skizzieren. Ein kanonischer Text besitzt nach Assmann absolute Verbindlichkeit, und „alles was normative Geltung beansprucht [muß] sich als Sinn dieses Textes [...] ausweisen können."[5] Daraus folge, „daß der Text weder fortgeschrieben noch um weitere Texte ergänzt werden kann, sondern daß fortan aller weiterer Sinn aus dem Text selbst gewonnen werden muß".[6] „Die Normativität des Textes, seine Autorität und Hochverbindlichkeit, bezieht sich ausschließlich auf [die] Endgestalt"[7], die er infolge einer „Stillstellung des Traditionsstroms"[8] und der daraus resultierenden „kanonisierende[n] Feststellung der Textgestalt"[9] gewonnen hat. Textpflege und Sinnpflege werden in von einem Kanon bestimmten Gesellschaften in arbeitsteiliger Weise institutionalisiert.[10] Die Institution der Textpflege bezieht sich auf die wortlauttreue Überlieferung der heiligen Texte und kümmert sich demnach

[4] Siehe hierzu auch Dieter Conrad, „Zum Normcharakter von „Kanon" in rechtswissenschaftlicher Perspektive," in *Kanon und Zensur: Beiträge zur Archäologie der literarischen Kommunikation*, hg. von Aleida Assmann and Jan Assmann (München: Fink, 1987).

[5] Jan Assmann, *Religion und kulturelles Gedächtnis: Zehn Studien, Beck'sche Reihe; 1375* (München: Beck, 2000), 82.

[6] Ibid. 82.

[7] Ibid.

[8] Ibid. 144.

[9] Ibid. 145.

[10] Vgl. Aleida Assmann and Jan Assmann, „Kanon und Zensur als kultursoziologische Kategorien," in *Kanon und Zensur: Beiträge zur Archäologie der literarischen Kommunikation*, hg. von Aleida Assmann and Jan Assmann (München: Fink, 1987), 13: „Diese vom Kanon auferlegte Forderung der Treue gegenüber Buchstabe *und* Geist ist so anspruchsvoll, daß sie nur in arbeitsteiliger Form zu erfüllen ist. Darum bringt jede von einem Textkanon bestimmte Gesellschaft die Spezialisten der Sinnpflege hervor: [...]. Beide Formen einer Institutionalisierung von Permanenz [d.i. Textpflege und Sinnpflege; C.K.] führen zur Spaltung des kulturellen Sinns: Bei der Textpflege ist es die Disjunktion von Ausdrucksseite und Inhaltsseite, bei der Sinnpflege ist es die Disjunktion von Primärtext und Sekundärtexten."

allein um deren Textgestalt, um den Buchstaben, nicht um den Geist. In einem erweiterten Sinne könnte man jede, auf die wortgetreue Erhaltung und Verbreitung eines Textes gerichtete, oft ritualisierte Tätigkeit der Institution Textpflege zuordnen. Ein strittiger Punkt ist die Frage, ob der Umfang des Kanon-Begriffs auf ausschließlich mündlich überlieferte Texte erweitert werden sollte. J. und A. Assmann sehen dies offenkundig nicht vor.

Unter Sinnpflege ist die auslegende Auseinandersetzung mit dem Inhalt oder dem Geist des kanonisierten Textes zu verstehen. Während sich der „Akt der kommunikativen Wiederaufnahme" mündlich tradierter Texte typischerweise „im diskontinuierlichen Modus der rituellen Wiederholung" vollziehe, tendiere die Wiederaufnahme „dingliche[r] Schriftwerke dazu, daß diese sich im „kontinuierlichen Modus der ‚Sinnpflege'"[11] vollziehe. Bemerkenswert ist an dieser Stelle die Unterscheidung die Assmann zwischen einem „heiligen Text", einem „kulturellen Text" und einem „kanonischen Text" vornimmt. Mitunter – und das wurde auch in den Diskussionen auf der diesem Band zugrundeliegenden Tagung deutlich – wird das Attribut der Zuschreibung von Heiligkeit als ein konstitutives Merkmal eines „kanonischen Textes" angesehen. Assmann hingegen meint, daß der kanonische Text lediglich Eigenschaften „heiliger Texte" und „kultureller Texte" in sich vereint: „Durch die Kanonisierung werden kulturelle Texte wie heilige Texte behandelt."[12] „Der heilige Text unterliegt strengsten Zuständigkeitsbeschränkungen und Reinheitsgeboten, der kulturelle Text dagegen dringt auf normative und formative Allgemeinverbindlichkeit."[13] Ein kanonischer Text will – insbesondere im Rahmen der Textpflege – wie ein heiliger Text behandelt werden, erhebt zugleich aber die normativen Geltungsansprüche eines kulturellen Textes, wozu er der Institution der Sinnpflege bedarf.

Mit den historischen Entstehungsbedingungen und der sozialen Funktion eines Kanon hat sich der Soziologe Alois Hahn befaßt. Ihm zufolge ist Kanonisierung ein „Reflexivwerden der Traditionen"[14]. Damit sei der Kanon „in gewisser Weise als Form der Selbstthematisierung einer

[11] Assmann, *Religion und kulturelles Gedächtnis,* 146–147.

[12] Ibid. 145.

[13] Ibid. 145.

[14] Alois Hahn, „Kanonisierungsstile," in *Kanon und Zensur: Beiträge zur Archäologie der literarischen Kommunikation*, hg. von Aleida Assmann and Jan Assmann (München: Fink, 1987), 28.

Kultur oder eines ihrer Teilsysteme aufzufassen."[15] Eine „zentrale […] Funktion von Kanonisierungen" bestehe darin, „mittels verbindlicher Selbstdarstellungen […] explizite symbolische Grenzen zu setzen". Daraus folge, „daß der Bedarf für Kanonisierungen und der für Identitätsbestimmungen hoch miteinander korrelieren".[16] Kanonisierungen hierarchisieren „Dominantes und Verdrängtes", jedoch ohne das Verbannte zu liquidieren."[17] Nach Alois Hahn sind Kanonisierungen, wie bereits angedeutet, „weder für moderne noch für primitive Gesellschaften […] eigentlich erforderlich. […] Der eigentliche Ort der Kanonisierung sind daher die Hochkulturen. Die moderne Gesellschaft", so Hahn, „stiftet ihren Zusammenhang im wesentlichen über das Zusammenspiel funktional ausdifferenzierter Teilsysteme, die Symbolisierung des Ganzen über Kanonisierung" werde „hier kaum möglich sein"[18].

So hilfreich ich Hahns Kanonisierungs-Modell insgesamt finde, für so fragwürdig halte ich seine These, daß moderne Gesellschaften weder das Bedürfnis noch die Fähigkeit zur Kanonisierung hätten. Wenn ich es richtig sehe, war es gerade die Moderne – namentlich das 19. und frühe 20. Jahrhundert – in der die Nationalstaaten sich mit nie dagewesenem Eifer jeweils eigene Kulturkanones schufen. Das gilt nicht zuletzt für Japan, das den Schwerpunkt meines Beitrags bilden soll. Nie war in Japan der Drang zur Kanonisierung aller möglichen Kulturbereiche größer als im frühen 20. Jahrhundert.[19] Zahllose quasi-kanonische Sammlungen repräsentativer Werke der japanischen Literatur, Geistes- und Religionsgeschichte wurden im 20. Jahrhundert auf den Markt geworfen und füllen auch heute noch die Universitätsbibliotheken. Gerade im Zeitalter des Nationalismus – mithin in der Moderne – bestand die nach Hahn für die Hochkulturen typische Notwendigkeit, die „Einheit der Kultur […] auf einem höheren Niveau der Abstraktion sinnfällig"[20] zu machen. Richtig ist allerdings, daß die modernen „Kulturkanones" wie die *Nihon koten bungaku taikei* 日本古典文学大系 („Abriß der klassischen Litera-

[15] Ibid. 29.
[16] Ibid. 33.
[17] Ibid. 29.
[18] Ibid. 35–36.
[19] Siehe auch hierzu Max Deegs Beitrag in diesem Band.
[20] Ibid. 36. Anstelle der von Hahn angesprochenen „zentrifugalen Tendenzen der lokalen Substrate" die eine Hochkultur stets bedrohen und auf die diese mit Kanonisierung reagiert, kann man für die Moderne vielleicht von entsprechenden Bedrohungen für die Nationalstaaten durch zentrifugale Tendenzen der *sozialen* Substrate ausgehen.

tur Japans“), *Nihon shisō taikei* 日本思想大系 („Abriß des japanischen Denkens“) etc. jeweils nur ein Teilsystem der gesamten Kultur (Literatur, Geistesgeschichte etc.) repräsentieren. Zu fragen wäre dann, ob es jemals eine historische Situation gab, in der eine funktional weniger ausdifferenzierte Gesellschaft in ihrer Gesamtheit durch einen singulären Kanon repräsentiert worden wäre. Daher ist vielleicht allgemeiner mit Assmann und Assmann zu sagen:

> Eine Gesellschaft, die aus dem Schutz einer geschlossenen Weltordnung (Ordo-Denken) in eine neue evolutionäre Phase eintritt, sieht sich mit neuen Problemen konfrontiert, die neue Problemlösungsstrategien – z.B. in Gestalt von Kanon und Zensur – erfordern.[21]

So hat m.E. gerade die Ablösung des Tokugawa-Shōgunats und die Restitution der Kaiserherrschaft im Zuge der Meiji-Restauration sowie die von außen aufgezwungene Öffnung Japans gegenüber der Welt einen „Bedarf für Identitätsbestimmungen“ hervorgebracht und eine zur Kanonisierung tendierende „Selbstthematisierung“ notwendig gemacht. Für spät- oder postmoderne Gesellschaften gilt m.E. ähnliches: die weitgehende Invalidierung normativer und kognitiver Orientierungsmaßstäbe führt zu einer Überkomplexität – die berühmte „neue Unübersichtlichkeit“ (Habermas) –, die von vielen Menschen nicht mehr zu bewältigen ist. Die allenthalben konstatierte Rückkehr der Religion – allzuoft verbunden mit einer noch weitergehenden Verengung auf ihre „fundamentals“ – scheint mir ebenso eine Reaktion auf dieses Problem zu sein wie die Forderung nach einem Werte- und einem Bildungskanon.

Wenn ich mich wie andere auch weitgehend an Assmanns Kanon-Begriff orientiere, so teile ich aus Gründen, die ich später ausführlicher am Material erläutern möchte, nicht seine Auffassung, daß ein Kanon „weder fortgeschrieben, noch um weitere Texte ergänzt werden“[22] könne. Auch den hartleibigsten Vertretern einer „kanonisierten“ Schulbildung und eines verpflichtenden abendländischen „Wertekanons“ ist wohl bewußt, daß ihre Kanones historischen Wandlungsprozessen unterworfen sind. Das heißt, die Entscheidung darüber, was als kanonisch und was als außerkanonisch zu gelten hat, muß immer wieder neu getroffen werden. Diese Entscheidung obliegt jedoch nicht dem Individuum, sondern idealiter der Gesellschaft als Ganzes oder der sie repräsentierenden Institutionen. Kanonisierung schließt demnach Beliebigkeit und Individualität aus: sie ist

[21] Assmann and Assmann, „Kanon und Zensur als kultursoziologische Kategorien“, 10.

[22] Assmann, *Religion und kulturelles Gedächtnis*, 57.

ein bewußter, planmäßiger und systematischer Vorgang mit kollektivem Charakter, der jedoch als eine Art nachträglicher Sanktionierung vielfach unbewußt ablaufender historischer Prozesse zu verstehen ist. Die bewußte „Stillstellung des Traditionsstromes" zu einem bestimmten Zeitpunkt muß keineswegs endgültig sein. Soweit ich sehen kann, ist ein Kanon, der in seinem Umfang und in seiner Textgestalt für alle Zeiten vollkommen fixiert wäre, eine seltene historische Ausnahme. Um den Kanon-Begriff überhaupt auf außerchristliche Kontexte anwenden zu können, muß man das Abgeschlossenheitskriterium zumindest aufweichen. Dafür genügt m.E. das Zugeständnis, daß es sich bei einem Kanon um ein für längere Zeit relativ abgeschlossenes Schriftkorpus handelt, dessen Erweiterung nicht beliebig und individuell vorgenommen werden kann, wohl aber nach bestimmten Regeln und von autorisierten Institutionen, wenn die Situation es erfordert.

2. Buddhistische Kanones?

2.1. Authentizitätskriterien im Nikāya-Buddhismus

Nun aber zu der Frage, ob der Buddhismus jemals über einen Kanon bzw. mehrere Kanones verfügt hat. Wenn im Zusammenhang mit Buddhismus das Wort Kanon erwähnt wird, fällt einem spontan zunächst der Tripiṭaka der Theravādin ein, der in europäischen Sprachen durchweg als „Pāli-Kanon" o.ä. bezeichnet wird. Und J. Assmann meint im Anschluß an C. Colpe, der buddhistische Tripiṭaka repräsentiere neben der hebräischen Bibel die einzige unabhängige Kanonbildung der Menschheitsgeschichte.[23] Oliver Freiberger hat dieses Thema im vorliegenden Band schon eingehend behandelt. In der Tat kommt diese in Pāli niedergeschriebene Sammlung autoritativer Texte unserer Definition von „Kanon" schon recht nahe. Offensichtlich verfügten auch die übrigen Nikāyas oder Schulen des indischen Buddhismus über vergleichbare Schriftkorpora, wobei mir nicht bekannt ist, ob diese den gleichen Status hinsichtlich ihrer Verbindlichkeit, Abgeschlossenheit usw. hatten wie der „Pāli-Kanon". Schon im f eine Lehräußerung nicht exakt die unmittelbar vom Buddha gesprochenen Worte repräsentieren, um als *buddhavacana,* als Buddha-Wort, zu gelten. Als authentischer Dharma gilt z.B. bei den Theravādin außerdem, was (1) vom Buddha, (2) von Sāvakas (Skt. Śrāvakas), (3) von

[23] Assmann, Jan. *Das kulturelle Gedächtnis: Schrift, Erinnerung und politische Identität in frühen Hochkulturen* (München: C.H. Beck, 2005), 93.

Heiligen bzw. Sehern (P. Isi; Skt. Ṛṣi) oder (4) von Göttern verkündet worden ist, sofern es sich um bedeutende Gottheiten handelt, die mit dem „Prinzip des Dharma“ ausgestattet sind.[24] Bei den Dharmaguptaka gilt ähnliches: „Das, was man als Dharma bezeichnet, ist das, was der Buddha erklärt, was die Śrāvakas erklären, was die Ṛṣis (Ch. Xianren 仙人) erklären, was die Götter erklären.“[25] Die Sarvāstivādin gestehen darüber hinaus den durch Transformation entstandene Wesen (*upapādukā*; Chin. *huaren* 化人) die Legitimation zu, den authentischen Dharma zu verkünden. Außerdem sei der Dharma inhaltlich dadurch gekennzeichnet, daß er Freigebigkeit, das Einhalten der Regeln, Geburt im Himmel und Nirvāṇa verkünde.[26] Als klassisch gelten in diesem Zusammenhang die bereits von Oliver Freiberger vorgestellten „vier *mahāpadeśa*“ (z.B. DN II.123–124).

Während diese Kriterien für die Authentizität einer Lehräußerung die Identität des Urhebers in den Blick nehmen, beziehen sich andere Kriterienkataloge auf den Inhalt des Verkündeten. Bei den Theravādin soll jede Lehräußerung (1) eines Buddha, (2) einer Gemeinschaft der Älteren, (3) einer kleineren Gruppe von gelehrten Älteren oder (4) eines einzelnen gelehrten Älteren vom Saṅgha daraufhin überprüft werden, ob das Gesagte (1) zu den Sūtras paßt (*sutta oranti*) und (2) mit den Vinayas übereinstimmt (*vinaye sandissanti*).[27] In gleicher Weise wird im „Kṣudrakavastu“ des *Mūlasarvāstivāda-vinaya* geschildert, wie man einem Mönch begegnen sollte, der behauptet, eine Lehre oder Ordensregel stamme aus dem Mund des Buddha. Zunächst werden die vier möglichen Quellen für die vom fraglichen Bhikṣu als authentisch ausgegebenen Lehren unterschieden: (1) der Tathāgata (d.i. der Buddha); (2) eine große Gemeinde, in

---

[24] „*Dhammo nāma: buddhabhāsito sāvakabhāsito isibhāsito devabhāsato atthūpasaṃhito dhammūpasaṃhito.*“ (PTS, vol 5, p. 15) Vgl. Ronald M. Davidson, „An Introduction to the Standards of Scriptural Authenticity in Indian Buddhism,“ in *Chinese Buddhist Apocrypha*, Hg. Robert E. Buswell (Honolulu: University of Hawaii Press, 1990), 294.

[25] 句法者佛所說聲聞所說仙人<lb n=“0639a17“/> 所說諸天所說 (*Sifen lü* 四分律; T22, no. 1428, p. 639a16–639a17)

[26] „Dharma nennt man das, was vom Buddha erklärt wird, was von seinen Schülern erklärt wird, was von Göttern erklärt wird, was von Ṛṣis erklärt wird, was von durch Transformation entstandenen Menschen erklärt wird; er offenbart Freigebigkeit, das Einhalten der Regeln, Geburt im Himmel und Nirvāṇa 法者。名佛所說。弟子所說。天 <lb n=“0070c13“/> 所說。仙人所說。化人所說。顯示布施持戒生<lb n=“0070c14“/> 天涅槃“ (*Shisong lü* 十誦律; T23, no. 1435, p. 70c12–70c14); siehe auch Donald S. Lopez, „Authority and Orality in the Mahāyāna,“ *Numen* 42 (1995), 26–28.

[27] Lopez, „Authority and Orality,“ 26–28.

der es viele Sthaviras (Ordensältere) gibt, die Experten in der Erklärung des Vinaya sind; (3) eine Gruppe von Bhikṣus, die die Sūtras, den Vinaya und die Mātṛkās beherrschen; (4) ein einzelner weiser Sthavira. Nachdem sie von dem Bhikṣu über die vermeintlich korrekte Lehre nach einer der Kategorien von Autoritäten unterrichtet worden sind, sind die übrigen Mönche nun gehalten, an ihren Wohnort zurückzukehren und die neue Lehre dahingehend zu überprüfen, ob sie nicht den Sūtras oder dem Vinaya widersprechen (*jinglü bu xiangwei* 經律不相違). Nur wenn sie dies nicht tun, sind die Lehräußerungen als „Worte des Buddha" (*foyu* 佛語) aufzufassen. Dann handelt es sich um „weiße Erklärungen" (*baishuo* 白說); stimmen sie nicht mit den Sūtras und dem Vinaya überein, handelt es sich um „schwarze Erklärungen" (*heishuo* 黑說). Den Kern dieses Abschnitts bildet die Aussage, daß das wichtigste Kriterium zur Beurteilung einer Lehre als „authentisch" (*zhen* 真) oder als „falsch" (*wei* 偽) deren Übereinstimmung mit den Sūtras und dem Vinaya ist und man nicht Personen, sondern den Lehren der Schriften folgen solle (*yi jingjiao bu yiyu ren* 依經教不依於人).[28] Eine interessante Erweiterung der Prüfkriterien findet sich in der entsprechenden Sanskrit-Fassung des Textes: die von einem Bhikṣu vorgetragenen Lehren gelten nicht als vom Verehrungswürdigen [Buddha] gesprochen (*ime dharmā na bhagavatā bhāṣitāḥ*), wenn sie weder aus den Sūtras ableitbar sind (*sūtre nāvataranti*) noch mit dem Vinaya übereinstimmen (*vinaye na saṃdṛśyante*) und außerdem der „Natur der Dinge" zuwiderlaufen (*dharmatā ca vilomayanti*).[29]

Prinzipiell galt also für den frühen Buddhismus als autoritativ und authentisch (also „kanonisch"?) jeder Text, der das Wort des Buddha (*buddhavacana*) repräsentierte. Das waren zunächst einmal die Lehrreden, Ordensregeln etc., die der Tradition zufolge auf dem 1. Konzil von Rājagṛha unter der Leitung Upālis und mit der Hilfe Ānandas kurz nach des Buddhas Tod rezitiert und für authentisch befunden worden waren. Doch bereits mit der Aufnahme der Abhidharma-Texte in die autoritativen Schriftkorpora einiger Nikāyas bzw. Āgamas – insbesondere des

---

[28] *Genben shuoyiqieyoubu pinaiye zashi* 根本說一切有部毘奈耶雜事 (T24, no. 1451, p. 389b21–390b04). Vgl. Ernst Waldschmidt, „Das *Mahāparinirvāṇanasūtra*; Teil II: Textbearbeitung: Vorgang 1–32," *Abhandlungen der Deutschen Akademie der Wissenschaften zu Berlin; Philosophisch-Historische Klasse* 1950, no. 2 (1951), 239–253.

[29] Waldschmidt, „Das *Mahāparinirvāṇanasūtra*", 238. Vgl. Davidson, „An Introduction", 300–301; Lopez, „Authority and Orality," 27.

Theravāda und des Sarvāstivāda[30] – deutete sich eine Erweiterung des Begriffs „Buddha-Wort" an. Ein Text mußte demnach nicht unbedingt so, wie er dastand, die genauen Worte des Buddha wiedergeben, wenn er nur dem Sinn nach den in Sūtras und Vinayas kodifizierten Lehren des Buddha entsprach.

Es ist also offenkundig, daß grundsätzlich schon im Nikāya-Buddhismus die Möglichkeit einer Erweiterung des autoritativen Schriftkorpus akzeptiert wurde, insofern als das Buddha-Wort, *buddhavacana* oder *dharma*, auch die Aussagen bestimmter autorisierter Personen – d.i. der Buddha, die Versammlung der Ordensälteren, eine Gruppe von Bhikṣus, die Experten des Dharma (*dharma-dhara*), Experten des Vinaya (*vinaya-dhara*) oder Experten der *Mātṛkās* (*mātṛkā-dhara*) sind, oder ein einzelner Bhikṣu, der in einem dieser Bereiche spezialisiert ist –[31] betrachtet

[30] Historisch betrachtet ist es offensichtlich, daß die Abhidarmas relativ späte, wahrscheinlich aus Begriffs- und Themenlisten (Skt. *mātṛkā*; P. *mātikā*) zum Studium hervorgegangene Texte sind, die den Zweck hatten, die buddhistische Lehre, wie sie in den Sūtras und Vinayas mitunter unzusammenhängend enthalten ist, zu ordnen und zu systematisieren. Das relativ späte Entstehungsdatum der Abhdiharmas läßt sich z.B. daraus folgern, daß sie inhaltlich von Schule zu Schule wesentlich stärker differieren als Vinayas und Sūtras. Vgl. Akira Hirakawa, *A History of Indian Buddhism: From Śākyamuni to Early Mahāyāna*, Hg. Alex Wayman, *Buddhist Tradition Series 19* (Delhi: Motilal Banarsidass, 1993), 127ff; Hajime Nakamura, *Indian Buddhism: A Survey with Biographical Notes*, Hg. Alex Wayman, vol. 1, *Buddhist Traditions* (Delhi: Motilal Banarsidass Publishers, 1989), 56, 104; A. K. Warder, *Indian Buddhism*, 2. Aufl. (Delhi: Motilal Banarsidass, 1980), 10–11. Aus Sicht der Schulen, die einen Abhidharma besitzen, haben die Abhidharmas gleichwohl den gleichen Status wie Vinayas und Sūtras. So behaupteten z.B. die Sarvāstivādin die Identität Kātyāyanīputras, des mutmaßlichen Autors des *Jñānaprasthāna*, des Kernstücks des *Sarvāstivāda-abhidharma* mit dem Buddha-Schüler [Mahā]kātyāyana, der auf dem Ersten Konzil anwesend gewesen sei. Die Theravādin berufen sich auf eine Legende, derzufolge der Buddha nach seiner Erleuchtung seine Mutter Māyā im Trayatriṃśa-Himmel aufgesucht habe. Es wird nun behauptet, die Lehren, die er seiner Mutter dort verkündete, seien die Abhidhrma-Lehren gewesen. Nach seiner Rückkehr habe er dann Sāriputta den gesamten Abhidharma gelehrt, der schließlich von Ānanda auf dem Ersten Konzil rezitiert worden sei. Mahākassapa habe zudem einen spontanen Kommentar zu allen sieben Teilen des Abhidharma abgegeben, der die Grundlage für das korrekte Verständnis des *Theravāda-abhidharma* bilde. Ronald M. Davidson, „An Introduction to the Standards of Scriptural Authenticity in Indian Buddhism," in *Chinese Buddhist Apocrypha*, hg. von Robert E. Buswell (Honolulu: University of Hawaii Press, 1990), 304.

[31] Davidson, „An Introduction to the Standards", 300. Beachte, daß sich hier schon eine funktionale Ausdifferenzierung innerhalb des Saṅgha nach Spezialgebieten andeutet, die in etwa der Struktur des „Dreikorbs" (*tripiṭaka*) entspricht.

wurden, solange sie mit den Sūtras und Vinayas übereinstimmten. Wir haben es also im Nikāya-Buddhismus mit einem potentiell „offenen Kanon" zu tun. Warum der sogenannte „Pāli-Kanon" vermutlich spätestens ab dem 5. Jahrhundert keine Erweiterung erfahren hat, ist eine offene Frage. Oliver Freiberger hat die Vermutung geäußert, daß seit der „Stillstellung des Traditionsstromes" und der „kanonisierenden Feststellung der Textgestalt" in Śrī Laṅkā keine Notwendigkeit mehr bestanden hätte, sich über einen Kanon Gedanken zu machen. Die Frage, welcher Text kanonisch, welcher para-kanonisch oder außerkanonisch sei, habe vielleicht schlichtweg niemanden mehr interessiert. Entscheidend ist jedenfalls, daß die dauerhafte Fixierung der Textgestalt keiner inneren Notwendigkeit folgt, die sich etwa aus dem Begriff des buddhavacana heraus ergeben hätte. Eine gewisse „Stillstellung des Traditionsstromes" kann m.E. auch weitgehend unbewußt durch allgemeinen Konsens erfolgen, wie man am Beispiel des Mahāyāna-Buddhismus gut sehen kann.

2.2. Authentizitätskriterien im Mahāyāna

Es liegt auf der Hand, daß der Mahāyāna-Buddhismus eine noch größere Offenheit des autoritativen Schrifttums postulieren mußte. Es war zu offenkundig, daß die wohl etwa im 1. oder 2. Jahrhundert in zunehmender Zahl auftauchenden Mahāyāna-Sūtras nicht zu dem Grundbestand von Lehräußerungen gehörten, auf den sich der junge Saṅgha angeblich auf dem ersten Konzil verständigt hatte. Daß Zweifel an der Authentizität der Mahāyāna-Sūtras unvermeidlich waren, war den Autoren der Texte offensichtlich selbst wohl bewußt. Immer wieder wird in den Mahāyāna-Sūtras vorhergesagt, daß dereinst Leute diese Schrift als Fälschung verleumden werden.[32] Auch war in manchen Fällen fraglich, ob der Inhalt der neuen Sūtras mit dem der älteren übereinstimmte und im Einklang mit den Vinayas stand. Die Mahāyānin verwiesen z.B. im *Mahāyāna-sūtrālaṅkāra* (welches auch ein eigenes Schriftkorpus für Bodhisattvas postuliert)[33] nicht ganz zu unrecht darauf, daß die verschiedenen Nikāyas sich ja nicht einmal untereinander einig waren, diverse Schulen bildeten und unterschiedliche Schriftkorpora gebrauchten. Auf die Überein-

[32] An prominenter Stelle v.a. im *Saddharma-puṇḍarīka-sūtra* (*Miaofa lianhua jing* 妙法蓮華經; T09, no. 262). Mizuno nennt einige Beispiele für solche „Prophezeiungen": Kōgen Mizuno, *Buddhist Sutras: Origin, Development, Transmission*, übers. von M. Takanashi et al., 4 Aufl. (Tokyo: Kōsei Publishing Co., 1991), 122–124.

[33] *Dasheng zhuangyan jing lun* 大乘莊嚴經論 (T31, no. 1604, p. 609c04–609c05).

stimmung mit welchen Sūtras und mit welchem Vinaya hin sollten die Mahāyāna-Schriften da überprüft werden.[34]

Ganz allgemein gesprochen, war für die Mahāyānin die Qualität und Funktion einer Lehrrede wichtiger als ihr Urheber. In der berühmten Felsinschrift Aśokas von Bhairāt heißt es, daß alles, was der Buddha gesagt habe, gut gesagt (*subhāsita*) sei.[35] Das mahāyānistische *Adhyāśaya-sañcodana-sūtra* dreht dieses Prinzip um und behauptet nun, daß alles, was gut gesagt (*subhāṣita*) sei, vom Buddha gesagt worden sei.[36] Als *subhāṣita* oder gut gesagt und damit als Buddha-Wort galt nun z.B. nach Śāntidevas (ca. 690–750) oder Dharmakīrtis (ca. 600–660) *Śikṣāsamuccaya*[37] jede inspirierte Rede (*pratibhāna*; Chin. *leshuo* 樂說 oder *biancai* 辯才)[38] die (1) sinnvoll und nicht unsinnig ist, (2) dem Dharma entspricht und nicht dharmawidrig ist, (3) die der Vernichtung der Leidenschaften dient und

---

[34] Davidson, „An Introduction to the Standards“, 311–312. Für die Diskussion in der chinesischen Fassung des *Mahāyāna-sūtrālaṅkāra* siehe *Dasheng zhuangyan jing lun* 大乘莊嚴經論 (T31, no. 1604, p. 591c07–591c18).

[35] Davidson, „An Introduction to the Standards“, 311; Lopez, „Authority and Orality in the Mahāyāna“, 27.

[36] Lopez, „Authority and Orality in the Mahāyāna“, 27–28.

[37] Während die indischen und tibetischen Fassungen des Textes Śāntideva als Autor angeben, nennt die chinesische Dharmakīrti als Autor.

[38] Inspiration kann dabei durch den direkten Kontakt mit einem Buddha im Traum, in einer Vision usw. entstehen, oder aber auch z.B. durch die Praxis der *prajñā-pāramitā* (Vollkommenheit der Einsicht), der Mutter aller Buddhas. Die chinesische Übersetzung *leshuo* 樂說 verweist auf den Wunsch, die Übersetzung *biancai* 辯才 dagegen auf die Fähigeit eines Bodhisattva bzw. eines Dharmapredigers (*dharmabhāṇaka*), die Mahāyāna-Lehre zu verkünden. Im *Mahāyāna-sūtrālaṅkāra* wird die „inspirierte Rede“ als eine von sieben Absichten eines Bodhisattva auf der Grundlage der *pāramitās* (d.i. die Vollkommenheiten eines Bodhisattva) beschrieben. Ein Bodhisattva entschlossen sein (1) reinen Glauben, (2) Verständnis, (3) inspirierte Rede, (4) eiserne Entschlossenheit, (5) den Wunsch [nach Perfektion], (6) Sehnsucht [nach Verwirklichung] und (7) geschickte Hilfsmittel [zur Befreiung anderer] entwickeln. Inspirierte Rede bedeutet demnach, andere in Übereinstimmung mit den *pāramitās* zu unterweisen. (*Mahāyāna-sūtrālaṅkāra* 大乘莊嚴經論; T31, no. 1604, p. 616b21–616c05). Im *Dazhidu lun* heißt es hierzu: „Unbehinderte Weisheit der inspirierten Rede’ (*leshuo wu'ai zhi* 樂說無礙智) bedeutet, daß ein Bodhisattva mit einem Schriftzeichen alle Schriftzeichen darlegen kann, daß er mit einem Wort alle Worte darlegen kann, daß er mit einer Lehre alle Lehren darlegen kann. Alles, was hierin dargelegt wird, ist Dharma, ist Wirklichkeit, ist Wahrheit. *Dazhidu lun* 大智度論 (T25, no. 1509, p. 246c21–246c24). Zum Thema der „inspirierten Rede“ im Buddhismus siehe auch Graeme MacQueen, „Inspired Speech in Early Mahāyāna Buddhism I,“ *Numen* 11, no. 4 (1981), ders., „Inspired Speech in Early Mahāyāna Buddhism II,“ *Numen* 12 (1982).

nicht ihrer Vermehrung und (4) die die Eigenschaften und Vorzüge des Nirvāṇa hervorhebt und nicht die des Saṃsāra.[39]

Darüber hinaus postulierten die Mahāyānin die gleichzeitige Existenz zahlloser Buddhas, weshalb es grundsätzlich immer möglich war, im Traum, in der Meditation oder in einer Vision von einem Buddha direkt unterwiesen zu werden, z.B. von Mahāvairocana, der als wichtiger Urheber esoterischer Sūtras im tantrischen Buddhismus gilt. So ist z.B. noch aus der Ming-Zeit ein „Sūtra“ überliefert, welches beansprucht, der Kaiserin Renxiao仁孝 im Traum offenbart worden zu sein.[40] Auch ging man davon aus, daß gewisse buddhistische Texte an entlegenen Orten – z.B. Pagoden im Himalaya, im Palast des Nāgā-Königs im Meer[41] oder

[39] In der chinesischen Fassung heißt es unter Berufung auf ein mir unbekanntes Sūtra: „So ist, Maitreya, aus vier Gründen die inspirierte Rede tatsächlich das Wort Buddhas. Welches sind die vier? (1) sie greift auf, was sinnvoll und nicht sinnlos ist; (2) sie greift auf, was dem wahren Dharma [entspricht] und scheidet das Nicht-Dharmagemäße aus; (3) sie bewirkt die Zerstörung der Leidenschaften und nicht die Vermehrung der Leidenschaften; (4) sie erfreut sich daran, die Vorzüge des Nirvāṇa zu zeigen und erfreut sich nicht daran, die Vorzüge des Saṃsāra zu zeigen. Dies nennt man die vier Elemente [der inspirierten Rede]. 如慈氏因中四種辯才即諸<lb n=“0078c20“/> 佛語。何等為四。一者擇有義利揀非義利。二<lb n=“0078c21“/> 者擇此正法揀彼非法。三者破遣煩惱非增長<lb n=“0078c22“/> 煩惱。四者樂見涅盤功德不樂見輪迴功德。<lb n=“0078c23“/> 是名四種“ (*Dashengji pusaxue lun* 大乘集菩薩學論; T32, no. 1636, p. 78c19–78c23). Vgl. Davidson, „An Introduction to the Standards“, 310. ; T32, no. 1636, p. 78c19–78c23. Siehe auch Paul Williams, *Mahāyāna Buddhism: The Doctrinal Foundations*, hg. von John Hinnells and Ninian Smart, *The Library of Religious Beliefs and Practices* (London & New York: Routledge, 1989), 31.

[40] Es handelt sich hierbei um einen Text mit dem Titel *Daming Renxiao Huanghou menggan foshuo diyi xiyou dagongde jing* 大明仁孝皇后夢感佛說第一希有大功德經 (In einer Traumvision der Kaiserin Renxiao der Großen Ming-Dynastie vom Buddha dargelegtes Sūtra über die allerseltenste große Tugend). Das „Sūtra“ ist in der Ming-Sammlung (Nanjō no. 1657) enthalten, wurde in die Qing-Sammlung (*Long zang*龍藏; Bd. 150, no. 1620) aufgenommen, und – was ich für bemerkenswert halte – noch im 1. Band des *Zokuzōkyō* abgedruckt und damit als „in Indien verfaßtes Vaipulya-Sūtra“ eingestuft. Erst die Herausgeber der Taishō-Edition verzichteten auf die Aufnahme dieses fragwürdigen Textes.

[41] So heißt es z.B. Nāgārjuna habe zunächst von einem alten Bhikṣu Mahāyāna-Texte in einer Pagode im Himalaya-Gebirge erhalten und sei dann von den Nāgas in deren Palast am Meeresgrund eingeladen worden, wo man ihm die tiefgründigen Vaipulya-Sūtras anvertraute. Siehe *Longshu pusa zhuan* 龍樹菩薩傳 (T50, no. 2047a, p. 184a16–185b07). Für eine englische Übersetzung siehe Roger J. Corless, „The Chinese Life of Nāgārjuna,“ in *Buddhism in Practice*, Hg. Donald S. Lopez, *Princeton Readings in Religions* (Princeton: Princeton University Press, 1995), 526–531. Eine

in einer eisernen Pagode in Südindien[42] – versteckt worden seien und auf ihre Entdeckung durch befähigte Buddhisten warteten; eine Idee, die v.a. für die Selbstlegitimation des tibetischen Tantrismus von größter Bedeutung ist (vgl. Tib. *gter-ma*).

Es mußte also von einer potentiell unbegrenzten Zahl von Offenbarungsquellen und bislang unbekannten Übermittlungskanälen ausgegangen werden. Im Chan- oder Zen-Buddhismus ging man schließlich so weit, eine „Übermittlung außerhalb der Schriften" (*jiaowai biechuan* 教外別傳) zu postulieren. Vor dem Hintergrund dieser Theorie wird ein Kanon im Sinne eines verbindlichen und abgeschlossenen Schriftkorpus vollkommen überflüssig. Damit war es prinzipiell unmöglich, einen für alle Zeiten abgeschlossenen Kanon des gesamten Mahāyāna-Buddhismus zu postulieren. Interessanterweise hat ab einem kaum noch genau zu bestimmenden Zeitpunkt insofern eine „Stillstellung des Traditionsstroms" im Mahāyāna-Buddhismus stattgefunden, als zumindest in dem mir vertrauten Bereich mit dem Auftauchen neuer Texte bzw. „Offenbarungen" seit Jahrhunderten nicht mehr gerechnet wird.[43]

ähnliche Erklärung wird für das Auftauchen des **Vajrasamādhi-sūtra* (Ch. *Jingang sanmei jing* 金剛三昧經; T9, no. 273) – wahrscheinlich ein „Apokryphon" koreanischer Provenienz – in der Vita des Silla-Mönchs Wŏnhyo 元曉 (617–686) gegeben. Siehe *Song gaoseng zhuan* 宋高僧傳 (T50, no. 2061, p. 730a06–730b29). Siehe auch Robert E. Jr. Buswell, *The Formation of Ch'an Ideology in China and Korea: The Vajrasamādhi-Sūtra, a Buddhist Apocryphon* (Princeton: Princeton University Press, 1989).

[42] In der Überlieferungstradition des esoterischen Buddhismus spielt der Eiserne Stūpa von Südindien eine große Rolle. So berichtet der Tantriker Amoghavajra (Chin. Bukong不空; 705–774) im Vorwort zu seiner Übersetzung des *Jingangding jing dayujia bimi shindi famen yiguei* 金剛頂經大瑜伽祕密心地法門義訣, der Text sei die Kurzfassung eines umfangreichen Werkes in 100.000 Versen, den ein großer Meister – später z.B. von Kūkai 空海 (774–835), dem Gründer der japanischen Shingonshū 真言宗, mit Nāgārjuna identifiziert – aus einem eisernen Stūpa in Südindien herausgeholt habe. Der tantrische Meister Vajrabodhi (Chin. Jingangzhi金剛智; 671–741) habe den umfänglichen und den kurzen Text nach China bringen wollen, doch auf der Überfahrt sei der lange Text im Sturm verlorengegangen (T39, no. 1798, p. 808a03–808b29). Für eine englische Übersetzung siehe Charles Orzech, „The Legend of the Iron Stūpa," in *Buddhism in Practice*, Hg. Donald S. Lopez, *Princeton Readings in Religions* (Princeton: Princeton University Press, 1995), 316–317

[43] Nichiren日蓮 (1222–1282) etwa behauptet schon 1260 in seinem *Kyō ki ji koku shō* 教機時國抄, daß die Übermittlung der vollständigen Lehren des Buddha nach China im Jahr 730 – also mit der Fertigstellung des *Kaiyuan shijiao lu* – abgeschlossen gewesen sei. Hori Nikkō堀日亨, Hg., *Nichiren Daishōnin gosho zenshū* 日蓮大聖人御書全集 (Tokyo: Sōka Gakkai, 1984), 438.

3. Die Situation in Ostasien historisch betrachtet

3.1. Die Kataloge[44]

Bekanntlich identifizierten sich die chinesischen Buddhisten recht bald einmütig mit dem Großen Fahrzeug (Mahāyāna, *dasheng* 大乘). Zunächst einmal interessierten sich die Chinesen jedoch offenbar wenig für die oben erwähnten Kriterien der Authentizität jener Schriften, die in großer Zahl seit dem 1. oder 2. nachchristlichen Jahrhundert ins Reich der Mitte eingeführt wurden. Mit dem Anwachsen der Zahl buddhistischer Schriften und dem Auftauchen von Texten zweifelhafter Provenienz und Authentizität wuchs allerdings das Bedürfnis, Verzeichnisse der vorhandenen Texte anzulegen, in denen auch zwischen authentischen Schriften (*zhenjing* 真經), zweifelhaften Schriften (*yijing* 疑經) und gefälschten Schriften (*weijing* 偽經) unterschieden wurde.

Zhisheng 智昇 (fl. um 730) beschreibt die Funktion der Verzeichnisse in seinem „Katalog buddhistischer Lehr[texte] aus der Regierungsdevise Kaiyuan [713–741]“ (*Kaiyuan shijiao lu* 開元釋教錄) wie folgt:

> Was nun die Einführung von Katalogen angeht, so war der Anlaß hierfür, zwischen Authentischen [Texten] und Fälschungen zu unterscheiden, zu klären, was richtig und was falsch ist, das Alter der Ära aufzuzeichnen [in der die Texte übersetzt wurden], die Anzahl der Schriftrollen und Teile [der Schriften] anzugeben, Fehlende Textstellen [durch Kollation] zu ergänzen und Überflüssiges auszuscheiden.[45]

Nachdem der berühmte Mönch Dao'an 道安 (312–385) bereits im Jahr 364 ein leider verschollenes, aber in Sengyous 僧祐 (445–518) *Chu sanzang jiji*出三藏記集[46] ausführlich zitiertes Verzeichnis von 866 Faszikeln buddhistischer Schriften in 639 Teilen erstellt hatte, das sogenannte *Zongli zhongjing mulu* 綜理眾經目錄 (auch *Dao'an lu* 道安錄),[47] wurden unter der Südlichen Qi-Dynastie im Auftrag Kaiser Mingdis 明帝 (r. 494–498) sowie unter der Nördlichen Wei-Dynastie im Auftrag Xiaomingdis 孝明帝 (r. 515–589) Kataloge des buddhistischen Schrifttums angefertigt. In der Liang-Dynastie veröffentlichte Sengyou sein berühmtes *Chusanzang*

---

44 Für eine Übersicht siehe auch Appendix.

45 夫目錄之興也。蓋所以別真偽明是非。記人代之古今。標卷部之多少。摭拾遺漏刪夷駢贅 (*Kaiyuan shijiao lu* 開元釋教錄; T55, no. 2154, p. 477a06–477a08). Vgl. Kyoko Tokuno, „The Evaluation of Indigenous Scriptures in Chinese Buddhist Bibliographical Catalogues,“ in *Chinese Buddhist Apocrypha*, hg. von Robert E. Buswell (Honolulu: University of Hawaii Press, 1990), 32. Schreibweisen angepaßt.

46 T55, no. 2145.

47 Ein einbändiges Werk, das z.B. im *Kaiyuan shijio mulu* erwähnt wird (T55, no. 2154, p. 572c29).

jiji. Nach der Einigung Chinas unter der Sui-Dynastie wurde der Buddhismus quasi zur Staatsreligion und das Zusammentragen und Katalogisieren aller in China vorhandenen buddhistischen Texte wurde zu einem staatlichen Projekt. Im Jahr 730 brachte Zhisheng schließlich das bereits erwähnte *Kaiyuan shijiao mulu* heraus. Diese umfassende Enzyklopädie des buddhistischen Schrifttums in China mit Angaben zu 5048 Faszikeln in 1076 Abteilungen ist schließlich selbst auf kaiserliche Anordnung hin „kanonisiert" (*ruzang* 入藏) worden. Bis zur Yuan-Dynastie wurden mindestens zwölf Kataloge verfaßt, von denen elf als autoritativ gelten.[48]

Vermutlich fungierten die Kataloge als Verzeichnisse der insbesondere seit dem 5. Jahrhundert im ganzen Land zusammengesuchten Schriften, von denen Kopien angefertigt wurden, die man in wichtigen Tempeln archivierte.[49] Nun ist zwar ein Katalog für sich genommen kein Kanon, doch insofern es ein Hauptanliegen vieler Kataloge war, „authentische Schriften" von „Schriften zweifelhafter Herkunft" und „gefälschten Schriften" zu unterscheiden, bildeten sie die potentielle Basis für eine Kanonisierung. Bemerkenswerterweise wurden die Kataloge gleichwohl in die Schriftensammlungen aufgenommen, die man heute gern als Kanones bezeichnet. Allein diese Tatsache zeigt, wie fragwürdig die Bezeichnung „Kanon" für die ostasiatischen Schriftensammlungen ist. Unter „gefälschten Texten" verstand man in erster Linie Pseudepigraphe[50], d.h. Texte, von denen fälschlich behauptet wurde, sie seien aus

[48] Siehe u.a. Mizuno, *Buddhist Sutras*, 102–110; Nakamura Hajime 中村元et al., Hg., *Iwanami bukkyō jiten* 岩波佛教辭典, 2. Aufl. (Tokyo: Iwanami Shoten, 2002), 223b-224a; Tokuno, „The Evaluation of Indigenous Scriptures", 32–74.

[49] Ich vermute, daß die Buddhisten sich auch hier an einem säkularen Vorbild orientierten, nämlich an den Katalogen der Palastbibliotheken, die seit der Zeit um Christi Geburt ziemlich regelmäßig angefertigt wurden. Tatsächlich warfen Kritiker des Buddhismus dem Saṅgha Anmaßung und die Schaffung eines „Parallelhofes" vor, indem dieser genuin imperiale Kulturleistungen und Betätigungsfelder imitierte, so etwa in der Sui-Zeit Xun Ji 荀濟 in seinem *Lun fojiao biao* 論佛教表. Siehe Kenneth Ch'en, *Buddhism in China: A Historical Survey*, 2. ed. (Princeton: Princeton University Press, 1973), ders., „Anti-Buddhist Propaganda during the Nan-ch'ao," *Harvard Journal of Religious Studies* 15 (1952), 185.

[50] Auf Probleme bei der Verwendung des Begriffs „Kanon" – hier v.a. im Bezug auf die Frage nach „Apokrypha" weist z.B. Robert E. Buswell hin und stellt dabei zu Recht fest, daß die Frage nach der Authentizität eines Textes in China meist eine Frage der korrekten Zuschreibung der Autoren- bzw. Übersetzerschaft war: „The term ‚pseudepigrapha,' or 'writings of falsley ascribed authorship,' fares somewhat better in a Buddhist context." Buswell, *Chinese Buddhist Apocrypha,* 4. Zum Problem „indigener Sūtras" siehe auch Mizuno, Buddhist Sutras, 116–118. Weitere berühmte

einer indischen Sprache übersetzt worden, während sie in Wirklichkeit aus chinesischer Fabrikation stammten, also „indigene Schriften“ waren. Doch auch in China fabrizierte „Sūtras“ konnten als authentisch eingestuft werden, wenn sie nach Auffassung der gelehrten Buddhisten den Geist des Dharma unverfälscht offenbarten[51] oder schlichtweg besonders populär waren. Berühmte Beispiele hierfür bieten das *Fanwang jing* 梵網經 (**Brahmajāla-sūtra*; T24, no. 1484) und das *Dasheng qixin lun* 大乘起信論 (**Mahāyāna-śraddhotpāda-śāstra*; T32, no. 1666).[52] Als „authentische Schriften“ galten ansonsten im Grunde alle, die aus dem indischen Kulturraum oder aus den indisierten Gebieten Zentralasiens eingeführt worden waren.[53] Dabei ist zu beachten, daß die sogenannten „Kanones“

Pseudepigraphe, die als authentische und autoritative Texte betrachtet wurden sind das *Guan Wuliangshoufo jing* und das *Pratyutpanna-buddha-saṃmukhāvasthita-samādhi-sūtra* (Jap. *Hanju zanmai kyō* 般舟三昧經). Letzteres lag in mehreren Versionen vor, wobei sich die Tradition des Reinen-Land-Buddhismus in Japan ausgerechnet auf die Fassung stützte (T no. 417), die offenkundig fälschlich Lokakṣema zugeschrieben wurde und der vierten der von Mizuno aufgelisteten Kategorien nicht-authentischer Schriften entspricht: Es handelt sich um ein Sūtra, daß lediglich eine vereinfachte und verkürzte Form eines bereits vorhandenen, ausführlichern Sūtras darstellte. Entlarvt wurden Pseudepigrahe z.B. anhand des Inhalts und der verwendeten Terminologie. Siehe z.B. *Kaiyuan shijiao lu* 開元釋教錄 (T55, no. 2154, p. 672b05–672b25).

51 Mizuno nennt vier Kategorien nicht-authentischer Texte: „(1) sūtras expounded by someone in the throes of some sort of fanatic possession claiming to reveal the word of the Buddha, (2) sūtras expounded in order to take advantage of Buddhism for some purpose, (3) sūtras created in order to palm folk beliefs off as the word of the Buddha, and (4) sūtras that were merely simplified abridgements of the more complex, repetetive translated sūtras.” Mizuno, *Buddhist Sutras,*118. Schreibweisen angepaßt.

52 So äußerte Fajing 法經 in seinem 594 zusammengestellten Katalog *Zhongjing mulu* 眾經目錄 unter Berufung auf frühere Kataloge noch erhebliche Zweifel daran, daß Kumārajīva dieses einflußreiche „*Bodhisattva-śīla-sūtra*“ übersetzt habe und ordnete den Text der Kategorie „zweifelhafter Vinayas“ (*zhonglü yihuo* 眾律疑惑) (T55, no. 2146, p. 140a02–140a03). Doch Yancong erkennt schon acht Jahre später an, daß Kumārajīva den Text während der Späteren Qin Dynastie übersetzt habe und ordnet ihn unter der Rubrik „singuläre Mahāyāna-Vinayas (*Dasheng danben* 大乘律單本)“ ein (T55, no. 2147, p. 153a17–153a24). Ebenso ordnet Fajing – wie auch Jens Wilkens in seinem Beitrag feststellt – das Aśvaghoṣa zugeschriebene *Dacheng qixin lun* den „zweifelhaften Abhandlungen“ (*zhonglun yihuo* 眾論疑惑) zu, da der Text nicht in den Verzeichnissen zum Werk des angeblichen Übersetzers Paramārtha aufgeführt sei (T55, no. 2146, p. 142a15–142a16). Diese Zweifel änderten nichts daran, daß der Text in Ostasien größte Bedeutung erlangte.

53 „Thus, whether primitive or Mahāyāna, all the sūtras composed in Indic languages and later translated into Chinese have been revered as genuine records of the

des chinesischen Buddhismus natürlich nicht nur „authentische Schriften“ indischer Provenienz umfassen, sondern ebenso die Abhandlungen und Kommentare chinesischer Autoren (im sogenannten *Long zang* z.B. unter der Rubrik „*citu zhushu* 此土著述“, „Schriften aus diesem Land“), denen aufgrund ihres doktrinär tendenziösen Charakters von vornherein die Eignung zur allgemeinen Hochverbindlichkeit fehlte.

3.2. Die allgemeinen Schriftensammlungen[54]

Im engeren Sinne für unser Thema von Interesse ist eine Frage, mit der sich Max Deeg in seinem Beitrag auseinandersetzt: Hat es in China Versuche einer Kanonisierung buddhistischer Schriften gegeben? Zunächst einmal muß man meines Erachtens zwei Ebenen möglicher Kanonbildung unterscheiden. Es ist erstens danach zu fragen, ob es Versuche gab, einen *allgemeinen* Kanon des buddhistischen Schrifttums zu schaffen und zweitens gilt es, mögliche Kanonbildungen *innerhalb* der einzelnen Schulen und Orden in den Blick zu nehmen.

Es ist allgemein bekannt, daß es im chinesischen Buddhismus im Grunde keine Institution gab, die die Einheit des in zahlreiche Lehrrichtungen zerfallenen Saṅgha hätte garantieren können. Die höchste Autorität lag beim Kaiser, und so war es auch die Verantwortung des Himmelssohnes, die Verbreitung gefälschter oder womöglich subversiver Texte zu unterbinden. Zugleich sahen sich einige Kaiser als Patrone des Buddhismus und fühlten sich genötigt, die Konservierung und Verbreitung authentischer Schriften zu fördern. Angesichts des Fehlens einer zentralen buddhistischen Instanz, die definitiv über einen buddhistischen Kanon hätte entscheiden können, erfolgte die Zusammenstellung sogenannter *Dazang jing* 大藏經 oder „großer Schriftensammlungen“ im kaiserlichen Auftrag. Das Zusammentragen verstreuter handgeschriebener Schriften verfolgte vermutlich im wesentlichen zwei Absichten: es sollten erstens möglichst vollständige Sammlungen buddhistischer Schriften an wichtigen Tempeln zu Studienzwecken zur Verfügung stehen und archiviert werden, und zweitens ging man davon aus, daß das Kopieren der Schriften religiöses Verdienst mit sich brächte. Darüber hinaus ließ sich auf diese Weise der Bestand kontrollieren und gegebenenfalls zensieren.

Buddha's word.“ Mizuno, Buddhist Sutras, 116 (Schreibweisen angepaßt). Ein Bewußtsein für die Problematik der Authentizität indisch-buddhistischer Schriften scheint es im chinesischen Buddhismus kaum gegeben zu haben. Buswell, *Chinese Buddhist Apocrypha,* 5–6; vgl. auch Tokuno, „The Evaluation“, 59.

[54] Für eine Übersicht über die Druckausgaben siehe auch Appendix.

Mit der Einführung von hölzernen Druckplatten wurde eine neue Qualität hinsichtlich der Dauerhaftigkeit und Reproduzierbarkeit des buddhistischen Schrifttums erreicht. Damit wurden zumindest die materiellen Voraussetzungen für die Etablierung, Bewahrung und Verbreitung eines Kanons buddhistischer Schriften in Ostasien deutlich verbessert. Und tatsächlich bezeichnet z.B. Tilemann Grimm den vom Song-Kaiser Taizu 太祖 (r. 960–976) 971 in Auftrag gegebenen sogenannten „Sichuan-Druck“[55] als den „ersten Kanon des Mahāyāna“[56]. Auf ihn folgten weitere Ausgaben unter der Yuan- der Ming- und der Qing-Dynastie.[57] In Korea ließ König Hyŏnchong 顯宗 im Jahr 1011 eine Sammlung buddhistischer Schriften drucken, die aber 1232 beim Einmarsch der mongolischen Armee zerstört wurde, weshalb König Kochong 高宗 von Koryŏ 高麗 im Jahr 1251 erneut eine große Sammlung mit 1512 Texten in 6791 Faszikeln drucken ließ. Diese Ausgabe gilt als die beste unter den vormodernen Drucksammlungen. In Japan wurden derartige Unternehmungen erstmals im 17. Jahrhundert realisiert. Im Jahr 1637 veranlaßte der Tendai-Mönch Tenkai 天海 (1536–1643) eine Drucklegung buddhistischer Schriften auf der Grundlage einer Ausgabe aus der Südlichen Song-Dynastie, dem sogenannten Shikei-Druck (Chin. *Sixi ban* 思溪版). Die Arbeit an dem 1453 Texte umfassenden sogenannten *Tenkai han* 天海版 dauerte bis 1648 und wurde von dem Shōgun Tokugawa Iemitsu徳川家光 (1604–51) beaufsichtigt. Für die „Tenkai-Ausgabe“ wurden erstmals bewegliche Typen eingesetzt. Allerdings enthielt diese Ausgabe des Schrifttums zahlreiche Fehler, galt als unzuverlässig und wurde entsprechend wenig benutzt.[58] Im Jahr 1669 veranlaßte der Zen-Mönch Tetsugen Dōkō 鐵眼道光[59] (1630–1682) von der Ōbakushū 黄檗宗 auf der Grundlage der während der Regierungsdevise Wanli 萬暦 (1573–1620) unter der Ming-Dynastie angefertigten und 1632 durch den Mönch Mozi Ruding 默子如定 (1597–

[55] Die Bezeichnung „Sichuan-Druck“ verweist darauf, daß die hölzernen Druckplatten in Sichuan graviert worden waren. In dieser Sammlung, wurden neben den im *Kaiyuan shijiao lu* 開元釋教目錄 aufgeführten Texten auch die Schriften chinesischer Autoren sowie später übersetzte Texte aufgenommen.

[56] Tilemann Grimm, „Der chinesische Kanon: Seine Struktur, Funktion und Kritik,“ in *Kanon und Zensur: Beiträge zur Archäologie der literarischen Kommunikation*, hg. von Aleida Assmann and Jan Assmann (München: Fink, 1987), 121.

[57] Für eine Übersicht siehe Appendix II.

[58] Heinrich Dumoulin, *Zen Buddhism: A History. Vol 2: Japan* (New York: Macmillan, 1990), 308.

[59] Zu Tetsugen Dōkō siehe Dieter Schwaller, *Der japanische Ōbaku-Mönch Tetsugen Dōkō: Leben, Denken, Schriften* (Bern et al.: Peter Lang, 1989).

1632) nach Japan gebrachten Sammlung *Wanli zang* 萬曆藏 eine weitere Druckausgabe, die im Jahr 1681 fertiggestellt wurde. Dieser sogenannte Tetsugen-Druck 鐵眼版 umfaßt 1618 Texte in 7334 Faszikeln. Auf ihr basiert Nanjō Bun'yūs 南条文雄 (1849–1927) berühmter *Catalogue of the Chinese Translation of the Buddhist Tripiṭaka, the Sacred Canon of the Buddhists in China and Japan.*[60]

In der Tradition des Abdruckens aller mehr oder weniger als authentisch anerkannten Texte stehen auch die modernen japanischen Veröffentlichungen, die im späten 19. und frühen 20. Jahrhundert als Produkt der vergleichenden Untersuchungen der vorhandenen Druck-Ausgaben unter primär wissenschaftlichen Prämissen entstanden. Im Jahr 1885 wurde der 1880 begonnene sogenannte *Shukusatsu daizōkyō* 縮刷大藏經 (auch *Dainihon kōtei shukkoku daizōkyō* 大日本校訂縮刻大藏經, *Dainihon kōtei kunten daizōkyō* 大日本校訂訓点大藏經, *Shukusatsuzō* 縮刷藏, *Shukuzō* 縮藏, *Kōkyōzō* 弘教藏) mit 1916 Texten in 8539 Faszikeln und in 418 Bänden veröffentlicht. In den Jahren 1902–5 wurde der *Dainihon kōtei zōkyō* 大日本校訂藏經 (auch als *Manji zōkyō* 卍字藏經 bekannt) fertiggestellt. 1912 erschien das im Jahr 1905 begonnene *Dainihon zokuzōkyō* 大日本續藏經 (auch *Manji zokuzōkyō* 卍字續藏經). Zwischen 1924 und 1934 wurde schließlich unter der Federführung von Takakusu Junjirō 高楠順次郎 (1866–1945) und Watanabe Kaikyoku 渡邊海旭 (1872–1933) der sogenannte „Taishō-Kanon", der *Taishō shinshū daizōkyō* 大正新脩大藏經 in 85 Bänden, 3053 Texten (abzüglich Varianten 2920 Texte) und 11970 Faszikeln publiziert. Diese bezeichnenderweise landläufig als „Taishō-Kanon"[61] bekannte Sammlung basiert im Wesentlichen auf dem Koryŏ-Druck von 1251, ergänzt um Texte, die in Dunhuang gefunden

---

[60] Bun'yū Nanjō, *A Catalogue of the Chinese Translation of the Buddhist Tripiṭaka, the Sacred Canon of the Buddhists in China and Japan.* 大明三藏聖教目錄 (Oxford: Clarendon Press, 1883–1910); siehe auch den Beitrag von M.Deeg.

[61] Oft wird auch die in diesem Zusammenhang ziemlich unpassende (weil eben nicht aus den drei Piṭakas Vinaya, Sūtra, Abhidharma bestehend) Bezeichnung „Taishō-Tripiṭaka" verwendet, wobei „Tripiṭaka" offenkundig als Äquivalent zu „Kanon" im weitesten Sinne einer „Kanonbibliothek" oder eines „Kanonfundus" aufgefaßt wird. Vgl. z.B. das Vorwort von Bukkyō Dendō Kyōkai, *An Introduction to the Buddhist Canon* (Tokyo: Bukkyo Dendo Kyokai, 1984), (keine Seitenangabe): „As part of these activities, it has been decided to undertake a new project – that of a complete translation of the Taishō Tripiṭaka, the Chinese Buddhist Canon." Interessanterweise wird der Begriff Tripiṭaka (Jap. *sanzō* 三藏) im japanischen Text nicht verwendet. Hier ist nur vom „*kanyaku daizōkyō* 漢訳大蔵経" die Rede, wobei „*daizōkyō*" ganz offensichtlich für „Kanon" steht bzw. umgekehrt.

wurden (Bd. 85), sowie wichtige Texte japanischer Autoren (Bde. 56–84). Zusammen mit Bildteil und allgemeinem Register umfaßt diese bis heute maßgebende Sammlung 100 Bände. In den letzten Jahren wurden auch in Taiwan und der Volksrepublik diverse Textsammlungen – meist Neuauflagen der klassischen Sammlungen – gedruckt oder online veröffentlicht.[62]

Allen Sammlungen – den vormodernen wie den modernen – ist eines gemeinsam: Sie versuchen ungeachtet aller sektarischen Unterschiede möglichst sämtliche für die Buddhismusgeschichte wichtigen Texte einem gelehrten Publikum – Priestern und/oder Forschern – verfügbar zu machen.[63] So ging es zwar immer auch um die Verbreitung des Buddha-Wortes; die Funktion der Textsammlungen war aber nicht primär die Erbauung – so erbaulich einzelne Texte auch sein mögen. Wenngleich einige Texte, wie die der Sanjie jiao 三階教,[64] bei der Zusammenstellung

[62] In den letzten Jahren wurden vor allem in Taiwan und der VR China diverse Neuausgaben des buddhistischen Schrifttums veröffentlicht bzw. ältere Sammlungen neu gedruckt und veröffentlicht: (1) *Zhonghua dazang jing* 中華大藏經 (106 Bde. basiert auf *Zhaocheng jinzang* 趙城金藏); (2) *Yongle beizang* 永樂北藏; (3) *Foguang dazangjing* 佛光大藏經 (eine von der missionarisch sehr aktiven buddhistischen Organisation Foguangshan herausgegebene Sammlung in vier Teilen: 1. Āgama / Ahan 阿含, 2. Chan 禪, 3. Prajñā / Panruo 般若, 4. Reines Land / Jingtu 淨土), die Qianlong-Ausgabe (nach Kaiser Qianlong; 1736–1795) *Qianlong dazangjing*乾隆大藏經in 168 Bänden bzw. eine Neuausgabe (*Xinbian suoben Qianlong dazangjing*新編縮本乾隆大藏經) in 165 Bänden; (4) eine Ausgabe des Koryŏ-Drucks der Jin-Ausgabe 金版高麗大藏經 und 88 Bänden etc. Vgl. http://dzj.fjnet.com/d5.asp (Letzter Zugriff: 08.08.06). Eine gute Übersicht über die klassischen Drucksammlungen des buddhistischen Schrifttums bietet Mizuno, Buddhist Sutras, 171–186. Sehr hilfreich ist auch die folgende Website, um einen Überblick über die Druckfassungen des buddhistischen Schrifttums zu bekommen, zumal hier auch der Inhalt der einzelnen Ausgaben angegeben wird: http://www.buddhist-canon.com/MULU/index.html (Letzter Zugriff: 08.08.06).

Last but not least ist die digitalisierte Fassung der Bände 1–55 und 85 des Taishō-Kanon und von Teilen des *Manji zokuzōkyō* zu erwähnen („CBETA 中華電子佛典協會", http://www.cbeta.org/index.htm [letzter Zugriff: 08.08.06]) sowie Online-Ausgaben in vereinfachtem Chinesisch. Siehe z.B. die Homepage „*Zhonghua fojiao zaixian* 中华佛教在线", http://fjnet.com/ (Letzter Zugriff: 08.08.06). Ferner wurde eine vollständige Faksimile-Ausgabe des sogenannten *Long zang*龍藏 aus der Qin-Dynastie im PDF-Format ins Netz gestellt. http://enlight.lib.ntu.edu.tw/dragon/html/index_00.htm (Letzter Zugriff: 24.08.06)

[63] Vgl. auch Schwaller, *Der japanische Ōbaku-Mönch,* 80ff.

[64] Vgl. hierzu den Verweis in dem Beitrag Max Deegs im vorliegenden Band.

im kaiserlichen Auftrag[65] der Zensur zum Opfer gefallen sind, so war die Frage der Authentizität und der religiösen Qualität der Texte doch nicht das entscheidende Kriterium für ihre Aufnahme. Die Funktion der auf größtmögliche Vollständigkeit angelegten, damit prinzipiell offenen und erweiterbaren Sammlungen[66] war in erster Linie eine bibliographische und konservatorisch-archivarische. Können wir die *dazangjing* 大藏經 (Jap. *daizōkyō* „Große Schriftensammlungen“) oder *yiqiejing* 一切經 (*issaikyō*; „sämtliche Schriften“) genannten Sammlungen trotzdem als Kanones bezeichnen, so wie dies gemeinhin getan wird? Oder sollten wir sie mit Assmann und Assmann als „Kanon-Bibliothek“[67] bzw. mit Angelika Malinar als „Kanon-Fundus“ bezeichnen? Auf diese Frage werde ich später zurückkommen.

65 „In China war eine Form der polit. Kanonizität schon bei der Ankunft des Buddhismus als wichtiger Bestandteil des Regierungssystems etabliert. Der buddhistische K[anon] wurde als Gegenstück zum offiziellen Schriftenkorpus betrachtet und war wiederum Anlaß dazu, daß sich die Daoisten gezwungen sahen, im Laufe des 5. Jh. einen eigenen, ähnlichen K[anon] zusammenzustellen.“ Ian Astley, „Kanon VII: Buddhismus,“ in *Religion in Geschichte und Gegenwart, 4. Aufl.*, hg. von Hans Dieter Betz; Don S. Browning; Bernd Janowski; Eberhard Jüngel (Tübingen: J.C.B. Mohr (Paul Siebeck), 2001), 773.

66 Vgl. hierzu z.B. Robert Buswell: „Unlike the Bible, the Buddhist scriptural collection was an open canon.” Buswell, *Chinese Buddhist Apocrypha*, 4; oder: “The Buddhist canons of East Asia were open collections, which pemitted dramatic expansions in coverage ….” Robert E. Buswell und Hugh H. W. Kang, „Publications of the Tripiṭaka,“ in *Sources of Korean Tradition. Volume One: From Early Times Through the Sixteenth Century*, Hg. William Theodore de Bary und Peter H. Lee (New York: Columbia University Press, 1997), 237. Besonders augenfällig wird die Selbstverständlichkeit, mit der der chinesische „Kanon“ erweitert werden konnte, z.B. in der Tatsache, daß der *Long zang* aus der Qin-Dynastie den während der Song- und der Yuan-Zeit neu hinzugekommenen Texten, immerhin 300 Stück, eine eigene Abteilung (*Song Yuan ruzang zhujing* 宋元入藏諸經) einräumt. Soweit ich sehen kann, endete bei den chinesischen Drucksammlungen die Aufnahme neuer Texte mit *buddhavacana*-Status faktisch in der Yuan-Dynastie, was zweifellos in erster Linie damit zu erklären ist, daß danach keine Überlieferung mehr von Indien nach China erfolgte.

67 „Die Kanon-Bibliothek ist eine typische Erscheinungsform der asiatischen Traditionen, bei denen die Grenze zwischen Primärtext und Kommentar grundsätzlich anderen Status hat als in Judentum, Christentum und Islam (vgl. Bruhn). Im Osten werden die großen klassischen Kommentarwerke, die ‚Kirchenväter’ sozusagen, dem Kanon eingeschmolzen und durchdringen schon im Schriftbild den Primärtext in ganz anderer Weise als wir das gewohnt sind.“ Assmann and Assmann, „Kanon und Zensur als kultursoziologische Kategorien“, 14.

3.3. Die Klassifizierung der Schriften (panjiao 判教)*: Sektarische Primär- und Sekundärkanones?*

Mit der Reichseinigung unter der Sui-Dynastie (581–618) brach für den chinesischen Buddhismus vorübergehend ein goldenes Zeitalter an. Er wurde vom Kaiserhaus kräftig protegiert und im kaiserlichen Auftrag wurden unter anderem 594 und 602 die beiden großen Kataloge unter der Leitung Fajings 法經 (Daten unbekannt) und Yancongs 彥琮 (557–610) zusammengestellt.[68] Zugleich ging mit der nun systematisierten Aufarbeitung des Schrifttums und der in ihnen enthaltenen Lehren eine doktrinäre Ausdifferenzierung des chinesischen Buddhismus einher, die schließlich in die Etablierung mehr oder weniger eigenständiger Schulen, Sekten und Orden[69] mündete.

Wie wir gesehen haben, hatten die seit dem 4. Jahrhundert in China verfaßten Kataloge gleichsam ein „ökumenisches" Profil, indem sie Texte ungeachtet ihrer Verbundenheit mit einer bestimmten der sich herausbildenden Lehrtraditionen aufnahmen. Es liegt auf der Hand, daß niemand alle verfügbaren Schriften studieren konnte oder wollte. Viele Texte widersprachen sich gegenseitig, und es mußte geklärt werden, wieso der Buddha scheinbar so unterschiedliche Lehrreden gehalten hatte. So entwickelte man erstmals in der Zeit der Nördlichen und Südlichen Dynastien und verstärkt seit der Sui-Zeit Klassifizierungssysteme der verschiedenen Lehren auf der Grundlage der Vorstellung, daß der Buddha zu verschiedenen Zeiten, an verschiedenen Orten und gegenüber verschiedenen Hörergruppen unterschiedliche Akzente gesetzt hatte. Wie ein guter Arzt habe er situativ die richtige Medizin verteilt.

Diese als *panjiao* (判教; vollständig auch: *jiaoxiang panshi* 教相判釋; Jap. *kyōsō hanjaku* oder kurz *kyōhan*) bezeichneten Versuche, die heterogenen Lehren hierarchisch-wertend zu klassifizieren, wurden seit der Sui-Zeit zunehmend in den Dienst sektarischer Apologetik gestellt. Je

---

[68] *Zhongjing mulu* 衆經目錄 (T55, no. 2146; 2147). Eine dritte Auflage wurde in der Tang-Zeit von Jingtai 靜泰 besorgt (T55, no. 2148).

[69] Es ist nicht ganz einfach, für diese, im Chinesischen stets gleichermaßen „*zong* 宗" genannten „Gebilde" adäquate Bezeichnungen in europäischen Sprachen zu finden, die ihrem unterschiedlichen Charakter gerecht würden. Roger J. Corless z.B. unterscheidet zwischen „classical schools" (Sanlun 三論, Faxiang 法相 etc.), „scholastic sects" (Tiantai 天台, Huayan 華嚴) und „popular sects" (Chan 禪, Jingtu 淨土). Roger J. Corless, „History of Buddhism in China," in *Buddhism: A Modern Perspective*, hg. von Charles S. Prebish (University Park; London: State University of Pennsylvania Press, 1975), 190.

nach doktrinärer Präferenz wählten Einzelne und Gruppen von Mönchen eine Anzahl von Texten und machten sie zur Basis ihrer Lehrrichtung. Es fand also etwas statt, was man durchaus unter dem Gesichtspunkt der Kanonisierung betrachten sollte. Ohne die Authentizität der übrigen buddhistischen Schriften zu leugnen oder sie gar „liquidieren“ zu wollen,[70] selektierte man einige Schriften als für die eigene Lehrrichtung autoritative heraus.[71] Es kam zu dem, was Assmann und Assmann als „Invalidierung durch Marginalisierung“[72] bezeichnen, und was ein typisches Merkmal von Kanonisierung ist. Mit der Herausbildung buddhistischer „Subsysteme“ („Schulen“, „Orden“ etc.) wurde also das gesamte Schrifttum hierarchisch klassifiziert und – wenn man so will – zwischen einem „Primärkanon“ und einem „Sekundärkanon“ unterschieden[73]: Der „Primärkanon“ bestand aus „hochverbindlichen Texten“, die die „wahre Grundlage“ (*zhengyi* 正依; Jap. *shō'e*) der fraglichen Lehrtradition bildeten. Der „Sekundärkanon“ bestand aus randständigen Texten (*pangyi* 傍依; Jap. *bō'e*), die den Textsinn der hochverbindlichen Texte stützten.[74]

---

70 Das gilt selbst für die radikaleren Vertreter des ostasiatischen „Sektierertums” wie Nichiren: „The texts he disqualified were not eliminiated from the corpus of sacred writings, but their validity was relativized.” Lucia Dolce, „Buddhist Hermeneutics,“ in *Canonization and Decanonization: Papers Presented to the International Conference of the Leiden Institute for the Study of Religions (LISOR), Held at Leiden, 9 – 10 January 1997*, hg. von Arie van der Kooij (Leiden: Brill, 1998), 232.

71 Vgl. hierzu auch Angelika Malinars Beitrag über entsprechende Vorgänge im Zuge der Herausbildung hinduistischer Religionsgemeinschaften (*sampradāya*) in diesem Band.

72 „Wo ein Kanon besteht, werden immer Neben- und Außenstimmen invalidiert. Solche Invalidierung kann von der Marginalisierung bis zur Tabuisierung reichen.“ Assmann and Assmann, „Kanon und Zensur als kultursoziologische Kategorien“, 11.

73 Es ist zu beachten, daß die Begriffe „Primärkanon“ und „Sekundärkanon“ im von mir gebrauchten Sinne etwas anderes sind als die „Kanones erster, zweiter und gegebenenfalls dritter Ordnung“ (*Das kulturelle Gedächtnis*, 94), von denen Assmann spricht, wenn er auf Auslegungstraditionen, also auf die Produkte der Sinnpflege, verweist, die gleichsam schichtweise um einen Primärkanon herum entstehen und ihrerseits kanonisiert werden können.

74 So hatte auch im Bezug auf die rituelle „Textpflege“ der berühmte chinesische Meister Shandao 善導 (613–681) in seinem *Kommentar zum Sūtra der Meditation über den Buddha des Unermeßlichen Lebens* fünf Arten der „korrekten Praxis“ (*zhengxing* 正行) gegen die sogenannten „vermischten Praktiken“ (*zaxing* 雜行) abgegrenzt und festgelegt, daß es sich bei der ersten der fünf korrekten Praktiken darum handele, ausschließlich das *Meditations-Sūtra*, das *Sūtra [über den Buddha] des Unermeßlichen Lebens* und das *Amida-Sūtra* zu rezitieren (*Guan Wuliangshoufo jing shu* 觀無量壽佛經疏; T37, no. 1753, p. 272a29–272b06). Berühmt ist auch Hōnens 法然 (1133–1212) Unterscheidung zweier Schichten von für die „Sinnpflege“ relevanten

Dabei kann es sich um Sūtras handeln, aber auch um Kommentare, die eigentlich der „Institution der Sinnpflege“ entstammen und somit ursprünglich als „Sekundärtexte“ konzipiert worden waren.[75] Problematisch ist vor allem der Status der übrigen buddhistischen Texte, die für die Sinngebung der eigenen Schule weitgehend irrelevant waren.[76] Ihr

Texten, die die Geburt im Reinen Land Amidas erläutern. Ziemlich am Anfang des ersten Kapitels seines Hauptwerks *Senchaku hongen nenbutsu shū* 選擇本願念佛集 stellt Hōnen in bewußter Anlehnung an bereits bestehende dreiteilige „Partikularkanones“ fest, daß auch die Schule vom Reinen Land über einen kanonischen Satz von drei Sūtras und einer Abhandlung (*sankyō ichiron* 三經一論) verfügt, die eine verbindliche Basis des „Tores zum Reinen Land“ (*jōdomon* 淨土門) bilden. Siehe Ishii Kyōdo 石井教道, Hg., *Shōwa shinshu Hōnen Shōnin zenshū* 昭和新修法然上人全集 (Tokyo: Heirakuji Shoten, 1991), 312.

Vor allem Shinran und die sich auf ihn berufende Jōdoshinshū ging im Grunde noch weiter, indem sie selbst innerhalb der kanonischen Texte eine Klassifizierung vornahmen. So galt schon Hōnen der erste Teil des „Sūtras der Meditation über den Buddha Amitāyus“ als reine Vorbereitung auf den entscheidenden zweiten Teil. Shinran klassifizierte die 48 Gelübde Amidas hierarchisch und ordnete diese dann jeweils den „Drei Sūtras vom Reinen Land“ (*jōdo sanbu kyō* 淨土三部經) zu. Nur das 18. Gelübde repräsentierte seiner Meinung nach die wahre Intention des Buddha und entsprach damit dem *Muryōju kyō* 無量壽經 („Sūtra des Unernmeßlichen Lebens“), während das 19. und das 20. Gelübde nur provisorische Lehren repräsentierten, deren Befolgung lediglich Geburt im minderwertigen „Verwandlungsland“ (*kedo* 化土) bewirkte. Das 19. Gelübde ordnete er dem *Meditations-Sūtra* zu, das 20. dem *Amida-Sūtra*.

Nichiren wiederum teilte in Anlehnung an Zhiyi selbst das für ihn allein autoritative *Saddharma-puṇḍarīka-sūtra* in einen wesentlichen und einen peripհären Teil ein, in *honmon* 本門 und *shakumon* 迹門, um schließlich – über einen weiteren Zwischenschritt – zu behaupten, daß sich die Essenz des Sūtras und aller buddhistischen Schriften allein in den fünf Schriftzeichen *Myō Hō Ren Ge Kyō* 妙法蓮華經 des sino-japanischen Titels des Werkes manifestiere. Vgl. Dolce, „Buddhist Hermeneutics“, 239–240.

75 Besonders augenfällig wird dies bei Schulen wie der Sanlun zong 三論宗 oder ihrem japanischen Ableger der Sanronshū, deren Existenzzweck – wie der Name bereits andeutet – *per definitionem* in der Exegese dreier „Sekundärtexte“, nämlich (1) Nāgārjunas *Mūlamadhyamaka-kārikā* (*Zhonglun* 中論) nebst einem Kommentar von Nīlanetra, (2) Nāgārjunas **Dvādaśa-nikāya-śastra* (*Shi'ermen lun* 十二門論) und (3) Āryadevas *Śata-śāstra* (*Bailun* 百論). Allerdings ist fraglich, ob sich die Sanlun zong als eigenständige religiöse Institution mit einem eigenen Kanon oder nicht eher als eine Fachrichtung oder Expertengruppe innerhalb eines größeren institutionellen Zusammenhangs.

76 Vgl. Lucia Dolce: „The complete canon, the Tripiṭaka, seems to have had no epistemological or soteriological relevance in its entirety, unless distinctive categories were applied to it.“ Dolce, „Buddhist Hermeneutics“, 232.

Status wurde tatsächlich kaum thematisiert. Sie wurden zwar als authentisch betrachtet, man zitierte, rezitierte und kopierte sie,[77] d.h. sie waren zumindest teilweise Gegenstand der Textpflege, doch im engeren Sinne kanonisch waren sie nach meiner Arbeitsdefinition des Begriffs „Kanon" nicht. Sie erfüllten z.B. nicht das Kriterium, daß „alles, was normative Geltung beansprucht, sich als Sinn diese[r] Texte[s]"[78] hätte ausweisen lassen müssen. Daher wurden sie auch meist nicht Gegenstand der Sinnpflege. Die durch Marginalisierung invalidierten Texte verloren ihre Funktion als „kulturelle Texte", insofern sie nicht mehr auf „normative und formative Allgemeinverbindlichkeit"[79] drängten. Auf der semantischen Ebene galten sie keinesfalls als verbindlich für alle Buddhisten. Vielmehr wurden mitunter alle Texte außerhalb des Partikularkanons in der sektarischen Polemik zu Werken degradiert, die bestenfalls auf die wirklich wichtigen und tiefgründigen des Partikularkanons vorbereiten oder hinführen.[80] Allerdings könnte man sagen, daß sie dessen ungeachtet als „heilige Texte" betrachtet wurden, die das Wort des Buddha symbolisch repräsentierten. An dieser Stelle scheint es mir noch einmal angebracht, auf den Unterschied zwischen „heiligen Texten" und „kanonischen Texten" hinzuweisen, mit dem sich auch Max Deeg in diesem Band beschäftigt. Nicht jeder Text, der durch Verehrung und rituellen Gebrauch „geheiligt" wird – so möchte ich behaupten – ist automatisch ein „kanonischer Text". Dagegen kann eine hinsichtlich ihrer normativen Autorität und Verbindlichkeit als „kultureller Text" qualifizierte Schrift durch „Kanonisierung" geheiligt werden.[81]

---

[77] Auch ist der liturgische Gebrauch von Texten außerhalb des Primär- und Sekundärkanones innerhalb vieler Schulen und Sekten durchaus üblich. So findet sich beispielsweise in einer liturgischen Textsammlung der Jōdoshū unter anderem das populäre, aber vom Standpunkt der Denomination im Grunde „außerkanonische" *Herz-Sūtra der Vollkommenheit der Einsicht* (*Hannya shingyō* 般若心經). Dennoch sind sie nicht den jeweiligen partikularen Kanones der einzelnen Sekten zuzurechnen. Auch in der christlichen Tradition werden schließlich außerkanonische Texte wie die Apokryphen zu liturgischen, apologetischen oder erbaulichen Zwecken verwendet.

[78] Assmann, *Religion und kulturelles Gedächtnis,* 82.

[79] Ibid. 145.

[80] Diese Haltung können wir nicht nur in der Tiantai/Tendai-Schule beobachten, sondern ebenso in der japanischen Shingonshū, die alle „exoterischen" Texte als minderwertig weil praxisfern herabwürdigt.

[81] Diese These lehnt sich an die Behauptung Assmanns an, daß „[d]urch die Kanonisierung [...] kulturelle Texte wie heilige Texte behandelt" werden. Ibid. 145.

Die „sektarischen Partikularkanones“ sind die ersten und einzigen im vormodernen ostasiatischen Buddhismus, die das Kriterium einer gewissen Dauerhaftigkeit und Unwandelbarkeit erfüllen. Außerdem erfüllen sie offenkundig das Kriterium der Hochverbindlichkeit und haben eine stark identitätsstiftende Funktion. Allerdings blieben sie gewissermaßen „virtuelle Kanones“ oder „konzeptionelle Kanones“ (Deeg), insofern sie in vormodernen Zeiten meines Wissens niemals als Bücher mit herausgehobenem sakralen Status materiell Gestalt angenommen hätten. Sie wurden nicht materialiter aus der „Kanon-Bibliothek“ oder dem „Kanon-Fundus“ herausgelöst und zu einem Buch zusammengefaßt.[82] Die auch und nicht zuletzt in den japanischen Sekten obligatorische Festlegung auf einen Primär- und einen Sekundärkanon ist eines der wesentlichen konzeptionellen Mittel der Identitätsstiftung.[83] Die durch einen extremen Stifterkult (*soshi shinkō* 祖師信仰) gekennzeichneten Sekten des japanischen Buddhismus erweiterten die von den jeweiligen Stiftern oder Altvorderen festgelegten Kanones gleichwohl um die Schriften der Stifter selbst. Die Kommentare Hōnens zum Primärkanon der Jōdoshū haben ebenso wie Nichirens Schriften innerhalb der sich auf sie berufenden Denominationen eindeutig kanonischen Status erlangt. Es ist nicht ganz einfach festzustellen, wann genau und unter welchen Bedingungen es zu einer gewissen „Stillstellung des Traditionsstromes“ innerhalb der japanischen Schulen gekommen ist. Die Vermutung liegt allerdings nahe, daß sie auf die Tokugawa-Zeit (1603–1868) zurückzuführen ist.[84]

---

[82] Vgl. hierzu auch Max Deegs Beitrag im vorliegenden Band.

[83] Vgl. Dolce: „[…] p'an-chiao became a powerful sectarian instrument, increasingly used to assert the identity of separate schools." Dolce, „Buddhist Hermeneutics“, 231.

[84] In dieser recht repressiven Phase der japanischen Geschichte wurden die Schulen von den Herrschenden durch die sogenannten „Tempel-Gesetze“ (*jiin hatto* 寺院法度) in ein enges organisatorisches und ideologisches Korsett gezwängt, welches die denominationalen Identitäten endgültig zementierte. Siehe Tamamuro Fumio 圭室文雄, *Nihon bukkyōshi: Kinsei* 日本佛教史・近世 (Tokyo: Yoshikawa Kōbunkan, 1987), 2–26.

4. Die Herausforderungen der Moderne

4.1. Neue Zusammenstellungen von Schriftkorpora

Für japanische Buddhisten und Buddhologen brachte die Modernisierung und Öffnung ihres Landes eine Vielzahl von Herausforderungen mit sich.

Von einheimischen Nationalisten wurde ihnen vorgehalten, daß ihre Religion von ihren Wurzeln her fremdländisch und nicht genuin japanisches Kulturgut sei; die historisch-kritische Buddhologie der Europäer wiederum bezweifelte die Authentizität vieler für japanische Buddhisten autoritativen Quellen.[85] Unter ihrem Einfluß machten sich japanische Forscher bis zu einem bestimmten Grad eine verengte, „entmythologisierte" Definition des *bhuddhavacana* zu eigen. Buddha Śākyamuni wurde zunehmend als historische Person gesehen, und als Buddha-Wort konnte im engeren Sinne nur noch gelten, was von dieser Person tatsächlich gesagt worden war.[86]

Das so veränderte Geschichtsbewußtsein japanischer Buddhologen wirkte sich jedoch – wie wir gesehen haben – zunächst nicht auf die Kriterien zur Aufnahme von Texten in die großen Textsammlungen aus, die

[85] In Japan selbst hatte der Gelehrte Tominaga Nakamoto 富永仲基 (1715–1746) bereits im 18. Jahrhundert bezweifelt, daß die Mahāyāna-Schriften wirklich das Wort des Buddha repräsentierten. Seine Überlegungen hatten aber keinen größeren Einfluß auf die buddhistische „Szene". Siehe Mizuno, *Buddhist Sutras.* 124–128; für eine Übersetzung des entsprechenden Textes Tominagas, des *Shutsujō kōgo* 出定後語, siehe Michael Pye, *Emerging from Meditation* (London & Honolulu: Duckworth, 1990); für eine deutsche Übersetzung Rebekka Radke, *Worte nach der Meditation: Die historische Buddhismus-Kritik von Tominaga Nakamoto (1715–46)* (Frankfurt a.M. et al.: Peter Lang, 2003).

[86] So bezweifelte der berühmte Buddhologe und Shinshū-Priester Murakami Senshō 村上専精 (1851–1929) im 1901 erschienenen ersten Band der vielbeachteten Buchreihe *Bukkyō tōitsu ron*佛教統一論 nicht nur die Historizität des Buddhas Amida, den er eher als eine symbolisch-mythologische Gestalt auffaßte, sondern auch die Authentizität der Mahāyāna-Lehren in dem Sinne, daß er andeutete, sie seien womöglich nicht direkt vom historischen Buddha geäußert worden. Murakami Senshō 村上専精, *Bukkyō tōitsu ron* 佛教統一論 (Tokyo: Kinkō Dōsho, 1901). Dem widersprach zwei Jahre später Maeda E'un 前田慧雲 (1855–1930), ebenfalls Shinshū-Priester und Mitherausgeber der monumentalen Textsammlungen *Dai nihon kōtei daizōkyō* 大日本校訂大藏經 (Tokyo 1902–1905) und *Dai nihon zoku zōkyō* 大日本續藏經 sowie des *Bukkyō seiten* 佛教聖典 von 1905. Siehe Mizuno, *Buddhist Sutras*, 128–133 und Hideo Kishimoto, *Japanese Religion in the Meiji Era, Japanese Culture in the Meiji Era; 2* (Tokyo: Ōbunsha, 1956), 150.

im frühen 20. Jahrhundert zusammengestellt wurden. Allerdings ist in dieser Zeit ein gesteigertes Interesse am sogenannten Ur-Buddhismus, Frühen Buddhismus oder Primitiven Buddhismus[87] festzustellen, den man nun irgendwie für ursprünglicher und authentischer hielt, wenn auch nicht unbedingt für tiefgründiger.[88] Daß sich die wissenschaftlichen Erkenntnisfortschritte dessen ungeachtet lediglich auf die Organisation, nicht aber auf die Textauswahl der großen Sammlungen auswirkte, hängt wohl in erster Linie damit zusammen, daß die Motivation der Kompilatoren schon in vormodernen Zeiten eher eine bibliographisch-archivarische als eine im engeren Sinne religiöse war. Die Aufnahme eines Textes in die Sammlung hing nicht von ihrem Wert als religiöser Text für die Kompilatoren oder ihre Auftraggeber zusammen. Das entscheidende Kriterium war, daß dieser tatsächlich aus dem indischen Kulturraum stammte oder sich historisch irgendwie behauptet hatte.[89] Der transdenominationale Charakter und Umfang der *daizōkyō* und *issaikyō* verhinderte indes, daß diese Sammlungen ein hohes Maß an religiöser Verbindlichkeit erlangen konnten. Für die meisten religiösen Benutzer war nur ein Bruchteil der dort aufgenommenen Texte relevant, geschweige denn „hochverbindlich“.[90] Der Tendai-Gelehrte und Teilnehmer am

[87] Die geläufigsten japanischen Termini sind *konpon bukkyō* 根本佛教, *genshi bukkyō* 原始佛教 und *shoki bukkyō* 初期佛教.

[88] Die Erkenntnisse moderner historisch-kritischer Methoden in der Buddhismus-Forschung wirkten sich lediglich dahingehend aus, daß man z.B. im *Taishō shinshū daizōkyō* die verschiedenen klassischen Druckausgaben des Schrifttums miteinander kollationierte und der Neuausgabe einen kritischen Apparat beifügte. Wie Max Deeg unter Verweis auf Demiéville angemerkt hat, wirkte sich die gesteigerte Wertschätzung der vermeintlich ältesten Texte immerhin dahingehend aus, daß die *Āgamas* im *Taishō shinshū daizōkyō* erstmals an den Anfang der Sammlung rücken, womit fast so etwas wie ein chronologisches Moment in der „Kanonarchitektur“ suggeriert wird. Dem Vorbild folgt in gewisser Weise die missionarisch aktive taiwanesische Foguangshan in ihrem weiter oben erwähnten *Foguang dazangjing* 佛光大藏經, der in vier Teile eingeteilt ist: 1. Āgama-Sammlung 阿含藏 (17 Bände), 2. Chan-Sammlung 禪藏 (51 Bände), 3. Prajñā-Sammlung 般若藏 (42 Bände), 4. Sammlung des Reinen Landes 淨土藏 (33 Bände). Siehe http://dzj.fjnet.com/d29.asp (letzter Zugriff: 08.08.06).

[89] Dabei ist auch zu beachten, daß selbst solche Übersetzungen indischer Texte, die sich letztlich nicht als autoritative Schriften in den Primärkanones der einzelnen Schulen durchgesetzt hatten (z.B. Dharmarakṣas Übersetzung des *Lotus-Sūtras* oder Lokakṣemas Übersetzung des *Sukhāvatī-vyūha*) aufgenommen wurden, allein weil sie die Zeit überdauert hatten.

[90] Zwar weisen die *daizōkyō* und *issaikyō* einige Merkmale eines Kanons auf, wie etwa die Tatsache, daß sich Spezialisten in institutionalisierter Form um Textpflege und

Weltparlament der Religionen in Chicago 1893, Ashitsu Jitsuzen 蘆津実全 (1841–1921), etwa äußerte in seinem Werk *Bemerkungen über die Zukunft der japanischen Religion* (*Nihon shūkyō mirai ki* 日本宗教未来記, Kobe 1889) den Vorbehalt, daß, wenn es nötig wäre, zum Verständnis des Buddhismus alle buddhistischen Schriften zu kennen, es auf der ganzen Welt nicht einen einzigen echten Buddhisten gäbe.[91] Nicht übersehen werden sollte auch, daß von vielen Sūtras mehrere Übersetzungen in die großen Sammlungen aufgenommen wurden, obwohl in der Regel nur eine einzige Version für eine bestimmte Gruppe autoritativen Status hatte.[92]

Sinnpflege bemühten. Der Textpflege zuzuordnen sind ritualisierte Abschriften, deren Aufbewahrung an sakralen Orten, ihre wortgetreue Rezitation, kurzum alle Handlungen, die den sakralen Charakter der Texte in ihrer zu bewahrenden Endgestalt hervorhoben. Dem Textsinn widmeten sich die zahllosen Kommentatoren, deren Kommentare zu den Schriften ihrerseits in die großen Sammlungen aufgenommen wurden.

91 „[I]f in order to understand Buddhism, one would have to read each and every sutra, there would be not one Buddhist in the world today." Ashitsu Jitsuzen 蘆津実全, *Nihon shūkyō mirai ki* 日本宗教未来記 (Kobe: 1889). Zit. nach James E. Ketelaar, *Of Heretics and Martyrs in Meiji Japan: Buddhism and its Persecution* (Princeton: Princeton University Press, 1990), 208.

92 Bekannte Beispiele sind die Übersetzungen des *Saddharma-puṇḍarīka*, von denen sich nur die Kumārajīvas von 406 (*Miaofa lianhua jing* 妙法蓮華經; T9, No. 262) als autoritativer Text durchsetzte, ohne daß die ältere Übersetzung Dharmarakṣas von 286 (*Zhengfahua jing* 正法華經; T9, No. 263) deshalb „liquidiert" worden wäre. Vielmehr wurde sie ebenfalls weiter überliefert, kopiert und in die „Kanon-Bibliotheken" aufgenommen. Das gleiche gilt für die autoritativen Schriften des Buddhismus vom Reinen Land. Vom sogenannten „Längeren *Sukhāvatī-vyūha*" wurden gleich fünf Versionen überliefert: (1) *Wuliang qingjing pingdeng jue jing* 無量清淨平等覺經; übers. von Lokakṣema zwischen 147 und 186 (T12, No. 361); (2) *Amituo sanyesanfo saloufotan guodu ren dao jing* 阿彌陀三耶三佛薩樓佛檀過度人道經; übers. zwischen 223 und 228 von Zhiqian 支謙 (T12, No. 362); (3) *Wuliangshou jing* 無量壽經; übers. 421 von Buddhabhadra und Baoyunn 寶雲 (laut Tradition von Saṅghavarman) (T12, No. 360); (4) *Wuliangshou rulai hui* 無量壽如來會; übers. zwischen 706 und 713 von Bodhiruci (enthalten in T11, No. 310: *Da baoji jing* 大寶積經); (5) *Dasheng wuliangshou zhuangyan jing* 大乘無量壽莊嚴經; übers. 980 von Faxian 法賢 (T12, No. 363). Nur die drittgenannte Übersetzung hat in den Traditionen des Buddhismus des Reinen Landes autoritatives Gewicht. Für die Wahl einer bestimmten Version eines Textes waren meist inhaltliche Gründe maßgebend. Gewählt wurde der Text, der die eigene Lehrmeinung am besten repräsentierte. Im China des 6. Jahrhunderts scheint sich zwischen den Anhängern verschiedener Übersetzungen des *Laṅkāvatāra-sūtra* sogar eine erbitterte Feindschaft entwickelt zu haben. Während die eine Gruppe Bodhirucis (?-527) Übersetzung des *Laṅkāvatāra-sūtra* (*Ru lengqie jing* 入楞伽經; T16, no. 671) verehrte, favorisierte

Den *daizōkyō* und *issaikyō* fehlten also mindestens zwei wesentliche Merkmale eines Kanon nach Assmann: Ihnen fehlte die „Hochverbindlichkeit", und ihnen fehlte die Abgeschlossenheit. Die Erweiterung bereits bestehender Sammlungen wurde nicht nur als Möglichkeit akzeptiert, sie wurde vielmehr angestrebt. Die Kompilatoren waren bemüht, so viele Texte wie möglich in die Sammlungen aufzunehmen, sofern die Texte nicht zu offenkundig heterodox, subversiv oder gefälscht waren. Sie waren auf Inklusion, Erweiterung und Vollständigkeit hin angelegt[93] und ließen damit den exklusivistisch-selektiven Charakter vermissen, der einem Kanon typischerweise eignet. Das hinderte, wie wir gesehen haben, Nanjō Bun'yū indes nicht daran, seinem vielbeachteten Katalog chinesischer Übersetzungen des „Buddhist Tripiṭaka" den Untertitel „The Sacred Canon of the Buddhists in China and Japan" zu geben, eine Benennung, die ihre Entsprechung im japanischen Titel in „*Sanzō seikyō* 三藏聖教" findet.

Im 20. Jahrhundert wurden außer den großen transdenominationalen Sammlungen jedoch auch denominational eingegrenzte Sammlungen kompiliert, und es ist zu fragen, ob diese einen kanonischen Charakter haben. Alle bedeutenden Schulen des japanischen Buddhismus veröffentlichten im 20. Jahrhundert Sammlungen, die den Gattungstitel „*zensho* 全書" (sämtliche Schriften) oder „*zenshū* 全集" (vollständige Sammlung) trugen. Betrachtet man deren Inhalt, so muß man jedoch feststellen, daß sie zumeist ebenfalls eher als Studienausgaben solcher Texte konzipiert waren, die für die Tradition der fraglichen Denomination von historischem Interesse sind, und weniger als Zusammenstellungen von Texten mit hoher religiöser Verbindlichkeit. Das beste Beispiel in dieser Hinsicht liefert die Reihe „Sämtliche Schriften der Jōdoshū" (*Jōdoshū zensho* 浄土宗全書), begonnen 1906 und immer wieder erweitert und neuaufge-

---

die andere die Übersetzung Guṇabhadras (394–468) von 443 (*Lengqie abatuoluo baojing* 楞伽阿跋多羅寶經 (T16, no. 670) und beschuldigte gar 楞伽阿跋多羅寶經; T16, no. 670). Aus letztgenannter Gruppe entwickelte sich der Chan-Orden, der die Gruppe um Bodhiruci und den Vinaya-Meister Huiguang 慧光; 465–537), sie hätten Huike 慧可 (487–593), den Nachfolger Bodhidharmas, vergiften wollen (siehe *Lidai fabao ji* 曆代法寶記; T51, no. 2075, p. 181b04–181b06). Auch in den mongolischen Kanjur-Sammlungen finden sich häufig Dubletten, wie Karénina Kollmar-Paulenz in ihrem Beitrag zu diesem Band feststellt.

93 Das gleiche gilt offenkundig auch für den Kanjur, dessen Redakteure stets um Vollständigkeit bemüht waren, wie im Beitrag von Karénina Kollmar-Paulenz zu sehen ist.

legt.[94] In dieser Sammlung sind selbst solche Texte zu finden, die eindeutig als Pseudepigraphe[95] entlarvt wurden, was die Herausgeber und Kommentatoren auch keineswegs leugnen. Diese Texte sind aber für das Verständnis der historischen Entwicklung des Amida-Kultes und seiner Literatur in Ostasien durchaus relevant. Auch wenn die Textauswahl in den Sammlungen anderer Denominationen etwas exklusiver ist, so kann man diese doch schwerlich als Kanon im engeren, religiösen Sinne bezeichnen.

Eine neue Qualität in der Zusammenstellung buddhistischer Textsammlungen deutet sich in einem eigentümlichen Gattungstitel an, der ebenfalls im frühen 20. Jahrhundert verstärkt zur Anwendung kam. Ab 1910[96] publizierten die diversen Denominationen in Japan Zusammenstellungen der für die eigene Tradition relevanten Texte unter dem Titel „*seiten* 聖典“. *Seiten* bedeutet wörtlich soviel wie „Heilige Schrift“ oder „Heilige Schriften“.[97] Die Verwendung dieses Gattungstitels ist in vielerlei Hinsicht bemerkenswert. Zwar handelt es sich bei dem fraglichen Binom keineswegs um einen Neologismus, doch seine Verwendungsweise und seine Lesung haben sich im 20. Jahrhundert auffallend verändert. Im Sprachgebrauch des chinesischen und des vormodernen japanischen

---

94 Die letzte Ausgabe wurde zwischen 1970 und 1974 als Neuauflage des Originals aus den Jahren 1911–1914 anläßlich der 800-Jahresfeier der Gründung der Jōdoshū im Jahr 1175 veröffentlicht. 浄土宗開宗八百年記念慶讃準備局 Jōdoshū kaishū happyakunen kinen keisan junbikyoku, hg. von, *Jōdoshū zensho* 浄土宗全書, unveränderte Neuauflage der Originalausgabe von 1911–1914, 20 Bde. (Tokyo: Sankibōbusshorin 山喜房佛書林, 1970–1972).

95 Z.B. das Vasubandhu zugeschriebene *Tenjiku ōjō kenki* 天竺往生験記. Siehe Jōdoshū kaishū happyakunen kinen keisan junkyoku, Hg., *Ōjōden shūroku* 往生傳輯録, *Jōdoshū zensho, zoku* 浄土宗全書: 續; *16* (Tokyo: Sankibō Busshorin, 1974), 337–344.

96 Soweit mir bekannt, war die erste Ausgabe eines *seiten* die folgende: Kōkōdō 浩々洞, Hg., *Shinshū Seiten* 真宗聖典 (Tokyo: Muga Sanbō, 1910). Bereits 1911 zog die Jōdoshū mit ihrer eigenen Ausgabe heiliger Schriften nach: Mochizuki Shindō望月信道, Hg., *Jōdoshū seiten* 浄土宗聖典 (Kyoto: Heirakuji Shoten, 1911).

97 Ich bin mir bewußt, daß die Übersetzung des Zeichens 聖 mit „heilig“, „Heiliger“ etc. nicht unproblematisch ist. Das Zeichen hat einen deutlich größeren Bedeutungsumfang und kann je nach Kontext eher „Weisheit“ als „Heiligkeit“ andeuten. In den für mich hier relevanten Verwendungszusammenhängen, die m.E. bewußt auf die christlichen Konnotationen anspielen, kann man die Übersetzungen „heilig“, Heiliger“ etc. aber wohl mit gutem Gewissen vertreten. Zum Gebrauch des Zeichens im japanischen Buddhismus der Heian- und Kamakura-Zeit siehe auch Christoph Kleine, „Hermits and Ascetics in Ancient Japan: The Concept of *Hijiri* Reconsidered,“ *Japanese Releigions* 22, no. 2 (1997).

Buddhismus bezeichnete man mit dem Binom ganz allgemein die aus dem indischen Kulturraum eingeführten buddhistischen Schriften. In der sino-japanischen „*on*-Lesung" las man die Zeichenkombination allerdings „*shōten*" und nicht „*seiten*". Es muß also gefragt werden, warum man im frühen 20. Jahrhundert dazu über ging, den Begriff für die autoritativen Texte der eigenen Tradition zu wählen und dann auch noch anders auszusprechen.

Die Vermutung liegt nahe, daß die Denominationen als Herausgeber der Sammlungen sich tatsächlich am Konzept der „Heiligen Schrift" der Christen orientierten.[98] Ketelaar übersetzt denn auch „Bukkyō seiten" als „Buddhist Bible".[99]

In christlichen Kontexten wird das erste Zeichen des Binoms 聖典 regelmäßig „*sei*" gelesen und nicht, wie in buddhistischen Zusammenhängen „*shō*". Christliche Heilige etwa bezeichnet man – so wie die Weisen Herrscher des Altertums im Konfuzianismus – als „*seijin* 聖人", buddhistische Heilige stattdessen als „*shōnin*聖人"[100], wobei die chinesischen Zeichen jeweils identisch sind. Die Bibel der Christen wird als „*seisho* 聖書", „Heilige Schrift" bezeichnet. Wir müssen also annehmen, daß es den Kompilatoren bewußt darum ging, eine der Bibel vergleichbare Schriftensammlung der eigenen Denomination vorzulegen. Und damit wären nun erstmals in Ostasien buddhistische Kanones im engsten Sinne entstanden, d.h. in dem Sinne, daß sie auch in ihrer endgültigen Textgestalt materialiter zu einem Buch zusammengefaßt wurden.[101]

---

[98] Man beachte aber, daß auf einer Website des Nishi Honganji *seiten* mit „service book", also ein zum liturgischen Gebrauch bestimmtes Buch, übersetzt wird. http://www.nishihongwanji-la.org/church/buddhism/jodo shinshu.html (letzter Zugriff 08.08.06): „Service Book/ Seiten contains sacred teaching and words of Buddha; therefore, it should be handled with respect and reverence. Before opening it, please hold it with both hands and raise the book to your forehead to show your gratitude".

[99] Ketelaar, *Of Heretics and Martyrs*, 207.

[100] Üblicher war eigentlich der Gebrauch der homophonen Zeichenkombination 上人, doch im Zuge der Sektenkonkurrenz bemühten sich die Apologeten der einzelnen Gruppen, ihren Stifter durch den Gebrauch des Zeichens 聖 gegenüber den Stiftern anderer Sekten aufzuwerten. So wird z.B. Hōnen auch von der eigenen Gefolgschaft gemeinhin als Hōnen Shōnin 法然上人 bezeichnet. Sein Schüler Shinran wird von Shinshū-Leuten dagegen bereits als Shinran Shōnin 親鸞聖人 bezeichnet, und Nichiren trägt bei seinen Anhängern von der Sōka Gakkai schließlich den Titel Daishōnin 大聖人 („großer Heiliger").

[101] Das frühere Konzept der sektarischen Kanones war eher ein ideelles, insofern ihnen meines Wissens niemals eine materielle Gestalt gegeben wurde. Die dem Primär-

Daß es den Herausgebern der *seiten* tatsächlich um eine Kanonisierung nach dem Vorbild der Heiligen Schrift der Christen ging, wird auch durch die Auswahl der Texte deutlich. Im Gegensatz zu den „*zensho*" oder „*zenshū*" enthalten die *seiten* nur Texte, die von unmittelbarer Relevanz und hoher Verbindlichkeit für die eigene Denomination sind.[102] Die bekannteste Version japanisch-buddhistischer *seiten* ist zweifellos die entsprechende Sammlung der Jōdoshinshū.

Beide großen Flügel dieser wichtigen Denomination – die Honganjiha 本願寺派 und die Ōtaniha 大谷派 – haben jeweils eigene Bücher unter dem Titel *Jōdoshinshū seiten* 浄土真宗聖典 bzw. *Shinshū seiten* 真宗聖典 auf den Markt gebracht.[103] Das *Shinshū seiten* des Honganji-Flügels wurde 1955 sogar ins Englische übersetzt,[104] eine weitere englische Fassung wurde 1978 von den *Buddhist Churches of America* (BCA) unter dem Titel *Shinshu Seiten: Jodo Shinshu Buddhist Teaching*[105] veröffentlicht. Man verzichtete in beiden Fällen offenbar bewußt darauf, „*seiten*" mit „Bibel" oder „Heilige Schrift" zu übersetzen. Man spricht stattdessen – wiederum in unmißverständlicher Anlehnung an die christliche Terminologie – meist von „service book". Doch schon das Format der in regelmäßigen Abständen – inzwischen auch online[106] – neu veröffentlichten einbändigen *seiten* der beiden Shinshū-Flügel erinnert deutlich an die Bibel. Ich denke, man kann die unter dem Titel „*seiten*" oder „Heilige Schriften" publizierten Textsammlungen der großen japanischen Deno-

oder dem Sekundärkanon zugerechneten Texte blieben als einzelne Bücher bzw. Schriftrollen bestehen.

102 So z.B. die Sammlung *Jōdoshū seiten*: Jōdoshū seiten kankō iinkai 浄土宗聖典刊行委員會, Hg., *Jōdoshū seiten* 浄土宗聖典 (Kyoto: Jōdoshū shūmuchō, 1994–1999).

103 Bereits im Jahr 1916 hatte der Shinshū-Priester Andō Masazumi (1876–1955) ein *Shinshū dai seiten* („Große Heilige Schrift der Shinshū") veröffentlicht. Bei diesem Prachtband, handelt es sich aber wohl um eine Auswahl aus Sicht der Shinshū wichtiger Textstellen in modernem Japanisch. Andō wurde in seiner Arbeit inspiriert und unterstützt von Nanjō Bun'yū und Maeda E'un, die gut 10 Jahre zuvor eine „ökumenische Bibel" des Buddhismus publiziert hatte (s.u.). Masazumi Andō 安藤正純, Hg., *Shinshū dai-seiten* 眞宗大聖典 (Tokyo: Nihon bukkyō kyōkai, 1916), Ketelaar, *Of Heretics and Martyrs,* 210–212.

104 Honpa Hongwanji Mission of Hawaii, Hg., *The Shinshu Seiten* (Honolulu: Honpa Hongwanji Mission of Hawaii, 1955).

105 Buddhist Churches of America, Hg., *Shinshu Seiten: Jodo Shin Buddhist Teaching* (San Francisco: Buddhist Churches of America, 1978).

106 Ōtaniha-Version: http://www.fureai.or.jp/~bandou/library.htm (letzter Zugriff: 08.08.06); Honganjiha-Version (nur zur Volltextsuche, nicht zum Lesen): http://www2.hongwanji.or.jp/kyogaku/kensaku/ (letzter Zugriff: 08.08.06).

minationen mit Fug und Recht als Kanones bezeichnen. Insbesondere die „Heiligen Schriften" der beiden Shinshū-Flügel zeichnen sich durch ein beachtliches Maß an Abgeschlossenheit aus. Meines Wissens hat sich an der Auswahl der autoritativen Texte in diesen Sammlungen in den letzten knapp hundert Jahren kaum etwas geändert[107], und ich halte es auch für sehr unwahrscheinlich, daß dem Buch neue Texte hinzugefügt oder alte aus ihm entfernt werden. Es ist in diesem Sinne zu einer echten Kanonisierung bezüglich der Textauswahl gekommen. Hinzu kommt, daß die hier aufgenommenen Schriften in ihrer „wirklichen Endgestalt", d.h. in einer ganz bestimmten Fassung, in ihrem Wortlaut fixiert sind. So hat z.B. im *Shinshū seiten* ausschließlich die wohl fälschlich Saṅghavarman zugeschriebene Übersetzung des *Längeren Sukhāvatīvyūha* aus der Wei-Dynastie (T12, No. 360) Platz und nicht etwa die Übersetzungen Lokakṣemas oder Bodhirucis. In den Erläuterungen zur Online-Ausgabe des *Shinshū seiten* der Ōtaniha wird extra darauf hingewiesen, daß diese getreulich der Vorlage der autoritativen Druckfassung folgt.[108] Die Fassungen der beiden Shinshū-Flügel weisen im übrigen kleinere Unterschiede bezüglich ihrer Textauswahl auf, was möglicherweise für die identitätsstiftende Funktion der „Kanonisierung" nicht unerheblich ist.

Es ist offensichtlich, daß es schon allein wegen der besseren Überschaubarkeit des autoritativen Schrifttums innerhalb der einzelnen Denominationen leichter möglich war, einen verbindlichen Kanon zu etablieren als für den ostasiatischen Buddhismus insgesamt. Das heißt jedoch nicht, daß die Suche nach einem traditionsübergreifenden Kanon von vornherein aufgegeben worden wäre. Man könnte sagen, daß man auf zweierlei Art versucht hat, einen „überkonfessionellen" Kanon zu schaffen.

---

107 Allerdings ist in der Online-Fassung des *Shinshū seiten* der Honganjiha der Grundbestand von 44 „kanonischen Texten" um 12 Schriften der sogenannten „Sieben Patriarchen" erweitert worden. Diese werden aber deutlich abgesetzt, indem man sie aus der Zählung herausnimmt und sie eher im Sinne eines Appendix anfügt. Es scheint also ein klares Bewußtsein dafür zu geben, daß der Grundbestand der „Heiligen Schrift" unantastbar ist. Merkwürdig ist allerdings, daß das für Shinran und auch schon für Hōnen eminent wichtige, dem Vasubandhu zugeschriebene *Jōdo ron* nun in den „Appendix" gerutscht ist, wohl um der Systematik willen.

108 „Diese ‚Heilige Schrift der Shinshū' ist auf der vom Ōtani-Flügel der Shinshū publizierten ‚Heiligen Schrift' basierend fertiggestellt worden. Sie ist getreu nach der ‚Heiligen Schrift der Shinshū' eingegeben worden. この『真宗聖典』は真宗大谷派から出版されている聖典に基づいて出来ております。『真宗聖典』に忠実にうち込んであります " http://www.fureai.or.jp/~bandou/library.htm.

4.2. „All Buddhists, One Faith“[109]: Die Suche nach einer ökumenischen Bibel des Buddhismus

4.2.1. Sammlungen von sektarischen Partikularkanones

Ein erster Schritt hin zu einer möglichen buddhistischen Ökumene wenigstens innerhalb Japans war die Anerkennung der Gleichwertigkeit aller Denominationen. Hierbei spielte zunächst das Studium des *Hasshū kōyō* 八宗綱要, einer Darstellung der acht mittelalterlichen Schulen des japanischen Buddhismus zuzüglich Amida- und Zen-Buddhismus des Mönches Gyōnen 凝然 (1240–1321) aus dem 13. Jahrhundert, eine entscheidende Rolle. Diese weitgehend unparteiische Einführung in Geschichte und Lehren aller anerkannten Schulen seiner Zeit bildete gleichsam das Modell, nach dem man zu einer friedlichen auf gegenseitigem Respekt basierenden Koexistenz zu gelangen hoffte. Im Jahr 1896 veröffentlichte ein Zusammenschluß von Gelehrten der verschiedenen Denominationen eine gemeinsame Geschichte des japanischen Buddhismus in fünf Bänden, in bewußter Anlehnung an das Vorbild Gyōnens.[110]

In die gleiche Richtung zielten Publikationen wie die Sammlung buddhistischer Schriften in japanischer Übersetzung aus den Jahren 1928–32. In der etwas umständlich *Shōwa shinsan kokuyaku daizōkyō* 昭和新纂國譯大藏經 („In der Shōwa-Ära neu herausgegebene große [buddhistische] Schriftensammlung in japanischer Übersetzung“) betitelten Sammlung

---

[109] Dies ist das Motto der *Zennihon bukkyō kai* oder *Japan Buddhist Federation* (JBF), dem Dachverband der japanischen Buddhisten, auf einem ihrer Flyer. Der JBF, die ihrerseits Mitglied der World Fellowship of Buddhists (WFB) ist, gehören mit 102 japanischen Denominationen und Organisationen über 90 Prozent aller buddhistischen Organisationen Japans an. Die 1957 gegründete JBF ist aus der im Jahr 1900 gegründeten Organisation *Bukkyō konwa kai* 佛教懇話會 und ihren Nachfolgeorganisationen *Dainihon bukkyō kai* 大日本佛教會 (24.03.1941) und *Nihon bukkyō rengō kai* 日本佛教連合會 hervorgegangen. Informationen in japanischer und englischer Sprache finden sich unter: http://www.jbf.ne.jp/ (08.08.06). Zu den Bemühungen um die Einheit des japanischen Buddhismus in der Meiji-Zeit siehe auch Michel Mohr, „Murakami Sensho: In Search of the Fundamental Unity of Buddhism,“ *The Eastern Buddhist* 37, no. 1–2 (2005), Masahiko Okada, „Revitalization versus Unification: A Comparison of the Ideas of Inoue Enryo and Murakami Sensho,“ *The Eastern Buddhist* 37, no. 1–2 (2005), Fumihiko Sueki, „Building a Platform for Academic Buddhist Studies: Murakami Sensho,“ *The Eastern Buddhist* 37, no. 1–2 (2005), Ryan Ward, „Against Buddhist Unity: Murakami Sensho and his Sectarian Critics,“ *The Eastern Buddhist* 37, no. 1–2 (2005).

[110] Bukkyō kakushū kyōkai 佛教各宗協會, *Bukkyō kakushū kōyō* 佛教各宗綱要 (Kyoto: Kaiba Shoin, 1896).

buddhistischer Texte in japanischer Übersetzung sind acht Bände den „*seiten*" oder „Heiligen Schriften" der japanischen Schulen gewidmet.[111] Das voluminöse Werk umfaßt also gewissermaßen eine Sammlung sektarischer Partikularkanones. Daher ist es – ähnlich den traditionellen *daizōkyō* und *issaikyō* – nicht so sehr ein Kanon an sich, wenngleich die Anordnung der Schriften nun noch stärker entlang den sektarischen Grenzlinien erfolgt, als dies in früheren Sammlungen der Fall war. Ein einzelner, für die Anhänger aller Denominationen autoritativer Kanon kann das *Shōwa shinsan kokuyaku daizōkyō* nicht sein, denn die einzelnen Kanones werden von den Anhängern der diversen Schulen sehr unterschiedlich bewertet. So sind z.B. die im *Jōdoshū seiten* gesammelten Schriften Hōnens in den Augen derjenigen, für die das *Nichirenshū seiten* verpflichtend ist, nicht nur irrelevant, sondern geradezu häretisch und im Grunde der Vernichtung anheim zu geben. Kurzum: Die starke Ausdifferenzierung des japanischen Buddhismus in konkurrierende, um nicht zu sagen: verfeindete Denominationen mit ihren unüberbrückbaren doktrinären Differenzen läßt die Schaffung eines überkonfessionellen Kanons des japanischen Buddhismus durch die bloße Kombination der sektarischen Kanones eigentlich nicht zu.

4.2.2. „Der beste Mix …": Überkonfessionelle Anthologien

Allerdings wollten sich nicht alle japanischen Buddhisten mit dieser Situation zufriedengeben. Unter dem Eindruck der westlichen Buddhologie und des „buddhistischen Modernismus" entstand im 20. Jahrhundert ein verstärktes Bewußtsein dafür, daß der Buddhismus eine Universalreligion im Singular sei oder sein sollte und nicht nur die Summe aller vorhandenen Orden, Schulen, Denominationen und Sekten. Es erschien manchen Buddhisten unabdingbar, nach dem gemeinsamen Nenner aller „Buddhismen" zu suchen. Nun konnten es sich die japanischen Buddhologen, die in der Regel gleichzeitig buddhistische Priester einer japanischen Denomination waren, nicht so leicht machen wie westliche Vertreter eines „buddhistischen Modernismus", die einfach nach einem unverdorbenen „Ur-Buddhismus" suchten. Es galt zum einen, die Kompatibilität

[111] Die ersten acht Bände des *Shōwa shinsan kokuyaku daizōkyō* sind folgendermaßen betitelt: Bd. 1: Tendaishū seiten 天台宗聖典; Bd. 2: Shingonshū seiten 真言宗聖典; Bd. 3: Jōdoshū seiten 淨土宗聖典; Bd. 4: Shinshū seiten 真宗聖典; Bd. 5: Sōtōshū seiten 曹洞宗聖典; Bd. 6: Rinzaishū seiten 臨濟宗聖典; Bd. 7: Nichirenshū seiten 日蓮宗聖典; Bd. 8: Kegonshū seiten 華厳宗聖典; Yūzū nenbutsushū seiten 融通念佛宗聖典; Kegonshū seiten 華嚴宗聖典; Hossōshū seiten 法相宗聖典; Risshū seiten 律宗聖典; Jishū seiten 時宗聖典.

der japanischen Mahāyāna-Sekten mit dem mutmaßlich „ursprünglichen Buddhismus“ zu postulieren, wie er angeblich im Pāli-Kanon bzw. in den chinesischen *Āgamas* überliefert war. Zum anderen mußte man den Buddhismus aber von gewissen kulturspezifischen Eigenheiten „befreien“ und damit ökumene-tauglich machen, ohne damit gleich die eigene Tradition als Korruption zu denunzieren.

Der bereits erwähnte Tendai-Priester Ashitsu Jitsuzen war fest davon überzeugt, daß die Stärke des Christentums nicht zuletzt auf dem Umstand basiere, daß dieses über einen geschlossenen Kanon, die Bibel, verfüge. Daraus leitete er für den Buddhismus die Notwendigkeit ab, die wichtigsten Passagen aus dem buddhistischen Schrifttum herauszudestillieren und in einer Anthologie zusammenzustellen, um die Japaner so zur Erleuchtung zu führen.[112]

Der erste verwirklichte Versuch, eine pan-buddhistische Anthologie essentieller Lehrsätze zu erstellen, wurde von keinem geringeren als Nanjō Bun'yū in Zusammenarbeit mit Maeda E'un 前田慧雲 (1855–1930) bereits im Jahr 1905 unternommen. Unter dem vielsagenden Titel „Bukkyō seiten 佛教聖典“ – „Heilige Schrift des Buddhismus“ – veröffentlichten die beiden eine Zusammenstellung von Auszügen aus dem buddhistischen Schrifttum, die sie aus dem Sanskrit, dem Chinesischen und selbst dem Englischen ins Japanische übersetzten.[113] Die Herausgeber bemühten sich zwar um ökumenische Unvoreingenommenheit, doch ihre Verankerung in der Shinshū ist unübersehbar. Das knapp 500 Seiten starke Werk ist in vier Teile untergliedert: (1) Einführung in den Buddhismus, (2) Glauben, (3) Praxis, (4) Lehre.[114] Nach dem Vorbild Nanjōs und Maedas publizierte die „Buddhistische Gesellschaft“ (*bukkyō kyōkai* 佛教協會) 1925 ihr *Shinyaku Bukkyō seiten* 新譯佛教聖典, „Heilige Schriften des Buddhismus in neuer Übersetzung“.[115]

Anläßlich des 2500sten Geburtstags des Buddha im Jahr 1934 beschloß die „Federation of All Young Buddhist Associations of Japan“

[112] Ketelaar, *Of Heretics and Martyrs,* 208.

[113] Nanjō Bun'yū 南條文雄und Maeda E'un 前田慧雲, Hg., *Bukkyō seiten* 佛教聖典 (Tokyo: Sanseidō, 1905).

[114] Ketelaar, *Of Heretics and Martyrs,* 209.

[115] Es entzieht sich leider meiner Kenntnis, ob die Urheber dieses ökumenisch und volksnah ausgerichteten Werkes in irgendeiner Weise von Henry Steel Olcotts „Buddhist Catechism“ aus dem Jahr 1881 oder vom „Gospel of the Buddha“ von Paul Carus inspiriert waren.

(*Zennihon bukkyō seinen kai* 全日本佛教青年會)[116] in Nagoya als Gastgeber der „Second General Conference of the Pan-Pacific Young Buddhist Associations“, dieses Kompendium ins Englische übersetzen zu lassen. Der ursprüngliche Titel der in Japan veröffentlichten Übersetzung lautete „The Teaching of Buddha: The Buddhist Bible”. Hier wurde also bereits im Titel der Anspruch der Kompilatoren deutlich: Man meinte hier eine Sammlung von Lehrreden des Buddha zusammengestellt zu haben, die für alle Buddhisten in aller Welt verbindlich seien. Man ging offenbar davon aus, den kleinsten gemeinsamen Nenner, gleichsam einen „Minimal-Kanon“, aller Buddhismen gefunden zu haben und scheute sich nicht, dafür den Begriff „Bibel“ zu verwenden. Auf amerikanischer Seite gab es jedoch offenbar Vorbehalte gegen den Gebrauch des Begriffs „Bible“, weswegen man den Titel in der amerikanischen Ausgabe in „Buddha, Truth and Brotherhood: An Epitome of Many Buddhist Scriptures Translated from the Japanese“ umänderte.[117] Diese amerikanische Fassung wurde 1934 von Dwight Goddard in Santa Barbara, Kalifornien, veröffentlicht. Sie ist heute noch im Internet einzusehen.[118]

---

[116] Als Jugendorganisation der *Zennihon bukkyō kai* 全日本佛教會 (Japan Buddhist Federation) bildet die *Zennihon bukkyō seinen kai* einen losen Verbund, dem einzelne, nach Denominationen oder Orten Zusammenschlüsse junger Buddhisten angehören. Zur Zeit gehören dem *Zennihon bukkyō kai* ca. 12.000 Einzelmitglieder, 8 denominationale und 5 lokale Gruppen an. Siehe: http://jyba.jp/ (letzter Zugriff: 08.08.06).

[117] Im Vorwort zur amerikanischen Ausgabe schreibt Goddard: „In the edition printed in Japan the title of the book was THE TEACHING OF BUDDHA, THE BUDDHIST BIBLE. For the American edition it seemed best to change it.” http://hinduwebsite.com/sacredscripts/buddha_preface.htm (letzter Zugriff: 08.08.06). Dwight Goddard selbst hatte offenbar keine grundsätzlichen Bedenken, eine lose Zusammenstellung buddhistischer Lehrsätze als „Bibel“ zu bezeichnen. Schon im Jahr 1932 hatte er eine Zusammenstellung von Textauszügen mit besonderer Bedeutung für die Zen-Tradition veröffentlicht, mit dem Titel „A Buddhist Bible: The Favorite Scriptures of the Zen Sect“, ein Textbuch, das bis heute immer wieder nachgedruckt und im Internet veröffentlicht wird. Kurioserweise empfand es Goddard offenkundig nicht als sonderlich problematisch, eine sektarisch auf die Zen-Tradition eingeengte Textsammlung als „buddhistische Bibel“ zu bezeichnen. Durch die Wahl des unbestimmten Artikels „a“ in „A Buddhist Bible“ – im Gegensatz zum Titel der japanischen Ausgabe der englischen Übersetzung des *Shinyaku Bukkyō Seiten* 新譯佛教聖典 – deutete er immerhin an, daß diverse weitere buddhistische Bibeln denkbar wären, womit Goddard eigentlich das Programm der „Federation of All Young Buddhist Associations of Japan“ konterkarierte, war es diesen doch eben darum gegangen, einen traditionsübergreifenden, ökumenischen Kanon des Buddhismus zu schaffen und in die Welt zu tragen.

[118] http://www.sacred-texts.com/bud/bb/index.htm (letzter Zugriff: 08.08.06).

Im Laufe der Jahrzehnte wurde die Anthologie mehrfach überarbeitet. Das Projekt wurde mit verstärktem Einsatz von der *Bukkyō Dendō Kyōkai* 佛教傳道協會 („Gesellschaft zur Förderung des Buddhismus" – so die offizielle Übersetzung – oder genauer: „Buddhistische Missionsgesellschaft"[119]) weitergeführt, die der Industrielle Numata Yehan 沼田惠範 (1897–1994), Sohn eines Shinshū-Priesters, im Jahr 1965 gegründet hatte.[120] Bereits zuvor im Jahr 1962 hatte der missionarisch engagierte Numata die englische Fassung des *Bukkyō seiten* 佛教聖典, also der „Heiligen Schrift des Buddhismus", veröffentlicht, und begann damit, Kopien an Hotels in aller Welt zu verschenken. Die Bukkyō Dendō Kyōkai veröffentlichte 1966 erstmals eine revidierte japanisch-englische Ausgabe des Bukkyō seiten mit dem etwas unverfänglicheren englischen Titel „Teachings of the Buddha". Seit 1982 gibt es auch eine deutsche Übersetzung mit dem Titel „Die Lehre Buddhas". Inzwischen liegt der mehrfach überarbeitete Text in 37 Sprachen vor. Nach Angaben der *Bukkyō Dendō Kyōkai* wurden bereits nahezu sechs Millionen Kopi-

---

119 Es scheint immer noch ein gewisses Unbehagen dabei zu geben, buddhistische Aktivitäten als „Mission" zu bezeichnen, da der Begriff vielfach negative Assoziationen auslöst und der Buddhismus im Westen das Image einer nicht-missionierenden Religion hat. Dabei übersetzt die *Bukkyō Dendō Kyōkai* im Vorwort zur zweisprachigen *Introduction to the Buddhist Canon* den Begriff „*dendō*" selbst mit „mission": „[…] it [die BDK; C.K.] has been carrying out various missionary activities […]". Der japanische Text lautet: „さまざまな伝道活動を行っている。"

120 Numata Yehan wurde 1897 als Sohn des 16. Abts des zum Honganji-Flügel der Jōdoshinshū gehörenden Jōren-Tempels in Hiroshima geboren. Von Jugend an soll der tiefgläubige Numata die buddhistische Mission im Sinn gehabt haben. Bereits 1916 ging er als Missionar in die USA und half dort beim Aufbau einer Niederlassung seiner Denomination. Nachdem er 1928 ein Studium an der University of California absolviert hatte, kehrte er nach Japan zurück, wo er 1934 die Mitsutoyo GmbH gründete, ein erfolgreiches Unternehmen, das auf die Herstellung von Präzisionsmeßinstrumenten spezialisiert ist. Ab den 1960er Jahren wandte er sich wieder verstärkt der buddhistischen Mission zu.

en in mehr als 50 Länder ausgeliefert.[121] Inzwischen gibt es auch digitale Versionen im Internet.[122]

Welche Texte sind es, die nach Meinung der Herausgeber in einen „ökumenischen Kanon“ des Buddhismus aufgenommen werden sollten. Betrachtet man den Quellennachweis im hinteren Teil des Buches, so kann man sich über die Heterogenität des Materials nur wundern. Wie in der Auswahl des Materials spiegelt sich die Unentschlossenheit der Herausgeber auch in der kurzen Einführung zur „Überlieferung der Lehre Buddhas“ wieder. Dort wird zunächst einmal betont, daß die Worte, die der Buddha in seiner Lehre verwendete, absolute Autorität besäßen. Śākyamuni wird hier ganz klar als eine historische Persönlichkeit aufgefaßt, die „für die Gleichheit aller Menschen“ eingetreten sei und „die Lehre in schlichten und einfachen Worten des täglichen Lebens“ verkündet habe. Bei der Überlieferung seiner Worte „könn[t]en sich natürlicherweise verschiedene Veränderungen eingeschlichen haben“, die auf dem ersten Konzil korrigiert worden seien. Das während des Konzils entstandene Werk werde „*ketsujū* 結集“ genannt.[123]

---

[121] Numatas missionarische Aktivitäten erschöpften sich jedoch nicht in der Verteilung dieser erbaulichen „Volksausgabe“ buddhistischer Basislehren. Er sah offenkundig die Notwendigkeit, die Verbreitung des Buddhismus auch durch intellektuell anspruchsvollere Projekte zu fördern. So richtete er die berühmten Numata-Lehrstühle für Buddhismusforschung ein. 1984 rief die BDK das sogenannte „Numata Chairs in Buddhism Program“ ins Leben. Jährlich stiftet die *Bukkyō Dendō Kyōkai* 40.000 bis 50.000 $, um damit Dozenturen für Buddhismus-Studien an Universitäten in Nordamerika und Europa zu finanzieren. Bereits 1982 startete die BDK ihre „Tripitaka Translation Series“. Aus Zeitgründen kann ich hier nicht näher auf den möglichen kanonischen Charakter der „BDK Tripitaka Translation Series“ eingehen. Unter der Leitung von Shōyū Hanayama machten sich 13 Buddhologen daran, eine englische Übersetzung von zunächst 139 Werken aus dem *Taishō shinshū daizōkyō* in die Wege zu leiten. Inzwischen (Stand: Juli 2006) wurden 37 Bände veröffentlicht, die oft die Übersetzungen mehrerer Texte beinhalten. Bemerkenswert im Zusammenhang mit dem Thema Kanonisierung ist zweifellos die Tatsache, daß im Jahr 2005 auch ein Band mit „Apocryphal Scriptures“ erschienen ist. Auch ist zu erwähnen, daß die Übersetzungen vollkommen ohne Anmerkungsapparat publiziert werden, was m.E. den religiösen Charakter des Projekts unterstreicht. Offenkundig sollen die Text – ganz „protestantisch“ – für sich selbst sprechen und nicht durch sektarisch gefärbte Kommentare interpretiert werden.

[122] Für die japanische Version siehe http://www10.0038.net/~butto/seitentop2.htm (letzter Zugriff: 08.08.06). Eine deutsche Fassung findet man unter www.dharmaweb.de\buddha\buddha02.html (letzter Zugriff: 08.08.06).

[123] Bukkyō Dendō Kyōkai, Hg., *Die Lehre Buddhas*, 23. Aufl. (Tokyo: Kosaido, 2000), 282.

Hier wird ein weiteres Merkmal des Textes augenfällig: die Verwendung von Fachtermini und Übersetzungen wirkt oft sehr unbeholfen. Die Perspektive bleibt eine ostasiatisch-japanische. *Ketsujū* etwa ist die japanische Übersetzung von *saṅgīti*, wird im Japanischen jedoch auch im erweiterten Sinne für das Resultat der „gemeinsamen Rezitation", mithin für den „Kanon des Ur-Buddhismus" verwendet. Damit wird suggeriert, daß die Worte des Buddha bereits kurz nach seinem Tod kanonisiert worden seien. Die weitere Entwicklung und Zunahme des buddhistischen Schrifttums wird lediglich unter dem Gesichtspunkt der Anfertigung von Kommentaren thematisiert. So muß es dem ahnungslosen Leser erscheinen, als habe sich der authentische Kanon des Ur-Buddhismus als Kernbestand des buddhistischen Schrifttums unverändert erhalten und nach Ostasien verbreitet, und als sei das Anwachsen der Textmenge allein der Kommentarliteratur geschuldet. Das Problem der Authentizität der Mahāyāna-Sūtras wird überhaupt nicht angesprochen. Immerhin drücken sich die Herausgeber hinsichtlich der Frage, der unmittelbaren Urheberschaft Śākyamunis hinreichend vorsichtig aus:

> Buddhismus ist eine Religion, die auf den Lehren Shakyamunis basiert, die dieser fünfundvierzig Jahre seines Lebens verbreitete. Die Worte, die er in seiner Lehre verwendete, haben daher in dieser Religion absolute Autorität. Obwohl es 84000 Dharma-Tore und eine große Anzahl von Schulen gibt, existiert keine ohne Verbindung zu den Schriften Shakyamunis. Diese Bücher, in denen die Lehre Buddhas aufgezeichnet ist, sind unter dem Namen „Issaikyo" oder „Daizokyo" bekannt und stellen eine vollständige Sammlung der heiligen Schriften dar.[124]

Angesichts der hohen Wertschätzung, die die Herausgeber dem vermeintlichen Ur-Kanon zuteil werden lassen, nimmt es nicht wunder, daß Auszüge aus dem sogenannten Pāli-Kanon einen breiten Raum in der Sammlung einnehmen. Dies betrifft insbesondere die Teile, die den sogenannten historischen Buddha zum Gegenstand haben. Als Mahāyāna-Buddhisten, größtenteils in der Tradition der Jōdoshinshū stehend, kamen die Herausgeber jedoch nicht umhin, auch über den „unendlichen und verklärten Buddha" zu berichten, unter anderem auf der Grundlage des *Lotus-Sūtras*, des *Śūraṅgama-Sūtras* und des *Sūtras der Meditation über den Buddha Amitāyus*. In diesem Zusammenhang sollte vielleicht erwähnt werden, daß letztere beiden Mahāyāna-Sūtras von der neueren Forschung einhellig als „Apokrypha" selbst nach den Maßstäben des Mahāyāna betrachtet werden. Auch das berühmte sogenannte „Sūtra in Zweiundvier-

[124] Ibid.

zig Abschnitten" – eindeutig eine chinesische Produktion – wird von den Herausgebern als authentisches Buddha-Wort ausgegeben.[125]

Insgesamt verweist „Die Heilige Schrift des Buddhismus" in ihrem Quellennachweis auf gut 50 Texte. Wirklich bemerkenswert ist dabei allerdings, daß keiner der Texte wirklich zitiert wird. Es handelt sich stets um ziemlich grob sinngemäß wiedergegebene Nacherzählungen bestimmter Inhalte eines Textes. Häufig basieren die Aussagen einer einzigen kleinformatigen und nicht sehr eng bedruckten Seite auf drei oder vier sehr unterschiedlichen Texten, wobei die Paraphrasen stilistisch mitunter an eine Kinderbibel erinnern.[126]

Tatsächlich sind die Aussagen so allgemein gehalten, daß der detaillierte Quellennachweis eher wie ein durchsichtiger Versuch erscheint, Authentizität vorzugaukeln. Tatsächlich handelt es sich bei dem Buch nicht um eine Zusammenstellung wichtiger Passagen aus autoritativen Texten des Buddhismus, was durchaus suggeriert werden soll, sondern um eine sehr subjektive Aneinanderreihung von stark vereinfachten Aussagen, die irgendwie von den autoritativen Texten inspiriert sind.[127] Das

---

[125] Kōtatsu Fujita, „The Textual Origins of the *Kuan Wu-liang-shou ching:* A Canonical Scripture of Pure Land Buddhism," in *Chinese Buddhist Apocrypha*, hg. von Robert E. Buswell (Honolulu: University of Hawaii Press, 1990).

[126] Ein Beispiel: Im Zweiten Kapitel über den „Unendlichen und Verklärten Buddha, Sein Mitgefühl und sein Gelübde" lesen wir folgendes:

> 1. Der Geist Buddhas ist Barmherzigkeit und Mitgefühl. Durch seinen liebenden Geist will Buddha alle Menschen mit allen erdenklichen Mitteln erlösen. Mit seinem Geist ist Buddha mit den Menschen krank und erleidet deren Leiden mit.
>
> Er ist der Geist, mit dem eine Mutter ihr Kind nährt und schützt. „Euer Leiden ist mein Leiden und euer Glück ist mein Glück," – diesen Satz vergißt Buddha nicht einmal für einen einzigen Augenblick, denn es ist das Wesen des Buddha, alle Gefühle der Menschen zu teilen.
>
> Buddhas mitfühlender Geist kommt einem entsprechenden Bedürfnis des Menschen entgegen; das Vertrauen des Menschen ist die Antwort auf diesen Geist, und er führt ihn zur Erleuchtung: Eine Mutter verwirklicht ihre Mutterschaft, indem sie ihr Kind liebt, und wenn das Kind diese Liebe verspürt, fühlt es sich sicher und wohl.

Laut Quellennachweis basiert diese Passage auf dem **Amitāyur-dhyāna-sūtra*, dem *Vimalakīrti-nirdeśa-sūtra*, dem *Śūraṅgama-sūtra* und dem *Mahāparinirvāṇa-sūtra.* Bukkyō Dendō Kyōkai, *Die Lehre Buddhas*, 15.

[127] Oft erscheinen mir die Quellenangaben recht zweifelhaft. So dürften die Angaben auf Seite 63 der deutschen Fassung m.E. auf dem *Vimalakīrti-nirdeśa-sūtra* basieren, im Quellenverzeichnis wird dagegen auf das *Avataṃsaka-sūtra* (34) und den *Gaṇḍavyūha* verwiesen.

Buch stellt insofern eine eigene kreative Leistung dar, und es ist zweifellos interessant, danach zu fragen, was für ein Buddhismus da für wen in die ganze Welt getragen werden soll.

- Soll eine traditionelle Lehrrichtung des Buddhismus, von kulturspezifischen Eigenheiten und komplizierten Konzepten gereinigt, für alle Menschen verbreitet werden?
- Oder soll eine neu formulierte ökumenische Form des Buddhismus propagiert werden, etwa im Sinne eines „buddhistischen Modernismus", indem die kulturübergreifende und traditionsunabhängige Essenz der Lehren Buddhas aus dem Schrifttum extrahiert wird?

Mir fehlt hier der Platz, eine ausführliche Inhaltsanalyse vorzunehmen. Dennoch möchte ich ganz grob skizzieren, welche Charakteristika der hier propagierte Buddhismus aufweist.

Zunächst einmal springt eine gewissermaßen monotheistische Orientierung ins Auge. Der Buddha figuriert hier als eine Art allmächtiger, omnipräsenter, barmherziger und mitleidiger Vatergott. Bemerkenswert ist dabei, daß vom Buddha stets im Singular die Rede ist und die für das Mahāyāna charakteristische Vielzahl der Buddhas unerwähnt bleibt. Der singuläre Buddha – dessen Antipode ein ebenfalls singulärer Dämon (*akuma* 悪魔) ist[128] – übernimmt sämtliche Funktionen, die in den klassischen Texten gewöhnlich die Bodhisattvas übernehmen. So ist es z.B. in einer Passage, die dem *Vimalakīrti-nirdeśa-sūtra* entlehnt ist, nicht der Bodhisattva Vimalakīrti, der feststellt, daß er krank ist, wenn die fühlenden Wesen krank sind, und geheilt ist, wenn die fühlenden Wesen geheilt sind. Hier ist es der Buddha selbst. Ebenso heißt es, der Buddha – und nicht etwa Bodhisattvas wie Avalokiteśvara – manifestiere sich in den unterschiedlichsten Gestalten, um die Wesen zu retten. Der eine Buddha in diesem Buch umfaßt alle Buddhas und Bodhisattvas.[129] Der einzige Buddha, der neben Śākyamuni namentlich identifiziert wird, ist Amida. Das ist nicht weiter verwunderlich, wenn man bedenkt, daß Numata Yehan einem Geschlecht von Shinshū-Priestern entstammt und die *Bukkyō*

[128] „Die Herrschaft Dämons besteht aus Habsucht, Dunkelheit, …" Bukkyō Dendō Kyōkai, *Die Lehre Buddhas*, 249; „Sicher erscheint die Welt mit all ihrer Habsucht, Ungerechtigkeit und ihrem Blutvergießen von einer Blickrichtung aus als eine Welt Dämons; aber sobald in den Menschen das Vertrauen in Buddha aufsteigt, wird das Blut in Milch und Habsucht in Barmherzigkeit verwandelt, und das Land des Dämons wird zum Lande Buddhas." Ibid. 251.

[129] „Es gibt nichts Größeres, als sich einem Buddha in Verehrung hinzugeben". Ibid. 29.

Dendō Kyōkai der Shinshū insgesamt sehr nahe steht. Unklar bleibt das Verhältnis zwischen dem ansonsten gepriesenen Universal-Buddha und Amida, dem „Spezial"-Buddha der Shinshū. Der Abschnitt über Amida und die Errettung durch Geburt in seinem Reinen Land durch den Glauben und die Praxis des *nenbutsu* sind jedenfalls die einzigen ganz und gar sektenspezifischen Abschnitte in dem Buch. Ansonsten finden wir eine recht allgemein gehaltene Darstellung der Vier Edlen Wahrheiten, des Achtfachen Pfades und v.a. mahāyānistischer Basislehren wie die von der Leerheit, der Nicht-Dualität, der rein geistigen Beschaffenheit der Welt, der Buddha-Natur usw. Daraus ergibt sich m.E. kein kohärentes System. Aufforderungen zum selbstverantwortlichen Beschreiten des Achtfachen Pfades stehen unvermittelt neben Postulaten, sich ganz der Anderen Kraft (*tariki* 他力)[130] des Buddha anzuvertrauen. Die Unterscheidung richtig und falsch wird im einen Satz als Illusion entlarvt, im nächsten ist von richtigen und falschen Lehren die Rede; mal wird die Unterscheidung von gut und böse als Verirrung des Geistes kritisiert, dann wiederum wird schwer moralisierend gefordert, Gutes zu tun und Schlechtes zu vermeiden.

Die starke Präsenz von Auszügen aus Pāli-Texten täuscht leicht darüber hinweg, daß die „Heilige Schrift des Buddhismus" ideologisch ganz dem Mahāyāna verpflichtet ist. Die „Hīnayāna-Schriften"[131] werden dann herangezogen, wenn es um Biographisches und Historisches geht oder um Basiskonzepte wie die Vier Edlen Wahrheiten und den Achtfachen Pfad. In dieser Hinsicht gelten sie modernen Anhängern des Mahāyāna als zuverlässiger. In doktrinärer Hinsicht hält man die Lehren des Mahāyāna jedoch für profunder.[132]

---

130 Im ostasiatischen Buddhismus des Reinen Landes wird zwischen Übungsformen unterschieden, die auf der unzulänglichen „eigenen Kraft" (*jiriki* 自力) des Übenden und der grenzenlosen „anderen Kraft" (*tariki* 他力) des Buddhas Amida beruhen. Gerade in der sogenannten „Endzeit des Dharma" (*mappō* 末法), so argumentieren die Vertreter dieser Lehrrichtung, müsse der Mensch einsehen, daß er nur durch die andere Kraft Amidas gerettet werden kann und dem Gläubigen daher nur bliebe, den Namen Amidas in der Formel „Namu Amida Butsu 南無阿彌陀佛" ehrfurchts- und vertrauensvoll auszusprechen.

131 Bezeichnenderweise werden in der deutschen und englischen Ausgabe nicht die chinesischen *Āgamas*, sondern die Pāli-Texte als Quellen angegeben, während in der japanischen Ausgabe vielfach die *Āgamas* als Quellen nennen.

132 Dafür, daß der „ökumenische Geist" im buddhistischen Modernismus nicht gegen Überlegenheitsgefühle bezüglich der eigenen Tradition und Vorbehalte gegen andere feit, liefert Lopez ein anschauliches Beispiel. Er folgert: „The ecumenical spirit found in much of modern Buddhism does not preclude the valuation of one's own

In Bezug auf die Übung werden im wesentlichen die allgemeinen Verhaltensregeln des Hīnayāna propagiert, aber keine spezifischen Praktiken der Mahāyāna-Schulen, wenn man einmal von der Übung des *Nenbutsu* 佛念 absieht, der für den Amida-Kult maßgebenden Praxis des Aussprechens des Namens Amidas. Bezüglich der im Buch propagierten Heilsziele – Erleuchtung und Geburt im Reinen Land – bleibt vollkommen unklar, wie sich diese zueinander verhalten. Es wird auch nicht erklärt, warum man sich um Hütung der Sinne, Kontrolle des Geistes, richtige Sichtweisen und Tugendhaftigkeit bemühen soll, wenn der barmherzige Buddha doch ohnehin jeden Sünder erretten wird. Insgesamt erscheint das *Bukkyō seiten* ziemlich inkonsistent. Es vertritt nicht den frühen Buddhismus, wenn es Geburt im Reinen Land Amidas propagiert. Es vertritt nicht den orthodoxen Amida-Buddhismus in der Tradition Shinrans, insofern den Lesern diverse eigene Anstrengungen auf dem Weg zur Erleuchtung abverlangt werden und schließlich sogar die Schaffung eines Buddha-Landes in dieser Welt gefordert wird.[133] Darüber hinaus ignoriert der Text die spezifischen Lehren und Praktiken anderer mahāyānistischer Schulen. Es ist also kaum zu erwarten, daß Menschen, die sich bereits mit der einen oder anderen Spielart des Buddhismus identifizieren, mit diesem Buch etwas anfangen können. Für Nicht-Buddhisten unserer Tage ist wohl vor allem die zutiefst reaktionäre Tugend- und Soziallehre des *Bukkyō seiten* eher abstoßend. Da heißt es z.B., ein Untergebener „sollte früher als sein Vorgesetzter aufstehen und nach ihm ins Bett gehen“[134]. Weiterhin werden „vier Arten von Frauen“[135] und „sieben Arten von Ehefrauen“ unterschieden, wobei die ideale Ehefrau sich ihrem Mann gegenüber wie eine Dienstmagd verhalten soll.[136] Müßte man sich nicht über derartiges Gedankengut ärgern, könnte man die Unbeholfenheit dieses Versuchs einer buddhistischen Mission fast rührend finden. Wenn man den personellen, finanziellen und logistischen Aufwand bedenkt, der in dieses Missionsprojekt gesteckt wurde und wird, muß man sich wundern, warum es der *Bukkyō Dendō Kyōkai* nicht gelungen ist, eine professio-

---

form of Buddhism as supreme.“ Lopez, *A Modern Buddhist Bible*, xix. Auch japanische Buddhisten waren meist davon überzeugt, daß der wahre Buddhismus erst in Japan zu voller Blüte gelangt sei, während westliche Vertreter des buddhistischen Modernismus meinten, man müsse den wahren Buddhismus in der fernen Vergangenheit suchen, nämlich in der Zeit des Buddha.

[133] Bukkyō Dendō Kyōkai, *Die Lehre Buddhas*, 248ff.

[134] Ibid. 216.

[135] Ibid. 222–223.

[136] Ibid. 225–226.

nellere und erfolgsträchtigere Strategie zu entwickeln, zumal der Text angeblich ständig von namhaften Buddhologen überarbeitet wurde und wird.

Hier zeigt sich eine erhebliche Diskrepanz zwischen ideellem Anspruch und materieller Potenz auf der einen Seite und konzeptioneller Kompetenz auf der anderen. Dabei sind die Erwartungen an das Projekt der *Bukkyō Dendō Kyōkai* offensichtlich hoch. Das langfristige Ziel ist es, allen Menschen die „Heilige Schrift des Buddhismus" zugänglich zu machen, damit diese „geistig mit dem lebenden Licht nach Belieben in Verbindung treten"[137] können. Schließlich – so wird in Aussicht gestellt – soll das Buch dazu führen, daß „in den Menschen das Vertrauen in Buddha aufsteigt", wodurch „das Land des Dämons [...] unvermittelt zum Lande Buddhas"[138] werde (悪魔の領土は、一瞬にして仏の国となる).

4.3. „Die Lehre Buddhas": Ökumenischer Kanon eines globalen Buddhismus oder Mission des japanischen Buddhismus?

Unabhängig von der Frage nach dem Erfolg der Mission durch die weltweite Verteilung der „Heiligen Schrift des Buddhismus" ist für unser Thema von Interesse, welchen Anspruch die Herausgeber bezüglich des kanonischen Status des Textes verfolgen. Kann und will das *Bukkyō seiten* eine buddhistische Bibel sein?

Ich habe bereits angedeutet, daß ich erhebliche Zweifel daran habe, ob diese „Heilige Schrift des Buddhismus" tatsächlich das Potential besitzt, eine Bibel für alle Buddhisten zu werden. So sehr sich das Buch auch um einen ökumenischen Anschein bemüht, so sehr ist doch seine Nähe zu japanischen Shinshū-Lehren in moderner Interpretation evident. Auch hinsichtlich seiner moralischen Postulate bleibt das Buch einer wohl auch für die meisten Japaner nicht mehr ganz zeitgemäßen japanischen Moral verhaftet. Nun sind sich die Herausgeber interessanterweise durchaus bewußt, daß sie eine japanische Variante des Buddhismus in die Welt tragen. In einer Erläuterung zur Arbeit der *Bukkyō Dendō Kyōkai* am Ende des Buches heißt es:

> „Dieses Buch DIE LEHRE BUDDHAS ist ein Ergebnis unseres Nachdenkens über die Religionsgeschichte dieses Landes, in dem [sic!] kaum irgendetwas Geschriebenes gibt, das wir ein Buch der buddhistischen Lehre – interpretiert nach seinem wirk-

[137] Ibid. 307.
[138] Ibid. 251.

lichen Sinn in unserer japanischen Art und Weise – nennen können, obwohl wir unsere buddhistische Kultur immer mit großem Stolz betrachtet haben."[139]

Es wird also gar nicht geleugnet, daß der „wirkliche Sinn" der buddhistischen Lehre in „japanischer Art und Weise" abgebildet wird. Das bedeutet aber nicht, daß die Herausgeber keinen ökumenischen Anspruch verfolgen würden.

So heißt es bereits im Vorwort zur englischen Übersetzung des *Shinyaku Bukkyō seiten* von 1934 über Charakter und Zweck des Buches, daß dieses Werk die jüngere anglophone Generation mit einer passenden Version der heiligen buddhistischen Schriften versorgen solle. Das Werk stelle eine Synthese der allumfassendsten buddhistischen Schriften dar und enthielte die Quintessenz ihrer kostbaren Lehren, wie sie in allen buddhistischen Sekten in Gebrauch seien. Als Erzeugnis der größten Buddhologen Japans könne es vertrauensvoll von den Anhängern aller Sekten des japanischen Buddhismus verwendet werden.[140]

Nun war das Buch tatsächlich zunächst für japanische Buddhisten konzipiert, die ja die ursprünglichen Adressaten der japanischen Ausgabe von 1925 waren. Erst knapp 10 Jahre später kam man auf die Idee, daß diese Quintessenz der Lehren des Buddha gleichermaßen auch für noch zu bekehrende Menschen im Westen geeignet sei. Vermutlich hielt

---

139 Ibid. 307. Der Spagat zwischen dem Bedürfnis, den Buddhismus als Universalreligion zu präsentieren und ihn zugleich in seiner spezifisch japanische Ausgestaltung propagieren zu wollen, dürfte von Anfang an ein Hauptproblem der buddhistischen Mission von Seiten Japans gewesen sein. In gewisser Weise spiegelt sich das Problem in Shaku Sōens (1959–1919) Bericht über die Arbeit der japanischen Delegation auf dem World's Parliament of Religions in Chicago 1893 wieder: „... that Buddhism is a universal religion and it closely corrsponds to what science and philosophy say today; that we cleared off the prejudice that Mahayana Buddhism was not the true teaching of the Buddha." Zitiert nach Lopez, *A Modern Buddhist Bible*, xxvi.

140 „This work has been compiled and issued with a view to providing the younger English-speaking generation of the entire world with a suitable version of the sacred Buddhist Scriptures which are, in very truth, the spiritual nourishment of their daily life. As the most appropriate to our purpose, we have selected the original version of the popular edition of the „New Translation of the Sacred Buddhist Scriptures" compiled by the Buddhist Association of Nagoya City, this latter work being a synthesis of the most all-embracing Buddhist Scriptures, and containing the quintessence of their precious teachings, is in common use among all the Buddhist sects. Moreover, since a group of the most eminent Buddhist scholars in Japan collaborated in its compilation, it is, beyond all doubt, a model version of the Scriptures which can be used with all confidence by the adherents of the various sects of Buddhism in Japan." http://hinduwebsite.com/sacredscripts/buddha_preface.htm.

man an der traditionellen Auffassung fest, daß in Japan alle wesentlichen Strömungen des Buddhismus zu voller Blüte gekommen waren, weshalb ein „Kanon“, der für alle Schulen des japanischen Buddhismus akzeptabel wäre, auch für eine weltweite buddhistische Ökumene akzeptabel sein müßte.

Ich weiß zu wenig über die Rezeptionsgeschichte des Textes, um sagen zu können, wie er in den 1930er Jahren auf das englischsprachige Publikum gewirkt hat. Wer sich ein wenig mit dem Buddhismus auskennt, wird die groben Vereinfachungen und der freie Umgang mit den Quellen als äußerst störend empfinden. Wer keine Ahnung vom Buddhismus hat, wird größte Schwierigkeiten haben, aus den diversen unverknüpften Paraphrasen buddhistischer Lehren, Fabeln, Gleichnisse und Ermahnungen ein zusammenhängendes und sinnvolles Ganzes zu rekonstruieren. Es werden keine praktischen Übungsanleitungen gegeben, wenn man einmal von der Aufforderung zum *Nenbutsu* absieht, dessen Sinn aber nebulös bleibt. Darüber hinaus fehlt jeder konkrete Hinweis auf vorhandene oder noch zu schaffende organisatorische Strukturen.[141] Wo soll der Leser was und mit wem praktizieren? Heute gibt es in nahezu jeder Kleinstadt ein buddhistisches Übungszentrum, das sich gewöhnlich an einer bestimmten buddhistischen Tradition orientiert. Das Bedürfnis nach einem Universalbuddhismus mit einer einheitlichen „buddhistischen Bibel“ – ein klassisches Projekt des „buddhistischen Modernismus“ – scheint indes

[141] Auch dies ist ein typisches Merkmal des buddhistischen Modernismus. Der Glaube an die Verzichtbarkeit eines Klerus und einer straff organisierten Institution dürfte ein Erbe des Protestantismus sein, zu dem gerade die Vertreter des Shinshū stets eine gewisse Affinität gezeigt haben. Nicht nur übersetzt man auf der Website des Nishi Honganji *seiten* mit „service book“ (s.o. FN 62) und verwendet es entsprechend, man lehnt sich auch sonst terminologisch stark an das protestantische Christentum an. So werden Shinshū-Priester in westlichen Sprachen stets als „reverend“ bezeichnet. 1924 erschien sogar ein „Vade Mecum“ (zusammengestellt von Ernest und Dorothy Hunt), ein Gesangbuch für die Honpa-Hongwanji-Mission in Hawaii. Das Buch enthält 114 Lieder, teilweise mit Melodien von R. R. Bode, Organist und Chorleiter des Hongwanji. Es erschienen fünf Auflagen bis 1932, spätere Auflagen unter dem Titel: Standard Gathas, bzw. Praises of the Buddha (z.B.: *Praises of the Buddha*. 3rd ed., rev. Honolulu: Honpa Hongwanji Mission of Hawaii, 1962. iv, 210 S.: Noten). Die späteren Ausgaben enthalten mehr japanische Lieder (die erste Aufl. war rein englischsprachig). Vgl. http://www.payer.de/neobuddhismus/neobud04042.htm. Soweit ich weiß, werden auch in Japan solche Gesangbücher verwendet. Jedenfalls werden die im Rahmen des „service“ zu singenden Texte ganz buddhismus-untypisch in die jeweiligen Landessprachen übersetzt. Vgl. z.B. http://www.nishihongwanji-la.org/church/buddhism/sanbutsuge.html#sanbutsuge_translation.

nur noch schwach ausgeprägt zu sein.[142] Allenfalls sucht man im Sinne der christlichen Ökumene nach Gemeinsamkeiten in der Vielheit, ohne die Vielheit selbst in Frage stellen zu wollen. Die Mehrheit der heutigen Buddhisten akzeptiert den innerbuddhistischen Pluralismus.[143] Die Schaffung eines pan-buddhistischen Kanon scheint mir zur Zeit kein Desiderat zu sein, und ich bezweifle ernsthaft, ob ein solcher überhaupt möglich wäre.

5. Konklusion

Bleibt mir noch, ein paar zusammenfassende Bemerkungen zu machen, um das Gesagte ein wenig zu bündeln. Ich wage unter Vorbehalt, die These zur Diskussion zu stellen, daß es im ostasiatischen Buddhismus nie einen allgemeinverbindlichen Kanon gegeben hat, der auch nur die Minimalanforderungen der üblichen Definitionen von „Kanon" erfüllt hätte. Allein das Ausscheiden von Texten, die als Pseudepigraphe oder

---

[142] Mir scheint, daß in den letzten Jahrzehnten einen Paradigmenwechsel stattgefunden hat, der vielleicht als Übergang von einem „buddhistischen Modernismus" oder „modernen Buddhismus" zu einem „buddhistischen Postmodernismus" oder „postmodernen Buddhismus" zu beschreiben wäre. Lopez setzt – ziemlich willkürlich, wie er selbst sagt – das Jahr 1980 als Ende der buddhistischen Moderne an. Lopez, *A Modern Buddhist Bible,* x.

[143] Berührungspunkte finden sich vielleicht am ehesten in moralischen Fragen, wie sie von den „engagierten Buddhisten" aufgeworfen werden. Man bemüht sich traditionsübergreifend – z.B. über Organisationen wie die *World Fellowship of Buddhists* – um den Erhalt buddhistischer Stätten usw. Doch schon die Formulierung eines gemeinsamen Glaubensbekenntnisses deutscher Buddhisten erwies sich bekanntermaßen als recht schwierig. Immerhin ist es 1984 gelungen, ein für alle Schulrichtungen akzeptables Bekenntnis zu formulieren:

„Erstmals in der historischen Entwicklung des Buddhismus sind alle (Haupt-)Schulen in einem Land vertreten; erstmals können ihre verschiedenen »Fahrzeuge« verglichen werden, die mit unterschiedlichen Kulturmustern entwickelt wurden. Trotz dieser Vielheit oder gerade deswegen wurde 1984 in Deutschland etwas geleistet, was für die Ausbreitung des Dharma im Westen bislang einzigartig ist – ein Bekenntnis wurde verabschiedet, das von allen Schulen anerkannt wird und Grundlage der Arbeit der DBU ist. In der DBU-Mitgliederversammlung von 2004 wurde dieses gemeinsame buddhistische Bekenntnis dann nochmals sprachlich überarbeitet, und die zeitlos gültigen Botschaften des Buddha über Vergänglichkeit (*anicca*), Leidhaftigkeit (*dukkha*), Nicht-Ich (*anatta*) und Befreiung (*nirvana*) wurden als wichtige Bestandteile der Kernlehre benannt." Das Buddhistische Bekenntnis kann im Wortlaut nachgelesen werden unter: http://www.dharma.de/dbu/frameset.php (letzter Zugriff: 08.08.06).

Fälschungen betrachtet wurden, macht die Sammlungen buddhistischer Schriften in China, Korea und Japan noch nicht zu Kanones. Es fehlte den (Chin.) *Dazang*, (Jap.) *Daizō* und (Chin.) *Yiqingjing*, (Jap.) *Issaikyō* schlichtweg die nötige Abgeschlossenheit und Verbindlichkeit. Diese hatten eher den Charakter von „Kanon-Bibliotheken", die einen Fundus für spätere Kanonbildungen zur Verfügung stellten. Dementsprechend hatten die Kataloge den Charakter von Inventarlisten dieser „Kanon-Bibliotheken". „Kanon-Bibliotheken" waren gleichsam die materielle, unvollkommene Repräsentanz eines „ideellen Kanons", d.h. des gesamten „Buddha-Wortes" in seinem weitesten Sinne. Da die Worte des Buddha bzw. der Buddhas prinzipiell immer wieder geoffenbart werden können und zugleich die in Übereinstimmung mit dem Geist des Buddha-Wortes geschaffenen Werke großer Gelehrter nach Auffassung des Mahāyāna ebenfalls als *buddhavacana* betrachtet werden, kann eine Sammlung von *buddhavacana* stets nur unvollständig und niemals ganz abgeschlossen sein. Eine ständige Erweiterung der „Kanon-Bibliothek" mußte als Annäherung an eine nie ganz zu erlangende Vollständigkeit gesehen werden.

Erst im Zuge der sektarischen Klassifizierung des Schrifttums seit der Sui-Dynastie entstanden Konzepte von zweilagigen partikularen Kanones: (1) zentrale und hochverbindliche Schriften einer Lehrrichtung bildeten Primärkanones, (2) den Sinn dieser Schriften unterstützende Texte bildeten Sekundärkanones. Der Rest des anerkannten buddhistischen Schrifttums wurde zwar als authentisch respektiert, nicht aber als hochverbindlich für die eigene Lehrtradition betrachtet. Inhaltlich für die eigene Tradition irrelevante Texte genossen als Repräsentanten des Buddha-Wortes dennoch eine gewisse Wertschätzung, und sie wurden i.d.R. nicht wegen ihrer normativen Irrelevanz als „apokryph", unauthentisch o.ä. invalidiert. Schriftkorpora, die als partikulare Kanones auch materielle Gestalt annahmen und eine starke formale Ähnlichkeit etwa mit der christlichen Bibel aufweisen, wurden meines Wissens erst im 20. Jahrhundert in Japan in Form der sogenannten *seiten* oder „Heiligen Schriften" der einzelnen Denominationen geschaffen. Die einzelnen *seiten* erfüllen m.E. alle Kriterien eines echten Kanon. Ob man die von der *Bukkyō Dendō Kyōkai* in Umlauf gebrachten „Heiligen Schriften des Buddhismus" oder *Bukkyō seiten* als gescheiterte Universalkanones bezeichnen kann, erscheint fraglich. Zwar beanspruchen die Herausgeber, daß die Anthologie für alle Buddhisten verbindlich sein sollte, doch sie sind nicht in der Position diesen Anspruch durchzusetzen. Da eine ständige Überarbeitung und die Übersetzung des Textes in möglichst viele

Sprachen angestrebt wird, kann man wohl kaum sagen, daß an ihm kein Jota verändert werden dürfe. Er hat seine endgültige Textgestalt noch nicht erlangt. Der Text wird wohl auch nie zum Gegenstand einer institutionalisierten Sinnpflege werden; vielmehr ist er das Resultat einer Sinnpflege. Seine angebliche „Sakralität" – die sich im übrigen nur auf den Inhalt, nicht auf seine materielle Gestalt bezieht – weist ihn noch lange nicht als Kanon aus, womit wir wieder bei der Frage nach dem Verhältnis der Begriffe „Bibel" und „Kanon" angekommen wären.

Man muß also wohl gerechterweise konstatieren, daß die Herausgeber des *Bukkyō seiten* nicht die Schaffung eines Kanon im engeren, Assmann'schen Sinne zum Ziel hatten. Ihr Ziel dürfte es sein, Menschen aus aller Welt an die Botschaft des Buddhismus wie sie ihn verstehen heranzuführen. Zu diesem Zweck haben sie auf leicht verständliche Weise Textpassagen aus Schriften paraphrasiert, die die Herausgeber als „kanonisch" (d.h. autoritativ, normativ-verbindlich und weitgehend abgeschlossen) betrachten. Ihr Buch ist ein Extrakt aus den in der „Kanon-Bibliothek" enthaltenen Werken. Die Bezeichnung „*seiten*" dürfte zwar ursprünglich – wie auch die erste Übersetzung des *Bukkyō seiten* andeutet – vom Vorbild der christlichen Bibel geprägt gewesen sein, doch sollte man wohl nicht unterstellen, daß die Herausgeber ein klares, durch eingehende Reflexion gewonnenes Bild der Bibel als prototypisches Beispiel eines kanonischen und/oder heiligen Textes hatten. Die Wahl des Titels „*seiten*" oder „heilige Schrift" verweist eben zunächst einmal auf die unterstellte Heiligkeit des Textes, wobei – wie ich meine – die „Heiligkeit" eines Textes diesen nicht zugleich als „Kanon" ausweisen muß. Eine „heilige Schrift" mag in vielen Fällen Teil eines Kanons sein, doch im Fall des *Bukkyō seiten* sind lediglich die Texte, die dort paraphrasiert werden als Teil eines ideellen oder konzeptionellen Kanons zu betrachten, nicht das Buch selbst. Dabei zeigt sich eine Eigentümlichkeit, die einem auch im modernen Japan allenthalben dominierenden „protestantischen" Schriftverständnis geschuldet sein dürfte. Die Vorstellung, die „Heiligkeit" eines Textes läge vollständig in seinem Sinn begründet, nicht in seiner Form, ist in der Tat neu. Im vormodernen Buddhismus (und auch im heutigen institutionalisierten Buddhismus) galt beinahe das Gegenteil. Heilige Texte aus der „Kanon-Bibliothek" oder aus einem „sektarischen Partikularkanon" wurden und werden rezitiert, auch wenn dem Rezitierenden der Inhalt des Textes vollkommen unklar ist. In ihrer konkreten Textgestalt repräsentieren sie das Buddha-Wort und damit den „ideellen Kanon". Die Herausgeber des *Bukkyō seiten* scheinen dagegen die Textgestalt für unerheblich zu halten. Ein Text gewinnt seine Heiligkeit daraus, daß er den Sinn der heiligen Worte des Buddha wiederspiegelt und damit natürlich durchaus einer erweiterten Definition von *buddhavacana* entspricht. In diesem Sinne hat das Gewicht der „Sinnpflege" zu Lasten der „Textpflege" in der Moderne signifikant zugenommen.

Appendix I

Die wichtigsten Kataloge des buddhistischen Schrifttums in China[144]

	Titel	***Hg.***	***Datum***	***Taishō Nr. [Nanjō Nr.]***
1.	*Chu sanzang jiji* 出三藏記集	Sengyou 僧祐	518	2145 [1476]
2.	*Zhongjing mulu* 眾經目錄	Fajing 法經	594	2146 [1609]
3.	*Lidai sanbao ji* 歷代三寶紀	Changfang 長房	597	2034 [1504]
4.	*[Sui] zhongjing mulu* (Fortsetzung) [隋]眾經目錄	Yan Cong 彥琮 et al.	602	2147 [1608]
	Zhongjing mulu 眾經目錄	Taijing 靜泰	664	2148
5.	*Datang neidian lu* 大唐內典錄	Daoxuan 道宣	664	2149 [1483]
6.	*Gujin yijingtu ji* 古今譯經圖紀	Jingmai 靖邁	664	2151 [1487]
7.	*Dazhou kanding zhongjing mulu* 大周刊定眾經目錄	Mingquan 明佺 et al.	695	2153 [1610]
8.	*Kaiyuan shijiao lu* 開元釋教錄	Zhisheng 智昇	730	2154 [1485]
9.	*Kaiyuan shijiao lu luechu* 開元釋教錄略出	Zhisheng 智昇	730	2155 [1486]
10.	*Xu gujin yijingtu* ji 續古今譯經圖紀	Zhisheng 智昇	730	2152 [1488]
	Zhenyuan xinding shijiao mulu 貞元新定釋教目錄	Yuanzhao 圓照 et al.	800	2157
11.	*Xu zhengyuan shijiao lu* 續貞元釋教錄	Heng'an 恒安	946	2158

[144] Liste nach Nanjō, *A Catalogue*, xxvii, ergänzt nach Mizuno, *Buddhist Sutras*, 102–110. Bei Nanjō nicht aufgeführte Titel sind nicht mit durchnummeriert. Die Angaben zu den Kompilatoren basieren teilweise auf Christian Wittern, *WWW Database of Chinese Buddhist Texts*, http://kanji.zinbun.kyoto-u.ac.jp/~wittern/can/can4/ind/canwww.htm.

12.	*Zhiyuan fabao kantongzong* 至元法寶勘同總	Lao Jixiang 慶吉祥	1285–1287	[1612]
13.	*Dazang shengjiao fabao biaomu* 大藏聖教法寶標目	Wang Gu 王古 und Guan Zhupa 管主 八	1306	[1611]
14.	*Daming sanzang shengjiao fabao biaomu* 大明三藏聖教法寶標目	anonym	1600	[1662]

Appendix II

Druckfassungen des buddhistischen Schrifttums in China[145]

Dynastie	***Sammlungsnamen***	***Fertigstellung***
Nördliche Song 宋	*Kaibao zang* 開寶藏 (*Chuban* 蜀版; *Beisong ban* 北宋版)	971–983
Liao 遼 (Qidan 契丹)	*Qidan zang* 契丹藏 (*Danben* 丹本, *Liao-Jin ban* 遼金版)	ca. 1031–1063
Jin 金	*Jin zang* 金藏 (*Zhaocheng zang ben* 趙城藏本)	1148–1173
Nördliche Song 北宋	*Chongning wanshou zang* 崇寧萬壽藏 (*Fuzhou Tongchansi ben* 福州東禪寺本; *Fuzhou ban* 福州版)	1080–1104
Südliche Song 南宋	*Piluzang* 毗盧藏 (*Fuzhou Kaiyuansi ben* 福州開元寺本)	1115–1150
	Sixi yuanjue zang 思溪圓覺藏 (*Huzhou ban* 湖州版, *Zheban* 浙版）	ab 1132
	Sixi zifu zang 思溪資福藏	um 1175
	Qisha zang 磧砂藏	1231–1322
Yuan 元	*Buning zang* 普寧藏	1269–1286
	Hongfa zang 弘法藏	1277–1294
Ming 明	*Nan zang* 南藏	ab 1372

145 Die Listen der Druckfassungen basieren im wesentlichen auf Li Yuanjing 李圓淨, „Lidai hanwen dazangjing gaishu 歷代漢文大藏經概述“ (Original in: *Nanxing*; 6 南行; 第六期 [Shanghai: Nanxing Xueshe, 1985], http://www.buddhist-canon.com/MULU/hisutra.htm; auch bei *Chinese Electronic Buddhist Text Association (CBETA)*, http://www.cbeta.org/data/budadata/hisutra.htm); vgl. http://enlight.lib.ntu.edu.tw/dragon/html/intro.htm. Siehe auch Schwaller, *Der japanische Ōbaku-Mönch*, 76–77.

	Bei zang 北藏 (*Yongle mingzang*永樂明藏)	1410–1441
	Bulin zang 武林藏	1522–1566
	Jingshan zang 徑山藏 (*Jiaxingzang ben* 嘉興藏本; *Wanli zang* 萬曆藏)	1579–1589[146]
Qing 清	*Long zang* 龍藏 (*Qianlong dazang jing* 乾隆大藏經)[147]	1735–1738
	Baina zang 百衲藏	1866–
	Pinjia zang 頻加[148]藏	1909–1914
nachkaiserliche Zeit	*Puhui zang* 普慧藏	1943–
	Zhonghua dazang jing 中華大藏經 (*Zhonghua zang* 中華藏)	1984–

Appendix III

Druckfassungen des buddhistischen Schrifttums in Korea

Dynastie	***Druck***	***Fertigstellung***
Koryŏ高麗	*Koryŏ taechang* 高麗大藏初雕本	1011–1082
	Koryŏ taechang sokchang pon 高麗續藏本	ca. 1086
	Koryŏ taechang chaecho pon 高麗大藏再雕本	1236–1251

[146] Alfred Forke berichtet dagegen vom Erwerb dreier Druckausgaben des buddhistischen Schrifttums in Beijing, die auf das Jahr 1578, 1592 und 1598 datiert sind. Bei den drei Ausgaben handele es sich „eigentlich [um] dieselbe Ausgabe in drei verschiedenen, unveränderten Auflagen." Alfred Forke, *Katalog des Pekinger Tripiṭaka der Königlichen Bibliothek zu Berlin* (Berlin: Behrend & Co., 1916), III.

[147] Eine Ausgabe dieser Sammlung wurde zusammen mit den drei oben erwähnten Wanli-Ausgaben in Beijing erworben und von Forke beschrieben und katalogisiert. Eine Faksimile-Ausgabe im PDF-Format ist ins Internet gestellt worden (s.o.).

[148] Auch: 伽.

Appendix IV

Druckfassungen des buddhistischen Schrifttums in Japan

Ära	*Druck*	*Fertigstellung*
Edo 江戸	*Tenkai zō* 天海藏 (*Kan'eiji bon*寛永寺本)	1637–1648
	Ōbaku zō 黃檗藏 (*Tetsugen bon* 鐵眼本)	1669–1681
Meiji 明治	*Kōkyō zō* 弘教藏 (*Shukusatsuzō bon* 縮刷藏本, *Dainihon kōtei shukkoku daizōkyō* 大日本校訂縮刻大藏經, *Dainihon kōtei kunten daizōkyō* 大日本校訂訓点大藏經, *Shukuzō* 縮藏)	1880–1886
	Manji zō[kyō] 卍字藏[經]	1902–1905
	Manji zokuzō[kyō] 卍字續藏[經]	1905–1912
Taishō 大正	*Taishō shinshū daizōkyō* 大正修新大藏經	1924–1934

Abkürzungen

PTS *Vinaya – The Book of the Discipline; 6 Bde.* Übers. von. I.B. Horner. Oxford: Pali Text Society, 1993.

T Takakusu, Junjirō 高楠順次郎, und Watanabe Kaikyoku 渡邊海旭, Hg. *Taishō shinshū daizōkyō* 大正新脩大藏經. 100 vols. Tokyo: Taishō Issaikyō Kankōkai, 1924–1934.

Bibliographie

Andō, Masazumi 安藤正純, Hg. *Shinshū dai-seiten* 眞宗大聖典. Tokyo: Nihon bukkyō kyōkai, 1916.

Assmann, Aleida, und Jan. „Kanon und Zensur als kultursoziologische Kategorien." In *Kanon und Zensur: Beiträge zur Archäologie der literarischen Kommunikation*, hg. von Aleida Assmann and Jan Assmann, 7–27. München: Fink, 1987.

Assmann, Jan. *Religion und kulturelles Gedächtnis: Zehn Studien, Beck'sche Reihe; 1375.* München: Beck, 2000.

Assmann, Jan. *Das kulturelle Gedächtnis: Schrift, Erinnerung und politische Identität in frühen Hochkulturen.* 5. Aufl. München: C.H. Beck, 2005.

Astley, Ian. „Kanon VII: Buddhismus." In *Religion in Geschichte und Gegenwart, 4. Aufl.*, hg. von Hans Dieter Betz; Don S. Browning; Bernd Janowski; Eberhard Jüngel, 771–74. Tübingen: J.C.B. Mohr (Paul Siebeck), 2001.

Buddhist Churches of America, Hg. *Shinshu Seiten: Jodo Shin Buddhist Teaching.* San Francisco: Buddhist Churches of America, 1978.

Bukkyō Dendō Kyōkai, Hg. *Die Lehre Buddhas*. 23. Aufl. Tokyo: Kosaido, 2000.

———, Hg. *An Introduction to the Buddhist Canon*. Tokyo: Bukkyo Dendo Kyokai, 1984.

Buswell, Robert E. Jr. *The Formation of Ch'an Ideology in China and Korea: The Vajrasamādhi-Sūtra, a Buddhist Apocryphon*. Princeton: Princeton University Press, 1989.

Buswell, Robert E. Jr., Hg. *Chinese Buddhist Apocrypha*. Honolulu: University of Hawaii Press, 1990.

Buswell, Robert E. Jr., und Hugh H. W. Kang. „Publications of the Tripiṭaka." In *Sources of Korean Tradition. Volume One: From Early Times Through the Sixteenth Century*, hg. von William Theodore de Bary und Peter H. Lee, 237–38. New York: Columbia University Press, 1997.

Ch'en, Kenneth K. S. *Buddhism in China: A Historical Survey*. 2. ed. Princeton: Princeton University Press, 1973.

Ch'en, Kenneth. „Anti-Buddhist Propaganda during the Nan-ch'ao." *Harvard Journal of Religious Studies* 15 (1952): 166–92.Conrad, Dieter. „Zum Normcharakter von „Kanon" in rechtswissenschaftlicher Perspektive." In *Kanon und Zensur: Beiträge zur Archäologie der literarischen Kommunikation*, hg. von Aleida Assmann and Jan Assmann, 47-. München: Fink, 1987.

Corless, Roger J. „History of Buddhism in China." In *Buddhism: A Modern Perspective*, hg. von Charles S. Prebish, 190–93. University Park; London: State University of Pennsylvania Press, 1975.

Corless, Roger J. „The Chinese Life of Nāgārjuna." In *Buddhism in Practice*, hg. von Donald S. Lopez, 525–31. Princeton: Princeton University Press, 1995.

Davidson, Ronald M. „An Introduction to the Standards of Scriptural Authenticity in Indian Buddhism." In *Chinese Buddhist Apocrypha*, hg. von Robert E. Buswell, 291–325. Honolulu: University of Hawaii Press, 1990.

Dolce, Lucia. „Buddhist Hermeneutics in Medieval Japan: Canonical Texts, Scholastic Tradition, and Sectarian Polemics." In *Canonization and Decanonization: Papers Presented to the International Conference of the Leiden Institute for the Study of Religions (LISOR), Held at Leiden, 9 – 10 January 1997*, hg. von Arie van der Kooij, 228–43. Leiden: Brill, 1998.

Dumoulin, Heinrich. *Zen Buddhism: A History. Vol 2: Japan*. Translated by James W. Heisig; Paul Knitter. New York: Macmillan, 1990.

Forke, Alfred. *Katalog des Pekinger Tripiṭaka der Königlichen Bibliothek zu Berlin*. Berlin: Behrend & Co., 1916

Fujita, Kōtatsu. „The Textual Origins of the *Kuan Wu-liang-shou ching:* A Canonical Scripture of Pure Land Buddhism." In *Chinese Buddhist Apocrypha*, hg. von Robert E. Buswell, 149–73. Honolulu: University of Hawaii Press, 1990.

MacQueen, Graeme. „Inspired Speech in Early Mahāyāna Buddhism I." *Numen* 11, no. 4 (1981): 303–19.

———. „Inspired Speech in Early Mahāyāna Buddhism II." *Numen* 12 (1982): 49–65.

Grimm, Tilemann. „Der chinesische Kanon: Seine Struktur, Funktion und Kritik." In

Kanon und Zensur: Beiträge zur Archäologie der literarischen Kommunikation, hg. von Aleida Assmann and Jan Assmann, 113–23. München: Fink, 1987.

Hahn, Alois. „Kanonisierungsstile." In *Kanon und Zensur: Beiträge zur Archäologie der literarischen Kommunikation*, hg. von Aleida Assmann and Jan Assmann, 28–37. München: Fink, 1987.

Hirakawa, Akira. *A History of Indian Buddhism: From Śākyamuni to Early Mahāyāna*. Hg. von Alex Wayman, *Buddhist Tradition Series 19*. Delhi: Motilal Banarsidass, 1993.

Honpa Hongwanji Mission of Hawaii, Hg. *The Shinshu Seiten*. Honolulu: Honpa Hongwanji Mission of Hawaii, 1955.

Hori, Nikkō 堀日亨, Hg. *Nichiren Daishōnin gosho zenshū* 日蓮大聖人御書全集. Tokyo: Sōka Gakkai, 1984.

Ishii Kyōdo 石井教道, Hg. *Shōwa shinshu Hōnen Shōnin zenshū* 昭和新修法然上人全集. Tokyo: Heirakuji Shoten, 1991.

Jōdoshū kaishū happyakunen kinen keisan junbikyoku 淨土宗開宗八百年記念慶讃準備局, Hg. *Jōdoshū zensho* 淨土宗全書. unveränderte Neuauflage der Originalausgabe von 1911–1914; 20 Bde. Tokyo: Sankibōbusshorin 山喜房仏書林, 1970–1972.

Jōdoshū kaishū happyakunen kinen keisan junkyoku, Hg. *Ōjōden shūroku* 往生傳輯録, *Jōdoshū zensho, zoku* 淨土宗全書: 續*; 16*. Tokyo: Sankibō Busshorin, 1974.

Jōdoshū seiten kankō iinkai, 淨土宗聖典刊行委員會, Hg. *Jōdoshū seiten* 淨土宗聖典. Kyoto: Jōdoshū shūmuchō, 1994–1999.

Ketelaar, James E. *Of Heretics and Martyrs in Meiji Japan: Buddhism and its Persecution*. Princeton: Princeton University Press, 1990.

Kishimoto, Hideo. *Japanese Religion in the Meiji Era*, *Japanese Culture in the Meiji Era; 2*. Tokyo: Ōbunsha, 1956.

Kleine, Christoph. „Hermits and Ascetics in Ancient Japan: The Concept of *Hijiri* Reconsidered." *Japanese Religions* 22, no. 2 (1997): 1–46.

Kōkōdō 浩々洞, Hg. *Shinshū Seiten*真宗聖典. Tokyo: Muga Sanbō, 1910.

Lopez, Donald S. „Authority and Orality in the Mahāyāna." *Numen* 42 (1995): 21–47.

———, Hg. *A Modern Buddhist Bible: Essential Readings from East and West*. Boston: Beacon Press, 2002.

Mizuno, Kōgen. *Buddhist Sutras: Origin, Development, Transmission*. Übers. vonM. Takanashi et al. 4 Aufl. Tokyo: Kōsei Publishing Co., 1991.

Mochizuki, Shindō 望月信道, Hg. *Jōdoshū seiten* 淨土宗聖典. Kyoto: Heirakuji Shoten, 1911.

Mohr, Michel. "Murakami Sensho: In Search of the Fundamental Unity of Buddhism." *The Eastern Buddhist* 37, no. 1–2 (2005): 77–134.

Nakamura, Hajime. *Indian Buddhism: A Survey with Biographical Notes*. Hg. von Alex Wayman. Bd. 1, *Buddhist Traditions*. Delhi: Motilal Banarsidass Publishers, 1989.

Nakamura, Hajime 中村元, Mitsuji Fukunaga, Yoshirō Tamura, Tōru Konno, and Fumihiko Sueki, Hg. *Iwanami bukkyō jiten* 岩波佛教辭典. 2. Aufl. Tokyo: Iwanami Shoten, 2002.

Nanjō, Bun'yū. *A Catalogue of the Chinese Translation of the Buddhist Tripiṭaka, the Sacred Canon of the Buddhists in China and Japan.* 大明三藏聖教目錄. Oxford: Clarendon Press, 1883–1910.

Nanjō, Bun'yū 南條文雄, and E'un 前田慧雲 Maeda, Hg. *Bukkyō seiten* 佛教聖典. Tokyo: Sanseidō, 1905.

Okada, Masahiko. "Revitalization versus Unification: A Comparison of the Ideas of Inoue Enryo and Murakami Sensho." *The Eastern Buddhist* 37, no. 1–2 (2005): 28–38.

Orzech, Charles. „The Legend of the Iron Stūpa." In *Buddhism in Practice*, edited by Donald S. Lopez, 314–17. Princeton: Princeton University Press, 1995.

Pye, Michael. *Emerging from Meditation*. London & Honolulu: Duckworth, 1990.

Radke, Rebekka. *Worte nach der Meditation: Die historische Buddhismus-Kritik von Tominaga Nakamoto (1715–46)*. Frankfurt a.M. et al.: Peter Lang, 2003

Schwaller, Dieter. *Der japanische Ōbaku-Mönch Tetsugen Dōkō: Leben, Denken, Schriften, Schweizer Asiatische Studien / Etudes Asiatiques Suisses; Monographie 9*. Bern et al.: Peter Lang, 1989.

Schwanitz, Dietrich. *Bildung: Alles was man wissen muss*. Augsburg: Weltbild, 2004.

Sueki, Fumihiko. „Building a Platform for Academic Buddhist Studies: Murakami Sensho." *The Eastern Buddhist* 37, no. 1–2 (2005): 8–27.

Tamamuro, Fumio 圭室文雄. *Nihon bukkyōshi: Kinsei*日本佛教史・近世. Tokyo: Yoshikawa Kōbunkan, 1987.

Tokuno, Kyoko. „The Evaluation of Indigenous Scriptures in Chinese Buddhist Bibliographical Catalogues." In *Chinese Buddhist Apocrypha*, hg. von Robert E. Buswell, 31–74. Honolulu: University of Hawaii Press, 1990.

Waldschmidt, Ernst. „Das *Mahāparinirvāṇanasūtra*." Abhandlungen der Deutschen Akademie der Wissenschaften zu Berlin; Philosophisch-Historische Klasse 1950, no. 2 (1951).

Ward, Ryan. „Against Buddhist Unity: Murakami Sensho and his Sectarian Critics." *The Eastern Buddhist* 37, no. 1–2 (2005): 160–94.

Warder, A. K. *Indian Buddhism*. 2. Aufl. Delhi: Motilal Banarsidass, 1980.

Williams, Paul. *Mahāyāna Buddhism: The Doctrinal Foundations*. Hg. von John Hinnells and Ninian Smart, *The Library of Religious Beliefs and Practices*. London & New York: Routledge, 1989.

Onlineressourcen

Buddhismus in Deutschland: Das buddhistische „Online-Netzwerk" der Deutschen Buddhistischen Union. http://www.dharma.de/dbu/frameset.php

Butto Nayami Sōdan Hako: Bukkyō Seiten (Zenbun) ぶっと悩み相談箱: 仏教聖典(全文). http://www10.0038.net/~butto/seitentop2.htm

Chinese Buddhist Electronic Text Association (CBETA) (Zhonghua dianzi fodian xiehui 中華電子佛典協會). http://www.cbeta.org/index.htm

Dharmaweb.de: Die Lehre Buddhas (Bukkyō Dendō Kyōkai). www.dharmaweb.de\buddha\buddha02.html

Hanwen dianzi dazangjing xilie 漢文電子大藏經系列 *(Chinese Buddhist Canon Series).* http://www.buddhist-canon.com

Hinduwebsite Sacred Sriptures: The Teaching of Buddha, the Buddhist Bible. http://hinduwebsite.com/sacredscripts/buddha_preface.htm

*Jodo Shinshu Buddhism: Essentials of Jodo Shinshu (Kyosho).*http://www.nishihongwanji-la.org/church/buddhism/jodo_shinshu.html

Jōdo Shinshū Seiten Onrain Kensaku 浄土真宗聖典オンライン検索. http://www2.hongwanji.or.jp/kyogaku/kensaku/

Li Yuanjing 李圓淨. „Lidai hanwen dazangjing gaishu 歷代漢文大藏經概述". (Original in: *Nanxing*; 6 南行; 第六期. Shanghai: Nanxing Xueshe, 1985). http://www.buddhist-canon.com/MULU/hisutra.htm

Nishi Honganji L.A.: Sanbutsuge, "Praises of the Buddha". http://www.nishihongwanji-la.org/church/buddhism/sanbutsuge.html#sanbutsuge_translation

Payer, Alois. *Materialien zum Neobuddhismus.* http://www.payer.de/neobuddhismus/neobud04042.htm

Shinshū Ōtaniha: „Shinshū Seiten", zenkan 真宗大谷派「真宗聖典」全巻http://www.fureai.or.jp/~bandou/library.htm

The Internet Sacred Text Archive: A Buddhist Bible. http://www.sacred-texts.com/bud/bb/index.htm

Wittern, Christian. *WWW Database of Chinese Buddhist Texts.* http://kanji.zinbun.kyoto-u.ac.jp/~wittern/can/can4/ind/canwww.htm

Yongzheng chixiu qianlong dazang jing 雍正敕脩乾隆大藏經. http://enlight.lib.ntu.edu.tw/dragon/html/index_00.htm (Letzter Zugriff: 24.08.06)

Zhonghua fojiao zaiqian 中华佛教在线 (Chinese Buddhism Online). *Dazang jing* 大藏经. http://dzj.fjnet.com/d2.asp (Letzter Zugriff: 28.08.06)

Der Einsatz der Stimmen

Formation und Erschaffung des chinesischen buddhistischen Kanons: vom doppelten Kriterium der Authentizität

MAX DEEG

Ich erinnere mich noch gut an eine E-mail von Karénina Kollmar-Paulenz während der Vorbereitungsphase der diesem Band zugrunde liegenden Arbeitstagung, in der sie mich für ihr Seminar über Kanonisierung und Kanonizität, dessen Output und Input die Teilnehmer der Tagung in Form der ausgezeichneten Literaturliste vorliegen hatten, um religionswissenschaftlich den Kanonbegriff kritisch hinterfragende und diskutierende Literatur über den chinesischen buddhistischen Kanon bat – und ich ihr etwas ratlos zurückschreiben mußte, daß es diese so in westlichen Sprachen nicht gebe[1].

Diese Ratlosigkeit brachte mich bei der Suche nach einem Thema für unsere Tagung auf den Gedanken, doch einmal der Frage nachzugehen, wie denn der chinesische buddhistische Kanon, mit dem wir heutzutage so selbstverständlich als umgehen, zu einem solchen wurde, bzw. zu einem solchen gemacht wurde. Denn es erschien mir nach einigem Nachlesen und Nachdenken deutlich, daß der Grund, warum es so gut wie keine grundsätzliche nicht-deskriptive, sondern historisch-analytische Litera-

[1] Die einzige zusammenfassende Literatur zum chinesischen Kanon auf Japanisch, die mir spontan einfiel, war die vom Daizōkai 大蔵会, „Tripiṭaka-Vereinigung", herausgegebene Büchlein *Daizōkyō – seiritsu to henkō*大蔵経・成立と変遷 („Der Daizōkyō (Tripiṭaka) – Entstehung und Wandel") (Kyōto: Hyakkaen 百華苑, 1964), das allerdings rein deskriptiv ist und keine kritische Position hinsichtlich der Kanonfrage einnimmt. Einige wenige Nachträge sind zu entnehmen: Silvio Vita, „Printings of the Buddhist ‚Canon' in Modern Japan". In Giovanni Verardi, Silvio Vita, Hg., *Buddhist Asia 1. Papers from the First Conference of Buddhist Studies Held in Naples in May 2001.* Kyoto: Italian School of East Asian Studies, 2003, 217–245, 219f., Anm. 4 und 5.

Max Deeg, Oliver Freiberger, Christoph Kleine (Hrsg.), *Kanonisierung und Kanonbildung in der asiatischen Religionsgeschichte.* VÖAW: Wien 2011, pp. 321–343.

tur zum chinesischen buddhistischen Kanon gibt[2], darin besteht, daß er wie viele andere Kanones nicht nur nach dem westlichen Kanon-Modell in einer Geschlossenheit rezipiert wurde, sondern im Laufe dieser Rezeption auch noch durch wissenschaftlich konstruierte Authentizitätsprinzipien umkonzipiert wurde. Beschreibungen dieses „Kanons" im Sinne von Indices, Katalogen und Inhaltsanalysen setzen dann offenbar voraus, daß es sich um einen Kanon handelt[3]. Wir haben es hier offensichtlich mit dem seltenen und seltsamen Fall zu tun, daß eine offene Textsammlung religiöser Texte durch die wissenschaftliche Analysetätigkeit im gesamtbuddhistischen Bereich gleichsam intendiert „sakralisiert" wurde[4].

Zu diesem Punkt noch einige kurze Bemerkungen. Es scheint mir ein grundsätzliches Mißverständnis zu sein, daß ein Text oder ein Textkorpus deshalb einen Kanon darstellt, weil er oder es sich durch eine besondere Heiligkeit auszeichnet. Bekommt der kulturwissenschaftlich und historisch arbeitende und denkende Religionswissenschaftler schon bei dem Gedanken an die Qualifizierbarkeit von „Heiligkeit" Bauchschmerzen, so ist in der Regel historisch gesehen diese Heiligkeit erst – wenn überhaupt – ein Prädikat post ex facto der Kanonisierung. Im übrigen straft schon eine oberflächliche Sichtung der ostasiatisch-buddhistischen Positionen zu den „heiligen Texten" die Annahme, daß in einen Kanon inkorporierte Texte nach den Vorgaben der Heiligkeit kanonisiert würden. Es ist nämlich keineswegs so, daß das Korpus, aus dem der heu-

---

[2] Der generelle historische Überblick über „den" buddhistischen Kanon („The formation of the canon of writings") in Étienne Lamotte, *History of Indian Buddhism. From the Origins to the Śaka Era* (Louvain-la-Neuve: Université Catholique de Louvain, Institut Orientaliste, 1988), 140ff., kann hier, ebenso wie die Darstellung von Paul Demiéville, „Sources chinoises sur le bouddhisme." In *L'Inde classique*, hg. von Louis Renou, Jean Filliozat. Paris: Maisonneuve-Adrien, 1953, Bd.2, 157–222 (wieder abgedruckt in Paul Demiéville, *Choix d'études bouddhiques (1929–1970)*. Leiden: Brill, 1973, 398–463), nur als Einführung verstanden werden.

[3] Lewis Lancaster z.B. stellt in seinem Beitrag „Buddhist Literature: Its Canons, Scribes, and Editors" in dem von Wendy Doniger O'Flaherty herausgegebenen Sammelband *The Critical Study of Sacred Texts* (Berkeley: Graduate Theological Union, 1979), 215–229, selbst in Fällen, wo es offensichtlich keinen Kanon im engeren Sinne gab – vgl. etwa sein Schema auf S.220, wo von einem Sanskrit-Kanon die Rede ist –, den Begriff des Kanon an sich nicht in Frage.

[4] Dies wäre – mindestens – ein weiterer Prozeß wissenschaftlicher Kanonisierungstätigkeit neben der von Oliver Freiberger in seinem Aufsatz „The Buddhist Canon and the Canon of Buddhist Studies", in: *Journal of the International Association of Buddhist Studies* 27.2 (2004), 261–283, und in seinem Beitrag im vorliegenden Band vorgestellten und hinterfragten einer „Essentialisierung" des Pāli-Kanons.

tige umfangreiche buddhistische Kanon besteht, durchgehend „heilig“, und sei es auch nur im Sinne einer besonders verehrten Texttradition, war und ist. Wäre dem so, so dürfte umgekehrt der Kanon, der durch die Tiantai-Schule (天台) sanktioniert ist, nur aus dem Huayan-jing 華嚴經 / Gaṇḍāvyūha, den Ahan-jing 阿含經 / Āgama-Sammlungen, den Fangdeng-jing 方等經 / Vaipulyasūtras, den Banruopoluomiduo-jing 般若婆羅蜜多經 / Prajñāpāramitāsūtras, den Banniepan-jing 般涅盤經 / Parinirvāṇasūtras und dem Lianhua-jing 蓮華經 / Saddharmapuṇḍarīka-sūtra bestehen[5]. Diese, der chinesischen Methode des *panjiao* 判教, des „Aufteilens der Lehre“[6], verpflichtete Systematisierung könnte man durchaus als „konzeptionelle Kanonisierung“ bezeichnen, da sie offensichtlich niemals Grundlage einer materiellen Kanonisierung wurde: in Tiantai- / Tendai-Klöstern hat es immer diesen soteriologisch-konzeptionellen Kanon sprengende Schriftensammlungen gegeben[7].

Diese Vorbemerkungen sollten Grund genug sein, das Konzept des „Kanons“, der ja in den vergangenen Jahren wiederholt Gegenstand allgemeiner kulturwissenschaftlicher und speziell religionswissenschaftlicher Diskussion war und es noch ist, wieder und noch einmal zu thematisieren. Es ergibt sich aus den verschiedenen Diskussionsansätzen, nicht zuletzt den im vorliegenden Band vorgestellten, zumindest, daß die Vorstellung eines kohärenten, in sich abgeschlossenen Textkorpus als Kriterium für die Bestimmung des Kanonbegriffes nicht ausreicht und nicht vollständig greift. Es handelt sich in vielen religiösen und kulturellen Kontexten vielmehr um einen Diskurs und einen Prozeß, der immer wieder Phasen einer gewissen Stabilität erreicht, die Traditionen offensichtlich benötigen, um solche zu sein und sich als solche legitimieren zu können[8]. John B. Henderson hat dieses diskursive Moment von Kanonizität vergleichend im Verhältnis von Kanon (Scripture, Canon) und Kommentar herausge-

---

[5] Vgl. dazu Leon Hurvitz, *Chih-i (538–597): An Introduction to the Life and Ideas of a Chinese Buddhist Monk* (Bruxelles: Institut Belge des Hautes Études Chinoises, 1960–62) (Mélanges chinois et bouddhiques, vol.12).

[6] Vgl. hierzu auch den Beitrag von Christoph Kleine im vorliegenden Band.

[7] Es scheint, daß das Ordnungsprinzip der *sūtra*-Abteilung ab dem Ming-zeitlichen Kanon nach einem bestimmten *panjiao*-System durchgeführt wurde, das in Nanjōs Katalog zu finden ist: 1. Banruo-bu 般若, Prajñāpāramitā; 2. Baoji-bu 寶集部, Ratnakūṭa; 3. Daji-bu 大集部, Mahāsaṃnipāta; 4. Huayan-bu 華嚴部, Avataṃsaka; 5. Niepan-bu 涅盤部, Nirvāṇa, deren Herkunft mir jedoch nicht klar ist.

[8] Vgl. hierzu die Bemerkungen von Oliver Freiberger im vorliegenden Band.

stellt[9], und in dem von Aleida und Jan Assmann herausgegebenen Sammelband *Kanon und Zensur* wird das Moment der Zensur dem der Kanonisierung als diese konstituierend gegenübergestellt[10]. Beide Aspekte lassen sich im Formierungsprozeß des chinesisch-buddhistischen Korpus' relativ deutlich aufzeigen. Dies soll jedoch nicht heißen, daß dies im Falle etwa des Pāli-Kanons nicht der Fall ist: dort ist mit dem großen Kommentator Buddhaghosa eine hohe Stufe von Kanonizität im Sinne einer Abgeschlossenheit erreicht; der Prozeß der „Zensur" vor diesem Vorgang ist jedoch nicht völlig absent, sondern lediglich historisch nicht greifbar, bzw. in den Schismenberichten lediglich unterschwellig mittransportiert[11].

Am Beispiel des Buddhismus wird das fragwürdige Konzept eines in sich geschlossenen Kanons, wie ihn die europäische Geisteswissenschaft geprägt hat, besonders deutlich[12]. Dies ist ja auch am Beispiel anderer kultureller und sprachlicher Regionen, die im vorliegenden Band vertreten sind, zu sehen. Für den kulturwissenschaftlichen Kanonbegriff würde ich unterscheiden zwischen einer emischen Sicht eines kanonisierenden Prozesses und der etischen Beschreibungs- und Analyseebene von kulturellen Bedingtheiten eines Kanonisierungsprozesses[13]. Dies hat m.E. den Vorteil, daß man im buddhistischen Kontext durchaus den Prozeß

---

9 John B. Henderson, *Scripture, Canon and Commentary. A Comparison of Confucian and Western Exegesis* (Princeton: Princeton University Press, 1991); zum Kanonbegriff v.a. 38–61.

10 Aleida und Jan Assmann, Hg., *Kanon und Zensur. Archäologie der literarischen Kommunikation II* (München: Fink, 1987).

11 Dies mag im übrigen auch eine der wesentlichen „Funktionen" der Schismenberichte sein: über sie vermochte erklärt zu werden, daß es überhaupt andere und konkurrierende buddhistische Kanones neben dem eigenen gab.

12 Insofern ist es durchaus nachzuvollziehen, daß in der dritten Auflage der Enzyklopädie *Religion in Geschichte und Gegenwart* unter dem Stichwort Kanon kein Abschnitt „religionsgeschichtlich" zu finden ist: Kanon war zu jener Zeit noch nicht zu einem kulturwissenschaftlich operablen Begriff geworden. In der vierten Auflage sind immerhin schon die Abschnitte Islam (William A. Graham), Buddhismus (Ian Astley) und Daoismus (Florian Reiter) zu finden: *Die Religion in Geschichte und Gegenwart*, hg. von Betz, Hans Dieter; Browning, Don S.; Jankowski, Bernd; Jüngel, Eberhard, (Tübingen: J.C.B. Mohr (Paul Siebeck), 2001), Bd.4, 772–774.

13 Daria Pezzoli-Olgiati unterscheidet in ihrem Artikel „Kanon I. Religionsgeschichtlich" zwischen einer Perspektive der „Abgrenzung" und einer Perspektive der Dynamik: *Metzler Lexikon Religion. Gegenwart – Alltag – Medien*, hg. von Auffarth, Christoph; Bernard, Jutta; Mohr, Hubert, (Stuttgart: Metzler, 1999), S.767. Dies erscheint mir nicht sehr sinnvoll, da auf Objektsebene trotz „Abgrenzungsrhetorik" die dynamische Dimension realiter durchaus vorhanden ist und bisweilen reflektiert

einer Kanonisierung, abgekoppelt von einem vorgefaßten Verständnis von „Heiligkeit, in verschiedenen kulturellen und historischen Phasen ansetzen kann, ohne in die Gefahr zu geraten, diesen Prozeß zu leugnen, weil er im Ergebnis von einem anderen innerbuddhistischen, normativ gesetzten Kanon abweicht, wie etwa am Verhältnis des Pāli-Kanons zum chinesischen *Sanzang* zu sehen ist. Gleichzeitig läßt sich im chinesisch-buddhistischen Korpusbildungsprozeß durchaus die *„Paradoxie zwischen Erneuerungsfeindlichkeit und Innovationspotential“*[14] schließen, da, wie wir sehen werden, beide Tendenzen vorhanden sind: Nichtauthentisches auszuscheiden, aber auch das Textmaterial möglichst umfassend aufzunehmen.

Betrachten wir uns, bevor ich auf das Korpus des chinesischen buddhistischen Schrifttums, des „Kanons“, und seiner Konzeptionierung eingehen möchte, kurz die Einträge in deutschsprachigen religionwissenschaftlichen Handbüchern oder Einführungswerken zum „buddhistischen Kanon“ im allgemeinen und zum „chinesischen buddhistischen Kanon“ im besonderen. Typisch für die fast ausgeblendete Wahrnehmung des chinesischen buddhistischen Korpus sind Udo Tworuschkas einführende Bemerkungen zu dem von ihm herausgegebenen Sammelband *Heilige Schriften – Eine Einführung*[15]; Tworuschka folgt grundsätzlich den älteren Definitionen von Heiligen Schriften als kanonischen Schriften[16], bringt aber unter dem Stichwort Buddhismus dann lediglich Beispiele aus dem tibetischen und dem Theravāda-Kontext[17]. Thomas Oberlies' Ausführungen zu den buddhistischen heiligen Texten[18] im selben Band spiegeln dann ebenso die fast typisch zu nennende „Indozentrik“ und die Dominanz des Pāli-Kanons wider[19].

---

wird: vgl. die folgenden Ausführungen zu den chinesisch-buddhistischen Kanonisierungskriterien.

14 Petra Bahr, s.v. „Kanon / Kanonisierung“, in: *Metzler Lexikon Religion*, Bd.2, 161.

15 Udo Tworuschka, Hrsg., *Heilige Schriften – Eine Einführung* (Darmstadt: Wissenschaftliche Buchgesellschaft, 2000).

16 Ibid., 3f.

17 Ibid., 7ff.

18 Für Oberlies gilt, wohl auch durch den Titel des Gesamtwerkes geprägt, die *„Identität von heiligen und kanonischen Texten“*: ibid., S.167.

19 Thomas Oberlies, „Heilige Schriften des Buddhismus“, in: Tworuschka, *Heilige Schriften*, 167–196; das chinesische Korpus wird – der Darstellung Paul Demiévilles in *Inde classique* (s.o.) folgend – mit knapp einer Seite (194f.), mit etwas weniger Raum bedacht als der tibetische Kanjur (193f.).

Paul Harrison leitet seinen Artikel „Canon“ in der Encyclopedia of Buddhism mit den Worten ein:

> There is no such thing as the Buddhist canon. In fact, the concepts of canon and canonicity are especially problematic in Buddhism, given the wide geographical spread and great historical variety of the religion, together with the absence of any central authority. If the term *canon* is defined loosely as a more of less bounded set of texts accorded preeminent authority and sanctity, then each Buddhist school or tradition to evolve developed its own canon in the process. While agreeing on the centrality of the notion of BUDDHAVACANA (WORD OF THE BUDDHA) as capable of leading others to awakening, Buddhists may and do differ over what actually constitutes this *buddhavacana*.[20]

Daß die Sammlung aller möglicher buddhistischer Texte in chinesischer Sprache in westlichem Kontext dennoch durchaus und in gewissem Maße unhinterfragt als Kanon bezeichnet wird, läßt sich schnell schon am Titel seines westlichen Standardkatalogs feststellen: *„Répertoire du Canon Bouddhique Sino-Japonais“*, herausgegeben von Paul Demiéville, Hubert Durt und Anna Seidel im Jahre 1978 als *„Fascicule Annexe du Hōgōgirin“*. Ich möchte im folgenden kurz die wichtigsten Entwicklungslinien dieses Kanons skizzieren.

Das alte chinesische Konzept, Schriften nach ihrer Authentizität nicht nur hinsichtlich des Buddhawortes, sondern gleichzeitig auch hinsichtlich der Authorität der Traditionslinie in einen Kanon aufzunehmen (Chin. *ruzang* 入藏), führt zu einer sehr frühen Offenheit des chinesischen buddhistischen Korpus. Dieser Offenheit steht jedoch als Kontrollinstanz die sehr früh einsetzende staatliche Zensur gegenüber. Schriften und Texte, die als nicht authentisch oder nicht als nicht eindeutig buddhistisch galten, wurden erst gar nicht in den Kanon aufgenommen oder aus dem Kanon ausgeschieden – ihre Existenz ist uns häufig nur durch Katalogeinträge oder aus Enzyklopädien bekannt –, gleichzeitig aber wurden auch Texte regelrecht zensiert, deren Trägerinstitution politisch nicht genehm war, oder die gar als subversiv galten: die Nichtexistenz der Schriften der unter der Sui-Dynastie geächteten Sanjie-jiao 三階教, der „Sekte“ der „Drei Stufen“, ist hier ein gutes Beispiel[21]. Sie wurden zum Teil erst in der offenen Bibliothek in Dunhuang wieder entdeckt.

---

[20] Paul Harrison, s.v. „Canon“, in: Robert E. Buswell, Jr., Hrsg., *Encyclopedia of Buddhism* (New York: Macmillan, 2003) Volume One (A-L), 111.

[21] S. allgemein zu dieser „häretischen“ Denomination Jamie Hubbard, *Absolute Delusion, Perfect Buddhahood. The Rise and Fall of a Chinese Heresy* (Honolulu: University of Hawaii Press, 2001). Zur Frage des kanonischen Ausschlusses der Sanjiejiao-Texte vgl. xiif. u. 247, u.a. Mark Edward Lewis, „The Suppression of the Three

Nachdem ab etwa dem ersten Jahrhundert unserer Zeitrechnung mit dem Einführen des Buddhismus nach China eine immer stärker wachsende Anzahl von buddhistischen Texten ins Chinesische verschiedener Genres und verschiedensten Inhalts übersetzt wurde, sahen sich die Chinesen vor das Problem gestellt, daß auf der einen Seite offensichtlich bestimmte buddhistische Texte fehlten, auf der anderen Seite aber auch Texte vorhanden waren, die, gelinde ausgedrückt, ihrer Authentizität nach zumindest als fragwürdig zu gelten hatten[22]. Es wurde mit der Erstellung von Katalogen begonnen, die nicht nur alle zum jeweiligen Zeitpunkt verfügbaren buddhistischen Texte auflisten, sondern auch deren Authentizität feststellen sollten. Es wurde unterschieden zwischen echten, d.h. aus indischen Sprachen übersetzten Texten und zweifelhaften und falschen Sūtras[23].

Die beiden frühesten dieser Katalogisierungstätigkeiten sind noch im rein monastisch-religiösen Kontext angesiedelt. Shi Daoan 釋道安 (312–385), der erste „Systematiker" und „Enyklopädist" des chinesischen Buddhismus, stellte im Jahre seinen Zongli-zhonjing-mulu 綜理眾經目錄, „Allgemeiner Katalog der Sūtras", der uns nur noch in entsprechenden Zitaten im Katalog seines „Nachfolgers", im Chu-sanzang-jiji 出三藏集記, „Gesammelte Aufzeichnungen über die Herausgabe des Dreikorbs", des Sengyou 僧祐 (445–518) erhalten ist. Schon am Titel von Daoans Katalog wird deutlich, daß er noch nicht auf das Konzept eines Tripiṭaka, eines Sanzang, beruht, und bei einer Sichtung dessen, was bis zum Zeitpunkt der Erstellung dieses Verzeichnisses ins Chinesische übersetzt war, macht auch deutlich warum: es lag weder eine komplette Übersetzung eines der grundlegenden Sūtra-Sammlungen, die Āgamas,

---

Stages Sect: Apocrypha as a Political Issue", in: Robert E. Buswell, Jr., *Chinese Buddhist Apocrypha* (Honolulu: University of Hawaii Press, 1990), 207–238.

22 Im indischen buddhistischen Kontext ist natürlich grundsätzlich eine ähnliche Problemlage anzusetzen, die und deren Lösungsansätze jedoch auf Grund der Quellenlage nur indirekt zu erschließen sind: vgl. dazu Ronald M. Davidson, „An Introduction to the Standards of Scriptural Authenticity in Indian Buddhism", in: Buswell, *Chinese Buddhist Apocrypha*, 291–325.

23 Die grundlegende und umfangreichste Arbeit zu den chinesischen Katalogen ist Hayashiya Tomojirōs 林野友次郎 Werk *Kyōroku no kenkyū* 經録の研究 (Tōkyō: Iwanami-shoten 岩波書店, 1941), dessen ursprüngliches Ziel, die gesamte chinesische Katalogisierungsarbeit darzustellen und zu analysieren nicht zu Ende geführt wurde. Einen Überblick bietet Kyoko Tokuno, „The Evaluation of Indigenous Scriptures in Chinese Buddhist Bibliographical Catalogues", in: Buswell, *Chinese Buddhist Apocrypha*, 31–74.

Chin. Ahanjing 阿含經, geschweige denn des gesamten Sūtrapiṭaka noch eines Vinaya, Chin. Lü 律, irgendeiner Schule (Nikāya) vor. Diese wurden erst, nicht zuletzt auf das Betreiben von Daoan, in den letzten Jahren des fünften und in den ersten Jahrzehnten des fünften Jahrhunderts in rascher Aufeinanderfolge übersetzt[24].

Schon in diesem frühen Verzeichnis zeigt sich eine qualifizierende und selektive Tendenz, durch die sich der „Kanonisierungsprozeß" der gesamten Folgezeit auszeichnete. Daoan versuchte bereits, authentische Texte von „apokryphen" zu scheiden. Er teilt das gesamte Textmaterial, das er erfaßt, in sieben Kategorien: 1. Sūtra, Vinaya und Śāstra nach chronologischer Ordnung der Übersetzer, 2. anonyme Übersetzungen, 3. andere Texte aus dem Gebiet der Liang-Dynastie (modernes Gansu), 4. andere Texte aus Guanzhong (heutiges Shenxi), 5. alte Übersetzungen, 6. zweifelhafte Texte und 7. Kommentare[25].

Die auf Daoan folgenden Kataloge übernehmen sein Schema im wesentlichen, wobei sich im Laufe der Zeit die kategoriale Aufteilung in Mahāyāna- und Hīnayāna-Texte in den jeweiligen „Körbe", bzw. „Speichern" (Chin. *zang* 藏) herausbildet. Ab der Tang-Zeit geschehen die Katalogisierungen in staatlichem Auftrag und unter staatlicher Aufsicht, so daß die Entscheidung darüber, was in den „Kanon" aufgenommen wird, nicht mehr ausschließlich in den Händen des buddhistischen *saṅgha* ruht, dieser aber auf Grund seiner Beteiligung an den jeweiligen Projekten aber auch nicht völlig ausgeschlossen war[26]. Es sei aber deutlich darauf hingewiesen, daß die Kataloge uns nicht notwendigerweise Aufschluß darüber geben, wie der tatsächliche chinesisch-buddhistische Kanon denn aus-

---

[24] Man könnte fast die „ketzerische" Frage stellen, ob es, zumindest in Nordindien, auf Grund der frühen chinesischen Übersetzungsaktivitäten, die in keinem einzigen Fall eine komplette kanonische Sammlung (Vinaya, Abhidharma, Nikāya / Āgama) betraf, überhaupt einen Kanon im Sinne einer entsprechenden Geschlossenheit und Organisiertheit gegeben hat. Diese Frage wird von dem Beitrag Richard Salomons durchaus, zumindest teilweise, positiv beantwortet.

[25] Vgl. Paul Demiéville, „Sources chinoises sur le bouddhisme", 187f.; Erich Zürcher, *The Buddhist Conquest of China. The Spread and Adaptation of Buddhism in Early Medieval China* ([2]Leiden: Brill, 1972), 195f.

[26] Über den Legitimationsprozeß von Kanonisierung zwischen politischem Reglement und „freier" Entscheidung der religiösen Instanzen wäre viel stärker nachzudenken, als es bisher geschehen ist: was beim chinesischen „Kanon" auf der Hand liegt, ist im Falle des Pāli-Kanons auf Grund der stark monastischen „Einfärbung" der Quellen nicht eindeutig nachweisbar aber wahrscheinlich, nämlich der Einfluß der Staatsobrigkeit auf die Entscheidung, welche Texttradition und welche Texte in einen Kanon Eingang finden.

gesehen hat; Kataloge reflektieren lediglich eine idealtypische „Kanonarchitektur“, wobei nicht ausgeschlossen werden soll, daß sie wiederum als Ordnungs- und Normschema für die Erstellung eines kanonischen Korpus dienen konnten.

Mit dem ersten Druck des Kanons unter der Song-Dynastie auf kaiserlichen Auftrag hin und mit Hilfe von circa 130000 Druckplatten, die zwischen 971 und 983 angefertigt wurden[27], war ein Abschluß der Aufnahme von Schriften erreicht.

Die westliche „Entdeckung“ des chinesischen buddhistischen Kanons setzt erst verhältnismäßig spät ein[28] und zeigt von Anfang an eine Beeinflußung der „geschlossener Kanon“-Wahrnehmung, die im Westen durch die Kenntnis vor allem des Pāli-Kanons und zumindest des Inhaltes des tibetischen Bka'-'gyur, den Alexander Csoma de Körös schon 1836 vorgelegt hatte[29], vorgegeben war. Es war vor allem der Pāli-Kanon mit seiner strikten Ordnung in „Drei Körbe“, der zwar erst etwa ab der Zeit Buddhaghosas in seinem Aufbau festgelegt, sozusagen „kanonisiert“ war, aber seine Autorität aus den Konzilberichten einerseits und der wissenschaftlichen Herausgabe durch die von Thomas William Rhys-Davids (1843 - 1922) neu gegründete Pāli Text Society[30] bezog, der als Norm, als „Kanon“ in diesem Sinne rezipiert und immer wieder als Meßlatte herangezogen wurde und wird.

---

[27] Vgl. etwa Denis Twitchett, *Druckkunst und Verlagswesen im mittelalterlichen China*, hg.v. Hartmut Walravens mit einem Nachwort von Helwig Schmidt-Glintzer (Wiesbaden: Harrassowitz, 1994) (Wolfenbütteler Schriften zur Geschichte des Buchwesens, Bd.22), 36f.

[28] Interessant wäre es, den Gründen für dieses verhältnismäßig späte „Entdecken“ der chinesischen buddhistischen Schriften nachzugehen. Neben dem „indozentrischen“ Interesse der frühen europäischen Buddhologie dürfte auch die schlechte Reputation des zeitgenössischen chinesischen Buddhismus, die durch die konfuzianische Bildungselite, aber auch schon durch die frühen jesuitischen Missionare gespeist wurde, mit verantwortlich zeichnen.

[29] Alexander Csoma, „Analysis of the Dulva, a Portion of the Tibetan Work entitled the Kaḥ-gyur“, Asiatic Research 20 (1936), 41–93; ders., „Analysis of the Sher-chin P'hal-Ch'en Dkon-séks Do-de Nyáng-dás and Gyut; Being the 2nd, 3rd, 4th, 5th, 6th, and 7th Divisions of the Tibetan Work, entitled the Kaḥ-gyur“, Asiatic Research 20 (1936), 393–552; ders., „Abstract of the Contents of the Bstan-ḥgyur“, Asiatic Research 20 (1936), 553–585. Ein weiterer, häufig benutzter „Katalog“ zum Bka-'gyur war der von Schmidt herausgegebene *Bka'-'gyur-gyi dkar-chag, oder Der Index des Kandjur* (St. Petersburg, Leipzig: 1845).

[30] Zu Rhys-Davids s. L. Ananda Wickremeratne, *The Genesis of an Orientalist: Thomas William Rhys Davids in Sri Lanka* (Delhi: Motilal Banarsidass, 1984), v.a. 148ff.

Im Zusammenhang mit dem chinesischen buddhistischen Schriftkorpus muß darauf hingewiesen werden, daß die inkonsistenten chinesischen Bezeichnungen – Sanzang 三藏, wörtlich: „Drei Behältnisse", Dazang 大藏, wörtl.: „Großes Behältnis", Dazangjing 大藏經, wörtl.: „Sūtras der großen Behältnisse"[31], Zhongjing 衆經, Yiqiejing 一切經, beides etwa „alle, die gesamten Sūtras" – desselben nicht dazu angetan waren, eine klare Entscheidung, ob es sich selbst nach Maßgabe eurozentrischen Kanon-Vorstellung tatsächlich um einen solchen handelte, treffen zu können. Würde man zunächst einmal meinen, daß der Begriff, der Kanon im Sinne eines mehr oder weniger geschlossenen Korpus' am ehesten entspricht, *zang* 藏, „Behältnis, Speicher, Schatzhaus", für Skt. *piṭaka*, sei, so sieht dies etwas Paul Demiéville anders:

> Das chinesische Wort king [= *jing*], das eigentlich die Kette eines Gewebes bezeichnet, hatte vor der Ankunft des Buddhismus dazu gedient, die konfuzianischen Texte als „Regel" (κανόν) zu qualifizieren, das heißt als verschriftete Autoritäten anerkannt zu werden, die einen normativen Wert besaßen. Dieses Wort wurde von den Buddhisten aufgenommen, um die sūtra zu bezeichnen, einer der Drei Körbe, derjenige nämlich, der sich als von der Autorität eines Buddha hervorgebracht präsentiert; aber in China hat man [*jing*] auch in einem weiteren Sinne gebraucht, für alle buddhistische Texte, die als Autorität galten (…).[32]

Die grundlegende Auffassung moderner Textkritik und -philologie, daß die indischen Originale, die leider nur in den seltensten Fällen vorhanden waren, der Maßstab einer Authentifizierung und einer zumindest ideell-hierarchisierenden Kanonisierung seien, zeigt bereits J. Summers in seinem *Descriptive Catalogue of the Chinese, Japanese, and Manchu books in the Library of the India Office* (hrsg. 1872, S. iv):

> The title of a [Chinese] book is often untranslatable; ... in the case of Buddhist Literature the identification of the Chinese title with the Sanskrit original is sufficiently troublesome.[33]

Doch bis zu dieser Feststellung, daß es eine Sammlung chinesischer buddhistischer Texte gibt, die den Pāli-Kanon zumindest an Umfang über-

---

[31] P. Demiéville, „Sources chinoises sur le bouddhisme", 187, übersetzt: „*Le Canon de la Grande Corbeille*", wobei allerdings zu bemerken ist, daß im Chinesischen Singular und Plural nicht unterschieden sind, somit *zang* auch als Plural im Sinne der unterschiedlichen *piṭaka*s übersetzt werden kann.

[32] Demiéville, ibid.

[33] Zitiert nach Bunyiu Nanjio, *A Catalogue of the Chinese Translations of the Buddhist Tripiṭaka, the Sacred Canon of the Buddhists in China and Japan* (Oxford: Clarendon Press, 1883; indischer Nachdruck Delhi: Motilal Banarsidass, 1989), xi.

trifft[34], war es zu Beginn der Beschäftigung mit chinesischsprachiger buddhistischer Literatur noch weit. Zunächst einmal war das Interesse an chinesischen buddhistischen Texten von Anfang an beherrscht und auch beschränkt von der Suche nach dem Ursprung des Buddhismus oder dem ursprünglichen Buddhismus in Indien. Schon im ersten übersetzten Werk aus der Fülle des buddhistischen Schrifttums in China zeigt sich das deutlich: es ist nicht etwa ein „heiliger" Text einer ostasiatischen buddhistischen Denomination wie etwa das Lotussūtra oder eines der „Reinen-Land"-Texte, sondern der früheste chinesische Pilgerbericht des Faxian, den Abel Rémusat ins Französische übersetzt, und der dann im Jahre 1836 postum veröffentlicht wird. C. Landresse betont in seiner *„Introduction"* etwas blauäugig:

> ... wenn man vorhat, die gesamte Lehre des Buddha wiederzufinden, unvermischt durch fremde Formel oder Tradition, in ihrer einfachen Reinheit und annähernd in ihrer Originalsprache, dann blieben noch diese Übersetzungen [d.h.: die chinesischen im Gegensatz zu den tibetischen und mongolischen], die unmittelbar nach den heiligen und authentischsten Büchern angefertigt wurden, in denen die Worte noch nicht ausgelegt wurden, sondern in fast immer erkennbaren analogen Entsprechungen wiedergegeben werden, in denen selbst die grammatischen Formen bewahrt sind, und die uns seit ältester Zeit durch die Chinesen überliefert worden sind.[35]

Aus der Geschichte der Buddhismuskunde ist deutlich zu erkennen, daß sich diese sehr positive Einschätzung der chinesischen buddhistischen Übersetzungen ziemlich bald zugunsten der tibetischen Übertragungen verschoben hat. Rémusat selbst, ohne konkret über Aufbau und Umfang des chinesischen Kanons Bescheid zu wissen, geht davon aus, daß es sich

---

[34] Paul Demiéville zählt für den „Übersetzungsteil" des chinesischen Korpus 1692 Werke mit etwa vierzig Millionen chinesischer Zeichen (*„mots monosyllabiques"*): „Sources chinoises sur le bouddhisme", S. 158.

[35] Abel Rémusat, Foe-koue-ki, ou relations des royaumes bouddhiques, ou voyages des royaumes bouddhiques : voyage dans la Tartarie, dans l'Afghanistan et dans l'Inde, éxécuté, à la fin du IV e siècle, par Chy Fa Hian (traduit du chinois et commenté par M. Abel Rémusat. Ouvrage posthume, revu, complété, et augmenté d'éclaircissements nouveaux par MM. Klapproth et Landresse) (Paris: Imprimérie Royale, 1836), xii: *„... si l'on prétendait retrouver la doctrine de Bouddha tout entière, sans mélange de formules ni de traditions étrangères, dans sa pureté primitive et presque dans sa langue originale, il resterait encore ces traductions faites immédiatement sur les livres saints les plus authentiques, où les mots, avant d'être interpretés, sont reproduits par des consonnances analogues presque toujours reconnaissables, où les formes grammaticales elles-mêmes sont conservées, et qui, dès la plus haute antiquité, nous ont été transmises par les Chinois."*

um den Tripiṭaka handle[36]. C. Landresse wiederum vermag mit achtzehn Abteilungen buddhistischer Schriften, die Faxian in Zusammenhng mit seinen Manuskript-Erwerbungen in Pāṭaliputra erwähnt, nichts anzufangen, da er nur die in neun Klassen des Da-zhidu-lun, des dem Nāgārjuna zugeschriebenen und von Kumārajīva ins Chinesische „übersetzten" Kommentars zum Prajñāpāramitā-sūtra, und das nepalesische System kennt[37].

Noch im Jahre 1876 schrieb Eugène Burnouf, von Yuyama Akira als der *„Vater der modernen Buddhologie"* bezeichnet[38], in der zweiten Ausgabe seines einflußreichen Werkes *„Introduction à l'histoire du Buddhisme Indien"*, die im Frontispiz als *„rigoureusement conforme à l'édition originale"* von 1844 bezeichnet wird – d.h. Burnouf sah offensichtlich keine Veranlassung, seine grundsätzlichen Bemerkungen zu revidieren –, hinsichtlich der chinesischen buddhistischen Texte:

> Ich besitze noch weniger Informationen über das Verhältnis der buddhistischen Literatur Chinas mit der Nepals, weil die Bücher der chinesischen Buddhisten bis jetzt noch nicht so in Einzelheiten analysiert sind wie diejenigen der Tibeter, und weil die Titel von denen, von denen man Kenntnis hat, nicht leicht in ihrer originalen Form wiedergegeben werden können ohne die zweifache Kenntnis des Chinesischen und des Sanskrit. Aber was man daraus ersehen kann, ohne direkten Zugang zu den Quellen zu haben, zeigt, daß in China ebenso wie in der Tartarei viele der bekannten, den Buddhisten heiligen Bücher nur Übersetzungen der Sanskrit-Abhandlungen Nepals sind.[39]

---

[36] Ibid., S.3, Anm.3: „... Tsang veut dire collection. L'ensemble des livres religieux se nomme communément San tsang, les trois collections, proprement les trois contenants (en sansrit, les trois Pitaka) ; ... Les trois parties de la triple collection sont les King, ou livres sacrés, les Préceptes, et les discours, Lun. On les nomme en sanscrit Soûtra, Vinaya, Abhidharma." Es scheint deutlich, daß Rémusat hier, seiner Quelle, dem lexikalischen Werk Fanyiming-mingyi 梵譯名義, folgend, die Śāstra-Abteilung: Lun (論), mit der aus den anderen Tripiṭakas bekannten Abhidharma gleichsetzt.

[37] Ibid., S.521ff., Anm.6; wie fragmentär die Kenntnisse damals noch waren zeigt Landresses Bemerkung, daß in jeder Abteilung Schriften der *„großen Übersetzung"* und der *„kleinen Übersetzung"* (*„grande / petite translation"*) zu finden seien, die Mahāyāna und Hīnayāna entsprechen (s.u.).

[38] Yuyama Akira, *Eugène Burnouf. The Background to his Research into the Lotus Sutra* (Tokyo: Soka University, 2000) (Bibliotheca Philologica et Philosophica Buddhica III).

[39] Burnouf, 7f. Samuel Beal bemerkt in seiner vielbenutzten Textsammlung *A Catena of Buddhist Scriptures from the Chinese* (London: Truebner & Sons, 1871; indischer Nachdruck Delhi: Munshiram Manoharlal, 1989): *„Although so much has been done to eludicate Buddist [sic!] history and philosophy during the last thirty or forty years, it is singular that no greater use has been made of the Buddhist Canon as it is found in China."* (S.1). Beals Akzeptieren, daß es sich bei der Sammlung buddhistischer

Der Hintergrund dieses starken Bezugs auf den tibetischen Kanon einerseits und auf die nepalesischen Mahāyāna-Handschriften in Sanskrit sind die schon genannte Herausgabe der Analyse des Bka-'gyur durch Körös und die Handschriftensendungen des britischen Gesandten Hodgson in Nepal[40].

Schon kurz nach der zweiten Auflage seiner „*Histoire*" wurde Burnoufs Wunsch erfüllt: den ersten allgemeinen Zugang zum chinesischen buddhistischen Kanon eröffnete Bunyū Nanjōs (1849–1927) *Catalogue of the Chinese Translation of the Buddhist Tripiṭaka* aus dem Jahre 1883, dem nach Nanjōs Angaben eine Analyse von Samuel Beal aus dem Jahre 1876 vorausging[41]. Beals Verzeichnis und Nanjōs Katalog beruhten auf einer Kopie der japanischen Druckausgabe aus den Jahren 1678–1644 des Ming-Kanons, den der japanische Gesandte Iwakura Tomomi auf Beals Bitten im Jahre 1875 der India Office Library zukommen ließ[42].

Es liegt eine gewisse Ironie darin, daß Nanjō während seiner Studienzeit bei Max Müller (1823–1900) in Oxford nicht nur die westliche Vorstellung eines geschlossenen Kanons und dessen idealtypische Struktur

---

Literatur um einen Kanon handelt, hat sicher mit seinen missionsstrategischen Überlegungen zu tun, nach denen die Kenntnis der buddhistischen Texte, die Grundlage des Verständnisses der religiösen Verfaßtheit der Chinesen sei, wichtig für einen Erfolg der christlichen Mission sei (S.4f.). Um eine Beschäftigung mit diesen Texten zu rechtfertigen braucht es offensichtlich des authoritären Terminus eines Kanons, denn es war Beals Überzeugung, daß es eine „*Divine strategy … in the education of the world*" gebe (S.7f.), in der auch das religiöse Schrifttum der chinesischen Buddhisten seine Rolle spiele, obgleich sich auch bei ihm leiser Zweifel an der Kanonizität findet: „*The works here translated are mostly standard ones, and if not strictly speaking in the Canon, are yet of great authority and are found in the libraries of most of the monasteries in the south of China.*" (S.9).

40 Vgl. William Wilson Hunter, *Life of Brian Houghton Hodgson, British Resident at the Court of Nepal* (London: Murray, 1896; indischer Nachdruck Delhi: Asian Educational Services, 1991), bes. Kapitel 11. Interessanterweise spricht Hunter an keiner Stelle von Kanon: die Idee, daß nur der Pāli-Kanon diesen Namen verdiene, hatte sich bereits durchgesetzt. Die Frage der Kanonizität der des buddhistischen Korpus, v.a. des Verhältnisses der sogenannten *navadharma*, „*neun dharma*", oder *navagrantha*, „*neun Bücher*", der „nukleiden" oder „hochverbindlichen" (s. zu diesem Begriff Chr. Kleines Beitrag im vorliegenden Band) Texte, und der anderen Texte der Nevar im Kathmandu-Tal wird gegenwärtig wieder, unter dem Ansatz eines offenen Kanonbegriffes, stärker diskutiert: vgl. Will Douglas, *The Fifteenth-Century Reinvention of Nepalese Buddhism* (Oxford 2002; unveröffentlichte Ph.D.-thesis), 68ff.

41 Samuel Beal, The Buddhist Tripiṭaka, as it is known in China and Japan. A Catalogue and Compendious Report (London: The India Office, 1876).

42 Nanjō, A Catalogue of the Chinese Translations …, xi.

in Form des Pāli-Kanon kennenlernte, sondern offensichtlich auch zum ersten Mal mit einem vollständigen gedruckten chinesischen Kanon arbeiten konnte, der aus seiner Heimat stammte.

In der Einleitung zu seinem Katalog zeigt Nanjō deutlich auf, nach welchen Kriterien er einen buddhistischen Kanon gestaltet haben möchte: nach modernen wissenschaftlichen Kriterien, die sich nach der Maßgabe des innerbuddhistischen Idealbegriffes des „Dreikorbs" und des real-existierenden Pāli-Kanons richtet. Dieses Konzept hat schließlich weitreichende Folgen auf die spätere Edierung und Ausgabe des Taishō-Kanons gehabt. Nanjō bemerkt:

> My principal object in making this compilation has been to show the original, though it may be not quite scientific, arrangement of this great Collection of our Sacred Canon, made in China under the Miṅ dynasty, A.D. 1368–1644.[43]

Betrachten wir uns den Aufbau des Katalogs Nanjōs, so folgt er zunächst einmal dem Aufbau des Katalogs der Ming-zeitlichen Sammlung, des Daming-sanzang-shengjiao-mulu大明三藏聖教目錄, „Katalog der Heiligen Lehre des Dreikorbs der Großen Ming(-Dynastie)", die wiederum das klassische Tripiṭaka-Modell wiedergibt mit Jingzang 經藏 : Sūtrapiṭaka, Lüzang 律藏 : Vinayapiṭaka und Lunzang 論藏 / Abhidharmapiṭaka. Schon bei der dritten „Division" allerdings wird bei einer näheren Betrachtung deutlich, daß es eine Diskrepanz gibt zwischen der mit der Nanjō'schen Übersetzung Abhidharma suggerierten Kategorie und dem tatsächlichen Inhalt des „Korbes". Es ist klar, daß Nanjō hier dem Vorbild des Pāli-Kanons gefolgt ist, während *lun* 論 im Chinesischen eigentlich jegliche Art von „Abhandlung, Traktat" – sehr häufig für Skt. *śāstra* – bezeichnet, in den wenigsten Fällen jedoch tatsächliche Abhidharma-Texte: dieser Korb ist hinsichtlich der Scheidung von Kanon und Kommentar eine Art hybride Kategorie.

Ein weiteres Eingreifen Nanjōs in den Aufbau des ursprünglichen Ming-Katalogs ist seine Behandlung der Miscellanae: Er faßt sie unter der Bezeichnung Zazang 雜藏 / Saṃyukta-piṭaka zusammen, ein Termi-

[43] Nanjō, *A Catalogue of the Chinese Translations …*, xi. Der japanische Kanon, den Beal katalogisierte, war offensichtlich in Unordnung geraten, was Beal zu einer Kritik veranlaßt hatte: „*The travels of the Buddhist Pilgrims for example, are arranged under the heading of King or Sûtras, but it is evident that this arrangement is purely Chinese, and comparatively modern.*", worauf Nanjō leicht polemisch repliziert: „*Such an arrangement, however, is neither modern nor Chinese, but simply erroneous!*" (S. xi).

nus der so im chinesischen Katalog nicht zu finden ist[44]. Der chinesische Katalog setzt lediglich im vierten und letzten Faszikel die Kategorien Xitu-shengxian-xuanji 西土聖賢選集, „Sammlung der Weisen aus den Westlichen Ländern" und Citu-zhushu 此土著述, „(Werke) verfaßt in diesem [d.i. China] Land" und die eher appendiziden Daming-xuruzang-zhuji 大明續入藏諸集, „Sammlung der unter der großen Ming(-Dynastie) der Sammlung zugefügten (Werke)", und Beizangque-nanzang-hanhaofu 北藏缺南藏函號附, „Appendix der Nummern der Boxen (von Werken) der südlichen Sammlung, die in der nördlichen Sammlung fehlen". Nanjōs eigenständige Überschrift präjudiziert, daß es sich hier um einen vierten kanonischen Teil des Gesamtkorpus' handle.

Nanjō, ein „Priester" der Jōdo-shinshū[45], war nicht der einzige japanische Schüler Müllers, dessen eigenes Interesse am indischen Buddhismus sehr wahrscheinlich erst durch diese Kontakte erweckt und durch die Herausgebertätigkeit der *Sacred Books of the East* verstärkt wurde. Dieses Großprojekt wäre in sich sicher schon einer Betrachtung einer modernen, wissenschaftlichen Vorstellungen verpflichteten Kanonbildung wert, auf die hier leider verzichtet werden muß.

---

[44] Nanjō bezieht sich hier auf eine chinesische „Authorität": „This Chinese term of miscellaneaous Indian and Chinese works is used by a Chinese priest named K'-sü, in his valuable work entitles Yueh-tsâṅ-'-tśiṅ, or Guide for the Examination of the Canon. ... I have a copy of the Japanese edition in my possession, sent to me from the temple Eastern Hongwanzi last year." (S.x, Anm.1) Dies ist durchaus der „Stil" der frühen japanischen Buddhologen: auch Takakusu Junjirō beruft sich als Authorität für seine englische Übersetzung von Yijings 義淨 Nanhai-jigui-neifa-zhuan 南海寄歸內法傳 immer wieder auf einen Kommentar eines Mönches Kāśyapa 迦葉, hinter dem sich ein japanischer Kommentator des 18. Jahrhunderts verbirgt, dessen erstaunliche Gelehrsamkeit natürlich völlig ohne indische Textgrundlage dem chinesischen Kanon entnommen war. Vgl.a. Demiéville, „Sources chinoises sur le bouddhisme", 188.

[45] Das Frontispiz der Ausgabe weist sino-japanisch folgende Angaben auf: Nippon-shinshū Nanjō Bunyū yakufu; Daimei-sanzō-shōkyō-mokuroku, Eikoku Gyukei-daigakkō-inshokyoku-kankō 日本真宗南條文雄譯補，大明三藏聖教目錄，英國牛津大學校印書局刊行; dabei ist bemerkenswert, daß der sinojapanische Titel einfach den Titel des Ming-Katalogs wiedergibt, während der englische Titel 1. den Begriff des Kanons, 2. der Übersetzung einführt und 3. neben China auch Japan nennt. Zur Aktivität und zum Studium japanischer Buddhisten in der der Meiji-Zeit in Europa vgl. Ketelaar. Zum Aspekt der Authentizitätssuche japanischer Buddhisten und Buddhologen – Buddhismus als historisch reale Religion um einen Stifter Śākyamuni – s. Richard M. Jaffe, „Seeking Śākyamuni: Travel and the Reconstruction of Japanese Buddhism", *Journal of Japanese Studies* 30.1 (2004), 65–96.

Zusammen mit Nanjō hatte Kasawara Kenju (1851–1883) ab Februar 1879 in Oxford studiert, und Takakusu Junjirō (urspr. Jun (Umetarō) Sawai) (1866–1945), der spätere Herausgeber der Taishō-Edition des chinesischen „Kanons", begann 1890 dort seine Studien und kehrte 1897 nach Japan zurück, um 1897 bis 1927 der erste Lehrstuhlinhaber des Sanskritlehrstuhl an der Kaiserlichen Universität Tokyo zu werden[46].

Wie stark sich die Vorstellung eines an dem Muster des Tripiṭaka, der so nur in Form des Pāli-Kanons vorlag und das bereits idealisierte „Blueprint" eines buddhistischen Kanons im Sinne einer authoritativen religiösen Sammlung vorgab, läßt sich deutlich an kritischen Bemerkungen hinsichtlich des chinesischen „Kanons" zeigen. Sir Charles Eliot bemerkt noch 1921, also vor der Veröffentlichung der Taishō-Ausgabe, in Bezug auf den chinesisch-buddhistischen „Kanon", wie er ihn in Nanjōs Katalog repräsentiert fand:

> The Buddhist scriptures extant in the Chinese language are known collectively as San Tsang or the three store-houses, that is to say, Tripitaka. Though this usage is justified by both eastern and European practice, it is not altogether happy, for the Chinese thesaurus is not analogous to the Pali Canon or to any collection of sacred literature known in India, being in spite of its name arranged in four, not in three, divisions."[47]

Wie sehr in Eliots Widerstreben, die chinesische Sammlung als Kanon anzuerkennen, die Konzeption eines durch Authentizität, Alter und Geschlossenheit konstituierten Kanons westlich-christlicher Provenienz, die man so beim Buddhismus lediglich im Pāli-Kanon vorzufinden glaubte, durchschlägt, wird durch seinen anschließenden Vergleich deutlich:

> Imagine a library comprising Latin translations of the Old and New Testaments with copious additions from the Talmud and Apocryphical literature; the writings of the Fathers, decrees of the Councils and Popes, together with the opera omnia of the principal schoolmen and the early protestant reformers and you will have some idea of this theological miscellany which has no claim to be called a canon, except that all the works included have at some time or other received a certain literary or doctrinal hall-mark.[48]

---

[46] Vgl. Yuyama, *Eugène Burnouf. ...*, 22f.; Jacqueline Stone, „A Vast and Grave Task: Interwar Buddhist Studies as an Expression of Japan's Envisional Global Rome", in: J. Thomas Rimer, Hg., *Culture and Identity: Japanese Intellectuals during the Interwar Years* (Princeton: Princeton University Press, 1990), 217–233, v.a. 219ff.

[47] (Sir) Charles Eliot, *Hinduism and Buddhism. An Historical Sketch* (London: Routledge & Kegan Paul Ltd., 1921; indischer Nachdruck, Delhi 1988, in der Reihe Bibliotheca Indo-Buddhica, No.55), 281.

[48] Ibid. Der tibetische Kanon wird von Eliot nicht dieser Art der Kritik unterzogen, da dieser deutlich zwischen kommentarischer und exegetischer Literatur (Bstan-'gyur)

Interessant erscheinen nun der Prozess und die Überlegungen, unter denen die Ordnung der ursprünglichen Sammlung chinesischer buddhistischer Schriften, die noch im wesentlichen in der ersten typographischen Edition gegen Ende des 19. Jahrhunderts beibehalten wurde, umgestaltet wurde. Die japanischen Studenten waren zu einer Zeit in Europa, in der sich die Vorstellung eines buddhistischen Kanons materialiter verdichteten: Thomas Rhys-Davids hatte bereits im Jahre 1882 die Pāli Text Society gegründet, die es sich zur Aufgabe gemacht hatte, die Pāli-Texte, allen voran die kanonischen des Tipiṭaka, nach Maßgaben der kritischen Textphilologie zu veröffentlichen.

Die Taishō-Ausgabe, die von Takakusu Junjirō und Watanabe Kaigyoku veröffentlicht wurde[49], machte zum ersten Mal die riesige Masse chinesischer buddhistischer Texte in westlichen und japanischen Bibliotheken zugänglich. Wie stark sich die Herausgeber der wissenschaftlichen Vorstellung eines buddhistischen Kanons im Sinne des Pāli-Kanons und der historischen Authentizität verpflichtet fühlen, wird durch die völlig neue Organisation dieser Edition deutlich, die Paul Pelliot prägnant beschreibt:

> Diese Abteilungen sind nach einer Reihenfolge angeordnet, in der man die traditionelle Abfolge der Drei Körbe (…) erkennt. Die Klassifikation der Werke innerhalb der Abteilungen ist im Großen und Ganzen von der chinesischen bibliographischen Tradition angeregt. Aber zum ersten Mal in der Geschichte des chinesischen buddhistischen Kanons sieht sich der Korb der Sūtra des Kleinen Fahrzeugs mit den Āgama an die Spitze der Sammlung gesetzt, vor die Sūtra der „Vollkommenheit der Weisheit“ (Prajñāpāramitā), die seit den Ursprüngen bis zur chinesischen Qing-Ausgabe (1644–1911) und der japanischen von Kyōto (1902–1905) seit jeher den ersten Platz eingenommen hatten. Man wird nicht umhin können festzustellen, daß es sich hier um eine gegenwärtige japanische Neuerung handelt, die (über den europäischen Orientalismus) dem Einfluß der Pāli-Tradition verpflichtet ist und der eigentlichen chinesischen Tradition widerspricht.“[50]

---

und einem *„canonical part“* (bKa'-'gyur) unterscheidet: ibid., 372; dies scheint Eliot genug zu sein, um selbst die Inkorporation der Tantras in den kanonischen Teil kritiklos gelten zu lassen.

[49] Vgl. zu dieser Edition und der japanischen Kompilationsarbeit insgesamt Stone, „A Vast and Grave Task: …“, 226f.

[50] Demiéville, „Sources chinoises sur le bouddhisme“, 431: „Ces sections sont rangées selon un ordre où l'on reconnaîtra la succession traditionelle des Trois Corbeilles (...). La classification des ouvrages à l'intérieur de ces sections s'inspire en gros de la tradition bibliographique chinoise. Mais, pour la première fois dans l'histoire du Canon bouddhique chinois, la Corbeille des Sūtra du Petit Véhicule se voit placée, avec les Āgama, en tête de la collection, avant les Sūtra de la « Perfection de Gnose » (Prajñāpāramitā) qui, depuis les origines jusqu'à l'édition chinoise des Ts'ing (1644–

Ein weiterer „Querschläger" des Primats von Wissenschaftsverständnis kommt als Editionskriterium für den Taishō-„Kanons" noch hinzu: der Hang zur „Enzyklopädierung", zu einer Komplettierung, die letztlich in der ostasiatischen Literalität wurzelt, aber in Zusammenhang mit westlichen Konzeptionen zu einer neuen Form führen. Es wurden auch Werke, die in der Dunhuang-Bibliothek gefunden wurden, aufgenommen, und so gelangten auch manichäische und nestorianisch-christliche Texte in den buddhistischen „Kanon"[51], der damit nicht nur das Prinzip einer relativen Geschlossenheit verliert, sondern sogar transreligiös geöffnet wird.

Es ist festzuhalten, daß der emischen Sicht der buddhistischen Konzilberichte, die von einer „Kanonisierung", d.h. einer Festlegung des Tripiṭaka auf dem ersten Konzil von Rājagṛha und einer Bestätigung dieser Kanonisierung auf dem dritten Konzil von Pāṭaliputra unter Aśoka ausgehen, eine etisch-wissenschaftliche gegenübersteht, die eine merkwürdige Unsicherheit in der Handhabung ihrer Kriterien reflektiert, und die zeigt, daß man dem Begriff des Kanons wohl auf der wissenschaftlichen Metaebene nicht Herr zu werden vermag, ohne selbst wieder eine moderne Wissenschaftskanonisierung[52] vorzunehmen. So schwingt bei der wissenschaftlichen Kanonisierung im Sinne einer Authentizierung eines buddhistischen Textes häufig eine Mischung aus „Offenbarungsrhetorik" und „Antiquitätsrhetorik" bei positiver Entscheidung mit, der eine „Dekadenzrhetorik" bei negativer Entscheidung des Ausschlusses von Texten – dem zumindest wertenden Klassifizieren eines Textes aus dem Kanon als „apokryph" – gegenübersteht[53]. Dieser seltsamen Mischung

1911) et à l'édition japonaise de Kyōto (1902–1905), avaient de tout temps occupé la première place. On ne perdra pas de vue qu'il s'agit là d'une innovation japonaise récente, due en fait à l'influence (à travers l'orientalisme européen) de la tradition pāli, et contraire à la tradition proprement chinoise."

51 Neben dieser inklusiven Korpusbildung läßt sich auch das Phänomen der additiven Korpusbildung beobachten, so wenn etwa der taiwanesische Verlag Shinwenfengchubanshe 新聞豐出版社 fast alle verfügbaren Ausgaben des chinesischen Kanons nachgedruckt hat; vgl. den Beitrag von Christoph Kleine im vorliegenden Band.

52 Wie etwa bei dem Versuch, bestimmte brahmanisch-hinduistische Werke wie die Bhagavadgītā oder bestimmte ältere Upaniṣads (Aittareya-, Bṛhadāraṇyaka-, u.a.) in den Rang von quasikanonisch-religiöser Literatur zu erheben. Vgl. hierzu den Beitrag von Frank Neubert im vorliegenden Band.

53 In diesen Kontext gehört zum Teil auch die nationalen oder sogar regionalen Kanonbildungsprozesse, die sich im Wettlauf der Digitalisierungen des chinesischen Kanons aufzeigen ließen, wenn konkurrierende Projekte wie das koreanische, das chinesisch-taiwanesische und das japanische nebeneinander vorangetrieben wurden. Wie leicht eine einzelne Sammlung wissenschaftlich „kanonisiert" werden kann,

aus historisch-kritischem Maßstab und Authentizitäts „feeling" konnten sich nicht einmal ein Pāli-Forscher wie Wilhelm Geiger entziehen, wenn er in seinem grundlegenden Werk *Pāli, Literatur und Sprache* nach einer Einführung in die Entstehungsgeschichte des Pāli-Kanons feststellt:

> Aus dem Gesagten ergibt sich ganz von selbst, in welchem Sinne von einer Authorität des Kanons gesprochen werden kann. Daß alles, was in ihm steht, vom Buddha selbst herrührt, wird bei uns niemand behaupten. Aber ohne Zweifel enthält er eine Fülle von Aussprüchen, Reden und Lehren des Meisters, so wie sie sich bald mehr, bald weniger wörtlich im Gedächtnis der Schüler eingeprägt hatten. Man kann doch z.B. das Mahāparinibbāṇasutta nicht lesen ohne den Eindruck, daß hier wirklich Erinnerungen an die letzten Tage des Meisters vorliegen. Andere Texte mögen Nachahmungen nach vorhandenen Typen sein, die wenigstens aus dem Geist des Buddha heraus gefertigt sind. Anderes ist rein mönchische Fiktion.[54]

Während es uns der Pāli-Kanon im Theravāda-Kontext auf den ersten Blick leicht macht, eine Entscheidung zu fällen, was der Kanon sei[55]: nämlich ein Gebilde mit einer bestimmten geschlossenen Struktur und einem ebenfalls unveränderbaren Inhalt, so ist dies in anderen Fällen

---

zeigt wiederum die Entdeckung des „Kanons" im Nanatsudera 七寺 in Nagoya vor einigen Jahren und die sich anschließende wissenschaftliche Bearbeitung desselben; vgl. zu der Entdeckung dieses „Kanons" Toshinori Ochiai, *The Manuscripts of Nanatsu-dera: A Recently Discovered Treasure-House in Downtown Nagoya. With related remarks by Makita Tairyō and Antonino Forte.* Translated and edited by Silvio Vita. Kyoto: Italian School of East Asian Studies, 1991 (Occasional Papers Series no.3).

[54] Wilhelm Geiger, *Pāli, Literatur und Sprache* (Strassburg: Trübner, 1916) (Grundriss der Indo-Arischen Philologie und Altertumskunde, I. Band, 7. Heft), 8f.

[55] Die verschiedenen Weisen, die buddhistischen Texte aufzuteilen und zu kategorisieren – etwa in mehrmals erweiterte *aṅgas*, „Glieder": vgl. Oskar von Hinüber, „Die neun Aṅgas. Ein früher Versuch zur Einteilung buddhistischer Texte", *Wiener Zeitschrift zur Kunde Südasiens* 38 (1994) (FS Oberhammer), 121–135; ders., *A Handbook of Pāli Literature* (Berlin: Walter de Gruyter & Co, 1996), 7, §10; Akira Hirakawa, *A History of Indian Buddhism from Śākyamuni to Early Mahāyāna* (Honolulu: University of Hawaii Press, 1990), 74f. – entlarven die Annahme eines uralten feststehenden Textbestandes jedoch doch auch im Kontext des Pāli-Kanons als auf einer gewissen Leichtgläubigkeit und einem „wishful thinking" mancher Wissenschaftler beruhend. Dies ist umso bemerkenswerter vor dem Umstand, daß sogar der „Kanonisierer" Buddhaghosa sie in seinen Kommentaren anführt: s. Étienne Lamotte, *History of Indian Buddhism*, 144, der dazu bezeichnenderweise (143f.) bemerkt: *„This [die Aufteilung in neun aṅgas, M.D.] classification does not correspond to any real division of the canon, …"*. Letztlich zeigt dieser Befund sicherlich nicht nur eine gewisse historische Offenheit der Kanonarchitektur, sondern es ist natürlich auch davon auszugehen, daß bei einer solchen auch der Inhalt des damit bezeichneten Ganzen jeweils nicht völlig identisch war.

nicht so einfach. Im Falle der kontinuierlichen Formation des chinesischen „Kanons“ laufen mehrere Autoritäts- und Authentizitätskriterien – Stimmen im Sinne des Titels dieses Beitrages – zum Teil widerläufig neben-, unter- und übereinander, die im neunzehnten Jahrhundert noch durch weitere Paradigmen wie das reflektierte der Wissenschaftlichkeit, aber auch das eher unreflektierte der Heiligkeit und Geschlossenheit eines Kanons erweitert werden – es scheint hier wieder das Erbe des substantialistischen und absoluten Heiligkeitsbegriffes in einen Bereich hineinzuspielen, der auf den ersten Blick nichts damit zu tun zu haben scheint. Vor diesem Hintergrund scheint es, daß der Begriff des Kanons als religionswissenschaftlich funktionaler Metabegriff nur dann weiterbenutzt werden kann, wenn er aus der Klammer des Sonderfalles einer idealtypischen und christozentrischen Kanonkonzeption befreit und im kulturwissenschaftlichen Sinne als zu einer bestimmten Zeit durch eine Institution, die nicht einmal den Anspruch einer religiösen Authorität stellen muß, verbindliche Sammlung religiöser Schriften, die innerhalb des religiösen Systems legitimiert werden, aufgefaßt wird.

Die Coda des chinesischen buddhistischen Kanon als einem offenen Korpus, das sich gerade heute noch klar im Fluß befindet, zeigt sich an der Digitalisierung des Kanons von chinesisch-buddhistischer Seite, das von der Chinese Buddhist Electronic Text Association (CBETA) durchgeführt wird[56]; in dieser elektronischen Ausgabe werden bestimmte Texte innerhalb des als Grundlage dienenden Taishō-Tripiṭaka umgestellt, und somit die „Kanonarchitektur“ des Taishō-Tripiṭaka nach inhaltlich differenzierteren Kriterien als es in der Vorlage der Fall ist, verändert. Darüber hinaus werden aber auch z.B. weitere Dunhuang-Texte, die bisher noch unter dem Titel Zangwai 藏外, *„(buddhistische Texte) außerhalb des Kanons“*, in Buchform veröffentlicht wurden und werden, in diesen elektronischen Kanon aufgenommen, und die Digitalisierung von in der Taishō-Ausgabe nicht enthaltenen, aber in anderen Ausgaben des Kanons (z.B. in der sogenannten Kyōto-Ausgabe: Manji-daizōkyō 卍子大藏經) zu findenden Texten vorangetrieben.

Es bleibt zu hoffen, daß vor dem Hintergrund dieser kanonischen Polyphonie der chinesischen buddhistischen „Kanones“ auch irgendwann

[56] Die neueste Version umfaßt bereits die Taishō-Bände und hat auch bereits die ersten Teile des sogenannten „fortgesetzten Tripiṭaka“, Chin. Xu-zangjing / Jap. Zokuzōkyō 續藏經 (vgl. hierzu den Beitrag Christoph Kleines im vorliegenden Band), aufgenommen (s. den Verweis auf die Internet-Seite von CBETA in Christoph Kleines Beitrag).

einmal die kritische Reflexion über den hierbei zugrundegelegten Kanonbegriff einsetzt, für die der vorliegende Beitrag nur bestenfalls als Prolegomena gelten kann und darf.

Bibliographie

Assmann, Aleida und Assmann, Jan. Hg. *Kanon und Zensur. Archäologie der literarischen Kommunikation II.* München: Fink, 1987.

Auffarth, Christoph; Bernard, Jutta; Mohr, Hubert, Hg. *Metzler Lexikon Religion. Gegenwart – Alltag – Medien.* Stuttgart: Metzler, 1999.

Beal, Samuel. *A Catena of Buddhist Scriptures from the Chinese.* London: Truebner & Sons, 1871 (indischer Nachdruck Delhi: Munshiram Manoharlal, 1989).

Beal, Samuel. *The Buddhist Tripiṭaka, as it is known in China and Japan. A Catalogue and Compendious Report.* London: The India Office, 1876.

Betz, Hans Dieter; Browning, Don S.; Jankowski, Bernd; Jüngel, Eberhard, Hg. *Religion in Geschichte und Gegenwart*, 4. Tübingen: J.C.B. Mohr (Paul Siebeck), 2001.

Burnouf, Eugène, „*Introduction à l'histoire du Buddhisme Indien.* 2. Paris: Maisonneuve, 1876 (1. Auflage Paris: , 1845).

Buswell, Robert E., Jr. Hg. *Encyclopedia of Buddhism.* New York: Macmillan 2003.

Csoma, Alexander. "Analysis of the Dulva, a Portion of the Tibetan Work entitled the Kaḥ-gyur." *Asiatic Research* 20 (1936), 41–93; "Analysis of the Sher-chin P'hal-Ch'en Dkon-séks Do-de Nyáng-dás and Gyut; Being the 2nd, 3rd, 4th, 5th, 6th, and 7th Divisions of the Tibetan Work, entitled the Kaḥ-gyur." *Asiatic Research* 20 (1936), 393–552; "Abstract of the Contents of the Bstan-ḥgyur." *Asiatic Research* 20 (1936), 553–585.

Daizōkai 大蔵会, Hg. *Daizōkyō – seiritsu to henkō*大蔵経・成立と変遷. Kyōto: Hyakka-en 百華苑, 1964.

Davidson, Ronald M., „An Introduction to the Standards of Scriptural Authenticity in Indian Buddhism." In *Chinese Buddhist Apocrypha*, edited by Robert E. Buswell, Jr. Honolulu: University of Hawaii Press, 1990, 291–325.

Demiéville, Paul, „Sources chinoises sur le bouddhisme." In *L'Inde classique*, hg. von Louis Renou, Jean Filliozat. Paris: Maisonneuve-Adrien, 1953, Bd.2, 157–222 (wieder abgedruckt in Paul Demiéville, *Choix d'études bouddhiques (1929–1970).* Leiden: Brill, 1973, 398–463).

Demiéville, Paul; Durt, Hubert; Seidel, Anna, Hg. „*Répertoire du Canon Bouddhique Sino-Japonais - Fascicule Annexe du Hōgōgirin.*" Tokyo: Maison Franco-Japonaise / Paris: Libraire d'Amérique et d'Orient Adrien-Maisonneuve, 1978.

Douglas, Will. *The Fifteenth-Century Reinvention of Nepalese Buddhism.* Oxford 2002 (Unveröffentlichte Ph.D.-thesis).

Eliot, Charles, *Hinduism and Buddhism. An Historical Sketch.* London: Routledge & Kegan Paul Ltd., 1921 (indischer Nachdruck Delhi: Munshiram Manoharlal, 1988, Bibliotheca Indo-Buddhica, No.55).

Freiberger, Oliver. "The Buddhist Canon and the Canon of Buddhist Studies." *Journal of the International Association of Buddhist Studies* 27.2 (2004), 261–283.

Geiger, Wilhelm, *Pāli, Literatur und Sprache*. Strassburg: Trübner, 1916 (Grundriss der Indo-Arischen Philologie und Altertumskunde, I. Band, 7. Heft).

Hayashiya Tomojirō 林野友次郎. *Kyōroku no kenkyū* 經録の研究. Tōkyō: Iwanami-shoten 岩波書店, 1941.

Henderson, John B. *Scripture, Canon and Commentary. A Comparison of Confucian and Western Exegesis*. Princeton: Princeton University Press, 1991.

von Hinüber, Oskar. „Die neun Aṅgas. Ein früher Versuch zur Einteilung buddhistischer Texte". *Wiener Zeitschrift zur Kunde Südasiens* 38 (1994) (FS Oberhammer), 121–135.

von Hinüber, Oskar. *A Handbook of Pāli Literature*. Berlin: Walter de Gruyter & Co, 1996 (Indian Philology and South Asian Studies).

Hirakawa, Akira. *A History of Indian Buddhism from Śākyamuni to Early Mahāyāna (Translated and Edited by Paul Groner)*. Honolulu: University of Hawaii Press, 1990 (Asian Studies at Hawaii, No.36).

Hubbard, Jamie. *Absolute Delusion, Perfect Buddhahood. The Rise and Fall of a Chinese Heresy*. Honolulu: University of Hawaii Press, 2001.

Hunter, William Wilson. *Life of Brian Houghton Hodgson, British Resident at the Court of Nepal*. London: Murray, 1896 (indischer Nachdruck Delhi: Asian Educational Services, 1991).

Hurvitz, Leon. *Chih-i (538–597): An Introduction to the Life and Ideas of a Chinese Buddhist Monk*. Bruxelles: Institut Belge des Hautes Études Chinoises, 1960–62 (Mélanges chinois et bouddhiques, vol. 12).

Jaffe, Richard M. „Seeking Śākyamuni: Travel and the Reconstruction of Japanese Buddhism." *Journal of Japanese Studies* 30.1 (2004), 65–96.

Ketelaar, James E. *Of Heretics and Martyrs in Meiji Japan: Buddhism and its Persecution*. Princeton: Princeton University Press, 1990.

Lamotte, Étienne. *History of Indian Buddhism. From the Origins to the Śaka Era* (Translated from the French by Sara Webb-Boin under the supervision of Jean Dantinne). Louvain-la-Neuve: Université Catholique de Louvain, Institut Orientaliste, 1988 (Publications de l'Institut Orientaliste de Louvain 38) (Französische Originalausgabe: *Histoire du Bouddhisme Indien, des origines à l'ère Śaka*. Louvain: Bibliothèque du Muséon, 1958).

Lancaster, Lewis. „Buddhist Literature: Its Canons, Scribes, and Editors." In *The Critical Study of Sacred Texts*, edited by Wendy Doniger O'Flaherty. Berkeley: Graduate Theological Union, 1979, 215–229.

Lewis, Mark Edward. „The Suppression of the Three Stages Sect: Apocrypha as a Political Issue." In *Chinese Buddhist Apocrypha*, edited by Robert E. Buswell, Jr. Honolulu: University of Hawaii Press, 1990, 207–238.

Nanjio, Bunyiu. *A Catalogue of the Chinese Translation of the Buddhist Tripiṭaka, the Sacred Canon of the Buddhists in China and Japan*. Oxford: Clarendon Press, 1883 (indischer Nachdruck Delhi: Motilal Banarsidass, 1989).

Ochiai, Toshinori, *The Manuscripts of Nanatsu-dera: A Recently Discovered Treasure-House in Downtown Nagoya. With related remarks by Makita Tairyō and Antonino Forte*. Translated and edited by Silvio Vita. Kyoto: Italian School of East Asian Studies, 1991 (Occasional Papers Series no. 3).

Rémusat, Abel. *Foe-koue-ki, ou relations des royaumes bouddhiques, ou voyages des royaumes bouddhiques : voyage dans la Tartarie, dans l'Afghanistan et dans l'Inde, éxécuté, à la fin du IV e siècle, par Chy Fa Hian (traduit du chinois et commenté par M. Abel Rémusat. Ouvrage posthume, revu, complété, et augmenté d'éclaircissements nouveaux par MM. Klapproth et Landresse)*. Paris: Imprimérie Royale, 1836.

Schmidt, Isaac Jacob. *Bka'-'gyur-gyi dkar-chag, oder Der Index des Kandjur*. St.Petersburg: Kaiserliche Akademie der Wissenschaften, 1845.

Stone, Jacqueline. „A Vast and Grave Task: Interwar Buddhist Studies as an Expression of Japan's Envisional Global Rome." In *Culture and Identity: Japanese Intellectuals during the Interwar Years*, edited by J. Thomas Rimer. Princeton: Princeton University Press, 1990, 217–233.

Tokuno, Kyoko. „The Evaluation of Indigenous Scriptures in Chinese Buddhist Bibliographical Catalugues." In *Chinese Buddhist Apocrypha*, edited by Robert E. Buswell, Jr. Honolulu: University of Hawaii Press, 1990, 31–74.

Twitchett, Denis, *Druckkunst und Verlagswesen im mittelalterlichen China*, hg. v. Hartmut Walravens mit einem Nachwort von Helwig Schmidt-Glintzer. Wiesbaden: Harrassowitz, 1994 (Wolfenbütteler Schriften zur Geschichte des Buchwesens, Bd. 22).

Tworuschka, Udo, Hrsg. *Heilige Schriften – Eine Einführung*. Darmstadt: Wissenschaftliche Buchgesellschaft, 2000.

Wickremeratne, L. Ananda. *The Genesis of an Orientalist: Thomas William Rhys Davids in Sri Lanka*. Delhi: Motilal Banarsidass, 1984.

Yuyama, Akira. *Eugène Burnouf. The Background to his Research into the Lotus Sutra*. Tokyo: Soka University, 2000 (Bibliotheca Philologica et Philosophica Buddhica III).

Zürcher, Erich. *The Buddhist Conquest of China. The Spread and Adaptation of Buddhism in Early Medieval China*. 2. Leiden: Brill, 1972.

Hatten die alten Uiguren einen buddhistischen Kanon?

Jens Wilkens

0. Vorbemerkungen

Vor der Behandlung der im Titel formulierten Frage seien zunächst einige Beobachtungen zum Kanonbegriff in der buddhistischen Religionsgeschichtsschreibung vorangestellt. In der kultur- und literaturwissenschaftlichen Kanonforschung der letzten Jahre wurde dem Buddhismus nur geringe Aufmerksamkeit geschenkt. So kommt es, dass theoretische Überlegungen vorwiegend auf der Grundlage abendländischen und vorderorientalischen Materials angestellt wurden.[1] Dies hat zur Folge gehabt, dass auch die *Begriffsbildung* tendenziell eher kulturphilosophische, theologische, literaturwissenschaftliche bzw. klassisch-philologische als religionssystematische Wurzeln hat. Hingegen ist erfreulicherweise in der neueren buddhologischen Forschung eine Rezeption kulturwissenschaftlicher Theorien, etwa der von Jan Assmann, zu konstatieren. Dies könnte der Grund dafür sein, dass kürzlich Helmut Eimer für eine Revision des Begriffes „Kanon“ in der Buddhismuskunde plädiert hat.[2]

---

[1] Vgl. Karénina Kollmar-Paulenz, „The Transmission of the Mongolian Kanjur: A Preliminary Report,“ in *The Many Canons of Tibetan Buddhism. PIATS 2000: Tibetan Studies: Proceedings of the Ninth Seminar of the International Association for Tibetan Studies, Leiden 2000, Brill's Tibetan Studies Library; 2/10*, Hg. Helmut Eimer und David Germano (Leiden / Boston / Köln: Brill, 2002), 152.

[2] Helmut Eimer, „Kanjur and Tanjur Studies: Present State and Future Tasks, Introductory Remarks,“ in *The Many Canons of Tibetan Buddhism. PIATS 2000: Tibetan Studies: Proceedings of the Ninth Seminar of the International Association for Tibetan Studies, Leiden 2000, Brill's Tibetan Studies Library; 2/10*, Hg. Helmut Eimer und David Germano (Leiden / Boston / Köln: Brill, 2002), 8. Er gelangt in seinem eigenen Verständnis dieses Begriffes zu folgender Definition: „In general the term ‚canon‘ has several meanings; here we understand it in the specific sense of a ‚nor-

Max Deeg, Oliver Freiberger, Christoph Kleine (Hrsg.), *Kanonisierung und Kanonbildung in der asiatischen Religionsgeschichte.* VÖAW: Wien 2011, pp. 345–378.

Wenn man Sekundärliteratur zum buddhistischen Schrifttum konsultiert, so trifft man ständig auf Begriffe wie „Pāli-Kanon“, „der chinesische Kanon“, „Taishō-Tripiṭaka“ (Daizōkyō usw.), „der tibetische Kanon“, „Urkanon“ und dergleichen mehr. Im Vergleich mit Schriftensammlungen anderer, insbesondere der im Vorderen Orient entstandenen Religionen, die in der religionswissenschaftlichen Forschung als Kanones bezeichnet werden wie die hebräische Bibel, das Neue Testament, der Koran usw., bestehen im Falle des Buddhismus gewichtige Unterschiede, die es nahe legen zu überdenken, ob denn der Begriff „Kanon“ seinem Gegenstand überhaupt angemessen ist.[3] Und in der Tat wurde in der Forschung der Kanonbegriff im buddhistischen Kontext zuweilen problematisiert, aber dennoch generell beibehalten, weil er sich eben eingebürgert hat.[4] Neben der gewaltigen Textmasse etwa des „Pāli-Kanons“ und der tibetischen oder chinesischen „kanonischen“ Sammlungen, die denn auch zuweilen eher mit ganzen Bibliotheken im abendländischen Verständnis verglichen wurden,[5] kommt noch hinzu, dass Anordnung[6] und Inhalt des Pāli-Tipiṭaka und der chinesischen und tibetischen Kanones untereinander beträchtlich differieren. Selbst einige Kanjur-Ausgaben weichen in der Anordnung der Texte oder sogar der Textgruppen voneinander ab. Zudem ist es in der Forschung zum tibetischen Buddhismus umstritten, ob der Tanjur zum Kanon gerechnet werden kann. Von „dem“ buddhistischen Kanon zu reden, wie es zuweilen noch geschieht, ist folglich gänzlich unangebracht. Eine solche Pluralität autoritativer Schriften

mative text‘ or a ‚normative collection of texts‘ which should not be subject to alteration.“ (a.a.O., 7).

3 Vgl. auch Kollmar-Paulenz, „The Transmission of the Mongolian Kanjur,“ 152.

4 Siehe Paul L. Swanson, „Apocryphal Texts in Chinese Buddhism: T'ien-t'ai Chih-i's use of Apocryphal Scriptures,“ in *Canonization and Decanonization: Papers Presented to the International Conference of the Leiden Institute for the Study of Religions (LISOR), Held at Leiden 9–10 January 1997, Studies in the History of Religions, Numen Book Series; LXXXII,* Hg. A[rie] van der Kooij und K. van der Toorn (Leiden / Boston / Köln: Brill, 1998), 246.

5 Siehe Lewis Lancaster, „Buddhist Literature: Its Canons, Scribes, and Editors," in *The Critical Study of Sacred Texts, Berkeley Religious Studies Series; 2,* Hg. Wendy Doniger O'Flaherty (Berkeley: Graduate Theological Union, 1979), 215. Siehe auch die Beiträge von Max Deeg und Christoph Kleine in diesem Band.

6 Sehr passend ist auch für buddhistische Schriftensammlungen der für den Jainakanon geprägte Begriff „Kanonarchitektur“. Vgl. Klaus Bruhn, „Das Kanonproblem bei den Jainas,“ in *Kanon und Zensur: Beiträge zur Archäologie der literarischen Kommunikation II,* Hg. Aleida Assmann und Jan Assmann (München: Wilhelm Fink Verlag, 1987), 101.

und Schriftensammlungen innerhalb einer religiösen Gemeinschaft widerspricht *per se* dem gängigen Verständnis des Begriffes „Kanon". Der „Akt der Schließung", der in der religions- und kulturwissenschaftlichen Kanonforschung häufig als *das* charakteristische Moment der Formation eines Kanons beschrieben wird,[7] fehlt ferner im Falle des chinesischen Buddhismus,[8] ja „der" Mahāyāna-Kanon, was auch immer damit gemeint sein mag, wird insgesamt als relativ offen angesehen.[9] In diesem Fall gilt also nicht das von Aleida und Jan Assmann postulierte Charakteristikum einer Kanonbildung: „Jeder Kanon entsteht mit einem Trennungsstrich. Er erzeugt damit unweigerlich eine Dialektik zwischen dem was hineinkommt und dem was draußen bleibt."[10]

---

[7] So insbesondere Jan Assmann, *Religion und kulturelles Gedächtnis* (München: C. H. Beck, ^{2}2004), 57. Ähnlich argumentiert Jonathan Z. Smith, „Sacred Persistence: Toward a Redescription of Canon," in *Imagining Religion, Chicago Studies in the History of Judaism* (Chicago: University of Chicago Press, 1982), 48, der den Akt der Schließung als dasjenige formale Element ausmacht, das einen Katalog in einen Kanon überführt.

[8] Von der Definition eines „offenen Kanons" in der Literaturwissenschaft ist „der" chinesische Kanon aber zu unterscheiden. Vgl. z.B. für die Literaturwissenschaft Bernd Auerochs „Die Unsterblichkeit der Dichtung: Ein Problem der ‚heiligen Poesie' des 18. Jahrhunderts," in *Begründungen und Funktionen des Kanons: Beiträge aus der Literatur- und Kunstwissenschaft, Philosophie und Theologie, Jenaer germanistische Forschungen; N.F. 9*, Hg. Gerhard R. Kaiser und Stefan Matuschek (Heidelberg: C. C. Winter Universitätsverlag, 2001), 72: „Ein offener Kanon [ist] eher so etwas wie eine regulative Idee des Maßgeblichen, die keine bleibende institutionelle oder auch nur informell-allgemeine Anerkennung genießt und darum immer wieder durch Umwertungen verändert wird." Vgl. hierzu auch die Beiträge von Max Deeg und Christoph Kleine in diesem Band.

[9] Siehe Swanson, „Apocryphal Texts in Chinese Buddhism," 246, und für den chinesischen Buddhismus Lewis Lancaster, „The Movement of Buddhist Texts from India to China and the Construction of the Chinese Buddhist Canon," in *Collection of Essays 1993: Buddhism Across Boundaries – Chinese Buddhism and The Western Regions*, Hg. Foguang Shan Foundation for Buddhist & Cultural Education (Sanchung (Taiwan): Foguang Cultural Enterprise, 1999), 519f. Helmut Eimer, „On the Structure of the Tibetan Kanjur," in *The Many Canons of Tibetan Buddhism. PIATS 2000: Tibetan Studies: Proceedings of the Ninth Seminar of the International Association for Tibetan Studies, Leiden 2000, Brill's Tibetan Studies Library; 2/10*, Hg. Helmut Eimer und David Germano (Leiden / Boston / Köln: Brill, 2002), 58, weist darauf hin, dass es für einen Mahāyāna- oder Tantrayāna-Kanon in Indien keine Indizien gäbe. Es sei anzunehmen, dass zumindest kleinere Sammlungen verwandter Texte existiert haben.

[10] Aleida Assmann und Jan Assmann, „Kanon und Zensur," in *Kanon und Zensur: Beiträge zur Archäologie der literarischen Kommunikation II*, Hg. Aleida Assmann und Jan Assmann (München: Wilhelm Fink Verlag, 1987), 11. Eine weitere, pointiert

Eine Dialektik besteht im chinesischen Buddhismus zwar zwischen den als authentisches Buddhawort klassifizierten Schriften (skt. *buddhavacana*) und den so genannten Apokryphen, die in China nach dem formalen Vorbild indischer Texte verfasst wurden,[11] aber durch den sich über viele Jahrhunderte erstreckenden Prozess der Rezeption indischen Schrifttums und die damit verbundene Offenheit kann von einem klaren Trennungsstrich nur bedingt gesprochen werden. Diese bewusste Durchlässigkeit erlaubte, dass auch „apokryphe" Schriften Eingang in die Bibliotheken fanden. Die Debatte über die Authentizität der einzelnen Werke konnte aber nicht ein für alle Mal abgeschlossen werden, sondern wurde im Verlauf der Jahrhunderte immer wieder aufgenommen. Was „hineinkommt und … was draußen bleibt", um in der Assmannschen Diktion zu bleiben, musste also je und je neu entschieden werden. Da man möglichst Zugang zu allen indischen Texten bekommen und sie in die eigene Kultur in Form von Übersetzungen in die eigene Landessprache integrieren wollte, schuf man durch die Offenheit des Schrifteninventars ein Betätigungsfeld für die Verfasser indigener Schriften. In der Identifikation und Bewertung dieser Textgattung waren sich diejenigen, die die Demarkationslinie festlegten, nämlich die Verfasser der Kanonkataloge (*jing lu* 經錄),[12] nicht immer einig. Die Erarbeitung der stilistischen, strukturellen und inhaltlichen Kriterien, die der Bestimmung des-

---

räumliche Metapher, „the notion of canon as bounded space", führt Paul S. Fiddes, „The Canon as Space and Place," in *Die Einheit der Schrift und die Vielfalt des Kanons / The Unity of Scripture and the Diversity of the Canon, Beihefte zur Zeitschrift für die neutestamentliche Wissenschaft und die Kunde der älteren Kirche; 118*, Hg. John Barton und Michael Wolter (Berlin / New York: Walter de Gruyter, 2003), 127, ein.

[11] Vgl. v.a. Robert E. Buswell, „Introduction: Prolegomenon to the Study of Buddhist Apocryphal Scriptures," in *Chinese Buddhist Apocrypha*, Hg. Robert E. Buswell (Honululu: University of Hawaii Press, 1990). Man kann im Hinblick auf diese indigenen chinesischen Literaturerzeugnisse von einer Imitation kanonrelevanter Merkmale sprechen. Dies betrifft z.B. die charakteristische Einleitung „so habe ich gehört", die Angabe eines bekannten in Indien situierten Ortes der Handlung, das Auftreten bedeutender Persönlichkeiten wie z.B. der Schüler des Buddha und dergleichen mehr.

[12] Vgl. zu den Kanonkatalogen die Studie von Kyoko Tokuno, „The Evaluation of Indigenous Scriptures in Chinese Buddhist Bibliographical Catalogues," in *Chinese Buddhist Apocrypha*, Hg. Robert E. Buswell (Honolulu: University of Hawaii Press, 1990), 31–74. Siehe auch Christoph Kleines Beitrag in diesem Band. Die Verfasser der Kataloge sind neben anderen Akteuren im Sinne der Literaturwissenschaft die „Kanoninstanz". Vgl. zu diesem Terminus Herrmann Korte, „K wie Kanon und Kultur: Kleines Kanonglossar in 25 Stichwörtern," in *Literarische Kanonbildung*, *Text +*

sen diente, was als kanonisch gelten durfte und was nicht, lag also auch im Ermessen des jeweiligen Gelehrten, der mit der Zusammenstellung und Beurteilung der Schriften beauftragt war. Daneben waren es häufig auch politische Motive, die dazu führten, dass ein Text als „apokryph" eingestuft wurde, somit der Zensur zum Opfer fiel und offiziell von der weiteren Zirkulation ausgeschlossen und aus den Bibliotheken verbannt wurde.[13] Und tatsächlich war auf lange Sicht diese Politik der Zensur erfolgreich und nur durch den Glücksfall der Wiederentdeckung der Bibliothek von Dunhuang 敦煌 ist zu ermessen, wie reich diese Literatur einstmals war.[14] In einigen Fällen konnte häufig erst die moderne Forschung mit ihren spezifischen philologischen und historischen Methoden den indigenen Charakter einiger chinesischer Schriften nachweisen. Ein prägnantes Beispiel ist der „Traktat über die Erweckung des Glaubens in das Mahāyāna" (*Da sheng qi xin lun* 大乘起信論). Lange Zeit und weit bis ins 20. Jh. hinein galt dieser als ein Werk Aśvaghoṣas und die zahlreichen Kommentare verweisen auf die kanonische Stellung dieses Textes aus emischer Sichtweise der chinesischen Buddhisten.[15] Allerdings gab es auch schon früh Zweifel ob der Authentizität dieses Werkes, etwa in dem Katalog von Fajing 法經, der im Jahr 594 redigiert wurde.[16] Diese Zweifel änderten aber nichts an dem Renommee dieser Abhandlung innerhalb des chinesischen Buddhismus.

Die Frage nach der Authentizität der Schriften, insbesondere der tantrischen, hat man sich aber schon in Indien gestellt und sie innerhalb

Kritik: Sonderband IX/02, Hg. Heinz Ludwig Arnold (München: Richard Boorberg Verlag, 2002), 31.

13 Vgl. Mark Edward Lewis, „The Suppression of the Three Stages Sect: Apocrypha as a Political Issue," in *Chinese Buddhist Apocrypha*, Hg. Robert E. Buswell (Honolulu: University of Hawaii Press, 1990), 207. Vgl. die in diesem Zusammenhang wichtige Beobachtung für die chinesischen Klassiker und dann auch für buddhistische Schriften bei Lancaster, „The Movement of Buddhist Texts," 532: „In a real sense, it was only when a text was accepted into the system of the copy centers that it could be said to have achieved the status of a canonic *jing*. This meant that the method of distribution helped to determine the canon of the state. Buddhists looked to the process used by the government."

14 Allerdings scheinen einige Schriften außerhalb Dunhuangs nicht bekannt gewesen zu sein. Siehe Kuo Liying, „Sur les apocryphes bouddhiques chinois," *Bulletin de l'École Française d'Extrême Orient* 87 (2000): 695.

15 Buswell, „Introduction," 13, der sich auf eine Studie von Rhi Ki-yong bezieht.

16 Vgl. Kuo, „Sur les apocryphes bouddhiques chinois," 683, Anm. 28. Klassifiziert als „*śāstra* douteux et troublant" (*yihuo* 疑惑).

der verschiedenen Schulen unterschiedlich beantwortet.[17] In China war bereits die nachgewiesene indische Herkunft eines Werkes ausreichend, damit es als kanonisch eingestuft wurde.[18] In beiden Ländern waren die Kriterien der Kanonizität folglich grundverschieden.

Bei einer Erörterung des Kanonbegriffes darf auch nicht fehlen, dass man zu Recht die Berechtigung der Bezeichnung *tripiṭaka* außerhalb der Pāli-Literatur hinterfragt hat,[19] da weder die chinesischen noch die tibetischen kanonischen Textsammlungen in der Art des Pāli-Tipiṭaka in Sūtra-, Vinaya- und Abhidharmapiṭaka strukturiert sind. Im Kanjur gibt es zwar die Abteilungen Sūtra (tib. *mdo*) und Vinaya (tib. *'dul ba*), Abhidharma-Werke findet man aber, mit wenigen Ausnahmen, im Tanjur. Außerdem ist es irreführend, von „dem" chinesischen und tibetischen Kanon zu reden, da es sich eigentlich um eine Vielzahl von Kanones handelt, eine Tatsache, der in einem kürzlich erschienenen Sammelband zur tibetologischen Kanonforschung schon im Titel Rechnung getragen wird.[20]

Es muss im Zusammenhang mit dem Kanonbegriff in der Buddhismuskunde noch erwähnt werden, dass einige Schulen sich in ihrer religiösen Praxis, in ihrem Textstudium und auch in ihrer Textauslegung auf eine begrenzte Zahl von autoritativen Schriften beschränkten, die für sie eine besondere Bedeutung für die geistige Schulung, das Weltverständnis und die Soteriologie hatten. Hierbei von einem „Kanon im Kanon" zu sprechen, wie es zuweilen vorgeschlagen wurde, scheint also auf den ersten Blick seine Berechtigung zu haben.[21] Allerdings erweist sich die Rede von einem „Kanon im Kanon" bei genauerer Betrachtung als ein

---

[17] Kuo, „Sur les apocryphes bouddhiques chinois," 678.

[18] Ähnliches gilt für Tibet. Vgl. Ronald M. Davidson, „Gsar ma Apocrypha: The Creation of Orthodoxy, Gray Texts, and the New Revelation," in *The Many Canons of Tibetan Buddhism. PIATS 2000: Tibetan Studies: Proceedings of the Ninth Seminar of the International Association for Tibetan Studies, Leiden 2000, Brill's Tibetan Studies Library; 2/10*, Hg. Helmut Eimer und David Germano (Leiden / Boston / Köln: Brill, 2002), 203 „The question became understood as an issue of geography or ethnicity: were these texts or instructions produced in India or by Indians (therefore authentic), or produced by Tibetans or others (therefore inauthentic)."

[19] Lancaster, „The Movement of Buddhist Texts," 543.

[20] Vgl. Eimer, Helmut und David Germano, hg., *The Many Canons of Tibetan Buddhism. PIATS 2000: Tibetan Studies: Proceedings of the Ninth Seminar of the International Association for Tibetan Studies, Leiden 2000, Brill's Tibetan Studies Library; 2/10* (Leiden / Boston / Köln: Brill, 2002).

[21] Vgl. Swanson, „Apocryphal Texts in Chinese Buddhism," 247.

Konstrukt der modernen Forschung.[22] Wenn nämlich ganze Textgruppen innerhalb einer bestimmten Schule nicht studiert bzw. nicht weiter vervielfältigt werden oder gar bewusst gemieden werden, dann sind allein diejenigen Texte, die *tatsächlich* innerhalb der Gruppierung für die religiöse Praxis und das Studium relevant sind, aus emischer Sichtweise die einzigen kanonischen Schriften, da nur ihnen Autorität und Verbindlichkeit zugewiesen wird. Das soteriologisch Entwertete ist bestenfalls ein „Kanon im Hintergrund", eine verblassende Bezugsgröße, oft genug jedoch ein „Negativkanon", wie wir es bei einigen chinesischen eschatologisch orientierten Schulen studieren können. Aus einer kleinen Anzahl von Texten, die in bestimmten Schulrichtungen tradiert wurden, wurden in der buddhistischen Religionsgeschichte durch neue Schulbildungen oder Untergruppierungen in China und Japan zuweilen wieder irrelevante Schriften ausgeschieden, der eigentliche kanonische Kern immer mehr verengt.[23] Die einzelnen „textual communities"[24] haben ihre je eigenen kanonischen Schriften bzw. heiligen Texte. Dies führt uns zu der Frage, ob diese schulspezifischen Sūtras eher als kanonische oder heilige Texte oder beides zugleich zu klassifizieren sind. Wenn man der Assmannschen

---

[22] Auch in der christlichen Theologie spielt das Konzept eines Kanons im Kanon eine Rolle. Vgl. Michael Wolter, „Die Vielfalt der Schrift und die Einheit des Kanons," in *Die Einheit der Schrift und die Vielfalt des Kanons / The Unity of Scripture and the Diversity of the Canon, Beihefte zur Zeitschrift für die neutestamentliche Wissenschaft und die Kunde der älteren Kirche; 118*, Hg. John Barton und Michael Wolter (Berlin / New York: Walter de Gruyter, 2003), 47.

[23] Eine derartige Selektion kanonischen Materials bis hin zum wesentlichen Kern eines Textes ist z.B. bei Nichiren und seiner Interpretation des *Lotussūtra*s zu beobachten, wobei er dem Titel besondere Bedeutung zuerkennt. Vgl. die Analyse in Lucia Dolce, „Buddhist Hermeneutics in Medieval Japan: Canonical Texts, Scholastic Tradition, and Sectarian Polemics," in *Canonization and Decanonization: Papers Presented to the International Conference of the Leiden Institute for the Study of Religions (LISOR), Held at Leiden 9–10 January 1997, Studies in the History of Religions, Numen Book Series; LXXXII*, Hg. A[rie] van der Kooij und K. van der Toorn (Leiden / Boston / Köln: Brill, 1998), 230: „Nichiren's interpretation created room for defining a new denomination and for the institutionalization of a new canonicity. [...] The singling out of one scripture by Nichiren, and the modalities by which he related it to the rest of the scriptural corpus that had been accepted in the T'ien-t'ai/ Tendai tradition, can be understood as a process of decanonization, not in the sense of the actual elimination of a number of texts from the canon, but as a reinterpretation of the scriptural authority relevant to a particular tradition of Buddhism."

[24] Dieser Begriff wurde von Brian Stock, *The Implications of Literacy: Written Language and Models of Interpretation in the 11th and 12th Centuries* (Princeton: Princeton University Press, 1983), geprägt.

Unterscheidung heiliger und kanonischer Texte folgen will, so wären die buddhistischen Schriften ohnehin eher als heilige Texte zu klassifizieren, da die „rituell gestützte Rezitation“, die für Assmann Kennzeichen dieser Gattung ist,[25] in buddhistischen Gemeinschaften ein zentraler Punkt der religiösen Praxis und des Umgangs mit Texten ist. Hinzu kommt, gerade bei Mahāyāna-Texten, ein regelrechter Kult des Buches, der die rituelle Einbettung autoritativer Werke unterstreicht.[26] Inwieweit die „normativen und formativen Werte einer Gemeinschaft“ in buddhistischen Schriften verkörpert werden, für Assmann neben dem Primat der Textauslegung Kennzeichen kanonischer Texte,[27] ist von Text zu Text verschieden und hängt zudem auch von der Textgattung und von den Schulen, die diese Schriften rezipieren und tradieren, ab. Wenn ich im Folgenden weiterhin den Begriff „Kanon“ auch im buddhistischen Kontext im Sinne einer autoritativen Schriftensammlung verwende, dann nur unter den eben genannten Vorbehalten und in Ermangelung einer Alternative.

1. Die Uiguren

Diese Vorüberlegungen schienen mir im Zusammenhang mit der zu behandelnden Frage, ob die alten Uiguren einen Kanon hatten, notwendig zu sein. Über die buddhistische Literatur dieses zentralasiatischen Türkvolkes haben wir erst seit etwa einhundert Jahren nähere Kenntnisse. Im Zusammenhang mit den von verschiedenen Ländern zu Beginn des 20. Jhs. ausgerichteten Zentralasienexpeditionen wurden zahlreiche Fragmente buddhistisch-uigurischer Schriften nach Europa und Japan gebracht, welche nicht nur in sprachwissenschaftlicher Hinsicht die Turkologie auf eine ganz neue Grundlage gestellt haben, sondern auch unschätzbare Quellen für die Rekonstruktion der Geschichte des zentralasiatischen Buddhismus darstellen. Die meisten dieser Zeugnisse wurden in der Turfan-Oase am nördlichen Zweig der antiken Seidenstraße geborgen, andere Stücke stammen aus dem Gebiet des Edsin Gol und aus Dunhuang. Auch heute noch werden von chinesischen Archäologen immer wieder neue Funde

---

[25] Jan Assmann, *Das kulturelle Gedächtnis: Schrift, Erinnerung und politische Identität in frühen Hochkulturen* (München: C. H. Beck, [4]2002), 94.

[26] Vgl. Gregory Schopen, „The Phrase *sa pṛthivīpradeśaś caityabhūto bhavet* in the Vajracchedikā,“ *Indo-Iranian Journal* 17 (1975): 147–181 [Nachdruck in: Gregory Schopen, *Figments and Fragments of Mahāyāna Buddhism in India: More Collected Papers*, 25–62. Honolulu: University of Hawai'i Press, 2005].

[27] Assmann, *Das kulturelle Gedächtnis*, 94f.

gemacht, so dass sich die Quellenlage ständig verbessert. Die buddhistische Literatur der Uiguren darf man ohne Übertreibung als reichhaltig und vielfältig bezeichnen, denn es sind verschiedene Gattungen (Erzählungen, Mahāyāna-Sūtras, tantrische Texte, so genannte Apokryphen, Biographisches, Kommentarwerke, Lobpreisdichtungen etc.) vertreten, und die Zeitspanne, in der die Manuskripte hergestellt wurden, reicht über einen Zeitraum von über 800 Jahren, innerhalb dessen immer wieder neue Übersetzungen angefertigt und Originalwerke verfasst wurden.

In der Sekundärliteratur finden sich einige Hinweise auf einen buddhistischen Kanon bei den Uiguren, leider nicht immer mit den entsprechenden Quellennachweisen. Da in dem Wörterbuch der chinesisch-buddhistischen Begriffe von Soothill und Hodous (1937) ohnehin nie Quellen angegeben werden, versteht es sich von selbst, dass sie auch unter dem Eintrag auf S. 367a „Uighurs" leider auf Nachweise verzichten. Hier bemerken sie, dass im Jahre 1294 der gesamte buddhistische Kanon ins Uigurische übertragen wurde. Man hätte gern gewusst, woher sie ihre Kenntnisse bezogen haben. Die konkrete Jahreszahl suggeriert eine Zuverlässigkeit der Information, die aber tatsächlich nicht überprüfbar ist. Es wird noch nicht einmal gesagt, aus welcher Sprache dieser Kanon übertragen wurde. Da in dieser späten Zeit die Uiguren ihre Texte hauptsächlich aus dem Tibetischen übersetzt haben, ist die Aussage, dass in dem Jahr 1294 „der gesamte buddhistische Kanon" ins Uigurische übertragen wurde, zweifelhaft, da nach tibetischer Tradition die Formation des Kanjurs in die Zeit nach 1310 datiert.[28] Natürlich ist es prinzipiell nicht ausgeschlossen, dass auch aus dem Chinesischen eine Gesamtübersetzung angefertigt worden sein könnte, aber ein gesundes Misstrauen ist sicherlich am Platz.

Aber auch von anderer Seite hat man in jüngerer Zeit die Existenz eines buddhistischen Kanons bei den Uiguren angenommen. Die uigurischen Elemente in mongolisch-buddhistischen Texten, vor allem die Lehnworte, haben Şinasi Tekin dazu veranlasst, hierin ein Indiz für einen uigurischen Kanon zu sehen. Er schreibt:

> Bei jedem mongolischen Text, der aus dem Tibetischen übersetzt wurde,[29] muss sein Uigurisch (scil. seine uigurischen Elemente) geprüft werden. Und es scheint mög-

[28] Eimer, „On the Structure of the Tibetan Kanjur," 63.

[29] Auch wenn die Kolophone mongolischer Texte hierüber keine Auskunft geben, so ist für die frühe Phase der mongolischen Übersetzungsliteratur anzunehmen, dass auch uigurische Versionen konsultiert bzw. übersetzt wurden. Vgl. etwa Takashi Matsukawa, „Some Uighur Elements Surviving in the Mongolian Buddhist *Sūtra*

lich, dass wir daraus ableiten, dass es das buddhistische *tripiṭaka* auch in Uigurisch gegeben hat. Außerdem gibt es einige Quellen darüber, dass eine solche Sammlung in der Technik des Holzblockdruckes vervielfältigt worden ist.[30]

Welche Quellen nennt er nun und wie sind diese zu bewerten? Aus einer von Stanislas Julien zitierten Vorrede[31] zum *Zhi yuan fa bao kan tong zong lu* 至元法寶勘同總錄 („Vergleichendes Gesamtverzeichnis des Dharmajuwels der Zhiyuan-Zeit", Nanjio Nr. 1612) aus dem Jahre 1306, in der gesagt wird, dass in einem Komitee zur Zeit Qubilai Qaγans,[32] in welchem 29 Gelehrte, die im Tibetischen, Uigurischen, Sanskrit und Chinesischen beschlagen waren, in ihrer Arbeit an einem neuen und revidierten Katalog des chinesischen Kanons die benutzten Texte untereinander verglichen, auch ein gewisser Toyın Tutuŋ gewesen sein soll,[33] der mit

---

of the Great Bear" in *Turfan Revisited: The First Century of Research into the Arts and Cultures of the Silk Road, Monographien zur Indischen Archäologie, Kunst und Philologie; 17*, Hg. Desmond Durkin-Meisterernst et al. (Berlin: Dietrich Reimer Verlag, 2004).

30 „Yani her Moğolca eser Tibetceden tercüme edilirken Uygurcasına da bakılmış olmalıdır. Bundan da Budist *Tripiṭaka*sının Uygurcada var olduğu neticesini çıkarmamız mümkün görünüyor. Ayrıca böyle bir külliyatın *tahta oyma baskı* tekniği ile çoğaltıldığına dâir bazı kayıtlar var." (Şinasi Tekin, *Eski türklerde yazı, kâğıt, kitap ve kâğit damgaları* (Istanbul: Eren Yayıncılık ve Kitapçılık, 1993), 47; Hervorhebungen im Original).

31 Tekin, *Eski türklerde yazı, kâğıt, kitap ve kâğit damgaları*, zitiert nach F[riedrich] W[ilhelm] K[arl] Müller, *Uigurica II, Abhandlungen der Königlich Preußischen Akademie der Wissenschaften, Phil.-hist. Cl. 1910, 3*, Berlin, 1911, 90–91. Es handelt sich um die zweite Vorrede des chinesischen Mönchs Koji 克己. Die erste datiert in das Jahr 1289 und stammt von Jingfu 淨伏. Vgl. Herbert Franke, „A Note on Multilinguality in China Under the Mongols: The Compilers of the Revised Buddhist Canon 1285–1287," in *Opuscula Altaica: Essays Presented in Honor of Henry Schwarz, Studies on East Asia; 19*, Hg. Edward H. Kaplan und Donald W. Whisenhunt (Bellingham: Western Washington University, 1994), 288. Eine Übersetzung beider Vorreden bietet Herbert Franke, *Chinesischer und tibetischer Buddhismus im China der Yüanzeit: Drei Studien*. I. *Tan-pa und sein chinesischer Tempel*. II. *Der Kanonkatalog der Chih-yüan-Zeit und seine Kompilatoren*. III. *Eine buddhistische Quelle über Kaiser Qubilai: Das Hung-chiao chi*, *Studia Tibetica; III* (München: Kommission für zentralasiatische Studien, Bayerische Akademie der Wissenschaften, 1996), 86–88, 77–79. In der Übersetzung bei Franke ist der Hinweis auf Toyın Tutuŋ nicht enthalten. Die Informationen zu ihm scheinen also nicht in den Vorreden zu finden zu sein, sondern allein in der Liste der Teilnehmer.

32 Die Arbeit an diesem Werk erstreckte sich über die Jahre 1285–1287. Vgl. hierzu Franke, „A Note on Multilinguality".

33 Zu einer möglichen Identifizierung Toyin Tutuŋs siehe Franke, *Chinesischer und tibetischer Buddhismus,* 105. Zu den anderen Uiguren in diesem Komitee siehe

der Übersetzung uigurischer Wörter beauftragt gewesen sein soll, folgert Tekin, dass es zu dieser Zeit auch einen buddhistisch-uigurischen Kanon gegeben haben muss.[34] Diese Folgerung erscheint etwas vorschnell, denn sie wird weder argumentativ entwickelt noch durch weitere Quellen gestützt. In dem Zitat ist von einem uigurischen Kanon nicht die Rede. Was genau die Aufgabe Toyın Tutuŋs als „Übersetzer“ innerhalb dieser Kommission gewesen ist,[35] darüber kann man nur Vermutungen anstellen. Er war vielleicht damit beauftragt, diejenigen Texte, die in Form uigurischer Übersetzungen vorlagen, auf Grund des Prestiges uigurischer Gelehrsamkeit in der frühen Phase der mongolischen Literatur zu erschließen, mit den in Rede stehenden chinesischen zu vergleichen und gegebenenfalls den anderen Gelehrten zu erläutern. Hierbei wird er auch feststehende uigurische Termini – originär uigurische und über das Uigurische vermittelte indische Fremdwörter – erklärt haben. Da er Angehöriger der Hanlin Akademie war, wird er die uigurischen Texte entweder mündlich oder in Teilen schriftlich ins Chinesische übersetzt haben. Da es um die Kompilation eines Kataloges ging, wird unter „Übersetzung“ nicht zu verstehen sein, dass er uigurische Texte *insgesamt* schriftlich ins Chinesische übertrug. Er scheint eher ein Dolmetscher und Interpret der uigurischen Versionen der zu begutachtenden Texte gewesen zu sein. Die im chinesischen Kanon fehlenden Texte wurden zwar von der Kommission ergänzt, aber kaum nach dem Uigurischen, und wenn überhaupt, dann nur in Einzelfällen.

Derjenige Gelehrte jedoch, der durch das Gewicht seiner Expertise am meisten zum Mythos eines uigurischen Kanons beigetragen hat, ist zweifellos Giuseppe Tucci. Im ersten Band seines Monumentalwerkes *Tibetan Painted Scrolls* erörtert er die politische und religiöse Bedeutung der Schule der Sa skya pa, die insbesondere durch den Lehrer ’Phags pa im 13. Jh. großen Einfluss auf die Yuan-Dynastie ausübte. Er skizziert unter anderem die Rolle der Klöster dieser Schulrichtung und lässt folgende lakonische Bemerkung fallen:

> The Culture of China and of the peoples who had come in contact with her, also had an echo in the great Sa skya convents, where, two editions of the Tripiṭaka in foreign languages were preserved, one in Chinese and the other in Uiguric; this means that

---

Franke, „A Note on Multilinguality“. Insgesamt gab es sieben Uiguren unter diesen Gelehrten.

[34] Tekin, *Eski türklerde yazı, kâğıt, kitap ve kâğit damgaları*, 47, Anm. 25 („yani 1287 yılında Budist Tripiṭaka külliyatı Uygur Türkçesinde var olmuştur“).

[35] Vgl. Franke, „A Note on Multilinguality”, 291.

there was no lack of people capable of reading these languages and of using that collection; ....[36]

Tucci unterlässt es leider, auf diese Beobachtung näher einzugehen. Dies ist umso bedauerlicher, als der Inhalt dieser Aussage geradezu sensationell anmutet. Auch verzichtet er vollkommen auf Quellenangaben, was dem Satz aber nichts von seiner Suggestivität nimmt. Allerdings muss darauf hingewiesen werden, dass die Existenz eines Blockdrucks des chinesischen Kanons (eine reparierte *Jin*-Version)[37] im Kloster Sa skya 10 Jahre später verifiziert werden konnte.[38] Die Möglichkeit, dass in Tibet tatsächlich ein vollständiges Exemplar eines uigurischen Kanons existieren könnte, hat die Forschung weiterhin beschäftigt. Der schon genannte Turkologe Şinasi Tekin hat sich bei Tucci brieflich nach den Umständen erkundigt, die ihn zu seiner Bemerkung veranlasst haben. In einem 1993 publizierten Buch erwähnt Tekin nämlich einen Brief vom 20. März 1974, den er von Tucci vermutlich als Antwort auf seine Frage erhielt. Letzterer schreibt, dass er, als er sich im Şakya-Kloster (gemeint ist das Kloster Sa-skya) aufgehalten habe und im Katalog der dortigen Bibliothek recherchiert habe, den Hinweis auf ein Exemplar des „*tripiṭaka*" in uigurischer Sprache gefunden habe. Ein Mönch habe ihm als Antwort auf die Frage, wo sich denn diese Sammlung befände, zur Antwort gegeben, dass man sie, da niemand die Bücher verstehe, zur Aufbewahrung in einem *mChod-rten* auf einem Berggipfel untergebracht habe. Aus Zeitmangel habe Tucci den uigurischen Kanon selbst nicht in Augenschein nehmen können.[39] Diese doch eher vage Angabe mag der Grund gewesen sein, warum man in *Tibetan Painted Scrolls* einen Quellennachweis für die Behauptung, dass im Kloster Sa-skya ein Exemplar des uigurischen Kanons aufbewahrt werde, vergeblich sucht.

Tekin weist in seiner Diskussion des betreffenden Briefes darauf hin, dass Uigurisch und Mongolisch in demselben Alphabet notiert wurden

---

[36] Giuseppe Tucci, *Tibetan Painted Scrolls: An Artistic and Symbolic Illustration of 172 Tibetan Paintings Preceeded by a Survey of the Historical, Artistic, Literary and Religious Development of Tibetan Culture. With an Article of P. Pelliot on a Mongol Edict. The Translation of Historical Documents and an Appendix on Prebuddhistic Ideas of Tibet* (Roma: Libreria dello Stato, 1949), Vol. I, 108a.

[37] Zu den verschiedenen Versionen chinesischer Druckausgaben des buddhistischen Schrifttums siehe die Übersicht in Christoph Kleines Beitrag zu diesem Band.

[38] Vgl. Masaaki Chikusa, „Gen ban daizōkyō gaikan," in *Sai dai ji shozō gen ban issaikyō chōsa hōkokusho* (Nara, 1998), 11. Den Hinweis auf diesen Aufsatz verdanke Yukiyo Kasai.

[39] Tekin, *Eski türklerde yazı, kâğıt, kitap ve kâğit damgaları*, 47–48.

und es auf den ersten Blick denkbar sei, dass beide Sprachen verwechselt werden könnten, dass aber die Bemerkung, dass niemand in der Lage gewesen sei, die Schriften zu verstehen, der Beweis dafür sei, dass es sich um den uigurischen Kanon gehandelt haben müsse.[40] Denn in einem so großen Kloster wie Sa-skya hätte es sicher einen Mönch geben müssen, der des Mongolischen mächtig gewesen wäre. Da es ein gedrucktes Exemplar gewesen sein müsse, sollten noch weitere Exemplare dieses Druckes existieren. Tucci selbst hat die Bücher nicht in Augenschein genommen. Das ist schon etwas seltsam, selbst wenn ihm tatsächlich nur wenig Zeit zur Verfügung stand, die er dann mit Nachforschungen zu den ihn persönlich interessierenden Texten verbracht hat.

Geng Shimin, der über *Tibetan Painted Scrolls* von dem uigurischen Kanon erfahren hatte, wollte Mitte der 1960er Jahre nach Tibet reisen, um der Frage nachzugehen, wurde aber, wie er schreibt, von der Sozialistischen Erziehungsbewegung, an der er gezwungen war teilzunehmen, von seinem Vorhaben abgebracht.[41] Vielleicht hätte eine Forschungsreise zum damaligen Zeitpunkt Licht in das Dunkel bringen können, denn später scheint sich niemand dieses Problems angenommen zu haben. Und so bleibt Tucci weiterhin der Hauptinformant für diejenigen, die einen Gesamtkanon bei den Uiguren annehmen.

Es erscheint ratsam, Tuccis Postulat eines uigurischen Kanons vorerst als unbewiesen anzusehen, auch wenn in der letzten Zeit Gerüchte aufgekommen sind, dass dieses Exemplar in Lhasa wieder aufgetaucht ist.[42] Es ist angezeigt, eventuelle Forschungsberichte aus China abzuwarten und sich stattdessen dem bekannten Material zuzuwenden, welches über die zahlreichen Sammlungen weltweit verteilt ist. Hierbei sind ganz andere Fragestellungen an den Forschungsgegenstand heranzutragen, als es bei einer Gesamtedition eines Kanons möglich wäre. In diesem Rahmen können nur einige Aspekte berücksichtigt werden. Wenn man die bisher publizierten buddhistisch-uigurischen Schriften charakterisieren und auf kanonspezifische Merkmale untersuchen will, so ist der Tatsache

[40] Tekin, *Eski türklerde yazı, kâğıt, kitap ve kâğit damgaları*, 48.

[41] Geng Shimin, „The Study of Uighurica from Turfan and Dunhuang in China," in *Turfan Revisited: The First Century of Research into the Arts and Cultures of the Silk Road*, *Monographien zur Indischen Archäologie, Kunst und Philologie; 17*, Hg. Desmond Durkin-Meisterernst et al. (Berlin: Dietrich Reimer, 2004), 98b, Anm. 13.

[42] Nicht von ungefähr erwähnt Günter Grönbold, *Der buddhistische Kanon: Eine Bibliographie* (Wiesbaden: Harrassowitz, 1984), in seiner ausgezeichneten Bibliographie einen uigurischen Kanon mit keinem Wort.

Rechnung zu tragen, dass wir es mit einer Literatur zu tun haben, deren Beginn vermutlich ins 8. Jh. zu datieren ist, also um einige Jahrhunderte früher als die oben diskutierten Daten anzusetzen ist. Die ältesten erhaltenen handschriftlichen Zeugnisse dürften dem 9. Jh. zugehören, während die späteste datierte Abschrift, die bekannte große Petersburger Abschrift des *Goldglanzsūtra*s (atü. *Altun Yaruk Sudur*), in das Jahr 1687 datierbar ist. Allgemein kommt die literarische Tätigkeit (Übersetzungen und Anfertigung von Abschriften) der uigurischen Buddhisten bedingt durch die Islamisierung gegen Ende des 14. Jh. zum Erliegen. Eine Besonderheit der uigurisch-buddhistischen Literatur ist ihre in Phasen einteilbare Geschichte von Übersetzungen, die eine je eigene Ausrichtung auf verschiedene Geberspachen erkennen lassen. Im Unterschied zu den chinesischen und tibetischen Kanones sind es nicht indische Texte, die man in der Frühzeit der uigurisch-buddhistischen Literatur übersetzt, sondern tocharische. Interessant ist nun, dass in dieser Phase Texte übersetzt werden, die gerade kein Äquivalent in anderen kanonischen Textsammlungen haben. Die *Maitrisimit*, eine Biographie des zukünftigen Buddha Maitreya, wurde aus dem Osttocharischen (Tocharisch A = atü. *tohrı tili*) von Prajñārakṣita übersetzt und soll von Āryacandra aus einer indischen Sprache ins Osttocharische übertragen worden sein.[43] Ob es dieses indische Original jemals gegeben hat, ist sehr zweifelhaft. Nur für einzelne Episoden können mehr oder weniger enge Parallelen in chinesischen, tibetischen, sakischen und indischen Werken nachgewiesen werden.[44] Da es nur diese zentralasiatischen Zeugnisse auf Tocharisch A und Alttürkisch gibt, ist das Werk aus literarhistorischer und buddhologischer Sicht von besonderem Interesse und gehört zu den am meisten studierten Schriften der Zentralasienwissenschaften und nimmt im „Kanon der Forschung" einen prominenten Platz ein. Das Interesse an dem Werk scheint aber bei den Uiguren selbst im 11. Jh. abgeflaut zu sein, da die wohl jüngste Abschrift, die in Hami gefunden wurde, in das Jahr 1067 n. Chr. datiert. Es stellt sich die Frage, ob die *Maitrisimit* zu den kanonischen Werken des alttürkischen Buddhismus allgemein gezählt werden kann. Der kanonische oder nicht-kanonische Rang eines Werkes

[43] Vgl. die Zusammenstellung der Kolophone bei F[riedrich] W[ilhelm] K[arl] Müller und Emil Sieg, *Maitrisimit und 'Tocharisch'* (Berlin: Sitzungsberichte der Preußischen Akademie der Wissenschaften, 1916), 414–415 [Nachdruck, 434–435].

[44] Vgl. die Liste in Ji Xianlin, Werner Winter und Georges-Jean Pinault, *Fragments of the Tocharian A Maitreyasamiti-Nāṭaka of the Xinjiang Museum, China, Trends in Linguistics: Studies and Monographs; 113* (Berlin / New York: Mouton de Gruyter, 1998), 4–6.

der uigurischen Literatur ist hierbei nicht mit Blick auf *andere* Bezugskanones (Tibetisch, Chinesisch etc.) zu ermitteln. Im Falle der *Maitrisimit* wäre Kanonizität bei Zugrundelegung dieses Kriteriums ohnehin nicht gegeben. Grundsätzlich ist es ratsam, den kanonischen Rang eines Werkes *innerhalb* einer gegebenen Literatur, in unserem Falle: der uigurischen, zu bestimmen und in dieser Frage Kriterien wie Verbreitung, Zeitresistenz, Häufigkeit von Abschriften, Textgebrauch etc. zu beachten. In Betracht käme allenfalls ein Vergleich der *Maitrisimit* mit der Position der Vorlage, dem osttocharischen *Maitreyasamitināṭaka*, den dieses innerhalb der tocharischen Literatur einnimmt. Da diese Version aber noch schlechter überliefert ist als die uigurische und eine Erfassung der Kanonisierungstendenzen mit noch größeren Schwierigkeiten verbunden ist, kann man nur Vermutungen anstellen. Die für die tocharische Literatur vergleichsweise hohe Anzahl von Handschriften (vier aus Šorčuk[45] und eine Yanqi[46]) lassen erkennen, dass das Werk bei den Tocharern großes Ansehen genoss. Immerhin lässt sich sagen, dass sowohl *Maitrisimit* als auch *Maitreyasamitināṭaka* vermutlich innerhalb der Schule der Vaibhāṣikas tradiert wurden, innerhalb dieser Schule allerdings als Werke in den autochthonen Sprachen Zentralasiens maßgebliche Bedeutung im Maitreyakult besaßen.[47] *Maitrisimit* und *Maitreyasamitināṭaka* waren die schulspezifischen Werke der zentralasiatischen Vaibhāṣikas schlechthin, die Rezitation oder Aufführung war jeweils in einen rituellen Rahmen eingebettet.[48] Im Gegensatz zu den Tocharern, wo diese Schule bzw. der Sarvāstivāda im Allgemeinen über Jahrhunderte hinweg dominierend war, scheint bei den Uiguren ein größerer Pluralismus von Beginn an bestanden zu haben. Die Vaibhāṣikas haben im Laufe der Zeit

[45] Vgl. den Artikel Maitreyasamiti-Nāṭaka von Werner Thomas in Kindlers Literaturlexikon, 67b.

[46] Ediert in Ji, Winter und Pinault, *Fragments of the Tocharian A Maitreyasamiti-Nāṭaka.*

[47] Inwieweit die *Maitrisimit* auch als Vorlage für Visualisierungen diente, wäre noch zu untersuchen. Zum Maitreyakult bei den Uiguren vgl. Klaus Röhrborn, „Maitreya-Buddhismus zwischen Hīnayāna und Mahāyāna," in *Turfan Revisited: The First Century of Research into the Arts and Cultures of the Silk Road, Monographien zur Indischen Archäologie, Kunst und Philologie; 17,* Hg. Desmond Durkin-Meisterernst et al. (Berlin: Dietrich Reimer Verlag, 2004).

[48] Art und Weise des Vortrags, die uns noch unbekannt sind, hängen eng zusammen mit der gattungsgeschichtlichen Einordnung des Textes. Es ist noch unbewiesen, ob die *Maitrisimit* noch als *nāṭaka* [d.h. als Schauspiel im Sinne der indischen Poetik] klassifiziert werden kann. Es gibt hierfür eigentlich keine Anhaltspunkte. Deutlichere Hinweise findet man im *Maitreyasamitināṭaka.*

im Westuigurischen Königreich immer mehr an Einfluss verloren, so dass auch ihre Literatur nicht mehr rezipiert und vervielfältigt wurde. Zu dieser gehört eine weitere Übersetzung aus dem Osttocharischen, die *Daśakarmapathāvadānamālā* (im Folgenden: *DKPAM*), ein Erzählzyklus, der wie die *Maitrisimit* nur in Zentralasien nachweisbar ist und auch in diesem geographischen Raum entstanden ist. Die Kolophone geben an, dass die osttocharische Fassung, auf die die alttürkische zurückgeht, ihrerseits aus dem Westtocharischen übertragen wurde.

Da die Anordnung der Geschichten in der buddhistischen Literatur ohne Parallele ist und auch die einzelnen Erzählungen in ihrem Motivinventar und ihrer Struktur von anderen bekannten Fassungen abweichen, ist auch dieses Werk aus buddhologischer und literarhistorischer Sicht sehr interessant, hat aber in der Forschung nicht das gleiche Interesse gefunden wie die *Maitrisimit*. Bei den alten Uiguren scheint die Sammlung hohes Ansehen als didaktisches Werk genossen zu haben, da sie in sehr viel mehr Abschriften vorliegt als die *Maitrisimit*. Über die genaue Anzahl der Handschriften kann aber vorerst noch keine sichere Aussage gemacht werden; sie ist auf jeden Fall größer als bisher angenommen wurde, denn es gibt mehr als zehn. Besonders junge Abschriften gibt es nicht, auch bei diesem Text sind die jüngsten aus paläographischen Gründen in das 11. Jh. zu datieren. Allerdings konnte ich ein Fragment der Berliner Turfansammlung ausfindig machen, welches einen Leserkolophon trägt, der einige Zeit später hinzugefügt worden ist. Er ist auf der Grundlage verschiedener Indizien in die Mongolenzeit zu datieren.[49] Es gibt also Anlass zu der Vermutung, dass die Erzählungssammlung in den Skriptorien etwa ab dem 11. nicht mehr kopiert wurde, dass aber in den Bibliotheken Abschriften aufbewahrt wurden, die auch weiterhin

---

[49] Es handelt sich um das Fragment U 1704, das zu einer Hs. gehört, die vermutlich sogar die älteste der *DKPAM*-Abschriften ist. Sie zeigt unter anderem den Akk. auf *-ag* etc. und ähnelt im Duktus der *Maitrisimit*-Handschrift aus Sängim. Auf der Rückseite befindet sich ein Leserkolophon, bei dem in der 1. Zeile ein <n> punktiert ist und zusätzlich eine Dentalkonfusion <d> für <t> vorliegt (*''ldyṅč* für *altınč*), was auf eine späte Abfassungszeit hindeutet. Außerdem endet der kurze dreizeilige Kolophon mit der Partikel *yamu*, die wir sonst nur aus späten Texten aus der Turfan-Oase (vgl. Peter Zieme, *Buddhistische Stabreimdichtungen der Uiguren*, *Berliner Turfantexte; XIII* (Berlin: Akademie Verlag, 1985), 243b und Semih Tezcan, *Das uigurische Insadi-Sūtra*, *Berliner Turfantexte; III* (Berlin: Akademie Verlag, 1974), ZZ. 16, 761, 1047) und dem *Dīwān luγāt at-turk* aus dem 11. Jh. kennen. Außerdem ist in der 2. Zeile ziemlich sicher ein Akk. auf *-nI* in *nomnı* belegt, ebenfalls ein Kennzeichen der Mongolenzeit.

benutzt wurden. Eine wirkliche Kontinuität über die Jahrhunderte in dem Gebrauch dieser aus dem Tocharischen übersetzten Schriften, also die Zeitresistenz[50], ein wichtiges Kriterium für Kanonizität, kann demnach nur bedingt festgestellt werden, während zumindest die relativ große Anzahl der Handschriften bei der *Daśakarmapathāvadānamālā* auf die zeitweilig bedeutende Rolle dieser Erzählungssammlung verweist. Die große Zahl der Abschriften und ihre unterschiedliche Gestaltung, die auf mehrere Skriptorien verweist, scheint mir ein weiteres wichtiges Kriterium für Kanonizität im uigurischen Buddhismus zu sein, so dass man für die *DKPAM* zumindest eine zeitlich begrenzte kanonische Stellung innerhalb der Schule der Vaibhāṣikas annehmen kann,[51] vermutlich weil in ihr zentrale Fragen der buddhistischen Ethik an Hand von beispielhaften Erzählungen behandelt werden.[52] Ein weiterer Hinweis auf die herausragende Position dieser Sammlung in Zentralasien ist die sogdische Fassung, von der leider nur ein Blatt erhalten ist. Aber wenn ein Werk in drei zentralasiatischen Literaturen nachzuweisen ist,[53] die allesamt nur bruchstückhaft überliefert sind, ist dies ein Indiz für einen hohen Kanonisierungsgrad. Den beiden genannten Kriterien zur Ermittlung kanonischer Schriften, Zeitresistenz und Häufigkeit der Abschriften, denen noch die

[50] Vgl. hierzu Martin Vöhler, „Der Kanon als hermeneutische Provokation," in *Akten des X. Internationalen Germanistenkongresses Wien 2000: „Zeitenwende – Die Germanistik auf dem Weg vom 20. ins 21. Jahrhundert", Jahrbuch für Internationale Germanistik Reihe A, Kongressberichte; 60*, Hg. Peter Wiesinger unter Mitarbeit von Hans Derkits. Bd. 8: Kanon und Kanonisierung als Probleme der Literaturgeschichtsschreibung betreut von Helen Watanabe-O'Kelly, Elene Agazzi und Jan-Dirk Müller (Bern et al.: Peter Lang, 2003), 41.

[51] An dieser Stelle wäre grundsätzlich auf die Möglichkeit zu verweisen, zwischen einer schulspezifischen und einer generellen Kanonisierung eines Werkes zu unterscheiden.

[52] Vgl. die in diesem Zusammenhang wichtige Beobachtung für die chinesischen Klassiker und dann auch für buddhistische Schriften bei Lancaster, „The Movement of Buddhist Texts," 532: „In a real sense, it was only when a text was accepted into the system of the copy centers that it could be said to have achieved the status of a canonic *jing*. This meant that the method of distribution helped to determine the canon of the state. Buddhists looked to the process used by the government." Im Kleinen dürfte dies auch auf die Verhältnisse der Turfan-Oase übertragbar sein.

[53] Tocharische Fragmente gibt es nur wenige. Möglicherweise gehört das in Tocharisch A überlieferte *Ṣaḍdanta-Jātaka* zu dieser Erzählungssammlung. Vgl. Emil Sieg, *Übersetzungen aus dem Tocharischen II, aus dem Nachlaß herausgegeben von Werner Thomas, Abhandlungen der Deutschen Akademie der Wissenschaften zu Berlin, Klasse für Sprachen, Literatur und Kunst Jahrgang 1951, Nr. 1* (Berlin: Akademie Verlag, 1952), 7–17.

Verteilung über mehrere Fundorte hinzuzufügen ist, sind natürlich nur indirekte Hinweise. Allerdings gibt es für die frühe Phase des uigurischen Buddhismus kaum andere Anhaltspunkte, um Kanonisierungstendenzen zu beschreiben. Leider fehlen Diskussionen über die Authentizität der Schriften, wie wir sie in den chinesischen Katalogen vorliegen haben,[54] in der uigurischen Literatur völlig bzw. sind nicht überliefert.

Diese Überlegung führt uns zur „klassischen Phase" des uigurischen Buddhismus, der Zeit, die durch den alles bestimmenden Einfluss Chinas auf Literatur und Kunst gekennzeichnet ist und etwa mit der Jahrtausendwende beginnt. Die Übersetzung eines der zentralen Werke des zentral- und ostasiatischen Buddhismus fällt in diese Phase: des *Goldglanzsūtra*s (atü. *Altun Yaruk Sudur*). Es ist das Werk, dem in der Forschung die meisten Studien und Editionen gewidmet sind. Hinzu kommt, dass der Bestand der Berliner Turfansammlung durch Kataloge vorbildlich erschlossen ist.[55] In ihrem ersten Katalogband unterscheidet Raschmann bereits 70 verschiedene Handschriften und Blockdrucke.[56] Das *Goldglanzsūtra* ist *der* kanonische Text schlechthin im alttürkischen Buddhismus, wie es überhaupt in Zentral- und Ostasien insgesamt großes Ansehen genoss.[57] Die Vorlage war Yijings 義淨 (635–713) chinesische Fassung, doch hat

[54] Aber auch in China war es nicht immer einfach zu bestimmen, ob eine Schrift „authentisch", d.h. gültiges Buddhawort, war. Selbst in Indien war diese Debatte nie entschieden worden, wie Lancaster, „The Movement of Buddhist Texts", 523, zu Recht anmerkt.

[55] Vgl. Gerhard Ehlers, *Alttürkische Handschriften Teil 2: Das Goldglanzsūtra und der buddhistische Legendenzyklus Daśakarmapathāvadānamālā, Depositum der Preußischen Akademie der Wissenschaften (Staatsbibliothek Preußischer Kulturbesitz, Berlin), Verzeichnis der Orientalischen Handschriften in Deutschland; XIII, 10* (Stuttgart: Franz Steiner Verlag, 1987) und Simone-Christiane Raschmann, *Alttürkische Handschriften Teil 5: Berliner Fragmente des Goldglanz-Sūtras.* Teil 1: *Vorworte und erstes bis drittes Buch, Verzeichnis der Orientalischen Handschriften in Deutschland; XIII, 13* (Stuttgart: Franz Steiner Verlag, 2000); dies., *Alttürkische Handschriften Teil 6: Berliner Fragmente des Goldglanz-Sūtras.* Teil 2: *Viertes und fünftes Buch, Verzeichnis der Orientalischen Handschriften in Deutschland; XIII, 14* (Stuttgart: Franz Steiner Verlag, 2002); dies., *Alttürkische Handschriften Teil 7: Berliner Fragmente des Goldglanz-Sūtras.* Teil 3: *Sechstes bis zehntes Buch. Kolophone, Kommentare und Versifizierungen, Gesamtkonkordanzen, Verzeichnis der Orientalischen Handschriften in Deutschland; XIII, 15* (Stuttgart: Franz Steiner Verlag, 2005).

[56] Beschreibungen dieser Handschriften in Raschmann, *Alttürkische Handschriften Teil 2*, 14–52.

[57] Man kann im Sinne der Literaturwissenschaft von einem besonders hohen *Kanonisierungsgrad* sprechen. Siehe Korte, „K wie Kanon und Kultur," 31.

man interessanterweise nicht nur den Text einfach übersetzt, denn es wurden zusätzlich an bestimmten Punkten teilweise umfangreiche Glossen als eine Art Kommentar eingefügt, die aber den Textfluss in den meisten Fällen nicht beeinträchtigen. Trotz der kanonischen Geltung, die Yijings Version in Ost- und Zentralasien zukam, denn sie ersetzte frühere Übersetzungen weitgehend und war zudem Ausgangspunkt für weitere literarische aber auch rituelle und künstlerische Entwicklungen, kann man von einer Beachtung der so genannten Kanonformel, nämlich „nichts hinzuzufügen und nichts wegzunehmen“ nicht sprechen. Der Ausgangstext bleibt nicht unangetastet, sondern wird den Ansprüchen der Leser und Benutzer der Zielsprache entsprechend modifiziert, der Text wird „fortgeschrieben“. Nach Jan Assmanns Verständnis sind kanonische Texte aber gerade nicht fortschreibbar.[58] Da nun im Falle der uigurischen Bearbeitung des chinesischen kanonischen Textes etwas Neues entsteht, ein kanonischer Text anderer Art, zeigt sich erneut, dass die buddhistische Literatur sich nicht ganz der Assmannschen Kanontheorie fügen will. Der kanonische Status schützt nicht vor Veränderungen, ja man kann im Falle des *Goldglanzsūtra*s sogar feststellen, dass der viele Themenbereiche umfassende Charakter des Textes, worin ein Grund für die weit reichende Geltung und Beliebtheit zu suchen ist, im Laufe der Überlieferungsgeschichte Zusätze geradezu begünstigt hat. Denn auch Yijings Fassung selbst ist umfangreicher als der überlieferte Sanskrittext und die anderen chinesischen Übersetzungen. Die Fortschreibung gefährdet den Status des Textes nicht, sondern ermöglicht die Aufnahme neuer Themen und Elemente wie z.B. *dhāraṇī*s, die den religiösen Bedürfnissen der Zeit bzw. einzelner Schulrichtungen entgegen kommen, und gewährleistet auf diese Weise eine Kontinuität der autoritativen Geltung. Im Falle des uigurischen *Goldglanzsūtras* kommt es zu einer Festschreibung des Wortlautes erst nach der Einfügung der Glossen.[59]

Das erwähnte wichtige Kriterium für Kanonizität, die Zeitresistenz, erfüllt ein Text, der zu den so genannten Apokryphen gerechnet wird, das

[58] Assmann, *Religion und kulturelles Gedächtnis*, 57. Vgl. auch ebd., 102.

[59] Eine Ausnahme ist die große Petersburger Abschrift, die den längeren aus dem Tibetischen übersetzten Zusatz im dritten Kapitel enthält und von den Berliner Texten abweicht. Vgl. Jens Wilkens, *Die drei Körper des Buddha (trikāya): Das dritte Kapitel der uigurischen Fassung des Goldglanz-Sūtras (Altun Yaruk Sudur) eingeleitet, nach den Handschriften aus Berlin und St. Petersburg herausgegeben, übersetzt und kommentiert, Berliner Turfantexte; XXI* (Turnhout: Brepols, 2001). Die Frage nach mehreren Übersetzungen kann vorerst noch nicht abschließend beantwortet werden. Vgl. vorerst Wilkens, *Die drei Körper*, 36ff.

Säkiz Yükmäk Yaruk Sudur „Das Sūtra der Acht Lichter (oder Erscheinungen)“, eine Übersetzung[60] aus dem Chinesischen (*Fo shuo tian di ba yang shen zhou jing* 佛說天地八陽神咒經; T 2897).[61] Eine Buchrolle, die so genannte Londoner Rolle, zählt zu den ältesten Werken des uigurischen Buddhismus und dürfte spätestens ins 9. Jh. zu datieren sein. Es existieren aber noch zahlreiche weitere Abschriften; neben dem *Goldglanzsūtra* und dem *Kšanti Kılguluk Nom Bitig*[62], zählt dieses Werk zu den am meisten kopierten uigurischen Schriften, und es gibt zudem Blockdrucke, die in der Yuan-Zeit (ca. 1280–1367) entstanden sind. Es ist also eine Überlieferungskontinuität von mehreren hundert Jahren zu konstatieren. Ein Grund für die weite Verbreitung des Textes ist der Schutz vor zahlreichen Gefahren, der durch die Rezitation und das zugehörige Ritual bewirkt werden soll. Zudem sind viele indigen chinesische Elemente in den Text eingewoben, allerdings werden diese hauptsächlich erwähnt, um sie durch buddhistische Äquivalente zu ersetzen. Der Verdacht Daoxuans 道宣 (596–667), Verfasser eines Kanonkataloges, dass die Verfasser indigener Schriften die Absicht verfolgten, einfache Leute zum Buddhismus zu bekehren und sich ihrer begrenzten Auffassungsgabe anpassten, ist nicht ganz aus der Luft gegriffen.[63] Zumindest lässt sich festhalten, dass Sprache und religiöse Inhalte von den Chinesen häufig besser verstanden wurden, indem etwa populäre Gottheiten oder Rituale integriert wurden. Auch den Uiguren, die um die Jahrtausendwende zunehmend sinisiert wurden, kam der Text in ihren Bedürfnissen und Erwartungen entgegen. Es sind nur wenige Kolophone erhalten, doch in einem stark beschädigten Fragment sind die Stifternamen erhalten, die vermutlich identisch sind mit Auftraggebern einer Abschrift des *Goldglanzsūtras*.[64]

Im alttürkischen Buddhismus sind einige so genannte Sündenbekenntnistexte erhalten, die ebenfalls ihre Basis im Bereich des Laienbud-

---

[60] Es existieren zwei Übersetzungen, eine ältere und eine jüngere, revidierte. Siehe Johan Elverskog, *Uygur Buddhist Literature*, *Silk Road Studies; I* (Turnhout: Brepols, 1997), 95.

[61] Zur chin. Fassung siehe Daniel L. Overmyer, „Buddhism in the Trenches: Attitudes toward Popular Religion in Chinese Scriptures Found at Tun-huang,“ *Harvard Journal of Asiatic Studies* 50 (1990): 212ff. Diese Dunhuang-Version weicht von der „kanonischen“ (*Ba yang shen zhou jing* 八陽神咒經; T 428) ab.

[62] Bei diesem Werk handelt es sich um eine Übersetzung des *Ci bei dao chang chan fa* 慈悲道場懺法 (T 1909).

[63] Vgl. Tokuno, „The Evaluation of Indigenous Scriptures,“ 49.

[64] Peter Zieme, „Colophons to the *Säkiz yükmäk yaruq*,“ *Altorientalische Forschungen* 10 (1983): 146.

dhismus haben. Einer dieser Texte, der sehr häufig abgeschrieben wurde – er liegt zudem in verschiedenen Buchformaten vor – ist das aus einer Buchrolle bestehende *Kšanti Kılmak Nom Bitig*, das man als „offenen Text“ charakterisieren kann, denn der Wortlaut ist nicht festgelegt und es können bestimmte Passagen durch andere ersetzt werden. Auch kann der Text bei Bedarf erweitert werden, während andere Abschnitte in mehreren Abschriften wörtlich übereinstimmen. Da er zudem in keiner kanonischen Fassung in anderen Sprachen nachgewiesen werden kann, widerspricht er eigentlich allen Erfordernissen eines kanonischen Werkes im Sinne verschiedener Kanontheorien; für die religiöse Praxis der Laien war er von großer Bedeutung und es kam ihm eine Verbindlichkeit im Sinne einer korrekten Lebensführung zu.

Es kann hier nicht darum gehen, die uigurisch-buddhistische Literatur in ihrer Gesamtheit vorzustellen und bei jedem Text zu überprüfen, ob Kanonisierungstendenzen benennbar sind. Es sollten vielmehr die bekanntesten und am meisten verbreiteten Schriften und ihre spezifischen Merkmale kurz diskutiert werden, um zu zeigen, dass die Wertschätzung und Geltung, die sie bei den alten Uiguren erfuhren, in der Mehrzahl nicht von der kanonischen Position der Vorlage, wenn eine solche überhaupt bekannt ist, in anderen buddhistischen Literaturen abhängig war. Andere Textmerkmale, wie der Bezug auf ein dazugehöriges Ritual oder die Anbindung an den Laienbuddhismus waren ausschlaggebend. Da sich der Prozess der Aneignung dieser Schriften und ihre Tradierung über einen längeren Zeitraum hinzogen, könnte man von unbewusster Kanonisierung sprechen. Wenn man akzeptiert, dass Texte durch Praxis Autorität erlangen, für die Lebensgestaltung normative Geltung beanspruchen und sich in der Kontingenzbewältigung bewähren, muss der Begriff „unbewusste Kanonisierung“ kein Widerspruch in sich sein.

2. Sammelhandschriften

Zur materiellen Seite der Frage nach einem Kanon bei den alten Uiguren muss noch geprüft werden, ob eventuell Sammelhandschriften bzw. Sammeldruckausgaben Hinweise auf beginnende Kanonisierungsprozesse durch Anthologisierung liefern. Im Gegensatz zum manichäischen Schrifttum, das einen weitaus geringeren Umfang hat, lassen sich im uigurischen Buddhismus *im Verhältnis* weniger Sammelhandschriften nachweisen bzw. sind noch nicht genügend erforscht. Interessant ist aber z.B. eine fragmentarisch bezeugte Abschrift, in der Großes und Kleines

Sukhāvatīvyūhasūtra zusammengefasst wurden.[65] Sie ist sicherlich der Schule des Reinen Landes zuzurechnen, die nur eine kleine Anzahl autoritativer Schriften anerkannte. Die tatsächlichen Gründe, die für die Anfertigung von Sammelhandschriften ausschlaggebend waren, dürften in den meisten Fällen kaum wirklich zu klären sein. In einer Sammelhandschrift, die ein Sündenbekenntnis und eine Fassung des *Araṇemijātaka* enthält, sind vielleicht einzelne im Sündenbekenntnis angeführte Vergehen durch nachfolgende Erzählungen illustriert worden.[66] Rituell eingebundene Sammelhandschriften, die auch noch durch Kolophone als solche gekennzeichnet sind, wie wir sie z.B. für chinesische Editionen aus Dunhuang kennen, sind selten. Eine Sammeldruckausgabe mehrerer Sūtras,[67] die unter anderem das *Diamant-* und das *Herzsūtra* enthält,[68] ist von großem Interesse, da der Kolophon erhalten ist, welcher den rituellen Charakter dieses Blockdruckes nachweist. Der Veranlasser Bodhidhvaja Śīla hat die Texte am 15. Tag des 7. Monats – vermutlich des Jahres 1347 – drucken lassen, einer der wichtigsten Festtage im chinesischen Buddhismus, an dem das Geisterfest und die Feier des Endes der Regenzeit für die Mönche begangen wurden.[69] Im Text selbst wird dieser Tag als der „sehr große Fasten-Tag“ (atü. *agır ulug posad bačag kün*)[70] bezeichnet. Die Zusammenstellung der Sūtras ist in diesem Fall rein zweckgebunden. Sammelhandschriften sind vermutlich vorwiegend zu rituellen oder – seltener – didaktischen Zwecken zusammengestellt worden und für die Frage nach einem Kanon im engeren Sinne kaum ergiebig. Dies gilt z.B. auch für die Sammelhandschrift von vier aus dem Tibetischen übertrage-

[65] Vgl. Peter Zieme, „Uigurische *Sukhāvatīvyūha*-Fragmente,“ *Altorientalische Forschungen* 12 (1985): 129–149.

[66] Siehe Peter Zieme, „Araṇemi-Jātaka und ein Sündenbekenntnistext in einer alttürkischen Sammelhandschrift,“ in *De Dunhuang à Istanbul: Hommage à James Russell Hamilton, Silk Road Studies; V, Hg.* Louis Bazin und Peter Zieme (Turnhout: Brepols, 2001), 402.

[67] Der Kolophon wurde ediert von Peter Zieme, *Buddhistische Stabreimdichtungen der Uiguren, Berliner Turfantexte; XIII* (Berlin: Akademie Verlag, 1985), 163–170 (Text 46).

[68] Auch aus Dunhuang kennt man Sammelhandschriften, die neben indigenen Werken Kopien des *Diamant-* und des *Herzsūtra*s enthalten.

[69] Siehe zu diesem Fest Stephen F. Teiser, *The Ghost Festival in Medieval China* (Princeton: Princeton University Press, 1996).

[70] Zieme, *Buddhistische Stabreimdichtungen*, 164 (Abschnitt 1, Zeile 3).

nen Traktaten, die auf Nāropas Schule zurückgeht und unter anderem ein Totenbuch enthält.[71]

Da Sammelhandschriften und -druckausgaben nicht sonderlich häufig sind, obwohl es weitere Beispiele neben den hier genannten gibt, und das Ziel ihrer Zusammenstellung nicht schlichtweg Anthologisierung war,[72] ist es bisher unmöglich, allein auf der Grundlage dieser Beobachtungen Hinweise auf eine Art „Staatsexemplar" eines uigurischen Kanons, ob nun handschriftlich oder gedruckt, auszumachen.

3. Weitere Gründe, die gegen einen uigurischen Kanon sprechen

Prüft man die tatsächlich erhaltenen oder durch Fremdzeugnisse nachgewiesenen uigurisch-buddhistischen Texte, so fällt auf, dass bestimmte Textgattungen entweder gänzlich fehlen oder in einer literarischen Form vorliegen, die gegen eine vollständig durchgeführte Übersetzung spricht. An erster Stelle ist die bemerkenswerte Tatsache zu erwähnen, dass die Vinaya-Literatur im uigurischen Schrifttum nahezu gänzlich fehlt. Gerade dieser Umstand unterscheidet die uigurische Literatur fundamental von der chinesischen, die ansonsten so oft zum Vorbild diente. Die wenigen Fragmente, die wir besitzen, sind in Brāhmī geschriebene Bilinguen Sanskrit-Uigurisch aus dem *Vinayavibhaṅga* der Sarvāstivādin[73] und der Mūlasarvāstivādin[74], die allerdings nur Exzerptsammlungen darstellen, so dass Dieter Maue Recht zu geben ist, wenn er schreibt, dass „als Bezugscorpus vollständige Textausgaben in Sanskrit gedient haben" müs-

---

[71] Peter Zieme und György Kara, *Ein uigurisches Totenbuch: Nāropas Lehre in uigurischer Übersetzung von vier tibetischen Traktaten nach der Sammelhandschrift aus Dunhuang British Museum Or. 8212 (109), Bibliotheca Orientalis Hungarica; XXII* (Budapest: Akadémiai Kiadó, 1978). Rituellen Charakter dürfte auch die Sammelhandschrift haben, von der nur der Kolophon erhalten ist, die aber die drei Werke *Kšanti Kılmak Nom Bitig*, *Yamarājasūtra* und *P(a)ryoki* (= *Säkiz Yükmäk Yaruk Sudur*) enthalten hat. Sie wurde von Laien in Auftrag gegeben. Siehe Zieme, „Colophons," 147.

[72] Zu beachten ist in diesem Zusammenhang vor allem die Tatsache, dass es sich bei den in den Sammelhandschriften vertretenen Werken ausnahmslos um wenig umfangreiche Schriften handelt.

[73] Vgl. Dieter Maue, *Alttürkische Handschriften Teil 1: Dokumente in Brāhmī und tibetischer Schrift, Verzeichnis der Orientalischen Handschriften in Deutschland; XIII, 9* (Stuttgart: Franz Steiner Verlag, 1996), 2–17 (Kat.-Nr. 2).

[74] Vgl. Maue, *Alttürkische Handschriften*, 18–64 (Kat.-Nrn. 3–4).

sen.[75] Ob die Uiguren immer eben diese Sanskritfassungen in Fragen der Ordensdisziplin zu Rate gezogen haben, ist eher unwahrscheinlich. Die genannten Exzerpte sind in Brāhmī geschrieben, so dass sie vermutlich der Spätphase des uigurischen Buddhismus entstammen, die durch eine Art „Renaissance der Sanskrit-Gelehrsamkeit"[76] gekennzeichnet ist. Man datiert die in Brāhmī-Schrift abgefassten Handschriften im Allgemeinen in die Yuan-Zeit. Als Hypothese kann angenommen werden, dass in der klassischen Phase des uigurischen Buddhismus (11.–13. Jh.) eine der fünf chinesischen Versionen des Vinaya[77] für Ordenshandlungen herangezogen wurde. Das chinesische Schrifttum dürfte nahezu jedem uigurischen Mönch in Turfan und Umgebung bei Bedarf zugänglich gewesen sein, zumal auch Exemplare des chinesischen Kanons in diesem Gebiet anzutreffen waren, wie der Gesandte Wang Yande 王延德 nach seiner Reise im Jahr 980 in das Westuigurische Königreich berichtet.[78] Abschriften einzelner Sūtras und anderer Texte wird es in den meisten Klosterbibliotheken gegeben haben.

Ähnliche Verhältnisse wie bei der Vinaya-Literatur sind bei den Āgama-Texten zu konstatieren. Zwar sind hier wesentlich mehr Textzeugen bekannt, aber das Prinzip der Textgestaltung ist das Gleiche, denn auch hier handelt es sich um Exzerpte. Es lassen sich Bilinguen Sanskrit-Uigurisch[79] und „Übersetzungen" aus chinesischen Āgamas[80] nachweisen, letztere auch in Form von Exzerpten, die immer auf einen chinesischen Bezugstext verweisen, was durch in den uigurischen Text ein-

---

[75] Maue, *Alttürkische Handschriften*, XXXI.

[76] Siehe zuletzt Klaus Röhrborn und András Róna-Tas, *Spätformen des zentralasiatischen Buddhismus: Die altuigurische Sitātapatrā-dhāraṇī, herausgegeben, übersetzt und kommentiert, Nachrichten der Akademie der Wissenschaften zu Göttingen, I. phil.-hist. Klasse, Jahrgang 2005, Nr. 3* (Göttingen: Vandenhoeck & Ruprecht, 2005), 247 [Separatum: S. 13].

[77] Siehe für kurze Angaben zu diesen Lancaster, „The Movement of Buddhist Texts," 526, Anm. 9.

[78] Eine Übersetzung der einschlägigen Stelle findet sich bei Takao Moriyasu, *Die Geschichte des uigurischen Manichäismus an der Seidenstraße: Forschungen zu manichäischen Quellen und ihrem geschichtlichen Hintergrund (übersetzt von Christian Steineck), Studies in Oriental Religions; 50* (Wiesbaden: Harrassowitz, 2004), 167f.

[79] Aus dem *Samyuktāgama*, *Dīrghāgama* und dem *Madhyamāgama*. Siehe Maue, *Alttürkische Handschriften*, 64–67 (Kat.-Nrn. 5–7) mit Literatur.

[80] Vgl. z.B. Masahiro Shōgaito, „Three Fragments of Uighur Āgama," in *Bahşı Ögdisi: Festschrift für Klaus Röhrborn anläßlich seines 60. Geburtstags, Türk Dilleri Araştırmaları Dizisi; 21*, Hg. Jens Peter Laut und Mehmet Ölmez (Freiburg / İstanbul: Simurg, 1998), mit weiterführender Literatur.

gefügte stichwortartige Zeichen unterstrichen wird. Diese Merkzeichen dienten dazu, dass sich der Benutzer im chinesischen Original orientieren konnte. Für sich genommen sind die Āgama-Exzerpte in den meisten Fällen nahezu unverständlich. Von Übersetzungen im eigentlichen Sinne kann also nicht die Rede sein.

4. Textmerkmale

Natürlich ist es wahrscheinlich, dass die uigurische Literatur einst noch umfangreicher war, als die bisher identifizierten Werke es erahnen lassen. Aber selbst wenn man davon ausgeht, dass dies der Fall wäre, so sind doch auch die tatsächlich bewahrten Schriften aussagekräftig, vor allem wenn sie in so vielen Abschriften oder Blockdrucken vorliegen wie das *Goldglanzsūtra*, das *Säkiz Yükmäk Yaruk Sudur* oder auch das *Kšanti Kılguluk Nom Bitig*. Lassen sich Textmerkmale[81] ausmachen, die entscheidend waren für die „Wahl" eines bestimmten Textes zu gegebenem Anlass? Warum wurden in gewissen Situationen gerade diese Texte besonders häufig abgeschrieben, gedruckt oder rezitiert? Welche Parameter können ausgemacht werden, die den kanonischen oder quasikanonischen Status buddhistischer Werke bei den Uiguren bestimmt haben? Unter quasikanonisch sind die Werke zu verstehen, die in China als Apokryphen eingestuft wurden, die aber dennoch bei den Uiguren in zahlreichen Abschriften vorliegen und nicht nur in den Randzonen buddhistischer Gemeinschaften überliefert wurden wie das *Säkiz Yükmäk Sudur* (chin. *Bayangjing*)[82], das *Kšanti Kılguluk Nom Bitig* oder die Schrift über die Zehn Könige (chin. *Shi wang jing* 十王經).[83] Folgende Merkmale, die die Wahl eines bestimmten Textes zu gegebenem Anlass bestimmten, können benannt werden:

---

[81] Zur Stellung von Textmerkmalen im Kanonisierungsprozess innerhalb der Literaturwissenschaft siehe Simone Winko, „Literatur-Kanon als *invisible hand* – Phänomen," in *Literarische Kanonbildung, Text + Kritik: Sonderband IX/02*, Hg. Heinz Ludwig Arnold (München: Richard Boorberg Verlag, 2002), 21.

[82] Zu den tibetischen Versionen vgl. Helmut Eimer, „Das Sūtra der 'Acht Erscheinungen': Bemerkungen zu den tibetischen Versionen," in *Religionsbegegnung und Kulturaustausch in Asien: Studien zum Gedenken an Hans-Joachim Klimkeit, Studies in Oriental Religions; 49*, Hg. Wolfgang Gantke, Karl Hoheisel und Wassilios Klein (Wiesbaden: Harrassowitz, 2002), 63–71.

[83] Sie könnten auch als „kanonische Apokryphen" bezeichnet werden, wie es Tokuno, „The Evaluation of Indigenous Scriptures," 60, für einige chinesische Werke dieser Gattung vorgeschlagen hat.

– Effektivität (Abwendung von Gefahren, Schutz vor Krankheiten und Naturkatastrophen, Vermeidung schlechter Wiedergeburt), z.B. *Sitātapatrādhāraṇī, Yetikän Sudur, Goldglanzsūtra, Säkiz Yükmäk Sudur.*[84]
– Praxisbezug (Anweisungen zur geistigen Schulung und zur Meditation o. ä.).
– Anschlussfähigkeit für die Laienanhängerschaft durch die Möglichkeit, die Namen von Spendern von Abschriften in dafür vorgesehene „Leerstellen" in den Manuskripten einzusetzen (besonders bei den Sündenbekenntnissen *Kšanti Kılguluk Nom Bitig* und *Kšanti Kılmak Nom Bitig*); dies geht über die formal eng begrenzten Möglichkeiten der Kolophone hinaus und lässt sich sogar in einzelnen Kapiteln variieren; Möglichkeit, verstorbenen Familienangehörigen ihr Dasein in schlechten Existenzformen zu erleichtern oder sie gar zu befreien (*Kšanti Kılguluk Nom Bitig*, Zehn Könige, *Säkiz Yükmäk Yaruk Sudur*); die herausragende Rolle des Laienbuddhismus bei den Uiguren ist sicher auch auf institutionelle Förderung zurückzuführen, verweist aber auch gerade bei den extremen Verhältnissen eines Oasenstaates auf die notwendige enge Bindung und gegenseitige Abhängigkeit zwischen Saṃgha und Laienanhängern.
– Rituelle Eingebundenheit (*Kšanti Kılguluk Nom Bitig, Säkiz Yükmäk Yaruk Sudur*, Zehn Könige etc.); man kann für die uigurische Literatur beobachten, dass der Kanonisierungsgrad steigt, je ausgeprägter die rituelle Komponente eines Textes ist.
– Thematische Vielfalt (z.B. beim *Goldglanzsūtra*).
– Bezug auf das Herrscherhaus und die Dimension des Politischen (*Goldglanzsūtra*), ein Aspekt, der bereits im türkischen Manichäismus eine wichtige Rolle spielt; das *Goldglanzsūtra* enthält die Aufforderung an die Könige, stets den *dharma* zur Grundlage einer guten und harmonischen Regierung zu machen[85]; die Herrscher gelten als „Göttersöhne" (*devaputras*); eine Förderung der Verbreitung dieses Textes von staatlicher Seite ist für China bezeugt und kann auch für die Uiguren angenommen werden.

---

[84] Dies ist natürlich kein Proprium uigurischer Texte, viele indische oder chinesische Mahāyāna-Schriften versprechen vergleichbare Effekte. Hierauf weist Overmyer, „Buddhism in the Trenches," 206, zu Recht hin.

[85] Besonders im XX. Kapitel von Yijings Fassung und entsprechend in den Versionen, die auf diesem Text beruhen (Tibetisch III und die uigurische Version).

5. Fazit

Dass die uigurisch-buddhistische Literatur bis zu ihrem durch die Islamisierung besiegelten Untergang eine lebendige Literatur war, lässt sich folgenden Punkten entnehmen:

1. Es wurden immer wieder neue Texte übersetzt.
2. Der Fokus der Orientierung an Gebersprachen verschob sich mehrmals.
3. Veränderte historische Bedingungen wie das Leben unter der stark vom tibetischen Buddhismus geprägten Mongolenherrschaft schufen neue Bedürfnisse.
4. Diese gingen mit einer gesteigerten Übersetzungs- und Vervielfältigungstechnik einher. Das während der Yuan-Dynastie bevorzugte Medium waren die meist in Dadu 大都 (nahe dem heutigen Beijing) hergestellten Blockdrucke, die eine hohe Auflagenzahl und somit eine wirkliche Breitenwirkung eines Werkes garantierten.
5. Da von einer „Stillstellung des Traditionsstromes“[86], die für Jan Assmann Auswirkung und Ziel des Kanonisierungsprozesses ist, nicht die Rede sein kann, kann man auch nicht von einem Kanon im Sinne der Assmannschen Theorie sprechen. Es gibt Kanonisierung als Prozess und kanonische Schriften im oben beschriebenen Sinn, aber keinen festen Kanon.[87]
6. Einige Werke verlieren im Laufe der Zeit ihre Relevanz (dies ist merkwürdigerweise beim *Lotussūtra* zu beobachten), andere treten an ihre Stelle. Manche behaupten ihre Position. Die Kontinuität der Überlieferung und somit die kanonische Position hängt auch mit dem Beharrungsvermögen einzelner Schulen und Kulte zusammen.
7. Diese Offenheit verhinderte, dass es zu Erstarrung und Verfestigung kultureller Muster kam, was zu einer Distanz zwischen kanonischen Schriften und soziokultureller Wirklichkeit geführt hätte.[88]

---

[86] Assmann, *Religion und kulturelles Gedächtnis*, 56.

[87] Es gilt für die uigurisch-buddhistische Literatur insgesamt, was Buswell, „Introduction,“ 25, über die so genannten chinesischen Apokryhen schreibt: „The presence of such texts also demands that scholars begin to place the canon—seen not as a fixed repository but as a fluctuating, tension-filled institution—in its social, historical, and religious contexts.“

[88] Dieser Aspekt wird von Assmann und Assmann, „Kanon und Zensur,“ 18, sehr stark betont. Auf die „intellektuelle Artifizialität und die Distanz des Kanons zum Alltäglichen“ verweist Alois Hahn, „Kanonisierungsstile,“ in *Kanon und Zensur: Beiträge*

Es ist noch kurz auf den Bereich der Sinnpflege bei den alten Uiguren hinzuweisen. Kommentierung und Ausdeutung der kanonischen Schriften bilden nach Jan Assmann die Voraussetzung dafür, dass ein Text in einer Gemeinschaft lebendig bleibt. Bei den Uiguren sind zwar einige Kommentarwerke überliefert (ein *Vimalakīrtinirdeśa*-Kommentar, ein Kommentar zum *Lotussūtra*, ein *Bodhicaryāvatāra*-Kommentar[89], mehrere Abhidharma-Werke wie z.B. die *Abhidharmakośabhāṣyaṭīkā Tattvārthā* usw.), doch sind alle diese Schriften Übersetzungen. Die Kommentare ergänzen zwar die Rezeption der kommentierten Werke, doch ist die Dimension der Sinnpflege bei den Uiguren tendenziell eher als rezeptiv und von der chinesischen Literatur abhängig einzustufen.

Bei der Beschreibung von Kanonisierungsprozessen bei den alten Uiguren ist es unerlässlich, nicht nur die Schriften der monastischen Elite zu berücksichtigen, sondern auch die Texte, die das religiöse Leben und das Selbstverständnis der Laien prägten. Es soll nicht grundsätzlich ausgeschlossen werden, dass dieser mehr oder weniger unbewusste Kanonisierungsprozess nicht doch irgendwann in einen Gesamtkanon mündete. Das von K. Kollmar-Paulenz in diesem Band vorgestellte Beispiel des mongolischen Buddhismus belegt, dass Handschriften und Drucke des mongolischen Kanjur selten sind. Diese Verhältnisse mahnen auch im Falle des uigurischen Buddhismus zur Vorsicht. Auf die im Titel formulierte Frage, ob die alten Uiguren einen buddhistischen Kanon besaßen, lässt sich nur antworten: das vorliegende Material lässt diese Schlussfolgerung (noch) nicht zu, aber wenn sich das Gerücht bestätigt, dass in Tibet die Gesamtausgabe wieder aufgetaucht ist, so wäre das Problem erneut zu untersuchen.

Wir kommen also in unserer Betrachtung zu einem ähnlichen Ergebnis wie Dieter Maue, der vor einigen Jahren summarisch in einer Fußnote den Stand der Dinge folgendermaßen zusammenfasste: „Hinweise auf

---

zur Archäologie der literarischen Kommunikation II, Hg. Aleida Assmann und Jan Assmann (München: Wilhelm Fink Verlag, 1987), 29. Allerdings muss angemerkt werden, dass auch die Übersetzung eines Gesamtkanons nicht nur den Aspekt der Verfestigung und Kanalisierung literarischer Aktivität hat. Es werden auf einmal Schriften zugänglich, die Themen behandeln, die in der eigenen Kultur bisher keine Rolle spielten. Die Aneignung eines fremden Kanons birgt also durchaus kreatives Potenzial, so dass Kanon und Kanonisierung nicht nur den Aspekt der Verengung der historischen Vielfalt bzw. der Reduktion der Möglichkeiten religiöser Ausdrucksformen beinhalten.

[89] Die Vorlage konnte bisher noch nicht identifiziert werden. Vgl. Elverskog, *Uygur Buddhist Literature*, 80 [Nr. 44].

einen Kanon in uig. Sprache gibt es nicht. Die Skt.-Handschriften in und um Turfan dürften weitgehend aus Klosterbibliotheken uigurischer Mönche stammen und teilweise durch diese kopiert worden seien.“[90] Wenn es aber jemals einen uigurischen Kanon gegeben haben sollte, der in seinem Umfang mit den chinesischen und tibetischen vergleichbar wäre, dann würde er sicherlich eine andere Zusammenstellung von Werken umfasst haben als die staatlichen Kanones in China. Da die uigurische Literatur aber keine reine Mönchsliteratur ist, sind die Kriterien der Kanonizität im weiteren Sinne andere als bei diesen Staatsexemplaren, die über viele Jahre hinweg Anziehungspunkt für diejenigen waren, die diese Schriften studieren wollten.

Bibliographie

Assmann, Aleida und Jan Assmann. „Kanon und Zensur.“ In *Kanon und Zensur: Beiträge zur Archäologie der literarischen Kommunikation II*, hg. von Aleida Assmann und Jan Assmann, 7–27. München: Wilhelm Fink Verlag, 1987.

Assmann, Jan. *Das kulturelle Gedächtnis: Schrift, Erinnerung und politische Identität in frühen Hochkulturen*. München: C. H. Beck, ^{4}2002.

Assmann, Jan. *Religion und kulturelles Gedächtnis*. München: C. H. Beck, ^{2}2004.

Auerochs, Bernd. „Die Unsterblichkeit der Dichtung: Ein Problem der ‚heiligen Poesie‘ des 18. Jahrhunderts.“ In *Begründungen und Funktionen des Kanons: Beiträge aus der Literatur- und Kunstwissenschaft, Philosophie und Theologie, Jenaer germanistische Forschungen; N.F. 9*, hg. von Gerhard R. Kaiser und Stefan Matuschek, 69–87. Heidelberg: C. C. Winter Universitätsverlag, 2001.

Bruhn, Klaus. „Das Kanonproblem bei den Jainas.“ In *Kanon und Zensur: Beiträge zur Archäologie der literarischen Kommunikation II*, hg. von Aleida Assmann und Jan Assmann, 100–112. München: Wilhelm Fink Verlag, 1987.

Buswell, Robert E. „Introduction: Prolegomenon to the Study of Buddhist Apocryphal Scriptures.“ In *Chinese Buddhist Apocrypha*, hg. von Robert E. Buswell, 1–30. Honululu: University of Hawaii Press, 1990.

Chikusa, Masaaki. „Genban daizōkyō gaikan.“ In *Saidaiji shozō genban issaikyō chōsa hōkokusho*, 7–20. Nara, 1998.

Davidson, Ronald M. „Gsar ma Apocrypha: The Creation of Orthodoxy, Gray Texts, and the New Revelation.“ In *The Many Canons of Tibetan Buddhism. PIATS 2000: Tibetan Studies: Proceedings of the Ninth Seminar of the International Association for*

[90] Maue, *Alttürkische Handschriften*, XXXI, Anm. 152. Ähnlich äußert sich Elverskog, *Uygur Buddhist Literature*, 1: „Although the Uygurs of East Turkestan and Gansu had a history of several hundred years of Buddhist scriptural translation into their own language, clear evidence for the existence of an Uygur canon has not emerged from the written sources.“

Tibetan Studies, Leiden 2000, Brill's Tibetan Studies Library; 2/10, hg. von Helmut Eimer und David Germano, 203–224. Leiden / Boston / Köln: Brill, 2002.

Dolce, L[ucia]. „Buddhist Hermeneutics in Medieval Japan: Canonical Texts, Scholastic Tradition, and Sectarian Polemics." In *Canonization and Decanonization: Papers Presented to the International Conference of the Leiden Institute for the Study of Religions (LISOR), Held at Leiden 9–10 January 1997, Studies in the History of Religions, Numen Book Series; LXXXII,* hg. von A[rie] van der Kooij und K. van der Toorn, 229–243. Leiden / Boston / Köln: Brill, 1998.

Ehlers, Gerhard. *Alttürkische Handschriften Teil 2: Das Goldglanzsūtra und der buddhistische Legendenzyklus Daśakarmapathāvadānamālā, Depositum der Preußischen Akademie der Wissenschaften (Staatsbibliothek Preußischer Kulturbesitz, Berlin), Verzeichnis der Orientalischen Handschriften in Deutschland; XIII, 10.* Stuttgart: Franz Steiner Verlag, 1987.

Eimer, Helmut. „Das Sūtra der ‚Acht Erscheinungen': Bemerkungen zu den tibetischen Versionen." In *Religionsbegegnung und Kulturaustausch in Asien: Studien zum Gedenken an Hans-Joachim Klimkeit, Studies in Oriental Religions; 49*, hg. von Wolfgang Gantke, Karl Hoheisel und Wassilios Klein, 63–71. Wiesbaden: Harrassowitz, 2002.

Eimer, Helmut. „Kanjur and Tanjur Studies: Present State and Future Tasks, Introductory Remarks." In *The Many Canons of Tibetan Buddhism. PIATS 2000: Tibetan Studies: Proceedings of the Ninth Seminar of the International Association for Tibetan Studies, Leiden 2000, Brill's Tibetan Studies Library; 2/10*, hg. von Helmut Eimer und David Germano, 1–12. Leiden / Boston / Köln: Brill, 2002.

Eimer, Helmut. „On the Structure of the Tibetan Kanjur." In *The Many Canons of Tibetan Buddhism. PIATS 2000: Tibetan Studies: Proceedings of the Ninth Seminar of the International Association for Tibetan Studies, Leiden 2000, Brill's Tibetan Studies Library; 2/10*, hg. von Helmut Eimer und David Germano, 57–72. Leiden / Boston / Köln: Brill, 2002.

Eimer, Helmut und David Germano, Hg. *The Many Canons of Tibetan Buddhism. PIATS 2000: Tibetan Studies: Proceedings of the Ninth Seminar of the International Association for Tibetan Studies, Leiden 2000, Brill's Tibetan Studies Library; 2/10.* Leiden / Boston / Köln: Brill, 2002.

Elverskog, Johan. *Uygur Buddhist Literature.* Turnhout: Brepols (Silk Road Studies I), 1997.

Fiddes, Paul S. „The Canon as Space and Place." In *Die Einheit der Schrift und die Vielfalt des Kanons / The Unity of Scripture and the Diversity of the Canon, Beihefte zur Zeitschrift für die neutestamentliche Wissenschaft und die Kunde der älteren Kirche; 118,* hg. von John Barton und Michael Wolter, 127–149. Berlin / New York: Walter de Gruyter, 2003.

Franke, Herbert. „A Note on Multilinguality in China Under the Mongols: The Compilers of the Revised Buddhist Canon 1285–1287." In *Opuscula Altaica: Essays Presented in Honor of Henry Schwarz, Studies on East Asia; 19*, hg. von Edward H. Kaplan und Donald W. Whisenhunt, 286–298. Bellingham: Western Washington University, 1994.

Franke, Herbert. *Chinesischer und tibetischer Buddhismus im China der Yüanzeit: Drei Studien. I. Tan-pa und sein chinesischer Tempel. II. Der Kanonkatalog der Chih-yüan-Zeit und seine Kompilatoren. III. Eine buddhistische Quelle über Kaiser Qubilai: Das Hung-chiao chi, Studia Tibetica; III.* München: Kommission für zentralasiatische Studien, Bayerische Akademie der Wissenschaften, 1996.

Geng Shimin. „The Study of Uighurica from Turfan and Dunhuang in China.“ In *Turfan Revisited: The First Century of Research into the Arts and Cultures of the Silk Road, Monographien zur Indischen Archäologie, Kunst und Philologie; 17,* hg. von Desmond Durkin-Meisterernst et al., 95–99. Berlin: Dietrich Reimer, 2004.

Grönbold, Günter. *Der buddhistische Kanon: Eine Bibliographie.* Wiesbaden: Harrassowitz, 1984.

Hahn, Alois. „Kanonisierungsstile.“ In *Kanon und Zensur: Beiträge zur Archäologie der literarischen Kommunikation II,* hg. von Aleida Assmann und Jan Assmann, 28–37. München: Wilhelm Fink Verlag, 1987.

Ji Xianlin, Werner Winter und Georges-Jean Pinault. *Fragments of the Tocharian A Maitreyasamiti-Nāṭaka of the Xinjiang Museum, China, Trends in Linguistics: Studies and Monographs; 113.* Berlin / New York: Mouton de Gruyter, 1998.

Kollmar-Paulenz, Karénina. „The Transmission of the Mongolian Kanjur: A Preliminary Report.“ In *The Many Canons of Tibetan Buddhism. PIATS 2000: Tibetan Studies: Proceedings of the Ninth Seminar of the International Association for Tibetan Studies, Leiden 2000, Brill's Tibetan Studies Library; 2/10,* hg. von Helmut Eimer und David Germano, 151–176. Leiden / Boston / Köln: Brill, 2002.

Korte, Hermann. „K wie Kanon und Kultur. Kleines Kanonglossar in 25 Stichwörtern“. In *Literarische Kanonbildung, Text + Kritik: Sonderband IX/02,* hg. von Heinz Ludwig Arnold, 25–38. München: Richard Boorberg Verlag, 2002.

Kuo Liying. „Sur les apocryphes bouddhiques chinois.” *Bulletin de l'École Française d'Extrême Orient* 87 (2000), 677–705.

Lancaster, Lewis. „Buddhist Literature: Its Canons, Scribes, and Editors.“ In *The Critical Study of Sacred Texts, Berkeley Religious Studies Series; 2,* hg. von Wendy Doniger O'Flaherty, 215–229. Berkeley: Graduate Theological Union, 1979.

Lancaster, Lewis. „The Movement of Buddhist Texts from India to China and the Construction of the Chinese Buddhist Canon.“ In *Collection of Essays 1993: Buddhism Across Boundaries – Chinese Buddhism and The Western Regions,* hg. von Foguang Shan Foundation for Buddhist & Cultural Education, 517–544. Sanchung (Taiwan): Foguang Cultural Enterprise, 1999.

Lewis, Mark Edward. „The Suppression of the Three Stages Sect: Apocrypha as a Political Issue.“ In *Chinese Buddhist Apocrypha,* hg. von Robert E. Buswell, 207–238. Honolulu: University of Hawaii Press, 1990.

Matsukawa, Takashi. „Some Uighur Elements Surviving in the Mongolian Buddhist *Sūtra of the Great Bear.*“ In *Turfan Revisited: The First Century of Research into the Arts and Cultures of the Silk Road, Monographien zur Indischen Archäologie, Kunst und Philologie; 17,* hg. von Desmond Durkin-Meisterernst et al., 203–207. Berlin: Dietrich Reimer Verlag, 2004.

Maue, Dieter. *Alttürkische Handschriften Teil 1: Dokumente in Brāhmī und tibetischer*

Schrift, Verzeichnis der Orientalischen Handschriften in Deutschland; XIII, 9. Stuttgart: Franz Steiner Verlag, 1996.

Moriyasu, Takao. *Die Geschichte des uigurischen Manichäismus an der Seidenstraße: Forschungen zu manichäischen Quellen und ihrem geschichtlichen Hintergrund (übersetzt von Christian Steineck), Studies in Oriental Religions; 50.* Wiesbaden: Harrassowitz, 2004.

Müller, F[riedrich] W[ilhelm] K[arl]. *Uigurica II, Abhandlungen der Königlich Preußischen Akademie der Wissenschaften, Phil.-hist. Cl. 1910, 3.* 1–110. Berlin, 1911.

Müller, F[riedrich] W[ilhelm] K[arl] und E[mil] Sieg. *Maitrisimit und „Tocharisch".* 395–417. Berlin: Sitzungsberichte der Preußischen Akademie der Wissenschaften, 1916. [Nachdruck in: *Sprachwissenschaftliche Ergebnisse der deutschen Turfan-Forschung: Text-Editionen und Interpretationen von Friedrich Wilhelm Karl Müller, Albert August von Le Coq, Karl Foy, Gabdul Rašid Rachmati. Gesammelte Berliner Akademieschriften 1904–1932.* Teil 3. Leipzig: Zentralantiquariat der Deutschen Demokratischen Republik, 1985, 415–437].

Overmyer, Daniel L. „Buddhism in the Trenches: Attitudes toward Popular Religion in Chinese Scriptures Found at Tun-huang." *Harvard Journal of Asiatic Studies* 50 (1990): 197–222.

Raschmann, Simone-Christiane. *Alttürkische Handschriften Teil 5: Berliner Fragmente des Goldglanz-Sūtras.* Teil 1: *Vorworte und erstes bis drittes Buch, Verzeichnis der Orientalischen Handschriften in Deutschland; XIII, 13.* Stuttgart: Franz Steiner Verlag, 2000.

Raschmann, Simone-Christiane. *Alttürkische Handschriften Teil 6: Berliner Fragmente des Goldglanz-Sūtras.* Teil 2: *Viertes und fünftes Buch, Verzeichnis der Orientalischen Handschriften in Deutschland; XIII, 14.* Stuttgart: Franz Steiner Verlag, 2002.

Raschmann, Simone-Christiane. *Alttürkische Handschriften Teil 7: Berliner Fragmente des Goldglanz-Sūtras.* Teil 3: *Sechstes bis zehntes Buch. Kolophone, Kommentare und Versifizierungen, Gesamtkonkordanzen, Verzeichnis der Orientalischen Handschriften in Deutschland; XIII, 15.* Stuttgart: Franz Steiner Verlag, 2005.

Röhrborn, Klaus: „Maitreya-Buddhismus zwischen Hīnayāna und Mahāyāna." In *Turfan Revisited: The First Century of Research into the Arts and Cultures of the Silk Road, Monographien zur Indischen Archäologie, Kunst und Philologie; 17,* hg. von Desmond Durkin-Meisterernst et al., 264–267. Berlin: Dietrich Reimer Verlag, 2004.

Röhrborn, Klaus und András Róna-Tas. *Spätformen des zentralasiatischen Buddhismus: Die altuigurische Sitātapatrā-dhāraṇī, herausgegeben, übersetzt und kommentiert, Nachrichten der Akademie der Wissenschaften zu Göttingen, I. phil.-hist. Klasse, Jahrgang 2005, Nr. 3,* 235–321. Göttingen: Vandenhoeck & Ruprecht, 2005.

Schopen, Gregory. „The Phrase *sa pṛthivīpradeśaś caityabhūto bhavet* in the Vajracchedikā." *Indo-Iranian Journal* 17 (1975): 147–181 [Nachdruck in: Gregory Schopen, *Figments and Fragments of Mahāyāna Buddhism in India: More Collected Papers*, 25–62. Honolulu: University of Hawai'i Press, 2005].

Shōgaito, Masahiro. „Three Fragments of Uighur Āgama." In *Bahşı Ögdisi: Festschrift für Klaus Röhrborn anläßlich seines 60. Geburtstags, Türk Dilleri Araştırmaları*

Dizisi; 21, hg. von Jens Peter Laut und Mehmet Ölmez, 363–378. Freiburg / İstanbul: Simurg, 1998.

Sieg, Emil (†). *Übersetzungen aus dem Tocharischen II, aus dem Nachlaß herausgegeben von Werner Thomas, Abhandlungen der Deutschen Akademie der Wissenschaften zu Berlin, Klasse für Sprachen, Literatur und Kunst Jahrgang 1951, Nr. 1,* Berlin: Akademie Verlag, 1952.

Smith, Jonathan Z. „Sacred Persistence: Toward a Redescription of Canon." In: *Imagining Religion, Chicago Studies in the History of Judaism,* 36–52. Chicago: University of Chicago Press, 1982.

Soothill, William Edward und Lewis Hodous. *A Dictionary of Chinese Buddhist Terms with Sanskrit and English Equivalents and a Sanskrit-Pali Index.* London, 1937 (Nachdruck Delhi: Motilal Banarsidass, 1997).

Stock, Brian. *The Implications of Literacy: Written Language and Models of Interpretation in the 11th and 12th Centuries.* Princeton: Princeton University Press, 1983.

Swanson, Paul L. „Apocryphal Texts in Chinese Buddhism: T'ien-t'ai Chih-i's use of Apocryhal Scriptures." In *Canonization and Decanonization: Papers Presented to the International Conference of the Leiden Institute for the Study of Religions (LISOR), Held at Leiden 9–10 January 1997, Studies in the History of Religions, Numen Book Series; LXXXII,* hg. von A[rie] van der Kooij und K. van der Toorn, 245–255. Leiden / Boston / Köln: Brill, 1998.

Tekin, Şinasi. *Eski türklerde yazı, kâğıt, kitap ve kâğit damgaları.* Istanbul: Eren Yayıncılık ve Kitapçılık, 1993.

Teiser, Stephen F. *The Ghost Festival in Medieval China.* Princeton: Princeton University Press [Second Printing, and First Paperback Printing], 1996.

Tezcan, Semih. *Das uigurische Insadi-Sūtra, Berliner Turfantexte; III.* Berlin: Akademie Verlag, 1974.

Tokuno, Kyoko. „The Evaluation of Indigenous Scriptures in Chinese Buddhist Bibliographical Catalogues." In *Chinese Buddhist Apocrypha,* hg. von Robert E. Buswell, 31–74. Honolulu: University of Hawaii Press, 1990.

Tucci, Giuseppe. *Tibetan Painted Scrolls: An Artistic and Symbolic Illustration of 172 Tibetan Paintings Preceeded by a Survey of the Historical, Artistic, Literary and Religious Development of Tibetan Culture. With an Article of P. Pelliot on a Mongol Edict. The Translation of Historical Documents and an Appendix on Prebuddhistic Ideas of Tibet.* Vol. I–III. Roma: Libreria dello Stato, 1949.

Vöhler, Martin. „Der Kanon als hermeneutische Provokation." In *Akten des X. Internationalen Germanistenkongresses Wien 2000: „Zeitenwende – Die Germanistik auf dem Weg vom 20. ins 21. Jahrhundert", Jahrbuch für Internationale Germanistik Reihe A, Kongressberichte; 60,* hg. von Peter Wiesinger unter Mitarbeit von Hans Derkits. Bd. 8: Kanon und Kanonisierung als Probleme der Literaturgeschichtsschreibung betreut von Helen Watanabe-O'Kelly, Elene Agazzi und Jan-Dirk Müller, 39–44. Bern et al.: Peter Lang, 2003.

Wilkens, Jens. *Die drei Körper des Buddha (trikāya): Das dritte Kapitel der uigurischen Fassung des Goldglanz-Sūtras (Altun Yaruk Sudur) eingeleitet, nach den Handschriften aus Berlin und St. Petersburg herausgegeben, übersetzt und kommentiert,*

Berliner Turfantexte; XXI. Turnhout: Brepols, 2001.

Winko, Simone. „Literatur-Kanon als *invisible hand* – Phänomen." In *Literarische Kanonbildung, Text + Kritik: Sonderband IX/02,* hg. von Heinz Ludwig Arnold, 9–24. München: Richard Boorberg Verlag, 2002.

Wolter, Michael. „Die Vielfalt der Schrift und die Einheit des Kanons." In *Die Einheit der Schrift und die Vielfalt des Kanons / The Unity of Scripture and the Diversity of the Canon, Beihefte zur Zeitschrift für die neutestamentliche Wissenschaft und die Kunde der älteren Kirche; 118,* hg. von John Barton und Michael Wolter, 45–68. Berlin / New York: Walter de Gruyter, 2003.

Zieme, Peter. „Colophons to the *Säkiz yükmäk yaruq*." *Altorientalische Forschungen* 10 (1983), 143–149.

Zieme, Peter. *Buddhistische Stabreimdichtungen der Uiguren, Berliner Turfantexte; XIII*. Berlin: Akademie Verlag, 1985.

Zieme, Peter. „Uigurische *Sukhāvatīvyūha*-Fragmente." *Altorientalische Forschungen* 12 (1985), 129–149.

Zieme, Peter. „Araṇemi-Jātaka und ein Sündenbekenntnistext in einer alttürkischen Sammelhandschrift." In *De Dunhuang à Istanbul: Hommage à James Russell Hamilton, Silk Road Studies; V,* hg. von Louis Bazin und Peter Zieme, 401–433. Turnhout: Brepols, 2001.

Zieme, P[eter] und G[yörgy] Kara. *Ein uigurisches Totenbuch: Nāropas Lehre in uigurischer Übersetzung von vier tibetischen Traktaten nach der Sammelhandschrift aus Dunhuang British Museum Or. 8212 (109), Bibliotheca Orientalis Hungarica; XXII*. Budapest: Akadémiai Kiadó, 1978.

Abkürzungen

T = Takakusu, Junjirō 高楠順次郎, und Watanabe Kaikyoku 渡邊海旭, Hg. *Taishō shinshū daizōkyō* 大正新脩大藏經. 100 vols. Tokyo: Taishō Issaikyō Kankōkai, 1924–1934.

Kanon und Kanonisierung in der buddhistischen Mongolei

Zur Notwendigkeit einer Neubestimmung des Kanonbegriffs in der Religionswissenschaft

Karénina Kollmar-Paulenz

Einleitung

Die vierte Tagung des *Arbeitskreises für Asiatische Religionsgeschichte* (AKAR) nimmt sich eines Problems an, das in den Asienwissenschaften bisher nur ansatzweise reflektiert worden ist. Es gibt zwar viele Einzelstudien zu Kanonisierungsprozessen und zu den großen, als „Kanon" bezeichneten Textsammlungen asiatischer religiöser Traditionen, zumeist wird jedoch in den asienwissenschaftlichen Disziplinen versäumt, den Kanon-Begriff selbst auf der Basis der jeweiligen empirischen Forschungsfelder theoretisch zu reflektieren. Die immer noch im Wesentlichen an philologischen Paradigmata orientierten Asienwissenschaftlerinnen und –wissenschaftler wenden den Begriff „Kanon" meistens ganz selbstverständlich auf die großen Textsammlungen asiatischer Religionen an, ohne zu fragen, ob mit ihm überhaupt ein adäquates Beschreibungsinstrument für die Prozesse der Kodifizierung von Texten in den jeweiligen kulturellen Kontexten gegeben ist. Hingegen hat man sich in der Religionswissenschaft und den Kulturwissenschaften allgemein schon lange ausführlich mit einer Theorie des Kanons beschäftigt. Die Diskussion wird hier allerdings von den empirischen Befunden der großen vorderorientalischen religiösen Traditionen dominiert, während Prozesse der Kanonisierung und Kanonbildungen in den Hindu- und

Max Deeg, Oliver Freiberger, Christoph Kleine (Hrsg.), *Kanonisierung und Kanonbildung in der asiatischen Religionsgeschichte*. VÖAW: Wien 2011, pp. 379–420.

buddhistischen Traditionen Asiens bisher nur wenig in die allgemeinen Theoriediskussionen einbezogen worden sind.[1]

Desiderata hinsichtlich des Themas der AKAR-Tagung gibt es also sowohl in den systematisch wie auch in den philologisch-empirisch ausgerichteten Wissenschaften. In meinem Beitrag möchte ich, von dem empirischen Befund in der Mongolei[2] ausgehend, versuchen, eine Neubestimmung des Kanon-Begriffs vorzunehmen, damit er für die Beschreibung und Analyse von Festschreibungen kulturellen und religiösen Sinns in außereuropäischen Wissenstraditionen anwendbar wird. Dieses Ziel setzt voraus, dass ich den Kanon-Begriff, wie er zur Zeit in den Kulturwissenschaften unter Bezug auf die vorderorientalischen religiösen Traditionen definiert wird, in asiatischen religiösen Kontexten für nicht oder nur eingeschränkt anwendbar halte.

Auf rezeptionsgeschichtliche Aspekte werde ich in meinem Beitrag nicht eingehen. Inwieweit orientalistische Denkmuster auf die Postulierung eines „Kanons" von Seiten der Asienwissenschaften Einfluss genommen haben, oder inwieweit orientalistische Kultur- und Religionskonzepte in asiatischen Gesellschaften selbst zu Versuchen einer „Kanon"-Bildung nach dem Muster der vorderorientalischen Religionen geführt haben, spielt für den tibeto-mongolischen kulturellen Raum kaum eine Rolle. Zudem wird dieser Aspekt des Themas in anderen Tagungsbeiträgen ausführlich behandelt. Mir geht es um den Kanon-Begriff selbst und um seine Nutzbarmachung als transkulturell anwendbare deskriptive Kategorie.

Bei meinen Überlegungen zum Kanonbegriff werde ich in folgenden Schritten vorgehen:

Erstens werde ich kurz darlegen, in welcher Weise der Begriff „Kanon" heute in den Kulturwissenschaften definiert und angewendet wird. Es gibt eine Vielfalt von Definitionen des Kanon-Begriffs, der zudem selbst

---

[1] Eine Ausnahme bilden die Beiträge von Carsten Colpe, „Sakralisierung von Texten und Filiationen von Kanons," in *Kanon und Zensur. Archäologie der literarischen Kommunikation II,* Hg. Aleida u. Jan Assmann (München: Wilhelm Fink Verlag, 1987), 80–92, und Jack Goody, „Canonization in Oral and Literate Cultures," in *Canonization and Decanonization,* Hg. A.v.d. Kooij u. K.v.d. Toorn (Leiden et al.: Brill, 1998), 3–16.

[2] Das Mongolische wird nach den in der Mongolistik etablierten Regeln transkribiert, mit der Ausnahme des *j*, das ohne Haček wiedergegeben wird. Die Transliteration des Tibetischen erfolgt nach Wylie, die des Sanskrit nach den international gültigen Regeln.

eine lange Begriffsgeschichte hinter sich hat. Das den gängigen Definitionen Gemeinsame ist zum einen ihr kulturgebundener Ausgangspunkt in den vorderorientalischen Religionen, der durch die Begriffsgeschichte und den geistesgeschichtlichen Horizont der Forschenden bedingt ist, zum anderen die sich hieraus ergebende Fokussierung auf literarische Traditionen. Zur Zeit wird die Diskussion beherrscht durch den Theorieentwurf des Ägyptologen und Kulturwissenschaftlers Jan Assmann, der Kanonisierung und Kanon in den größeren kulturgeschichtlichen Kontext des „kulturellen Gedächtnisses“ stellt. Sein Kanon-Begriff vereint in sich wesentliche Aspekte, die auch das unreflektierte Vorverständnis des Begriffs prägen, wie sie besonders asienwissenschaftliche Beiträge zur Kanon-Debatte auszeichnen.

Zweitens werde ich den mongolischen Kanjur und seine Überlieferungsgeschichte vorstellen, da ich den Kanjur als empirischen Referenzrahmen für meine in Abschnitt 3 dargelegten Einwände gegen die zur Zeit in den Kulturwissenschaften gebräuchliche Kanon-Definition benutzen werde. Der Kanjur (tib. *bka' 'gyur)* und der Tanjur (tib. *bstan 'gyur*) werden in der Buddhologie und Zentralasienwissenschaft als „Kanon“ des tibetischen Buddhismus bezeichnet und beschrieben. Mit der Missionierung der Mongolen am Ende des 16. Jahrhunderts durch die tibetisch-buddhistischen *dGe lugs pa* wurden diese beiden umfangreichen Textsammlungen ins Mongolische übersetzt und es setzte eine eigene, mongolische „Kanon“-Tradition ein.

Drittens werde ich diskutieren, ob der Begriff „Kanon“ in der in den Kulturwissenschaften üblichen Bedeutungszuschreibung auf den mongolischen Kanjur zutrifft. Ich werde hier die wichtigsten Gemeinsamkeiten und Unterschiede in der Tradierung des Kanjur zum Tradierungsmodus eines Kanons, wie er gewöhnlich definiert wird, aufzeigen.

Viertens soll der Frage nachgegangen werden, was den Kanjur gegenüber anderen religiösen Texten in der Mongolei auszeichnet, wie seine „Kanonizität“ begründet wird.

Fünftens werde ich versuchen, auf der Grundlage von Alois Hahns kultursoziologischem Modell von Kanonisierung und Kanon eine Modifizierung des bisher verwendeten Kanon-Begriffs vorzunehmen, die die in den Abschnitten 3 und 4 aufgezeigten Spezifika tibeto-mongolischer Kanjur-Sammlungen konzeptionell zu integrieren vermag. Damit soll der Kanon-Begriff auf Kodifizierungsprozesse mündlicher und schriftlicher Textkorpora asiatischer religiöser Traditionen anwendbar werden. Ebenso wird die Frage diskutiert, ob der Kanon-Begriff auf Text-Traditionen (mündliche und schriftliche) beschränkt werden soll, oder ob mit ihm auch visuelle und rituelle Kodifizierungen kulturellen Sinns beschrieben werden können.

Sechstens werde ich das in Abschnitt 5 vorgestellte Modell anhand zweier Beispiele zu plausibilisieren versuchen.

1. Der Kanon-Begriff in den Kulturwissenschaften

Gemeinhin wird ein Kanon als eine Sammlung von [schriftlichen] Texten verstanden, deren Zusammensetzung, Reihenfolge und Umfang genau festgelegt ist und nicht mehr erweitert werden kann. Diesem abgeschlossenen Korpus von Texten werden absolute Verbindlichkeit und normgebende Autorität zugesprochen.

Über die hier gegebene Minimaldefinition hinaus hat der Begriff „Kanon" in den letzten Jahren eine wichtige Neubestimmung erfahren, die ihn zu einem der Schlüsselbegriffe im kulturwissenschaftlichen Diskurs hat werden lassen. Jan Assmann haben wir die Neubelebung der Diskussion um den Kanon-Begriff Ende der 80er Jahre des 20. Jahrhunderts zu verdanken. Er hat den Begriff als zentralen Aspekt seiner Theorie des kulturellen Gedächtnisses etabliert. Damit hat er ihn aus seiner rein textlichen Fixierung herausgelöst und als wichtiges Moment sozio-kultureller Transformationsprozesse neu definiert. Trotzdem stellt sein Kanon-Begriff, der die Institutionen der Zensur, der Textpflege und der Sinnpflege ebenso in den Blick nimmt wie politische Institutionen, meiner Meinung nach in wesentlichen Aspekten eine Engführung auf die vorderorientalischen religiösen Institutionalisierungen von Texttraditionen dar. Assmann charakterisiert die aktuelle Verwendung des Begriffs „Kanon" in den Kulturwissenschaften wie folgt:

> Der wichtigste Schritt in der Kanonbildung ist der Akt der *Schließung*. Er zieht die entscheidenden Grenzen zwischen dem Kanonischen und dem Apokryphen und zwischen dem Primären und dem Sekundären. Kanonische Texte sind nicht fortschreibbar. Das macht den entscheidenden Unterschied gegenüber dem „Traditionsstrom" aus. Kanonische Texte sind sakrosankt: Sie verlangen wortgetreue Überlieferung. Kein Jota darf verändert werden."[3]

Die hier betonte Unveränderbarkeit des Wortlauts ist eines der wichtigsten formalen Kriterien, die im vorderorientalischen kulturellen Raum die Zuordnung von Texten zu einem „Kanon" begründen. Die Bewahrung

---

[3] Jan Assmann, *Religion und kulturelles Gedächtnis. Zehn Studien* (München: Beck, 2000), 57.

des exakten Wortlauts markiert das entscheidende Differenzkriterium zwischen „kanonisch“ und „nicht-kanonisch“. Der Kanon avanciert damit zu einer besonderen, hochverbindlichen Form von Verschriftlichung. Ein Kanon bzw. die einzelnen Texte eines Kanons können nicht einfach fortgeschrieben, sie können auch nicht in ihrer Textgestalt verändert werden, die Sammlung selbst kann auch nicht ergänzt werden durch neue Texte. Ein Kanon ist ein Text oder eine Text-Sammlung in ihrer Endgestalt. „Endgestalt“ bezieht sich auf jedes kleinste Detail. Dies betont Assmann immer wieder, wenn er davon spricht, dass „der Buchstabe fest ist und kein Jota verändert werden darf“.[4] Nur in dieser Endgestalt besitzt der Kanon normative Autorität, ja er bezieht seine Autorität gerade aus dieser Endgestalt, die die Historizität eines Textes aufhebt in seine Trans-Historizität.

Ein Kanon ist nach Assmann „aus dem Geist der Schrift entstanden“.[5] Verschriftlichung bildet für ihn die Voraussetzung der Möglichkeit eines Rückgriffs auf Vergangenes. In „Gedächtniskulturen“ wird laut Assmann Vergangenheit stets von der Gegenwart aus konstruiert, während in „Schriftkulturen“ auf das Vergangene als Vergangenes zurückgegriffen wird.[6]

Ein Kanon, so Assmann, verengt immer den existierenden Traditionsstrom, d.h. es kommt zu Prozessen der Inklusion und Exklusion. Daher bedarf es, damit überhaupt Kanonisierungsprozesse in Gang kommen, bestimmter sozialer und politischer Konstellationen, in denen eine Gruppe ihre Interessen durchsetzt und deren Kontinuität vermittels eines absoluten, autoritativen Anspruchs zu sichern versucht. Mit dem Einbezug politischer Herrschaftsstrukturen öffnet Assmann seinen Kanonbegriff auf einen kultursoziologischen Kontext hin.[7]

Prozesse der Inklusion und Exklusion werden durch Zensur konstituiert. Um einen Kanon zu etablieren, wird die Zensur benötigt, die Abgrenzung gegen das als „falsch“ Empfundene. Ein wichtiges Instrumentarium

[4] Assmann, *Religion*, 58.

[5] Aleida und Jan Assmann, „Kanon und Zensur,“ in Assmann u. Assmann, *Kanon und Zensur*, 19.

[6] Hier stellt sich jedoch die Frage, ob Vergangenes als Vergangenes überhaupt wahrgenommen werden kann, oder ob Geschichtsbewusstsein sich nicht vielmehr stets konstituiert in einem vergegenwärtigenden Zugriff auf Vergangenes, in dem Vergangenheit zur erinnerten Gegenwart wird. In diesem Fall würde es sich in mündlichen und schriftlichen Kulturen um denselben kognitiven Prozess handeln.

[7] Auf sein Konzept des „Kanons von unten“ gehe ich hier nicht ein.

der Zensur sind Konzile, auf denen die vorgenommenen Grenzziehungen ein für allemal verbindlich erklärt werden und in einer Endredaktion die fortan geltende „Monozentrierung des kulturellen Sinns“[8] festgeschrieben wird.

Um dem Sinnverfall des Kanons entgegenzuwirken, der sich zwangsläufig durch seine Trans-Historizität, die die fehlende Rückbindung an die aktuelle Lebenswirklichkeit begründet, entwickelt, entstehen Institutionen der „Sinnpflege“, die an Spezialisten delegiert werden.[9] Die Sinnpflege schlägt sich nieder in der Kommentarliteratur, die einen Kanon begleitet. Assmann spricht hier auch vom Kanon als einem „Primärtext“ und vom Kommentar als der Sekundärliteratur. [10]

2. Der mongolische Kanjur (bKa' 'gyur)

Richard Salomon hat in seinem Tagungsbeitrag auf die Besonderheiten der buddhistischen „Kanones“ aufmerksam gemacht, die in ihrem beeindruckenden Umfang bestehen, in ihrer linguistischen Diversität, ihrer inneren Differenziertheit hinsichtlich Inhalt, Aufbau und fundierenden Leitgedanken sowie in ihrem ursprünglich oralen Charakter. Diese Charakteristika bestimmen, mit Ausnahme der Oralität, auch den sogenannten tibetisch-buddhistischen „Kanon“, den bKa' 'gyur und den bsTan 'gyur, die große Kommentarsammlung zum bKa' 'gyur. Beim mongolischen buddhistischen „Kanon“ handelt es sich um die Übersetzung des tibetischen bKa' 'gyur und bsTan 'gyur. Der bKa' 'gyur, die „Übersetzung der [Buddha]-Worte“, enthält die Sūtras und Tantras, die der Mahāyāna-buddhistischen Überlieferung zufolge die authentischen Worte eines Buddha oder Bodhisattva umfassen. Dies sind je nach Redaktion zwischen 760 und 1200 Einzeltexte. Die im bKa' 'gyur zusammengefassten Texte besitzen bestimmte Merkmale, die ihre postulierte Authentizität verbürgen und so ihre normative Autorität begründen. Dies sind vor allem zwei Formeln, die ich im Anschluss an Assmann als primäre und sekundäre „Kanonformeln“ bezeichnen möchte. Die primäre Kanonformel lautet im Tibetischen: *'di skad bdag gis thos pa ...*, was der Sanskrit-Formel *evaṃ*

[8] Assmann u. Assmann, „Kanon und Zensur,“ 15.

[9] Das sind im Falle des mongolischen Kulturraums Mönche, Lamas und Gelehrte.

[10] Auf die Institution der „Textpflege“, die sich in einer sprachlichen „Orthodoxie“ entfaltet, gehe ich hier nicht ein. Sie ist in Hindu-Kontexten relevant.

mayā śrutam...,[11] „also habe ich gehört...", entspricht. Diese Formel bestätigt die Zeugnishaftigkeit des Gehörten. Der auf die Formel folgende Text wurde von einem Hörer eines Buddha oder Bodhisattva verfasst. Damit nehmen bKa' 'gyur-Texte Authentizität und eine sich aus dieser ableitende, nicht weiter hinterfragbare Autorität für sich in Anspruch.

Die sekundäre, in tibetischen und mongolischen bKa' 'gyur-Texten stets auftauchende Kanonformel autorisiert die Texte als Übersetzungen, indem der Originaltitel in Sanskrit zitiert wird. Die tibetischen Texte beginnen mit der Standardformel: *rgya gar skad du*, „in indischer Sprache", gefolgt vom Sanskrit-Titel in tibetischer Transliteration. Daran schließt sich *bod skad du*, „in tibetischer Sprache", mit der tibetischen Übersetzung des Sanskrit-Titels an. Die mongolische Übersetzung enthält die Formel in dreifacher Fassung, da sie als drittes Element *mongγol-un keleber*, „in mongolischer Sprache", mit der mongolischen Übersetzung des Titels anfügt, nachdem sie zuerst die Sanskrit- und tibetischen Titel in mongolischer Umschrift gegeben hat. Auf der Basis dieser Formel etablieren die Texte eine Autorität, die sich nicht von bestimmten, individuellen Autoren herleitet, sondern in einer geheiligten Überlieferung begründet ist. Im Gegensatz zu den bKa' 'gyur-Texten beginnen die Texte im bsTan 'gyur nicht mit diesen Formeln, sondern werden als Texte individueller Autoren in den Kolophonen ausgewiesen. Der bsTan 'gyur hat in den letzten Jahrhunderten zudem zweimal eine signifikante Erweiterung seines Textbestands erfahren, durch die Inkorporation der Gesammelten Werke (tib. *gsung 'bum*) des Tsong kha pa und die des 1. lČang skya qutuγtu.[12]

[11] Die Formel fehlt in den Texten der *Vinaya*-Sektion, die ursprünglich die Kommentare zu den Pratimokṣasūtras bildeten.

[12] Die Werke des 1. lČang skya bilden in 20 Bänden den Anhang des 1724 in Peking gedruckten tibetischen bsTan 'gyur. Eine weitere Ausgabe seiner Gesammelten Werke, die bis auf die Schreib- und Druckfehler mit der des bsTan 'gyur identisch ist, wurde unabhängig von der bsTan 'gyur-Ausgabe gedruckt. Sie enthält eigene Titelblätter und eine eigene Paginierung. Eine vollständige mongolische Ausgabe wurde 1727 in Peking gedruckt.

2.1. Zur Übersetzungsgeschichte des mongolischen Kanjur

Ich werde mich im folgenden auf das im Mongolischen „Kanjur“[13] genannte Textkorpus konzentrieren, den bsTan ’gyur, mong. *Tanjur,*[14] jedoch ignorieren. Die mongolistische Kanjur-Forschung steckt noch in ihren Anfängen. Neben einigen, die eher verstreute Notizen als zusammenhängende Untersuchungen zum Kanjur geliefert haben wie der russische Mongolist Boris J. Vladimircov[15] oder der mongolische Forscher Damdinsüren[16] sind dies vor allem Friedrich Weller[17], Friedrich Bischoff,[18] Louis Ligeti,[19] Walther Heissig,[20] Zoya K. Kas’janenko,[21] Vla-

[13] Eigentlich „Ganjur“. In der Forschung hat sich jedoch in Anlehnung an das Tibetische die Umschrift „Kanjur“ eingebürgert.

[14] Zur Überlieferungsgeschichte des mongolischen Tanjur gibt es außer der 1950 veröffentlichten Studie von Friedrich Weller so gut wie keine Literatur. Siehe Friedrich Weller, *Über den Quellenbezug eines mongolischen Tanjurtextes, Abhandlungen der sächsischen Akademie der Wissenschaften zu Leipzig, Philologisch-historische Klasse, Bd. 45, Heft 2* (Berlin: Akademie-Verlag), 1950.

[15] Boris J. Vladimircov, „Nadpisi na skalach khalkhaskogo Tsoktu-taidzhi,“ *Izvestija Akademii Nauk SSSR* (1927), 215–240.

[16] Damdinsüren, *Mongolyn uran zochiolyn toim*, II (Ulan Bator, 1977).

[17] Friedrich Weller, „Der gedruckte mongolische Kanjur und die Leningrader Handschrift,“ *ZDMG*, XC (1936), 309–431.

[18] Friedrich A. Bischoff, *Der Kanjur und seine Kolophone. Bd. I (Vol. 1–25: Tantra), Bd. II (Vol. 26–47: Prajñaparamita, Vol. 48–53: Ratnakuta, Vol. 54–59, Avatamsaka, Vol. 60–92: Sutra, Vol. 93–108: Vinaya)* (Bloomington: The Selbstverlag Press, 1968).

[19] Louis Ligeti, *Catalogue du Kanjur Mongol Imprimé*, Vol. I. Catalogue (Budapest: Société Kőrösi Csoma, Harrassowitz, 1942) sowie „Répertoire du Kanjur mongol imprimé,“ *Acta Orientalia Scientiarum Hungaricae*, Tomus XLI, Fasc. 3 (Budapest, 1987), 344–496.

[20] Vor allem die beiden Arbeiten von Walther Heissig, „Zur Entstehungsgeschichte der mongolischen Kandjur-Redaktion der Ligdan Khan-Zeit (1628–1629),“ in *Studia Altaica. Festschrift für Nikolaus Poppe zum 60. Geburtstag am 8. August 1957,* Hg. Omeljan Pritsak (Wiesbaden: Harrassowitz, 1957), 71–87, und *Beiträge zur Übersetzungsgeschichte des mongolischen buddhistischen Kanons* (Göttingen: Vandenhoeck & Ruprecht, 1962).

[21] Zoya K. Kas’janenko, „Oglavlenie mongol’skogo ‘Gandžura’ pod nazvaniem ‘Solnečnyj svet’.“ *Pis’mennye pamjatniki Vostoka: Istoriki-filologičeskie issledovanija.* Ežegodnik 1978–1979 (Moskva, 1987), 158–185; „K voprosu ob istorii redakcii mongol’skogo ‘Gandžura’,“ *Mongolica.* Pamjati akademika Borisa Jakovleviča Vladimircova 1884–1931 (Moskva: Nauka 1986), 252–264; *Katalog peterburgskogo rukopisnogo „Gandžura“*. Sostavlenie, vvedenie, transliteracija i ukazateli (Moskva: Nauka, 1993); „Novye dannye o pervoj redakcii buddiskogo kanona na mongol’skom jazyke,“ *Mongolica II* k 750-letiju „Sokrovennogo skazanija“ (Moskva, 1993), 221;

dimir Uspensky[22] und die Autorin selbst.[23] Während Ligetis Katalog des gedruckten Kanjur eine Pionierleistung darstellt, ermöglichte erst der 1993 in Moskau publizierte Katalog des handschriftlichen Kanjur, den Zoya Kas'janenko anfertigte, erste vergleichende Studien zu diesen beiden Kanjur-Sammlungen.

Die ersten buddhistischen Sūtras und Tantras wurden zur Regierungszeit des mongolischen Herrschers Qayisan Külüg (1307–1311) aus dem Tibetischen ins Mongolische übersetzt.[24] Zuvor wurden vereinzelt Übersetzungen aus dem Uigurischen ins Mongolische angefertigt. Da gegen Ende des 13. Jahrhunderts die großen tibetischen Kanjur-Sammlungen noch nicht zusammengestellt worden waren,[25] dürfen die einzelnen Sūtras und Tantras, die ab dem Ende des 13. Jahrhunderts aus dem Tibetischen ins Mongolische übersetzt wurden, noch nicht als Teil einer etablierten Sammlung verstanden werden. Die erste Übersetzung des tibetischen Kanjur ins Mongolische beziehungsweise einer der tibetischen Kanjur-

„Nekotorye istoričeskie svedenija v kolofonakh 'Gandžura'." *Mongolica IV* (Sanktpeterburg: Izdatel'stvo Peterburgskoe Vostokovedenie, 1998), 20–22.

22 Vladimir L. Uspensky, „The Tibetan Equivalents to the Titles of the Text in the St. Petersburg Manuscript of the Mongolian Kanjur: A Reconstructed Catalogue," in *Transmission of the Tibetan Canon*. Papers Presented at a Panel of the 7th Seminar of the IATS, Graz 1995, Hg. H. Eimer (Wien: Verlag der Österreichischen Akademie der Wissenschaften, 1997), 113–176.

23 „The Transmission of the Mongolian Kanjur: A Preliminary Report," in H. Eimer u. D. Germano,*The Many Canons of Tibetan Buddhism,* Hg. H. Eimer u. D. Germano (Leiden et al.: Brill, 2002), 151–176.

24 Die ersten tibetisch-buddhistischen Texte wurden unter Qubilai Qaγan vom Tibetischen ins Uigurische übersetzt; siehe *Erdeni tunumal neretü sudur*, fol. 2r4–5 (Zum *Erdeni tunumal* siehe Anm. 28 dieses Beitrags). Diese Angabe wird im *Jirüken-ü tolta-yin tayilburi*, dem zwischen 1727 und 1736 von dem bsTan 'dzin grags pa der Üjümüjin verfassten Kommentar zum *Jirüken-ü tolta* des Chos kyi 'od zer aus dem 14. Jahrhundert bestätigt.

25 In der Erforschung des tibetischen Kanjur ging man lange von der Vorstellung aus, dass der im 14. Jahrhundert kompilierte Kanjur von Narthang ein durchstrukturiertes, in sich konsistentes Korpus darstellte, einen textlichen Archetypus für die verschiedenen handschriftlichen und Blockdruckausgaben des Kanjur. Inzwischen ist man sich einig, dass dies nicht zutrifft. Der handschriftliche Kanjur von Narthang stellt lediglich einen konzeptionellen Prototypus dar. Mindestens genauso bedeutend war der handschriftliche Kanjur, der die Thems-spangs-ma-Linie der Kanjur-Überlieferung begründete, oder der Kanjur aus Phug-brag oder aus Ta-pho. Zur Entstehungsgeschichte des tibetischen bKa' 'gyur und bsTan 'gyur siehe Peter Skilling, „From bKa' bstan bcos to bKa' 'gyur and bsTan 'gyur," in Eimer, *Transmission*, 87–111.

Redaktionen wurde zu Beginn des 17. Jahrhunderts vorgenommen. Im Kolophon zu der von Siregetü güsi čorji,[26] dem berühmtesten Übersetzer des späten 16., frühen 17. Jahrhunderts, angefertigten Übersetzung der *Daśa-sāhasrikā-prajñāpāramitā* findet sich die Bemerkung, dass auf Wunsch des Tümed-Herrschers Namudai Sečen Qaγan, seiner Gattin Jönggin Qatun und ihres Enkels Onbo Qung Tayiji eine vollständige Kanjur-Übersetzung angefertigt wurde. Ein Datum wird nicht genannt, aber im Kolophon heißt es: „Zu jener Zeit erlangte der Sečen Qaγan das Nirvāṇa."[27] Aus chinesischen Quellen ist bekannt, dass Namudai Sečen Qaγan 1607 starb. Die Übersetzung muss also um 1607 angefertigt worden sein. Bestätigt und präzisiert wird diese Angabe in der erst in den achtziger Jahren des 20. Jahrhunderts in einer Faksimile-Ausgabe zugänglich gemachten Reimchronik *Erdeni tunumal neretü sudur*, die nach 1607 von einem unbekannten Autor in der Südostmongolei verfasst worden ist.[28] Dort heißt es:

> ... als Namudai Secen Qaγan, Jönggen Qatun und Qung Tayiji, die drei,
> in Bezug auf die Herrschaft des erhabenen heiligen Qaγans dem Dharma gemäß handelten,
> übersetzten vom schwarzen Tiger-Jahr bis zum roten Schaf-Jahr
> die gelehrten Übersetzer der herrlichen drei *Tümen*,
> angeführt von Sirege-tü güsi čorji und Ayusi ananda manjusiri güsi,
> zu jener Zeit die hundertundacht von Gautama Buddha gelehrten Kanjur-Bände
> in die mongolische Sprache,

---

[26] Seine genauen Lebensdaten sind nicht bekannt. Er kam im Gefolge des 3. Dalai Lama, dessen Schüler er war, in die Mongolei. Dort ist er für das ausgehende 16. und den Beginn des 17. Jahrhunderts vor allem im Tümed-Gebiet um und in Köke qota belegt, vgl. Damdinsüren, *Mongolyn uran zochiolyn toim*, II (Ulan Bator, 1977), 501 und 503–4, sowie György Kara, „Zur Liste der mongolischen Übersetzungen von Siregetü güüsi," in *Documenta Barbarorum. Festschrift für Walther Heissig zum 70. Geburtstag., Veröffentlichungen der Societas Uralo-Altaica; 18,* Hg. K. Sagaster und M. Weiers (Wiesbaden: Harrassowitz, 1983), 210–217.

[27] *Sečen qaγan nirvan-u qutuγ oluluγ-a*, Kas'janenko, *Katalog*, Nr. 545, S. 158.

[28] Das Werk wurde erst 1959 in der Inneren Mongolei entdeckt, bisher ist nur eine einzige Handschrift bekannt. Mir liegt eine Fotokopie der in der Bibliothek des Instituts für Geschichte und Literatur der Innermongolischen Akademie für Gesellschaftswissenschaften befindlichen Handschrift vor. Zum *Erdeni tunumal* siehe Karénina Kollmar-Paulenz, *Erdeni tunumal neretü sudur. Die Biographie des Altan qaγan der Tümed-Mongolen. Ein Beitrag zur Geschichte der religionspolitischen Beziehungen zwischen der Mongolei und Tibet im ausgehenden 16. Jahrhundert* (Wiesbaden: Harrassowitz, 2001).

vollständig übersetzten sie alle Schriften und
arrangierten sie in wunderbaren, angemessenen Bänden."[29]

Die dieser ersten mongolischen Kanjur-Übersetzung zugrundeliegende tibetische Vorlage kennen wir nicht. Da im 17. Jahrhundert schon eine Reihe von verschiedenen tibetischen Kanjur-Redaktionen existierten, ist eine Spekulation hier auch müßig.

Von dieser ältesten bisher bekannten mongolischen Kanjur-Übersetzung ist bisher kein Band aufgetaucht, sie muss bis jetzt als verschollen gelten.

Die älteste überlieferte vollständige Kanjur-Übersetzung ist der handgeschriebene Kanjur, der in der Universität von St. Petersburg aufbewahrt wird. Dieser handschriftliche Kanjur wurde 1892 von dem russischen Mongolisten Aleksej M. Pozdneev (1856–1920) in der Inneren Mongolei entdeckt. Es soll sich bei ihm um eine der originalen „schwarzen" Kanjur-Handschriften handeln, die 1629 von dem Redaktionskomitee unter Kun dga' 'od zer, einem gelehrten Sa kya pa-Mönch, der von dem letzten Großqan der Mongolen, Ligdan Qaγan, in den Jahren 1628–29 mit einer Gesamtübersetzung beauftragt worden war, angefertigt wurden. Wir sind über diese Kanjur-Übersetzung durch den ausführlichen Bericht, den uns der mongolische Historiker Ārya pandita mkhan po in seiner Chronik *Altan erike* aus dem Jahr 1817 gibt, gut unterrichtet. Der Tradition nach sollen insgesamt fünf „schwarze" Kanjur-Manuskripte 1629 angefertigt worden sein, zusammen mit einem „goldenen" Kanjur. „Golden" bedeutet, dass eine Handschrift auf blauem Papier mit goldener Schrift angefertigt wurde. Dieser Kanjur hieß fortan *altan ganjuur*, „goldener Kanjur".[30]

Im ersten Band der St. Petersburger Kanjur-Handschrift ist ein handgeschriebener Katalog enthalten, der den Titel „Katalog namens 'Sonnenlicht', das die edelsteingleiche Lehre verbreitet, das Wort des Sugata"[31]

---

[29] *Erdeni tunumal*, fol. 52r7–19: *Tegünü qoyina namudai sečen qaγan jönggen qatun qung tayiji γurbaγula degedü boγda qaγan-u törö-yi nom-un yosuγar yabuγuluγad. Tegsi burqan baγsi-yin nomlaγsan jaγun naiman gajur nom-i mongγol-un kele-ber. Tere čaγ-tur sirege-tü güsi čorji ayusi ananda manjusiri güsi terigüten ba.// γayiqamsiγ γurban tümen-ü kelemürči merged-iyer. Qar-a bars jil-eče ulaγan qonin jil kürtele ber. Qamuγ nom-ud-i bürin tegüs orčiγulju bür-ün. γayiqamsiγ jokistai-a debter-tür orosiγulju talbibai.//*

[30] Uspensky, „Tibetan Equivalents," 113–114, und Anm. 3 ebd., gibt an, die goldene Kanjur-Handschrift werde heute in der Bibliothek der Akademie der Sozialwissenschaften der Inneren Mongolei in Hohot aufbewahrt.

[31] Mong. *Sayibar oduγsan-u jarliγ nom erdeni-yin toγ-a šasin-i delgeregülügči naran-u gerel nere-tü γarčaγ*; siehe Kas'janenko, „Oglavlenie".

trägt. Er kann jedoch nicht als Katalog zur Kanjur-Handschrift von St. Petersburg gelten, da er in wesentlichen Punkten von ihr abweicht. Wahrscheinlich stellt er eine vorläufige Liste für die endgültige Kanjur-Version dar, die das Redaktionskomitee während seiner Arbeit erstellt hat.

Neben dem handschriftlichen Kanjur aus St. Petersburg besitzen wir 58 Bände eines handgeschriebenen Kanjur, die in der Staatsbibliothek von Ulanbator aufbewahrt werden,[32] zwei handgeschriebene Bände aus dem Bayisingtu-Kloster und einen ebenfalls handgeschriebenen Kanjur-Band, der in Kopenhagen aufbewahrt wird.[33]

Wir können davon ausgehen, dass neben diesem Bestand an Kanjur-Handschriften eine große Anzahl von der Forschung noch nicht entdeckter Kanjur-Handschriften und auch -Blockdrucke in mongolischen Bibliotheken und Klöstern zu finden ist. Von zwei Ausgaben wissen wir aus der Literatur. Der mongolische Gelehrte Žamcarano hatte auf seiner Reise in der Mongolei in den Jahren 1909 bis 1910 in einem Kloster in der südlichen Mongolei ein unbekanntes Kanjur-Manuskript gefunden, konnte es jedoch nicht erwerben, weil der Abt des Klosters 500 mexikanische Silberdollar dafür verlangte.[34] Wo sich dieses Kanjur-Exemplar heute befindet, ist nicht bekannt. Des Weiteren soll sich in der Handschriftenabteilung des Burjatischen Instituts für Sozialwissenschaften in Ulan Ude ein weiteres Kanjur-Exemplar befinden, aber auch über dieses gibt es keine weiteren Informationen.

In den letzten Jahren werden über das Internet eine große Menge mongolischer Handschriften und Blockdrucke angeboten. Der Schweizer Chemiker Richard Ernst hat inzwischen eine beachtliche Sammlung von tibetischen und mongolischen Handschriften und Blockdrucken erworben, unter denen sich auch zwei Exemplare des *Üliger-ün dalai* befinden, der berühmten Sammlung erbaulicher Vorgeburtsgeschichten des Buddha, die im Tibetischen unter dem Titel *'Dzangs blun* bekannt ist. Sie ist in den Kanjur in die Abteilung *Eldeb*, i.e. *Sūtra*, integriert worden. Bei dem einen Exemplar handelt es sich um eine bisher unbekannte Abschrift der von Siregetü güsi čorji im Jahr 1626 angefertigten Übersetzung, die mit keiner der bisher bekannten Fassungen des Werks wortlaut-identisch ist. Es ist zu erwarten, dass in den nächsten Jahren noch weitere frühe Übersetzungen um die Wende des 17. Jahrhunderts zum Vorschein

32 Diese Bände waren mir bisher nicht zugänglich.

33 Zu einem Vergleich dieser Kanjur-Bände siehe Kollmar-Paulenz, „Transmission".

34 Siehe Walther Heissig, *Ein Volk sucht seine Geschichte. Die Mongolen und die verlorenen Dokumente einer großen Zeit* (Düsseldorf und Wien: Econ, 1964), 139.

kommen, so dass die Überlieferungsgeschichte des mongolischen Kanjur, die bisher nur in groben Zügen bekannt ist, ergänzt und fortgeschrieben werden kann.

Neben den handschriftlichen Kanjur-Exemplaren gibt es die gedruckte Kanjur-Edition von 1718–20, die unter dem Kangxi-Kaiser in Peking angefertigt wurde. Sie basiert auf der Kanjur-Übersetzung von 1628/29 unter Ligdan Qaγan. Die Texte dieser Edition wurden jedoch nach der Pekinger Edition des tibetischen Kanjur-Drucks von 1684–92 neu arrangiert. Daher weicht die Anordnung der einzelnen Abteilungen erheblich von der des handschriftlichen Kanjur aus St. Petersburg ab, wie die folgende Übersicht zeigt:

Handschriftlicher Kanjur vor 1628	**Kanjur-Druck von 1718–20**
1–26 Dandir-a	1–25 Dandr-a
27–47 Yüm	26–47 Yum
48–53 Olangki	48–53 Erdeni dabqurlig
54–59 Erdeni dabqurlig	54–59 Olangki
60–72 Dulba	60–92 Eldeb
73–113 Eldeb	93–108 Dulv-a

Dieselbe Tabelle mit den Sanskrit-Titeln der Abteilungen:

Handschriftlicher Kanjur vor 1628	**Kanjur-Druck von 1718–20**
1–26 Tantra	1–25 Tantra
27–47 Prajñāpāramitā	26–47 Prajñāpāramitā
48–53 Avataṃsaka	48–53 Ratnakūṭa
54–59 Ratnakūṭa	54–59 Avataṃsaka
60–72 Vinaya	60–92 Sūtra
73–113 Sūtra	93–108 Vinaya

Die einzelnen Texte in den Abteilungen folgen in beiden Kanjur-Redaktionen ebenfalls einer oft signifikant abweichenden Anordnung.

2.2. Ein Vergleich zweier mongolischer Kanjur-Handschriften

Im Gegensatz zur tibetischen Kanjur-Forschung ist man in Bezug auf die Erforschung des mongolischen Kanjur noch lange nicht so weit, Entwicklungslinien einer oder mehrerer Kanjur-Sammlungen aufzeigen geschweige denn eine Überlieferungsgeschichte schreiben zu können. Bisher können wir auf der Grundlage der oben genannten beiden Kanjur-Ausgaben sowie der wenigen Bände aus Bayisingtu, Ulanbator und Kopenhagen nur ansatzweise versuchen, eine zeitliche Reihenfolge der verfügbaren Materialien herzustellen. Eine vorläufige Analyse der Gemeinsamkeiten und Unterschiede in den Textmaterialien gibt nicht nur erste Aufschlüsse über die Überlieferungsgeschichte des mongolischen Kanjur, sondern liefert auch Hinweise, was ein „Kanon" im tibeto-mongolischen buddhistischen Kontext ist.

Ein Vergleich des Kopenhagener Kanjur-Bandes, der den Band *cha* (Nr. VI) einer unbekannten Kanjur-Handschrift bildet und insgesamt 23 Werke der Sektion „Tantra" enthält, mit dem Band *cha* (Nr. VI) des Petersburger Kanjur fördert folgende Gemeinsamkeiten zutage:[35]

1. Beide folgen derselben Anordnung der Texte.
2. Beide enthalten identische Kolophone.
3. Beide Ausgaben enthalten einen Text, der lediglich in der tibetischen Derge-Redaktion des Kanjur enthalten ist, nicht jedoch in der Pekinger Redaktion, die als Vorlage für den gedruckten mongolischen Kanjur von 1718/20 gedient hat. Der Text ist folglich auch nicht im mongolischen Kanjur-Druck enthalten.
4. Beide benutzen durchgängig archaische Wortformen wie z.B. mongolisch *hindkeg* anstelle des später gebräuchlichen *enedkeg* für „indisch". Diese Form wird gewöhnlich in Texten um die Wende des 17. Jahrhunderts benutzt, während in der gedruckten Kanjur-Ausgabe *hindkeg* in fast allen Fällen in *enedkeg* geändert wurde. Auch andere grammatische Eigenarten, wie die Benutzung des Akkusativ-Suffixes für den Genetiv, fallen auf.
5. Der Schriftduktus ist altertümlich und entspricht der Ende des 16., Anfang des 17. Jahrhunderts gebräuchlichen Schrift. So sind die Wortendungen langgezogen, und die Suffixe werden häufig mit dem Wort zusammengeschrieben.
6. Die in drei Kolophonen genannten Übersetzernamen weichen von den in der gedruckten Ausgabe gegebenen Übersetzernamen ab.[36]

Aus den ersten fünf Beobachtungen können wir schließen, dass beide Kanjur-Handschriften mit hoher Wahrscheinlichkeit dieselbe tibetische

[35] Der Wortlaut der Titel beider Ausgaben wird gegeben in Kollmar-Paulenz, „Transmission," 163–164.

[36] Vgl. Kollmar-Paulenz, „Transmission," 171–172.

Vorlage haben sowie an das Ende des 16. Jahrhunderts zu datieren sind. Darüber hinaus entspricht die Anordnung der Sektionen im handschriftlichen Kanjur (auf „Vinaya" folgt „Sūtra") der typischen Sektionsanordnung der Derge- und Narthang-Redaktionen des tibetischen Kanjur. Dies und der in den beiden hier besprochenen Handschriften enthaltene Text aus der Derge-Redaktion sind Indikatoren für die Annahme, dass den Übersetzern der Derge-Kanjur als Vorlage gedient hat.

Aus der sechsten Beobachtung können wir folgern, dass sowohl der handschriftliche Kanjur aus St. Petersburg als auch das in Kopenhagen aufbewahrte Exemplar einer unbekannten Kanjur-Handschrift nicht mit der in den Jahren 1628/29 angefertigten Kanjur-Übersetzung unter Ligdan Qaγan identisch sein können. Es ist bekannt, dass die Übersetzer der Ligdan Qaγan-Zeit alte Übersetzungen in ihre Kanjur-Redaktion inkorporiert und lediglich die Kolophone angepasst haben, indem sie die Namen der Übersetzer geändert und den Namen Ligdan Qaγans als *dānapati* hinzugefügt haben. Die Annahme, noch um das Jahr 1630 herum sei ein Kolophon zu Gunsten des glücklosen letzten mongolischen Herrschers geändert worden, ist jedoch unsinnig, da dieser zu jener Zeit schon seine politische Macht eingebüßt hatte. Damit waren ihm die materiellen Grundlagen für die Finanzierung kostspieliger Übersetzungsunternehmen entzogen. Die machtpolitische Situation spiegelt sich damit unmittelbar in den Kanjur-Redaktionen wieder.

Ziehen wir nun noch die beiden Kanjur-Bände aus dem Bayisingtu-Kloster heran, so stellen wir fest, dass hier die Anordnung der Texte nicht dem gedruckten Kanjur von 1718/20 entspricht, jedoch eine große Ähnlichkeit mit der Anordnung der Texte im entsprechenden Band des St. Petersburger handschriftlichen Kanjur aufweist. Ein Vergleich der Kolophone beider Bände fördert jedoch signifikante Abweichungen zutage. Bei den Bänden des Bayisingtu-Klosters haben wir es also wieder mit einer neuen bzw. anderen Kanjur-Redaktion zu tun.

Fassen wir zusammen: Ein Vergleich der

- Kanjur-Handschrift St. Petersburg (vor 1628)
- Kanjur-Handschrift Kopenhagen (vor 1628)
- Kanjur-Handschrift Bayisingtu Kloster (nach 1628)
- Kanjur-Druck (1718/20)

hat deutlich gemacht, dass die Kopenhagener und die Petersburger Handschrift die ältesten überlieferten Redaktionen darstellen.[37] Sie können jedoch nicht die Endversion des in mongolischen Chroniken genannten „schwarzen“ Kanjur der unter Ligdan Qaγan fertiggestellten Redaktion von 1628/29 sein, sondern sind wahrscheinlich vorläufige Fassungen und müssen beide vor 1628 datiert werden.

Die Bayisingtu Bände stellen eine bisher unbekannte Redaktion dar.

Die unterschiedlichen Kolophone mancher Texte des gedruckten Kanjur und des handschriftlichen Kanjur weisen auf verschiedene tibetische Textvorlagen hin. Dafür spricht auch der nur in der Derge-Redaktion des tibetischen Kanjur enthaltene Text, der im Petersburger Kanjur und der Kopenhagener Handschrift enthalten ist, während sich der gedruckte Kanjur sowohl hinsichtlich der Reihenfolge als auch der inkorporierten Texte an der tibetischen Redaktion des Peking-Drucks orientiert.

3. Der mongolische Kanjur: Ein Kanon?

Aus dem hier dargelegten empirischen Befund zur Überlieferungsgeschichte des mongolischen Kanjur lassen sich die folgenden Merkmale hervorheben:

1. Der oder die mongolischen Kanjur-Sammlungen besitzen keine festgelegte Textabfolge.
2. Sie müssen inhaltlich nicht identisch sein.
3. Sie enthalten oft Dubletten von Texten,[38] d.h. voneinander abweichende Übersetzungen ein- und desselben Textes.
4. Sie werden nach bisher unbekannten Kriterien immer neu bearbeitet.
5. Sie sind keine geschlossenen, sondern „offene“ Textsammlungen. Texte können hinzugefügt werden, so z.B. im 18. Jahrhundert die Übersetzung des *Śūraṅgama Sūtra*, das auf Anordnung des Qing-Kaisers Qianlong übersetzt und in Kanjur-Druckausgaben des 18. Jahrhunderts eingefügt wurde. Bisher wurden noch keine Konkordanzen für

[37] Die tatsächlich älteste vollständige Übersetzung des Kanjur aus den Jahren 1602–1607 ist nur aus den Erwähnungen in mongolischen Quellen bekannt.

[38] Dies ist insbesondere ein Spezifikum des handschriftlichen Kanjur aus St. Petersburg. Auch chinesische buddhistische Textsammlungen enthalten häufig Dubletten, vergleiche diesbezüglich den Beitrag von Christoph Kleine in diesem Band.

sämtliche vorhandenen mongolischen Kanjur-Ausgaben erstellt; die wenigen Konkordanzen, die vorliegen, machen jedoch schon deutlich, dass es erhebliche Divergenzen in den Textkorpora gibt. Wir können also nur wenig Schlüsse auf die Kriterien der Inklusion und Exklusion von Texten ziehen.

Die folgenden Unterschiede zum Kanonmodell von Assmann lassen sich hinsichtlich des mongolischen Kanjur festhalten:

1. Der mongolische „Kanon“ ist eindeutig nicht „geschlossen“ in dem Sinne, dass nichts mehr hinzugefügt oder weggenommen werden darf. Der Kanjur ist damit keine nicht veränderbare, in sich abgeschlossene Einheit. Es gibt keine „Endgestalt“.
2. Wenn es keine „Endgestalt“ gibt, kann auch kein Moment der Schließung postuliert werden.
3. Da ein Moment der Schließung schwer festlegbar ist, ist auch das „Andere“ des Kanons, die Zensur, schwer zu fassen: Welches sind die Kriterien der Inklusion und der Exklusion, oder anders formuliert, was ist kanonisch, was ist apokryph, was ist orthodox, was ist heterodox? Für die mongolischen Kanjur-Redaktionen läßt sich die Frage der Zensur-Kriterien beim jetzigen Forschungsstand nicht beantworten. Wir sehen das Ergebnis erfolgter Grenzziehungen, aber wir kennen die Kriterien der Zensur – noch – nicht.

Der hier festgestellte Befund gilt gleichermaßen für den tibetischen Kanjur, mit der Einschränkung, dass die Kriterien einer Neubearbeitung und hier insbesondere der Inklusion oder Exklusion eines Textes sich für lokale Kanjur-Redaktionen in Tibet oft eruieren lassen. Die Redaktoren geben des öfteren, wenn sie Text-Kataloge zu den Kanjur-Editionen erstellen, Rechenschaft über ihre Kriterien hinsichtlich Textaufnahme und Anordnung ab. Aber gerade aufgrund der Fülle von lokalen Kanjur-Sammlungen in Tibet, die keine überregionale Standardisierung aufweisen, hat sich in der tibetologischen Kanjur-Forschung langsam die Erkenntnis durchgesetzt, dass es *den* Kanjur nicht gibt:

> ... there has never been a single, standard, authorized edition: there is not one Kanjur, there are only Kanjurs... Kanjurs are living entities that undergo a constant process of renewal, and no two are alike.“[39]

Darüber hinaus haben die hier aufgezeigten gravierenden Unterschiede zu dem in den vorderorientalischen religiösen Traditionen fundierten Ka-

[39] Skilling, „From bKa’ bstan bcos to bKa’ ’gyur and bsTan ’gyur,“ 101.

nonbegriff in der Tibetologie zu der radikalen Schlussfolgerung geführt, dass

> In the absence of a normative or standard collection, it is inaccurate to speak of a „canon“ – of *the* Kanjur or *the* Tanjur – or to speak of a „recension“ or „edition“ of *the* Kanjur. We may speak of Kanjurs, or a recension or edition of a specific text within a Kanjur... It may also be inaccurate to apply to translated texts without qualification terms like „canonical“, „extra-canonical“, or „para-canonical“.“[40]

Festzuhalten bleibt, dass der mongolische Kanjur eines *nicht* ist: „Inbegriff eines geschlossenen, invarianten Textbestandes von höchster Authentizität und Verbindlichkeit, im Gegensatz zu einer dem ständigen Zustrom neuer Offenbarung bzw. Erkenntnis offenen Tradition.“[41] Halten wir an einer solchen Definition von Kanon fest, müssen wir den tibetischen und mongolischen Kanjur und Tanjur aus den grossen Kanon-Traditionen ausschließen und diese Textsammlungen begrifflich neu bestimmen. Diese Neubestimmung kann jedoch auch nicht im Sinne von Assmanns Gegenmodell von Kanon, wie in dem obigen Zitat umrissen, erfolgen. Bei den Kanjur-Sammlungen handelt es sich nämlich keinesfalls um Traditionen, die offen sind für neue Offenbarungen und Erkenntnisse, jedenfalls nicht nach tibeto-mongolischem buddhistischem Verständnis. Ein Kanjur enthält einzig und allein das authentische Buddha-Wort, das sich nicht neu offenbart, sondern das allenfalls wiederentdeckt werden kann,[42] wenn Texte auftauchen, die authentisches Buddha-Wort sind, die die Kompilatoren jedoch bisher übersehen hatten. Genau in diesem Aspekt aber, der das übergeordnete Interesse der Kanjur-Redakteure wiederspiegelt, ist meines Erachtens die prinzipielle Offenheit des tibeto-mongolischen buddhistischen Kanjur begründet: Jede Kanjur-Redaktion erstrebt Vollständigkeit.[43] Ein solches Unternehmen aber kann niemals abgeschlossen sein, da stets die Möglichkeit besteht, dass Texte auftauchen können, die die Kompilatoren übersehen haben. Vielleicht ist das angestrebte Ziel am besten an den Übersetzungsunternehmen zu erkennen, wo die Übersetzer verschiedene, ihnen zur Verfügung stehende Sammlungen und Übersetzungen miteinander verglichen und aufgrund bestimmter Kriterien beschlossen, Texte, die in einer Vorlage nicht aufgenommen waren, ih-

[40] Skilling, „From bKa' bstan bcos to bKa' 'gyur and bsTan 'gyur," 104.

[41] Jan Assmann, *Das kulturelle Gedächtnis. Schrift, Erinnerung und politische Identität in frühen Hochkulturen* (München: Beck, 1992), 122.

[42] Ein gutes Beispiel ist das *Kālacakra-tantra*, das nach tibetisch-buddhistischer Tradition in dem halb mythischen Land Śambhala aufbewahrt wurde.

[43] Zu der gleichen Schlussfolgerung kommt Christoph Kleine in seinem Beitrag zu den chinesischen buddhistischen Textsammlungen, siehe seine „Konklusion“.

rerseits in die neu entstehende Redaktion zu integrieren. Die Nichtabgeschlossenheit dieses Prozesses zeigt sich auch daran, dass es während der gesamten Überlieferungsgeschichte des Kanjur niemals zu einem Konzil gekommen ist, das eine völlige „Stillstellung des Traditionsstroms“ legitimiert hätte.

4. Die Kanonizität des Kanjur: Materiale Prozesse und symbolische Repräsentation

Der Kanonbegriff, wie er bisher definiert worden ist, stößt an seine Grenzen. Als komparatistische deskriptive Kategorie ist er in seiner Fixiertheit auf Kanonisierungsprozesse in vorderorientalischen religiösen Traditionen nicht flexibel genug, Prozesse der Zentrierung religiösen Sinns in buddhistischen Traditionen adäquat abzubilden.[44] Es bleibt die Möglichkeit, das Ende des Kanonbegriffs als komparatistischen Begriff zu erklären und den mongolischen Kanjur lediglich als Sammlung religiös normativer Texte zu beschreiben. Dann aber können wir diese autoritative Sammlung von Texten in der Deskription schlecht von anderen religiösen Texten abgrenzen. Worin unterscheidet sich, so bleibt zu fragen, ein Kanjur-Text von einer sogenannten *Sungdui*[45]-Sammlung, die im Kanjur verstreut enthaltene Dhāraṇīs in einem zweibändigen Werk versammelt und in Tibet und der Mongolei weit verbreitet und äußerst populär ist? Diese Texte werden besonders in alltagsreligiösen Ritualen verwendet. Obwohl ihnen große religiöse Autorität zugeschrieben wird und der tatsächliche Textkorpus im Kanjur enthalten ist, besitzen sie nicht die Hochverbindlichkeit des Kanjur, was sich u.a. in einem unterschiedlichen Aufbewahrungsort in der Klosterbibliothek äußert. Der Kanjur wird oft separat im Tempel aufbewahrt. Darüber hinaus zeigt die Höhe des sozio-religiösen Prestiges, das man sich, ganz abgesehen vom religiösen Verdienst, durch die Finanzierung eines Kanjur-Drucks oder die Finanzierung seiner Übersetzung erwerben konnte, eindrücklich die Sonderstellung des Kanjur in den tibeto-mongolischen Gesellschaften der Vormoderne an. Allein anhand der umfangreichen Kanjur-Übersetzungstätigkeiten an der Wende des 17. Jahrhunderts wird deutlich, dass die Übersetzung des Kanjur oberste Priorität bei den politisch mächtigsten mongolischen Fürsten genoss. Eine Kanjur-Übersetzung brachte dem Fürsten, der sie finanzierte,

[44] Diese Beobachtung trifft auch auf die Hindu-religiösen Traditionen zu, die wesentlich von Oralität bestimmt sind.

[45] Aus tib. *gzungs bsdus*.

religiöses, gesellschaftliches und politisches Prestige ein. Darüber hinaus trug sie zur politischen Legitimierung bei, wie die Kanjur-Übersetzung unter dem letzten mongolischen Großqan Ligdan zeigt: er inaugurierte diese Übersetzung als letztes ihm zur Verfügung stehendes Mittel, seine Position als Großqan zu sichern, die ihm zwar aufgrund seiner genealogischen Abstammung zukam, jedoch wegen seines fehlenden politisch-militärischen Charismas nicht durchsetzbar war.

Gegenüber anderen religiösen Texten und Textsammlungen kommt dem Kanjur in der buddhistischen Mongolei höchste Verbindlichkeit als *buddhavacana* zu. Der Kanjur besitzt „Kanonizität", d.h. er hat absolute, nicht hintergehbare religiöse Autorität. Kanonizität konstituiert sich im tibeto-mongolischen Kontext also nicht in der Schließung und Endgestalt des Textkorpus, sondern in der Hochverbindlichkeit des authentischen Buddha-Wortes. Ein einzelner Kanjur-Band repräsentiert den gesamten Kanjur in seiner Totalität. Damit verweist der Kanjur in seiner idealtypischen Totalität auf den Buddha in seiner *dharmakāya*-Form. Sichtbar und anfassbar ist er eine „Stütze" (mong. *sitügen*) des sprachlichen Aspektes des Buddha.

Der Kanjur, der in seiner Materialität den Buddha repräsentiert, wird im ganzen tibeto-mongolischen kulturellen Raum rituell verehrt. Schon der tibetische Herrscher Mu ne btsan po, der 797 regierte, etablierte die rituelle Verehrung des *Tripiṭaka*[46] in bSam yas, die bis ins 16. Jahrhundert belegt ist. Im Muktinath-Tal werden noch heute die zwölf Bände der Prajñāpāramitā, einer Kanjur-Sektion, einmal im Jahr, im 4. Monat, in einer rituellen Prozession um den gesamten kultivierten Dorfbezirk getragen, um die Fruchtbarkeit der Felder zu sichern.[47]

Dem materialen Kanjur in seiner konkreten Buch-Gestalt ist eine Idealgestalt des Kanjur eingeschrieben, die dieser vielleicht niemals erlangen wird: die vollständige Sammlung aller jemals geäußerten Worte des Buddha. Im Gegensatz zu vorderorientalischen religiösen Kanonbildungen impliziert dieses Konzept seine mögliche Unvollständigkeit in der Gegenwart und enthält ein Versprechen für die Zukunft. Aber auch

[46] Unklar bleibt, welche Textsammlung mit der tibetischen Bezeichnung *sde snod gsum* gemeint ist; siehe hierzu Skilling, „From bKa' bstan bcos to bKa' 'gyur and bsTan 'gyur," 89, n. 19.

[47] Niels Gutschow und Charles Ramble, „Up and Down, inside and outside. Notions of Space and Territory in Tibetan Villages of Mustang," in *Sacred Landscape of the Himalaya*, Hg. N. Gutschow et al., (Wien: Österreichische Akademie der Wissenschaften, 2003), 148–157.

wenn das Versprechen nicht eingelöst werden kann, ist der Kanjur als symbolische Repräsentation des Buddha in seiner Totalität immer schon vorhanden.

5. Vom geschlossenen zum offenen Kanon: Zu einer Neubestimmung des Kanonbegriffs in den Kulturwissenschaften

Der mongolische Kanjur besitzt Charakteristika, die signifikant von dem in den Kulturwissenschaften etablierten Begriff des Kanons abweichen. Es besteht nun zum einen die Möglichkeit, dass wir die hochverbindlichen und autoritativen Textsammlungen in den tibeto-mongolischen Gesellschaften nicht mehr als „Kanon" bezeichnen, damit der Forderung von Skilling nachkommend. Die Begriffe „Kanonisierung" und „Kanon" bleiben in diesem Fall der Beschreibung und Analyse der vorderorientalischen religiösen und kulturellen Prozesse der Zentrierung und Schließung religiösen und kulturellen Sinns vorbehalten, während in den vom Buddhismus und den Hindu-Traditionen dominierten asiatischen Gesellschaften aufgrund ihrer kulturellen „Andersheit" keine analogen Prozesse auszumachen sind und die dortigen Gegebenheiten daher auch in anderen metasprachlichen Termini beschrieben werden müssen.

Zum anderen aber, so scheint es mir wenigstens, deutet der Verzicht auf komparatistische Begriffe auf ein diesem Verzicht zugrundeliegendes Kulturverständnis, das weitreichende theoretische und im Extremfall sogar politische[48] Konsequenzen hat. Zur Zeit gibt es einen Trend in den Kultur- und Sozialwissenschaften, „Kulturen" als historisch dauerhafte, unverwechselhafte Einheiten zu beschreiben, die sämtliche nichtbiologischen Aspekte der Lebensweise einer Gruppe von Menschen umfassen. Alle diese verschiedenen Bereiche werden durch gemeinsame Normen und Werte integriert und konstituieren die relative Homogenität einer Kultur. Da der einzelne Mensch in diesem Entwurf in seinen kognitiven und emotionalen Lebensäußerungen mehr oder weniger die Vorschriften und Regeln verfolgt, die ihm von der jeweiligen Kultur auferlegt werden, erscheinen Denken und Handeln des Einzelnen allein kulturell geprägt. Dieses Modell von Kultur aber birgt Tücken. Durch das Postulat des „übersozialisierten Individuums" (Maurice Bloch), dem als Handlungsspielraum allein seine überindividuelle kulturelle Formierung zur

[48] Man denke nur an die Thesen Huntingtons zum „clash of civilizations", die in einem monadischen Verständnis von Kultur gründen.

Verfügung steht, so dass es lediglich die ihm kulturell vorgegebenen Handlungs- und Denkschemata ausagieren kann, berauben wir uns der Kulturkomparatistik, denn die Annahme einer kultur-unabhängigen anthropologischen Grundbefindlichkeit, die es dem Individuum erlaubt, das kulturell Vorgegebene als nur eine von vielen denkbaren Möglichkeiten des Handelns zu erkennen, entfällt. Dies hat zur Folge, dass wir in das „Eigene" und die „Anderen" trennen. Das Postulat der „Andersheit" hat gerade in der Sozialanthropologie der Postmoderne zu einem „Kult der Differenz" geführt, wie es der amerikanische Sozialanthropologe Adam Kuper polemisch zugespitzt formuliert hat.[49]

Es ist zwar einerseits enorm wichtig, andere Wissenskulturen nicht beschreibend zu vereinnahmen, wie dies durch den unreflektierten Gebrauch des Kanonbegriffs in Bezug auf asiatische Wissenstraditionen vielfach geschehen ist, andererseits aber dürfen wir in der Beschreibung ihrer „Andersheit" auch nicht verharren. Wir müssen einen Weg finden, jenseits der „Andersheit" der Anderen auch ihre Ähnlichkeit wieder wahrzunehmen, da wir sonst einen unüberbrückbaren Graben zwischen uns und den Objekten unserer Forschung schaffen.

Aus diesen Gründen möchte ich sowohl den Begriff des Kanons als auch den der Kanonisierung beibehalten. Beide bedürfen jedoch einer Modifizierung, um komparatistisch anwendbar zu sein.

Ausgehend von Alois Hahns kultursoziologischem Ansatz[50] verstehe ich Kanonisierung als eine Form der Selbstthematisierung einer Kultur oder eines ihrer Teilbereiche (hier: Religion). Prozesse der Kanonisierung setzen dann ein, wenn bisher als selbstverständlich wahrgenommene Wissensbereiche in Frage gestellt werden. Hahn spricht in diesem Zusammenhang von einem „Reflexivwerden der Traditionen", das der Kanonisierung vorausgeht. Wenn Traditionen kanonisiert werden, wird niemals der gesamte Traditionsbestand einbezogen, sondern es findet ein

[49] Adam Kuper, *Culture. The Anthropologist's Approach* (Cambridge and London: Harvard University Press, 2000), 242.

[50] Vgl. Alois Hahn, „Kanonisierungsstile," in: Assmann u. Assmann, *Kanon und Zensur*, 28–37. Ich folge hier nur den grundlegenden Überlegungen von Hahn, nicht jedoch seinen Plausibilisierungsversuchen, in denen er an das dreistufige Gesellschaftsmodell von Tenbruck anknüpft. Ebensowenig folge ich seiner These von Schriftlichkeit als Voraussetzung zur Selbstthematisierung von Religion, da sie auf einem ausschließlich europabezogenen Kenntnisstand basiert; siehe Alois Hahn, „Glaube und Schrift – oder die Selbstthematisierung von Hochreligionen," *Konstruktionen des Selbst, der Welt und der Geschichte,* ders. (Frankfurt am Main: Suhrkamp, 2000), 237–260.

Selektionsvorgang statt, in dem Teile, die für das Gesamt einer Kultur stehen, ausgewählt werden, die Gesamtheit symbolisch zu repräsentieren. Texte und Textsammlungen stellen in diesen Prozessen nur einen möglichen Kanonisierungsgegenstand dar. Die Begriffe „Kanon" und „Kanonisierung" möchte ich daher nicht auf das Medium des literarischen Textes beschränken, sondern auf andere kulturelle Wissensbestände wie z. B. Bilder oder Rituale ausweiten. Die Auswahl eines solchen Teilsegments einer Kultur impliziert nicht eine Verkürzung, sondern eine Hervorhebung. Der Begriff „Kanonisierung" beschreibt damit den Auswahlprozess von normgebenden Regelungen, die im Kanon sichtbar werden und auf dem Hintergrund einer Fülle von nicht kanonisierten Regelungen erst ihre Funktion erhalten.[51] Das Ganze einer Kultur, und dies sind gerade alle nicht kanonisierten Wissenstraditionen, bildet sozusagen die Matrix, auf deren Grundlage sich ein Kanon überhaupt erst herausbilden kann. Die nicht kanonisierten Wissenstraditionen werden im kanonischen Sinn mittransportiert, denn die Zensur begleitet stets Kanonisierungsprozesse, aber sie bewahrt zugleich die vielen alternativen Möglichkeiten der Sinngebung als Negation. Orthodoxie definiert sich ja immer über die Differenz zur Heterodoxie und trägt damit zur Bewahrung der heterodoxen Traditionen als möglichen Sinn- und Handlungsoptionen entscheidend bei.[52] Die nicht genutzten, durch Zensur ausgeschlossenen Möglichkeiten normativer Sinngebung in Kanonisierungsprozessen werden als Negationsmoment genauso tradiert wie die fundierenden Normen. Der Einbezug dieses negativen Moments in den Kanonisierungsprozess ermöglicht die Neudefinition des Kanonbegriffs auf eine prinzipielle Offenheit hin: Der Kanon schließt stets auch Alternativen mit ein, die durch kanoninhärente Transformationsprozesse für einen Teil einer Gesellschaft wieder normgebende Relevanz erhalten können. Für die Träger von Kanonisierungsprozessen, die mittels Kanonbildung eine Gruppe ausschließen, fungieren die Ausgeschlossenen als Mittel zur Selbstreferenz, während umgekehrt die Ausgeschlossenen durch den Ausschluss oftmals ihre Selbstwahrnehmung und Identität begründen. Kanonisierungsprozesse wirken also immer in zwei Richtungen und reflektieren das Ganze einer

---

[51] Die Selbstauslegung des kanonisierten Sinns im Kommentar geht jedoch davon aus, dass gerade die kanonisierten Regelungen die alle anderen Regelungen fundierenden Verbindlichkeiten bilden, sie funktioniert also genau anders herum als die Formierung des Kanons.

[52] Die Verschränkung von Kanon und Zensur erklärt generell kulturelle Wandlungsprozesse und spricht gegen die These von der Stillstellung des Traditionsstroms.

Gesellschaft. Ein Kanon ist in dem hier skizzierten Verständnis ständig in Bewegung und Veränderung. Dominante und verdrängte, marginalisierte Traditionsströme werden im Kanon zwar für kürzere oder längere Zeitperioden hierarchisiert, aber sie werden auch immer wieder neu ausgehandelt und neu formuliert.

Wenn wir einen Kanon als ein Teilsegment einer Kultur auffassen, das diese Kultur in ihrer Totalität, d.h. in ihrem kanonisierten und nichtkanonisierten Sinn repräsentiert, dann werden die den traditionellen Kanonbegriff dominierenden Kategorien der Stillstellung, Abgeschlossenheit und Unveränderbarkeit zu sekundären Kategorien, zu kulturellen Variablen. Sie definieren den Kanonbegriff nicht mehr. Der Begriff wird vielmehr zu einem flexiblen Instrument, um Selbstthematisierungen einer Kultur in ihrer Dynamik zu beschreiben, und er ermöglicht es, Kanonisierungsprozesse in verschiedenen kulturellen Kontexten, die sich je verschieden ausgestalten, komparatistisch abzubilden.

6. Kanonisierungsprozesse in der Mongolei

Wenn das Ausgangsmoment von Kanonisierung in einem Reflexivwerden von Traditionen besteht, also im Infragestellen des Gewohnten, liegt es auf der Hand, dass Kanonisierungsprozesse als Strukturen der Selbstinterpretation einer Kultur immer dann in Gang gesetzt werden, wenn eine schon gegebene Identität durch äußere Ereignisse, z.B. durch militärische Invasion, in Frage stellt und brüchig wird. Darüber hinaus finden Kanonisierungsprozesse von Kultursegmenten auch immer dann statt, wenn sich eine neue kulturelle Identität erst herausbildet, z.B. wenn neue Herrschaftsformen entstehen, die Legitimierungsbedarf haben. In den historischen mongolischen Gesellschaften können wir zwei große Kanonisierungen beobachten. Die erste bedient sich primär der Medien der Visualität und Ritualität, die zweite des Mediums der Schrift.

6.1. Činggis Qan

Der erste Kanonisierungsprozess fällt in das 13. Jahrhundert, in die Phase der Neukonsolidierung des mongolischen Weltreichs nach Činggis Qans Tod. Mongolische Selbstrepräsentation war im 13. Jahrhundert vor allem in dem dynamischen Prinzip der transzendent begründeten und säkular durch militärische Erfolge immer wieder bestätigungsbedürftigen Herrschaft des Qans begründet. Dem abstrakten transzendenten Ordnungsprinzip des „Ewigen Blauen Himmels“ (mong. *köke möngke tngri*) beziehungsweise des „Ewigen Himmels" (mong. *möngke tngri*) oder des „Himmels oben" (mong. *deger-e tngri*) kam eine herausragende Rolle als Instrument zur Herrschaftslegitimation zu.[53] Schon in der ältesten schriftlichen mongolischen Quelle, der *Geheimen Geschichte der Mongolen,* wird Činggis Qan die Herrschaft über die Welt vom „Ewigen Himmel" (mong. *möngke tngri*) gewährt:

> Nun wurde, durch die Kraft des Ewigen Himmels, meine Macht durch Himmel und Erde[54] vermehrt, und ich habe das gesamte Volk botmäßig gemacht, und habe es meiner alleinigen Herrschaft unterworfen."[55]

Die Herrschaft des Qans, durch die Zustimmung des Ewigen Himmels legitimiert, wird durch seine militärischen Erfolge sichtbar. Die Gunst des Himmels ist jedoch nicht ein und für alle Mal gegeben, sondern bedarf stets neuer Vergewisserung.[56] Wendet der Himmel sich von dem Herrscher ab, wird dies sichtbar im militärischen Mißerfolg. Zur Bestätigung der Gunst des Himmels bedarf es damit stets neuer erfolgreicher militärischer Unternehmungen. Damit war das Herrschaftsprinzip der Mongolen im 13. Jahrhundert allein auf die Gegenwart des herrschenden Qans

---

[53] Das Konzept ist von den Türken übernommen worden. Zur Fundierung des Konzepts in späteren mongolischen historiographischen Quellen siehe Alice Sarközi, „Mandate of Heaven. Heavenly Support of the Mongol Ruler," in *Altaica Berolinensa. The Concept of Sovereignty in the Altaic World*, Hg. Barbara Kellner-Heinkele (Wiesbaden: Harrassowitz, 1993), 215–221.

[54] Während dem Himmel als obersten transzendenten Prinzip der Mongolen schon früh Aufmerksamkeit in der Mongolistik zuteil wurde, ist die Bedeutung der Erde, mong. *γajar,* für die mongolische Herrschaftslegitimation bisher weniger beachtet worden. Die Erde, die auch als Erdgöttin, mong. *etügen/ ötögen* gedacht wurde, ist die dem Himmel komplementär zugeordnete Macht, vgl. Igor de Rachewiltz, *The Secret History of the Mongols. A Mongolian Epic Chronicle of the Thirteenth Century. Translated with a historical and philological commentary;* Bd. II, (Leiden und Boston: Brill, 2004), 430–431.

[55] *Edo'e mungke tenggeri yin gucun tur tenggeri ḥajar a gucu aoḥa. Nemekdeju. Gur ulus i śidurḥutḥaju. Ḥahca jilu'a dur iyen oro'uluhsan tur.* (Erich Haenisch, *Manghol un niuca tobca'an. [Yüan-cha'o pi-shi]. Die geheime Geschichte der Mongolen. Aus der chinesischen Transkription (Ausgabe Ye Têh-hui) im mongolischen Wortlaut wiederhergestellt. Teil I: Text* [Wiesbaden: Franz Steiner, 1962], 73.) In dieser Passage der *Geheimen Geschichte*, die das militärische System und die Neuordnung der Wachen *(kešik)* unter Činggis Qan beschreibt, ist die berühmte „Einleitungs-Formel" *möngke tenggeri-yin güčün-dür* mongolischer Erlasse und offizieller Dokumente des 13. Jahrhunderts das erste Mal belegt, vgl. de Rachewiltz, *The Secret History*, Bd. II, 819 und 1011, ebd. auch weitere Literaturhinweise.

[56] Dieses Herrschaftsprinzip hatten die Mongolen mit ihren türkischen Nachbarn gemeinsam. Es ist schon für die Köktürken im 6./7. Jahrhundert nachweisbar.

ausgerichtet, während die Herrschaftssukzession, z. B. durch Erbfolge, durch dieses dynamische Prinzip nicht legitimiert wurde. Jeder potentielle Herrscher musste durch entsprechende Kriegserfolge seine Herrschaft als vom Himmel begünstigt neu unter Beweis stellen.

Die Herrschaft Činggis Qans zeichnete sich im Gegensatz zu vorhergehenden nomadischen Reichen durch eine Neuordnung der bestehenden Sozialstrukturen aus. Er ersetzte die bisherige, allein an den Deszendenzlinien der einzelnen Klane (mong. *oboγ*) orientierte Sozialstruktur zugunsten einer politisch-militärischen Ordnung, die nach dem Zehnerprinzip gegliedert war. Führungspositionen wurden allein nach Verdienst und Leistung vergeben.[57] Die neue Sozialordnung erleichterte die Integration der unterworfenen Völkerschaften und deren Identifikation mit den herrschenden Eliten der Mongolen. Soziale Neuordnung und die Loyalität zum Qan als vom Himmel legitimierten Herrscher dienten der Konstituierung einer gemeinsamen kollektiven Identiät als *Mongγol ulus*, „mongolische Nation".[58] In ihrer Gebundenheit an die physische Präsenz des Herrschers kann sich eine solcherart begründete kollektive Identität nur temporär etablieren. Mit dem Tod des Herrschers im Jahr 1227 brach daher das die unterschiedlichen Völker des mongolischen Reichs verbindende Moment der Integration weg. In dieser Situation treffen wir das erste Mal bei den Mongolen auf einen kulturinhärenten Kanonisierungsprozess, in dem ein Teilsegment der mongolischen religiösen Tradition als normativ verbindlich für das gesamte riesige Reich etabliert wird. Činggis Qan wird nach seinem Tod nicht nur zum Ahnen- und Schutzgeist seines eigenen Klans, der *Borjigid*, sondern er steigt zu einer mächtigen Ahnengottheit auf,[59] deren Verehrung im ganzen mongolischen

---

[57] Dies wird im Detail beschrieben in der *Geheimen Geschichte*; siehe de Rachewiltz, *The Secret History*, Bd. I, 152ff., und Bd. II, 817ff. Zu Anführern der jeweiligen militärischen Einheiten wurden jene gemacht, die „fähig" (mong. *erdemüten*) waren und von kräftiger Körperstatur (mong. *beye šil sayitan*). Welche gesellschaftliche Gruppe mit mong. *düri-yin gü'ün*, „gewöhnliche Leute", in diesem Zusammenhang gemeint ist, ist bisher in der Forschung nicht geklärt.

[58] Die Übersetzung von mong. *ulus* als „Nation" ist nicht unumstritten. In einer Reihe von Passagen der *Geheimen Geschichte* hat *ulus* die Bedeutung von „Volk", d.h. das „mongolische Volk", im Gegensatz zu „allen anderen Völkern" (mong. *qari tutum*). Erst später erweitert sich die Bedeutung zu „Herrschaftsbereich", „Herrschaft", „Erbschaftsbereich des Qans", „Nation". Vgl. de Rachewiltz, *The Secret History*, Bd. I, 450–451.

[59] Die erste Opferung an Činggis Qan als Ahnengottheit erfolgte 1229 anlässlich der Inthronisierung seines Nachfolgers Ögedei Qaγan.

Reich per Edikt seines Nachfolgers vorgeschrieben war, und die in seiner Deifizierung als „Ahnherr aller Mongolen“ und normensetzende Gottheit kulminiert.[60] Sichtbarer Ausdruck dieser Repräsentationsfigur mongolischer religiöser und kultureller Identität wurden nun die *Acht weißen Jurten* (mong. *čaγan naiman ger*), die auf die Zeit nach dem Tod Činggis Qans zurückgehen sollen.[61] Die *Acht weißen Jurten* waren zuerst wohl die Palastjurten[62] des Činggis Qan und seiner vier Gemahlinnen Börte, Qulan, Yesüi und Yesügen, und stellten den Ort der Verehrung für den „goldenen Glanz“ (mong. *altan gegen*) dar, womit die nach dem Tod weiterexistierenden Segenskräfte Činggis Qans gemeint sind. Der „goldene Glanz“ konkretisiert sich in den Gebrauchsgegenständen des verstorbenen Herrschers, die in den Palastjurten aufbewahrt werden, so z.B. ein Hemd Činggis Qans, sein Bogen und seine Pfeile, Sättel, Messer und dergleichen mehr. Als wohl bedeutendste Reliquien können die schwarze *Sülde*, die Kriegsstandarte, und die weiße *Sülde* angesehen werden. Neben den Opferritualen für Činggis Qan und seine Familienangehörigen wurden (und werden) der Sülde ebenfalls umfangreiche Opfergaben dargebracht.[63] Mong. *sülde* bedeutet u.a. „Würde, Majestät“. Das Wort transportiert die Vorstellung von Lebenskraft und –energie. In der Standarte

[60] Die Mongolen führen auf Činggis Qan nicht nur ihre Gesetzgebung, sondern auch wichtige den Alltag regulierende Bräuche wie z.B. die Segnung des neugeborenen Viehs zurück.

[61] So berichten uns jedenfalls spätere mongolische Quellen wie das *Erdeni-yin tobči*; siehe Sanang Sečen, *Erdeni-yin tobči* (moderne Ausgabe, Beijing 1987), 130. Diese Nachricht ist jedoch wenig glaubwürdig, weil zeitgenössische mongolische Quellen wie die *Geheime Geschichte* und auch chinesische Quellen die *Acht weißen Jurten* nicht nennen. Allerdings erwähnen sowohl Rašīd ad-Dīn als auch Wilhelm von Rubruk die Palastjurten Činggis Qans; siehe Klaus Sagaster, *Die Weiße Geschichte. Eine mongolische Quelle zur Lehre von den Beiden Ordnungen Religion und Staat in Tibet und der Mongolei. Herausgegeben, übersetzt und kommentiert* (Wiesbaden: Harrassowitz, 1976), 198, und Wilhelm von Rubruk, *Reise zu den Mongolen 1253–1255, übersetzt und erläutert von Dr. Friedrich Risch* (Leipzig: A. Deichertsche Verlagsbuchhandlung, 1934), 115–116.

[62] Im Mongolischen tragen die einzelnen Palastjurten die Bezeichnung *ordo*, worunter ganze Palastlager zu verstehen sind. Es wurden jedoch nicht sämtliche Jurten, die diese Palastlager bildeten, zu einem zentralen Heiligtum zusammengelegt, sondern wahrscheinlich nur die Wohnjurten der vier Gemahlinnen sowie einige Nebenjurten. Diese Anordnung besteht heute noch. In den Nebenjurten sind die Reliquien untergebracht.

[63] Zur Verehrung der schwarzen Sülde im heutigen Činggis Qan-Heiligtum in Ejen Qoro im Ordos-Gebiet der Inneren Mongolei siehe Sayinjirγal und Šaraldai, *Altan ordon-u tayilγ-a* (Beijing: Ündüsütün-ü keblel-ün qoriy-a, 1983), 280–334.

residiert der Ahnenschutzgeist Činggis Qans, der Schutzgottheit nicht nur für den Klan der Činggisiden, sondern für das gesamte mongolische Reich ist. Damit wurde im 13. Jahrhundert der Schritt von einem lokalen, an einen Klan gebundenen Ahnen- und Schutzgeist zu einer überregionalen Gottheit vollzogen, die nicht mehr an den einzelnen Klan gebunden erscheint.

1266 richtete Qubilai Qaγan als offizielle Ahnenverehrungsstätte in dem Ahnentempel in Peking die *Acht Hallen* ein, die Yesügei, Činggis, Ögedei, Joči, Čaγatai, Tolui, Güyük und Möngke mit ihren Hauptgemahlinnen gewidmet waren.[64] Wahrscheinlich schon im 13. Jahrhundert entstand der heute noch vollzogene, in eine Vielzahl von Einzelritualen gegliederte Činggis Qan-Kult, in dessen Mittelpunkt der Mongolenherrscher als Schutzgottheit des mongolischen Reichs steht.[65] Die Verehrung Činggis Qans war zum einen Aufgabe des mongolischen Herrscherhauses, zum anderen sorgte dieses durch Erlasse für seine angemessene Verehrung im gesamten Herrschaftsgebiet. Die enge Verbindung von Ahnen- und Schutzgottheit der Mongolen im Kult des Činggis Qan hat die Jahrhunderte überdauert: Noch im 19. Jahrhundert erging ein Sendschreiben[66] der Verwaltung des Sečen qan-Ayimaγ in der Qalqa-Mongolei an sämtliche Banner-Verwaltungen des Ayimaγ, in dem die Abhaltung von Schutzzeremonien angeordnet wurde, die vom Činggis Qan-Heiligtum in Ejen qoro im Ordos-Gebiet befohlen worden waren zur Abwehr eines die gesamte nördliche Mongolei unmittelbar bedrohenden Unglücks.[67]

Die das gesamte Reich einigende religiöse Symbolik und seine per Herrscheredikt hochverbindliche Verehrung können als ein Kanonisierungsprozess verstanden werden, dessen Spezifik nicht so sehr in Ausgren-

64 In späteren mongolischen Quellen sind die *Acht weißen Jurten* mit den *Acht Hallen* identifiziert worden, was historisch wohl nicht korrekt ist, vgl. Sagaster, *Die Weiße Geschichte*, 200–201.

65 Wir kennen die Rituale des Činggis Qan-Kults nur aus rezenten Feldforschungen; siehe z.B. den ausführlichen Bericht von Stefan Müller, „Der Kult am Mausoleum des Činggis Khan im Ordos-Gebiet. Persönliche Beobachtungen aus den Jahren 1984 bis 1988“, *Zentralasiatische Studien*, 24 (1994), 180–220, sowie Klaus Sagaster, „Ein Ritual aus dem heutigen Činggis-Heiligtum in Ordos“, *Zentralasiatische Studien* 23 (1992/1993), 145–151.

66 Siehe Klaus Sagaster, „Ein Dokument des Tschinggis-Khan-Kults in der Khalkha-Mongolei,“ in *Collectanea Mongolica. Festschrift für Professor Dr. Rintchen zum 60. Geburtstag,* Hg. W. Heissig (Wiesbaden: Harrassowitz, 1966), 193–234.

67 Damit war wohl ganz konkret der Aufstand der Dunganen von 1861–1877 gemeint, der auf die Mongolei übergriff.

zung zu sehen ist, sondern in der Konstituierung einer neuen kollektiven Identität durch die Integration der verschiedenen partikularen Identitäten im mongolischen Weltreich. Die einzelnen Teilsegmente der im mongolischen Weltreich höchst fragmentierten multiethnischen Gesellschaften erfahren durch die neue Zentralsymbolik ihre gemeinsame Repräsentation. Die religiöse Symbolik des Činggis Qan als Ahnengottheit ist nicht mehr an eine ethnische Gruppe gebunden, sondern übernimmt eine für das ethnisch und kulturell heterogene mongolische Weltreich identitätsstiftende Funktion. Wie persistent einmal erfolgte Kanonisierungen sind, lässt sich daran ablesen, dass auch nach dem Zerfall des mongolischen Weltreichs die Bedeutung Činggis Qans als Ahnengottheit für die diesen Kanonisierungsprozess tragende Gruppe, die Mongolen, weiterbestand und im 17. Jahrhundert, im Zuge der Bekehrung der Mongolen zum tibetischen Buddhismus, neu ausformuliert wurde. Činggis Qan wurde nun zu einer buddhistischen Schutzgottheit. Die Neuformulierung dieses zentralen Aspekts mongolischer Selbstrepräsentation ist auch heute noch nicht abgeschlossen: in der demokratischen Mongolei des 21. Jahrhunderts gilt Činggis Qan als Begründer von zentralen Aspekten der modernen, demokratischen Mongolei wie des „rule of law“.[68]

6.2. Der Kanjur

Der zweite Kanonisierungsprozess fand gegen Ende des 16. beziehungsweise zu Beginn des 17. Jahrhunderts statt. Das 16. Jahrhundert war in der Mongolei geprägt durch die spannungsgeladenen Beziehungen vor allem der Tümed- und Ordos-Mongolen zu ihren sesshaften Nachbarn, dem China der Ming-Dynastie. Nach 1500 brachten die in der Zentral- und Nordmongolei siedelnden Mongolen den Ming-Kaisern nicht mehr den jährlichen Tribut bei,[69] der einen Austausch von Gütern des täglichen Gebrauchs für die Mongolen gewährleistete. Ohne Tributbeziehungen so-

---

[68] Vgl. Paula L. Sabloff, „Genghis Khan and Modern Mongolian Identity: The Democracy Connection,“ *The Mongolian Journal of International Affairs* 8–9 (2002), 38–56; siehe auch Karénina Kollmar-Paulenz, „Außereuropäische Konzepte von Gemeinwohl: Die Mongolen,“ in *Gemeinwohl – Bien commun. Ein kritisches Plädoyer – Un plaidoyer critique*, Hg. Jean-Michel Bonvin et al., (Fribourg: Academic Press, 2004), 390–391.

[69] Die Gründe für den Abbruch der Tributbeziehungen, die von anderen mongolischen Stämmen wie den drei Uriyangqad beibehalten wurden, sind unklar; siehe Henry Serruys, *Sino-Mongol Relations during the Ming II. The Tribute System and Diplomatic Missions (1400–1600)* (Bruxelles: Institut Belge des Hautes Etudes Chinoises, 1967), 9.

wie die Möglichkeit, die Grenzmärkte zu besuchen und durch Handel die begehrten Güter zu erwerben, begann eine nicht abreißende Serie von Überfällen mongolischer Stämme auf die chinesischen Siedlungen im Grenzgebiet zur Mongolei. Zeitgenössische chinesische Quellen berichten über die Armut der Südostmongolen und bemerken, dass sie auf chinesisches Getreide für ihren Lebensunterhalt angewiesen waren. Auch wenn diese Berichte im Tenor übertrieben haben dürften, nahmen die Tümed- und Ordos-Mongolen bei ihren Überfällen auf chinesisches Territorium die Getreidevorräte, die sie in den Dörfern vorfanden, mit.[70] Hinweise auf die materielle Not der Mongolen finden sich auch in mongolischen Quellen.[71] In der zweiten Hälfte des 16. Jahrhunderts lebten aber auch viele Chinesen bei mongolischen Stämmen, vor allem bei den Tümed, deren Herrscher Altan Qaγan, obwohl dem Großqan nominell unterstellt, der politisch und militärisch bedeutendste mongolische Fürst jener Zeit war. Es waren vor allem Deserteure der Ming-Truppen, die zu den Mongolen überliefen, aber auch mehrere hundert Angehörige der Geheimgesellschaft „Weißer Lotus“ flüchteten nach der Niederschlagung ihres Aufstands im Jahr 1566 zu den Tümed-Mongolen. Sie nahmen an Feldzügen Altan Qaγans gegen die Chinesen teil, lehrten die Mongolen jedoch auch Fertigkeiten wie den Kartoffel- und Getreideanbau.[72] Die Ming verhielten sich in dieser Zeit gegenüber den Mongolen, die immer wieder auf eine Öffnung der Grenzmärkte drängten, um sich mit Gegenständen des täglichen Gebrauchs[73] versorgen zu können, unnachgiebig. Erst 1550, als mongolische Truppen das zweite Mal innerhalb eines Jahrhunderts vor den Toren von Peking standen, gab die Ming-Regierung nach. Nach seiner Rückkehr in die Mongolei überbrachte Altan Qaγan einen Tribut an Pferden, und im Juni 1551 wurden in Ta-t'ung und Hsüanfu Pferdemärkte organisiert, jedoch nur ein einziges Mal abgehalten.

[70] Serruys, *Sino-Mongol Relations*, 37–38.

[71] Vgl. *Erdeni tunumal,* Fol. 8v15–18; siehe auch Kollmar-Paulenz, *Erdeni tunumal neretü sudur,* 54–55.

[72] Das *Erdeni tunumal* zählt eine Reihe von Chinesen mit Namen auf, die im Jahr 1551 in das Lager des Altan Qaγan flohen; siehe *Erdeni tunumal neretü sudur*, Fol. 10r24–10v5, vgl. Kollmar-Paulenz, *Erdeni tunumal neretü sudur*, 249; siehe auch Henry Serruys, „Chinese in Southern Mongolia during the Sixteenth Century,“ *Monumenta Serica* XVIII (1959), 34 und Henry Serruys, „Four Documents Relating to the Sino-Mongol Peace,“ *Monumenta Serica* XIX (1960), 13.

[73] Die Mongolen benötigten vor allem Getreide, Baumwolle, Eisenwaren und Landwirtschaftsgeräte, die Adligen Seide und andere Luxusgüter; siehe Serruys, *Sino-Mongol Relations*, 30.

Erst zwei Jahrzehnte später wurden in einem Friedensabkommen zwischen der Ming-Dynastie und Altan Qaγan die Tributbeziehungen neu geregelt, was zum Ende der dauernden Überfälle der Mongolen auf die chinesischen Grenzsiedlungen führte. Der Friedensschluss von 1570/71 führte durch die Öffnung der chinesischen Grenzmärkte für die Mongolen in der Südostmongolei zu einer stabileren wirtschaftlichen Situation und einem bescheidenen materiellen Wohlstand. In dieser Zeit begann auch die umfassende Missionierung und Bekehrung der mongolischen Völkerschaften zum tibetischen Buddhismus, vorwiegend in seiner dGe lugs pa-Form. In den zwei Jahrhunderten nach dem Zusammenbruch der Yuan-Dynastie war der Buddhismus keinesfalls aus der Mongolei verschwunden, wie die spätere mongolische Geschichtsschreibung in Anlehnung an die Periodisierung der tibetischen Geschichte durch buddhistische Historiker suggeriert, sondern existierte in der Präsenz kleiner Klöster fort. Altan Qaγan selbst hatte, wie uns verschiedene mongolische Quellen berichten, auf seinen Feldzügen Bekanntschaft mit tibetischen Geistlichen gemacht. Nach 1570 lud er auf Bitten eines tibetischen dGe lugs pa-Geistlichen das geistliche Oberhaupt der dGe lugs pa, bSod nams rgya mtsho, in die Mongolei ein, wo sie im Jahr 1578 zusammentrafen.[74] Die Begegnung des seither als 3. Dalai Lama bekannten tibetischen Geistlichen und des mongolischen Fürsten löste eine außerordentlich aktive Missionstätigkeit der tibetisch-buddhistischen dGe lugs pa, aber auch anderer tibetisch-buddhistischer Schulen, in der Mongolei aus. Tibetische Geistliche gingen nicht nur mit Altan Qaγan, sondern mit einer ganzen Reihe weiterer mongolischer Fürsten eine *yon-mchod*-Beziehung[75] ein, innerhalb derer sie selbst als spirituelle und rituelle Spezialisten für die mongolischen Fürsten agierten, während jene die Funktion des *dānapati*, des Gabenherrn, der für ihre materielle Unterstützung sorgte, einnahmen.[76] So unterhielt der 3. Dalai Lama nicht nur zu Altan Qaγan und dessen einflussreicher Gemahlin Jönggin Qatun sowie seinem Nachfol-

74 Zu den tibeto-mongolischen religiösen Beziehungen im 16. Jh. siehe Kollmar-Paulenz, *Erdeni tunuma neretü sudur*, 118–125.

75 Tib. *yon mchod* ist eine Abkürzung von *yon bdag – mchod gnas*, „Gabenherr“ und „Opfer-Gegenstand“. In einer buddhistischen Gesellschaft unterstützen die Laien als Gabenherrn materiell die Mönchsgemeinschaft, die spirituelle Güter in Form von Ritualen, Gebeten etc. für sie bereitstellt.

76 Zum System der „Beiden Ordnungen“ Religion und Staat und ihrer Konkretisierung auf der Handlungsebene in den *yon-mchod*-Beziehungen (mong. *qoyar yosun*) siehe David Seyfort Ruegg, *Ordre spirituel et ordre temporel dans la pensée bouddhique de l'Inde et du Tibet* (Paris: Collège de France, 1995).

ger Dügüreng senge eine solche Beziehung, sondern ebenfalls zu dem Sečen qung tayiji[77] der Ordos, dem Bošoγtu jinong[78] der Ordos und dem Abadai Qaγan[79] der Qalqa-Mongolen. Der letztgenannte gründete 1586 das berühmte *Erdeni Juu*-Kloster, das circa sechs Kilometer von der ehemaligen mongolischen Hauptstadt Qaraqorum entfernt am Orkhon-Fluss liegt. Die religionspolitische Allianz zwischen tibetischer Geistlichkeit und mongolischen Fürsten zog eine ganze Reihe sozialer Veränderungen für die nomadischen mongolischen Gesellschaften nach sich. Die einzige befestigte Stadtanlage in der Mongolei des 16. Jahrhunderts war die „Blaue Stadt", mong. *Köke qota*, das heutige Hohot. Sie war schon um das Jahr 1555 gegründet und 1572 ausgebaut worden.[80] Nun setzte eine rege Tempelbautätigkeit ein. 1580[81] wurde in Köke qota der berühmte *Čaγlasi ügei süme*, auch unter den Namen *Erdeni Juu* beziehungsweise *Yeke Juu* bekannt, gegründet. 1606[82] wurde der *Mayidari-yin süme* durch die Gat-

[77] Auch Qutuγtai Sečen qung tayiji genannt, ein Neffe des Altan Qaγan, der der mongolischen Chronik *Erdeni-yin tobči* zufolge das Treffen zwischen dem Altan Qaγan und dem 3. Dalai Lama arrangiert hatte. Sečen qung tayiji wurde 1540 geboren (siehe *Erdeni-yin tobči*, Urga-Manuskript, Fol. 70v14) und starb im Jahr 1586 (ebd., Fol. 82v11–13). Als Redaktor des mongolischen staatstheoretischen Werks *Čaγan teüke* muss er ein literarisch gebildeter Mann gewesen sein. Zudem war er dem Buddhismus sehr gewogen. Zu dem ihm nach seinem Tod gewidmeten Kult siehe Antoine Mostaert, „Sur le Culte de Sagang Sečen et de son bisaieul Qutuγtai Sečen chez des Ordos," *Harvard Journal of Asiatic Studies* 29 (1957), 435–566.

[78] Er wurde 1565 geboren und starb 1624 (*Erdeni-yin tobči*, Fol. 73r8–9 und 87v14–15). 1576 wurde er zum Jinong der Ordos-Mongolen ernannt. Bošoγtu jinong war ein eifriger Anhänger des Buddhismus und erhielt vom Mayidari Qutuγtu den Ehrentitel *Cakravartin*; siehe *Erdeni-yin tobči*, Fol. 86r29–86v2.

[79] Er lebte von 1554–1588 und war Herrscher des Tüsiyetü Qan Ayimaγ der Qalqa. Sein Leben ist in den wichtigsten mongolischen Chroniken des 17. und 18. Jahrhunderts dokumentiert; siehe *Asaraγči neretü-yin teüke,* 77,11ff., *Altan kürdün mingγan gegesütü bičig*, IV, Fol. 16vff., *Erdeni-yin erike* des Galdan, Fol. 88v. Zum Kloster Erdeni Juu siehe E. Alexandre, „Erdeni-zuu, un monastère du XVIe siècle en Mongolie," *Etudes mongoles* 10 (1979), 7–34.

[80] Vgl. Paul Hyer, „An Historical Sketch of Köke-khota City, Capitel of Inner Mongolia," *Central Asiatic Journal*, 26 (1982), 56–77, besonders 63. Zu den ersten städtebaulichen Aktivitäten bei Köke qota siehe *Erdeni tunumal*, Fol. 11r3–8.

[81] Hyer, „Historical Sketch," 66, gibt 1576 als Gründungsdatum. Eine ausführliche Beschreibung des Tempels und seiner Architektur gibt Isabelle Charleux, „Un exemple d'architecture mongole: le Siregetü juu de Kökeqota," *Histoire de l'Art*, 46 (2000), 91–110.

[82] Isabelle Charleux, „La peinture des donateurs du temple de Maitreya en Mongolie méridionale," *Arts Asiatiques*, 54 (1999), 85 [85–102], gibt als Gründungsdatum 1575, d.h. der Tempel wäre auf Geheiß des Altan Qaγan noch vor seinem Treffen mit

tin von Altan Qaγans Enkel, die Mijaγ eke, errichtet, um 1607 erfolgte die Gründung des *Baγa Juu*-Tempels.[83] Mit den Tempelgründungen ging die Errichtung von Klöstern einher, die in der Folge zu gravierenden Veränderungen in den Weidebesitzverhältnissen führten. Die mongolischen Eliten forcierten darüber hinaus massiv die Konversion ihrer Untertanen durch eine Reihe von Massnahmen, die den Konvertiten materielle Vorteile brachten und die einheimischen religiösen Spezialistinnen und Spezialisten unter Androhung von Gewalt zum Verstummen brachten.[84] Entsprechend rasch schritt die „Buddhisierung" der mongolischen Völkerschaften fort, und in den ersten Jahrzehnten des 17. Jahrhunderts war dieser Prozess im wesentlichen zum Abschluss gekommen.[85]

Am deutlichsten zeigte sich die Hinwendung zum tibetischen Buddhismus aber in der Übersetzungstätigkeit tibetischer buddhistischer Schriften in das Mongolische, die zu Beginn des 17. Jahrhunderts in einer ersten vollständigen Kanjur-Übersetzung mündete. Diese Übersetzungstätigkeit kann im Sinne der oben gegebenen kultursoziologischen Definition von „Kanon" als ein Kanonisierungsprozess beschrieben werden, der der Stabilisierung und Affirmierung der sich neu konstituierenden mongolischen kulturellen Identität diente, die sich im Spannungsfeld zwischen autochthonen und buddhistischen Weltdeutungshorizonten verortete. Während im mongolischen Weltreich die mongolische Selbstrepräsentation im Wesentlichen durch rituelle und visuelle Symbolisierungen vergegenwärtigt wurde, kam nun die explizite Systematisierung der sich neu konstituierenden kulturellen Identität der Mongolen als buddhisti-

---

dem 3. Dalai Lama erbaut worden. Charleux meint dezidiert, der Mayidari-Tempel sei der früheste in Köke qota errichtete Tempel gewesen. Leider gibt sie keine Quelle für ihre Behauptung an. Die Angabe, der Tempel sei 1606 gegründet worden, findet sich im *Čaγlasi ügei süme-yin jerge-yin bügüde süme-yin uγ bayiγuluγsan yabudal-i bayičaγaγsan dangsa* (Manuskript aus dem Jahr 1787, aufbewahrt in der Königlichen Bibliothek Kopenhagen, Mong. 266). Das Werk lag mir zum Zeitpunkt der Abfassung nicht vor, ich beziehe mich hier auf die Angaben bei Walther Heissig, *Die Familien- und Kirchengeschichtsschreibung der Mongolen; I. 16.-18. Jahrhundert* (Wiesbaden: Harrassowitz, 1959), 33, Anm. 8.

83 Dieses Datum ist zu erschließen aus der Erwähnung der Errichtung des Tempels in den letzten Folios des *Erdeni tunumal* (Fol. 52v8–10).

84 Siehe hierzu Karénina Kollmar-Paulenz, „Der Buddhismus als Garant von „Frieden und Ruhe". Zu religiösen Legitimationsstrategien von Gewalt am Beispiel der tibetisch-buddhistischen Missionierung der Mongolei im späten 16. Jahrhundert," *Zeitschrift für Religionswissenschaft* 11 (2003), 185–207.

85 Eine Ausnahme bildeten die Burjat-Mongolen, von denen ein großer Teil erst in den 1830er Jahren den Buddhismus annahmen.

sches Volk den buddhistischen Schriften, vor allem dem Kanjur, zu. Die erste umfassende Übersetzung des tibetischen Kanjur wurde 1602 in Angriff genommen, wie schon weiter oben berichtet wurde.[86] Aber schon unmittelbar nach 1578 begannen die ersten Übersetzungsarbeiten buddhistischer Werke, die von Übersetzern im Gefolge des 3. Dalai Lama vorgenommen und durch mongolische Fürsten nach Kräften finanziell unterstützt wurden. So wurde nur kurze Zeit nach dem Treffen zwischen Altan Qaγan und dem 3. Dalai Lama, entweder noch im Jahr 1578 oder 1579, das *Suvarṇaprabhāsottama-Sūtra* unter dem Titel *Qutuγtu degedü altan gerel-tü erketü sudur-nuγud-un qaγan neretü yeke kölgen sudur* auf Geheiß Altan Qaγans ins Mongolische übersetzt.[87] Im Gebiet der Qaračin-Mongolen, wohin er 1586 reiste, engagierte sich der 3. Dalai Lama für die Übersetzung buddhistischer Werke und unterrichtete selbst zu diesem Zweck mongolische Mönche und Schreibkundige (mong. *baγsi*) im tibetischen Alphabet, der Orthographie und der Grammatik.[88] Einer dieser Mönche war der berühmte Ayusi güsi,[89] der später zusammen mit Siregetü güsi čorji die erste Kanjur-Übersetzung leitete.

Das Zentrum der buddhistischen Übersetzungstätigkeit lag in der Region um Köke qota. Hier wirkte vor allem Siregetü güsi čorji, der wohl berühmteste Übersetzer jener Zeit, der 1578 im Gefolge des 3. Dalai Lama in die Mongolei gekommen war. Von ihm sind eine Reihe von Übersetzungen bekannt, so, um nur einige zu nennen, 1587 zwei Initiationsrituale des Vajrabhairava,[90] wenig später ein tantrisches Ritual für Sadbuja

[86] Siehe Kap. 2.1. des vorliegenden Beitrags.

[87] Das Manuskript von 301 Folios befindet sich in der Königlichen Bibliothek Kopenhagen.

[88] Diese Information wird im Kolophon des *Mahāmantrānudhāri-Sūtra* (Mong. *Yeke niγuča tarni-yi taγan bariγči sudur*), dem 5. Werk der *Pañcarakṣā*, gegeben, für den Wortlaut siehe Ligeti, *Catalogue*, Nr. 183.

[89] Zu ihm siehe Karénina Kollmar-Paulenz, „A Note on the Mongolian Translator Ayusi güsi," in *Tractata Tibetica et Mongolica. Festschrift für Klaus Sagaster zum 65. Geburtstag*, Hg. K. Kollmar-Paulenz und C. Peter (Wiesbaden: Harrassowitz, 2002), 177–187.

[90] *Čoγtu včir ayuγuluγči yamandagayin čoγ jibqulang-tu egüskeküyin jerge*, Manuskript in der Königlichen Bibliothek Kopenhagen, Mong. 391, sowie *Yeke čoγtu včir ayuγuluγči-yin egüskeküyin jerge orosiba*, Manuskript, Universitätsbibliothek der Katholischen Universität Leuven, Department of Rare Manuscripts and Books, Nr. 19 (ehemals im Missions-Seminar der Scheuter Missionare in Scheut).

Mahākāla,[91] 1618 die Biographie des Mi la ras pa,[92] 1626 das *Üliger-ün dalai*[93] und in den ersten Jahren (?) des 17. Jahrhunderts das *Mani gambu.*[94] In den frühen Jahren der Übernahme des tibetischen Buddhismus durch die Mongolen wurden „kanonische" Werke genauso wie Ritualtexte verschiedener tibetischer Autoren oder didaktische Erzählungen übersetzt. Schon früh jedoch lässt sich eine Fokussierung auf die Werke des Kanjur feststellen. So berichtet das *Erdeni tunumal* (Fol. 48v19–22), dass zwischen 1592 und 1600 ein Übersetzerkomitee die 12 Bände der *Prajñāpāramitā* auf Geheiß des Namudai sečen qaγan, der Jönggin Qatun und des Bošoγtu nom-un qaγan vollständig ins Mongolische übersetzte.[95] Nur zwei Jahre nach diesem ersten groß angelegten Übersetzungsprojekt, das die finanziellen Ressourcen von immerhin drei fürstlichen Gönnern benötigte, begann die Übersetzung des gesamten Kanjur, die 1607 abgeschlossen wurde. Sie wurde von den gleichen Sponsoren gefördert. Es ist auffällig, dass in den Kolophonen der Übersetzungen aus dieser Zeit stets dieselben Namen genannt werden, allesamt Fürsten und ihre Gattinnen aus dem Tümed- und Ordos-Gebiet, also der Südostmongolei.[96] Ein be-

[91] *Čoγtu belge bilig-ün idam jirγuγan γar-tu nom-un qaγan nügüd selte-yin ilerkei onol qangγal maγtaγal utuγul-luγa selte orosibai*, Manuskript, Bibliotheque Nationale Paris, Fonds Tibétain, Nr. 460. Für die Angaben in Anm. 86 und 87 siehe auch Walter Heissig, *Familien- und Kirchengeschichtsschreibung;* I, 33, Anm. 5 und 6.

[92] Siehe Walther Heissig, „Zur geistigen Leistung der neubekehrten Mongolen des späten 16. und frühen 17. Jhdts.," *Ural-Altaische Jahrbücher* XXVI (1954), 108.

[93] Ebd.. Das dort angegebene Jahr 1626 für die Übersetzung kann jedoch nicht korrekt sein, da einer der im Kolophon genannten Sponsoren, Namudai sečen qaγan, schon 1607 gestorben ist.

[94] Über eine solche vor 1614 angefertigte frühe *Mani gambu*-Übersetzung berichtete erstmals Damdinsüren, *Corpus Scriptorum Mongolorum*, XIV, 288–295. Das Werk lag mir bei der Abfassung dieses Beitrags nicht vor, ich stütze mich hier auf die Angaben bei Walther Heissig, „Eine kleine mongolische Klosterbibliothek aus Tsakhar," *Jahrbuch des Bernischen Historischen Museums in Bern* XLI/XLII (1961–1962), 575–576, Anm. 68. Die weite Verbreitung der von Siregetü güsi čorji angefertigten Übersetzungen bezeugt eine erst kürzlich in der Qalqa-Mongolei zutage getretene Ausgabe seiner *Siluγun onul-tu*-Übersetzung, die der Sammler Richard Ernst (Winterthur) nun erworben hat.

[95] Dies ist die ebenfalls von Siregetü güsi čorji angefertigte Übersetzung, für deren Entstehung bisher kein genaues Datum bekannt war. Sie ist 1620 von Mergen dayičing tayiji korrigiert worden. Die redigierte Fassung wurde in den Kanjur-Druck von 1718–20 aufgenommen.

[96] In den zwanziger Jahren des 17. Jahrhunderts bildete sich bei den Čaqar-Mongolen der Ostmongolei ein weiterer Schwerpunkt der Übersetzungstätigkeit, der vor allem durch Sa skya pa-Mönche getragen wurde. Der letzte Großqan der Mongolen, Ligdan Qaγan (1604–1634), unter dessen Ägide die zweite Kanjur-Übersetzung und

trächtlicher Teil der materiellen Ressourcen der Fürsten der südostmongolischen Stämme ist faktisch in die Übersetzungstätigkeiten tibetischer buddhistischer Schriften geflossen.

Zusammenfassend kann festgestellt werden, dass mit dem Friedensvertrag von 1570/71 zwischen Altan Qaγan und der Ming-Dynastie der Grundstein für die erfolgreiche Inkulturation des Buddhismus in den nächsten Jahrzehnten gelegt wurde.[97] Eine entscheidende Rolle spielte dabei die Stadt Köke qota als „urbanes" Zentrum dieser Aktivitäten. Köke qota, zu Beginn ihrer Geschichte ein Stützpunkt für die Truppen des Altan Qaγan, entwickelte sich in den achtziger Jahren des 16. Jahrhunderts zu einem kulturellen Zentrum der Region, in dem sich neben mongolischem und tibetischem Einfluss zunehmend chinesischer Einfluss bemerkbar machte. Die Tätigkeit der ersten Generation von Übersetzern buddhistischer Werke aus dem Tibetischen ins Mongolische mündete sehr rasch, nach knapp 15 Jahren, in das große Projekt einer vollständigen Übersetzung des tibetisch-buddhistischen Kanjur. Im Kanjur als authentischem Wort des Buddha nahm die neue buddhistische Identität der mongolischen Eliten des frühen 17. Jahrhunderts sichtbar Gestalt an. Von welcher Bedeutung für den Prozess der Konstituierung einer gemeinsamen buddhistischen Identität der Kanjur gewesen sein muss, lässt sich auch aus dem von Ligdan Qaγan inaugurierten Übersetzungsprojekt in den Jahren 1628–29 ablesen. Ligdan Qaγan, de jure Großqan der Mongolen, hatte seinen Herrschaftsanspruch de facto weder bei den Mongolen noch gegenüber den erstarkenden Mandschu geltend machen können. Die großangelegte Übersetzung des Kanjur, von der sogar eine Blockdruckausgabe geplant war, band die geistigen Eliten der Zeit an sein Hoflager und stellte in erster Linie eine sichtbare Demonstration seiner politischen Macht dar. Der Kanon wurde damit zur Selbstreferenz eines Herrschaftsanspruchs, der nicht mehr allein durch die Zugehörigkeit zum Klan der Činggisiden, sondern durch die religiös fundierte, ihm nun zukommende Würde eines *Dharmarāja* oder gar *Cakravartin*, eines Weltenherrschers, als der Ligdan Qaγan in den Kolophonen der Kanjur-Übersetzungen oft tituliert wird, begründet wurde.

-Redaktion in den Jahren 1628–29 stattfand, war eine *yon mchod*-Verbindung mit dem Šarba-Qutuγtu, einem Sa skya pa, eingegangen. 1628 fiel dieser allerdings bei Ligdan Qaγan in Ungnade.

[97] Der mongolische Großqan Tümen Qaγan hingegen hatte sich dem Friedensvertrag nicht angeschlossen und setzte seine Überfälle auf chinesisches Territorium in den folgenden Jahren bis zu seinem Tod 1592 fort.

Wurde in den ersten Jahrzehnten die Übersetzung des Buddha-Wortes zur zentralen Repräsentationsfigur einer neuformulierten buddhistischen mongolischen Identität, war es später das Buch in seiner materialen Präsenz, das das authentische Buddha-Wort visuell vergegenwärtigte und die Teilhabe an einer gemeinsamen tibeto-mongolischen buddhistischen Welt garantierte. Dies lässt sich daran ablesen, dass selbst kleine Klöster zumindest einige Bände des Kanjur besaßen. So besaß das kleine, zuletzt (in den zwanziger Jahren des 20. Jahrhunderts) nur noch von drei Lamas bewohnte Kloster *Čaγan küriye süme* in der Čaqar-Mongolei in seiner Klosterbibliothek die zwölf Bände der *Prajñāpāramitā* sowie zwei verschiedene Blockdruckausgaben der *Vajracchedika*.[98] Wie in der restlichen tibetisch-buddhistischen Welt repräsentiert auch in der Mongolei ein einziger Band des Kanjur das Buddha-Wort in seiner Totalität.

In dem zweiten großen Kanonisierungsprozess, der an der Wende des 17. Jahrhunderts zur Neuformulierung der mongolischen kulturellen Identität führte, die sich seither in einem durch autochthone religiöse und buddhistische Weltdeutungsmuster determinierten kulturellen Feld verorten lässt, steht das Medium der Schrift im Vordergrund. Visualität und Ritualität werden jedoch mittransportiert, wie sich an dem rituellen Umgang mit dem Kanjur zeigt, der in seiner Rezeption die wohl bedeutendste Rolle spielt. Für die Nomaden in der Steppe war vor allem die materiale Präsenz des Buches von Bedeutung, denn sie garantierte Schutz vor Gefahren wie Viehseuchen und ähnlichem.[99] Gerade im rituellen Umgang mit dem Buch aber zeigt sich der dauerhafte Erfolg des durch das Medium der Schrift im späten 16. Jahrhundert eingeleiteten Kanonisierungsprozesses in der Mongolei.

---

[98] Das Kloster muss lediglich eine lokale Bedeutung gehabt haben, da es nicht im *Erdeni-yin erike*, der Aufzählung bedeutender Klöster in der Mongolei, aus dem Jahr 1835 erwähnt wird. Die Werke, die es besaß, weisen ein beträchtliches Alter auf: manche datieren aus den ersten Jahrzehnten der buddhistischen Missionierung der Mongolei; siehe Heissig, „Klosterbibliothek".

[99] Ein schönes Beispiel, welche Befürchtungen das Fehlen eines „heiligen" Buchs in deren Besitzern auslöst, schildert Walther Heissig; siehe Walther Heissig, *Ein Volk sucht seine Geschichte,* 168–169.

Bibliographie

Primärquellen

Čaγlasi ügei süme-yin jerge-yin bügüde süme-yin uγ bayiγuluγsan yabudal-i bayičaγaγsan dangsa. Manuskript aus dem Jahr 1787, KöniglicheBibliothek Kopenhagen, Mong. 266.

Erdeni tunumal neretü sudur. Fotokopie des in der Bibliothek des Instituts für Geschichte und Literatur der Innermongolischen Akademie für Gesellschaftswissenschaften (Hohot, VR China) aufbewahrten Manuskripts.

Galdan. *Erdeni-yin erike kemekü teüke bolai.* Ulaanbaatar: Erdem šinžilgeenij chevlel, 1960.

Haenisch, Erich. *Eine Urga-Handschrift des mongolischen Geschichtswerks von Secen Sagang (alias Sanang Secen).* Berlin, 1955.

Haenisch, Erich. *Manghol un niuca tobca'an. (Yüan-cha'o pi-shi). Die geheime Geschichte der Mongolen. Aus der chinesischen Transkription (Ausgabe Ye Têh-hui) im mongolischen Wortlaut wiederhergestellt. Teil I: Text.* Wiesbaden: Franz Steiner, 1962.

Heissig, Walther, Hg. *Altan kürdün mingγan gegesütü bičig. Eine mongolische Chronik von Siregetü Guosi Dharma (1739). Hrsg. und mit Einleitung und Namensverzeichnis versehen.* Kopenhagen: Ejnar Munksgaard, 1958.

Heissig, Walther, Hg. *Erdeni-yin Erike. Mongolische Chronik der lamaistischen Klosterbauten der Mongolei von Isibaldan (1835). In Faksimile mit Einleitung und Namensverzeichnis.* Kopenhagen, 1961.

Pozdneev, Aleksej. *Mongol'skaja letopis' „Ėrdėnijn' ėrichė". Podlinnyj tekst s perevodom i pojasnenijami, zaključajuščimi v sebe Materialy dlja istorii Chalchi s 1636 po 1736 g.* Sanktpeterburg, 1883.

Pringlai, Hg. *Asaraγči neretü-yin teüke.* Ulan-Bator, Erdem šinžilgeenij chevlel, 1960.

Sanang Sečen. *Erdeni-yin tobči.* Beijing, 1987.

Sekundärliteratur

Alexandre, E. „Erdeni-zuu, un monastère du XVIe siècle en Mongolie." *Etudes mongoles* 10 (1979), 7–34.

Assmann, Aleida, und Jan Assmann. „Kanon und Zensur." In *Kanon und Zensur. Archäologie der literarischen Kommunikation II,* hg. von Aleida u. Jan Assmann, 7–27. München: Wilhelm Fink Verlag, 1987.

Assmann, Jan. *Das kulturelle Gedächtnis.* Schrift, Erinnerung und politische Identität in frühen Hochkulturen. München: Beck, 1992.

Assmann, Jan. *Religion und kulturelles Gedächtnis. Zehn Studien.* München: Beck-Verlag, 2000.

Bischoff, Friedrich A. *Der Kanjur und seine Kolophone. Bd. I (Vol. 1–25: Tantra), Bd. II*

(Vol. 26–47: Prajñaparamita, Vol. 48–53: Ratnakuta, Vol. 54–59: Avatamsaka, Vol. 60–92: Sutra, Vol. 93–108: Vinaya). Bloomington: The Selbstverlag Press, 1968.

Charleux, Isabelle. „La peinture des donateurs du temple de Maitreya en Mongolie méridionale." *Arts Asiatiques*, 54 (1999), 85–102.

Charleux, Isabelle. „Un exemple d'architecture mongole: le Siregetü juu de Kökeqota." *Histoire de l'Art*, 46 (2000), 91–110.

Colpe, Carsten. „Sakralisierung von Texten und Filiationen von Kanons." In *Kanon und Zensur. Archäologie der literarischen Kommunikation II*, hg. von Aleida u. Jan Assmann, 80–92. München: Wilhelm Fink Verlag, 1987.

Damdinsüren, *Mongolyn uran zochiolyn toim*, II. Ulan Bator, 1977.

Goody, Jack. „Canonization in Oral and Literate Cultures." In *Canonization and Decanonization*, hg. von A. v. d[vollstänige Vornamen??] . Kooij u. K. v. d. Toorn, 3–16. Leiden et al.: Brill, 1998.

Gutschow, Niels, u. Charles Ramble. „Up and Down, inside and outside. Notions of Space and Territory in Tibetan Villages of Mustang." In *Sacred Landscape of the Himalaya*, hg. von N. Gutschow et al, 148–157. Wien: Österreichische Akademie der Wissenschaften, 2003.

Hahn, Alois. „Kanonisierungsstile." In *Kanon und Zensur. Archäologie der literarischen Kommunikation II*, hg. von Aleida u. Jan Assmann, 28–37. München: Wilhelm Fink Verlag, 1987.

Hahn, Alois. „Glaube und Schrift – oder die Selbstthematisierung von Hochreligionen." In *Konstruktionen des Selbst, der Welt und der Geschichte*, hg. von ders., 237–260. Frankfurt am Main: Suhrkamp, 2000.

Heissig, Walther. „Zur geistigen Leistung der neubekehrten Mongolen des späten 16. und frühen 17. Jhdts.." *Ural-Altaische Jahrbücher* XXVI (1954), 101–116.

Heissig, Walther. „Zur Entstehungsgeschichte der mongolischen Kandjur-Redaktion der Ligdan Khan-Zeit (1628–1629)." *Studia Altaica. Festschrift für Nikolaus Poppe zum 60. Geburtstag am 8. August 1957*, hg. von Omeljan Pritsak, 71–87. Wiesbaden: Harrassowitz, 1957.

Heissig, Walther. *Die Familien- und Kirchengeschichtsschreibung der Mongolen. I. 16.-18. Jahrhundert.* Wiesbaden: Harrassowitz, 1959.

Heissig, Walther. „Eine kleine mongolische Klosterbibliothek aus Tsakhar." *Jahrbuch des Bernischen Historischen Museums in Bern* XLI/XLII (1961–1962), 557–590.

Heissig, Walther. *Beiträge zur Übersetzungsgeschichte des mongolischen buddhistischen Kanons.* Göttingen: Vandenhoeck & Ruprecht, 1962.

Heissig, Walther. *Ein Volk sucht seine Geschichte. Die Mongolen und die verlorenen Dokumente einer großen Zeit.* Düsseldorf und Wien: Econ, 1964.

Hyer, Paul. „An Historical Sketch of Köke-khota City, Capitel of Inner Mongolia." *Central Asiatic Journal*, 26 (1982), 56–77.

Kara, György. „Zur Liste der mongolischen Übersetzungen von Siregetü güüsi." In *Documenta Barbarorum. Festschrift für Walther Heissig zum 70. Geburtstag, Veröffentlichungen der Societas Uralo-Altaica; 18*, hg. von Klaus Sagaster u. Michael Weiers,

210–217. Wiesbaden: Harrassowitz, 1983:

Kas'janenko, Zoya K. „Oglavlenie mongol'skogo 'Gandžura' pod nazvaniem 'Solnečnyj svet'." *Pis'mennye pamjatniki Vostoka: Istoriki-filologičeskie issledovanija.* Ežegodnik 1978–1979 (Moskva, 1987), 158–185.

Kas'janenko, Zoya K. „K voprosu ob istorii redakcii mongol'skogo 'Gandžura'." *Mongolica.* Pamjati akademika Borisa Jakovleviča Vladimircova 1884–1931 (Moskva, Nauka, 1986), 252–264.

Kas'janenko, Zoya K. *Katalog peterburgskogo rukopisnogo „Gandžura."* Sostavlenie, vvedenie, transliteracija i ukazateli. Moskva: Nauka, 1993.

Kas'janenko, Zoya K. „Novye dannye o pervoj redakcii buddiskogo kanona na mongol'skom jazyke." *Mongolica II* k 750-letiju „Sokrovennogo skazanija" (Moskva, 1993), 221.

Kas'janenko, Zoya K. „Nekotorye istoričeskie svedenija v kolofonakh 'Gandžura'." *Mongolica IV* (Sanktpeterburg: Izdatel'stvo Peterburgskoe Vostokovedenie, 1998), 20–22.

Kollmar-Paulenz, Karénina. *Erdeni tunumal neretü sudur. Die Biographie des Altan qaγan der Tümed-Mongolen. Ein Beitrag zur Geschichte der religionspolitischen Beziehungen zwischen der Mongolei und Tibet im ausgehenden 16. Jahrhundert.* Wiesbaden: Harrassowitz, 2001.

Kollmar-Paulenz, Karénina. „A Note on the Mongolian Translator Ayusi güsi." In *Tractata Tibetica et Mongolica. Festschrift für Klaus Sagaster zum 65. Geburtstag,* hg. von Karénina Kollmar-Paulenz und Christian Peter, 177–187. Wiesbaden: Harrassowitz, 2002.

Kollmar-Paulenz, Karénina. „The Transmission of the Mongolian Kanjur: A Preliminary Report." In *The Many Canons of Tibetan Buddhism,* hg. von Helmut Eimer und David Germano, 151–176. Leiden usw.: Brill, 2002.

Kollmar-Paulenz, Karénina. „Der Buddhismus als Garant von „Frieden und Ruhe". Zu religiösen Legitimationsstrategien von Gewalt am Beispiel der tibetisch-buddhistischen Missionierung der Mongolei im späten 16. Jahrhundert." *Zeitschrift für Religionswissenschaft* 11 (2003), 185–207.

Kollmar-Paulenz, Karénina. „Außereuropäische Konzepte von Gemeinwohl: Die Mongolen." In *Gemeinwohl – Bien commun. Ein kritisches Plädoyer – Un plaidoyer critique,* hg. von Jean-Michel Bonvin et al., 377–402. Fribourg: Academic Press, 2004.

Kuper, Adam. *Culture. The Anthropologist's Approach.* Cambridge and London: Harvard University Press, 2000.

Ligeti, Louis. *Catalogue du Kanjur Mongol Imprimé,* Vol. I. Catalogue. Budapest: Société Kőrösi Csoma, Harrassowitz, 1942.

Ligeti, Louis. „Répertoire du Kanjur mongol imprimé," *Acta Orientalia Scientiarum Hungaricae* Tomus XLI, Fasc. 3. (1987), 344–496.

Mostaert, Antoine. „Sur le Culte de Sagang Sečen et de son bisaieul Qutuγtai Sečen chez des Ordos." *Harvard Journal of Asiatic Studies* 29 (1957), 435–566.

Müller, Stefan. „Der Kult am Mausoleum des Činggis Khan im Ordos-Gebiet. Persönliche Beobachtungen aus den Jahren 1984 bis 1988." *Zentralasiatische Studien,* 24

(1994), 180–220.

Rachewiltz, Igor de. *The Secret History of the Mongols. A Mongolian Epic Chronicle of the Thirteenth Century. Translated with a historical and philological commentary;* Bd. I, II.. Leiden und Boston: Brill, 2004.

Ruegg, David Seyfort. *Ordre spirituel et ordre temporel dans la pensée bouddhique de l'Inde et du Tibet.* Paris: Collège de France, 1995.

Sabloff, Paula L. „Genghis Khan and Modern Mongolian Identity: The Democracy Connection." *The Mongolian Journal of International Affairs* 8–9 (2002), 38–56.

Sagaster, Klaus. „Ein Dokument des Tschinggis-Khan-Kults in der Khalkha-Mongolei." In *Collectanea Mongolica. Festschrift für Professor Dr. Rintchen zum 60. Geburtstag,* hg. von Walther Heissig, 193–234. Wiesbaden: Harrassowitz, 1966.

Sagaster, Klaus. *Die Weiße Geschichte. Eine mongolische Quelle zur Lehre von den Beiden Ordnungen Religion und Staat in Tibet und der Mongolei. Herausgegeben, übersetzt und kommentiert.* Wiesbaden: Harrassowitz, 1976.

Sagaster, Klaus. „Ein Ritual aus dem heutigen Činggis-Heiligtum in Ordos", *Zentralasiatische Studien* 23 (1992/1993), 145–151.

Sarközi, Alice. „Mandate of Heaven. Heavenly Support of the Mongol Ruler." In *Altaica Berolinensa. The Concept of Sovereignty in the Altaic World,* hg. von Barbara Kellner-Heinkele, 215–221.Hg. Wiesbaden: Harrassowitz, 1993.

Sayinjirgal und Šaraldai. *Altan ordon-u tayilg-a.* Beijing: Ündüsütün-ü keblel-ün qoriy-a, 1983.

Serruys, Henry. *Sino-Mongol Relations during the Ming II. The Tribute System and Diplomatic Missions (1400–1600).* Bruxelles: Institut Belge des Hautes Etudes Chinoises, 1967.

Serruys, Henry. „Chinese in Southern Mongolia during the Sixteenth Century." *Monumenta Serica* XVIII (1959), 1–95.

Serruys, Henry. „Four Documents Relating to the Sino-Mongol Peace." *Monumenta Serica* XIX (1960), 1–66.

Skilling, Peter. „From bKa' bstan bcos to bKa' 'gyur and bsTan 'gyur." In *Transmission of the Tibetan Canon.* Papers Presented at a Panel of the 7th Seminar of the IATS, Graz 1995, hg. von Helmut Eimer, 87–111. Wien: Verlag der Österreichischen Akademie der Wissenschaften, 1997.

Uspensky, Vladimir L. „The Tibetan Equivalents to the Titles of the Text in the St. Petersburg Manuscript of the Mongolian Kanjur: A Reconstructed Catalogue." In *Transmission of the Tibetan Canon.* Papers Presented at a Panel of the 7th Seminar of the IATS, Graz 1995, hg. von Helmut Eimer, 113–176. Wien: Verlag der Österreichischen Akademie der Wissenschaften, 1997.

Vladimircov, Boris J. „Nadpisi na skalach khalkhaskogo Tsoktu-taidzhi." *Izvestija Akademii Nauk SSSR* (1927), 215–240.

Weller, Friedrich. „Der gedruckte mongolische Kanjur und die Leningrader Handschrift." *Zeitschrift der deutschen Morgenländischen Gesellschaft* XC (1936), 309–431.

Weller, Friedrich. *Über den Quellenbezug eines mongolischen Tanjurtextes. Abhandlun-*

gen der sächsischen Akademie der Wissenschaften zu Leipzig, Philologisch-historische Klasse, Bd. 45, Heft 2. Berlin: Akdemie-Verlag, 1950.

Wilhelm von Rubruk, *Reise zu den Mongolen 1253–1255, übersetzt und erläutert von Dr. Friedrich Risch*. Leipzig: A. Deichertsche Verlagsbuchhandlung, 1934.

Classics or Sacred Books?

Grammatological and Interpretive Problems of Ruist and Daoist Scriptures in the Translation Corpora of James Legge (1815–1897) and Richard Wilhelm (1873–1930)

LAUREN PFISTER

When in 1873 Friedrich Max Müller presented his initial lecture on the "Introduction to the Science of Religion", he lauded scholars of his own age with having achieved a new stage of access to a large library of the major sacred texts of the then known major religious traditions within human civilizations. Comparing his era favorably to the comparative religious interests of the Indian Mogul emperor Akbar (1542–1605 C.E.),[1] Müller was obviously anticipating his own major project of the *Sacred Books of the East* (1879–1902), but also noted that "the ancient religions of China… that of Confucius and that of Laotse, may now be studied in excellent translations of their sacred books". This indirect reference was made without any further elaboration or bibliographic details, but in retrospect it can be known that he was making reference to the major work of the translation and interpretation of the Ruist ("Confucian") *Chinese Classics* by James Legge (Lǐ Yǎgé 理雅各, 1815–1897), completed in its first edition only one year earlier, and possibly to the translation of the Daoist classic associated with Lǎozǐ 老子 published in 1868 by another bridging figure and "missionary-scholar", James Chalmers (Zhān

[1] Müller's reference to emperor Akbar was not only mentioned in passing, but was a tribute to his avid interest in comparative religious debates. These he documented in notes referring to contemporaries who either lauded or criticized him, which he also made available in an appendix. See Friedrich Max Müller, *Introduction to the Science of Religion, Four Lectures delivered at the Royal Institution, with Two Essays on False Analogies, and the Philosophy of Mythology* (London: Longmans, Green, and Co., 1873), pp. 23, 68–100.

Max Deeg, Oliver Freiberger, Christoph Kleine (Hrsg.), *Kanonisierung und Kanonbildung in der asiatischen Religionsgeschichte*. VÖAW: Wien 2011, pp. 421–463.

Yuēhàn 湛約翰, 1825–1899).[2] These "excellent translations" were precedents of the sort which Müller later in his lecture described as reflecting "the rules of critical scholarship", so that "canonical books" are "not to be trusted implicitly,… [but] must be submitted to a more searching criticism and to more stringent tests than any other historical books".[3] This is not to say that there had not been other previous translations of many of these classical standards, especially those prepared by 18th century Jesuit scholars and early 19th century French academicians such as Abel-Rémusat, Eduourd Biot, and Guillaume Pauthier. Among Ruist scriptures, only the full text of the *Spring and Autumn Annals / Chūnqiū* 春秋 and its *Zuǒ Commentary / Zuǒzhuàn* 左傳 had not been previously rendered into some European version, and among the Daoist classics only the *Zhuāngzǐ* 莊子 had not yet received a full rendering by the early 1870s.[4] What Müller intended to point out, then, was that these other renderings lacked the critical apparati and extensive study into commentarial traditions which the missionary-scholars in China had made available for the first time.

Neither Müller nor Legge knew at that time that three years later in 1876 they would become faculty colleagues at Corpus Christi in Oxford. That transposition across continents,[5] however, accompanied what for

[2] Details about Legge's Chinese Classics are presented below. Chalmer's work was entitled *The Speculations on Metaphysics, Polity, and Morality, by "the Old Philosopher", Lautsze* (London: Trübner, 1868).

[3] Selectively quoted from Müller, *Introduction to the Science of Religion*, pp. 25, 31.

[4] Legge was the first to provide renderings of these two Ruist scriptures, and in his prolegomena also presented selected passages from the two other commentaries that had sometimes also been given canonical status, the Gōngyáng 公羊 and Gǔliáng 穀梁 Commentaires. Regarding this claim related to the Ruist scriptures, secondary confirmation is provided by Michael Loewe's bibliographic guide, but with regard to the *Zhuāngzǐ* even his text is not completely direct or comprehensive in providing a list of all previous translations. If my memory serves me correctly, I do not recall that there was a full rendering of the *Zhuāngzǐ* in English until Herbert Giles provided it in the 1880s. I know of no French addition before 1873, and the first German rendition was produced by Richard Wilhelm in 1912. For further details consult Michael Loewe, ed., *Early Chinese Texts: A Bibliographical Guide* (Berkeley, California: The Society for the Study of Early China and The Institute of East Asian Studies, University of California, 1993) and David B. Honey, *Incense at the Altar: Pioneering Sinologists and the Development of Classical Chinese Philology* (New Haven, Connecticut: American Oriental Society, 2001).

[5] In 1873 Legge made a monumental intercontinental trip, passing through Shànghǎi and Běijīng among other places before travelling via Japan by boat to North America. Once across the Pacific Ocean, he travelled across the breadth of the United

Legge was a more decisive transformation of his own account of Ruist traditions as being "mere" classics to containing "sacred books" or scriptures. This was a spiritual passage that began self-consciously with his visit to Master Kǒng's (Kǒngzǐ 孔子, "Confucius") tomb in Qūfù 曲阜 and the altar of the Temple of Heaven, Tiāntán 天壇, in Běijīng 北京 in 1873, was stimulated further by his reading of Müller's essays in 1876, and was formally announced in his small essay of 1877 entitled *Confucianism in Relation to Christianity*.[6] In fact, this transition between "classics" and "sacred books" or "scriptures" involved a complex set of relationships between Legge's *Chinese Classics* and the six volumes published as part of the *Sacred Books of the East* as the "Sacred Books of China" (1879–1891). There was no simple replacement of titles, but the deciphering of a "canon within the canon" in the case of the authorized scriptures of Ruism,[7] and an explicit connection of the ancient Daoist standards with much later religious tractates associated with explicit Daoist religious practices. All of these matters, however, emerged after Legge had spent nearly four decades in study and critical scholarship related to Chinese traditions, and especially in his explorations in the history of Ruism.

As Müller rightly suggested, Legge's and others' translations and commentarial work on canonical texts central to the study of the history of religions set a new standard for their general understanding. Yet this

States, from west coast to east coast, before taking another vessel to London. Details about this trip and its significance are provided in Norman J. Girardot, *The Victorian Translation of China: James Legge's Oriental Pilgrimage* (Berkeley: University of California Press, 2002), pp. 83–99.

6 This momentous transition was intimately related to Legge's own reevaluation of the philosophical and religious significance of the teachings of Master Kǒng and distinguishing between his historical character and the subsequent ritual traditions that often deified him. In another lengthy article I have provided more details related to this transition; my interpretive account varies in some dimensions from Girardot's, as presented in the passage mentioned in the previous footnote. Those interested can consult "From Derision to Respect: The Hermeneutic Passage within James Legge's (1815–1897) Ameliorating Evaluation of Master Kong ("Confucius")", *Bochumer Jahrbuch zur Ostasienforschung* 26 (2002), pp. 53–88.

7 Here I am thinking explicitly of the phenomenon associated with Martin Luther's standard of "was Christum treibt" ("whatever promotes Christ") in its application to a critical assessment of the biblical canon in the New Testament, which has been referred to in some detail by H. J. Adriaanse in his article, "Canonicity and the Problem of the Golden Mean", published in A. Van Der Kooij and K. Van Der Toorn, eds., *Canonization and Decanonization: Papers presented to the International Conference of the Leiden Institute for the Study of Religions (LISOR), Held at Leiden 9–10 January 1997* (Brill: Leiden, Boston, Köln, 1998), pp. 319–320.

significant fact has not always been recognized, especially in the case of Legge's own corpus devoted to the Ruist and Daoist scriptures. While other missionary-scholars and European professors in the late 19th century had already begun to employ Legge's *Chinese Classics* as the new Chinese "canon-in-translation" – that is, a new "Chinese canon" created as a result of translation into English – many who became engaged with Chinese religious traditions took this assertion for granted without fully understanding the standardizing power and trans-historical significance of Legge's larger corpus (which included the "Sacred Books of China").[8] Later political volatility in China leading to the destruction of the Qīng empire and its traditional moorings probably weakened the general motivation and even the academic need in many persons' minds to "refer back" to Legge's renderings. This came about because Republican China appeared to be moving beyond its past, and the People's Republic of China subsequently placed those traditions under ideological critique. This deconstructive cultural transition Legge himself anticipated in the final commentary of his *Chinese Classics* written in 1872, expressing in some passages a sense of anxiety for Chinese persons and their institutions, but more often accompanying these comments with the hope that Protestant Christian developments would have a part in the overall transformation process.[9] In retrospect, it is not hard to see that things did not generally go the way Legge had hoped. But with regard to his own heritage of the Chinese canon-in-translation, the history of the study of the history of religions appears to have branded a double irony on the *Wirkungsgeschichte* or historical impact of his works. Both in the 1893 World's Parliament of Religions and in more recent reflections on the relationship between canon and commentary in Ruist traditions at the end of the 20th century, the unnamed aura of Legge's canon-in-translation remains a tenable pres-

---

[8] Adriaanse notes that Jan and Aleida Assmann have listed "six phenomena" associated with a "canon syndrome", which include the following elements: endurance of traditions across intergenerational times, dehistorization (allowing immediate access to their expressiveness), institutionalization, normativity, personal and cultural identification with these scriptures, and retrospection (because the canonization process "implies a consciousness of decline and distance" from the original events which the scriptures describe). For bibliographic details and a further description of each of these six aspects, see H. J. Adriaanse, "Canonicity and the Problem of the Mean", pp. 313–314.

[9] Critical comments with these mixed elements in them appear in the last two sections of his "judgment of Confucius", *Chinese Classics, Volume 5* (1872/1893), pp. 49–53.

ence, like a long shadow stretching across decades of intellectual and cultural changes.[10]

Even while Legge's submersion into the netherworld of the history of nearly forgotten academics advanced without leaving many traces in Anglophone worlds during the early decades of the 20th century, he remained a by-word among European sinologists without receiving any further substantial reevaluation. Yet in the northeastern Chinese city and German colony of Qīngdǎo 青島, a German missionary-scholar named Richard Wilhelm began to work self-consciously with the Scotsman's corpus in mind. Commencing in 1910, Wilhelm initiated the production

[10] Legge did not participate in the Chicago event of 1893, and so it is not immediately obvious at all that his influence was there among various Protestant missionaries and Chinese Christians, or even within the work by the one Ruist scholar and Qīng government official who presented papers. This is far from being the case, however, even in spite of the fact that in Eric Ziolkowski's interesting book, *A Museum of Faiths: Histories and Legacies of the 1893 World's Parliament of Religions* (Atlanta, Georgia: Scholar's Press, 1993), there is no mention of Legge, while there are some references to F. Max Müller. In the same manner Jonathan Z. Smith in 1997 could still note that there are "important new treatments" of canonical questions in Chinese, South Asian, and Buddhist canons, but "as yet no consensus". The text cited in this context by Smith is John B. Henderson's initial work on comparative canonical and commentarial research published in 1991. Since then another volume by Henderson focusing on comparative canonical developments employing the later "Neo-Confucian" synthesis has been published in 1998, and an award-winning tome on the canonization and commentarial developments of the *Analects* has been produced by the Australian sinologist, John Makeham, but I will argue here that what Henderson and Makeham reveal in their texts has been materially anticipated in Legge's own commentaries, even though the interpretive framework has shifted away from Müllerian-style "science of religion" assumptions and the systematic attempt of comparison is more rigorous. Significantly, Henderson has only one page indexed with Legge mentioned in the earlier volume, and none in the second; Makeham's work, which is primarily based on original sources in both canonical and commentarial traditions, an approach which Legge himself employed and set as a sinological standard, also makes no direct reference to Legge in his index. For full accounts to the claims mentioned above, see Jonathan Z. Smith, "Canons, Catalogues and Classics" in Kooij and Toorn, eds., *Canonization and Decanonization*, p. 296; John B. Henderson's two works, *Scripture, Canon, and Commentary: A Comparison of Confucian and Western Exegesis* (Princeton: Princeton University Press, 1991) and *The Construction of Orthodoxy and Heresy: Neo-Confucian, Islamic, Jewish, and Early Christian Patterns* (Albany: State University of New York Press, 1998); John Makeham, *Transmitters and Creators: Chinese Commentators and Commentaries on the Analects* (Cambridge, Massachusetts and London: Harvard University Press, 2003).

of another Chinese canon-in-translation, this time in German, and in contrast to Legge produced some surprisingly different kinds of scriptures. Working in a political and cultural context where he watched and documented the downfall of the Qīng empire and its traditional underpinnings, Wilhelm was moved to reengage the Chinese scriptures of the recent past with a new interpretive attitude. Consequently, while knowing Legge's precedents, he incorporated Daoist scriptures very early into his own long list of Ruist and alternative Chinese canonical texts, and later produced separate volumes reflecting on the critical study of both the *Analects* (*Lúnyǔ* 論語 which he rendered less archaically as *Gespräche* or "Conversations") and the *Dàodéjīng* 道德經.[11] More significantly, Wilhelm explored new ways of presenting two major texts in the Ruist canon – the *Yìjīng* 易經 or *Book of Changes* and the *Lǐjì* 禮記 or *Record of the Rites* – shifting the content of the authorized texts in unanticipated ways. In these ways he produced a grammatological precedent, while also rendering them in ways that reflected a greater assertion of their religious or spiritual orientations. Because he did so while being self-conscious of Legge's own precedents in providing sinological standards for these canon-in-translation, Wilhelm's readjustment of texts sets up a special case study for noting the relationship between canon and commentary, as well as the impact of re-devising (or deconstructing) the canon in order to reveal other aspects of these texts.[12] For example, Wilhelm's rendering of the *Book of Changes* (*Das Buch der Wandlungen*) has been retranslated into at least nine other languages, making its own canonical status as a canon-in-translation particularly noticeable. In addition, he reconstructed the text in complicated ways, dividing the divinatory and commentarial texts into three parts or levels, a manner of presenting these materials

[11] Two were published in 1925 when Wilhelm had already taken up his professorship in Chinese language and literature at the University of Frankfurt, and a further volume was published in 1928 revealing the influence of the New Text Reformist Ruism of Kāng Yǒuwéi 康有為 (1858–1927). The earlier two were published by Fr. Frommanns Verlag in Stuttgart, one entitled *Lao-tse und Der Taoismus*, the other as *Kung-tse: Leben und Werk*. The third volume is *K'ungtse und der Konfuzianismus* (Berlin und Leipzig: Walter de Gruyter und Co., 1928).

[12] My own initial attempts to address these issues appeared in a Chinese article entitled "Scaling the Sinological Himalayas: Insights gained from a Comparison of James Legge's (1815–1897) and Richard Wilhelm's (1873–1930) Translations of Classical Ruist Scriptures" in the *Newsletter of the Institute of Chinese Literature and Philosophy of the Academia Sinica* 15:2 (Sept. 2005): pp. 21–57.

which was unprecedented by any previous Chinese publication. More about these particular problems will be discussed below.

In response to all of these matters, I intend here to pursue a longer route of study and reflection to address several issues. Four basic questions will guide the subsequent discussion. First of all, what exactly did Legge accomplish in his several different versions of Ruist and Daoist canon-in-translation? Secondly, what were the sinological standards which he established for these canonical renderings? Following this, we should address what is the significance of his shift from "classics" to "sacred books" for the history of religions and reflections on Ruist and Daoist canonization process. Finally, how has Wilhelm's re-presentation and refraction of aspects of both Ruist and Daoist canonical literature relied upon, enhanced, and challenged Legge's precedents in these areas?

I. An Overview of Recent Scholarship related to James Legge's Sinological Translations

Some years ago a phrase was coined, referring to James Legge as an "intellectual black hole".[13] The image was intended to suggest that James Legge's presence as a sinological "heavyweight" was undisputed, but there had been no more substantial effort to reveal what has made him so significant. During the past twenty years I have made it my purpose to correct this intellectual shortcoming, gaining in the process many new understandings and insights which were previously unknown about the man and his sinological corpus. A brief summary of these discoveries relating to his sinological corpus as it is primarily found in classical Ruist literature includes the following major points.

A. James Legge's Sinological Achievements

1. Legge's Multiform Translations.

The eight-tomes-in-five-volumes set of the *Chinese Classics*[14] and the six volumes of Ruist and Daoist classical literature translated and interpreted

[13] Expressed in the first section of an article by this author, "A Forgotten Treasure: James Legge's Metrical *Book of Poetry*," *Shijing Studies* (Tokyo) 19 (1994), pp. 8–19.

[14] The first edition of the *Chinese Classics* was published in Hongkong at the Anglo-Chinese College Press run by James Legge and others of the London Missionary Society. The first volume included three works (given according to Legge's titles at

as the *Sacred Books of China*[15] are well known. (See the appended chart of his major translations.) This latter set of works were part of the much larger 50 volume series edited by Friedrich Max Müller under the title of the *Sacred Books of the East*. Significantly, Legge had translated many of the same "Chinese classics" at least twice.[16] In the cases of the *Great Learning* (*Dàxué* 大學) and the *State of Equilibrium and Harmony* (first known as the *Doctrine of the Mean*, *Zhōngyōng* 中庸), Legge translated and published four different renderings of these two works throughout his

that time, which have become standard titles since then): the *Analects* (*Lúnyǔ* 論語), the *Great Learning* (*Dàxué* 大學), and the *Doctrine of the Mean* (*Zhōngyōng* 中庸). The fourth volume of the famous *Four Books* appears as the second volume, that is, the *Mencius* or *Mèngzǐ* 孟子. All of these were published in 1861. Four years later, the third volume entitled the *Book of Historical Documents* (*Shūjīng* 書經) was published, and then after another six year hiatus, the fourth volume, which was Legge's prose rendering of the *Book of Poetry* (*Shījīng* 詩經). The final volume in this first edition was published in 1872, including as its main body the texts of the *Spring and Autumn Annals* (*Chūnqiū* 春秋) and a not quite complete translation (some passages were only glossed) of its very lengthy *Zuǒ Commentary* (*Zuǒzhuàn* 左傳). Further aspects of their form and presentation have been described in Lauren F. Pfister (hereafter simply "LFP"), "James Legge", in Chan Sin-wai and David E. Pollard, eds., *An Encyclopaedia of Translation: Chinese-English, English-Chinese* (Hongkong: Chinese University Press, 1995), pp. 401–422.

15 Unlike the *Chinese Classics*, none of these volumes of translations included either a "modern" Chinese text above the English translation or an extensive commentarial apparatus, even though there were occasional brief explanatory notes. (The Chinese text employed in the *Chinese Classics* had been taken by Legge from the redactions collated and explained under Ruǎn Yuán's 阮元 editorship as part of the large collectanea, *Huáng Qīng jīngjiě* 皇清經解.) *The Sacred Books of China* are not produced in a serial form within *The Sacred Books of the East*, but appear as independent volumes within the larger series of books, constituting the 3rd, 16th, 27th, 28th, 39th and 40th volumes of that set. Described according to their content, these included the *Book of Historical Documents*, the *Book of Poetry* (in prose form) and the *Classic of Filial Piety* (*Xiàojīng* 孝經) in the 3rd volume; the *Book of Changes* (*Yìjīng* 易經) and its *Ten Wings* presented in seven *Appendices* (*Shíyì* 十翼 or *Dàzhuàn* 大傳) in the 16th volume; the lengthy *Book of Rites* (*Lǐjì* 禮記) with summaries of each chapter's contents in the prolegomena in the 27th and 28th volumes; the *Dàodéjīng* 道德經 and the first seventeen chapters of the *Zhuāngzǐ* 莊子 filled the 39th volume, while the last presented the remaining chapters of the *Zhuāngzǐ* as well as seven Daoist religious tractates reflecting doctrines of various schools, but all from texts found in the Sòng 宋 or later dynasties.

16 The only texts which were not republished in another rendering were the *Chūnqiū* and *Zuǒzhuàn*, mostly because of the latter's great length.

lifetime.[17] This made the interpretive questions surrounding the hermeneutic justifications and his careful translation adjustments across the different versions of the same work more complicated historically and, in terms of research discoveries, far more interesting.

2. Two Editions of the Chinese Classics.

The two editions of the *Chinese Classics* – the first set completed during Legge's last stage of his missionary-scholar career in Hongkong (1861–1872) and the second edition republished by the Clarendon Press in Oxford near the end of his professorship there at Corpus Christi College (1893–1895) – proved to be related in more complicated ways than initially understood. The second edition is only partially revised, the first two volumes dealing with the *Four Books* being the portion which had been revised in subtle but significant ways. These revisions not only involved corrections of certain translation tropes and the form of transliteration, but also additions and corrections to his lengthy commentarial materials, adding new materials to his bibliographies for those two volumes.[18] Nevertheless, the most significant change was his radically different assessment of Master Kǒng 孔子, the person he regularly referred to as

[17] The first rendering of each of these two Ruist scriptures appeared in the 1861 edition of volume 1 in the *Chinese Classics*. Following this, they appeared in a "modernized" version produced by Trübner and Company in London in 1867. Both of these as well as the fourth rendering, the revised version of volume 1 of the *Chinese Classics* produced in Oxford by the Clarendon Press in 1893, assumed the texts edited by Zhū Xī (1130–1200) as the standard canonical redaction. Yet when in 1885 Legge produced his English rendering of the *Book of Rites*, he chose not to follow some Qīng dynasty precedents which simply referred to Zhū Xī's redactions to replace the "old text"; instead, he presented both the *Zhōngyōng* and *Dàxué* in their traditional context of this scripture as the 28th and 39th chapters respectively. Because Zhū Xī had radically reorganized the content of the *Dàxué* as presented in his version of the *Four Books*, this controversial reconception of the work met with continued debate during the Míng and Qīng dynasties. Legge offered this new rendering in order to fill in the canonical gap it would have left if he had not done so.

[18] Details of many of these factors were first described and evaluated in Pfister, "Some New Dimensions in the Study of the Works of James Legge (1815–1897): Part II", *Sino-Western Cultural Relations Journal* 13 (1991), pp. 33–46. Other perspectives on these same issues have been discussed in a larger context in the two volume work by Pfister entitled *Striving for 'The Whole Duty of Man': James Legge and the Scottish Protestant Encounter with China* (Frankfurt am Main: Peter Lang Academic Publishers, 2004).

"Confucius".[19] In the second edition, therefore, readers had to know that they were facing some texts not revised in the 1890s, but the same texts (with older transliterations and other problems). They were published first as the *Book of Historical Documents* in 1865, the *Book of Poetry* in 1871, and the *Spring and Autumn Annals* with its *Zuǒ Commentary* in 1872. Because some readers and scholars have not understood that this was the case, they have misinterpreted or misunderstood what Legge had actually accomplished in these two editions of his *Chinese Classics*.

3. Understanding the Relationship between the Chinese Classics *and* Sacred Books of China.

Because Legge's goal was to complete renderings of all of the *Four Books* and *Five Classics*, it is important also to see the interrelationship between his *Chinese Classics* and the *Sacred Books of China*. In fact, the *Chinese Classics* include only the *Four Books* and three of the major older canonical texts; yet only two of these (the *Shūjīng* 書經 and *Shījīng* 詩經) were reprinted in other formats within the first volume of the *Sacred Books of China*.[20] Only when Legge had completed and published his renderings of the *Book of Changes* with its Appendices in 1882 and of the *Book of Rites* in 1885 had he actually accomplished what he had initially set out to do in the late 1850s.[21]

While one can understand why Legge would have wanted to complete the whole "Five Classics" and "Four Books" in order to provide the whole standard corpus of the Ruist scriptures as canon-in-translation, this does not explain why he did not include the *Four Books* or the *Spring and*

---

[19] Two thorough assessments of Legge's changed attitudes related to Master Kǒng have been presented in recent years, both offering different perspectives while generally coming to a largely shared agreement about the results of his dramatic though slow change. Differences appear in the recreated reasoning for these changes and the timing when the changes actually took place. References to Girardot's and this author's works related to these problems appears above in footnotes 5 and 6.

[20] These are the versions appearing in volume 3 of the *Sacred Books of the East*. It should also be noted that there was also a poetic version of the *Shījīing* created by Legge and four others in 1876, a third rendering of that particular Ruist scripture. It carries special features described in detail in LFP, "James Legge's Metrical Book of Poetry", *Bulletin of the School of Oriental and African Studies* 60:1 (February 1997), pp. 64–85.

[21] Here it should also be noted that he had included a translation of the *Book of Filial Piety* (*Xiàojīng*, 孝經 , which he chose (inconsistently?) to refer to as a "classic" instead of a "book") to the end of his first volume in the "Sacred Books of China", this being the *Sacred Books of the East*, vol. 3, pp. 447–488.

Autumn Annals and its commentaries as part of these "sacred books". Even though we may note, as Jonathan Z. Smith has done, that F. Max Müller himself had originally intended to include only books which "profess to be revealed, or to be directly communicated by the Deity to the great teachers of [hu]mankind", in the end he agreed to "treat as Sacred Books" those "formally recognized by religious communities as constituting the highest authority in matters of religion … and might therefore be appealed to for deciding any disputed points of faith, morality or ceremonial".[22] Granted this understanding of the editorial decisions governing the identification of the texts, it should be noted that though Legge did not include any version of the Four Books to his contribution to the *Sacred Books of China*, he did include the "Old Text" version of the *Dàxué* (大學, the *Great Learning*) and *Zhōngyōng* (中庸, which he entitled here *The State of Equilibrium and Harmony*) as chapters 28 and 39 respectively in his rendering of the *Book of Rites* of *Lǐjì*.[23] While this helps to answer part of the problem of the lack of the presence of the Four Books, which were certainly significant for deciding points of "religion", "morality" or "propriety" (that is, ceremonial appropriateness), it does not yet explain why neither the *Analects* or *Mèngzǐ* were not included. Neither does it explain the blatant difference in format which the *Sacred Books of China* display in contrast to the more scholastic and detailed commentaries, Chinese original text, and other features found regularly in the *Chinese Classics*.

Certainly, this complicated relationship between the "classics" and "sacred books" as Legge presented them requires further reflection, which we will pursue further in section III below.

22 Cited from Jonathan Z. Smith, "Canons, Catalogues and Classics", p. 297. Quoted also in Girardot, *The Victorian Translation of China*, p. 252, where in the footnote he explains that the author he and Smith rely upon, Miriam Levering, had unfortunately not clarified where Müller's quotation comes from (p. 644, footnote 49).

23 The naming of the *Zhōngyōng* had remained a mental puzzle for Legge until 1885, when he provided this new title to replace his former rendering of it as "The Doctrine of the Mean". But in spite of this self-conscious amelioration and scholarly decision on Legge's part, some editorial decisions at Clarendon Press presumably prevented him from using this preferable title in his second edition of the *Chinese Classics* (1893–1895). For his rendering of the "Old Texts" of these two Ruist scriptures, see the *Sacred Books of the East*, vol. 28, pp. 300–329 and pp. 411–427 respectively.

4. Assessing Legge's Chinese Language Corpus.

Other factors illustrating the understanding and transformation of Chinese classical texts within Legge's own Nonconformist Protestant consciousness were discovered within his publications appearing in Chinese media (both in relatively more stylish standard Chinese as well as in Cantonese demotic) during the period before and during his preparation and publication of the first edition of the *Chinese Classics*.[24] The consequent roles of his life-long friend and colleague, whom he referred to as his "co-pastor", Ho Tsun-sheen 何進善, and his hired researcher who worked with him for ten years from 1862 till 1872, Wáng Tāo 王韜 – both serving simultaneously as informants, research partners, and language teachers – proved to be a new and fruitful way to gain a more precise comprehension of what Legge learned from them and how he employed what he had learned.[25]

5. Understanding Legge's Scottish Orientations.

The extremely significant formative influences of Legge's religious and philosophical training in northeastern Scotland in his home and at King's College, Aberdeen, and then later in London at the Congregational seminary called Highbury College, were hermeneutic gold mines.[26] Fortu-

[24] These have been described in the context of Legge's life and works in my *Striving for 'The Whole Duty of Man'*.

[25] Aspects of relationships with these two men were first addressed in a more comprehensive manner in the following essays by LFP: "A Transmitter but not a Creator: The Creative Transmission of Protestant Biblical Traditions by Ho Tsun-Sheen (1817–1871)", in Irene Eber, Wan Sze-kar, Knud Walf, and Roman Malek, eds., *Bible in Modern China: The Literary and Intellectual Impact* (Nettetal: Steyler Verlag, 1999), pp. 165–197; and 「王韜與理雅各對新儒家憂患意識的回應」載林啟彥 及 黃文江主編《王韜與近代世界》(香港: 香港教育圖書公司, 2000), 第一一七至一四七頁.

[26] Initial explorations of the significance of some of these areas was made public in LFP, "Some New Dimensions in the Study of the Works of James Legge (1815–1897): Part I", *Sino-Western Cultural Relations Journal* 12 (1990), pp. 29–50. Legge's approach to key terms in his assertion of a monotheistic Ruist option within classical and Míng-Qīng contexts was clearly influenced by these religious and philosophical orientations, as well as the identification of the hermeneutic principles which he employed in translating and interpreting the classical Ruist canonical literature. Besides the full fledged presentation of the nature of these philosophical and religious influences in the first volume of *Striving for 'The Whole Duty of Man'* and their application to the actual processes of translation and interpretation in the second volume of that set, earlier articles related to these issues include LFP, "Discovering Monotheistic Metaphysics: The Exegetical Reflections of James Legge (1815–1897) and Lo

nately, this research into Legge's background coincided with a surge in studies of the Scottish realist philosophers in North American and United Kingdom philosophical circles, as well as the publication of watershed-making research tools in the history of Scottish church history and theology. It made this particular dimension of the hermeneutic comprehension of Legge's own assumed categories of understanding far more accessible and much more precisely documentable.[27] Stated more directly, Legge's fairly rigorous schooling as a young boy in Scottish grammar schools was based upon a revisionary moral and religious worldview created initially by 17th century Scottish Presbyterians deeply influenced by Calvinist theology. This system of the theological reconstruction of life and society was adopted in a critical manner by Scottish Christians who no longer felt it right in their consciences to continue to be associated with the state religion or the so-called "National Kirk" (that is, the Scottish Presbyterian churches and its General Assembly). It formed a new style of life which I have coined as "Sabbath culture", a form of life Legge brought

Chung-fan (d. circa 1850)" in Ng On-cho, Kai-wing Chow, and John B. Henderson, eds., *Imagining Boundaries: Changing Confucian Doctrines, Texts and Hermeneutics* (Albany: State University of New York Press, 1999), pp. 213–254, and LFP, "Mediating Word, Sentence, and Scope without Violence: James Legge's Understanding of 'Classical Confucian' Hermeneutics" in Tu Ching-I, ed., *Classics and Interpretations: The Hermeneutic Traditions in Chinese Culture* (New Brunswick, New Jersey: Transaction Publishers, 2000), pp. 371–382.

[27] Some of the most significant recent works on Scottish realist doctrines, all focusing on the central figure of the 18th century Scottish minister-scholar, Thomas Reid, are the following: Peter Jones, ed., *The "Science of Man" in the Scottish Enlightenment: Hume, Reid, and their Contemporaries* (Edinburgh: Edinburgh University Press, 1989); Keith Lehrer, *Thomas Reid* (London: Routledge, 1989); 倪培民著《托馬斯.銳德》(台北: 東大, 民國85); Peter J. Diamond, *Common Sense and Improvement: Thomas Reid as Social Theorist* (Frankfurt am Main: Peter Lang Pub., 1998); Roger D. Gallie, *Thomas Reid: Ethics, Aesthetics, and the Anatomy of Self* (Dordrecht: Kluwer Academic Pub., 1998); Philip de Bary, *Thomas Reid and Scepticism: His Reliabilist Response* (London: Routledge, 2002); Nicolas Wolterstorff, *Thomas Reid and the Story of Epistemology* (Cambridge, U.K.: Cambridge University Press, 2001). On the other side, there have been important works offering new perspectives on the development of Scottish theology and mission history, as well as its impact in a number of areas both within and outside of Scotland. Groundbreaking works include Nigel M. de S. Cameron, David F. Wright, David C. Lachman, Donald E. Meek, eds., *Dictionary of Scottish Church History and Theology* (Edinburgh: T&T Clark, 1993); Andrew F. Walls, *The Missionary Movement in Christian History: Studies in the Transmission of Faith* (Maryknoll, New York: Orbis Books, 1996) and his sequel, *The Cross-cultural Process in Christian History: Studies in the Transmission and Appropriation of Faith* (Maryknoll, New York: Orbis Books, 2002).

with him to southeastern China, seeing it successfully transplanted and translated into a Ruified Chinese Protestant form of life.

In addition, the Neo-Aristotelian Scottish realism that emerged in the mid-18th century as a self-conscious contrast to the extreme skepticism of their fellow Scottish philosopher, David Hume (1711–1776), provided the intellectual categories for an understanding and assessment of different beliefs within broad ranging groups of human beings (what we now would refer to as "culture"). This philosophical school also provided the hermeneutic principles which would help one interpret, evaluate, and argue toward a higher level of consensus among dissenting groups of human beings. Part of a too-often-forgotten Scottish Enlightenment which took place in the 18th century, Scottish realism was brought into being by the intellectual labors of a pastor-scholar and philosopher, Thomas Reid (1710–1796); Reid's student, Dugald Stewart (1753–1828), was the main influence in James Legge's philosophical studies while at university in Aberdeen. Even more significant was the successful combination in the 1820s of a moderating Calvinist theology with this "Scottish commonsense" philosophy, epitomized in the work and writings of another famous Scottish pastor-scholar, Thomas Chalmers (1780–1847).[28] Armed with this ideological panoply, Legge expressed a worldview fully informed by this theologically systematic and philosophically engaging system of "first principles" within his prolegomena, translations and commentaries.[29]

6. Legge's Involvement in Ruist Commentarial Traditions.

Finally, Legge's preparations for translating these ancient Chinese scriptures involved him necessarily in a wide-ranging search through related Chinese commentarial traditions. This was all based upon his own philosophically informed convictions about the proper ways to understand texts and contexts. Not only did this study in the commentaries inform him about how to render various texts, it also oriented Legge to the in-

[28] All these issues have been addressed at length in the first volume of *Striving for 'The Whole Duty of Man'.*

[29] An independent article exploring this specific area of hermeneutic involvement within translation processes is LFP, "Nineteenth Century Ruist Metaphysical Terminology and the Sino-Scottish Connection", *Mapping Meanings: The Field of New Learning in Late Qing China*, eds. Michael Lackner and Natasha Vittinghoff (London and Boston: Brill, 2004), pp. 615–638. This interpretive theme has also been addressed in numerous ways, but especially within the endnotes of the second volume, in *Striving for 'The Whole Duty of Man'.*

ternal divisions within Ruist traditions about which texts should be considered canonical and which not. Debates on the status of Zhū Xī's "New Text" versions of the *Dàxué* and *Zhōngyōng* are a particularly vexing problem which Legge handled quite thoroughly by producing versions of both the authorized New and decanonized Old texts (according to Qīng canonical standards). In addition, he followed with much interest the debates over the historical forgeries suspected in the *Book of History*, or *Shūjīng* 書經, and documented these by printing lengthy Chinese essays justifying these doubts.[30]

Whenever he could do so, he tried to locate hermeneutic traditions within these commentarial works that represented various approaches to interpretive options, indicating where he agreed, disagreed, or found the text and/or its related commentaries incomprehensible. As a consequence, Legge cited more than 300 Ruist scholars from the pre-Hàn to the Qīng dynasty by name and by their works, creating a completely new standard of hermeneutically justified translations which remains a monument to his own life-long effort as a missionary-scholar and sinological translator.[31]

---

[30] These essays he never translated into English, but left them in the ancient Chinese, just as sections of the Church Fathers were left in Latin which were considered salacious or inappropriate for other reasons. Legge also provided reasons for doubting Master Kǒng's authorship of *The Spring and Autumn Annals* on the basis of a Qīng commentator, citing his comments at length and giving also an English rendering; in this case Legge also agreed with this perspective, while in the former case related to the *Book of Historical Documents*, he had only become aware of these textual problems after producing translations of more than half of the lengthy "Old Text". As a consequence, these awkward and sometimes lengthy Chinese essays, which always appear at the very end of a section in that particular scripture, only begin to appear in the second half of that large volume. Significantly, Legge's reasons for not including renderings of the two alternative commentaries to *The Spring and Autumn Annals* appear to arise for more utilitarian reasons; Legge did not find in them much of historical or other value. As a consequence he offered selected sections to demonstrate his own critique of their inherent value. Details about these matters have been added in my notes to the account of Legge's rendering of these texts in *Striving for'The Whole Duty of Man'*, Vol. 2.

[31] Details related to Legge's various emphases among the commentaries he had read, and more general overviews of his access to these materials, have been provided in the text and endnotes of the second volume of *Striving for 'The Whole Duty of Man'*. Critical essays related to particular volumes, especially Legge's renderings of *The Book of Historical Documents* and *The Spring and Autumn Annals* with the *Zuǒ Commentary*, have been published several years ago. These are 劉家和 及 邵東方 著 〈理雅各氏英譯《書經》《竹書紀年》析論〉載《中央研究院歷史語言研究所集

B. Initial Evidence of Legge's Effort in Engaging Contemporary Sinology

A more thorough study can manifest just how unusual Legge's standards for publishing the *Chinese Classics* were, especially when they are compared to earlier Roman Catholic, Protestant, and academicians' translations. Significantly, as we will learn below, the majority of works he cited were from missionaries – Roman Catholic, Protestant, and Russian Orthodox missionaries – rather than from academicians, suggesting something unusual about the cultural context of early Chinese translation work and the distinctive role taken up by those like himself who were "missionary-scholars".[32] Significantly, Legge regularly cited these works in the bibliographic sections of his prolegomena to the major translations, and so he certainly realized the limitations of these previous efforts and had thought carefully about how he wanted to overcome their deficiencies. Relevant questions involve issues such as which languages the renderings were made in (for example, the scholarly Latin of Jesuits or the use of contemporary languages such as French, German, and English), whether they included the full text in translation, whether they provided access to the original Chinese text, and whether they indicated what different Chinese scholars had to say about difficult or important passages. In all of these areas Legge went far beyond his predecessors, and so also was able to produce a translation which – though questionable in some places and awkwardly expressed in others – produced an overall advance in both general understanding of the ancient Chinese Ruist scriptures as well as new particular interpretive advances within texts which had previously been overlooked or misrepresented in various degrees.

What should be added here is the additional fact that Legge not only produced translations, but also provided interpretations sharpened by his own Christian scholarly training and Scottish philosophical commitments. As a consequence, we can learn very much about Legge's motivations and standards of judgment from not only his commentarial notes, but also from his more lengthy and systematic treatises on "Chinese religions" and essays on a wide variety of ancient Chinese texts.[33]

刊》71:3 (2000年九月), 681至726頁, and劉家和，邵東方及費樂仁 著〈理雅各氏英譯《春秋》《左傳》析論〉載《經學研究論叢》8 (2000年九月), 第二六三至二九零頁.

[32] This hyphenated word, "missionary-scholar", was a term first developed by Girardot and then used by him and this author in their major books about James Legge.

[33] Girardot provides a list of Legge's public lectures and course descriptions to give a sense of the breadth of his studies (especially in the public lectures) and the repeated

II. Standards Set in Legge's Chinese Classics for Sinological Translations

Having presented in the previous section an initial but somewhat detailed descriptive account of what Legge had accomplished in his several different version of Ruist and Daoist canon-in-translation, I intend here to provide an answer to the second major question: What were the sinological standards which Legge established by producing this canon-in-translation? At the very start of this section, therefore, we must underscore that what Legge accomplished in his massive *Chinese Classics* was reduced and only very partially fulfilled in the *Sacred Books of China*. In order to make this difference exceptionally clear, I will first enumerate fifteen new standards for Chinese canon-in-translation set by James Legge's first edition of the *Chinese Classics* (1861–1872), some being refined in his partially revised second edition (1893–1895). In addition, I will provide brief historical comments to explain why these standards were so significant. When relevant, I will also indicate why they remain important for all subsequent translations of classical Chinese literature, that is, the canonical texts of the authorized Ruist and Daoist traditions.

1. Identification and Use of a Recognized Chinese Standard Text

To begin with his work on the Ruist canon, Legge required himself to locate the most updated and authorized version of all of the relevant texts. These he called the "modern version", and only in the prolegomena to one of the later volumes of the *Chinese Classics* made it explicit that these texts were culled from the larger collectanea edited by Ruǎn Yuán 阮元 (1764–1849), the *Huáng Qīng jīngjiě* 皇清經解. This was a precedent of momentous importance. Previously, very few translators who were either missionaries or academicians ever made clear the status and source of their Chinese original, not to mention discussing the history of the redaction of a particular text in the Ruist canon or the Chinese scholarly consensus about which among the extant versions of text(s) should be considered most authoritative. Among those who did, even fewer then went so far as to print the Chinese text along with their translation. For example, Joshua Marshman provided some Chinese text for his very early version of a portion of the *Lúnyǔ* published from Serampore in 1809 (ironically

foci found in the teaching he offered students. See Girardot, *The Victorian Translation of China*, pp. 539–545.

titled *The Works of Confucius*), but it was neither elegant in form nor precise in punctuation.

Legge discussed the textual history (*Redaktionsgeschichte*) in his lengthy prolegomena, and then published the Chinese text above his own English translation in all cases except in the last volume (CC5), where he published the *Chūnqiū* and the extremely lengthy *Zuǒzhuàn* first in Chinese as a complete text, and then followed them on subsequent pages with English language texts of these two Ruist scriptures.

Since this time, every major translator of canonical texts has needed to clarify the authorized Chinese text used in order to make their own rendering. The most recent example I am aware of is Andrew Plaks publication of his translations of the *Dàxué* and *Zhōngyōng* for Penguin Press;[34] and recently in Hongkong one could find that D. C. Lau was willing to publish an edited version of the *Mencius* which included a standardized Chinese text along with his English rendering.[35] Both these examples suggest that something very fundamental was brought to light by Legge's insistence in identifying an authorized version of the Chinese original and publishing it along with his English translation.

2. Using Standardized Transliterations and Special Tonal Marks

Previous to Legge's time, there was no standardized romanization system which all major sinologists used consistently for referring to the phonetic equivalents of Chinese characters. This caused much trouble for those European readers such as Leibniz who were very interested in early Jesuit renderings of Ruist canonical literature, since at times they could not identify specific terms, and were not always able to distinguish homonyms.

[34] Consult Andrew Plaks, trns. and notes, *Ta Hsüeh and Chung Yung* (*The Highest Order of Cultivation and On the Practice of the Mean*) (London: Penguin Books, 2003). The Third Appendix at the end of this book discusses at some length the textual history of these two canonical works (pp. 117–127). Here also one could note how Plaks has offered some creative alternatives for the titles of these works, but also how the second simply changes Legge's standardized title by two words, suggesting how even this precedent carried enough weight that Plaks struggled to find an alternative (perhaps not even knowing of Legge's own preferred option for that title, *The State of Equilibrium and Harmony*).

[35] D. C. Lau, trans. *Mencius: Revised edition* (Hong Kong: The Chinese University Press, 2003).

Relying first on the transliteration system developed within Robert Morrison's Chinese dictionaries (1815–1823), which did not include tonal marks, Legge published the whole of his first edition of the *Chinese Classics* employing Morrison's precedent. What he did do to correct this tonal inadequacy was to change the Chinese text itself by adding special markers where alternative readings of characters were indicated. That is to say, if a Chinese character had more than one phonetic pronunciation and so carried different meanings, Legge added a small circle in one of the four corners of the character to indicate the use of an alternative phonetic (sound and tone). This made his Chinese text immediately take on a certain kind of "foreignness" for a Chinese reader, since these phonetic markers were usually only written into the text and not made part of the printed Chinese format; Legge justified its use because he was preparing the books for both foreign and indigenous readers.[36] Significantly, at least from an existential point of view, Legge complained of being musically "tone deaf", and so this also apparently affected his expression of Chinese languages. Nevertheless, in spite of this deficiency, he understood the principles of tonal expression and explained them to his readers by relying on traditional Chinese accounts of these matters.

By the time he began preparing versions of Ruist classics for the *Sacred Books of China* (1879–1891), Legge became convinced that Thomas Wade (1818–1895) had provided a more precise system, and so he began employing this transliteration system for his subsequent translations. As a consequence, in the second edition of the *Chinese Classics*, where he only reedited the *Four Books*, one finds that Legge's transliterations there (CC1 and CC2) were using Wade's system, while the latter three volumes were reprinted with the less precise Morrison transliteration system. Unfortunately, the later standardized transliteration system of the Wade-Gile's hybrid had not yet been developed by Herbert Giles at the time Legge was working on the *Sacred Books of China*, and so this particular system which was used in English language texts for much of the 20th century was not accessible to Legge.

This unhelpful inconsistency has been overcome in later bilingual translations of some of these texts in the 1990s, where the contemporary standard Pīnyīn 拼音 has replaced all the transliterations of personal and

[36] This factor in the text along with its Sòng dynasty precedents was first explained to me by Prof. Liú Jiāhé 劉家和of Beijing Normal University.

place names as well as other technical terms in the text when Legge's translations were employed (as in the case of the *Four Books*).

Translators will know that this problem of employing a recognized standard in transliterations is still a major problem across sinological worlds. For example, there are still some differences between Chinese transliteration systems employed in French and German sinological texts. The trend is to adopt a truncated form of the mainland Chinese Pīnyīn system, that is, one without tonal marks, but now with the advantages of Chinese computer software, we could hope that this also might be overcome. Fortunately, some precedents for the practice of providing the complete Pīnyīn (sound and tone) have already been set (including works by Australian Mark Elvin, Americans P. J. Ivanhoe and this author, among others).

3. Adding Numbered Sectional Indicators to the Authorized Chinese Text

Readers of classical Ruist texts will know that not all traditional Chinese texts separate the different paragraphs or "verses" in a regular way. Many simply indicate the beginning of a new passage by raising the scriptural text to the top of the Chinese page, or perhaps adding a large circle (○) in front of the subsequent text. Following precedents he knew of in both biblical and classical Latin and Greek texts already published in England, Legge chose to add location indicators to his renderings, including chapter numbers, paragraph numbers, and even "verse" numbers, depending on the length and complexity of the texts involved.

As a consequence of this innovation, Legge was able to prepare a more systematic reference system for all the *Chinese Classics*, making it possible then to create several other standard features of his translations (see below sections 8 and 14). That these can be seen as part of the "Orientalist" mode of creating tools for gaining a "comprehensive" account of the text can be considered, but it should be done also in the light of the fact that many modern versions of these same Chinese texts published in contemporary China now incorporate at least sectional or verse numbers for each passage. Some aspects of the Sinological Orientalist production of the "classical" texts, it would seem, have even had a creative and synergetic effect on the presentation of Chinese canonical texts themselves.

4. Bilingual texts (SL and TL) followed by Subordinate Commentarial Notes

By presenting the reader with a tri-leveled format involving different kinds of texts related to the Chinese original – a translation followed by commentarial notes – a special dynamic within the translation text is grammatologically achieved. A reader by this means can judge for himself or herself whether the rendering is appropriate, whether it can be more elegantly expressed, and whether the justifications are illuminating or not.

This clarification between a translation and the commentary was not always previously done. For example, in the French translation of the *Analects* presented by the French academician Guilliame Pauthier, he at times mixed up the translation with glosses from the commentaries without letting the reader know, and so produced a very different kind of text (and effect) for the reader.[37] There were some previous efforts presented by Legge's missionary predecessor in Malacca, David Collie, where he also provided commentarial notes to his translations of the *Four Books* (produced in 1828, but without any Chinese text); still these were much more limited in scope and were generally unaware or unresponsive to the larger corpus of commentarial literature which Legge regularly employed.

That Legge persisted in presenting these extensive commentarial notes during the Victorian period when the translator, along the lines of Matthew Arnold's suggestion, should "disappear from the text", makes his self-conscious effort all the more remarkable. Yet it remains a much more common practice now, especially within translations of canonical Chinese literature, to have "translator's notes" added to portions of the text where the rendering cloaks or camouflages certain dimensions of the original text. In this regard, Legge's precedent has become a boon for all subsequent translators and readers.

[37] I have illustrated this problem in his handling of the important text from *Analects* 12:1, discussed in my article, "Serving or Suffocating the Sage? Reviewing the Efforts of Three Nineteenth Century Translators of The Four Books, with Special Emphasis on James Legge (A.D. 1815–1897)", *The Hong Kong Linguist* 7 (Spring and Summer 1990), pp. 25–56.

5. Renderings Based on Research into Commentarial Traditions

Most translations of Ruist scriptures previous to Legge's time did not reveal the commentarial texts they employed in interpreting passages and coming to a decision for translating them. Even less often did they manifest to readers where there were important alternatives within the text and so translation options which should also be considered. For example, the major 17th century Jesuit translation project which presented one of most important earlier renderings of most of the *Four Books*, entitled *Confucius Sinarum Philosophus*, utilized only two commentaries: the first was the influential commentary of Zhū Xī (朱熹 1130–1200), and the second was the relatively accessible commentary prepared by the tutor of the young Míng emperor, Wànlì 萬曆, the "straightforward explanations" (*zhíjiě* 直解) prepared by Zhāng Jūzhèng (張居正 1525–1582).[38] On his part Legge referred to more than 300 individual Ruist commentators throughout the commentarial notes of his five volumes, highlighting the new level of engagement he had taken up with past and present Ruist scholarly traditions.

6. Handling Difficult Texts by means of Critical Readings and Paraphrases

Because Legge knew that there were some texts that had a very complicated and problematic redaction history, such as the *Dàxué* and the *Shàngshū* (which he called by an alternative name, the *Shūjīng*, or the *Book of Historical Documents*), Legge realized that at times he would have to provide a critical account of how he came to his chosen translation option. His ways of handling these problem texts are still instructive for 21st century translators.[39]

For example, where indigenous commentators pointed out alternative readings in extant texts, he might refer to them. Rarely did he ever offer other alternatives which had no precedent in Chinese commentarial traditions. This contrasted with the more libertine methods of textual emendation employed by the German translator Richard Wilhelm (1874–1930), who nevertheless continued to cite precedents in Chinese or Japanese commentarial traditions whenever he could locate them.

[38] Details about this text and, in particular, the character and influences of Zhāng Jūzhèng, can be found in LFP, *Striving for 'The Whole Duty of Man'*, Vol. 2, pp. 343–344, footnote 426.

[39] Consult for further explanation of these matter related to the *Shūjīng* the following passages in LFP, *Striving for 'The Whole Duty of Man'*, Vol. 2, pp. 172–174, and 354, footnote 491.

Another kind of problem arose when the text was manifestly corrupt, or was simply incoherent in its canonical form. What was a translator then to do? When corruption was identified and confirmed in Chinese commentaries, Legge employed an alternative which had also been adopted by British missionary translators of the Delegates' Version of the Christian Bible: Rather than translate what would appear to be incoherent, he provided a gloss of the text based on imperially authorized paraphrases (regularly entitled as *Rìjiǎng* 日講 or "Daily Lectures", what Legge called "Daily Lessons"), and then explained his use of this text in his commentarial notes.[40]

In cases, such as the *Dàxué* and *Zhōngyōng*, where more than one form of the standard text existed within the Chinese canon (as in the case of the "old texts" of the *Book of Rites* and the "revised texts" prepare by Zhū Xī and authorized by the Qīng imperial house as the standard texts for the *Four Books*), Legge made translations of both texts in their appropriate canonical context. (See CC1 and SBE28.)

Translators are often tempted at points when redaction difficulties arise in the text to offer a rendering without informing the reader about the inherent difficulties. Legge's particular ways of resolving these issues, especially by offering an imperially authorized paraphrase of the passage, may not seem adequate now, but it was a clever choice of alternative readings which still reflected a high level of standardized interpretive authority. In the cases of the *Dàxué* and *Zhōngyōng*, however, his special effort to provide renderings for both forms of the text still goes beyond what has generally been made available in contemporary translations of these same texts.

7. Providing Alternative Renderings in Commentarial Notes

In cases where there were controversial interpretations of important passages, Legge would first come to his own decision which option was the comparatively better one, but then would include the alternative(s) in the commentarial notes. In these contexts he often included the Chinese statement of a representative indigenous commentator, so that the reader could "judge for themselves" which was better.

[40] For example, Legge refers to one of these texts dealing with the *Four Books* in the bibliography at the end of his prolegomena of CC1, and describes it in superlative terms: "This work was produced in 1677, by a department of the members of the Han-lin college, in obedience to an imperial rescript. The paraphrase is full, perspicuous, and elegant." See CC1, p. 130.

This was a particularly bold act in the light of the mid-19th century preference to have the translator "disappear" from the text, but I take this to be an example of the extraordinary effort Legge took to objectify the translation options available to an informed reader of these classical traditions. Whatever his missionary predilections, Legge handled many texts of this sort with a generosity that brought many benefits to interested readers. This standard reflects his own training in classical and biblical exegesis, but remains a fine scholarly example for translators of authoritative texts to this day.

8. Providing Cross-References to Quoted Texts

Because Legge chose to add numbers as location markers for each classical text, he could also make precise references to quotations made to relatively ancient canonical passages found in the later texts (such as quotations of the *Shījīng* in the *Lúnyǔ*). This made the translation all the more accessible to the uninitiated reader, and provided a facility for checking these sources.

Many traditional commentators would refer to texts by more general reference terms, citing the chapter or poem in which the original quotation appeared, but never anything more precise. In this regard, Legge employed standards of cross-reference to these texts in the Chinese Ruist canon he already knew from both Latin and Greek classical studies as well as from biblical studies. In doing so, he set a new standard of precision in cross-referencing texts (and also indicating when the quotations reflected an alternative textual tradition no longer found in the authorized version of these texts). Making this kind of information available took a lot of painstakingly precise study, but Legge kept his standards high; as a consequence he made his texts useful for many generations of readers, even long after the traditional form of Ruist study had become anachronous.

It should also be mentioned that this did not always mean that Legge's references were correct. Since he started his translations with the *Four Books*, he had not yet set his own numerical references for many of the older canonical works until much later, and so some of the reference terms in the first edition of the *Chinese Classics* needed to be revised in the second edition. Most of the time, however, his references were accurate, and so they became a boon for scholars. As a consequence, most later translators also provide similar kinds of cross-references. Notably this was rarely found in previous translations by Jesuit and Protestant missionary translators; something less precise was prepared by early 19th century French academicians.

9. Willing to Explore Translation Options within Commentaries

Legge did at times find it hard to render certain passages; in one case, the title of a classical work was questionable. While initially choosing to render a poem in the *Shījīng* in a literal fashion (*Xiǎo Yǎ* 小雅, *Tónggōng* 彤弓, *Hémíng* 鶴鳴), later Legge reversed his decision and provided a more justified metaphorical rendering on the basis of Zhū Xī's interpretations, explaining beneath in his commentary his previous hesitancy. By doing so he not only revealed the challenges of poetic translation, but also showed how a careful translator who continued to return to texts, especially after spending time with other texts and commentaries, may revisit a previous rendering with more insight and more courage to provide a comparatively more suitable rendering.[41]

The other major problem came about in Legge's struggle to translate the title of the *Zhōngyōng*. Initially giving it the Aristotelian sounding name, *The Doctrine of the Mean*, he was nevertheless unsatisfied with this rendering on philological grounds, but was unable initially to resolve the problem. Later he became convinced that it should be entitled *The State of Equilibrium and Harmony*, publishing the text with this title in his version of the *Book of Rites* (SBE28). Editorial restrictions denied him this change of title, so that he reduced it to a footnote in the initial statements to the work in the second edition of the *Chinese Classics*.[42]

Here the principle involves being open to commentarial options which indicate alternative possibilities for translation. At times one needs to

---

[41] The contrast appears in the texts of CC4 (1872) and the metrical Shījīng (1876), and is described in detail with the full text of the poems in LFP, "James Legge's Metrical *Book of Poetry*", *Bulletin of the School of Oriental and African Studies* 60:1 (February 1997), pp. 74–75.

[42] See Legge's lengthy discussion of the meaning of the title of the work, focusing on the alternative interpretations for the character *yōng* 庸, given in the footnotes to the title in CC1. All of these debates were already recorded in the 1861 version of the work, but in the 1893 version he added a final succinct sentence which reveals his later conclusion: "My own version of the title in the translation published in the Sacred Books of the East is, '*The State of Equilibrium and Harmony*'." This manifests that Legge was unhappy that those in authority above him (the editor? the publisher?) would not allow him to change the title, and so he used this means of a "footnote protest" to rectify the situation as far as he could. See CC1, pp. 382–383, the quotation here from p. 383.

live long enough with these canonical texts in order to gain a new hermeneutic insight into their meaning, and so readdress what were previously more or less opaque passages or terms with new understanding.

10. Pursuing Comparative Analyses with the Commentarial Notes

Here some of the broader scholarship as well as the Christian elements of Legge's own personal commitments came into play. The previous hermeneutic discussion has already indicated how Gadamer would justify renderings done under Legge's interest only as long as he "submitted himself to the text" in spite of his contrary interests or criticisms. I personally believe that Legge did as Gadamer would require to a degree that was quite remarkable, as illustrated already in a number of examples.

Nevertheless, one of the major "sticking points" that affects some translators and theorists of translation is the fact that Legge prefered rendering *shàngdì* 上帝 or *dì* 帝 (in only certain contexts in this latter case) as "God". One particularly acrid criticism comes from Eugene Eoyang Chen. But, as I have indicated elsewhere at great length, Legge did have commentarial precedents for Ruist monotheism which he was aware of in the writings of his older contemporary, the Cantonese official and scholar Luó Zhòngfán (羅仲藩, d. circa 1850).[43] This he indicated very clearly in his prolegomena and commentarial notes, but it has been simply overlooked. In addition, the fact that a monotheistic Ruist tradition existed was flatly denied by many Chinese translators and scholars (foreign and ethnically Chinese) until new evidence was produced in the early 1990s.

What is important here is that Legge regularly sought out indigenous support for any interpretive position which he adopted, even when his own interests were obviously engaged in the relevant debates. It is this special effort at objectivity and making justified choices that mark off his renderings as being more than just casual or prejudiced translations. This principle continues to be an edifying and challenging standard for translators to this day.

11. Searching for Hermeneutic Principles with Chinese Commentaries

On the flyleaf of every volume of the *Chinese Classics* Legge highlighted a passage from the *Mencius* which was for him an indication that Chinese

[43] See LFP, "Discovering Monotheistic Metaphysics: The Exegetical Reflections of James Legge (1815–1897) and Lo Chung-fan (d. c. 1850)" in On-Cho Ng, et. al., eds., *Imagining Boundaries: Changing Confucian Doctrines, Texts, and Hermeneutics* (Albany: SUNY Press, 1999), pp. 213–254.

classical scholarship already understood basic hermeneutic principles. In Legge's eyes, these principles were as rationally coherent as the interpretive traditions he had learned about in European classical studies as well as in his courses in biblical hermeneutics. The text is *Mencius* 5A: 4 (2), and runs (in the rendering Legge presents within the body of the work):

> [Those who explain the odes] may not insist on one term so as to do violence to a sentence, nor on a sentence so as to do violence to the general scope. They must try with their thoughts to meet that scope, and then [we shall] apprehend it.

The Chinese text quoted in the flyleaf does not include any reference to the persons or texts being explained, and so Legge essentially lifts this passage out of its context to "create" the hermeneutic principle in its more universal form. Nevertheless, it is significant that he was searching for these interpretive cues, and found them not only in the *Mencius*, but also in various commentaries produced by Zhū Xī.[44]

In this way, once more, Legge anticipates the rigor that sinologists have now taken to be a more justified route toward understanding Chinese canonical texts, helping scholars to search for ways in which indigenous commentators explained or "explained away" certain translation problems they encountered. In this regard Legge's standard once more remains a healthy model and beneficial corrective to more arbitrary acts of translation.

12. Producing Annotated Bibliographies of Relevant Chinese Literature

Not only did Legge offer extensive commentarial notes to the passages he translated, he also provided annotations to all the main works in Chinese which he employed. This was an obvious boon to any reader who had some access to Chinese, since Legge not only provided the Chinese title and a translation of it, but informed the reader about many aspects of a work. He identified not only the author or editor, giving background information about that person, but also then characterized the relative importance, strengths, and weaknesses of each text. Even to this day his textual evaluations are instructive, revealing not only what texts he had access to, but also which ones he did not know that are now considered more important and standard commentarial works for various Chinese

---

[44] See more thorough discussions of the Mencian principle in LFP, "Mediating Word, Sentence, and Scope without Violence: James Legge's Understanding of 'Classical Confucian' Hermeneutics" in Tu Ching-I, ed., *Classics and Interpretations: The Hermeneutic Traditions in Chinese Culture* (New Brunswick: Transaction Pub., 2000), pp. 371–382.

scriptures. In this way Legge's own scholarly acumen and intellectual access can be carefully weighed, and so also advances in more recent translations and interpretive studies can be precisely indicated.

How one would welcome such a high standard of bibliographic thoroughness in research work and translations within our own age!

13. Providing Bibliographic References to Relevant European Studies

Here Legge's contributions to a historically self-conscious account of the state of sinological translations and interpretations in the mid-19th century is instructive in a number of ways. Unlike the case with Chinese works, Legge did not provide evaluative annotations here, even though he regularly evaluated specific passages from these works in his commentarial notes. What is more significant here, especially for the more precise understanding of the nature of Sinological Orientalism and the new stage of sinology which Legge created, was the fact that most of the texts were prepared by missionaries. Though nearly half of all the foreign language texts mentioned in this section of his bibliographies (from CC1 to CC5) were in English, he also included thirteen in French, nine in Latin, and two in both German and Russian. These represented 19 works by academicians and 26 works by missionaries (including nine by Catholic and two by Russian orthodox authors). Obviously, Legge's concern was to sum up previous scholarship in both Chinese and foreign settings. At the very least he set a new standard for sinological comprehensiveness, if not also establishing a more justified rendering for each classical text.

This kind of recapitulation of previous scholarship is now considered standard fare for translators and interpreters, and so once more Legge becomes a much-appreciated forerunner of this academic tradition.

14. Creating a Dictionary for "Classical Chinese Terminology"

Not only did Legge provide a vocabulary list, he also indicated where the terms appeared in the particular classical text, employing his system of more precise reference numbers to facilitate the reader's access to alternative renderings. Though a final version of a Classical Chinese dictionary was never produced, due to a large degree because of the extensive work Legge would have had to give to this project in relationship to the massive text of the *Zuǒzhuàn*, nevertheless it stimulated precedents which have led to the creation of just this kind of dictionary in other languages within the 20th century.[45]

This precedent also stimulated further philological work in Hongkong which added much that was helpful for later sinologists. After Legge had produced these preliminary materials, John Chalmers (湛約翰 1825–1899), his younger colleague in the London Missionary Society in Hongkong and Guǎngzhōu, produced a Chinese synopsis of the *Kāng Xī Dictionary* and some English translations and philological interpretations of portions of the *Shuōwén* 《說文》 *Dictionary*.[46] These breakthroughs in philological study were directly related to Legge's influence on Chalmer's life, and so they became well known in sinological circles during the last decades of the 19th century.[47]

15. Adding Indexes to all the Classical Texts

These included indexes to personal and place names as well as to the subjects handled within each Chinese classical text. These indexes were published by Legge, but were actually prepared by his younger missionary colleague, John Chalmers, the person who provided very important translations of other philological tools mentioned in the previous paragraph.

In a day and age when computer technology simultaneously makes some things easier and others things more difficult (as any editor and publisher will readily testify), these indexes are regularly seen as a "user friendly" tool of great importance. None of Legge's predecessors in sinological translation presented anything like these thorough indexes, and perhaps it is not so surprising that most of them did not even have indexes attached to their works. In this way, once more, Legge set a standard for modern texts of canonical translations that can still be honored, and did so without the technical advantages we now employ. He worked at each text without the aid of typewriter or access to computer memory, saving up his notes in large piles, and keeping them categorized and accessible

---

[45] I know of one in French, *Dictionaire Français de la Langue Chinoise* produced by the Institut Ricci in Taipei in 1976.

[46] See John Chalmers' *Concise Kang-Hi Dictionary* 《康熙字典撮要》 (Hongkong: 1877) and his tome, *An Account of the Structure of Chinese Characters under 300 Primary Forms after the Shwoh-wan, 100, A.D., and the Phonetic Shwoh-wan, 1833* (London and Aberdeen, 1882).

[47] Unfortunately, Chalmers' remarkable contributions in these and other areas have still not been given their rightful scholarly attention.

so that they could be made available whenever they were needed. However we do so today, our filing systems and our means of organizing vast amounts of data is always an indication of the level of comprehensiveness we have (and can) achieve. Legge's example is remarkable in this regard, a true model of patient, thoughtful, and disciplined translation.

Concluding Remarks

As mentioned earlier, the formatting of the *Sacred Books of China*, which also included Legge's first formal renderings in English of the Daoist scriptures, lacked many of the fifteen distinctive features of the *Chinese Classics*. Perhaps it was the editorial privilege of F. Max Müller that determined that these "Sacred Books" should "speak for themselves" through their translations. As a consequence, no original Chinese text appeared with those translations, and only a very few commentarial notes were attached to the pages of those canon-in-translation. In spite of these shortcomings, Legge was permitted to provide prolegomena in which commentarial explanations could and often were made. Nevertheless, they were reduced more or less to introductory comments. Even though some are very rich with interpretive meaning, they were obviously much less comprehensive than the thorough essays which he had previously presented in the *Chinese Classics*. Though indexes of subjects and proper names were included for the sake of research, and a new and more consistent form of transliteration was employed throughout the *Sacred Books of China* (the Wade form, not yet transformed into the later Wade-Giles standard), no classical Chinese dictionary was anticipated and very few cross-references were provided.

Beyond these material differences, however, is the more substantial question regarding the choice and presentation of texts which constituted the "Sacred Books" of China. Now it is well known that the translation terms currently employed for the academic categories of "philosophy" (*zhéxué* 哲學) and "religion" (*zōngjiào* 宗教) were not part of the normal Chinese vocabulary until the early 20th century; this is so even though the term for "philosophy" had been developed by Japanese translators by the 1880s and did appear in certain notable Chinese texts by the late 1890s.[48] Normally, all texts which were related to each of these modern categories were subsumed under the rubric of "teaching" (*jiào* 教), mak-

48 This has been documented on the side of philosophy by Antonio S. Cua, Zhèng Jiādòng 鄭家棟, and Jǐng Hǎifēng 景海峰 in works published during the past five years. Details on the emergence of the term for "religion" need to be further re-

ing the question of the difference between "classics" and "sacred books" all the more complicated. From a traditional Chinese standpoint, the term normally employed for "sacred" by Christians, *shèng* 聖, also appeared as the name for the "Holy Bible" (*Shèngjīng* 聖經), but even this title was ambivalent in the 19th century Chinese context. Originally this title was used exclusively during the Qīng dynasty for the authorized canon of the Ruist tradition, and did not include standard texts in other traditional teachings, such as the Daoist and Buddhist scriptures. Its meaning, it could be argued, was assumed to be something more like a "sagely classic" rather than a "holy scripture", even though rituals attending to their reading, recitation, elaboration, and public deference in traditional Chinese settings suggested that they were certainly held in very high regard. Notably, in the *Imperial Catalog of the Four Treasuries* (*Sìkù quánshū* 四庫全書) completed in the late 18th century, the sections devoted to the *jīng* 經 were exclusively bound to Ruist scriptures.[49]

On reflection, it would seem that in the 19th century Chinese context something like a "Canon I" and "Canon II" distinction developed by Kendall W. Folkert and elaborated by Jonathan Z. Smith could apply to these varying levels of texts. Those texts (Canon II) which are "viewed as independently valid and powerful, and as such, as being absolutely closed and complete", determined by a "vector of religious authority" that is viewed as inherent within them, were generally identified with the imperially authorized Ruist scriptures. Other texts (Canon I) were highlighted because they were "carried by some other form of religious activity", such as by ritual attention and intense commentarial scrutiny.[50] These could include the older and diverse texts from various teachings, including those normally associated with Daoist and Chinese Buddhist

searched. Nevertheless, the basic argument presented here is sound, in spite of the late of specific evidence related to the modern term for religion.

[49] So the article on the term *jīng* in Nienhauser's standard text on Chinese literature only describes the Ruist scriptures under this category. See "ching" in William H. Nienhauser Jr., ed., *The Indiana Companion to Traditional Chinese Literature* (Bloomington: Indiana University Press, 1986), pp. 309–316. Once authorized in this fashion, the Imperial Catalog of the Four Treasuries also became a justification for producing an immense amount of censorship and criticism of "heterodox" ways of interpretation. This has been developed thoroughly in R. Kent Guy's work, *The Emperor's Four Treasuries: Scholars and the State in the Late Ch'ien-lung Era* (Cambridge, Massachusetts: Harvard University Press, 1987).

[50] This is discussed by Smith in his article, "Canons, Catalogues and Classics", pp. 299–304, quotations coming here from p. 301.

traditions. What this suggests, then, is that Legge's attention to Ruist texts – in spite of inconsistencies in the choices he made – were certainly driven by Protestant and Chinese understandings of an authorized and closed Ruist canon, so that his own development of an "impartial but not neutral" form of evangelical comparative religious methodology fit quite well with the "Canon II" style of the Ruist scriptures. On the other hand, Legge's assumption (along with Müller) that the Daoist scriptures were of similar status may have overstated or misrepresented their actual status within Daoist traditions, which tended to be more of the Canon I type. Significantly, he did include in his version of the "Sacred Books" seven tractates that indicated just this kind of ritually emphasized texts, but due to Müller's own amalgamation of all these texts under the "Sacred Books" rubric, the difference was not always helpfully clarified.[51]

III. From Classics to Sacred Books: The Significance of Legge's Transformation of Canons-in-Translation

If the identification of "classics" were essentially a matter of what texts are being taught in a classroom or to groups of students,[52] then they would be a larger class of materials of which any "sacred books" would be an important subset. In this sense, it may be the case that there are overlaps in the Canon I and Canon II categories, especially when viewed diachronically within any particular tradition. Nevertheless, what Legge asserted by agreeing with F. Max Müller that these texts were "sacred", and so comparable to religious scriptures including the Christian Bible, was something that, in Girardot's analysis, "valoriz[ed] the tradition in such a way that it now had some universal religious and moral significance, no matter how developmentally incomplete".[53] As Girardot indicates by his last phrase, Legge did so without compromising his Christian preferenc-

[51] One might note that Legge also dealt with what could be called "Canon I" literature when he took special effort, soon after he had initiated his professorship at Oxford, to do a rendering and thorough commentary to one of the glosses of the Kāngxī emperor's *Sacred Edicts* (shèngyù 聖諭). This was a text which served as the basis for bi-weekly lessons and lectures prepared by high ranking Ruist scholars for their subordinates, lessons often presented in the context of the temple to Master Kǒng. This has been described in greater detail by Victor Mair in an article on this topic published in 1985.

[52] Following the etymology and exegesis of the term in Jonathan Z. Smith, "Canon, Catalogue and Classics", pp. 304–305.

[53] Norman Girardot, *The Victorian Translation of China*, p. 253.

es, taking an "impartial but not neutral" stand that was hermeneutically more justified than Müller's more obvious pro-Protestant and anti-Catholic religious standards. In this regard, Legge could present Daoist tractates and the *Book of Rites* in a manner that heightened their sacredness due to their ritual orientation and emphasis, and so tended to overcome the more general and manifest Protestant disdain for obeisance among other translators.[54]

From a grammatological point of view, Legge's presentation of both the *Chinese Classics* and the *Sacred Books of China* manifested at times a will to follow his own interpretive and academic preferences rather than those of the Qīng authorized standard. In the former, his presentation of the order of the *Four Books* did not follow the order of Zhū Xī's precedent, which started with the shortest piece, the *Dàxué*, and ended with the longest, the *Mèngzǐ* 孟子. Legge chose instead to start his account of the *Four Books* by presenting the *Analects*, motivated apparently by the emphasis he placed on the person of Master Kǒng or "Confucius".[55]

Not only this rather slight difference in the presentation of the Ruist scriptures was noticeable; far more significant was the general order of the whole Ruist canon itself. From the order of the Imperial Catalog in Four Treasuries it would be quickly ascertained that the first of the canon should be the *Book of Changes*, followed by the older sections of the *Five Scriptures*: the *Book of Documents*, the *Book of Poetry*, and the *Record of the Rites*. After these came the *Spring and Autumn Annals* and the *Book of Filial Piety*. Then and only then came the *Four Books*, followed by the one "lost" scripture, the *Book of Music*. By starting his *Chinese Classics*

[54] This appears then to overcome the more general trend addressed by Reinders in the way Protestant missionaries and others from their ilk portrayed Chinese religions. From this perspective, Legge was clearly a Dissenter and had a strong anti-Catholic trend, but what Girardot effectively describes is his turn, especially during his years at Oxford, toward a more open comparativist methodology which largely overcame these interpretive hindrances. For accounts of the more virulent form of Protestant antagonistic ideologies related to Chinese teachings, see Eric Reinders, "The Iconoclasm of Obeisance: Protestant Images of Chinese Religion and the Catholic Church", *Numen: International Review for the History of Religion* 44:3 (September 1997), pp. 297–316.

[55] In this regard he may also have been influenced by the way he himself taught the materials at the Anglo-Chinese College in Hong Kong to Chinese students, but it is very clear that when he published the first volume of the first edition in 1861, Legge was struggling with his assessment of the person of Master Kǒng. Much more about this aspect of his translation work has been discussed in Pfister, *Striving for 'The Whole Duty of Man'*, Vol. 2.

with the *Four Books*, Legge was presenting what was most often studied in academies across China as the initial texts of the Ruist canon, and not following the order prescribed by the imperial library. Significantly, however, when he prepared the *Sacred Books of China*, he chose to start with the older of the *Five Scriptures*, leaving the *Book of Changes* for a secondary position after them. Following this came the *Record of the Rites*. His reason for this ordering was more pragmatic than driven by any certain conviction: Legge had struggled deeply with how to translate and present the *Book of Changes*, since its texts were often very difficult to render independently, and the commentaries were often essential in providing some hints about how they might be decoded. In this way, Legge's Chinese canon-in-translation presented certain grammatological features which did not represent the actual authorized traditions and their preferred order of presentation.

Where he appeared to transgress most of all, however, was in his reordering of the scriptural texts within the *Book of Poetry*. In this case he privileged the monotheistic sections (which appeared normally at the end of the text) by placing them first, and suggested by the subsequent ordering of texts (though never stated explicitly) that there was a hierarchy of religious values which descended from monotheism to the honoring of ancestors, portrayals of polytheism or of a form of animism, and ultimately to divination. In this context Legge undoubtedly illustrated how he could use Müller's comparative interests to support a monotheistic "canon within the canon" among the Ruist scriptures. Oddly, however, when years earlier he had prepared his commentaries for the *Great Learning* in the *Chinese Classics*, Legge cited a monotheistic Ruist text prepared by a Cantonese official named Luó Zhòngfán 羅仲藩, but many times rejected its interpretations because it read too much into various texts. It seems that by the time he had taken up his post at Oxford in 1876, Legge had already begun to appreciate the possibilities of employing the monotheistic Ruist precedent as a positive cultural bridge for a feasible form of Chinese Protestant life. On the basis also of his philosophical training which highlighted the conception of a supreme deity as a high mark in human civilization, Legge was prompted by both of these justifications to highlight these features within the *Sacred Books of China*.

In this sense, Legge's shift from referring to Chinese "classics" to Chinese "sacred books" involved a series of readjustments. One of the most prominent shifts was the highlighting of monotheistic elements within the canonical literature, even to the point of redesigning the authorized order of the chapters in the *Book of Poetry* to make this completely obvious. Though this in itself was enough to justify charges that he was a "heretic",[56] Legge went on to do the important descriptive work of showing these other sides to Chinese religious life as well. In this manner he remained "impartial but not neutral" in his translations and presentation of these scriptures. This was particularly evident in his adding seven relatively recent tractates which epitomized later trends in Daoist religion to the standard ancient Daoist scriptures. In this regard, his presentation of these two canon-in-translation offered renderings and accounts of these many different texts that could remain standards for many years after his death in 1897.

IV. **Alternative Canon or Decanonization of Ruist Scriptures?**

Because Wilhelm first arrived in China in 1899, two years after Legge had died while at his professorial post in Oxford, he never had the chance to meet the Scottish sinologist. Nevertheless, soon after he arrived to pursue his pastoral and missionary work as a German Lutheran representative in the newly established German colony of Jiāozhōu 膠州 (now Qīngdǎo 青島), Wilhelm became immersed in the processes of translation from Chinese to German.[57] As a consequence, he was quickly introduced to Legge's massive canon-in-translation, realized its status as a sinological standard, and felt driven by a different kind of interpretive framework to render many of the same texts into a more literary and positively responsive form.[58] Initially, his was a kind of liberal Lutheran mysticism guided

[56] So, Girardot appropriately gives one of his chapters the title, "Heretic Legge". See Girardot, *The Victorian Translation of China*, Chapter Three, pp. 192–234.

[57] A growing set of literature bringing new light to Wilhelm's life and work has appeared in the last few years, including Klaus Hirsch, hrsg. *Richard Wilhelm: Botschafter zweier Welten – Sinologe und Missionar zwischen China und Europa* (Frankfurt am Main: IKO – Verlag für Interkulturelle Kommunikation, 2003) and Lydia Gerber, *Von Voskamps 'heidnischen treiben' und Wilhelms 'höherem China': Die Berichterstattung deutscher protestantischer Missionare aus dem deutschen Pachtgebeit Kiautschou, 1898–1914* (Hamburg: Hamburg Sinologische Gesellschaft e. V., 2002). Another, edited by Dorothea Wippermann, Klaus Hirsch, and Georg Ebertshäuser, is *Interkulturalität im frühen 20. Jahrhundert: Richard Wilhelm – Theologe, Missionär und Sinologe* (Frankfurt am Main: IKO, 2007).

[58] This dissenting attitude appeared already in Wilhelm's bibliographic notes to his first major translation, that of *Kung-Futse Gespräche [Lun Yü] aus dem Chinesischen, Verdeutscht und Erläutert von Richard Wilhelm* (Jena: Eugen Diederichs, 1910), p. 220. There he described Legge's work as "[n]och immer das umfassendste und

by his father-in-law, the theologian Christoph Blumhardt, an ideology undergirding his approach to Chinese religious and philosophical traditions. This had transformed into a more radical Quaker-like and free-spirited attitude by the time he joined the faculty of the University of Frankfurt to become their professor of Chinese in 1924. Not only did this transition indicate that Wilhelm's own initially Christian basis was different than Legge's, it also reflected the turmoil within China during which the Qīng imperial structures were challenged and ultimately toppled by Chinese revolutionaries in 1911. To a large degree, Wilhelm responded to the Chinese texts he read as a disillusioned modern Christian of a sort that Max Weber might indicate was tending toward the expression of a radical and self-destructive rationality inherent in the "Protestant Spirit".[59]

In spite of all these differences between Legge and Wilhelm, there is also much that they shared in common through the work of translation as missionary-scholars. Comparisons between the classical Chinese translation corpora published by Legge and Wilhelm suggest many promising routes for analysis and reflection. This is particularly so because between the two of them there are as many as nine of the same canonical texts (from both Canon I and Canon II materials) which they both rendered into their respective canon-in-translation. These include the following texts, arranged according to the chronological order that they appeared first in Legge's own corpus:

solideste Werk, das wir über den Gegenstand haben, trotzdem es gänzlich im Bann Dschu Hsi befangen ist und die Übersetzung oft hölzern und ungeniessbar ist." This was the bold statement of a younger missionary-scholar, one which is insightful (even if overstated) about Legge's wooden style, but inadequate (as has been shown above) in accounting for the interpretive positions Legge assumed in the various texts of his canon-in-translation.

59 In two articles this author has attempted to describe this transition and hermeneutic stance in Wilhelm's works. The first appeared as "Protestant Ethics among Chinese Missionaries, Problems of Indigenization, and the Spirit of Academic Professionalization", *Journal of Classical Sociology* 2:1 (March 2005), pp. 93–114. The second is the Chinese article already mentioned above in footnote 12.

Legge's translations	***Chinese Title***	***Wilhelm's translations***
Analects (1861, 1867, 1893)	論語	*Kungfutse Gespäche* (1903, 1908, literal/modern double text 1910)
Great Learning (1861, 1867, 1885 [*Lǐjì* Old Text], 1893)	大學	*Da Hüo, Die Grosse Wissenschaft* (1905) and in *Li Gi* (1930)
Doctrine of the Mean (1861, 1867, 1893) *State of Equilibrium and Harmony* (1885 [*Lǐjì* Old Text])	中庸	*Mass und Mitte* in *Li Gi* (1930)
The *Mencius* (1861, 1867, 1893)	孟子	*Mong Dsi* (1916)
Classic of Filial Piety (1879)	《孝經》	*Hiau Ging. Das Buch der Ehrfurcht* (1939, posthumously pub.)
I-Ching, the Book of Changes (1882)	《易經》	*I Ging. Das Buch der Wandlungen (1924)*
Li-Ki, the Book of Rites (1885)	《禮記》	*Li Gi. Das Buch der Sitte des älteren und jüngeren Dai (1930)*
Trimetrical Classic (1886)	三字經	*San-Tzu-Ching, der Drei-Zeichen Klassiker* (1902)
Tao-Te-Ching (1891)	道德經	*Laotse, Das Buch von Sinn und Leben* (1911)
Chuang-tzu (1891)	《莊子》	*Dschuang Dsi. Das Wahrebuch von Südlichen Blütenland* (1912)

Besides these published materials, there are also new materials in the extensive manuscript collection of Wilhelm's Nachlass, which includes an unpublished version of the *Shu Ging* (which Legge called the *Book of Historical Documents*) and numerous versions of the *I Ging: Das Buch der Wandlungen* (or the *Book of Changes*).[60]

Due to limits of time and space, I intend here to focus primarily on the grammatological and interpretive problems which become obvious from

[60] These are found in the archives of the Bayerische Akademie der Wissenschaften in München, where Wilhelm's papers have been deposited in the late 1990s, apparently through arrangements made by the late Wolfgang Bauer in consultation with Wilhelm's son, Helmut Wilhelm.

the process of Wilhelm's development of a German canon-in-translation in the light of the precedents established by Legge. To a large degree, and more so as Wilhelm matured into his own sinological status, his German corpus presented a sublation of many of Legge's sinological standards as well as of the authorized Chinese scriptures. In this sense, Wilhelm's own canon-in-translation involved not only the "ingenuity" of a new interpretive approach to these Ruist and Daoist scriptures, but at times also adopted a form of grammatological presence set in radical opposition to both sinological and Chinese standards.

For example, in his final rendering of Master Kǒng's *Gespräche* in 1910, Wilhelm produced a tandem rendering of the text, paralleling a more "literal" translation with one in which he developed its meaning for a modern German audience.[61] Assuming that his readership did not know Chinese and so could not read the original Chinese text, Wilhelm tried to give them a "feel" for both the nature of the Chinese original as well as to indicate his own way of revealing its significance for 20th century German readers. As a consequence, and probably due at least in part to this translation strategy adopted by Wilhelm, his rendering of this text has remained the standard work in German speaking worlds even into the 21st century.[62] Unlike Legge, who only pursued Daoist texts near the very end of his career, Wilhelm produced versions of the two most representative texts in the Daoist canon in 1911 and 1912, immediately after producing his versions of the *Konfutse Gespräche*. This reflected not only his personal interest in the metaphysical and religious significance of these Daoist scriptures, but also an effort to reveal more of the cosmological alternatives inherent in a broader "Chinese worldview" which he later integrated into his rendering of the *I Ging*. Somewhat ironically, Wilhelm's version of the *Zhuāngzǐ* never rendered the last seven chapters of this classical work, and he himself offered no full explanation for why

[61] Research into the history of Wilhelm's translation has demonstrated that this was his third published version of portions of the *Gespräche*, but this was also the first one which was a complete rendering of the original canonical text. Unfortunately, later versions of Wilhelm's *Kungfutze Gespräche* starting to be produced during the 1960s have dropped off one of the parallel translations and most of his footnotes, so that contemporary German students and scholars may be unaware of the actual nature of Wilhelm's original translation produced in 1910.

[62] Up to this point I have heard of only one new German translation of the *Gespräche*, but there is noone who is working to produce a new German rendering of the vast majority of the other major texts in the Ruist canon. So, like Legge's own canon-in-translation, Wilhelm's renderings have become canonical in their own right.

this happened. Nevertheless, we can imagine that the period of time when the text was produced, right at the time when the 1911 revolution was taking place, affected Wilhelm's mental attitude and his concern to interpret for the German public the monumental events that were taking place all around him.

Of greater significance with regard to the process of canonization and "decanonization" were Wilhelm's translations of three texts: the *Shu Ging* or *Book of Historical Documents*, the *I Ging* or *Book of Changes*, and the *Li Gi* or *Record of the Rites*. In none of these cases did Wilhelm choose to provide a volume which simply reflected the traditional authorized text. So, in the case of the *Shu Ging*, which Wilhelm worked on in tandem with his versions of the *I Ging*, he became convinced that much of the traditional text was a forgery, and so produced an introductory essay reducing the reliable text to 27 or 28 of the 53 chapters which Legge had rendered in his own version.[63] More significantly, his immensely popular *I Ging* was produced in a form unprecedented in sinological history. Wilhelm decided, after writing out four previous translations following the standard format, to re-present the whole work so that it would be more readable and understandable to an uninitiated reader. As I have demonstrated elsewhere in great detail,[64] Wilhelm arbitrarily rearranged the original text according to thematically consistent threads of thought, bringing portions of the commentary into the divination text (which he called "The Text"), and then reorganizing the commentary into two distinct levels of interpretation, the first involving "The Material" and the latter, "The Commentary". In this manner, Wilhelm had divided the traditional scripture into three levels by which he intended to distinguish the "original vision" of the *Book of Changes* from its background materials and later interpretive commentaries. Whether one agrees with him or not, this re-presentation of the canonical text was a precedent for the history of canonization (or decanonization) in the study of Chinese religions. Ironically, though Wilhelm claimed these divisions in the *I Ging* had been discerned through his reading of other commentaries, there was no indication that he had been working with these presuppositions in any of the earlier manuscript versions he had made during the second decade

[63] Though this discernment into the problematic textual problems of *The Book of Historical Documents* anticipated the later work of Bernard Karlgren, Wilhelm never completed the full translations of the whole work, and so it was never published.

[64] Details are provided in charts comparing Legge's and Wilhelm's version of this text, produced at the end of the article mentioned in footnote 12 above.

of the 20th century.[65] Furthermore, the problem remains that even within the "Text" itself, a reader cannot discern clearly which portions are from the "original" and which are drawn from commentarial interpretations of the "Text". Prepared in this radical new way in order to communicate a worldview which Wilhelm felt needed to be expressed in a more comprehensible way, especially to German readers who were suffering from the defeat of the first World War, his text has been positively received on many sides, being translated into at least nine other languages. Ironically this most famous of Wihelm's canon-in-translations had not been fully understood in relation to the standard Chinese text nor analyzed for its structural innovations by German or other sinologists until 2005.[66] An even more radical departure from canonical standards appears in his presentation of the *Li Gi*. This text was affected adversely by the fact that Wilhelm died before he could complete the full translation, even though he was obviously very intent on making it available to German sinological circles. Already in his original plan, Wilhelm did not intend to translate all of the authorized Chinese text of the *Lǐjì*. Instead, he reorganized the whole work into nine separate sections including 43 chapters, starting with "Fundamental Treatises" and then moving on to more thematic sections.[67] Not only did Wilhelm not follow the authorized Chinese original, he reduced the longest portions of the work to selected readings in an abridged form, and even included materials from outside the canonical text (from the "Lesser Dài" version), some being exceptionally difficult to identify. From further study it has been revealed that Wilhelm was profoundly influenced by the interpretations of the *Lǐjì* he learned from the reformist Ru scholar, Kāng Yǒuwéi 康有為 (1858–1927). Fortunately, Wilhelm produced a volume entitled *K'ungtse und der Konfuzianismus* in 1928, two years before he passed away, in which he clarified and elabo-

[65] This suggests that he came to his decision to restructure the text only when he was in Běijīng from 1922 to 1924, which was several years after his mentor in the study of this canonical work, Láo Nǎixuān 勞乃宣, had died.

[66] Here I am referring once more to the article mentioned in footnote 12 above.

[67] Once more, this text has been carefully compared with Legge's precedent in a comparative chart attached at the end of the article mentioned in footnote 12 above. I provide details about the original version because later editions of Wilhelm's work have been reduced to 30 chapters, and at least one of the nine major sections has disappeared, edited out by an invisible hand. It is now no longer possible to obtain a recently published version of his original work in German.

rated the New Text Ruist reform tradition presented by Kāng and his famous student, Liáng Qǐchāo 梁啓超 (1873-1929).[68]

From the perspective of the history of canonization, and more specifically, from the history of the Chinese canon-in-translation within European sinological circles, Wilhelm's efforts to re-present the Ruist and Daoist canonical texts involves not only an "ingenuity" in interpretive approaches, but also a manifest process of de-canonizing previous sinological standards. While Legge served as the sinological standard for the Chinese canon-in-translation, presenting the authorized texts in a manner that provided "closure" for that set of works, Wilhelm was involved in a radical project to "overcome" this limitation through his ingenious reconstruction of the authorized texts. If, as Jonathan Z. Smith has argued in one of his early articles, precisely because a canon involves essentially the element of "closure" and completeness, it invites interpreters ("hermeneutes") to introduce an "exegetical totalization" in order to maintain and extend the canonical literature within changing environments and under different interpretive motivations.[69] In the case of Wilhelm, it seems, the interpretive situation required a re-presentation of the canon, particularly in the case of his *I Ging* and *Li Gi*, which could not be satisfied merely "through extension" or "novelty"; so he chose instead to reconceive the authorized text, offering his own versions for the sake of a modern readership. His is a classical case of the "decanonization" of Legge's canon-in-translation, one driven by unprecedented interpretive motivations created by the demise of a traditional Chinese form of life.

In retrospect, it is also clear that the formula for reconceiving the relationship between canon and commentary, between closure and hermeneute, as presented in Jonathan Z. Smith's works, is a radical departure from the initial vision which moved Friedrich Max Müller and James Legge to produce their works in the *Sacred Books of the East*. Whether or not we would criticize their "sacred book" orientation as an illegitimate projection of Protestant standards onto a Chinese canon, or see this as one of the several hermeneutical approaches which their particular stage of cross-cultural comparison suggested, it is manifest that the discussion of

[68] Consult Richard Wilhelm, *K'ungtse und der Konfuzianismus* (Berlin und Leipzig: Walter de Gruyter und Co., 1928).

[69] Here and below I am referring to the third chapter of Jonathan Z. Smith's work, *Imagining Religion: From Babylon to Jonestown* (Chicago and London: University of Chicago Press, 1982), entitled "Sacred Persistence: Toward a Redescription of Canon". Quotations above appear on pp. 48–50 *in passim*.

the development of canon in Asiatic Religions is no longer just a matter of authorized texts. We must also deal with both the interpretive traditions which informed these choices and the ironic potential for these interpretive efforts to challenge the sufficiency of the canonical standard which it seeks to maintain. In the above presentation I have tried to indicate how James Legge's own efforts in producing a Chinese canon-in-translation took very seriously the diverse commentarial traditions of the Ruist traditions in particular. As as result, he was able to exemplify a moderating form of comparative religious study which, as Girardot rightly reveals, avoided some of the pitfalls of Müller's more theoretical efforts by remaining "impartial but not neutral" as a Christian translator and exegete of these canonical texts. In contrast, I have presented the grammatalogical and interpretive differences revealed in the German version of the Chinese canon-in-translation produced by Wilhelm. In this regard, I have attempted to show that under conditions of cultural disintegration new interpretive motives could drive Wilhelm to produce a non-standard and de-canonized version of major Ruist and Daoist texts. The fact that this diversity within the Chinese canon-in-translation has not been addressed so coherently in previous studies may suggest that there is more to be done in this kind of comparative research. In addition, it indicates the profundity of the diversity of so-called "canonical" texts within different linguistic traditions. We have tried to show how this is so within the Chinese canon-in-translation. We can and should study and reinterpret them for the light which can be shed through them on the history of the study of Asiatic religions.

Literature

Adriaanse, H. J. "Canonicity and the Problem of the Golden Mean". In A. Van Der Kooij and K. Van Der Toorn, eds., *Canonization and Decanonization: Papers presented to the International Conference of the Leiden Institute for the Study of Religions (LISOR), Held at Leiden 9–10 January 1997.* Brill: Leiden, Boston, Köln, 1998: 319–320.

Chalmers, James. *The Speculations on Metaphysics, Polity, and Morality, by "the Old Philosopher", Lautsze.* London: Trübner, 1868.

Girardot, Norman J. *The Victorian Translation of China: James Legge's Oriental Pilgrimage.* Berkeley: University of California Press, 2002.

Honey, David B. *Incense at the Altar: Pioneering Sinologists and the Development of Classical Chinese Philology.* New Haven, Connecticut: American Oriental Society, 2001.

Loewe, Michael (ed.). *Early Chinese Texts: A Bibliographical Guide*. Berkeley, California: The Society for the Study of Early China and The Institute of East Asian Studies, University of California, 1993.

Müller, Friedrich Max. *Introduction to the Science of Religion, Four Lectures delivered at the Royal Institution, with Two Essays on False Analogies, and the Philosophy of Mythology*. London: Longmans, Green, and Co., 1873.

Pfister, Lauren F. "From Derision to Respect: The Hermeneutic Passage within James Legge's (1815–1897) Ameliorating Evaluation of Master Kong ("Confucius")". *Bochumer Jahrbuch zur Ostasienforschung* 26 (2002): 53–88.

Die Kanonisierung der taoistischen Schriften in China

Vom religiösen Element zum öffentlichen Monument

FLORIAN C. REITER

Heute beeindrucken Verlage in der VR China wie in Taiwan mit einer Vielzahl von höchst umfangreichen Neueditionen taoistischer kanonischer Sammlungen, wobei der „Kanon der taoistischen Schriften der Großen Ming-Dynastie“ *Da Ming dao-zang jing* 大明道藏經 aus dem 15. Jahrhundert im Vordergrund der Publikationstätigkeit stehen dürfte.[1] Seit geraumer Zeit wurde von der offiziellen taoistischen Vereinigung in Peking, stationiert im „Kloster der Weißen Wolke“ *Bai-yun guan* 白雲觀, an einer modernen Edition mit Interpunktion gearbeitet, die inzwischen zumindest teilweise bekannt zu sein scheint. Es handelt sich um einen Kanon mit über eintausendjähriger Vorgeschichte an Sammel- und Kompilationstätigkeit. Die Aktivitäten, die in der Vergangenheit zu diesen kanonischen Textsammlungen führten, standen immer unter staatlicher bzw. kaiserlicher Patronage, wobei es sich jeweils um umfassende und vollständige Editionen handeln sollte.[2] Wer die Schwierigkeiten chinesischer klassischer Philologie kennt weiß, dass derartige Editionen, ob nun im Altertum oder in der Gegenwart getätigt, immer Interpretationen sind und jeweils implizit eine neue Orthodoxie zu reklamieren suchen. Neben dieser Kernsammlung des Ming-zeitlichen Kanons werden heute auch die extrakanonischen Schriften gesammelt und ediert, zum Beispiel

---

[1] Ich zitiere stets die Edition in 61 Bänden des Verlags *Yi-wen yin-shu guan* 藝文印書館 Taipei 1977. Chen Guo-fu 陳國符: *Dao-zang yuan-liu kao* 道藏源流考. Taipei 1975 (Nachdr.). Bibliographische Beschreibungen sind: Ren Ji-yu 任繼愈, Hrsg. : *Dao-zang ti-yao* 道藏提要. Peking 1991. K. Schipper und F. Verellen Hrsg. : *The Taoist Canon, A Historical Companion to the Daozang*. Chicago 2004.

[2] Siehe P. van der Loon: *Taoist Books in the Libraries of the Sung Period*. Oxford 1984. N. Ōfuchi 大淵忍爾: “The Formation of the Taoist Canon”, 253–267, in: A. Seidel und H. Welch (Hrsg.): *Facets of Taoism*. Yale 1979.

Max Deeg, Oliver Freiberger, Christoph Kleine (Hrsg.), *Kanonisierung und Kanonbildung in der asiatischen Religionsgeschichte*. VÖAW: Wien 2011, pp. 465–489.

in *Zang-wai dao-shu* 藏外道書 und in der neuen selektiven Großsammlung *Dao-shu ji-cheng* 道書集成[3], wobei Doppelangebote zahlreicher bekannter Texte in Kauf genommen werden, vermutlich um ein gewisses Volumen auszuweisen und Vollständigkeit zu suggerieren. Von der heutigen Situation ausgehend, die nicht nur von kommerziellen Erwägungen, sondern wohl auch von politischen bestimmt ist, kann durchaus auf die Bedeutung der Kanonisierung taoistischer Schriften in der Geschichte Chinas geschlossen werden. Vielleicht aber gilt einfach auch, dass wir alle diese neuen Kompilationen als Fortsetzung alter bibliophiler Sammeltraditionen verstehen können, die China auszeichnen.

Wenn wir von der Kanonisierung der taoistischen Schriften sprechen wollen, müssen wir die Konstitution ihres intellektuellen und geschichtlichen Hintergrunds bedenken. Wir betrachten dazu den religiösen Taoismus mit jenen Grundpositionen, die Kanonisierungen fördern oder sogar erfordern. Einem etablierten Verständnis folgend soll gelten, dass der religiöse Taoismus als distinguiertes religionsgeschichtliches Phänomen im 2. Jh. unserer Zeit greifbar wird, also zum Ende der Östlichen *Han*-Zeit.[4] In dieser Epoche hatte sich bereits der konfuzianische Staats- und Herrschaftsgedanke als staatstragend etabliert, was im Bereich der dokumentarischen Sicherung von Herrschaft durch die imperiale Bibliothek sichtbar dargestellt wurde, welche eine Beamtenschaft mit säkularer Orientierung verwaltete.[5] Der Besitz solcher umfassender Bibliotheken mit ihrem offiziell sanktionierten Bestand war in China ein spezifischer Macht- und Legitimationsausweis, was für die letzte Dynastie des Kaiserreichs das Editionsedikt von Kaiser Qian-long 乾隆 (reg. 1736–1796) belegt, das zur Einrichtung seiner Bibliothek, den „Vollständigen Schriften aus den vier Schatzhäusern", *Si-ku quan-shu* 四庫全書, verfaßt wurde.[6] Im Amt des Historikerbeamten *shi-guan* 史官 wurde das geschichtliche Selbstverständnis verbrieft und erläutert.[7] Die Vorstellung, dass der Herrscher auch innerhalb seiner vier Wände sein Reich umfassend

---

[3] Erscheinungsort und Jahr: Chengdu 1992 und Peking 1999.

[4] W. Eichhorn: *Die Religionen Chinas*. Stuttgart 1973, S. 139 ff. W. Bauer: *China und die Hoffnung auf Glück*. München 1971, S. 166, 210.

[5] Siehe z. B. die Ausführungen in der Literatursektion der Han-Geschichte, *Han-shu yi-wen zhi* 漢書藝文志 30. 10, S. 1701 ff. *Zhong-hua* 中華 Peking 1975.

[6] Erlassen am 07. 02. 1772, siehe Ch. Kaderas: „Ch'ien-lungs Kompilationsedikt des *Ssu-k'u ch'üan-shu*", in: *Zeitschrift der Deutschen Morgenländischen Gesellschaft* (ZDMG), 148, 343–360.

[7] *Han-shu* 30. 10, 1715, zum Thema *shi-guan* 史官. *Si-ku quan-shu zong-mu* 四庫全書總目 45,1,397 (*Shi-bu zong-xu* 史部總序). Zhong-hua 中華 Peking 1981.

überschauen müsse, erklärt eine praktische Nutzanwendung kaiserlicher Bibliotheken, in der die Dokumente (*shu* 書) und Karten (*tu* 圖) aufbewahrt wurden.[8] Vor allem die „Dokumente“ fanden ihren Niederschlag in den enzyklopädisch angelegten Dynastiegeschichten (*zheng-shi* 正史), deren erste, das *Han-shu* 漢書 („Geschichte der *Han* [-Dynastie]“), nach dem *Shi-ji* 史記, den „Aufzeichnungen des Großhistorikers“ Si-ma Qian 司馬遷, gestaltet wurde. Der erste Katalog der kaiserlichen Bibliothek war laut *Han-shu* 漢書 in sieben Abschnitte gegliedert (*qi-lüe* 七略). Die genannte vierteilige Einteilung der Qian-long 乾隆-Bibliothek markiert dagegen aber das Ende einer langen Entwicklung der Katalogisierung und der Bibliotheksordnung, wobei die taoistischen Schriften, wie alle anderen auch, eine spezifische Einordnung erfahren haben. Hierbei spielen Ursprung, Inhalt, Sinn und Zweck dieser Schriften in der Wahrnehmung der Literatenbeamten die entscheidende Rolle.

Der Katalog *qi-lüe* 七略 wurde von den Schriften der konfuzianischen Tradition, den „sechs literarischen Künsten“ (*liu-yi* 六藝), eröffnet. Das Buch der Wandlungen (*Yi-jing* 易經) nahm die erste und führende Position ein. Neben den medizinischen Schriften gegen Ende der Skala gab es noch Schriften, die mit der Transzendenz des menschlichen Lebens und mit der Kunst der Unsterblichkeit befasst waren (*shen-xian* 神仙).[9] Die Einordnung derartiger Schriften, die weiterhin im Umfang zunahmen, erforderte in den folgenden Epochen klare Rubriken der Klassifizierung, was nach den „Sieben Monographien“ (*qi-zhi* 七志) des Wang Qian 王檢 (452–489) dann Ruan Xiao-xu´s 阮孝緒 (479–536) „Sieben Berichte“ (*qi-lu* 七錄) zeigt. Hier wird die Rubrik Taoismus (*xian-dao lu* 仙道錄) in vier Sparten geteilt, nämlich die Schriften, die diätetischen Praktiken, die sexuellen Techniken, die Talismane und Diagramme. Eine eigene Sektion blieb für die taoistische Philosophie reserviert.[10]

Die vier Obertitel in der Rubrik Taoismus (*xian-dao lu* 仙道錄) zeigen, wo der hervorragende Schwerpunkt der Bestrebungen im religiösen Taoismus liegt, und um den geht es, wenn wir von Kanonisierung im Taoismus sprechen. Im Mittelpunkt des Interesses steht die Pflege des menschlichen Lebens, woraus sich dann im weiteren spezifische Wege

---

[8] F.C. Reiter: “Some Remarks on the Chinese Word *T'u* Chart, Plan, Design”, in: *Oriens* 32, 308–327.

[9] *Han-shu yi-wen zhi*漢書藝文志 30, 10, 1779–1780 (Shen-xian zhe 神仙者, nach *Fang-zhong* 房中, den “Schlafzimmer[-Künsten]”).

[10] P. van der Loon: *Taoist Books in the Libraries of the Sung Period, a Critical Study and Index*, S. 1. Oxford 1984,

der magisch-rituellen Ordnung desselben ergeben, bezogen auf das Individuum und die staatliche Gemeinschaft. Grundlage ist bei alledem die Annahme einer göttlichen und unsterblichen Qualität der spirituellen Lebensgabe, die jedem Menschen zukommt. Sie wird als Einheit von physischem Leib und spiritueller, energetischer Ausstattung verstanden. Diese Einheit soll von den göttlich Unsterblichen (*shen-xian* 神仙) verwirklicht worden sein. Exakt diese existenzielle Qualität ist jedoch jedermann ursprünglich zueigen und zugänglich, unabhängig von sozialem Status und Geschlecht. Voraussetzung sind eine konsequent integere Lebensführung und die Übungen der Selbstkultivierung zur Realisierung der Vollkommenheit (*quan-zhen* 全真), womit eine spezielle religiöse Kultur einhergeht.[11] Die Bewegung des religiösen Taoismus nahm ihren legendär gestalteten Beginn mit dem Wirken des Ex-Beamten Zhang Dao-ling 張道陵, der eine magische Initiierung als „Himmelsmeister" durch Tai-shang Lao-jun 太上老君, den zur Han-Zeit vergöttlichen Autor des *Dao-de jing* 道德經, erhalten haben soll. Der religiöse Taoismus wird daher sowohl Himmelsmeister-Taoismus (*Tian-shi dao* 天師道) als auch Taoismus der Korrektheit und Einheit (*Zheng-yi dao* 正一道) genannt. Die Initiation Zhang Dao-lings 張道陵 war, laut Legende, nicht an eine Eröffnung von Schriften gebunden, sondern beinhaltete vielmehr den rituell-magischen Auftrag zur Leitung der religiösen Dienste, die dem Dämonenzwang und der Rettung der Menschen dienten. Andererseits stellt die Gottheit Tai-shang Lao-jun 太上老君 und somit Lao-zi 老子 einen intensiven Zusammenhang mit der offiziellen und allgemein verbindlichen Kultursphäre her. Lao-zi 老子 galt als exemplarisch guter Beamter, hatte er doch als aufrechter Ratgeber („Archivar") der Zhou-Dynastie den unbelehrbaren König Zhao 昭 verlassen, um dann am Han-gu 函谷 Pass für die Welt die Schrift *Dao-de jing* 道德經 zu hinterlegen.[12] Seine Schrift enthielt kryptisch und vielseitig deutbar formuliert die Maßgaben und Bedingungen für eine gute Herrschaft und auch für die Pflege des individuellen Lebens. Der Bezug auf die Schrift *Lao-zi* 老子 half den Taoisten mit ihrem offiziellen Repräsentanten, einem „Himmelsmeister" aus der Familien-

[11] F.C. Reiter: *Religionen in China, Geschichte, Alltag, Kultur*, S. 83 ff. („Die Pflege des Lebens und die Unsterblichkeit"), 98 ff. („Die Göttlichkeit des menschlichen Seins"). München 2002. Eine umfassende Darstellung zu diesem Thema gibt der *Shang-qing* 上清 Text TT 421 *Deng-zhen yin-jue* 登真隱訣. Zum Begriff (*quan-zhen* 全真), s. u. und Anm. 38.

[12] F.C. Reiter Hrsg./Übers. : *Leben und Wirken Lao-Tzu´s in Schrift und Bild, Lao-chün pa-shih-i hua t´u-shuo*, S. 114–115 („Er gibt seinen Rang bei den Chou auf"), S. 116–117 („Er überschreitet den Han-Paß"). Würzburg 1990.

linie des Zhang Dao-ling 張道陵, sich gegenüber Staat und Gesellschaft zu legitimieren.[13]

In den Jahrhunderten nach der Han-Dynastie, während der „Drei Reiche" und der anschließenden „südlichen und nördlichen Dynastien" bis zum Ende des 6. Jahrhunderts entwickelte sich der religiöse Taoismus weiter, stets in der ideellen Nachfolge Zhang Dao-lings 張道陵. Taoisten wirkten im Volk mit Ritual und Exorzismus. Sie amalgamierten schamanische, medizinische und religiös-meditative Erfahrungen, die sie zu literarischem Ausdruck führten, um so den Taoismus schließlich als Schriftreligion zu verfeinern.[14]

Von Anfang an waren Schriftkundigkeit und literarisch-elitäre Bildung wesentliche Elemente des Wirkens und Selbstverständnisses der Taoisten, die vielerlei Brücken und Verbindungen zu allen gesellschaftlichen Ebenen der säkularen Umwelt herstellten. Wir können also eine literarisch-elitäre Bildung als tragendes und gesellschaftlich verbindliches Element für den religiösen Taoismus in Anschlag bringen. Es sei an den *Lao-zi xiang-er zhu* 老子想爾注 genannten Kommentar zur Schrift *Dao-de jing* 道德經 erinnert, der Zhang Dao-ling 張道陵 zugeschrieben wird, freilich ohne dass diese Zuschreibung zu belegen wäre.[15] Auf der anderen Seite des gesellschaftlichen Spektrums jedenfalls, auf der Ebene der Kaiserhäuser, wurden im Lauf der Geschichte ebenfalls Kommentare zum *Dao-de jing* 道德經 verfasst, was immer wieder die Nähe der offiziellen Sphäre des Staates zu taoistischer Kultur und Religion belegt.[16]

Taoistisches Wissen wurde exklusiv und selektiv tradiert. Es umfasste die religiöse Kultur mit Gebet, Meditation und Liturgie, sowie die asketische Sublimierung des menschlichen Lebens. Diese Ausrichtung des religiösen Taoismus kulminierte im 4. /5. Jahrhundert in der Formierung lokal gebundener und elitärer Gruppierungen mit den Bezeichnungen *Shang-qing*上清 („Himmel der höchsten Reinheit") und *Ling-bao* 靈

---

[13] F.C. Reiter: *Lao-tzu, eine Einführung*. Lizenzausgabe Panorama/Wiesbaden (2005)

[14] F.C. Reiter: *Taoismus zur Einführung*, S. 44 ff. („Die Bewegung des Chang Tao-ling und seine Macht über die Dämonen"), S. 53 ff. („Die Idee der „heiligen Schrift" im religiösen Taoismus"). Hamburg 2000. S. u. zur Tang-Zeit.

[15] K. M. Schipper: *Le corps taoiste*, S. 313, Anm. 36. Paris 1982.

[16] Siehe die Kommentarwerke im Index: *Harvard-Yenching Institute Sinological Index Series* No. 25 *Combined Indices to the Authors and Titles of Books in Two Collections of Taoist Literature,* S. 19a (Rubrik: *Yü-chüeh lei* 玉訣類 "Jadeinstruktionen" der *Dong-shen* 洞神 Höhle; Autoren: Ming Tai-zu 明太祖, Tang Xuan-zong 唐玄宗, Sung Hui-zong 宋徽宗). Nachdr. Taipei 1966.

寶 („Magisches Juwel“). Sie verfügten über Schriften, die dem irdischen und zugleich göttlichen Wesen des Menschen gewidmet waren und folglich die Wiedergewinnung eines transzendenten Urzustands des Seins des Menschen, d. h. seine Unsterblichkeit, im Visier haben. Die entsprechenden Schriften, zum Beispiel die Offenbarungen aus dem „Himmel der höchsten Reinheit“, waren in magischen Seancen enthüllt worden. Die Texte wurden als Geheimnisse bewahrt und nur allmählich in weltlicher Schriftform übermittelt. Die Texttransmission sollte langwierige Fristen einhalten und unter besonderen Bedingungen erfolgen.[17]

Eine ähnliche Qualität wie die *Shang-qing* 上清 Schriften hatten die Schriften des „Magischen Juwels“ (*Ling-bao* 靈寶), die in zeitlicher und regionaler Nähe zu den *Shang-qing* 上清 Texten in der Provinz Kiangsu (Jiangsu) entstanden.[18] Speziell in Verbindung mit den *Ling-bao* 靈寶 Texten kennen wir die Vorstellung, dass in den himmlischen Sphären ganze Bibliotheken schon seit ewigen Zeiten zur Offenbarung bereit stehen, deren Texte den Menschen aber „noch nicht“ enthüllt wurden.[19] Hier gab es also ein offenes Ende und ganz explizit das Potential für zukünftige Offenbarungen, was wohl ein wichtiger Aspekt im Wettstreit mit den Buddhisten war. Die Buddhisten konnten aus dem Ausland stets neue Texte heranführen und schickten sich auch an einen chinesisch-buddhistischen Kanon zu entwickeln.[20]

Es waren hervorragende Gelehrte, welche diese taoistischen Offenbarungen sammelten und edierten, um den *Shang-qing* 上清 Kanon mit dem Text *Da-dong zhen-jing san-shi-jiu zhang* 大洞真經 三十九章 als Schlüsseltext zu erstellen.[21] Auf ähnliche Weise entstand auch der *Ling-bao* 靈寶 Kanon, dessen Einzeltitel zumeist mit dem Begriff *Dong-xuan* eröffnet werden. Bei den genannten Taoisten handelt es sich um Tao Hong-jing 陶弘景 (456–536) und Lu Xiu-jing 陸修靜 (406–477). Manche Texte reflektierten aber auch andere rituelle Traditionen. Sie wurden um den Titel „Schrift der Drei Souveräne“ (*San-huang wen* 三皇文) gruppiert. In der

---

[17] M. Strickmann : *Le Taoisme de Mao Chan, chronique d'une révélation*. Paris 1981. I. Robinet: *La révélation du Shangqing dans l'histoire du taoisme*, 2 Bd. Paris 1984. F.C. Reiter: *The Aspirations and Standards of Taoist Priests in the Early T'ang Period*, S. 211. Wiesbaden 1998.

[18] N. Ôfuchi: „On Ku Ling-pao ching“, in: *Acta Asiatica* 27, 33–56.

[19] N. Ôfuchi: “On Ku Ling-pao ching”, S. 36–40.

[20] E. Zürcher: *The Buddhist Conquest of China*. Taipei 1975 (Nachdr.).

[21] J. Lagerwey: *Wu-shang pi-yao, somme taoiste du VIe siècle*, S. 205, auch zu anderen hervorragenden Texten (*san-qi* 三奇 „drei Wunderbare“). Paris 1981.

Enzyklopädie *Wu-shang bi-yao*無上祕要 (6. Jh.) wird *en passant* auf die Sektion *Dong-shen* 洞神 verwiesen, der diese *San-huang wen* 三皇文 -Texte zugeordnet werden, wobei der Kerntitel *Dong-shen san-huang jing* 洞神三皇經 zitiert wird.[22] Die konkreten Vorgänge der Formierung dieser Gruppe sind wenig bekannt, obwohl sie mit dem berühmten Alchemisten und Gelehrten Ge Hong 葛洪 (283–343) assoziiert werden. Es gibt Hinweise auf nun nicht mehr vorliegende Kataloge oder Titellisten zu den genannten drei Textgruppen, für die der zusammenfassende Begriff „Drei Höhlen" (*San-dong* 三洞) eingesetzt wurde.[23]

Wenn wir von den äußeren Aspekten der Kanonbildung sprechen, können wir annehmen, dass die Taoisten staatlichen Anordnungen folgend und auch unter dem Eindruck der dreiteiligen Grundanlage des buddhistischen Kanons ebenfalls einen dreiteiligen Kanon schufen. Diese Annahme scheint der Titel „Bücherkatalog zu den Schriften aus den Drei Höhlen, aus der Hand des Herrn Lu" (*Lu Xian-sheng san-dung jing-shu mu-lu* 三洞經書目錄) nahezulegen, welchen der soeben genannte Taoist Lu Xiu-jing 陸修靜 auf Befehl von Kaiser Ming-di 劉宋明帝 (465–472) der Liu Song Dynastie im Jahr 471 kompilierte.

Die Titel der drei Textgruppen, der „drei Höhlen", die teilweise schon genannt wurden, lauten also *Dong-zhen* 洞真*, Dong-xuan* 洞玄 und *Dong-shen* 洞神. Die Namen sind signifikant. Das Wort *dong* 洞, „Höhle", kann mit dem Begriff *tong* 通, „hindurchgehen, kommunizieren, Verbindung schaffen" erklärt werden. Die anderen Begriffe heißen „Vollkommenheit" (*zhen* 真), „Himmel" (*xuan* 玄) und „göttliche Kräfte" (*shen* 神). Wir erkennen daran religiöse Grundaussagen, die sich verdeutlichen, wenn wir bedenken, dass jede der „Drei Höhlen" unter der Ägide einer Gottheit aus der Reihe der Drei Reinen (*San-qing* 三清) stehen soll. Sie sind die höchsten abstrakten Gottheiten im Taoismus und heißen *Yuan-shi tian-zun* 元始天尊 („Himmelsehrwürdiger des Uranfangs"), *Ling-bao tian-zun* 靈寶天尊 („Himmelsehrwürdiger des magischen Juwels") und *Dao-de tian-zun* 道德天尊 („Himmelsehrwürdiger Tao und seine Wirkung"). Der dritte Name verweist auf Tai-shang Lao-jun 太上老君, den göttlichen Autor des *Dao-de jing* 道德經.

---

22 J. Lagerwey: *Wu-shang pi-yao, somme taoiste du VIe siècle*, S. 63,82,106,107,117 (*Dong-shen jing* 洞神經, *Dong-sheng san-huang zhi shu* 洞神三皇之書), S. 152–155, 265 (洞神三皇經 三皇經 et al.).

23 Luo Wei-kuo 羅偉國: *Fo-zang yu dao-zang* 佛藏與道藏, S. 222–224. Shanghai 2001.

Bei der Formierung der „Drei Höhlen“ spielt mit Sicherheit die Notwendigkeit einer literarischen Selbstdarstellung in den elitären Kreisen von Administration und Gesellschaft eine große Rolle. Die Vertreter des Taoismus bewegten sich in der Bildungsgesellschaft und waren den Mächtigen ihrer Zeit bekannt. Wir bedenken, dass die chinesisch-buddhistischen Schriften von Anfang an unter kaiserlicher Kenntnisnahme und Billigung entstanden, wenn wir die Geschichte des angeblich ersten chinesischen *sūtra Si-shi-er zhang jing* 四十二章經, „*Sūtra* in zweiundvierzig Abschnitten“, zur Han-Zeit berücksichtigen oder die Entwicklung von Übersetzerteams und Übersetzungsbüros nach der Han-Zeit im 4. Jahrhundert.[24] Die diversen Herrscherhäuser waren in der Entstehung einer buddhistisch-literarischen Kultur involviert, die durch indische oder ausländische Missionare initiiert wurde.[25] Vor diesem Hintergrund hatten sich die Taoisten zweifelsohne zu vergleichen und zu behaupten.

Die nächste bedeutsame Zusammenstellung eines *San-dong* 三洞 -Kanons und eines Katalogs erfolgte etwa 300 Jahre später in der Tang-Zeit unter Kaiser Xuan-zong 玄宗 mit dem Titel *San-dong qiong-gang* 三洞瓊綱. Im Jahr 748 wurde dieser Kanon in zahlreichen Kopien verteilt. Er wurde später auch unter dem Namen *Kai-yuan dao-zang* 開元道藏 bekannt. Dieser Kanon nahm großen Schaden bezüglich seiner Vollständigkeit bei Unruhen während der Rebellion An Lu-shans 安祿山 (756), so dass später unter Kaiser Dai-zong 代宗 Versuche seiner Wiederherstellung und Erweiterung unternommen wurden. Allein unter den Wirren zum Ende der Tang-Herrschaft ging der *Kai-yuan dao-zang* 開元 道藏 als geschlossener Textkorpus weitgehend verloren.[26]

Grundsätzlich wollen wir festhalten, dass die Organisation des Wissens in literarischer und bibliothekarisch geordneter Form einen spezifischen Teil chinesischen Kulturschaffens darstellt, wobei der höchste Repräsentant des Reiches, der Kaiser mit seinen Beamten, die führende Rolle spielte. Texte und Inhalte wurden unter kaiserlicher Ägide von den

---

[24] T. 784 *Si-shi-er zhang jing* 四十二章經. Eine moderne und vorzügliche Übersetzung bietet R. H. Sharf: „The Scripture in Forty-two Sections“, S. 360–371, in: D. S. Lopez, Jr. (Hrsg.): *Religions of China in Practice*. New Jersey 1996. E. Zürcher: *The Buddhist Conquest of China*, S. 114,146,202–204. E. Zürcher weist nach, dass es sich hierbei vor allem um ein Phänomen in Nord-China handelt, das Zentralasien und ausländischem Einfluß nahe lag.

[25] Siehe das erste Kapitel der „Hervorragenden Mönchsbiographien“ (T 2095) *Gao-seng zhuan* 高僧傳.

[26] Luo Wei-guo 羅偉國: *Fo-zang yu dao-zang* 佛藏與道藏, S. 222–223.

Gelehrtenbeamten im Sinne einer staatlich gebilligten Orthodoxie fixiert und durch Kanonisierungen aufbewahrt. Es handelt sich um eine gezielte und inhaltlich ambitionierte Sammeltätigkeit, was dem chinesischen Titelwort *zang* 藏 in den religiösen Textsammlungen der Buddhisten und Taoisten vollkommen entspricht. Das Wort kann und muss hier einfach mit „Lagerhaus" oder „Sammlung" übersetzt werden. Mit exakt dieser Bedeutung verwenden wir das Wort „Kanon" bzw. Kanonisierung, wenn wir uns also auf den Taoismus beziehen. Diese gezielte und oft selektive Sammeltätigkeit ist aus der konfuzianischen Sphäre sattsam bekannt und läßt sich aus den Literatursektionen (*Yi-wen zhi* 藝文志) der offiziellen Dynastiegeschichten erschließen, wie eingangs schon angedeutet.

Dies bedeutet für den Taoismus, dass seine ehemals geheimen und nur exklusiv tradierten religiösen Schriften durch ihre Zusammenfassung in kanonischen Sammlungen und deren Platzierung in Bibliotheken und Tempeln landesweit aus der Geheimsphäre taoistischer Zirkel gelöst werden. Sie werden jenseits des Berufsstands der Priester auch für die gelehrte und säkulare Welt Chinas greifbar. Kanonisierungen bei Buddhisten und Konfuzianern erfordern allein aus Gründen der Parität der „drei Lehren" in Staat und Gesellschaft eine vergleichbare Kanonisierung auf Seiten der Taoisten. Die Parität der drei Lehren Konfuzianismus, Buddhismus und Taoismus lag im staatlichen Interesse, was im Lauf der Geschichte die wiederholten Disputationen von Vertretern dieser drei Lehren an den Kaiserhöfen zeigten.[27] In den Epochen zwischen den Han- und Tang-Dynastien wird jedenfalls deutlich, dass die staatlich angeordnete Formierung eines Kanons dem konfuzianischen und literarischen Umfeld in Staat und Gesellschaft entgegenkommt. Dennoch wäre es falsch anzunehmen, dass die Kanonbildungen im Taoismus allein äußere, formale oder gesellschaftlich-politische Aspekte haben, sondern vielleicht sind doch noch gravierender die internen Motive der taoistisch-religiösen Berufung. Das personelle Organisationsprinzip des Taoismus beruht auf der Lehrer-Schüler Transmission des religiösen Berufs, was der Begriff „Affiliation" (*shi-pai* 師派) bezeichnet. Der Priesterberuf kann in der Familie weitergegeben werden. Versuche einer staatlichen Kontrolle durch Prüfungen hatten immer nur temporäre und fast marginale Bedeutung, was zum Beispiel für die Ming-Zeit, aus der unser heute vorliegender *Dao-zang* 道藏 (-Kanon) stammt, die *Ming*-Statuten *Ming hui-tian* 明會

[27] F.C. Reiter: *Grundelemente und Tendenzen des religiösen Taoismus, das Spannungsverhältnis von Integration und Individualität in seiner Geschichte zur Chin-, Yüan- und frühen Ming-Zeit,* S. 131–132. Stuttgart 1988.

典 zeigen.[28] Niemals konnten staatliche Kontrollversuche die Verwirklichung der religiösen Berufung verbindlich und andauernd kanalisieren. Allein schon die lokal ungebundenen Lebensweisen der reisenden Heiler und Exorzisten, der Eremiten und Sucher der Unsterblichkeit, die auch Rituale durchführten und andere religiöse Dienstleistungen für das Volk erbrachten, verdeutlichen die Schwierigkeiten einer formalen Erfassung und Kontrolle.

Die Kanonisierung, die zunächst an Gruppen elitärer Zirkel gebunden war und geheim erfolgte, nahm schließlich durch das Wirken des Lu Xiu-jing 陸修靜 im 5. Jh. einen öffentlichen Charakter an. Sie war aber eben auch Ausdruck des Selbstverständnisses der Taoisten als Träger einer religiösen Kultur, die das Wissen um ihre genuin chinesischen Wurzeln hegte. Mit Sicherheit können wir dann für die Tang-Zeit (6. /7. Jh.) belegen, dass es für die Taoisten wichtig war, die aus den Himmeln eröffneten heiligen Schriften zur Rettung der Menschen in ihren Tempeln gegenwärtig zu haben, ihnen ein Maß an Öffentlichkeit zu geben und sie zudem als Gegenstand religiöser Verehrung bereit zu halten. Die Tempel trugen damals bereits die Bezeichnung „Belvedere“ (*dao-guan* 道觀) und waren in taoistischem Verständnis Schauglas der Gottheiten in die Welt der Menschen, wie auch umgekehrt die „Belvedere“ den Menschen den Blick zu den astralen Sphären der Gottheiten und Unsterblichen eröffneten, in die sie einzugehen hofften. Das kaiserliche Engagement bei der Einrichtung der Belvedere wie auch bei der Verbreitung und eventuellen Drucklegung des taoistischen Kanons war für alle Beteiligten höchst signifikant.[29] Zugleich wollen wir bedenken, dass die Entwicklung des religiösen Taoismus zu einer dominant literarisch gestalteten und schriftorientierten Religion spätestens in der Tang-Zeit deutlich erkennbar wird. Diese Entwicklung spiegelt sich im Maß der erstrebten Öffentlichkeit und Verbreitung des Kanons wieder und intern natürlich auch im Erscheinen idealisierender, Standard setzender Selbstdarstellungen.[30]

Das Hauptanliegen der Taoisten bleibt dabei immer die Rettung der Menschen, die durch rituelle Dienste verwirklicht werden soll, welche die

[28] F.C. Reiter: *Grundelemente und Tendenzen des religiösen Taoismus,* S. 139 ff.; S. 146 ff.

[29] F.C. Reiter: „Some Observations Concerning Taoist Foundations in Traditional China“, in ZDMG 133, 363–376.

[30] F.C. Reiter: *The Aspirations and Standards of Taoist Priests in the Early T'ang Period*, in: *Asien- und Afrika-Studien 1 der Humboldt Universität zu Berlin.* Wiesbaden 1998.

Priester („Meister des Dao", *dao-shi* 道士) ausführen. Die Priester haben während ihrer Ausbildung sogenannte „Register" (*lu* 籙) erhalten, durch die sie den Zugang zu den körperlichen und zugleich kosmischen Gottheiten erlangen, um dann Schritt für Schritt auf höherem Niveau auch die Schriften aus den „drei Höhlen" übertragen zu bekommen, die sie bei ihrem Lehrmeister abschreiben und memorieren. Die *Shang-qing* 上清 Schriften stehen dabei auf der höchsten und in der Ausbildung letzten Stufe, was zum Beispiel der frühe Tang-Text *Dong-xuan ling-bao san-dong feng-dao ke-jie ying-shi* 洞玄靈寶三洞奉道科戒營始 belegt.[31]

Die Novizen (*lu-sheng* 籙生)[32] und späteren Priester haben sich jeweils ihren eigenen Kanon gemäß Ausbildungsstand und Rang erarbeitet, wobei sie konkret den persönlichen Kanon des jeweiligen Lehrmeisters kopieren. Wir müssen davon ausgehen, dass es sich niemals um die Gesamtheit der taoistischen Schriften oder um den Kanon an sich handelte, sondern eben nur um diejenigen Schriften, die Eingang in die regional bestimmte Praxis und Tradition des betreffenden Lehrmeisters gefunden hatten. Es mag sein, dass auch Titellisten mit einem gewissen Anspruch oder Recht übertragen wurden, so dass Schriften in großen Tempeln eingesehen werden konnten, die zuvor eben nur durch ihre Titel bekannt waren, aber als Texte nicht zur Verfügung standen. Die individuelle kanonische Ausstattung ist jedenfalls für die Ausübung des religiösen Berufs absolut wesentlich. Für unser Thema ist es daher bedeutsam, dass dem *individuellen Kanon* des einzelnen Priesters stets der durch die kaiserliche Administration verbreitete Kanon gegenübersteht. Grundsätzlich gibt es aber noch eine gewichtige Einschränkung bezüglich der Bedeutung des in den Tempelbibliotheken zugänglichen Kanons und des individuellen Schriftenkanons der Priester, unabhängig von Zeit und Ort. Bei aller Hochschätzung des Schrifttums, der Priester erhielt zu allen rituellen Belangen, und diese sind sein berufliches Hauptinteresse, von seinem Lehrmeister geheime mündliche Instruktionen (*kou-jue* 口訣) übermittelt. Es handelt sich um umfangreiche Erläuterungen, um Gebete und Formeln, die zum Beispiel magische Handgesten (*mūdra*s) und rituelle Tanzschritte begleiten. Ohne solche mündlichen Instruktionen sind viele liturgische und religiös-spirituelle Texte, die etwa Meditationen und Me-

---

31 Siehe die voranstehende Anmerkung, *The Aspirations and Standards* enthält eine Gesamtdarstellung zu *Dong-xuan ling-bao san-dong feng-dao ke-jie ying-shi* 洞玄靈寶三洞奉道科戒營始.

32 Siehe z. B. TT 1125 *Dong-xuan ling-bao san-dong feng-dao ke-jie ying-shi* 洞玄靈寶三洞奉道科戒營始 4. 5b.

thoden der Selbstkultivierung empfehlen mögen, schlicht unvollständig. Manche Texte werden explizit ohne die mündlichen Instruktionen fixiert und so für den Nicht-Initiierten unverständlich oder missverständlich gehalten, weil sie wie Gedächtnisstützen angelegt sind und daher eben nur unvollständig Auskunft geben, zur Wahrung religiöser Geheimnisse. Wir bedenken also, dass jeder schriftliche Kanon nur einen Teil der taoistischen Tradition darstellt, die dem Nicht-Initiierten, wie zum Beispiel einem kaiserlichen Staatsbeamten, teilweise verschlossen bleiben muß. Jedem schriftlichen Kanon, sei es in Tempelbibliotheken oder in staatlichen Archiven, kommt immer nur eine relative Bedeutung zu, gemessen an der Gesamtheit des taoistischen Wirkens.

Die Natur der kanonischen Schriften als himmlische Offenbarungen unterscheidet sie von den zeitgleichen buddhistischen oder konfuzianischen Schriften, wodurch ein Anspruch auf Superiorität gegenüber Buddhisten und Konfuzianern implizit begründet wird. Dies zeigen die propagandistischen Texten zur kosmischen und weltlichen Karriere des Lao-zi 老子 (太上 老君 Tai-shang Lao-jun), aber auch säkulare Quellen.[33] In der Sui-Zeit (581–618), unmittelbar vor der Tang-Zeit, hatte sich die vierteilige Bibliotheksordnung für die kaiserliche Bibliothek durchgesetzt. Die „Geschichte der Sui" (*Sui-shu* 隋書) hat einen Anhang zur Literatur-Monographie (*Jing-ji* 經籍), welcher den Schriften der Taoisten (*Dao-jing* 道經) und Buddhisten (*Fo-jing* 佛經) in der kaiserlichen Bibliothek gewidmet ist. Dieses Geschichtswerk bietet die folgende Analyse, die Aussagen der Taoisten kolportiert, dabei aber zugleich kritisch auf Ähnlichkeiten zu Schriften der Buddhisten verweist.[34]

Laut Sui-Geschichte liegen die Schriften des Taoismus in weltlichen Endfassungen vor und sollen der rituellen Errettung der Menschen am Ende eines Weltzeitalters (*kalpa*) dienen. Ursprünglich seien sie kosmische Urkräfte in Licht- oder Energieform gewesen, und nur die höchsten Gottheiten hätten sie überhaupt schauen können. Diese Schriften hätten eine unendliche Existenz und seien unabhängig vom Sein oder Nichtsein des Kosmos. Nachdem hervorragende Taoisten den himmlischen Hierarchien über die menschliche Not auf Erden Mitteilung gemacht hätten, seien die kosmischen Energien innerhalb der diversen Himmel stufenweise in himmlische Schriftformen gebracht worden, um so vom Himmel nach

[33] F.C. Reiter: *Leben und Wirken Lao-Tzu's in Schrift und Bild, Lao-chün pa-shih-i hua t'u-shuo*, 78 ff. („Er erhebt sich aus dem Nicht-Beginn" und „Er lässt seinen vollkommenen Leib sichtbar werden").

[34] *Sui-shu, jing-ji* 隨書經籍 35,30,1091 ff. Peking 1973.

unten zur Erde hin tradiert zu werden, wo sie, immer noch in himmlischer Siegelschrift, auserlesenen Personen magisch übermittelt worden seien. Dieser kosmische Ursprung der Schriften begründet, warum sie als Objekte religiöser Verehrung eine andere Qualität haben als zum Beispiel die konfuzianischen Texte aus profaner Hand.[35]

In der Sui-Zeit befanden sich diese *Dao-jing* 道經 in der imperialen Bibliothek außerhalb ihres vierteiligen Kerns angeordnet, während die Schriften des philosophischen Taoismus, der „Experten des Dao“ (*Dao-jia* 道家), in der dritten Sektion bei den „praktischen Philosophen“ (*zi-bu* 子部) integriert waren. Die Schriften des religiösen Taoismus aber, die in ihrer Vielzahl den späteren taoistischen Kanon ausmachen, standen „außerhalb der Norm“ (*fang-wai* 方外) und galten nicht unmittelbar als Teil des Herrschaftswissens. Die imperiale Aufmerksamkeit für diese Schriften änderte sich aber von Epoche zu Epoche, abhängig von den religiösen Präferenzen der Kaiser, wofür Kaiser Tang Xuan-zong 唐玄宗 ein berühmtes Beispiel ist, indem er, wie schon ausgeführt, zu Beginn des 8. Jahrhunderts die Reihe der kaiserlich protegierten Kompilationen des taoistischen Kanons und seine landsweite Verbreitung eröffnete.

Die Tang Kaiser sahen in Tai-shang Lao-jun 太上老君 ihren spirituellen Ahnherren, der mit dem Namen Li 李 denselben Familiennamen wie das Kaiserhaus trug. Das *Dao-de jing* 道德經 wurde zum Prüfungsstoff für Beamte erhoben, und jede Familie sollte eine Kopie dieses Textes mit der Kommentierung Kaiser Tang Xuan-zong's 唐玄宗 besitzen.[36] Der *San-dong qiong-gang* 三洞瓊綱 genannte Kanon enthielt enzyklopädische und analytische Werke, die unter Mitwirkung der säkularen Beamtenschaft verfasst worden waren. Hervorragendes Beispiel ist sicherlich das zweiteilige Werk *Yi-qie dao-jing yin-yi miao-men you-qi* 一切道經音義妙門由起 “Lesung und Bedeutung aller taoistischen Schriften, und der mysteriöse Beginn des Taoismus“. Das Werk ist datiert 712/713 und hat ein Vorwort Kaiser Tang Xuan-zong's 唐玄宗. Der Staatsbeamte mit dem Titel „Stütze des Reiches“, Shi Chong-xuan 史崇玄, verfasste das Vorwort zum Teil *Miao-men you-qi* 妙門由起, welches Sinn und Zweck der staatlichen Editionstätigkeit erklärt. Der Gelbe Kaiser (Huang-di 黃帝) und der Große Yu (Da Yu 大禹), zwei Heroen der chinesischen Ur-

[35] F.C. Reiter: „Heilige Schriften des Taoismus“, S. 211–233, in: U. Tworuschka. Hrsg.: *Heilige Schriften, eine Einführung*. Darmstadt 2000.

[36] TT 593 *Li-dai chong-dao ji* 歷代崇道記 6b-7a. T. H. Barrett: *Taoism under the T'ang, Religion & Empire During the Golden Age of Chinese History*, 54 ff., 60 ff. London 1996.

geschichte, seien in besonderer Weise gläubig gewesen, weshalb sie das *Dao* des Aufstiegs zu den Unsterblichen erlangt und mit dem Großen Frieden (*Tai-ping* 太平) im Reich den vollen Erfolg ihrer Herrschaft erreicht hätten. Ein negatives Gegenbeispiel sei der Gründerkaiser Wu-di 武帝 (502–550) der Liang-Dynastie, ein Protagonist des Buddhismus, der während eines militärischen Konflikts verhungert sei. Die Taoisten und ihre Schriften aber seien Zeugnisse der wunderbaren Kraft und Wirkung von *Dao*. Diese Schriften seien nun nach langer Transmission beschädigt, heißt es da, und viele seien sogar verschwunden. Der Tang Kaiser besitze in seiner Bibliothek über 2000 Kapitel, die er habe ordnen und mit einem Index erfassen lassen. Verlorene oder zerstreute Texte wollte er suchen lassen, und andere Texte sollten anhand von Funden verbessert oder wiederhergestellt werden. Zudem erfahren wir, dass die taoistischen Schriften lange existiert hätten, und dass ihre Schriftzeichen aus den Sphären der Gottheiten und Heiligen stammten, weshalb die Lesungen der „Wolkensiegel-Zeichen“ nur schwer auszumachen seien. Spätere Interpretationen und Verfälschungen seien schwer auszumerzen, doch genau dies beinhalte die kaiserliche Anordnung.[37] Diese Ausführungen enthüllen die Haltung des Kaiserhauses gegenüber den Schrifttraditionen des Taoismus, deren Bewahrung, verbesserte Edition und korrekter Bestand offensichtlich im staatlichen Interesse liegen. Sicherlich stellt sich uns die Frage nach Grund und Sinn des ganzen Aufwands.

Das zitierte Vorwort aus der Tang-Zeit führt an anderer Stelle aus, dass die „Fähren und Brücken“ zur Errettung der guten Menschen schon zur Verfügung standen, als das Land in Unfrieden war, *Yin* und *Yang* nicht harmonisiert waren, und Gewalt das Leben bestimmte. Die taoistischen Priester (*dao-shi* 道士) seien es gewesen, die unter solchen Umständen fähig waren, die Kaiser zu unterstützen und dem Volk Frieden zu bringen. Auf diese Weise hätten die *dao-shi* 道士 ihren Ruhm gefestigt. Dieser Text liefert auch Informationen zu einer siebenteiligen Rangfolge der taoistischen Priester. In absteigender Reihenfolge gibt es die „himmlisch Vollkommenen“ (*tian-zhen* 天真), die „göttlich Unsterblichen“ (*shen-xian* 神仙), die „Eremiten“ (*you-yi* 幽逸), die „Bergeinsiedler“ (*shan-ju* 山居), die „Zölibatären“ (*chu-chia* 出家), die „Häusler“ (*zai-jia* 在家) und die „Weinverteiler“ (*ji-jiu* 祭酒). Die Inhaber der ersten fünf Ränge würden alle weltlichen Verbindungen und das allgemeine, profane Leben aufge-

[37] Die Parallelität zu den Ausführungen in *Sui-zhu jing-ji zhi* s. o. Anm. 32 ist evident. Siehe TT 1123 *Yi-jie dao-jing yin-yi miao-men you-qi xu* 一切道經音義妙門由起序 6b.

ben. Sie würden in sich *Dao* bewahren und ihre Vollkommenheit vollständig sein lassen (*quan-zhen* 全真).[38] Sie würden zwar in dieser Welt leben, aber sie würden keine weltlichen Pflichten annehmen. „Häusler" und „Weinverteiler" lehnten Ruhm und Vorteil ab und hofften „das Tor des Mysteriums" zu betreten. Da sie unter den Menschen lebten, sei es ihr Anliegen die Menschen von Epidemien und Krankheit zu erretten. Sie werden „Meister des *Tao*" (*dao-shi* 道士) genannt, da sie das „ewige Dao" verwirklichen und anwenden.[39]

Die *Dao-jing* 道經-Schriften, die ihnen laut *Sui-shu* 隋書 aus den Himmeln offenbart wurden, sind ein wesentlicher Teil der später entstehenden kanonischen Sammlungen. Für uns ist dabei die Zahl „sieben" der genannten Ränge der Priester wichtig. Wir haben Belege dafür, dass die Ausbildung zu einem Meister des Tao einer siebenstufigen Ausbildung folgte, vom Novizen (*lu-sheng* 籙生) bis zum hohen Priester, begleitet von der Erarbeitung eines eigenen individuellen Kanons, wie schon erwähnt. Rituelle Fertigkeiten wurden also zusammen mit entsprechenden literarischen Kenntnissen vermittelt. Für unser Thema ist bedeutsam, dass unter Kaiser Tang Xuan-zong 唐玄宗 der siebenteilige Kanon entsteht, der die siebenteilige Karriere der Priester abzubilden scheint, der andererseits aber auch mit seiner über die „drei Höhlen" (*san-dong* 三洞) hinaus erweiterten Anlage das Zeichen setzt, dass der Taoismus sich als umfassendes Gefäß intellektueller und religiöser Kultur präsentieren will.[40]

Die neu hinzugekommenen „vier unterstützenden Sektionen" (*si-fu* 四輔) haben einen anderen Charakter als die „Drei Höhlen".[41] Als unterste und gewissermaßen alles umfassende Sektion gilt die Abteilung *Zheng-yi bu* 正一部 „Orthodoxie und Einheit", die den Himmelsmeister-Taoismus mit seinen rituellen Grundlagen darstellen soll. Eine andere dieser vier Sektionen trägt den Titel „Großer Frieden" (*Tai-ping bu* 太平部), was die Integration der Schrift *Tai-ping jing* 太平經 und seiner Han-zeitlichen

---

[38] TT 1123 *Yi-qie dao-jing yin-yi miao-men you-qi xu* 一切道經音義妙門由起序 3a (… *shou-dao quan-zhen* … 守道全真). Dieser Begriff dient später zur Benennung einer neuen taoistischen Schule (12. Jh.), die einen zölibatären Klostertaoismus zum Inhalt hatte, s. u.

[39] TT 1123 *Yi-qie dao-jing yin-yi miao-men you-qi xu* 一切道經音義妙門由起序 3a.

[40] F.C. Reiter: *The Aspirations and Standards of Taoist Priests*, S. 133–160.

[41] Sie heißen: *Tai-xuan bu* 太玄部, *Tai-ping bu* 太平部, *Tai-qing bu* 太清部, *Zheng-yi bu* 正一部. Sie haben jeweils einen Abschnitt (*jing-ming* 經名). Hierzu siehe auch F.C. Reiter: „The Taoist Canon of 749 AD at the ‚Southern Indian Belvedere' in Jen-shou District, Szechwan Province", in: ZDMG 148, 111–124.

Traditionen in das Schriftgut des Kanons signalisiert. Für die spätere Geschichte des taoistischen Kanons nach der Tang-Zeit gilt, dass sowohl die „Drei Höhlen" mit ihren jeweils zwölf sachlich sortierten Abteilungen, so zum Beispiel *shen-fu lei* 神符類, „die göttlichen Amulette", als auch die „vier unterstützenden Sektionen" (*si-fu* 四輔), bei den vielen Neufassungen des Kanons in ihrem Textbestand und in ihrem ursprünglichen Sinn als Kategorie verwässert wurden. Es wurde eine Vielzahl von Texten aufgenommen, die weder mit den Offenbarungen der Drei Höhlen noch mit dem Taoismus zwingend verbunden waren. Sie konnten aber eine kulturelle Umfassendheit belegen, die geeignet war, den Taoismus als genuin chinesische Religion zu bestätigen. So stammen manche der in den Kanon später aufgenommenen Schriften aus dem weltlichen Bereich, wie zum Beispiel die historiographischen Inschriftensammlungen, durch die Legionen säkularer und oftmals berühmter Beamter nun auch als Autoren im taoistischen Kanon aufscheinen.[42] Manche Schriften greifen weit hinein in die Sphäre der chinesischen Allgemeinkultur, wozu an das Werk „Meister Liu" (*Liu-zi* 劉子, Bei-Qi Dynastie, 6. Jh. , vermutlich von Liu Zhou 劉晝, Kommentar Yuan Xiao-zheng 袁孝政, Tang) erinnert sei. Die Identität und Zugehörigkeit dieses Buches zu Taoismus oder Konfuzianismus waren stets umstritten, wie übrigens auch die Urheberschaft Liu Zhou's. Dieses Buch findet sich nun in der „unterstützenden Sektion" *Tai-xuan bu* 太玄部.[43] Andererseits mag ein anderes ebenfalls schillerndes Beispiel zeigen, wie späte Zuordnungen durchaus auch als verständlich erscheinen können. Seit der Tang Zeit ist die kryptische Schrift *Huang-di yin-fu jing* 黃帝陰符經, „Schrift zu den verborgenen Kontrakten des Gelben Kaisers", unter den Stammtexten (*ben-wen lei* 本文類) der ersten Höhle (*Dong-zhen bu* 洞真部) eingereiht, welche die alten *Shang-jing* 上清 Texte repräsentiert.[44] Zwanzig zumeist jüngere Kommentarwerke zum

---

[42] Ein sicher bedeutendes Beispiel, für viele andere, ist der Gelehrte und Beamte Wang O, siehe F.C. Reiter: „A Chinese Patriot's Concern with Taoism: The Case of Wang O (1190–1273)", in: *Oriens Extremus* 33,2,95–131. Hier wird eine Inschrift präsentiert, in der die Renovierung des Tempels an Lao-tzus Geburtsort durch die mongolischen Herrscher deren Intention dokumentiert, sich aktiv in das chinesische Kult- und Kulturwesen einzufügen. Ein besonders hervorragendes Beispiel ist die Sammlung von Inschriften zur Geschichte des Quan-zhen (全真) Taoismus TT 973 *Gan-shui xian-yuan lu* 甘水仙源錄.

[43] *Wei-shu tong-kao* 偽書通考, S. 845–848 (*zi-bu za-jia* 子部雜家). Taipei 1979. *Harvard Yenching Index* 25, S. 27, Nr. 1024. Th. M. Arndt: *Meister Lius Traktate zur Erneuerung in Krisenzeiten (Liuzi xinlun* 劉子新論*). Ein Herrscherspielgel aus Chinas 6. Jhd.* Frankfurt am Main 1994 (*Asiatische und Afrikanische Studien* Bd. 41).

[44] *Harvard Yenching Index* 25, S. 2, Nr. 31.

Huang-di yin-fu jing 黃帝陰符經 stehen in derselben „Höhle", allerdings separiert vom Stammtext in der Unterabteilung „Jadeinstruktionen" (*yu-jue lei* 玉訣類).[45] Laut Überlieferung wurde diese Schrift dem *Shang-qing* 上清 -Taoisten Kou Qian-zhi 寇謙之 im 5. Jh. am heiligen Berg der Mitte, *Song-shan* 嵩山, mysteriös eröffnet. Dennoch scheint das Werk erst seit der Tang Zeit in das taoistische Schriftgut durch Kommentarwerke integriert zu sein. Die säkularen Bibliographen sind sich nicht einig, ob es sich bei diesem Werk um ein militärisches oder um ein taoistisches Traktat handelt.[46] Im Fall dieser Schrift ist offenkundig, dass die Integration des Textes in den taoistischen Kanon einerseits von der Zuordnung des Tang-zeitlichen Ex-Militärs und Kommentators Li Quan 李筌 zum Taoismus und andererseits von der legendären Überlieferungsgeschichte abhängt, die mit Kou Qian-zhi 寇謙之 den *Shang-qing* 上清 Taoismus für die legendäre Textgeschichte beansprucht.[47]

Vor dem Hintergrund dieser Ausführungen sind also für die Kanonisierungen im religiösen Taoismus folgende grundlegende Aspekte zu bedenken, die bis zum Ende des Kaiserreichs und in gewisser Weise auch bis heute gelten:

1) Der religiöse Taoismus ist landesweit präsent und arrangiert sich lokal und national mit dem administrativen Interesse an innerer Balance und Ordnung.
2) Eine Kontrolle der Inhalte und Textfassungen erfolgt im Zusammenwirken von Staat und Religion im Zuge offizieller Drucklegungen, so dass ein immer wieder revidierter und zudem erweiterter Kanon verbreitet wird. „Kanon" bedeutet Textsammlung oder Schatzhaus von Texten.
3) Der literarische Bildungsanspruch der Taoisten entspricht dem allgemeinen Bildungsverständnis.
4) Die Bedeutung der kanonischen Schriften für die Träger der Religion, die taoistischen Priester, ist fundamental, wie ihre Ausbildung und Karriere zeigen.

---

45 *Harvard Yenching Index* 25, S. 4, Nr. 108–127.

46 *Wei-shu tong-kao* 偽書通考, S. 1032–1036 (*dao-zang dong-zhen bu* 道藏洞真部).

47 F.C. Reiter: „The Scripture of the Hidden Contracts (*Yin-fu ching*), a short Survey on Facts and Findings", in *Nachrichten der Gesellschaft für Natur- und Völkerkunde Ostasiens / Hamburg* 136, 75–83.

5) Dem offiziellen Kanon steht der individuelle Kanon gegenüber, der als Ausstattung für den Priesterberuf schrittweise während der Ausbildung erworben wurde.

6) Der schriftliche individuelle Kanon wird in der Praxis des Priesterberufs durch einen mündlichen, geheim tradierten Kanon komplettiert.

7) Die Ordnung des gesellschaftlichen und individuellen Lebens durch religiöse Dienstleistungen wird als Aufgabe und Erfolg im Kanon durch säkulare historiographische Werke dokumentiert.

8) Die einzige Äußerung von Orthodoxie, die durch die Gesellschaft anerkannt wird, ist der gedruckte Kanon, der unter der Ägide des Kaiserhauses zustande kommt. Es erfolgt dabei keine äußere Durchsetzung bestimmter Lehrmeinungen (Doktrinen) im Sinne von Textauslegungen und Texteditionen durch die säkulare Administration.

9) Jeder Kanon ist in Umfang und Bestand von den geschichtlichen, zeitgebundenen Bedingungen seiner Kompilation abhängig, wodurch jeweils neue Bestandsbestimmungen erfolgen.

Auf dieser Grundlage entstanden also von staatlicher Seite geordert und gefördert diverse Neuauflagen des Kanons, zumeist nach der Zerstörung desselben beim Niedergang der jeweiligen Vorgängerdynastie. Als in den Wirren der „Fünf Dynastien" der Kanon aus der Tang-Zeit verloren ging, die Tempel, in denen er lagerte abbrannten, wurde unter der Herrschaft von Kaiser Song Zhen-zong 宋真宗 (1008) bei den Taoisten ein neuer Kanon in Auftrag gegeben. Der vom Staatskanzler Wang Qin-ruo 王欽若 verfaßte Index hatte den Titel *Bao-wen tong-lu* 寶文統錄.[48] Die Kapitelzahlen stimmten allerdings mit den noch bekannten Tang-Indices nicht überein, so dass erneut im ganzen Land nach Resten des Tang-Kanons gesucht wurde. Wang Qin-ruo 王 欽若 übertrug diese Aufgabe Zhang Jun-fang 張君房, dem damaligen Himmelsmeister des *Zheng-yi* 正一 Taoismus, worauf gemäß der bekannten siebenteiligen Struktur ein neuer Kanon mit 4565 *juan* („Kapitel", wörtlich „Rollen") in 466 Kassetten entstand, der nach dem „Tausend-Zeichen-System" (*qian-zi wen* 千字文) geordnet war. Diesem Zählsystem folgend begann die Zählung des Kanons mit dem Zeichen „*tian*" 天 (Himmel) und endete mit dem Zeichen „*gong*" 宮(Palast), was zum Titel *Da Song tian-gong bao-zang* 大宋天宮 寶藏 führte. Dieser sehr einfache Titel könnte auch suggestiv interpretierend mit „Wertvoller Kanon des Himmlischen Palastes der Großen Song" übersetzt werden. Zhang Jun-fang 張君房 zeichnet zudem

[48] Luo Wei-guo 羅偉國: *Fo-zang yu dao-zang* 佛藏與道藏, S. 223.

für einen kleineren Kanon, eine *summa* taoistisch-literarischer Essenz mit dem Titel *Yun-qi qi-qian* 雲笈七籤, „Sieben Bambusschreibtafeln aus dem Wolkenarchiv".[49]

Besonders die Nördliche Song-Zeit zeigt, dass in politisch schwierigen Phasen, bei Bedrängung von außen, der Staat auch auf die Hilfe und Unterstützung durch taoistische Aktivitäten baute, und hervorragende Taoisten als Berater am Hof Gehör fanden, wobei sie mit besonderen Ehrentiteln bedacht wurden. Die Verehrung des Taoismus unter der Song-Herrschaft erreichte sicherlich mit Kaiser Song Hui-zong 宋徽宗 (reg. 1100–1126) ihren Höhepunkt. Der Kaiser verstand sich als vom Himmel auf Erden entsandter Herrscher und verlieh sich selbst den quasi-göttlichen Titel „Erhabener Kaiser Lord Dao" (*Dao-jun huang-di* 道君皇帝). Kaiser Song Hui-zong 宋徽宗 wollte den Kanon *Da Song tian-gong bao-zang* 大宋天宮寶藏 ergänzen lassen. Er ließ zweimal im ganzen Land nach Schriften suchen, worauf schließlich ein auf 5481 *juan* erweiterter und in 540 Kassetten gefaßter Kanon entstand, der gedruckt wurde. Die Druckplatten wurden in Kaifeng (Henan) verwahrt. Der Titel dieses Kanons lautete *Zheng-he wan-shou dao-zang* 政和萬壽道藏, „Taoistischer Kanon Unendliches Leben in der Epoche der Herrschaft in Harmonie".[50]

Dieser Kanon wurde durch die Kriegswirren bei dem endgültigen Fall der Süd-Song Herrschaft zerstreut, so dass 1164 der Jurchen-Kaiser Jin Shi-zong 金世宗 den Befehl gab, die in Kaifeng gelagerten Druckplatten, sofern noch vorhanden, in den Tempel *Zhong-du shi-fang da tian-chang guan* 中都十方大天長觀, in den heutigen „Tempel der Weißen Wolke" (*Bai-yun guan* 白雲觀) in Peking, zu überstellen.[51] Dies war eine Epoche, die das Aufkommen neuer Schulen sah. So entstanden die Gruppierungen *Tai-yi dao* 太一道, *Zhen da-dao* 真大道 und *Quan-zhen dao* 全真道, wobei vor allem letztere sich als literarisch ungemein produktiv erwies.[52] Im Jahr 1190 ließ Kaiser Jin Zhang-zong 金章宗 vom Abt des *Tian-chang guan* 天長觀 den vorhandenen Kanon ergänzen, und wiederum entstand

---

[49] Luo Wei-guo 羅偉國, S. 223–224.

[50] *Zhenghe* 政和 steht für die Zeit A.D. 1111–1118. Luo Wei-guo 羅偉國: *Fo-zang yu dao-zang* 佛藏與道藏, S. 225–227. P. van der Loon: *Taoist Books in the Libraries of the Sung Period*, S. 40.

[51] Luo Wei-guo 羅偉國: *Fo-zang yu dao-zang* 佛藏與道藏, S. 227–229. P. van der Loon: *Taoist Books in the Libraries of the Sung Period*, S. 45–46.

[52] Chen Yuan 陳垣: *Nan-Song chu He-bei xin dao-jiao kao* 南宋初河北新道教考. Peking 1962.

ein gewaltiges Werk von 6455 *juan*. Sein Titel lautete „Wertvoller Kanon aus der Himmlischen Hauptstadt der Großen Jin-Dynastie" (*Da Jin xuan-du bao-zang* 大金玄都寶藏). Im Jahr 1202 brannte der Tempel *Tian-chang guan* 天長觀 ab, und mit ihm die Druckstöcke dieses Kanons, der landesweit dann während der Kriege zum Ende der Jurchen- (Jin 金) Herrschaft verloren ging.[53]

Ein neuer Kanon entstand unter der Mongolenherrschaft und unter der Ägide der *Quan-zhen* 全真 Taoisten auf der Grundlage der Reste des Kanons aus der vorangehenden Jurchen Dynastie (*Da-jin xuan-du bao-zang* 大金玄都寶藏). Wiederum wurde der Kanon mit Texten angereichert, die teils landesweit gesucht wurden. Dieser Kanon, gedruckt 1244, wurde nochmals „Wertvoller Kanon aus der Himmlischen Hauptstadt" *Xuan-du bao-zang* 玄都寶藏 genannt. Ausführende waren wesentlich die *Qyan-zhen* 全真 Taoisten. Infolge des Religionsstreits zwischen den Buddhisten und Taoisten in der 2. Hälfte des 13. Jh. vor den Mongolenherrschern, wobei es viel um reale Macht und Besitz ging, sollte dieser Kanon auf staatlichen Befehl hin zerstört werden, abgesehen von wenigen Schriften wie dem *Dao-de jing* (道德經). Dies war in der Tat ein tiefer Einschnitt in der Geschichte der Überlieferung der taoistischen Schriften, wenn auch das taoistische Schrifttum nicht vollkommen ausgelöscht werden konnte.[54]

Dieser Vorgang belegt in einzigartiger Weise die öffentliche Funktion des taoistischen Kanons im offiziellen und politischen Leben der Gesellschaft, unabhängig vom religiösen Leben. Als Widerspruch gegen diese zerstörerische Verfügung der mongolischen Fremdherrscher mag zu Beginn der nationalen Ming-Dynastie im Jahr 1406 die staatlich verordnete Wiederherstellung des Kanons gelten. Ausführender war zunächst der 43. Patriarch des *Zheng-yi* 正一 Taoismus, Zhang Yu-chu 張宇初. Im Zuge der Neuedition wurde der Umfang mancher Texte manipuliert, indem Kapitelzahlen erhöht wurden, um ein eindrucksvolles Volumen präsentieren zu können. Gelegentlich lassen sich auch Textmanipulationen nachweisen, die dem damaligen Zeitgeist Tribut leisteten und wohl Angriffspunkte im Hinblick auf die Buddhisten eliminieren wollten. So

[53] Luo Wei-guo 羅偉國: *Fo-zang yu dao-zang* 佛藏與道藏, S. 228. P. van der Loon: *Taoist Books in the Libraries of the Sung Period*, S. 46.

[54] P. van der Loon: *Taoist Books in the Libraries of the Sung Period*, 50–57. F.C. Reiter: *Grundelemente und Tendenzen des religiösen Taoismus*, S. 132–139. Siehe den Katalog der „verlorenen Schriften" *Dao-zang jue-jing mu-lu* 道藏闕經目錄, in: *Harvard Yenching Index* 25, S. 36, Nr. 1419.

wurde zum Beispiel aus der literarischen Sammlung des *Qyan-zhen* 全真 Patriarchen Qiu Chu-ji 丘處機 seine Dichtung „Lobpreis auf Buddha" (*zan-fo* 讚佛) für die Ming-Edition des Kanons entfernt.[55] Alle diese Arbeiten mündeten in den Kanon „Schriften des Schatzhauses des Taoismus der Großen Ming-Dynastie" (*Da Ming dao-zang jing* 大明道藏經), der in modernen Editionen unter dem Namen „Schatzhaus des Taoismus zur Zeit der Korrekten Herrschaft" (*Zheng-tong dao-zang* 正統道藏) bekannt ist. Auf kaiserliche Order wurde 1607 ein Fortsetzungskanon bei dem 50. Himmelsmeister Zhang Guo-xiang 張國祥 in Auftrag gegeben, der als *Wan-li xu dao-zang* 萬曆續道藏 zusammen mit dem *Dao-zang* 道藏 der Regierungszeit *Zheng-tong* 正統 vereint auf uns überkommen ist.[56]

Zum Abschluss seien drei Aspekte der taoistischen Kanonisierungen besonders hervorgehoben:

1) Für den einzelnen Priester gab es immer den eigenen, im Umfang sehr beschränkten Kanon, der als Teil seiner beruflichen Ausstattung fungierte. Dieser individuelle Kanon speist sich aus der Tradition des offiziellen Kanons. Nur in Verbindung mit den mündlichen und geheimen Instruktionen des Lehrmeisters bestimmt der private Schriftkanon die Qualifikation des Priesters. Diese Kombination aus oralem und schriftlichem Kanon in der taoistischen Religion, einer Priesterreligion, hat auch heute Bestand. Der offizielle Kanon ist ein legitimierendes Monument für die kultur- und staatstragende Funktion des Taoismus.

2) Die öffentlichen Monumente staatlicher Anteilnahme am religiösen Leben in Form der vielen konsekutiven Editionen des Kanons wurden niemals ohne Wissen und Beachtung der religiösen Substanz geschaffen.

3) Der taoistische Kanon war ein offener Kanon, da es möglich war, mit der historischen Entwicklung zu gehen und neue Offenbarungen neuer Schulen zu integrieren. Der Kanon war Richtschnur für die religiöse Praxis, aber niemals unverrückbare doktrinäre Norm. Der Begriff *zang* 藏 den wir generell mit „Kanon" übersetzen, bedeutet wörtlich (u. a.) „Lagerhaus" oder „Schatzhaus", in dem hier Schrif-

---

55 F.C. Reiter: „‚A Praise of Buddha' by the Taoist Patriarch Ch'iu Ch'u-chi (1148–1227) and its Source", in ZDMG, 143, 179–191.

56 P. van der Loon: *Taoist Books in the Libraries of the Sung Period*, S. 58–63. Luo Weiguo 羅偉國: *Fo-zang yu dao-zang* 佛藏與道藏, S. 229–232.

ten „gesammelt“ werden. Der taoistische Kanon verbindet offensichtlich die praktischen Funktionen einer Schriftensammlung mit intimer religiöser Substanz, der eine ebenso individuelle wie öffentliche Bedeutung zukommt.

Als der Kanon unter der „Korrekten Herrschaft“ der Ming-Dynastie wieder gedruckt wurde, hat Kaiser Ying-zong 英宗 im Jahr 1445 eine eigene Inschrift an den Anfang der Textsammlung stellen lassen. Die Inschrift leitet eine grandiose bildliche Darstellung des taoistischen Pantheons ein. Der Text dieser Inschrift bildet den Abschluß meiner Präsentation, um die Dimension der Drucklegung des Kanons wie aber auch die Bedeutung seiner schieren Existenz zu verdeutlichen. Kosmos, Natur, menschliche Herrschaft und Gesellschaft finden sich in einem Gleichklang, den der gute Herrscher will und erwirkt. Dies vertritt denn auch die taoistische Kultur und Religion, welche der Kanon als öffentliches Monument repräsentiert:

Kaiserliche Instruktion (*yu-zhi* 御製):

Himmel und Erde sind fixiert in ihren Positionen,
Yin- und *Yang* stehen in harmonischer Beziehung,
Sterne und Konstellationen entsprechen den astronomischen Kalkulationen,
Sonne und Mond scheinen leuchtend hell.

Kälte und Hitze entsprechen der Saison,
Regen und klares Wetter entsprechen dem Zeitlauf,
Berge sind Orte einer ruhigen, friedvollen Sphäre,
Flüsse und Meere sind klar und rein.

Gräser und Gehölz gedeihen mit großer Üppigkeit,
Fische und Meerestiere sind alle ebenso reichlich vorhanden,
Die Familien leben in harmonischer Eintracht, die Klane leben in Bescheidenheit und Frieden, Kleidung und Nahrung sind ausreichend vorhanden.

In der Form angenehme und rücksichtsvolle Verfahren bestimmen das Leben,
Belehrende Unterrichtungen sorgen für erleuchtete Kultivierung,
Die Gebräuche des Volkes sind ehrlich und generös,
Strafen und Strafmaßnahmen kommen nicht zur Anwendung.

Das chinesische Reich stützt sich auf die Tugend der Mitmenschlichkeit,
Alle barbarischen Völker unterwerfen sich ihm ergeben,
Unser Staat hält sicher Wacht,
Unsere Ahnenaltäre blicken mit Achtung auf den Frieden, [den wir wahren].

Wunderbare Prosperität befindet sich im Aufschwung,
Unser Stamm und unsere Nachfahren werden noch in zehntausend Generationen sein,
Verfasst im 10. Jahr der „Korrekten Herrschaft" (*zheng-tong* 正統), am 11. Tag des 11. Monats.

Bibliographie

Primärliteratur

Daozang 道藏 Taipei: Yi-wen yin-shu guan 藝文印書館, 1977 (zit. TT.).

Han-shu 漢書 Peking: Zhong-hua shu-ju 中華書局, 1975.

Si-ku quan-shu zong-mu 四庫全書總目 Peking: Zhong-hua shu-ju 中華書局, 1981.

Sekundärliteratur

Arndt, Th. M. *Meister Lius Traktate zur Erneuerung in Krisenzeiten (Liuzi xinlun* 劉子新論 *). Ein Herrscherspielgel aus Chinas 6. Jhd.* Frankfurt a. M.: Peter Lang-Verlag, 1994 (*Asiatische und Afrikanische Studien* Bd. 41).

Barrett, Thomas. H. *Taoism under the T'ang, Religion & Empire During the Golden Age of Chinese History.* London: Wellsweep Press, 1996.

Bauer, Wolfgang. *China und die Hoffnung auf Glück.* München: Hanser-Verlag, 1971.

Chen Guo-fu 陳國符: *Dao-zang yuan-liu kao* 道藏源流考. Taipei: Gu tingwu 古亭屋,

1975 (Nachdr.).

Chen Yuan 陳垣. *Nan-Song chu He-bei xin dao-jiao kao* 南宋初河北新道教考. Peking: Zhonghua shuju 中華書局, 1962.

Eichhorn, Werner, *Die Religionen Chinas*. Stuttgart: W. Kohlhammer Verlag, 1973.

Harvard-Yenching Institute Sinological Index Series No. 25 *Combined Indices to the Authors and Titles of Books in Two Collections of Taoist Literature,* Nachdr. Taipei: Chinese Materials and Research Aids Service Center, INC. – A subsidiary of the Association for Asian Studies, INC., 1966.

Kaderas, Christoph: „Ch'ien-lungs Kompilationsedikt des *Ssu-k'u ch'üan-shu*". *Zeitschrift der Deutschen Morgenländischen Gesellschaft* 148 (1998): 343–360.

Lagerwey, John. *Wu-shang pi-yao, somme taoiste du VI*[e] *siècle*. Paris: ÉFEO, 1981.

van der Loon, P. *Taoist Books in the Libraries of the Sung Period*. London: Ithaca Press, 1984.

Luo Wei-kuo 羅偉國: *Fo-zang yu dao-zang* 佛藏與道藏. Shanghai: Shanghai shudian 上海書店, 2001.

Ōfuchi, N. 大淵忍爾. „The Formation of the Taoist Canon". In *Facets of Taoism*. Hg. von Anna Seidel, Holmes Welch. Yale: Yale University Press, 1979: 253–267.

Ōfuchi, N. 大淵忍爾. „On Ku Ling-pao ching". *Acta Asiatica* 27 (1974): 33–56.

Reiter, Florian C. „Some Remarks on the Chinese Word *T'u* Chart, Plan, Design". *Oriens* 32 (1990): 308–327.

Reiter, Florian C. „A Chinese Patriot's Concern with Taoism: The Case of Wang O (1190–1273)". *Oriens Extremus* 33,2 (1990), 95–131.

Reiter, Florian C. Hg./Übers. *Leben und Wirken Lao-Tzu's in Schrift und Bild, Lao-chün pa-shih-i hua t'u-shuo*. Würzburg: Königshausen & Neumann, 1990.

Reiter, Florian C. *Lao-tzu, eine Einführung*. Wiesbaden: Panorama, 2005.

Reiter, Florian C. *Religionen in China, Geschichte, Alltag, Kultur*. München: Beck-Verlag, 2002.

Reiter, Florian C. *Taoismus zur Einführung*. Hamburg: Junius-Verlag, 2000.

Reiter, Florian C. „The Taoist Canon of 749 AD at the ‚Southern Indian Belvedere' in Jen-shou District, Szechwan Province". *Zeitschrift der Deutschen Morgenländischen Gesellschaft* 148 (1998): 111–124.

Reiter, Florian C. *The Aspirations and Standards of Taoist Priests in the Early T'ang Period*, in: *Asien- und Afrika-Studien 1 der Humboldt Universität zu Berlin*. Wiesbaden: Harrassowitz-Verlag, 1998.

Reiter, Florian C. „The Scripture of the Hidden Contracts (*Yin-fu ching*), a short Survey on Facts and Findings". *Nachrichten der Gesellschaft für Natur- und Völkerkunde Ostasiens / Hamburg* 136 (1984): 75–83.

Reiter, Florian C. *Grundelemente und Tendenzen des religiösen Taoismus, das Spannungsverhältnis von Integration und Individualität in seiner Geschichte zur Chin-, Yüan- und frühen Ming-Zeit*. Stuttgart: Steiner-Verlag, 1988.

Reiter, Florian C. „Some Observations Concerning Taoist Foundations in Traditional

China“. *Zeitschrift der Deutschen Morgenländischen Gesellschaft* 133 (1983): 363–376.

Reiter, Florian C. „Heilige Schriften des Taoismus“. In: U. Tworuschka Hrsg.: *Heilige Schriften, eine Einführung.* Darmstadt: Wissenschaftliche Buchgesellschaft, 2000: 211–233.

Reiter, Florian C. „„A Praise of Buddha‘ by the Taoist Patriarch Ch'iu Ch'u-chi (1148–1227) and its Source“. *Zeitschrift der Deutschen Morgenländischen Gesellschaft* 143 (1993): 179–191.

Robinet, Isabelle. *La révélation du Shangqing dans l'histoire du taoisme.* 2 Bde. Paris: ÉFEO, 1984.

Schipper, Kristopher M. *Le corps taoiste.* Paris: Fayard, 1982.

Schipper, Kristopher M. und Verellen, F., Hrsg. *The Taoist Canon, A Historical Companion to the Daozang.* Chicago: Chicago University Press, 2004.

Sharf, Robert H. "The Scripture in Forty-two Sections". In: D. S. Lopez, Jr. (Hrsg.): *Religions of China in Practice.* New Jersey: Princeton University Press, 1996: 360–371.

Strickmann, Michel. *Le Taoisme de Mao Chan, chronique d'une révélation.* Paris: Presses Universitaires de France, 1981.

Ren Ji-yu, Hrsg. *Dao-zang ti-yao.* Peking: Zhongguo shehui kexue 中國社會科學, 1991.

Zürcher, Erich. *The Buddhist Conquest of China.* Taipei: Fanmei tushu 汎美圖書, 1975 (Nachdr.).

Text-basierte Legitimationsstrategien im japanischen Shintō

Bernhard Scheid

Der japanische Shintō 神道 wird allgemein als Religion ohne Gründer und ohne schriftlichen Kanon beschrieben. Es fehlt allerdings, geschichtlich betrachtet, nicht an Versuchen, wenn schon keinen Gründer so doch so etwas wie einen Kanon zu schaffen, bzw. festzulegen. Es lässt sich sogar behaupten, dass erst mit der Suche nach einer schriftlich festgelegten Lehre (einschließlich eines „Kanons" von Lehrschriften) Shintō als eine eigenständige Religion mit einer gegenüber dem Buddhismus klar abgrenzbaren Identität (also als „Religion" im engen Sinne einer religiösen Offenbarungslehre) Gestalt annahm. Doch dieser Prozess blieb bis heute unabgeschlossen. In der Terminologie, die aus unserer gegenständlichen Diskussion um den Kanonbegriff entstanden ist, ließe sich in Bezug auf den japanischen Shintō konstatieren, dass es zwar zur Entstehung eines „kanonischen Feldes" oder eines „Kanon-Fundus" gekommen ist, dass aber das Kriterium der „kanonischen Schließung" nicht gegeben ist.[1] D.h., es existiert nur eine vage Übereinkunft, welche Texte als wichtig

[1] Die Begriffe „kanonisches Feld" und „Kanonfundus" wurden im Verlauf des Wiener Symposiums im Sommer 2005 immer wieder verwendet, um Texte von bestimmten Religionen oder Glaubensgemeinschaften zu charakterisieren, die zwar das Beispiel eines Kanons vor Augen haben, selbst aber noch nicht eindeutig entschieden haben, welche Schriften für sie kanonischen Status besitzen. Demgegenüber führt Jan Assmann das Kriterium der „kanonischen Schließung" ins Feld: „Der wichtigste Schritt in der Kanonbildung ist der Akt der ‚Schließung' (arab. *jğtihad*). Er zieht die beiden entscheidenden Grenzen zwischen dem Kanonischen und dem Apokryphen und zwischen dem Primären und Sekundären. Kanonische Texte sind nicht fortschreibbar: Das macht den entscheidenden Unterschied gegenüber dem ‚Traditionsstrom' aus." Jan Assman, *Das kulturelle Gedächtnis* (München: C.H. Beck, 2002), 94.

Dieses Kriterium wurde in Bezug auf den ostasiatischen Raum von verschiedenen Teilnehmern relativiert: Würde man nur jene Textsammlungen kanonisch nennen wollen, deren Umfang zu einem bestimmten Zeitpunkt genau festgelegt wurde und

Max Deeg, Oliver Freiberger, Christoph Kleine (Hrsg.), *Kanonisierung und Kanonbildung in der asiatischen Religionsgeschichte.* VÖAW: Wien 2011, pp. 491–514.

und verbindlich für den Shintō anzusehen sind, ohne dass eindeutige Regeln entwickelt wurden, warum diese Texte eine gewisse Verbindlichkeit besitzen, bzw. welche Texte aus dem „Kanon" auszuschließen wären. Grund dafür ist zunächst einmal die Tatsache, dass es an einer zentralen theologischen Autorität mangelt, die solche Regeln erlassen könnte.

Meiner Meinung nach gibt es spezifische und allgemeine Gründe für das Fehlen einer solchen Autorität und für den damit einhergehenden antinomistischen Charakter des Shintō. Die spezifischen Gründe sind ein Produkt der jüngeren Geschichte, zu ihnen zählt vor allem der Rechtfertigungsdruck, der seit der Niederlage des japanischen Nationalismus und des sog. „Staatsshintō" auf dem gesamten Shintō lastet. Die gängige Reaktion auf diese Situation ist heute nach wie vor, am Thema „Shintō" möglichst wenig zu rühren (von einigen populistischen Revitalisierungsversuchen staatsshintōistischer Embleme einmal abgesehen). Solange aber die Episode des Staatsshintō nicht in der einen oder anderen Form historisch „bewältigt", d.h. einer von der Mehrheit der Japaner akzeptierten Erklärung unterworfen ist, wird es schwer sein, eine Bündelung der verschiedenen Formen von Shintō – beispielsweise in Form eines geschlossenen Kanons von Lehrschriften – weiter voran zu treiben.

Darüber hinaus gibt es aber auch allgemeine Gründe für die „kanonische Schwäche" des Shintō. Sie liegen u.a. in der Tatsache, dass sich das Konzept von „Shintō" bzw. das Konzept einer umfassenden, allein auf die japanischen Gottheiten (*kami* 神) ausgerichteten Religion erst vor etwa fünf bis sechshundert Jahren aus dem damals dominierenden Weltbild des Buddhismus heraus zu entwickeln begann und auch danach nur sehr zögerlich in der gelebten religiösen Wirklichkeit Japans Platz griff.[2] In diesem Beitrag möchte ich die Geschichte dieser Selbst(er)findung des Shintō kurz skizzieren und dabei besonderes Gewicht auf die Suche nach

---

danach keinen historischen Veränderungen mehr ausgesetzt war, so könnte man das Kanonkonzept wohl auf keinen einzigen ostasiatischen Textkorpus anwenden.

Das Kriterium der Schließung scheint mir aber dennoch sinnvoll, wenn man danach fragt, ob diese aus emischer Sicht gegeben ist, also ob die „Kanoniker" selbst im Bewusstsein handeln, über eine unveränderliche, abgeschlossene Textsammlung zu gebieten.

[2] Es ist demnach zwischen den zu allen Zeiten praktizierten Verehrungsformen der *kami* und Shintō als eigenständiger Religion zu unterscheiden. Zu diesem Thema siehe den Sammelband *Tracing Shinto in the History of Kami Worship*, hg. von Mark Teeuwen und Bernhard Scheid als Sondernummer des *Japanese Journal of Religious Studies* 29/3–4 (2002), insbesondere Mark Teeuwen's Beitrag „From *Jindō* to Shinto: A Concept Takes Shape", 233–263.

göttlichen Offenbarungen in Form von Texten legen. Abschließend werde ich auf drei diskursive Strategien zu sprechen kommen, die sich meiner Meinung nach in dieser Suche herauskristallisieren, und noch heute in der Rede von Shintō nachwirken. Zunächst aber ein historischer Überblick über die Glaubensformen der einheimischen Gottheiten und die damit in Verbindung stehenden religiösen Texte.

1. Altertum: Umrisse eines shintōistischen „Kanon-Fundus“

Kojiki und *Nihon shoki*

Unsere heutige Sicht auf den „Shintō“ [3] des Altertums (sechstes bis zwölftes Jahrhundert) stützt sich zum Großteil auf die ältesten schriftlichen Quellen Japans (das *Kojiki* 古事記 aus dem Jahr 712 und das *Nihon shoki* 日本書紀, 720), die zugleich die wichtigsten Repräsentanten unseres shintōistischen „Kanon-Fundus“ darstellen. Diesen Quellen können wir entnehmen, dass der Verehrung der einheimischen Gottheiten (*kami*) eine enorme zeremonielle und – wenn man so will – ideologische Rolle innerhalb des frühen japanischen Staatswesens zukam. Die *kami*-Verehrung am Hof des Tennō 天皇 bestand im Wesentlichen aus einem Ahnenkult gegenüber den Klangottheiten der Herrscherdynastie und der höfischen Familien. In den genannten Quellen wird diesen Göttern besonders in den einleitenden mythologischen Abschnitten, die dem sog. „Zeitalter der Götter“ gewidmet sind, Aufmerksamkeit zuteil. Das Zeitalter der Götter beginnt mit der Weltentstehung oder Welt-Zeugung durch ein Urgötterpaar, Izanagi und Izanami, die auch alle anderen Götter hervorbringen. Sie unterscheiden sich insofern von einem monotheistischen Schöpfergott, als sie ihre Herrschaft über das Universum an die Sonnengottheit Amaterasu 天照 abtreten. Ähnlich wie Zeus in der griechischen

[3] Das Wort „Shintō“ steht hier unter Anführungszeichen, da der Begriff in dieser Bedeutung im Altertum nicht existierte. Zur allgemein üblichen Gleichsetzung von Shintō und einheimischer Religion äußerte sich u.a. die bekannte Religionshistorikerin Nelly Naumann: „Noch im 18. Jh. stritt man sich sowohl um die Bedeutung des Wortes Shintō wie auch um den Gegenstand, den es bezeichnen sollte. Die Verwendung des Wortes Shintō verbietet sich daher, sobald man die einheimischen religiösen Vorstellungen Japans differenzierter beschreiben will.“ (Nelly Naumann, *Die einheimische Religion Japans, Teil 1: Bis zum Ende der Heian-Zeit.* Leiden: Brill, 1988, ix) Ich selbst wähle für die Vormoderne bevorzugt den Begriff „Verehrung der einheimischen Gottheiten“ oder noch besser „*kami*-Verehrung“, denn als *kami* verstand und verehrte man im vor-modernen Japan nicht nur indigene, sondern auch aus China und Korea übernommene Gottheiten.

Mythologie repräsentiert also Amaterasu die Spitze einer jüngeren Generation von Göttern, die eine ältere abgelöst hat. Amaterasu sendet nun ihren Enkel von den Gefilden des Himmels auf die Erde, damit er hier die Herrschaft übernehme. Dessen Urenkel gilt wiederum als der erste Tennō. Die Schöpfergottheiten Izanami und Izanagi sind somit der Zeit in Gestalt einer zyklischen Abfolge von Herrschaftsperioden unterworfen, ihre Herrschaft währt nicht ewig. Ewig soll jedoch die Dynastie währen, deren Anfang sie bilden und die sich im Himmel in Amaterasu, auf Erden in Gestalt des Tennō-Geschlechts fortsetzt.

Zwischen diesen mythologischen Erzählungen und den aus heutiger Sicht historiographisch verlässlicheren, rezenteren Abschnitten der Chronik gibt es in den klassischen Quellen selbst keine klare Trennung. Auch die Berichte über das Götterzeitalter verstehen sich als Geschichtsschreibung und besitzen – zumindest aus heutiger Perspektive – kaum religiösen Offenbarungscharakter. Götter leben, lieben und kämpfen ähnlich wie die Menschen.[4] Sie scheinen auch dem Tod nicht zu entkommen, und es wird nicht thematisiert, worin sie sich von gewöhnlichen Sterblichen eigentlich konkret unterscheiden. Ebenso bleibt weitgehend unklar, ob und in welcher Form sie später von den Menschen verehrt wurden. Insofern können die beiden ältesten Vertreter unseres „Kanon-Fundus" nicht als religiöse, geschweige denn „shintōistische" Texte bezeichnet werden. Es geht in ihnen weder um allgemeine Prinzipien noch um konkrete Regeln, die den Umgang zwischen Menschen und *kami* bestimmen. Wichtig sind allerdings Namen und dynastische Zusammenhänge. Von ihrer ursprünglichen Intention her sind die klassischen Chroniken daher nicht als religiöser Kanon, sehr wohl aber als unverrückbare Legitimation der bestehenden dynastischen Ordnung intendiert. Sie haben insofern „kanonischen Charakter", als es offenkundig um die endgültige Festschreibung eines bestimmten Geschichtsbildes einschließlich seiner Ursprungsmythen geht. Mit den Kanontraditionen Chinas haben sie im übrigen gemein, dass ein großer Variantenreichtum an Überlieferungen festgehalten wird, auch wenn sich einzelne Varianten inhaltlich wider-

[4] Kenner der japanischen Mythen mögen hier einwenden, dass es im *Kojiki*, vor allem aber im *Nihon shoki*, sehr wohl auch kosmologische oder kosmogonische Vorstellungen gibt, die weniger einem mythologischen als einem transzendental-philosophischen Denken entsprechen. Diese Vorstellungen finden sich vor allem in den einleitenden Passagen der beiden Werke und sind stark der chinesischen Yin-Yang-Philosophie verpflichtet. Sie wirken daher wie Zugeständnisse an den zur Zeit der Abfassung vorherrschenden Zeitgeist und werden in Folge dessen in unserer vorliegenden Diskussion nicht berücksichtigt.

sprechen.[5] Es geht also weniger darum, die „eine wahre" Überlieferung ein für alle Mal festzuhalten, sondern eher die „Totalität" aller (in diesem Fall dynastischer) Überlieferungen an einem Punkt zu sammeln und zu tradieren.

Engishiki

Neben einer begrenzten Anzahl von Schriften mit ähnlichen mythologischen Inhalten wie *Kojiki* und *Nihon shoki*, lassen sich die *Bestimmungen der Ära Engi* (*Engishiki* 延喜式)[6] aus dem 10. Jahrhundert als weiterer wichtiger Repräsentant unseres kanonischen Feldes anführen. Sie enthalten einen neuen Aspekt, der vor allem aus religionshistorischer Sicht interessant ist, da sich in den *Engishiki* zum ersten Mal Hinweise auf die konkreten Formen der Verehrung der höfischen Klangottheiten finden. Dazu sind folgende Besonderheiten herauszustreichen:

1. Die *Engishiki* waren formal gesehen ein Gesetzeswerk und enthielten auch zahlreiche nicht-religiöse Bestimmungen, die Bestimmungen bezüglich des *kami*-Kults nehmen allerdings einen verhältnismäßig breiten Raum ein (die ersten zehn von insgesamt fünfzig Bänden).
2. Die meiste Aufmerksamkeit wird rituellen Details, etwa der Abfolge der jahreszeitlichen Riten und den dabei vorgeschriebenen Opfergaben[7] beigemessen.
3. Die *Engishiki* enthalten zwar auch Gebetstexte und Ritualbeschreibungen, doch keinerlei Bemerkungen hinsichtlich des Zwecks oder der Bedeutung der vorgeschriebenen Riten, geschweige denn irgendwelche Glaubenslehren.
4. Die *Engishiki* erheben den Anspruch, alle *kami* Schreine Japans zu erfassen und enthalten eine Liste von knapp 3000 über ganz Japan verteilter Schreine. Allerdings ist nur hinsichtlich einiger weniger Schreine genau spezifiziert, in welcher Beziehung sie zum höfischen Ritualwesen stehen.

---

[5] Siehe dazu auch den Beitrag von Florian Reiter im vorliegenden Band.

[6] Die bislang ausführlichste Studie der *Engishiki* in westlicher Sprache inklusive einer Übersetzung der ersten zehn dem höfischen Zeremoniell gewidmeten Bände stammt von Felicia Bock: *Engi-shiki: Procedures of the Engi Era, vol. I: Books I–V. Monumenta Nipponica Monograph* (Tokyo: Sophia, 1970), und *vol. II: Books VI–X* (Tokyo: Sophia, 1972).

[7] Die Opfer waren im wesentlichen Sachgüter, z.B. Stoffe, die den Schreinen auch ökonomisch zugute kamen.

Aus den *Engishiki* entnehmen wir, dass der kaiserliche Hof neben dem Buddhismus, der sich bereits fest in Japan etabliert hatte und auch massive staatliche Förderung erhielt, ein Ritualsystem aufrecht hielt, das ausschließlich an die einheimischen Gottheiten gerichtet war. Ob man dieses Ritualsystem aber als „Religion" im eingangs erwähnten engen Sinne, also als ein geschlossenes System von wechselseitig aufeinander bezogenen Offenbarungen und Riten, und damit als Frühform des heutigen Shintō bezeichnen soll, ist strittig. Abgesehen vom Fehlen „spiritueller" Inhalte fällt auf, dass es in der Welt der *Engishiki* nur eine vage Trennung zwischen Priestern und Laienschaft gibt. Da die meisten Staatsschreine eigentlich Ahnenschreine der höfischen Familien sind, ist auch ihre Pflege Familiensache. Zwar wird diese Pflege zunehmend in bestimmten Familienzweigen erblich (d.h. es kommt zur Bildung einer erblichen Priesterschaft), doch damit stehen diese Familienlinien in einer Reihe mit anderen höfischen Adelshäusern, in denen Gewerbe oder Künste wie Musik, Tischlerei oder höfisches Fußball (*kemari* 蹴鞠) tradiert werden.[8] Sie sind zwar als *kami*-Priester während der Ausübung von Ritualen besonderen Tabuvorschriften unterworfen, unterscheiden sich in ihrer Lebensführung aber nicht grundsätzlich von anderen Hofadeligen und wechseln mitunter auch in andere höfische Tätigkeitsbereiche. Besonders feierliche Zeremonien werden vom Tennō selbst ausgeführt. Es gibt somit – und das erscheint mir wichtig – keine klare Trennung zwischen weltlichem und geistlichem Bereich.

Zwischenbetrachtung

Kojiki, *Nihon shoki* und *Engishiki* haben gemeinsam, dass sie jeweils von höchster staatlicher Stelle in Auftrag gegeben wurden. Sie besitzen somit von Anfang an ein wichtiges Kriterium einer kanonischen Schrift, nämlich dass sie als ein für die Allgemeinheit bestimmtes Erinnerungsdenkmal geschaffen wurden. Sie können durchaus als kanonische Texte angesehen werden, allerdings in ihrer ursprünglichen Bedeutung nicht

[8] Innerhalb des kaiserlichen Hofes gab es das sogenannte Götteramt (*Jingikan* 神祇官), das speziell für das höfische *kami*-Zeremoniell zuständig war. Ab etwa dem 11. Jh. wurden die führenden Posten des Götteramtes innerhalb von vier höfischen Familien erblich. Diese Familienlinien hielten ihre priesterlichen Traditionen bis in die Edo-Zeit (1600–1868) aufrecht, obwohl das Götteramt selbst wie auch das von ihm verwaltete Zeremonialwesen spätestens mit dem Ōnin-Krieg (1467–77) obsolet geworden waren. Zur Geschichte des höfischen Zeremonialwesens im Altertum s. Okada Shōji, *Heianjidai no kokka to saishi* (Tokyo: Zoku gunsho ruiju kanseikai), 1994.

als religiöse sondern als rechtliche bzw. staatsgeschichtliche Texte. Erst nach und nach erhalten sie auch kultisch-rituelle Bedeutung, indem etwa einzelne Passagen als Gebete rezitiert werden.[9]

Darüber hinaus gibt es im japanischen Altertum eine Reihe von Chroniken religiösen Inhalts, die nur für einen bestimmten Schrein verbindliche Traditionen festhalten. Auch wenn sich viele der in den staatlichen Quellen erwähnten Motive in diesen Schreinchroniken wiederfinden, ist deren thematisches Feld grundsätzlich offen. Insbesondere kommen weder die in den staatlichen Chroniken erkennbare dynastische Hierarchie innerhalb der Götterwelt, noch die in den *Engishiki* implizit vorgenommene Abgrenzung zum Buddhismus in den alten Schreinlegenden konsequent zur Anwendung.

Wir finden somit bereits in den religionsgeschichtlich relevanten Quellen des japanischen Altertums die Umrisse eines kanonischen Feldes der *kami*-Religion vor, dieses Feld erscheint aber nicht als klar definierte in sich geschlossene Einheit. Weder lassen sich inhaltliche Kriterien aufstellen, die einzelne Texte als „shintōistisch" kennzeichnen, noch gibt es Hinweise auf formale Regeln oder einfach Listen, die eine Art *shintōistischen* Kanon definieren würden. Vor allem aber fehlt eine Kommentarliteratur, die in den genannten Schriften eine religiöse Wahrheit findet.

2. Frühmittelalter: Entstehung eines theologischen Diskurses

Mit dem schrittweisen Zusammenbruch der Zentralmacht des Tennō-Hofes im 12. und 13. Jahrhundert versiegen auch die Mittel, die der Hof für die Riten der einheimischen Götter aufbringen kann. Während es buddhistischen Institutionen dank gut organisierter Klöster gelingt, sich ökonomisch und z.T. auch militärisch als unabhängige Machtzentren zu etablieren, fehlt in den meisten *kami*-Schreinen die entsprechende Infrastruktur, um beispielsweise die Landrechte, die ihnen ehemals vom Hof zugesprochen worden waren, erfolgreich zu verteidigen. Viele Schreine sind überhaupt von buddhistischen Klöstern gegründet worden und somit

[9] Das prominenteste Beispiel dieser Art stellt die „Große Purifikation" (*ōharai* 大祓) der *Engishiki* (Buch VIII, s. Bock, *Engishiki* II: 84–87) dar. Wie weiter unten eingehender besprochen verselbständigte sich dieser Gebetstext unter dem Namen „Purifikationsritus der Nakatomi" (*Nakatomi harai* 中臣祓) und fand in dieser Form auch außerhalb des höfischen Zeremonialwesens Anwendung.

von vornherein Teil eines buddhistischen Klosterkomplexes.[10] Im japanischen Mittelalter schließen sich auch die meisten ehemals unter staatlicher Verwaltung stehenden Großschreine mit buddhistischen Klöstern zusammen.

Ryōbu und Watarai Shintō

Der zunehmende Einfluss des Buddhismus macht sich auch auf theologischem Gebiet bemerkbar. Einzelne Mönche, aber auch *kami*-Priester sind bestrebt, die *kami*-Verehrung sowohl in der gelebten Praxis als auch in der Theorie mit dem Buddhismus zu vereinen und im Besonderen den bereits erwähnten Fundus von Mythen und Legenden in einem buddhistischen Sinn zu deuten. Zu diesem Zweck bedient man sich nicht nur der klassischen einheimischen Literatur, sondern vor allem apokrypher Texte, die nachträglich als Werke berühmter Mönche des Altertums[11] ausgegeben werden. Dieser Umstand macht es heute schwierig, den Ursprung dieses Schrifttums eindeutig zu identifizieren. Eine nach wie vor unzureichend erforschte Richtung dieses frühmittelalterlichen Synkretismus wird heute im allgemeinen als Ryōbu 両部 Shintō (wtl. Shintō der beiden Teile) bezeichnet. Die meisten Ryōbu-Texte stammen wahrscheinlich von Mönchen des Shingon-Buddhismus, die mit dem Ahnenschrein des Tennō in Ise 伊勢 in Beziehung standen. Eng verwandt mit dem Ryōbu Shintō ist der sog. Ise oder Watarai 度会 Shintō, dessen Schrifttum zum Großteil von den Priestern des Äußeren Ise-Schreins stammt. In beiden Fällen geht es in diesen Texten (auch) um metaphysische Deutungen der *kami*. Die einheimischen Götter werden damit zum ersten Mal zum Ge-

[10] Das Paradebeispiel eines solchen Schreins stellt der Hiyoshi (oder Hie) Sannō Schrein 日吉山王神社 des Klosterbergs Hiei 比叡山 im Nordosten Kyotos dar. Das Kloster ist eine Gründung des ersten japanischen Tendai-Patriarchen Saichō 最澄 (767–822) und entwickelte sich in der Heian-Zeit (794–1185) zur führenden politisch-religiösen Kraft des japanischen Buddhismus. *Kami* scheinen auf dem Klosterberg schon vor Saichō verehrt worden zu sein, doch es war Saichō selbst, der sie kollektiv unter dem Namen Sannō 山王 (wörtl. Berg-König) zusammenfasste und zu Schutzgöttern seines Klosters bestimmte. Die Sannō-Schreine sind räumlich von der eigentlichen Tempelanlage etwas abgesetzt (sie befinden sich am östlichen Fuß des Hiei-Massivs, während die Tempel zumeist höher oben gelegen sind) und besitzen eigene Priester und eigene Riten. Sie waren jedoch stets einer rigiden Kontrolle seitens der buddhistischen Mönche unterworfen.

[11] Zu den beliebtesten Figuren, denen Pseudepigraphe untergeschoben wurden, zählten Kūkai 空海 (774–835), der Begründer des japanischen Shingon-Buddhismus, der erwähnte Saichō, der Nara-zeitliche Wanderprediger Gyōki 行基 (668–749) und der Prinzregent Shōtoku Taishi 聖徳太子 (574–622).

genstand schriftlich fixierter metaphysischer Überlegungen. Obwohl im Hintergrund dieser Deutungen ein buddhistisches Welterklärungsmodell steht, lassen sich Ryōbu und Watarai Shintō demnach als Beginn einer shintōistischen Selbstreflexion bezeichnen. Die damit einhergehende Produktion eines apokryphen Schrifttums kann auch als Versuch gedeutet werden, den antiken Chroniken einen gleichwertigen „Kanon" einheimischer Mythen entgegenzusetzen, der besser als diese auf die Intentionen und Bedürfnisse der mittelalterlichen Autoren abgestimmt ist.

Diese Intentionen sind im übrigen keinesfalls ausschließlich auf metapysische Erkenntnisse ausgerichtet. Wie Mark Teeuwen in einer detaillierten Studie dargelegt hat,[12] verdankt der Watarai Shintō seine Existenz der Konkurrenzsituation zwischen den Priestern des Äußeren und des Inneren Schreins von Ise. Es waren bezeichnenderweise die bis dato unterprivilegierten Priester des Äußeren Schreins (die Watarai), welche die Möglichkeit ergriffen, ihre Gottheit unter Zuhilfenahme apokrypher Texte auf die gleiche Stufe mit Amaterasu, der Hauptgottheit des Inneren Schreins zu stellen. Zur Konstruktion eines derartigen dualen Schreinsystems orientierten sie sich an einem Modell des Shingon Buddhismus, dessen Haupt-Buddha, Dainichi Nyorai 大日如来 (Skt. Mahāvairocana), ebenfalls als doppelte Erscheinung verehrt und in zwei elementaren Maṇḍalas dargestellt wird. Diese Doppelnatur mitsamt den entsprechenden theologischen Deutungen übernahmen die Watarai, wandten sie auf das gesamte Schreinsystem von Ise an und setzten dieses wiederum mit den beiden Maṇḍalas von Dainichi Nyorai gleich. Auch wenn dieses lange Zeit erfolgreiche Modell also letztlich einem praktischen Konflikt entsprungen war, fiel dabei doch so etwas wie ein theologischer oder metaphysischer Mehrwert ab, der einen neuen Diskurs über die Natur der einheimischen Götter in Gang setzte.

3. Spätmittelalter: Entwurf eines Kanons im Yoshida Shintō

In meinen eigenen Studien zur Geschichte des Shintō vertrete ich die Ansicht, dass im sogenannten Yoshida Shintō, der religionsgeschichtlich als Nachfolger des Watarai Shintō angesehen werden kann, das neue Shintō-Konzept, mit dem bis dahin eher experimentell umgegangen worden war, erstmals in eine Form gebracht wurde, die sich bewusst vom Buddhis-

[12] Mark Teeuwen, *Watarai Shintō: An Intellectual History of the Outer Shrine in Ise* (Leiden: Research School CNWS, 1996).

mus abgrenzte und als solche auch praktizieren und verbreiten ließ.[13] Im vorliegenden Abschnitt möchte ich daher das Werk des Begründers des Yoshida Shintō, Yoshida Kanetomo 吉田兼倶 (1435–1511) unter Berücksichtigung der Kanonisierungsfrage etwas genauer behandeln.

In seinem Hauptwerk *Yuiitsu shintō myōbō yōshū* 唯一神道名法要集 („Grundzüge von Namen und Gesetz des Einen und Einzigen Shintō", um 1485; im folgenden *Myōbō yōshū*) definiert Kanetomo seine neue Lehre zunächst einmal als „Shintō" und zwar wörtlich als den „Einen und Einzigen Shintō" (Yuiitsu Shintō 唯一神道). Zur näheren Charakterisierung dieses Shintō, kommt er bereits in den ersten Passagen des Werks auf das Thema zu sprechen, das uns im Rahmen des vorliegenden Bandes besonders interessiert – auf die Kanonisierung. Im *Myōbō yōshū*, das in Form eines Dialogs zwischen Meister und Schüler aufgebaut ist, liest sich dies folgendermaßen:

> Frage: Auf welchen Texten beruht [der Yuiitsu Shintō]?
>
> Antwort: Es gibt die Drei Grundschriften (*sanbu no honsho* 三部の本書); auf ihnen baut die exoterische Lehre [des Yuiitsu Shintō] auf. Und es gibt die Drei Leitfäden der Götter (*sanbu no shinkyō* 三部の神教); sie begründen die esoterische Lehre. Yuiitsu Shintō umfasst beides, exo- und esoterische Lehre.[14]

Wenn wir die hier aufgezählten Schriften einmal als kanonisches Feld des Yoshida Shintō bezeichnen wollen, so wird sogleich deutlich, dass dieses Feld aus zwei unterschiedlichen Typen von Schriften besteht, die jeweils einem exoterischen oder offenen Bereich der Lehre und einem geheimen oder esoterischen Bereich zugeordnet sind. Im Weiteren erfahren wir, dass die „Drei Grundschriften" mit den damals bekannten drei klassischen Reichschroniken identisch sind, also mit *Kojiki* und *Nihon shoki* und dem apokryphen *Sendai kuji hongi* 先代旧事本紀 (Ursprünglicher Bericht von den Begebenheiten der ältesten Vorfahren), das zu Kanetomos Zeit allgemein als älteste Reichschronik angesehen wurde. Parallel zu diesen „Drei Grundschriften" gibt es im *Myōbō yōshū* die „Drei Leitfäden" (geschrieben mit dem Zeichen *kyō* 経, das bereits in China je

---

[13] Siehe dazu meine Studie des Yoshida Shintō: Bernhard Scheid, *Der Eine und Einzige Weg der Götter: Yoshida Kanetomo und die Erfindung des Shinto* (Wien: Österreichische Akademie der Wissenschaften, 2001).

[14] Scheid, *Der Eine und Einzige Weg*, 306–307. Die vorliegenden Übersetzungen des *Myōbō yōshū* sind leicht modifizierte Versionen meiner Übersetzung in ibid., 299–367. Diese stützt sich zum Großteil auf die japanische Textausgabe von Ōsumi Kazuo in *Chūsei shintō ron* [Shintō-Theorien des Mittelalters] in der Reihe *Nihon shisō taikei*, 19 (Tokyo: Iwanami shoten, 1977).

nach Kontext in der Bedeutung von „Sūtra“ oder „Klassiker“ verwendet wurde), die sozusagen den geheimen Kern der Lehre darstellen.

In dieser relativ kurzen Passage deuten sich bereits zwei unterschiedliche Legitimationsstrategien von Kanetomos neuer Lehre an, die beide so etwas wie einen Kanon voraussetzen. Zum einen wird die Lehre aus bereits existierenden allgemein bekannten und anerkannten Werken abgeleitet, die natürlich erst in diesem Sinne interpretiert werden müssen. Zum anderen wird die Existenz von geheimen Schriften postuliert, deren Inhalt wenn überhaupt nur unter dem Siegel strengster Verschwiegenheit weitergegeben werden darf. Kanetomo bedient sich hier der diskursiven Strategien des esoterischen Buddhismus, der im japanischen Mittelalter vor allem von der Shingon- und weiten Teilen der Tendai-Schule vertreten wurde und *de facto* die Standardform einer religiösen Lehre darstellte. Ähnlich wie im obigen Zitat angedeutet unterscheidet auch der esoterische Buddhismus zwischen esoterischen (geheimen) und exoterischen, allgemein zugänglichen Lehren, wobei erstere nur für wenige Auserwählte in Betracht kommen. Es herrscht also der Grundsatz, dass es erst einer gewissen Schulung bedarf, bevor die essentiellen Teile einer Lehre weitergegeben werden dürfen, und umgekehrt, dass eine Lehre um so mehr der Geheimhaltung unterliegt, je essentieller sie ist. Im japanischen Mittelalter war dieser Grundsatz so selbstverständlich, dass Geheimhaltungsanweisungen am Ende von Texten auch als unverzichtbare Hinweise auf die Bedeutung des Textes selbst anzusehen sind, unabhängig davon, ob der Text nun tatsächlich geheim gehalten wurde oder nicht.[15] Zugleich machte es die Bevorzugung esoterischen Schrifttums einfach, ohne nähere Begründung bislang unbekannte weil „geheime“ Schriften zu produzieren, die angeblich aus alter Zeit stammten und denen somit eine Art „kanonischer Charakter“ zukam. Es nimmt somit nicht weiter Wunder, dass die Herstellung apokrypher Texte in dieser Zeit eine Hochblüte erreichte. So sehr diese Praxis angeblicher oder wirklicher Geheimniskrämereien von späteren Epochen kritisiert wurde – der Yoshida Shintō folgte in diesem Punkt lediglich den gängigen Praktiken seiner Zeit.

---

[15] Zu den Geheimhaltungsvorschriften des religiösen Schrifttums im japanischen Mittelalter s. Bernhard Scheid und Mark Teeuwen, Hg., *The Culture of Secrecy in Japanese Religion* (London, New York: Routledge, 2006), insbesondere die Beiträge von Fabio Rambelli („Secrecy in Japanese esoteric Buddhism“) und Iyanaga Nobumi („Secrecy, sex and apocrypha: Remarks on some paradoxical phenomena“).

Mythenexegese

Betrachten wir zunächst, wie der Yoshida Shintō mit dem bereits vorgestellten „kanonischen Fundus" des japanischen Altertums umgeht. Unter den genannten Schriften spielt vor allem das *Nihon shoki* eine herausragende Rolle und innerhalb dieses Textes der mythologische Abschnitt zum Zeitalter der Götter. Dieser Abschnitt wurde sowohl von Kanetomo selbst als auch von seinen Nachfolgern als Grundtext herangezogen, um Adepten in die Lehren des Yoshida Shintō einzuführen. Er führt damit eine Tradition seiner Vorfahren fort, die sich neben ihrem Amt als höfische Wahrsager auch dem Studium und der Tradierung insbesondere des *Nihon shoki* gewidmet hatten.[16] Während sich diese „Textpflege" aber auf die korrekte Abschrift und Weitergabe des Textes konzentriert hatte, ging Kanetomo dazu über, das *Nihon shoki* inhaltlich zu erläutern. Er bedient sich dabei eines exegetischen Verfahrens, das bereits bei den Vorläufern des Yoshida Shintō, also beispielsweise im Ryōbu und Watarai Shintō, anzutreffen ist.

Es geht in dieser Form der Exegese weniger darum, der erzählten Handlung eines Textes Schritt für Schritt zu folgen, sondern es werden einzelne Worte oder Passagen aus dem inhaltlichen Zusammenhang herausgenommen und auf versteckte, quasi in die Textstelle hineincodierte Bedeutungen untersucht. Um nur ein Beispiel unter vielen herauszugreifen, sei dies an Kanetomos Exegese des Begriffs „Purifikation" (*harai / harae* 祓) in einer exegetischen Schrift zum „Purifikationsritus der Nakatomi" (*Nakatomi harai* 中臣祓) illustriert:

> Der Ursprung der Purifikation geht auf die Zeit Izanagis und Izanamis zurück. Izanagi und Izanami sind die zwei [Elementarkräfte] des Universums (*kenkon* 乾坤). Der Yang-Gott steigt auf und bildet den Himmel, die Yin-Göttin sinkt ab und bildet die Erde. Die beiden Götter sind also Himmel und Erde, Himmel und Erde sind die beiden Götter. Die Yin-Göttin hat eine vergängliche Gestalt, der Yang-Gott hat eine unvergängliche Gestalt. Auf Erden gebietet sie über die Vier Zeiten, Geburt, Alter, Krankheit und Tod, was sich in ihrem Entstehen und Vergehen innerhalb eines Jahres zeigt. Der Zehnte Monat heißt „gottloser Monat" – es ist die Zeit, da die Yin-Göttin vergeht. Verfolgen wir nun die Spuren des Yang-Gottes, so gelangen wir zu einem Ort namens Odo no Awakihara 小戸櫨原 in Hyūga 日向, wo er seine Purifikation vollzog. Dass der Yang-Gott eine Purifikation vollzog, obwohl er doch der Himmel ist, [bedeutet,] dass er sein Vorbild auf Erden hinterließ, und zwar an dem Ort namens Odo no Awakihara in Hyūga. Seit der dritten Generation irdischer Götter nach Herabkunft [des Himmlischen Enkels], seit Jinmu 神武 (dem ersten Tennō; B.S.),

[16] Siehe dazu Bernhard Scheid "Two modes of secrecy in the *Nihon shoki* transmission" in Scheid und Teeuwen, *The Culture of Secrecy*, 284–306.

> macht dieses Land die Purifikation zu seiner Grundlage. Es gibt die Purifikation in [allen] Drei Lehren (Buddhismus, Daoismus und Shintō; B.S.),[17] doch innerhalb der Drei Länder (Indien, China und Japan) entstand sie als erstes in Japan.[18]

Die vorliegende Passage geht also von dem (auch im Ursprungstext, dem *Nakatomi harai* erwähnten) Mythos des Urgötterpaares Izanami und Izanagi aus und bringt deren Geschichte ohne Umschweife mit der Yin-Yang-Lehre in Verbindung. Das Orpheus-artige Hauptmotiv der Erzählung – Izanamis Tod, Izanagis Suche in der Unterwelt und ihre letztendliche Trennung, die mit Izanagis ritueller Waschung endet – wird hier nur angedeutet („vergängliche Gestalt"). Mehr Gewicht wird auf die Exegese der Geschichte unter der Annahme gelegt, dass der Göttervater Izanagi das Yang und die Göttermutter Izanami das Yin verkörpert.[19] Zweck der Exegese ist es, letztlich zu beweisen, dass zwischen indischen, chinesischen und alt-japanischen Konzepten kein Widerspruch besteht, dass aber (und hier wird der Mythos wieder als Geschichtsschreibung interpretiert) das japanische Konzept, und damit der Shintō, dem Ursprung am nächsten steht.

Die Argumente einer solchen exegetischen Interpretation erscheinen uns heute zumeist als eklektisch, verworren und willkürlich konstruiert. Wenn man aber mit dem religiösen Schrifttum des japanischen Mittelalters etwas vertraut ist, so stehen derartige Exegesen durchaus im Einklang mit dem theologischen Diskurs dieser Zeit. Nicht nur in Ryōbu und Watarai Shintō auch in den traditionellen buddhistischen Richtungen konstruierte man aus numerischen, klanglichen und sonstigen Assoziationsmöglichkeiten ein Netz von Beziehungen zwischen dem Gegenstand der Erörterung und einer eklektischen Mischung aus buddhistischen, daoistischen, konfuzianischen und manchmal auch japanischen Texten, um letztlich nachzuweisen, dass der erörterte Gegenstand die Essenz al-

---

[17] Unter den „Drei Lehren" (*sankyō* 三教) verstand man in älteren Texten meist Buddhismus, Konfuzianismus und Daoismus, hier entsprechen sie jedoch den „Drei Ländern" Indien, China und Japan. Da im Yoshida Shintō wie auch im esoterischen Buddhismus des japanischen Mittelalters der Daoismus wichtiger war als der Konfuzianismus, kann man davon ausgehen, dass hier der Daoismus China vertritt, eine scharfe Grenze zwischen Konfuzianismus und Daoismus wurde aber im übrigen zumeist nicht gezogen.

[18] *Nakatomi harai shō*, in Nishida Nagao, Hg., *Nakatomi harae, Nakatomi harae-shō. Yoshida Sōsho IV* (Kyoto: Yoshida jinja, 1977), 431–32.

[19] Andeutungen dieser Gleichsetzung finden sich bereits im *Nihon shoki* selbst, wo Izanamai und Izanagi bisweilen als „Yang-Gott", resp. „Yin-Göttin" apostrophiert werden.

ler dieser Lehren in sich trage und sie somit im Grund alle in sich einschließe. Vom Standpunkt unseres Themas aus betrachtet könnte man sagen, dass dieser Diskurs allen alten Texten, seien sie nun ursprünglich in China, Indien oder Japan verfasst worden, einen kanonischen Wert zusprach, der nicht in Frage gestellt werden sollte. Die Kunst der Exegese bestand nun darin, den erläuterten Gegenstand als Sukkus dieses universellen Weisheitskanons herauszustellen.

Geheime Rituale

Kehren wir nun noch einmal zur Klassifikation eines „kanonischen Schrifttums" in Kanetomos *Myōbō yōshū* zurück. Wie erwähnt finden wir hier auch ein Korpus „Geheimer Schriften", die kollektiv als die „Drei Göttlichen Leitfäden" den eben erörterten Reichschroniken gegenüber gestellt werden. Sie werden an dieser Stelle mit drei langen und komplizierten Titeln versehen und in der Folge weder im *Myōbō yōshū* noch – zumindest nach meiner Kenntnis – an irgend einer anderen Stelle des Yoshida Shintō je wieder erwähnt. Diesen bislang unbekannten kanonischen Schriften, die auf wundersame Weise plötzlich aus grauer Vorzeit auftauchen, wird im *Myōbō yōshū* also augenscheinlich weniger Aufmerksamkeit gezollt als den „Drei Grundschriften". Es scheint, als sei mit ihrer Erwähnung lediglich die Möglichkeit für weitere apokryphe Schriften geschaffen worden, von der aber in der Folge kein Gebrauch gemacht wurde. Allerdings ist es auch möglich, diese Kategorie der geheimen Lehren mit einem reichhaltigen Korpus von Ritualtexten des Yoshida Shintō in Verbindung zu bringen. Während nämlich die eher theoretischen Texte einschließlich des *Myōbō yōshū* selbst kaum mit nennenswerten Geheimhaltungsanweisungen versehen sind, finden sich selbige fast ausnahmslos in den Kolophonen von Ritualmanualen, die zudem meist irgendwelchen fernen Vorfahren der Yoshida zugeschrieben werden. Dies deutet daraufhin, dass Kanetomo die „Essenz" seines Einen Shintō nicht so sehr in Erkenntnissen über das Wesen der Dinge, die menschliche Bestimmung oder die Entstehung der Welt sah, sondern in einer rituellen Praxis, deren eigentliches Ziel uns heute weitgehend unbekannt ist.

Diese Betonung des Rituellen deckt sich im übrigen auch den Besonderheiten des damaligen esoterischen Buddhismus, der ja, wie bereits erwähnt, in gewisser Weise das Modell des Yoshida Shintō darstellte. Die Produktion von neuen, angeblich uralten Riten scheint überhaupt die Haupttätigkeit Kanetomos gewesen zu sein, während seine heute bekannteren theoretischen Schriften in erster Linie als theoretisches Beiwerk zu diesem Ritenkorpus zu sehen sind. Was unter die Rubrik „geheim", bzw. „esoterisch" fällt, war demnach im wesentlichen ein ritueller Aktionismus, der allerdings durchaus nicht den Anschein erwecken wollte, für einen bestimmten Anlass zu einem bestimmten Zeitpunkt konstruiert worden zu sein, sondern für den die transhistorische Verbindlichkeit einer kanonischen Überlieferung ein wesentliches Merkmal darstellte.

Nicht-Existenz einer Lehre

So sehr sich der mittelalterliche Shintō auch bemühte, sei es nun durch Emulierung des Buddhismus wie der Watarai Shintō, sei es durch vordergründige Abgrenzung wie der Yoshida Shintō, die einheimischen Gottheiten an den Rang von Buddhas und Bodhisattvas heranzuführen und ein eigenes Glaubenssystem für sie zu schaffen, so blieb ein Bereich auf signifikante Weise vakant, nämlich der Bereich der Ethik, bzw. einer verbindlichen Lehre im Sinne moralisch-ethischer Erbauung. In dieser Hinsicht sind bereits die klassischen Texte sehr zurückhaltend: Es lassen sich lediglich ein paar vage Tabuvorschriften und Purifikationsrituale ablesen, aber eine Erklärung, die die Ordnung der naturgegebenen Welt und die Ordnung der menschlichen Sitten mit einander in Einklang bringt, lässt sich nicht finden. Es wäre den mittelalterlichen Mythenexegeten natürlich nicht unmöglich gewesen, derartige Erklärungen in einzelne Mythenpassagen hinein zu interpretieren. Dennoch bleibt das Faktum bestehen, dass das apokryphe Schrifttum des japanischen Mittelalters in dieser Hinsicht erstaunlich zögerlich war.

Statt sich zu bemühen, auch den Bereich der buddhistischen Gebote in den Shintō zu übersetzen (ähnlich wie man etwa buddhistische Riten in shintōistische „übersetzte"), trifft man in den mittelalterlichen Quellen auf eine Strategie, die ich gewissermaßen als „Flucht nach vorn" charakterisieren würde. In Yoshida Kanetomos *Myōbō yōshū* etwa taucht etwas unvermutet die Frage auf:

> Frage: Warum hat keine Priesterfamilie eine religiöse Doktrin [des Shintō] entwickelt?[20]

Nachdem im bereits mehrmals zitierten *Myōbō yōshū* sehr viel von „Lehren" die Rede ist, lässt uns die mit dieser Frage implizit getroffene Feststellung, dass es keine Doktrin des Shintō gäbe, etwas verwirrt zurück. Ich interpretiere diese Stelle jedoch dahingehend, dass es sich bei „reli-

[20] Scheid, *Der Eine und Einzige Weg*, 362.

giöser Doktrin“ (*shūgi* 宗義) ausdrücklich um eine Heilslehre, eine Doktrin zur Bewältigung des menschlichen Schicksals handelt. Dies ergibt sich vor allem aus der folgenden Antwort:

> Antwort: Shintō ist in allen Dingen, er hält sich nicht in einem einzigen Ding auf [...] Alles, was einen Geist hat, ist nichts anderes als *kami*. Daher spricht man auch von Buddha-Werdung, nicht aber von *kami*-Werdung. Es kann nicht sein, dass ein Ding nicht auch einen göttlichen Geist in sich birgt. [21]

Buddha-Werdung (*jōbutsu* 成仏) ist ein vor allem im esoterischen Buddhismus gängiges Pendant zum Konzept der Erleuchtung und ganz offensichtlich wird hier auf das Fehlen eines solchen Konzepts im Shintō angespielt. Die Begründung ist zweifellos etwas unbestimmt, scheint aber darauf hinaus zu laufen, dass Shintō allgegenwärtig ist, und man daher nicht erst zu werden braucht, was man ja immer schon ist. Folglich kann es auch keine Unterscheidung in „den *kami* entsprechend“ und „den *kami* nicht entsprechend“ geben. *Kami*-Werdung in Analogie zur buddhistischen Erleuchtung ist insofern nicht möglich, als man nicht nur als Mensch, sondern auch als Ding in der Welt von vornherein mit Göttlichkeit ausgestattet ist.

Etwas anders aber in eine ähnliche Richtung argumentiert ein Text des Watarai Shintō, der ebenfalls im *Myōbō yōshū* zitiert wird:

> Die großen Gottheiten Amaterasu und Toyouke (also die Götter des Inneren und Äußeren Schreins von Ise; B.S.) sind die allerhöchsten Ahnengötter, die Urquellen von Himmel und Erde, die Großen Ahnen ohne Form, ohne Tun. Daher bringen sie auch keine Lehre wie der Buddhismus hervor. Ihre wunderbare Gestalt zeigt sich nur flüchtig in einem gestaltlosen Spiegel.[22]

Hier ist nun tatsächlich eingestanden, dass es im Shintō keine Lehre wie im Buddhismus gibt, und zwar offenbar deshalb, weil die *kami*, die in Frage kämen, eine solche Lehre zu formulieren, zu erhaben sind, um solches zu tun. In der Argumentation finden sich im übrigen interessanterweise buddhistische Konzepte („ohne Form, ohne Tun“, *musō mui* 無相 無為; „gestaltloser Spiegel“, *musō no kagami* 無想ノ鏡) [23] wieder. Auch der Gedankengang selbst ist im japanischen Buddhismus häufig zu finden: die

---

[21] Ibid., 362–363.

[22] Ibid., 351. Das Zitat stammt aus dem *Jingi fuden zuki*, einer „kanonischen“ Schrift des Watarai Shintō, die lange als verloren galt und erst 1955 wiedergefunden wurde (Teeuwen, *Watarai Shintō*, 13), der Originalwortlaut wurde aber von Kanetomo gekürzt.

[23] Es handelt sich um buddhistische Termini, die das Ewige, Absolute bezeichnen. *Musō* ist insbesondere „an esoteric Buddhist term for the presence of Dainichi that is beyond all dharmas.“ (Teeuwen, *Watarai Shintō*, 112.)

Lehre des historischen Buddha, die Lehre, die sich in Worte fassen lässt, ist nur eine Vorstufe, eine ungenügende Annäherung an eine absolute Wahrheit, die ihrerseits von einem transzendenten Buddha verkörpert wird[24] und sich der Versprachlichung widersetzt. Auch hier folgten die Shintō-Theologen des Mittelalters somit buddhistischen Vorbildern und setzten ihre jeweils höchsten *kami* an die Stelle des Buddhas in seiner transzendenten Gestalt.

Doch auch wenn wir unseren shintōistischen Proto-Kanonikern in der Annahme folgen, dass das eigentliche Gesetz, bzw. der Dharma, oder der „Weg", der die Welt regiert, letztlich von den *kami* ausgeht und nur annäherungsweise in Worte gefasst werden kann, ergibt sich die Frage, warum zwar in Indien und China Weise aufgetreten sind, die den Menschen diesen Weg in Form einer religiösen Lehre erläuterten, nicht aber in Japan. Genau diese Frage wird im oben angeführten Zitat offen angesprochen, wenn es heißt: „Warum hat keine Priesterfamilie eine religiöse Doktrin des Shintō entwickelt?" Eine klare Antwort erhalten wir auf diese Frage nicht. Dennoch möchte ich die Existenz dieser Frage und das Potential der davon ausgehenden Argumente im mittelalterlichen Shintō-Diskurs ausdrücklich festhalten. Sie birgt nämlich ein für unsere gegenständliche Diskussion wesentliches „anti-kanonisches" Element (wenn es keine Lehre gibt, braucht es auch keine verbindlichen Texte), das in der Tat in der späteren Entwicklung des Shintō deutlich zum Tragen kommt.

Zwischenbemerkung

Zusammenfassend möchte ich für den Shintō des Mittelalters folgendes festhalten. Im Zuge der Lockerung des Verhältnisses von Staatsmacht und *kami*-Kult kommt es innerhalb des religiösen Schrifttums dazu, dass die auf das Wohl jedes einzelnen gerichteten und gleichzeitig universalistischen Charakterzüge der Buddhas und Bodhisattvas auch auf einzelne *kami* übertragen werden. Es gibt eine Tendenz, die *kami* aus ihren lokalen Bedeutungsfeldern herauszulösen und ihnen einen den Buddhas vergleichbaren universalistischen Status zu verleihen. Zugleich wird auch der Begriff „Shintō" erstmals im Sinn eines religiösen Weges verwendet. In diesem Zusammenhang entstehen Ansätze einer universalistisch-religiösen Theologie des Shintō, die sich auch des oben konstatierten kanonischen Feldes bedient. Der von Yoshida Kanetomo Ende des 15. Jahrhunderts begründete Yoshida Shintō stellt den konsequentesten und

---

[24] Üblicherweise wird dies in Form der Drei-Körper-Theorie des Buddha formuliert.

systematischsten Versuch einer derartigen Neudefinition der *kami* dar. Er beinhaltet u.a. den bewussten Versuch, einen Kanon shintōistischer „Grundschriften" festzulegen. Von einer „kanonischen Schließung" lässt sich aber auch in diesem Fall nicht sprechen, da die Festlegung der kanonischen Schriften äußerst vage gehalten ist. Dies ändert sich auch unter den Nachfolgern Kanetomos nicht.

Es zeichnen sich in den Werken des mittelalterlichen Shintō aber gewisse Argumentationsstrategien ab, die sich zweifellos des Charismas buddhistischer und chinesischer Kanones bewusst sind. Um hier ein japanisches Gegenstück zu schaffen, werden die Reichschroniken neu gelesen und als religiöse Offenbarungen gedeutet. Damit entsteht ein exegetisches Schrifttum, das im Sinne einer „Textpflege" des Kanons interpretiert werden kann. Es werden zudem neue Schriften mythologischen Inhalts verfasst, rückdatiert, und den Chroniken zur Seite gestellt. Es gibt aber auch das Bewusstsein, dass all dies nicht genügt, um dem eindrucksvollen Schriftenkorpus des Buddhismus Vergleichbares entgegenzusetzen. In diesem Zusammenhang findet sich die antinomistische Utopie einer naturgegebenen, spontanen Ordnung der *kami*, die zu erhaben ist, um in die Sprache der Menschen übersetzt zu werden, an der Anhänger des Shintō aber in irgend einer Form (vielleicht auf dem Wege des Rituals) teilhaben. In dieser Argumentation deutet sich eine gegenläufige Tendenz an, die aus der Not, keinen Kanon zu besitzen, eine Tugend macht, indem sie jede in Worte gefasste Lehre (und damit auch ihre schriftliche Festlegung) grundsätzlich als Verfälschung ansieht.

4. Frühe Neuzeit: Kokugaku

Über 200 Jahre nach Entstehung des Yoshida Shintō kommt dieser antinomistischen Argumentationsstrategie neue, profundere Bedeutung zu. Zu dieser Zeit beginnt sich nämlich unter Einfluss eines ursprünglich konfuzianischen Geschichtsbildes eine Schule zu etablieren, die zu den Wurzeln der einheimischen Kultur und damit auch zu einem ursprünglichen Shintō zurück will. Die sog. „Schule des Landes" (*kokugaku* 国学), auch als „Nativismus" bezeichnet, versucht u.a. den einheimischen Mythos unbeeinflusst von allen mittelalterlichen Interpretationen neu zu lesen. Motori Norinaga 本居宣長 (1730–1801), der Hauptvertreter dieser Richtung, spricht in diesem Zusammenhang verächtlich vom „chinesischen Geist" (*karakokoro* 唐心), der die Sicht auf die eigene Tradition verstellt und der daher zu überwinden ist. Den wahren Geist des japanischen Altertums versucht Norinaga ähnlich wie Kanetomo aus den alten Reichschroniken herauszudestillieren. Er gibt dabei aber interessanterweise dem *Kojiki* gegenüber dem *Nihon shoki* den Vorzug, und zwar genau deshalb, weil dieses Werk seiner Meinung nach frei von *karakokoro* ist, während im *Nihon shoki* allenthalben von Yin, Yang und anderen chinesischen Konzepten die Rede ist. Auch in sprachlicher Hinsicht ist das *Nihon shoki* in einem sino-japanischen Mischstil verfasst, während das *Kojiki* dem gesprochenen Altjapanisch näher steht.

Die Berücksichtigung solcher philologischer und historiographischer Details zeigt bereits, dass die Behandlung des antiken Schrifttums durch die *kokugaku* von ganz anderen Tatbeständen ausging als der mittelalterliche Shintō und diesen folgerichtig auch in Bausch und Bogen verurteilte. Dennoch lassen sich auch Gemeinsamkeiten in den Argumentationsstrategien beider Richtungen feststellen. Zum einen greifen beide auf das mythologische Schrifttum zurück und versuchen ihm, jeweils auf ihre Weise, kanonischen Status in einem religiösen oder quasi-religiösen Zusammenhang zuzuschreiben. Zum anderen wird auch der Tatsache, dass sich eben keine Offenbarungs- oder Weisheitslehre in den einheimischen Klassikern findet, auf ähnliche Weise begegnet, indem man schlichtweg die Notwendigkeit einer solchen Lehre leugnet.

Schon in jungen Jahren sprach Norinaga von einem „naturgegebenen Shintō" (*shizen no shintō* 自然の神道), einem Weg, den die Menschen der alten Zeit befolgten, ohne dazu genötigt zu werden. Sie handelten moralisch ohne Moral zu kennen, ließen sich ohne Regierung regieren und praktizierten die konfuzianischen Tugenden ohne konfuzianische Lehren.[25] Ähnliche Auffassungen finden sich auch bei anderen Shintō-interessierten Vorläufern Norinagas, etwa bei Kada no Azumamaro 荷田春満 (1669–1736) oder Kamo no Mabuchi 賀茂真淵 (1697–1769). Ebenso wie bei Norinaga findet sich schon bei Mabuchi das Bewusstsein, dass moralische Konzepte, wie sie der Konfuzianismus expliziert hat, im antiken Schrifttum Japans fehlen. Die nativistischen Denker der frühen Neuzeit zogen daraus den Schluss, dass derartige Konzepte im alten Japan nicht nötig gewesen wären, dass die Menschen den richtigen „Weg" spontan und von sich aus befolgten.[26] Umgekehrt seien die Einwohner Chinas

---

[25] Siehe die Besprechung von Norinagas Frühwerk *Ashiwake obune* 葦分小舟 (Kahn im Schilf) in Peter Nosco, *Remembering Paradise: Nativism and Nostalgia in Eighteenth Century Japan* (Cambridge, MA und London: Harvard University Press, 1990), 167–69.

[26] Ibid., 185.

von Natur aus nicht mit moralischem Empfinden ausgestattet, weshalb ihre Belehrung durch die Weisen der chinesischen Antike notwendig war. Als historischen Tatbestand, der diese Sicht rechtfertigen sollte, strichen sie die Tatsache heraus, dass es in China beständig zum Wechsel von Dynastien gekommen sei, während in Japan immer nur ein Herrschergeschlecht an der Spitze des Landes stünde. Norinaga modifizierte diese in Shintō-Kreisen vielfältig geäußerte Sicht in seinen späteren Jahren allerdings dahingehend, dass er an die Stelle einer unpersönlichen Natur individuelle, in den alten Mythen namentlich genannte Gottheiten (im besonderen Takami musubi) für die Entstehung des japanischen Wegs der Götter verantwortlich machte. Außerdem ging er dazu über, nicht nur den Buddhismus sondern auch den Konfuzianismus als Grund für den Verfall des natürlichen Shintō anzusehen. Mit dem Versuch, Shintō mit ganz bestimmten mythologischen Göttern in Verbindung zu bringen, mag Norinaga einen Sonderweg in der shintōistischen Ideengeschichte beschritten haben, der später kaum weiter verfolgt wurde. Seine Idealvorstellung eines naturgegeben Wegs der Götter – in mancher Hinsicht mit Ovids Goldenem Zeitalter vergleichbar[27] – war jedoch vielen Edo-zeitlichen Shintō Gelehrten gemeinsam.

Norinaga kann zwar selbst nicht als Religionsstifter bezeichnet werden, er ist aber maßgeblich an der Herausbildung eines neuen Shintō-Konzepts beteiligt, das im Grunde bis auf den heutigen Tag wirkt. Noch heute ist die Argumentation von der spontanen Befolgung des ursprünglichen Shintō als Topos in etwas modifizierter Form anzutreffen, wenn es etwa heißt, Shintō sei zwar nicht in einer konkreten Gestalt festzumachen, bilde aber so etwas wie das kollektive Unbewusste der japanischen Kultur oder die Tiefenschichten der japanischen Mentalität. Meiner Meinung nach lässt sich in solchen Stereotypen ein Nachhall aus der Legitimation qua Nicht-Existenz eines Kanons feststellen.

---

[27] Vgl. die aus dem Lateinunterricht sattsam bekannten Eröffnungsverse des „Goldenen Zeitalters" in Ovids *Metamorphosen*, die, wenn man sie mit Norinaga zusammenliest, eine erstaunliche Aktualisierung erfahren:

Aurea prima sata est aetas, quae vindice nullo/ sponte sua, sine lege fidem rectumque colebat.

Zuerst entstand das goldene Zeitalter, das ohne Zwang, aus eigenem Willen und ohne Gesetz Treue und Gerechtigkeit befolgte.

5. Schlussfolgerungen

Es ist in der Ideengeschichte des Shintō zu beobachten, dass man analog zu Buddhismus, Konfuzianismus und Daoismus bestrebt war, einen verbindlichen Kanon des Wegs der *kami* zusammenzustellen, wobei der Ausgangspunkt jeweils in den ältesten mythologischen Texten des Landes gefunden wurde. Auch heute würde wohl jeder Shintō-Gelehrte mit diesen Texten beginnen, sollte er mit der Frage nach einem shintōistischen Kanon konfrontiert werden. Es scheint somit auf den ersten Blick, als könnte man sehr wohl bereits im Altertum einen shintoistischen Kanon erkennen.

Was allerdings fehlt, um die klassischen Chroniken als *religiösen* Kanon anzusehen, ist die Existenz einer entsprechenden religiösen Kommentarliteratur. Denn wie Jan Assmann überzeugend argumentiert, legt erst diese Kommentarliteratur fest, ob und in welchem Sinne ein Text als Kanon zu verstehen ist. Der Kommentar ist somit ein notwendiges Gegenstück eines Kanons. Er ist es auch, der den Kanon als kulturelle Erinnerung lebendig hält. Während die oralen Traditionen das kulturelle Gedächtnis in Form von wortwörtlichen Wiederholungen aktualisieren, fällt laut Assmann die Notwendigkeit der Wiederholung mit der Schriftlichkeit weg und weicht der Variation des zu Erinnernden in Form von Kommentaren. Insofern ist für Assmann auch das Doppelspiel von primärem Urtext und sekundärer Exegese, oder genauer die „Dreiecksbeziehung von Text, Deuter und Hörer“[28] ein Kennzeichen des kulturellen Erinnerns unter den Bedingungen der Schriftkultur. Im Fall des Shintō lässt sich beobachten, dass ein derartiges Dreiecksverhältnis erst im japanischen Mittelalter gegeben ist und paradoxerweise von buddhistischen Mönchen initiiert wurde.

Es gibt in dieser im Mittelalter entstehenden shintoistischen Kommentarliteratur meiner Meinung nach drei Grundtendenzen zu beobachten:

1. die Exegese mythologischer Texte als religionsstiftende Quellen
2. die Abfassung apokrypher Texte, die quasi-kanonischen Status zugeschrieben bekommen
3. ein argumentiver Topos, der aus der Nicht-Existenz eines (moralisch-ethischen) Kanons eine Art Legitimation bezieht.

Während apokryphe kanonische Schriften bereits im 17. und 18. Jahrhundert einer zunehmend historisch-analytischen Kritik unterzogen wur-

[28] Assmann, *Das kulturelle Gedächtnis*, 95.

den und damit an Glaubwürdigkeit verloren, stellen die Strategien 1 und 3 bis heute wesentliche Elemente des shintōistischen Diskurses dar. Wie im obigen ausgeführt, ergibt sich daraus ein widersprüchliches Bild: Zum einen werden die alten Chroniken ein Stück weit dahingehend interpretiert, dass sich aus ihnen ein „Weg", also auch eine moralisch-ethische Handlungsanleitung herauslesen ließe, zum anderen wird dieses Unternehmen relativiert, indem man auf eine spontane, naturgegebene Ethik setzt, die sich nicht verbalisieren lässt. Auch wenn ansonsten ganz unterschiedliche diskursive Modelle zur Anwendung kommen, erscheint mir diese zweigleisige Argumentation wie ein eingebauter *double bind*, der eine endgültige „Schließung" des shintōistischen Kanons immer wieder verhindert.

Damit soll allerdings nicht behauptet werden, dass diese Schließung lediglich an einem Denkfehler der jeweiligen Autoren/Theologen gescheitert ist. Vielmehr scheint der Widerstand gegen eine solche Schließung durchaus mit der historisch fassbaren religiösen Praxis des Shintō in Verbindung zu stehen. Diese unterscheidet sich vom Buddhismus nämlich vor allem dahingehend, dass es nicht zur Herausbildung shintōistischer Orden oder eines shintōistischen Klosterwesens kam. Die wichtigsten *kami*-Schreine waren stets in Händen einer oder mehrerer Priesterfamilien, die ihre Ämter erblich weitergaben. Oft dienten sie dabei den eigenen Ahnengottheiten. Auch in historisch fassbarer Zeit lässt sich beobachten, dass neue Schreine entweder als Schutzschreine buddhistischer Tempel – also als „Anhängsel" des Buddhismus – gegründet wurden, oder der posthumen Verehrung geschichtsmächtiger weltlicher Personen dienten. Es ergibt sich somit ein Muster, nach dem die *kami*-Verehrung mit einer variablen, partikularistischen, eng mit dem weltlichen Zeremoniell in Verbindung stehenden rituellen Praxis verknüpft ist, die insbesondere dort eingesetzt wird, wo der Buddhismus infolge seiner universalistischen Prinzipien und Gebote nicht oder nur bedingt zum Einsatz gebracht werden kann. Die *kami*-Verehrung dient demnach als variabler, offener Bereich eines religiösen Kosmos, in dem Buddha- und *kami*-Glauben keineswegs als Widerspruch empfunden werden. Auch und vor allem das Kaiserhaus hat sich stets dieser Form von *kami*-Verehrung bedient.

Will man nun dieser religionsgeschichtlich gewachsenen Symbiose einen Shintō in Form eines in sich geschlossenen, autarken religiösen Systems entgegenstellen – wie dies die meisten Shintō-Theologen zweifellos in der einen oder anderen Form beabsichtigen – bedürfte es wohl einer neuen Priesterklasse, die den weltlichen Kräften, die den Shintō unterstützen, einen Teil ihrer Kompetenzen abspenstig machen müsste. Schon im japanischen Altertum führte die Überlappung von weltlichen und geistlichen Autoritätsansprüchen dazu, dass das für den höfischen *kami*-Ritus zuständige Götteramt (*Jingikan*) nie einen den großen buddhistischen Tempeln vergleichbaren Einfluss erlangen konnte. Und in späterer Zeit stand einer Konsolidierung des Shintō stets die Tatsache im Wege, dass sich fast alle Shintō-Theologen letztlich am antiken Zeremonialwesen des Tennō orientierten und daher nie zu einer eigenständigen religiösen Lobby erstarkten. Selbst unter der Ideologie des Staatsshintō hütete man sich, dem shintōistischen Klerus ähnliche Kompetenzen zuzuweisen, wie sie sich buddhistische Klöster im Laufe ihrer Geschichte erobert hatten, und begnügte sich damit, ihre jeweiligen traditionellen Formen der *kami* Verehrung mit einem Tennō-zentristisch nationalistischen Ritualismus zu kombinieren.

In Bezug auf die religionswissenschaftliche Frage, in wie weit das Konzept eines Kanons auch in ostasiatischen Religionen zu finden ist, werden wir durch das Beispiel des Shintō auf die Bedeutung des entsprechenden Klerus verwiesen. Es stellt sich die Frage, in wie weit ein religiöser Kanon nicht an die Existenz eines unabhängigen, an eigene Gesetzmäßigkeiten gebundenen Klerus geknüpft ist, dessen Daseinsberechtigung zu legitimieren letztlich eines der Fundamente des Kanons selbst wäre. Das Beispiel des Shintō unterstützt die Hypothese eines solchen Zusammenhangs gleichsam indirekt, indem sich die widersprüchliche Haltung zum Dogma und damit auch zum Kanon innerhalb der Shintō Theologie mit der organisatorischen Schwäche seiner Priesterschaft korrelieren lässt.

Bibliographie

Assman, Jan. *Das kulturelle Gedächtnis: Schrift, Erinnerung und politische Identität in frühen Hochkulturen*. München: C.H. Beck, 2002 [[1]1992].

Bock, Felicia. *Engi-shiki: Procedures of the Engi Era, vol. I: Books I–V. Monumenta Nipponica Monograph*. Tokyo: Sophia, 1970, und *vol. II: Books VI–X*, 1972.

Iyanaga Nobumi. „Secrecy, sex and apocrypha: Remarks on some paradoxical phenomena". In *The Culture of Secrecy*, hg. von Scheid und Teeuwen, 204–228. London, New York: Routledge, 2006.

Naumann Nelly. *Die einheimische Religion Japans, Teil 1: Bis zum Ende der Heian-Zeit*. Leiden: Brill, 1988.

Nishida Nagao 西田長男, Hg., *Nakatomi harae, Nakatomi harae-shō* 中臣祓・中臣祓抄. *Yoshida Sōsho* 吉田叢書 *IV*. Kyoto: Yoshida jinja, 1977.

Nosco, Peter. *Remembering Paradise: Nativism and Nostalgia in Eighteenth Century Japan*. Cambridge, MA und London: Harvard University Press, 1990.

Okada Shōji 岡田莊司. *Heianjidai no kokka to saishi* 平安時代の国家と祭祀 [Staat und Ritus der Heian-Zeit]. Tokyo: Zoku gunsho ruiju kanseikai, Okada 1994.

Ōsumi Kazuo 大隅和雄. *Chūsei shintō ron* 中世神道論 [Shintō-Theorien des Mittelalters]. *Nihon shisō taikei* 日本思想大系; 19. Tokyo: Iwanami shoten, 1977.

Rambelli, Fabio. „Secrecy in Japanese esoteric Buddhism". In *The Culture of Secrecy*, hg. von Scheid und Teeuwen, 107–129. London, New York: Routledge, 2006.

Scheid, Bernhard. „Two modes of secrecy in the *Nihon shoki* transmission". In *The Culture of Secrecy*, hg. von Scheid und Teeuwen, 284–306. London, New York: Routledge, 2006.

Scheid, Bernhard. *Der Eine und Einzige Weg der Götter: Yoshida Kanetomo und die Erfindung des Shinto*. Wien: Österreichische Akademie der Wissenschaften, 2001.

Scheid, Bernhard und Mark Teeuwen, Hg. *The Culture of Secrecy in Japanese Religion*. London, New York: Routledge, 2006.

Teeuwen, Mark und Berhard Scheid, Hg. *Tracing Shinto in the History of Kami Worship*. Sondernummer des *Japanese Journal of Religious Studies* 29/3–4 (2002).

Teeuwen, Mark. „From *Jindō* to Shinto: A Concept Takes Shape." In *Tracing Shinto*, hg. von Teeuwen und Scheid. Sondernummer des *Japanese Journal of Religious Studies* 29/3–4 (2002): 233–263.

Teeuwen, Mark. *Watarai Shintō: An Intellectual History of the Outer Shrine in Ise*. Leiden: Research School CNWS, 1996.

English Abstracts

Max Deeg

Der Einsatz der Stimmen: Formation und Erschaffung des chinesischen buddhistischen Kanons: vom doppelten Kriterium der Authentizität

This article concentrates on the creation of the modern printed standard version of the Chinese "canon", the Japanese Taishō-shinshū-daizōkyō. It describes how the editors of this collection (and earlier predecessors) restructured the enormous amount of texts contained in the Chinese "treasure-houses of sūtras" which were compiled and printed in China from the Song-period onwards according to the positivistic ideas of Western Buddhologists. This tendency was already prepared by the earliest Japanese students of Western scholars – Nanjō and Takakusu, the later editor – who regrouped the traditional structure of the Chinese collection by introducing categories which were produced in the light of the discovery of other Buddhist canones, the Pāli-Tipiṭaka and – to a far lesser extent – the Tibetan collections of the bKa'-'gyur and Bstan-'gyur. The process shows how the restructuring of the architecture of canon can increase the level of plausibility of a canon in the light of scholarly insights (or ideology). The canon was reshaped in the light of Western concepts of canonicity, placing the most scriptures considered to be most authentic in a historical sense as Buddha-words (*buddhavacana*) at the top, but also adding sections which could not at all claim to be authentic Buddhist scriptures in the sense of Indian productions – Chinese historiographical sources, catalogues or even Chinese Manichaean and Christian texts – at the end of the corpus for the sake of completeness. Interestingly enough this was never done, for instance, in the case of the Tibetan canon which was "allowed" to keep its original structure. The process analyzed shows, once more again, how the concept of an authentic canon is applied to a collection of texts and thus questions the very concept of a closed canon so prevalent in Eurocentrically dominated discourse. It rather suggests that the process of canon formation oscillates between the aspects of a

Max Deeg, Oliver Freiberger, Christoph Kleine (Hrsg.), *Kanonisierung und Kanonbildung in der asiatischen Religionsgeschichte.* VÖAW: Wien 2011, pp. 515–527.

determined structure – negotiable on different historical stages – and a basic tendency towards openness for the sake of completeness.

Christoph Emmrich

Śvetāmbaras, Digambaras und die Geschichte ihres Kanons als Besitz, Verlust und Erfindung

In no other South Asian religious tradition have both the foundational and the precarious character of textual transmission of canonical texts become so self-consciously part of the tradition itself as in Jainism. The history of the religious community is represented by its literati as a process of institutionalized remembrance as well as of dramatic loss of the words of Mahāvīra and his precursor Pārśva. Schisms and refoundations are interwoven with the rejection of what was wrongly remembered and the collection of what was proven to be authentic as a process of canonization. Scepticism regarding one's own or the other's tradition led either to mosaics of atomized fragments or to their inscription into a growing commentarial corpus. That this also always implied the writing of new texts is exemplified by an assessment of the design of the Śvetāmbaras' twelve Aṅgas as well as of the outlines of the Digambaras' Ṣaṭkhaṇḍāgama. The degree to which Jaina efforts to reassure themselves of their own tradition in view of the legitimization of their own developing scholarly institutions harmonized with the European urge to find something in South Asia which deserved to be called a canon is elaborated by following the meandering ways of indological and anthropological Jaina Studies, as exemplified by the work of Klaus Bruhn and Kendall Folkert.

Oliver Freiberger

Was ist das Kanonische am Pāli-Kanon?

This chapter examines the "canonical" features of the so-called Pāli canon, in particular its normative authority and its fixed status. Discussing several instances in the Pāli tradition that have been viewed as acts of canonization (early rules for identifying authoritative texts, the first council, the first writing-down, the commentaries), it argues that these represent attempts of declaring a certain collection of texts authoritative and fixed. But even after those "canonical" collections were claimed to be fixed, "apocryphal" suttas and Jātakas are frequently used in Theravāda countries. As these too are perceived as being "authentic", we can conclude that the question of precisely which texts the "Pāli canon" consists of is raised only in some historical moments, by certain interest groups within the tradition, which have certain religious, socio-political, and/or economical motives for bringing this question up. The chapter argues that because such groups freeze the content of a canon time and again, canonization should be viewed not only as a linear development that culminates in the final product of a "canon", but also as a history of recurring events. Ignoring the agents in those events, historians of religion tend to define one text collection (among several) as *the* canon of that tradition, thereby siding with one religious party. It is argued that the term "canon" is not only a descriptive, analytical term but carries also an acknowledgment of the authority of a certain collection of texts, an authority that might be contested within the tradition.

James M. Hegarty

Kīrtan *and* Kathā *in the* āsā aṃdesā *(Song and Story in the Land of Hope and Fear): Narratives of the life of Gurū Nānak as Canonical Commentary in the Sikh Panth*

This chapter explores literary accounts of the life of Guru Nanak (Janam Sākhīs) as an interpretive resource for the eighteenth century Sikh Panth. It will, in particular, focus on the role of these texts in the formulation of a mode, and model, of approach to forms of religious authority, both textual and personal, in early eighteenth century Pañjāb. The paper focuses in particular on the ways in which the Janam Sākhīs take up and interpret materials which form part of the canonical Sikh scriptural compilation, the Gurū Granth Sāhib, as well as wider forms of religio-philosophical and poetic discourse current at that time in the Pañjāb. The paper considers the way in which the Janam Sākhīs situate Gurū Nānak and his poetic utterances in pivotal historical and cosmic moments (the coming of the Mughals, the debauched Kaliyug) and use this as a means of both consolidating, and commenting upon, both the authority of the Guru and his works, his Shabad. The paper also argues that, by providing a model of contextualisation of, and commentary upon, canonical text, the Janam Sākhhī literature encourages an ongoing 'overcoming' of canonical limitation by means of creative narrative response. This, in turn, allows the Janam Sākhīs to become constitutive of aspects of both cultural memory and religious authority within the developing Sikh Panth.

Christoph Kleine

Kanonisierungsansätze im ostasiatischen Buddhismus: Von der Kanon-Bibliothek zur buddhistischen Bibel?

In this article I deal with the question whether or not Buddhism in pre-modern East Asia has ever produced collections of texts which fit in the criteria of being "canons" in terms of Jan Assmanns definition or can even be charcterized as "Buddhist Bibles". Even a superficial observation shows that none of the Buddhist collections has ever showed the characteristic of a "canon" acording to Assmann's understanding as being completely closed, definitely settled in its structure and contents, and so forth. Thus, I suggest to modify the prevaling definition of the term "canon" in order to make it applicable to traditions and cultures beyond the limited sphere of Middle Eastern religions. "Canonization" may – as Alois Hahn does – also be described as a process in which a given tradition or culture – or one segment of that tradition or culture – takes itself as its theme and reflects upon itself in times when its identity is challenged and no longer a matter of course. This being said I turn my attention towards various concrete historical examples. First, I argue that even the Tripiṭaka of Nikāya Buddhism where "open canons" in theory, as the possibility of adding new texts qualified as the words of the Buddha according to fixed criteria, was always accepted. As Mahāyāna Buddhists believed that the words of the or a Buddha may manifest themselves through visions, dreams, miraculous instructions by a Buddha, the discovery of hidden texts, etc., the idea of a closed canon could never occur. Likewise, the transdenominational catalogues and collections in Chinese Buddhism where neither closed nor "highly obligatory" in a strict sense. Rather they where collected with the aim of completeness. Such collections may be called "canon pools" or symbolic representations of a "conceptual canon" consisting of the inaccessible totality of the words of the Buddha; but they were not "canons" themselves according to Assmann's definition. The only collections which come close to this definition of a "canon" are those defined by Buddhist sects in China and later in Japan. These sects chose from the "canon pool" of Buddhist scriptures available to them one or a number of texts they deemed "highly obligatory" and which thus constituted a "primary canon". Modern collections of Buddhist texts as they were compiled in great number in Japan mainly for the sake of scholarship from the late 19th century are – as their premoderen predecessors – neither closed, nor highly obligatory. In the 20th century, however, we wittness attempts to create "canonical" sectarian collections which may be seen as results of an intensified process of self-reflection, stimulated by the social and cultural upheavels brought about by the rapid modernization and opening of Japan and the resulting competetion with Christianity. Attempts where even undertaken to compile antholgies of passages from Buddhist scriptures in modern Japanese which where translated into English, originally under the title "Buddhist Bible", now known as *Bukkyō seiten* ("Holy Scriptures of Buddhism"). Analyizing the contents of this anthology, I doubt whether this book will ever have the potential to gain the status of a "Buddhist Bible".

Karénina Kollmar-Paulenz

Kanon und Kanonisierung in der buddhistischen Mongolei: Zur Notwendigkeit einer Neubestimmung des Kanonbegriffs in der Religionswissenschaft

This chapter aims at a re-evaluation of the descriptive *cum* analytical term "canon", whose main characteristics specifying a collection of texts as a "canon" are based exclusively on models which originated in the monotheistic "book religions" of the Near East. Taking as an example the Mongolian *Kanjur*, which is commonly addressed as one of the great canons of Buddhism, I show that the term "canon" as it is commonly defined in Cultural Studies cannot be applied to a Buddhist text collection. Based on a careful evaluation what exactly constitutes the "canonical" of the *Kanjur* in Mongol societies I suggest a modification (or new definition) of the term "canon", as a first step in the direction of establishing a transculturally applicable meta-language to describe religio-cultural conceptualizations.

Angelika Malinar

Vom „Kanon-Fundus" zum „variablen" Kanon: Über den Status religiöser Texte im Hinduismus

Since the beginnings of the nineteenth century debate on the unity of Hinduism was connected to the quest for establishing a canon of its sacred scripture that could serve as a common denominator. This interest of early scholars in the field of the study of religion only partly reflects the existence and self-perception of different religious traditions subsumed under the name of Hinduism. Yet, establishing a true canon of Hindu scripture became central for scholars in Europe and India alike. Embedded in this historical context is one of the most influential attempts of a Western canonization of Hindu texts, the *Sacred Books of the East* inaugurated by F. Max Müller. Although reflecting some of the current Western assumptions of a priority of "book religions", it still represents a selection from a repertoire of texts traditionally called *śruti* ("revealed") and *smṛti* ("taught") respectively. The essay deals with the specific structure of this traditional "canon" as comprising a limited number of textual genres on the one hand and a variable list of individual texts that represent these genres on the other. While the scope of *śruti* and *smṛti* texts is relatively fixed, there are marked differences which of these texts are considered authoritative in one or the other of the Hindu religious communities that emerged from the 3rd c. BCE onwards. With regard to these different religious traditions, the canon of *śruti* and *smṛti* therefore can be aptly described as a "canon-fund" (Kanon-Fundus). Also later Hindu religious traditions use this repertoire when they start to established their own canon which usually includes texts ascribed to the founder of the tradition, as well as hagiographies, scholarly treatises and ritual manuals. As is being demonstrated in a case study of the Caitanya tradition of Hinduism, this amounts to a "variable canon" because new texts can be included and different schools of transmission may make choices with regard to the importance of individual texts. While the so-called "biblical canon formula" does not allow omissions of or additions to canonical texts, the Hindu tradition does also not endorse omission or rejection, but allows for selecting from the repertoire of *śruti* and *smṛti* and the addition of new texts.

Frank Neubert

Canonizing Biographies: Topoi *in the Discourses on Rāmakṛṣṇa and Vivekānanda*

In my paper, I explore the connection of the processes of canonization and the development of charisma. By analysing the biographies of the 19th-century Indian saints and religious reformers Śrī Rāmakṛṣṇa and Svāmī Vivekānanda, I try to show that charismatization can be fruitfully described as the process of canonization of specific topoi in the discourse about a person's biography. Furthermore, I show that the emergence of canon can be regarded as the result of a series of negotiations after which according to historical circumstances one position has gained enough supremacy as to be able to effect a (preliminary or even imaginary) fixation into "canon" in a classical sense.

Lauren Pfister

Classics or Sacred Books? Grammatological and Interpretive Problems of Ruist and Daoist Scriptures in the Canon-in-Translation Created by James Legge (1815–1897) and Richard Wilhelm (1873–1930)

Within this chapter a new category for the history of the study of the history of religions is defined, described, and illustrated: "canon-in-translation". The definition of "canon-in-translation" relies on six characteristics of canonical literature identified initially by the Assmanns, but now is applied to translations of canonical literature that themselves become canonical in the new linguistic environment in which they thrive. A special disctinction between "emic canon-in-translation" – that is, translations of canonical literature produced by persons who belong to the religious traditions whose scriptures are being rendered – and "etic canon-in-translation" – involving translations by religious outsiders which nevertheless become canonical in their own right.

The massive corpi of sinological "classics" and "sacred books" produced as "etic canon-in-translation" from Ruist ("Confucian") and Daoist traditions produced by James Legge in English and Richard Wilhelm in German are subsequently described in great detail. Fifteen features of Legge's corpus (the *Chinese Classics*) are identified, all of which serve as standards for the "normativity" of sinological "canon-in-translation" in 19th and 20th centuries. A number of Wilhelm's later renderings manifest a will to challenge these Leggian precedents, but in doing so Wilhelm also reorganizes standard Chinese texts and so may have unwittingly participated in their "decanonization".

The chapter concludes by emphasizing the important roles of canon-in-translation for the study of the history of the study of religions, a fact previously not explored in any systematic manner as has been done here within the context of the history of sinology and the history of the study of the history of Chinese religions.

Florian C. Reiter

Die Kanonisierung der taoistischen Schriften in China: Vom religiösen Element zum öffentlichen Monument

Taoist literary collections emerged as special groups of texts that were secretly compiled by small circles of accomplished priests. They were connected with the schools of Shang-ch´ing (Highest Purity) and Ling-pao (Numinous Jewel). A third group of texts was assembled under the name of San-huang (Three Sovereigns). These three groups of individual canons were eventually assembled to form the Canon of the Three Caves. The actual formation of such a canon and the appearance of bibliographic catalogues were due to official and imperial orders. The Taoist Lu Hsiu-ching issued an "Index to the Scriptures of the Three Caves" in the year 471. He initiated a low row of catalogues and canons of various dimensions in the history of Taoism.

This contribution discusses the background of the Heavenly Master Taoism which shaped the history of the canonization of Taoist scriptures. It finally came all down to the formation of a comprehensive canon with seven sections (San-tung ssu-fu "Three Caves and Four Supporting Sections") that also included documents of secular provenance. The Taoist collections were called "repositories" (tsang) that were realized with imperial support or even executed at imperial demand. Originally secret texts became in this way official cultural properties. The nucleus of Shang-ch´ing and Ling-pao texts were believed to be revealed texts, almost "sacred" texts. Many more texts were said to be in store in heavenly spheres and be ready for revelation on demand.

The contribution stresses the relationship between the individual Taoist priest and the canon. The priest gradually attains his own private canon from his teacher master. The private canon, partly memorized by heart, is the essential and professional outfit of the priest who never has at his avail the complete set of the official canon. This discrepancy is due to regional traditions and the practical way of transmission. There also is an indispensable oral canon of secret instructions that co plements what is available in writing. This contribution describes the relationship between the three types of Taoist canon that may be seen as a unit. Only the priest who commands that unit is the full-fledged Taoist. The state and its administration throughout all ages had a great stake in religion which was very much connected with literary culture in China, and the official Taoist canon was part of that culture.

Richard Salomon

An Unwieldy Canon: Special Problems and Issues Concerning Canonization in Buddhism

Buddhist canons differ in numerous regards, both qualitative and quantitative, from those of the other major religious traditions of the ancient and modern world. Among the characteristic features of the Buddhist canons are their enormous size, their diversity, and their flexibility. These features of the Buddhist canons give rise to several problems concerning their historical origins and development, their preservation and transmission, and their evaluation both in terms of traditional analysis and of modern scholarship.

This chapter discusses some of the techniques whereby the keepers and practitioners of the Buddhist tradition dealt with the massive and diverse material which constituted the basis of their beliefs and practices. In particular, it focuses on the motivations and methods for the preparation of many selections, summaries, and anthologies that were compiled at different times and places, with particular emphasis on examples of such anthologies which have been found among the recent discoveries of early Buddhist manuscripts in Sanskrit and Gāndhārī.

Peter Schalk

Canon Rejected: The Case of Pauttam among Tamiḻs in Pre-Colonial Tamiḻakam and Īḻam

From about 400 C.E., which is the beginning of the Pallava period in South India, Pauttam (Buddhism) transmitted in Tamiḻ among Tamiḻs, flickered in local *caṃkam* (saṃgha) organisations mainly along the eastern coast of Tamiḻakam (Tamiḻ land). It had no common canon, actually no known Tamiḻ canon at all. It was extinguished in about 1400, not least due to interreligious criticism from xenophobic post-Vedic traditions, devotional Caivam (Śivaism), Vaiṇavam (Viṣṇuism) and competing Caiṇam (Jainism), due also to a competitive system of royal protection, ending in the deportation or even physical elimination of the loser, and finally due to corruption and decay from within. Pauttam never reached a stability and continuity that would result in the formation of a Tamiḻ Pautta canon. The knowledge about a canon, a canon in Pāli, was existent, indeed, especially through the teams set up in South India by or inspired by Buddhaghosa in the 5th–6th centuries C.E. and later in the 11th and 12th centuries.

Xenophobia and the other given reasons are, however, not a sufficient cause for the rejection of Pauttam. Caiṇas were also exposed to Caiva xenophobia and had to fight in the competitive system for royal protection, the use of violence not excluded. They survived and brought their canon formations to South India. In the case of Pauttam, we can note an intensification of the marginalisation of Pauttam, due to inimical interstate relations with Laṃkā.

The consequence of the marginalisation of Pauttam was not only that the local *caṅkam* organisations were economically and morally destabilised; it also lead to a "freedom" from normative bonds established by a canon, and to a "freedom" to forming a local diversity of Pautta establishments and to a formation of a specific Caiva-Pautta syncretism during the period of the imperial Cōḻas. I have called this formation Cōḻapauttam. This also affected Northern Īḻam (Laṃkā) in the pre-colonial middle and later Anurādhapura period. The rejection of a canon by the adversaries of Pauttam provided a freedom to develop a specific kind of indigenised Pauttam among Tamiḻs. This "freedom's" strength was also its weakness: without an authoritative textual base it was soon assimilated with Caivam and finally eliminated in the 14th century.

Bernhard Scheid

Text-basierte Legitimationsstrategien im japanischen Shintō

Japanese Shinto is generally described as a religion without a founder and without a written canon. However, in the course of history there were several attempts to establish something like a codified corpus of Shinto teachings. We may even say that the quest for a codified teaching marks the beginning of a distinct religious identity of Shinto as opposed to Japanese Buddhism. At the same time, Buddhism with its large corpus of scriptures formed the role model of a "religion" also for Shinto theologians.

This chapter traces the development of Shinto theology (cum quest for a canon) from ancient court ritualism (8th–11th cent.) through Shinto-Buddhist theology in the medieval period (12th–16th cent.) to the so-called Nativist movement (*kokugaku*) in the early modern period (17th–19th cent.). In all these periods, the classical imperial mytho-histories were at the focus of Shinto discourse. Yet, in order to turn them into religious writings and to contrast them with Buddhist canonical works religious authors adopted different strategies:

1. the ancient mytho-historical chronologies were interpreted as revelations of religious truth;
2. apocryphal texts attributed to religious figures of the past were written to substitute the apparent lack of concrete religious instruction in the classical texts;
3. the non-existence of canonical teachings of Shinto was regarded not as a deficit but as an indication of a fundamental and immediate truth too profound to be clad into ordinary language.

While apocryphal literature was faced with increasing historical criticism in the early modern period, strategies 1 and 3 have continued to coexist side by side up to the present day, even if they are apparently pointing into exactly diametrical directions. Consequently there is nothing like Assmann's "canonical closure" in the case of Japanese Shinto. In the concluding passages of this paper, the general organisational weakness of the Shinto clergy is proposed as a main reason that triggered this peculiar development.

Annette Wilke

Der Veda als Kanon des Hinduismus? Neue Aspekte zur Kanondebatte

The traditions known as "Hinduism" encompass a vast reservoir of sacred literatures to which is attributed a "canonical" status (e.g. the epics and Purāṇas) and from which situational use is made of by free combination and living transmission in cultural performances (ritual recitations, dance dramas, festival cultures etc.). The construction of a canonical scriptural Hinduism by means of the Veda as its "bible" is the product of interactive exchange processes between "orientalists" (particularly Max Müller) and Indian reformers in the 19th century. The paper argues that even prior to the 19th century the Veda was a symbolic core text and an icon of cultural coherence, but not so much as a "scripture" with a semantic content but rather as a paradigmatic embodiment of sacred sound and its miraculous power. The Veda sound had to be transmitted with utmost care ("Klangpflege"), and the "holy noise" (*brahma-ghoṣa*) became a cultural marker of brahmanical ethics, controlled life-style, the purity of ideal brahminhood and Arcadian fantasies of a peaceful world of wise seers, pious brahmins and noble kings ("Imagepflege"). Moreover, the Veda did not only remain a "cultural canon" of brahmanic life-style, but also functioned as a global nexus to relate to. Not least the Veda was a "virtual canon" of sacredness, authority, normativity and value that was appropriated by a plurality of other literatures to which the term "Veda" was attributed, too. It was an effective "image maker" which non-Vedic groups made profusely use of to incorporate themselves into the elite "Great Tradition," raise their status, prestige and power, and re-define religious authority. Remarkably, a great deal of non-Vedic literatures present themselves as "Veda," "new Veda," "fifth Veda," "vernacular Veda," "true primoridal Veda" etc., which in turn perpetuated the prestige of the master copy, while at the same time extended the Veda corpus. Going by a 16th century source, Veda apparently meant an "extended canon," including the Purāṇas, Āgamas and traditonal sciences. Within the pluralist reception history, which was by no means restricted to brahmin orthodoxy, the Veda was constantly re-created and re-shaped by multiple voices, including non-brahmanic popular cultures. In outlining etic and emic Veda respresentations, the paper suggests a fresh approach to the Veda by focusing features that were missed by the orientalists (colonial discourses) as well as the anti-orientalists (post-colonial criticism), and adding thereby also new insights to the canon debate in general. My analysis questions the common equation of canon and scripture, and postulates the need to broaden Jan Assmann's canon definition.

Jens Wilkens

Hatten die alten Uiguren einen buddhistischen Kanon?

One of the enigmas in the history of Central Asian Buddhism is whether the ancient Uygurs – a Turkic people shaping cultural life along the Silk Road for several centuries – had a Buddhist canon in their own language. The renowned scholar of Tibetan language and culture, Giuseppe Tucci, reported that he discovered a note in a Tibetan monastery mentioning a copy of the Buddhist canon in Uygur. The present article investigates if there is evidence for proving the existence of such a canon in Uygur Buddhist literature itself. Three different periods of translating Buddhist texts into Uygur can roughly be distinguished according to various source languages: 1. the preclassical age: translations from Tocharian and – less certain – from Sogdian; 2. the classical age: translations from Chinese and 3. the later period: translations from Tibetan and Sanskrit.

The works presently known show that the repertoire of Uygur Buddhist literature was never closed but always open to new works as demand for them arose. The question is raised whether there are characteristic traits in the texts which might explain why some works were copied more often than others. On the other hand, some genres are missing altogether. What is presently known speaks against a canon as defined by Jan Assmann who postulated that a canon in its strict sense has to be a "closed" set of scriptures. The field of maintenance of sense ("Sinnpflege") – according to Assmann a prerequisite of a religious community dealing with a canon – is structured in Uygur Buddhism in a similar way to the treatment of primary texts. The commentaries are translations from Chinese and not original Uygur works. As far as we know, the existence of a Buddhist canon in Uygur Buddhism comparable to the vast collections in Pali, Tibetan, Mongolian etc. is not proven though not excluded. Nevertheless, the process of ("unconscious") canonization is observable.

Hinweise zu den Autoren

Max Deeg, geb. 1958, ist Senior Lecturer für Buddhismus an der School of Religious and Theological Studies, Cardiff, UK. Nach dem Studium der Germanistik (M.A.) und der Indologie (Promotion) an der Universität Würzburg und nach mehrjährigen Aufenthalten in Japan und Taiwan erfolgte 1998 die Habilitation im Fach Religionswissenschaft. Seine Forschungsschwerpunkte liegen in der Erforschung der Geschichte des Buddhismus, insbesondere dessen Verbreitung von Indien nach China und dem Kontakt mit anderen Religionen, den Tang-zeitlichen christlichen Texten und der Rezeptionsgeschichte des Buddhismus. Neuere Veröffentlichungen: *Das Gaoseng-Faxian-Zhuan* (Wiesbaden: Harrassowitz, 2005); *Das Lotos Sutra* (Darmstadt: Wissenschaftliche Buchgesellschaft, 2007).

Christoph Emmrich, Klassischer Indologe, Buddhismus- und Jinismuskundler. Studium der Klassischen Indologie, Philosophie und Sinologie in Frankfurt am Main und Berlin. Promotion über das Verhältnis von Zeit und Erlösung in den Lehrtexten des Pali-Kanons; gegenwärtige Forschungsprojekte über die religiöse Praxis von Mädchen aus newarbuddhistischen Familien im Kathmandutal, sowie über Liturgie und Textüberlieferung bei den Jainas von Tamil Nadu. Seit 2006 Assistant Professor am Department of Historical Studies sowie am Centre for the Study of Religion an der University of Toronto, Mississauga. Ausgewählte Veröffentlichungen: „All the King's Horses and All the King's Men: The 2004 Red Matsyendranātha Incident in Lalitpur", *Indologica Taurinensia* 32 (2006), 31–65; „Ujyā: Ein Letzter Ritus der Vajrācāryas von Lalitpur", in *Der Abschied von den Toten: Trauerrituale im Kulturvergleich*, hg. von Jan Assmann, Franz Maciejewski, Axel Michaels (Göttingen: Wallstein, 2005), 223–234; „How Many Times? Monism or Pluralism in Early Jaina Temporal Description", in *Aspects of Jainism*, hg. von Marek Mejor, Piotr Balcerowicz (Delhi: Motilal Banarsidass, 2003) 69–88.

Max Deeg, Oliver Freiberger, Christoph Kleine (Hrsg.), *Kanonisierung und Kanonbildung in der asiatischen Religionsgeschichte.* VÖAW: Wien 2011, pp. 529–535.

Oliver Freiberger, Assistant Professor of Asian Studies and Religious Studies an der University of Texas at Austin, USA. Studium der Indologie, Religionswissenschaft sowie Tibetologie und Birmanistik an der Georg-August-Universität Göttingen. Promotion in Göttingen über die Deutung des Saṅgha in Lehrtexten des Pāli-Kanons; Habilitation in Bayreuth über Askesediskurse im klassischen Hinduismus und im frühen Christentum. Ausgewählte Veröffentlichungen: „The Buddhist Canon and the Canon of Buddhist Studies", *Journal of the International Association of Buddhist Studies* 27 (2004): 261–283; (Hg.) *Asceticism and Its Critics: Historical Accounts and Comparative Perspectives* (New York: Oxford University Press, 2006); „Akademische Kanonisierung? Zur Erstellung von Anthologien buddhistischer Texte", in *Jaina-Itihāsa-Ratna: Studies in Honour of Gustav Roth on the Occasion of his 90th Birthday*, hg. Von Ute Hüsken, Petra Kieffer-Pülz, Anne Peters (Swisttal-Odendorf: Indica et Tibetica Verlag, 2006), 193–207.

James M. Hegarty ist Lecturer in Indian Religions an der University of Cardiff, Wales. Sein beständiges Forschungsinteresse gilt der Rolle von Narrativen in der Überlieferung und Adaption von Formen sozialen Wissens in Südasien. Er ist besonders interessiert an der Bedeutung des vedischen Rituals und philosophischer Vorannahmen in der Ausgestaltung früher südasiatischer Vorstellungen von der kosmischen und sozialen Bedeutung narrativer Tätigkeit. Weitere Interessen sind Sikh-Texte des indischen Mittelalters, die soziale und politische Bedeutung epischer Literatur in der gegenwärtigen indischen Gesellschaft (in Sanskrit und anderen Sprachen), allgemeinere Überlegungen zur Rolle des narrativen Diskurses in der Ausgestaltung der Vorstellungen von bedeutungsvoller Vergangenheit (z.B. in Dynastiegeschichten) und von bedeutungsvollen Orten (z.B. in der Pilgerliteratur). Zur Zeit arbeitet er an einer Monographie zur Form und Funktion des Sanskrit-*Mahābhārata* im religiösen Diskurs im frühen Südasien. Ausgewählte Veröffentlichungen: „An Apprenticeship in Attentiveness: Narrative Patterning in the Dyutparvan and the *Nalopakhyana* of the *Mahabharata*" in *Epic Traditions: Past and Present*, ed. John Brockington and Danuta Stasik, Rocznik Orentalistyczny, T, LIV, Z. 1. (2001), 33–62; „Extracting the *katha-amrita* (elixir of story): Creation, Ritual, Sovereignty and Textual Structure in the Sanskrit *Mahabharata*", *Journal of Vaishnava Studies* 14 (2006) 39–60; „Encompassing the Sacrifice: On the Narrative Construction of the Significant Past in the Sanskrit *Mahabharata*", *Acta Orientalia Vilnensia* 7 (2006), 77–119.

Christoph Kleine, Professor für Religionsgeschichte an der Universität Leipzig. Studium der Religionswissenschaft, Japanologie und Philosophie an der Universität Marburg; 1991 Erlangung des Magister Artium mit einer Arbeit über die *Nenbutsu*-Konzepte Hōnens und Shinrans. 1995 Promotion mit einer Arbeit über Hōnens Buddhismus des Reinen Landes. 2001 Habilitation mit einer Arbeit über Gehalt, Form und Funktion religiöser Biographien im ostasiatischen Buddhismus. Anschließend Privatdozentur an der Universität Leipzig und Arbeit an einem Forschungsprojekt über „Norm und Praxis: Religionsgeschichtliche Untersuchung zu Ideal und Realität des monastischen Buddhismus in Indien (7. Jh. n. Chr.) auf der Grundlage von Yijings *Nanhai jigui neifa zhuan*". Veröffentlichungen u.a.: *Hōnens Buddhismus des Reinen Landes: Reform, Reformation oder Häresie?* Religionswissenschaft 9 (Frankfurt am Main: Peter Lang, 1996); „Portraits of Pious Women in East Asian Buddhist Hagiography: A Study of Accounts of Women who Attained Birth in Amida's Pure Land", *Bulletin de l'École Française d'Extrême-Orient* 85 (1998): 325–361; (Hg. mit Monika Schrimpf und Katja Triplett) *Unterwegs: Neue Pfade in der Religionswissenschaft. Festschrift für Michael Pye zum 65. Geburtstag (On the Road: New Paths in the Study of Religions. Festschrift in Honour of Michael Pye on his 65th Birthday)* (München: Biblion, 2004).

Karénina Kollmar-Paulenz, Religions- und Zentralasienwissenschaftlerin. Studium der Tibetologie, Religionswissenschaft, Mongolistik, Indologie und Zentralasiatischen Turkologie in Bonn und New Delhi. Promotion über eine tibetisch-buddhistische Lehrtradition des 11. Jahrhunderts in Tibet; Habilitation über die religions-politischen Beziehungen zwischen Tibet und den Mongolen im ausgehenden 16. Jahrhundert. Gegenwärtige Forschungsinteressen: Entstehung analytischer Religionsterminologie in der Mongolei des 18. Jahrhunderts; Geschichtsschreibung in globaler Perspektive. Seit 1999 Professorin für Religionswissenschaft an der Universität Bern und Direktorin des Instituts für Religionswissenschaft ebenda. Neuere Veröffentlichungen: „From Political Report to Visual Representation: Mongol Maps", *Asiatische Studien/ Etudes Asiatiques* 60 (2006): 355–381; *Kleine Geschichte Tibets* (München: Beck, 2006); „The Buddhist Way into Tibet", in *The Spread of Buddhism*, hg. von Ann Heirman und Stephan-Peter Bumbacher (Leiden/Boston: Brill, 2007), 303–340.

Angelika Malinar, Studium der Indologie und Philosophie in Tübingen; Promotion über die Theologie der Bhagavadgītā im Kontext des Mahabhārata-Epos; Habilitation über den Begriff der „Natur" (*prakṛti*) in der Sāṃkhya-Philosophie. Wissenschaftliche Assistentin am Seminar für Indologie und vgl. Religionswissenschaft in Tübingen, Hochschuldozentur am Institut für Indische Philologie und Kunstgeschichte an der Freien Universität Berlin, seit 2005 Senior Lecturer in Hinduism an der School of Oriental and African Studies der University of London. Mehrere Forschungsprojekte, u.a. über monastische Traditionen des Hinduismus. Ausgewählte Publikationen: *The Bhagavadgītā: Doctrines and Contexts* (Cambridge: Cambridge University Press, 2007); „Interconnecting Parallel Times: Notions of Time in the Caitanya Tradition", in *Time in India: Concepts and Practices*, hg. von Angelika Malinar (Delhi: Manohar, 2007), 55–82; „How the Purāṇas relate the Mahābhārata: The case of King Parikṣit", in *Epics, Khilas and Purāṇas: Proceedings of the Dubrovnik International Conference on the Sanskrit Epics*, hg. von Petteri Koskikallio (Zagreb: Croatian Academy of Sciences and Art), 2005, 465–494.

Frank Neubert, Religionswissenschaftler. Studium der Religionswissenschaft und Indologie an der Universität Leipzig. Promotion über den Charismabegriff am Beispiel von Ramakrishna und Vivekananda. Bis 1/2008 wissenschaftlicher Mitarbeiter im Sonderforschungsbereich 619 Ritualdynamik am Südasien-Institut der Universität Heidelberg. Seit Februar 2008 Oberassistent am Religionswissenschaftlichen Seminar der Universität Luzern. Derzeit Forschung zur Globalisierung von Hindu-Religionen im 19. und 20. Jahrhundert. Veröffentlichungen: *Charisma und soziale Dynamik. Religionswissenschaftliche Untersuchungen am Beispiel von Śrī Rāmakṛṣṇa und Svāmī Vivekānanda* (Aachen: Shaker, 2005); „Übergänge: Tod und Sünde bei Robert Hertz im Kontext durkheimianischer Religionssoziologie", *Zeitschrift für Religionswissenschaft* 12 (2004): 61–77; „Ritualdiskurs, Ritualkritik und Meditationspraxis: Das Beispiel von Vipassana nach S.N. Goenka im Westen", *Numen* 55 (2008), 411–439.

Lauren F. Pfister, Philosoph, Sinologe und Religionswissenschaftler. Studium der Amerikanistik, Theologie, Sinologie, und Philosophie in Denver, San Diego und Hawai'i. Promotion im Fach Vergleichende Philosophie. Gegenwärtige Forschungsinteressen: Dialog zwischen Christentum und Konfuzianismus im 19. Jahrhundert, Chinesische Hermeneutik,

Leben und Werk von den China-Missionaren James Legge, Richard Wilhelm und Solomon Caesar Malan. Seit 2005 Professor am Department of Religion and Philosophy, Hong Kong Baptist University. Ausgewählte Veröffentlichungen: *Striving for ‚The Whole Duty of Man': James Legge (1815–1897) and the Scottish Protestant Encounter with China*, Scottish Studies International Series, 34 (Frankfurt am Main: Peter Lang, 2004); „A Transmitter but not a Creator: The Creative Transmission of Protestant Biblical Traditions by Ho Tsun-Sheen (1817–1871)" in *Bible in Modern China: The Literary and Intellectual Impact*, hg. von Irene Eber u.a. (Nettetal: Steyler Verlag, 1999), 165–197; „Scaling the Sinological Himalayas: Insights Drawn from Comparisons of James Legge's (1815–1897) and Richard Wilhelm's (1873–1930) Translations and Interpretations of Ruist Canonical Literature" (auf Chinesisch), *The Newsletter of the Institute for Chinese Literature and Philosophy of Academia Sinica* 15:2 (2005): 21–57.

Florian C. Reiter ist Professor für Vormoderne chinesische Kultur an der Humboldt-Universität zu Berlin. Er hat in München und Taiwan studiert, wurde in München zum Dr. phil. promoviert und habilitierte sich an der Universität Würzburg Dort war er Mitglied einer Arbeitsgruppe, die am Tao-tsang-Projekt beteiligt war, welches den taoistischen Kanon untersuchte und von der European Science Foundation (ESF) und der Deutschen Forschungsgemeinschaft gefördert wurde. Seine Hauptinteressen sind der religiöse Taoismus, Historiographie, Bibliographie und Regionalgeschichte.

Richard Salomon ist Professor of Asian Languages and Literature an der University of Washington in Seattle und Leiter des Early Buddhist Manuscripts Project, eines Gemeinschaftsunternehmens der British Library und der University of Washington. Seine Fachgebiete sind alte und mittelindische Sprachen und Literaturen, Sprachen und Literatur des indischen Buddhismus, indische Epigraphik und Paläographie, frühe indische Geschichte, Gandhāra-Studien und die Geschichte der Schriften der Welt. Er ist der Verfasser von vier Büchern und etwa hundert Aufsätzen zu diesen Themen.

Peter Schalk hat seit 1983 einen Lehrstuhl im Fach Religionsgeschichte an der Universität Uppsala (Schweden) inne. Er erwarb seinen Doktorsgrad 1972 an der Universität Lund und wurde dort Dozent im selben Jahr. Von 1972 bis 1983 leitete er als Direktor das Institut für Religionswissenschaft an der Universität Göteborg. Von 1980 bis 1981 war er Humboldt-Stipendiat in Göttingen und München. Seine Arbeiten gelten hauptsächlich dem Hinduismus und Buddhismus mit Schwerpunkt auf Sri Lanka und Südindien. Zurzeit leitet er ein vom staatlichen schwedischen Wissenschaftsrat (Vetenskapsrådet) finanziertes Projekt über Märtyrerideologeme in südasiatischen politischen Bewegungen. Aktuelle Publikationen: „Caivam – a Religion among Tamil Speaking Refugees from Sri Lanka", *Refugee Survey Quarterly* 26 (2007): 91–108; „Operationalizing Buddhism for Political Ends in a Martial Context in Lanka: The Case of Sinhalatva", in *Religion and Violence in South Asia: Theory and Practice,* hg. von John R. Hinnells und Richard King (London: Routledge, 2006), 139–153. Die Lehre der Befreiungstiger Tamiḻīḻams von der Selbstvernichtung durch göttliche Askese. Vorlage der Quelle *Überlegungen des Anführers* (*talaivariṉ cintaṉaikaḷ*). Tamil, Deutsch, Englisch, Schwedisch, Sinhala. Ediert, übersetzt, kommentiert und herausgegeben von Peter Schalk unter Mitarbeit von Āḷvāppiḷḷai Vēluppiḷḷai, Anonymus und Astrid van Nahl. *Acta Universitatis Upsaliensis, Historia Religionum 28* (Uppsala: Universität Uppsala, 2007). E-Buch: http://uu.diva-portal.org/smash/searchlist.jsf?searchld=1 Email: peter.schalk@relhist.uu.se.

Bernhard Scheid ist Japanologe mit Forschungsschwerpunkt auf vormoderner japanischer Kultur- und Religionsgeschichte. Studium der Japanologie und Ethnologie in Wien, seit 1991 am Institut für Kultur- und Geistesgeschichte Asiens der Österreichischen Akademie der Wissenschaften tätig. Ausgewählte Veröffentlichungen: *The Culture of Secrecy in Japanese Religion* (Hg. mit Mark Teeuwen) (London, New York: Routledge, 2006); *Der Eine und Einzige Weg der Götter: Yoshida Kanetomo und die Erfindung des Shinto* (Wien: Verlag der Österreichischen Akademie der Wissenschaften, 2001); „Reading the *Yuiitsu shintō myōbō yōshū*: A Modern Exegesis of an Esoteric Shinto Text", in *Shinto in History: Ways of the Kami*, hg. von John Breen und Mark Teeuwen (London: Curzon, 2000), 117–143.

Annette Wilke, Religionswissenschaftlerin. Studium der Religionswissenschaft, Theologie und Philosophie in Fribourg, der Indologie in USA, Zürich und Varanasi. Promotion zur Christologie Meister Eckharts und Ātman-Lehre Śaṅkaras. Seit 1998 Professorin für Allgemeine Religi onswissenschaft an der Universität Münster und Leiterin des Lehrstuhls. Gegenwärtige Forschungsprojekte zu Religion und Sinnen, dem Hinduismus als sonaler Kultur und zum tantrischen Ritualmanual Paraśurāma-

Kalpasūtra (DFG-Projekt), sowie zum Diaspora-Hinduismus in Deutschland. Ausgewählte Veröffentlichungen: zusammen mit Martin Baumann und Brigitte Luchesi (Hg.), *Tempel und Tamilen in zweiter Heimat. Hindus aus Sri Lanka im deutschsprachigen und skandinavischen Raum* (Würzburg: Ergon, 2003); „A New Theology of Bliss: ‚Vedāntization' of Tantra and ‚Tāntricization' of Advaita Vedānta in the Lalitātriśatibhāṣya", *Sāmarasya: Studies in Indian Arts, Philosophy, and Interreligious Dialogue*, hg. von Sadananda Das und Ernst Fürlinger (New Delhi: D.K. Printworld, 2005), 139–155; „The Banarsi Nava-Durgā-Cycle and its Spatial Orientation", in *Visualizing Space in Banaras: Images, Maps, and the Practise of Representation*, hg. von Martin Gaenzle und Jörg Gengnagel (Wiesbaden: Harrassowitz, 2006), 69–92; „Tamil Hindu Temple Life in Germany: Competing and Complementary Modes in Reproducing Cultural Identity", in *Religious Pluralism in the Diaspora*, hg. von Pratap Kumar (Leiden: Brill, 2006), 235–268; zusammen mit Oliver Moebus: *Sound and Communication: An Aesthetic Cultural History of Sanskrit Hinduism* (Berlin: de Gruyter, in Vorbereitung).

Jens Wilkens, Religionswissenschaftler und Turkologe. Studium der Religionswissenschaft, Indologie und Turkologie in Marburg und Göttingen. Promotion über das Kapitel „Die drei Körper des Buddha" des alttürkischen (uigurischen) Goldglanzsūtras; gegenwärtiges Forschungsprojekt: Edition der buddhistischen Erzählungssammlung *Daśakarmapathāvadānamālā* in alttürkischer Sprache. Seit 2008 wissenschaftlicher Mitarbeiter am Seminar für Turkologie und Zentralasienkunde der Georg-August-Universität Göttingen. Ausgewählte Veröffentlichungen: *Das Buch von der Sündentilgung: Edition des alttürkisch-buddhistischen Kšanti Kılguluk Nom Bitig*, Berliner Turfantexte XXV, Band 1-2 (Turnhout: Brepols, 2007); *Alttürkische Handschriften Teil 9: Buddhistische Beichttexte*, Verzeichnis der Orientalischen Handschriften in Deutschland XIII, 17 (Stuttgart: Franz Steiner, 2003), (Hg. gemeinsam mit Sven Bretfeld) *Indien und Zentralasien, Sprach- und Kulturkontakt: Vorträge des Göttinger Symposions vom 7. bis 10. Mai 2001*, Veröffentlichungen der Societas Uralo-Altaica 61 (Wiesbaden: Harrassowitz, 2003).